AF759268

« BULLETIN DES LOIS »
DU RÈGNE DE LOUIS XVI

DU MÊME AUTEUR

Bibliographie française sur la marine et les colonies. 1789-1815, préface d'Étienne Taillemite, Paris, Lettrage, 1999, rééd. 2003, 498 p.

Répertoire numérique détaillé F^{90} *19001-19104* (participation à la reprise du) [Archives de la Poste], Paris, Archives nationales, 2000, 399 p.

Archives communales, mode d'emploi (participation à la rédaction de), Melun, Direction des Archives et du Patrimoine de Seine-et-Marne, 2001, 219 p.

Articles historiques sur les Marines, Colonies et Outre-Mers. *XV*^{e} *siècle-1815. Bibliographie,* préface de Michel Vergé-Franceschi, Paris, SPM, 2009, 650 p.

« BULLETIN DES LOIS »
DU RÈGNE DE LOUIS XVI

DU MÊME AUTEUR

Bibliographie française sur la marine et les colonies. 1789-1815, préface d'Étienne Taillemite, Paris, Lettrage, 1999, rééd. 2003, 498 p.

Répertoire numérique détaillé F^{90} 19001-19104 (participation à la reprise du) [Archives de la Poste], Paris, Archives nationales, 2000, 399 p.

Archives communales, mode d'emploi (participation à la rédaction de), Melun, Direction des Archives et du Patrimoine de Seine-et-Marne, 2001, 219 p.

Articles historiques sur les Marines, Colonies et Outre-Mers. XVe siècle-1815. Bibliographie, préface de Michel Vergé-Franceschi, Paris, SPM, 2009, 650 p.

THIERRY ROQUINCOURT

« BULLETIN DES LOIS » DU RÈGNE DE LOUIS XVI

Contribution à un recensement des lois imprimées entre mai 1774 et juin 1789

Préface
de
Henri Legohérel
de l'Académie de marine
Professeur agrégé des facultés de droit

KRONOS

Cet ouvrage est le soixante-sixième de la collection Kronos

Fondée et dirigée par Éric Ledru

SPM

Kronos n° 66
ISSN : 1148-7933
ISBN : 978-2-917232-05-7

Éditions SPM
34, rue Jacques-Louvel-Tessier 75010 Paris
Téléphone : 01 44 52 54 80 - Télécopie : 01 44 52 54 82 - courriel : Lettrage@free.fr

DIFFUSION – DISTRIBUTION : L'Harmattan
5-7, rue de L'École-Polytechnique 75005 Paris
Tél : 01 40 46 79 20 – Fax : 01 43 25 82 03 – Site : www.harmattan.fr

PRÉFACE

Intituler « Bulletin des lois » ce recensement des actes officiels du pouvoir souverain sous le règne de Louis XVI ne manque pas d'audace car, s'il est une matière délicate avant 1789, c'est bien, au sein d'un ensemble institutionnel complexe, celle de la notion de loi. La question a été traitée magistralement par François Olivier-Martin dans son cours de doctorat *Les lois du roi*, jamais égalé et maintes fois réédité, en dernier lieu en 1997 (Paris, LGDJ, 422 p.).

Bien évidemment, il est d'abord nécessaire de situer la « loi du roi », en un temps où celle-ci n'est pas l'unique source du droit, aux côtés de la coutume et du droit canonique. Ensuite, il faut distinguer les lois du roi des *lois du royaume*, nommées couramment *lois fondamentales*, dispositions constitutionnelles d'origine coutumière régissant la dévolution de la Couronne, son statut comme celui du domaine royal et qui s'imposent au roi.

Dans la sphère de tous les pouvoirs qu'il cumule, le roi a pouvoir de légiférer ; ce pouvoir s'exprime par des formules concrètes : « faire lois et statuts » ou encore, pour reprendre les termes de François Ier, confiant la régence à sa mère, le 12 août 1523 : « faire ordonnances, statuts et édits telle qu'elle trouvera ce que faire se devra pour le bien de nous et de notre royaume ». Déjà, au XIIIe siècle, Beaumanoir avait énoncé les trois conditions qui s'imposent au roi lorsqu'il légifère : prendre conseil, statuer pour le « commun profit » et ne pas mettre en cause les situations acquises, autrement dit ne pas prendre de dispositions à effet rétroactif. Les lois du roi sont bien différentes de la conception abstraite du pouvoir législatif actuel.

Même aujourd'hui, le concept de loi est toujours délicat à définir. Ce l'est encore bien plus sous l'Ancien Régime qui ne connaît ni la séparation des pouvoirs ni même leur distinction, réserve faite de l'attribution à certaines institutions de compétences judiciaires, administratives ou financières. Le roi est placé au-dessus des organes dans une situation à part et a le droit de faire tout ce qu'il juge conforme au bien commun du royaume, c'est-à-dire de tous les groupes intermédiaires dont celui-ci est composé, et sous les formes les plus diverses, selon « son bon plaisir ». C'est bien pourquoi il n'est pas admissible de considérer que tout acte émanant de la volonté du roi est une loi, car il gouverne aussi et il juge. Faire les distinctions nécessaires n'est pas facile, surtout lorsque les actes royaux se multiplient. Le roi, n'étant pas lié par le principe de séparation des pouvoirs, peut très bien prendre une décision ayant un caractère général à propos d'un arrêt de justice ou d'un simple acte administratif.

Comment alors définir la loi du roi ? Il faut écarter le critère formel selon lequel les lois sont généralement expédiées en forme de lettres patentes. Certaines lois ne l'ont pas été et des lettres patentes, souvent expédiées par la Grande Chancellerie, ont pu ne concerner que des mesures individuelles. Il faut donc s'en tenir au fond des textes et considérer comme loi du roi toute mesure émanant du roi, inspirée par le bien du royaume ou l'intérêt public et présentant un certain degré de généralité et de permanence, c'est-à-dire s'appliquant à une série indéterminée de personnes ou de cas.

Ceci pose alors la question des lettres patentes d'intérêt privé accordant un titre, un privilège ou un avantage à une ou plusieurs personnes dénommées. Elles émanent de l'autorité du roi et sont passées dans les formes diplomatiques que revêtent les lois du roi ; mais elles ne sont pas déterminées par le bien commun et n'ont aucun caractère de généralité ni de permanence. Certaines figurent dans ce catalogue ; le choix a été judicieux de les y inclure car nous sommes là face à des situations indéterminées eu égard au bien commun et certains auteurs anciens les qualifiaient de « lettres royaux ».

*

* *

Thierry Roquincourt, en éditant ce « *Bulletin des lois* » vient prendre place, avec qualité, dans la longue suite de tous ceux qui, soit sur ordre du prince soit de leur propre initiative ou dans le cadre de leurs fonctions, se sont consacrés à cette lourde tâche, ô combien ingrate, de publier les recueils des ordonnances de nos rois, depuis Fontanon en 1580 jusqu'à Pardessus au milieu du XIXe siècle, en passant par Louis de Ponchartrain, Eusèbe de Laurière, Pastoret et l'imprimeur Simon. Son mérite se double d'avoir choisi les actes du temps de Louis XVI ; les cinq mille deux cent soixante-dix-neuf notices que comporte l'ouvrage nous offre un panorama, parfois inconnu tant de la vie quotidienne que de l'action politique de ce qui fut le dernier règne de l'Ancien Régime, celui des réformes avortées et des occasions manquées sous un monarque qui, sans tempérament politique, n'avait pas été destiné à régner.

Lorsqu'il s'ouvre à la mort de Louis XV, le 10 mai 1774, il sera presque aussitôt marqué par la décision qui scellera son sort : le rappel des Parlements. Elle fut inspirée par Maurepas, rappelé aux affaires après vingt-cinq ans de disgrâce à quelques encablures de Versailles, sur son domaine de Ponchartrain. Celui qui avait été, sans doute, l'un de nos meilleurs ministres de la Marine, devenu octogénaire rancunier, a usé de toute son influence sur le jeune roi pour mettre à bas les dernières décisions de Louis XV, la « Révolution du roi », qui avaient réduit à néant la nuisance des Parlements. Redonner leur place à ceux-ci était vouer à l'échec toute tentative de réforme. Puis ce sera Turgot, excellent intendant du Limousin, visionnaire et auteur d'un véritable projet global de gouvernement, le premier de notre histoire ; mais, doctrinaire intransigeant et exigeant le « changement », immédiatement et sans diplomatie, il ira à l'échec, condamnant toute tentative ultérieure de modernisation de la monarchie. Avec Necker, ... et des accents très contemporains, c'est la fuite en avant en matière de dette et de déficit des finances publiques, allant d'emprunt en emprunt à la poursuite d'une dette qui se creuse inexorablement. Sur ce terrain, ce n'est pas la guerre d'Amérique qui facilitera les choses ; certes, elle apportera la gloire au bout du monde mais aussi un coût dont le montant précis restera toujours inconnu puisque aucun « budget » du règne de Louis XVI ne sera jugé par la Chambre des comptes de Paris ; en 1789, le dernier compte examiné est celui de 1774 ! Enfin voici Calonne qui convoque une Assemblée des notables, la première depuis 1626 !, qui, inaugurant la pratique toujours actuelle des commissions, constatera la gravité de la situation puis se séparera en refusant toute réforme et sans proposer le moindre remède.

Quant aux membres des Parlements, arc-boutés sur leurs privilèges et confortés par la réaction nobiliaire, ils s'opposent comme prévu à toute réforme fiscale. Pendant ce temps, la bourgeoisie « éclairée », en embuscade, attend son heure et prépare, par le réseau des sociétés de pensée, l'échéance des États généraux avec, en préalable, la rédaction des cahiers de doléances qui, au prix d'une manipulation parfaitement réussie de l'opinion et des procédures de rédaction, ne reflèteront que son strict programme politique.

Publier les actes officiels de ces quinze années, cruciales dans notre histoire, va offrir aux historiens et à nos jeunes chercheurs une mine inestimable d'informations, non seulement sur la vie quotidienne, mais aussi sur les tenants et les aboutissants des tentatives, souvent chaotiques, des gouvernements successifs du règne pour tenter de sauver un régime qui, lentement mais sûrement, faisait naufrage.

Henri Legohérel
de l'Académie de marine
Professeur agrégé des facultés de droit

AVANT-PROPOS

Cet ouvrage aurait pu s'intituler *Bulletin officiel des arrêts du Conseil d'État du roi, édits, lettres patentes, ordonnances du roi, etc.*, ou *Inventaire des actes officiels imprimés du règne de Louis XVI*, etc. Il ne s'agit pas ici de créer un *Bulletin des lois* au sens de la loi du 14 frimaire an II (4 décembre 1793) en reproduisant l'ensemble des textes officiels de l'époque.

L'objectif de ce *« Bulletin des lois » du règne de Louis XVI* est de contribuer à un recensement des actes imprimés officiels du pouvoir souverain. Une ébauche d'un tel travail a été entreprise dès 1767 par l'imprimeur Pierre-Guillaume Simon. Chaque année, un *Abonnement des édits et arrêts pour la ville de Paris, et toutes les provinces et villes du royaume* était publié. Cette *Table analytique des matières contenues dans les édits, lettres patentes, déclarations du roi, arrêts du Conseil, etc.*, fut éditée jusqu'en 1788. Il s'agissait de porter à la connaissance du plus grand nombre les actes et décisions du pouvoir. C'est l'esprit du *« Bulletin des lois » du règne de Louis XVI : mai 1774-juin 1789.*

Ce « *Bulletin des lois* » débute en mai 1774, date de l'avènement de Louis XVI à la Couronne. Il se termine en juin 1789, mois du basculement de la souveraineté française par la transformation des États généraux en Assemblée nationale.

Il est nécessaire de préciser que les différentes éditions du *Bulletin des lois* après la loi du 14 frimaire an II débutent à l'été 1789 avec les principales lois de l'Assemblée nationale. C'est pour cette raison que le terme *« Bulletin des lois »* a été retenu. Il est plus approprié que *Journal officiel.*

La collection la plus complète des actes imprimés du pouvoir souverain est conservée aux Archives nationales (Paris) dans la série AD. Cette série, dite « collection Rondonneau », regroupe des documents (essentiellement imprimés) de l'Ancien Régime, de la Révolution et de l'Empire. Pour l'Ancien Régime, on y trouve des arrêts du Conseil d'État du roi, des édits, des ordonnances, des arrêts de parlement et de cour des aides, etc., mais aussi des ordonnances et sentences de police, des jugements, des mémoires, des observations, etc.

Il ne s'agit pas ici de faire l'historique de la « collection Rondonneau ». Acquise par les Archives nationales en 1803 et 1804, enrichie tout au long du XIXe siècle, cette série AD est le fonds complémentaire des autres séries.

La sous-série AD$^+$, classée chronologiquement, constitue le véritable « *Journal officiel* » de l'Ancien Régime. L'idée initiale était de réaliser un inventaire analytique des articles AD$^+$ 1013 à 1089 (mai 1774-juin 1789). Cependant, pour la cohérence de ce « *Bulletin des lois* », il a été préférable de ne pas recenser les arrêts des parlements, de chambres des comptes, des cours des aides et finances, des ordonnances et sentences de police, des mémoires, des précis et observations, etc., contenus dans cet ensemble. De même, les pièces manuscrites n'ont pas été mentionnées. Tous ces documents imprimés seront inventoriés dans un *Complément* au présent ouvrage.

Cette sous-série AD$^+$ est le socle du présent ouvrage. Pour compléter ce recensement, une recherche d'imprimés a été entreprise dans les sous-séries AD I à AD XVII. D'autres « fouilles » dans différentes sous-séries des Archives nationales sont venues étoffer ce travail.

Parallèlement à cette investigation menée aux Archives nationales, une enquête complémentaire a été effectuée à la Bibliothèque nationale. Elle s'est appuyée sur le *Catalogue général des livres imprimés à la Bibliothèque nationale. Actes royaux* (rédigé sous la direction de Mme Honoré, Paris, Ministère de l'Éducation nationale, 1957, tome VI, Louis XV et Louis XVI (1756-1789). Quelques sondages supplémentaires de recherches ont été réalisés dans le catalogue informatique. Ces investigations menées à la Bibliothèque nationale ont permis d'enrichir ce « *Bulletin des lois* » en mentionnant des actes qui n'ont pas été trouvés aux Archives nationales.

Afin d'obtenir un recensement exhaustif des actes officiels imprimés, une enquête systématique dans les multiples dépôts d'archives et bibliothèques de l'Hexagone devrait être entreprise.

Ce « *Bulletin des lois* » se compose pour l'essentiel des : arrêts du Conseil d'État du roi ; édits, lettres patentes, ordonnances, déclarations, instructions, règlements, décisions et lettres du roi ; conventions et traités. On y recense également des actes officiels imprimés de Monsieur et du comte d'Artois. Quelques documents complémentaires comme des statuts, des listes de personnes, des états, des procès-verbaux, des lettres, etc., ont été ajoutés.

Les actes inventoriés sont présentés sous forme de notices. Cinq mille deux cent soixante-dix-neuf sont dénombrées. Elles sont classées par ordre chronologique, de mai 1774 à juin 1789. Les actes n'ayant que l'année d'édition sont recensés en début d'année. Il s'agit de recueils, de statuts, de listes, d'états, de tarifs, quelques fois d'instructions, de circulaires, de règlements, dc procès-verbaux, etc. Les documents ayant uniquement le mois et l'année (exemple : juin 1784) sont classés en début de mois. Quelques pièces sont datées avec un ? car aucune date certaine n'a pu être identifiée. Quelques rares pièces sans date ont été retenues.

Une fois la date identifiée, les documents sont présentés par arrêts du Conseil d'État du roi, édits, lettres patentes, ordonnances, déclarations, instructions, règlements, circulaires, décisions, lettres, traités, conventions, Loteries, listes, tarifs, états, etc. Pour chaque notice (à quelques exceptions), une seule cote de localisation de l'imprimé est mentionnée. Lorsque la cote de la Bibliothèque nationale est indiquée, cela signifie que l'acte n'a pas été trouvé dans les différents fonds explorés des Archives nationales. Un seul exemplaire a été inventorié, quelque soit l'imprimeur qui ait reproduit le texte.

Un index matières, noms de personnes, de lieux et de navires complète ce « *Bulletin des lois* ». Concernant le nom des villes, il peut s'agir d'une paroisse, d'une prévôté, d'une sénéchaussée, d'une vicomté, d'un bailliage, etc. Pour les noms de personnes, tous les prénoms ne sont pas forcément connus. Ces personnes peuvent être désignées par M., sieur, nommé, ledit, etc.

Au travers de ces cinq mille deux cent soixante-dix-neuf notices, c'est toute « l'histoire officielle » du règne de Louis XVI qui apparaît. Au-delà de celle-ci, c'est toute la vie quotidienne de cette époque qui est révélée : l'administration de la France et de ses provinces ; la justice civile ; la justice criminelle ; l'économie du pays ; sa vie rurale ; l'organisation militaire, maritime et coloniale ; l'éducation ; les arts ; l'imprimerie et la librairie ; la diffusion des idées ; les finances ; les domaines ; les métiers ; la diplomatie ; le commerce ; les infrastructures ; les hôpitaux ; les cultes ; etc.

Ce « *Bulletin des lois* », véritable instrument de travail, est un outil permettant d'appréhender l'histoire de cette période. À travers ces actes officiels repérés, l'historien, l'érudit ou l'étudiant pourront découvrir (ou redécouvrir) de nouveaux sujets de recherches, suivre de nouvelles pistes d'études, entreprendre de nouvelles investigations thématiques.

SOURCES

ARCHIVES NATIONALES :

Série AD (Archives imprimées)

AD^{+} 1013 à 1089 (mai 1774-juin 1789)

AD^{+} 1309 à 1339 (1774-1789)

AD I (Régime administratif et politique)
AD/I/1^{A} à 1^{J}, 2, 5, 6, 8 à 15, 17 à 28, 30

AD II (Législation civile)
AD/II/4, 8 à 10, 12, 14, 17, 21, 22

AD III (Législation criminelle)
AD/III/13 à 17, 27^{A}, 31

AD IV (Agriculture, Eaux et Forêts)
AD/IV/2, 3, 5, 14

AD VI (Armée)
AD/VI/5, 7, 9, 10^{A}, 12, 13^{B}, 15, 17, 20^{A}, 20^{B}, 21, 29, 30, 32, 33, 35

AD VII (Marine et Colonies)
AD/VII/1, 2^{A}, 3 à 9, 11 à 13

AD VIII (Instruction publique, Lettres, Sciences et Arts)
AD/VIII/1, 3^{B}, 4^{A}, 4^{B}, 7, 9^{A}, 9^{B}, 10

AD IX (Finances)
AD/IX/68, 69, 77^{A}, 96, 97, 343 à 376, 386, 388, 396, 397, 401, 406, 407, 428, 432, 434, 436, 444, 453, 467, 488, 489, 491, 492

AD X (Domaines)
AD/X/1^{A}, 8

AD XI (Commerce et Industrie)
AD/XI/1, 3, 6 à 9, 11, 12^{A}, 12^{B}, 13 à 20, 22, 24, 25, 30, 33, 35 à 37, 39 à 41, 44^{A}, 45 à 48, 51^{A}, 52, 54, 55

AD XIII (Travaux publics, Ponts et Chaussées)
AD/XIII/9, 10

AD XIV (Hôpitaux et Secours publics)
AD/XIV/4, 5

AD XV (Affaires étrangères et Diplomatie)
AD/XV/1, 7, 31^{A}

AD XVI (Villes et Provinces)
AD/XVI/1 à 4^{A}, 5^{A}, 5^{B}, 6^{B}, 7^{B}, 8 à 12, 13^{A}, 13^{B}, 14^{A}, 15^{A}, 15^{B}

AD XVII (Cultes)
AD/XVII/10^{A}, 14^{A}, 15 à 18, 23, 25, 27, 29

Série G (Administrations financières et spéciales)

G/2/17

Série M (Ordres militaires et hospitaliers. Universités et collèges. Titres nobiliaires. Mélanges)

MM 1220 à 1232

Série O (Maison du roi)

O/1/ 211 à 216

Série U (Extraits, copies et mémoires intéressant diverses juridictions. Procédures et pièces déposées aux greffes)

U* 1251 à 1282

U 1288 à 1314

Fonds Marine. Série A (Actes du pouvoir souverain)

Marine A/1/112 à 147

BIBLIOTHÈQUE NATIONALE :

BIBLIOGRAPHIE

Catalogue général des livres imprimés de la Bibliothèque nationale. Actes royaux. Rédigé sous la direction de Mme Honoré, Paris, Ministère de l'Éducation nationale, 1957, tome VI, Louis XV, Louis XVI, (1756-1789), 564 p.

Catalogue informatique

« BULLETIN DES LOIS » DU RÈGNE DE LOUIS XVI

1774

1. Abonnement des édits et arrêts pour la ville de Paris, et toutes les provinces et villes du royaume. (Table analytique des matières contenues dans les édits, lettres patentes, déclarations du roi, arrêts du Conseil, du Parlement, etc.). Année 1774. Imprimé en 1775. (BN → F 21987)

2. Recueil des statuts, lettres patentes, arrêts et sentences servant de règlement à la communauté des maîtres chandeliers et des maîtres huiliers de la ville de Paris. 1774. (BN → 8 Z Le Senne 13752)

3. Statuts de la communauté des maîtres et marchands boursiers, seuls faiseurs de brayers-gibeciers-culottiers, faiseurs de bonnets, etc. de Paris, contenant un recueil d'ordonnances, lettres patentes, déclarations du roi, arrêts du Conseil et du Parlement, sentences de police, servant de règlement pour ladite communauté. 1774. (BN → F 26425)

4. Statuts, ordonnances et règlements de la communauté du corps des maîtres et marchands ciseleurs, doreurs, argenteurs, damasquineurs et enjoliveurs sur fer, fonte, cuivre et laiton, de Paris. 1774. (BN → F 26435)

5. Recueil des statuts, ordonnances et privilèges de la communauté des maîtres fondeurs-mouleurs..., racheveurs, sonnetiers, bossetiers, enjoliveurs, ingénieurs et fabricateurs d'instruments de mathématiques, de globes et sphères... de Paris... 1774. (BN → 8 Z Le Senne 4417)

6. Statuts et règlements de la communauté des maîtres et marchands lapidaires, diamantaires, joailliers de... Paris. 1774. (BN → 8 Z Le Senne 4425)

7. Statuts, règlements, arrêts et sentences de la communauté des maîtres taillandiers-ferblantiers de... Paris. 1774. (BN → 8 Z Le Senne 4427)

8. Liste de messieurs les conseillers du roi, commissaires-enquêteurs-examinateurs au Châtelet de Paris, suivant l'ordre de leurs réceptions. Pour l'année 1774. (AN → AD/II/9)

9. Liste de MM. les chevaliers, commandeurs et officiers des ordres royaux, militaires et hospitaliers de Notre-Dame du Mont-Carmel et de Saint-Lazare de Jérusalem... Par Claude-Denis Dorat de Chameulles. 1774. (BN → LL^{10} 14 [D])

10. État par directions des entrepôts du tabac tant de la France que de la Lorraine, ou États de produit par mois que fournissent les entreposeurs... pour les 6 années du bail de Laurent David, commençant le 1er octobre 1774... 1774. (BN → Lf^{91} 4)

11. Édit du roi, portant remise du droit de joyeux-avènement : qui ordonne que toutes les rentes, tant perpétuelles que viagères, charges, intérêts et autres dettes de l'État, continueront d'être payés comme par le passé ; et que les remboursements des capitaux ordonnés, seront faits aux époques indiquées. Mai 1774. (AN → AD^{+} 1013)

12. Édit du roi, portant suppression et création de l'office de premier huissier au parlement de Paris. Mai 1774. (AN → AD^{+} 1013)

13. Lettre du roi à monseigneur l'archevêque de Paris. (Christophe de Beaumont. Louis XV). 10 mai 1774. (AN → AD^{+} 1013)

14. Lettre du roi à M. l'évêque de Lescar. 10 mai 1774. (AN → AD^{+} 1013)

15. Lettres patentes de monseigneur le comte d'Artois qui fixent le tarif des droits et frais des actes de réception des foi, hommages, aveux, dénombrements, déclaration de ses vassaux, soit laïques ou écclésiastiques. 15 mai 1774. (AN → AD^{+} 1013)

16. Lettres patentes de monseigneur le comte d'Artois concernant les foi et hommages, les déclarations, aveux et dénombrements qui lui sont dûs dans le marquisat de Pompadour, et dans la vicomté de Turenne. 15 mai 1774. (AN → AD^{+} 1013)

17. Ordonnance du roi, pour mettre sous le nom de Monsieur, les différents corps qui portent celui de M. le comte de Provence. 20 mai 1774. (AN → AD^{+} 1013)

18. Ordonnance du roi, pour mettre le régiment de dragons de Damas, sous le nom du comte d'Artois. 20 mai 1774. (AN → AD^{+} 1013)

19. Arrêt du Conseil d'État du roi, qui ordonne que pour tenir lieu des huit sous pour livre des octrois des villes de la province du Roussillon, il sera payé annuellement et par abonnement, à compter du 1er janvier 1774, une somme de dix-neuf mille trois cent soixante-dix-sept livres, dont un quart sera versé dans la caisse de Jean-Baptiste Fouache, chargé de la régie des Deux sous de 1760 et de 1763 ; et les trois autres quarts dans celle de l'adjudicataire des Fermes générales, pour être compté à Sa Majesté :
Fixe et modère à la somme de trente mille livres, les huit sous pour livre des droits de réal, d'impariage, qui se perçoivent dans ladite province :
Déclare n'être point compris dans lesdits abonnements, les sous pour livre des don gratuit et droits réservés, ni ceux des droits appartenant aux seigneurs ou particuliers, qui en seraient possibles ; desquels sous pour livre la levée et perception seront et continueront d'être faites, conformément aux arrêts du

Conseil des 15 et 22 décembre 1771, et autres règlements postérieurs. 21 mai 1774. (AN → AD$^+$ 1013)

20. Arrêt du Conseil d'État du roi, qui maintient les intéressés à la manufacture royale des Glaces dans tous les droits, privilèges et exemptions à ceux accordés par les lettres patentes du 22 octobre 1757, sur le canal de Picardie et rivière d'Oise qui en fait partie. 21 mai 1774. (AN → AD$^+$ 1013)

21. Déclaration du roi, qui fixe les droits à percevoir par les greffiers du Conseil supérieur d'Arras. 21 mai 1774. (BN → Lk^2 5215 [23])

22. Déclaration du roi, qui ordonne le changement des poinçons, pour la fabrication des espèces, sans que néanmoins le titre, le poids et la valeur en soient changés : et qui, en conséquence, ordonne que les précédentes espèces continueront d'avoir cours, concurremment avec les nouvelles. 23 mai 1774. (AN → AD$^+$ 1013)

23. Arrêts du Conseil d'État du roi. Le premier casse une sentence de l'élection de Pontoise, du 6 août 1772 ; ainsi qu'un arrêt du parlement de Paris, du 12 février 1773, qui, sans égard aux règlements qui permettent d'arrêter et de constituer prisonnier les rébellionnaires à l'instant même de la rébellion, avait déclaré nul et injuste l'emprisonnement du nommé Larcher fils, qui avait été arrêté faisant rébellion aux commis ; en conséquence, avait ordonné que ledit Larcher fils, serait mis en liberté, et avait condamné le régisseur en 600 livres de dommages-intérêts envers ledit Larcher, et en tous les dépens des causes principale, d'appel et demande : ordonne en conséquence, que les choses saisies par le procès-verbal des commis, du 8 juillet 1772, seront acquises et confisquées au profit de Sa Majesté ; condamne Larcher, père et fils, solidairement et par corps, en l'amende de 200 livres pour leur contravention, et de 500 livres pour la rébellion, et aux dépens des causes principale, d'appel et demande, ainsi qu'au coût du présent arrêt ; fait défenses auxdits Larcher de ne plus méfaire ni médire contre lesdits commis, à peine de punition corporelle ; et aux officiers de l'élection de Pontoise, de rendre de pareilles sentences à l'avenir ; ordonne que les sommes qui auraient pu être payées par le sieur Noël, en exécution dudit arrêt, lui seront rendues et restituées par lesdits Larcher père et fils, qui y seront contraints solidairement et par corps.
Le second, sans avoir égard à l'opposition desdits Larcher, père et fils, à l'arrêt ci-dessus, dont ils sont déboutés, ordonne que ledit arrêt sera exécuté selon sa forme et teneur, et condamne ledit Larcher aux dépens. 9 mars 1773 et 24 mai 1774. (AN → AD$^+$ 1013)

24. Arrêt du Conseil d'État du roi, qui déboute les officiers des maîtrises de Crécy et de Vitry, de leurs demandes et prétentions sur des bois situés dans les baillages d'Épernay et de Vertus ; maintient les officiers de la maîtrise de Reims, dans le droit de juridiction sur toute l'étendue du ressort de l'ancienne maîtrise d'Épernay et du comté de Vertus ; et ordonne l'exécution des arrêts du Conseil des 8 décembre 1765, 2 mai 1769, et 2 septembre 1771. 24 mai 1774. (AN → AD$^+$ 1013)

25. Extrait des registres du Conseil d'État. (Rivière d'Heune. Flottage de bois). 24 mai 1774. (AN → AD$^+$ 1013)

26. Loterie de l'Hôtel de Ville de Paris, accordée par arrêts du Conseil des 30 juillet et 22 décembre 1760, et lettres patentes du 7 août 1769. Tirage de mai 1774. Liste générale des billets gagnants de ladite Loterie. Tirée en la grande salle de l'Hôtel de Ville de Paris, en présence de messieurs les prévôt des marchands et échevins. 25 mai 1774. (AN → AD/IX/436)

27. Arrêt du Conseil d'État du roi, qui fixe les droits de marc d'or à payer par les différents offices créés et établis en Corse. 26 mai 1774. (AN → AD+ 1013)

28. Arrêt du Conseil d'État du roi, qui ordonne l'exécution d'un autre arrêt du quatorze février 1758, par lequel Sa Majesté a commis, en tant que de besoin, le sieur lieutenant général de police de Paris, pour connaître, conformément aux dispositions de la déclaration du huit août 1702, privativement à toutes ses cours et autres juges, dans l'étendue de la ville et faubourgs de Paris, des contestations nées et à naître concernant l'exécution du marché des poudres et salpêtres, ainsi que des affaires relatives à l'état, au travail et à la police des salpêtriers, sauf l'appel au Conseil ; en conséquence, casse une sentence du bailliage de l'Artillerie de France, portant révocation d'une assignation donnée par l'adjudicataire général dudit marché, par-devant ledit sieur lieutenant général de police, et tout ce qui aurait précédé ou suivi ladite sentence ; et fait défenses aux officiers de ce bailliage d'en rendre de semblables à l'avenir. 26 mai 1774. (AN → AD+ 1013)

29. Déclaration du roi, interprétative de l'édit d'août 1749, concernant les acquisitions des gens de mainmorte. 26 mai 1774. (AN → AD+ 1013)

30. Déclaration du roi, en interprétation de l'édit du feu roi de Pologne, du mois de septembre 1759, concernant les établissements et les acquisitions des gens de mainmorte dans la Lorraine et le Barrois. 26 mai 1774. (BN → F 13774)

31. Arrêt du Conseil d'État du roi, qui déclare sujets aux huit sous pour livre prorogés et imposés par l'édit de novembre 1771, le droit d'un sou par pièce qui est perçu par les maîtres et gardes de la communauté des drapiers-sergers de Beauvais pour la marque des étoffes ; le droit d'un sou, aussi par pièce, pour l'aunage, perçu par l'auneur-juré de ladite ville ; et le droit d'un sou par pièce pour plombage des étoffes venant du dehors, qui se perçoit par les gardes en charge de la communauté des marchands de la même ville : et ordonne que conformément à l'arrêt du Conseil du 18 novembre 1773, les huit sous pour livre desdits droits demeureront fixés à trois deniers d'augmentation. 29 mai 1774. (AN → AD+ 1013)

32. Déclaration du roi, pour faire jouir des privilèges des commensaux, les officiers de la Maison de la reine. 29 mai 1774. (AN → AD+ 1013)

33. Édit du roi, qui accorde à Monsieur, à titre d'augmentation d'apanage, les écuries de feue madame la Dauphine, situées à Versailles. Juin 1774. (AN → AD+ 1013)

34. Édit du roi, portant création et rétablissement de l'office de substitut des avocat et procureur du roi au siège présidial d'Angers. Juin 1774. (AN → AD+ 1013)

35. Lettres patentes du roi, confirmatives de celles du 11 décembre 1773, portant ratification du traité du 24 mai 1772, entre le feu roi et le prince-évêque de Liège. 4 juin 1774. (AN → AD⁺ 1013)

36. Réponse du roi à la députation du Parlement, (de la Chambre des comptes), au château de Sa Majesté pour le complimenter sur son avènement à la Couronne. 5 juin 1774. (AN → AD⁺ 1013)

37. Discours de M. Perrot, avocat général, au roi lors de la députation de la Chambre des comptes pour complimenter le roi sur son avènement à la Couronne. 5 juin 1774. (AN → AD⁺ 1013)

38. Arrêt du Conseil d'État du roi, qui condamne le sieur Valmalete du Coustel, fils et héritier du sieur de Solièges, à payer, en cette qualité, les droits d'insinuation et de centième denier du legs de meubles et d'immeubles, fait audit sieur de Solièges par le sieur de Valmalete son père naturel, dans son testament, quoique ledit sieur de Solièges eût été légitimé par lettres du prince, du consentement dudit sieur Valmalete. 7 juin 1774. (AN → AD⁺ 1013)

39. Arrêt du Conseil d'État du roi, qui subroge Pierre Follet, à feu Nicolas Follet, commis par arrêt du Conseil du 24 février 1769, pour régir et administrer le droit sur les cartes à jouer, au profit de l'Hôtel de l'École royale militaire. 9 juin 1774. (AN → AD⁺ 1013)

40. Ordonnance du roi, pour établir des chefs de bataillons dans les régiments d'infanterie française et étrangère. 11 juin 1774. (AN → AD⁺ 1013)

41. Instruction que le roi a fait expédier pour régler provisoirement l'exercice de ses troupes d'infanterie. 11 juin 1774. (AN → MM 1220)

42. Arrêt du Conseil d'État du roi, et lettres patentes sur icelui, qui commettent Jean-Baptiste Roussel, pour faire la régie de différents droits y énoncés, dans les duchés de Lorraine et de Bar. 12 juin 1774. (AN → AD⁺ 1013)

43. Arrêt du Conseil d'État du roi, par lequel Sa Majesté, en interprétant en tant que de besoin l'édit du mois d'août 1669 et la déclaration du 3 mars 1749, ordonne, 1°. Que les gardes-jurés des différents corps et communautés des marchands et artisans du royaume, ou tous autres préposés pour la recette et administration des revenus desdites communautés, seront tenus d'en compter tous les ans par-devant les juges de police : 2°. Qu'un double desdits comptes sera remis à l'intendant, lequel l'enverra au Conseil avec son avis : 3°. Fait défenses auxdits gardes-jurés d'établir aucunes cotisations, et de percevoir aucuns deniers en provenant, à moins qu'ils n'y soient autorisés par arrêt du Conseil ou par ordonnance du commissaire départi en la généralité. 13 juin 1774. (AN → AD⁺ 1013)

44. Arrêt du Conseil d'État du roi, qui, sans s'arrêter à la sentence des officiers du bailliage d'Amiens, du 4 août 1773, que Sa Majesté a cassée et annulée, ordonne que l'édit du mois de février 1771 et les lettres patentes du 7 juillet de la même année, et l'arrêt du Conseil du 20 juin 1773, seront exécutés selon leur forme et teneur ; condamne le nommé Benoît et sa femme, marchand épicier à Amiens, à payer au régisseur des droits de quatre deniers pour livre de vente de meubles, la somme de 100 livres, pour tenir lieu desdits droits, en l'amende de

1 000 livres, pour s'être ingérés à faire par eux-mêmes, publiquement et à l'encan, la criée, vente et adjudication des meubles et effets mobiliers de la succession de la demoiselle Tahon, sans le ministère d'officier public, et aux dépens.
Dispense le régisseur desdits droits, de faire dresser des procès-verbaux contre les gens sans caractère, propriétaires, ou autres qui se seront immiscés à faire de pareilles ventes, sans y appeler un officier public.
Veut que, sur la notoriété et publicité desdites ventes, il puisse faire assigner les contrevenants, à sa requête, devant les juges du bailliage, pour être condamnés à la restitution des droits par eux fraudés, et en l'amende portée par les règlements ; enjoint auxdits juges de prononcer lesdites peines, sans pouvoir les remettre ni modérer, pour quelque cause et sous quelque prétexte que ce soit ; condamne en outre ledit Benoît et sa femme, au coût, sceau, contrôle et signification dudit arrêt, qui sera enregistré, sans frais, tant au greffe du bailliage d'Amiens, qu'en ceux des autres bailliages de ladite généralité. 14 juin 1774. (AN → AD+ 1013)

45. Lettres patentes du roi, confirmatives d'un règlement fait par Monsieur, pour les chasses de son apanage. 17 juin 1774. (AN → AD+ 1013)

46. Déclaration du roi, concernant les effets remboursés à la Caisse des amortissements sur l'exercice 1768. 19 juin 1774. (AN → AD+ 1013)

47. Arrêts du Conseil d'État du roi. Le premier casse et annule une sentence de l'élection de Vire, du 10 juillet 1773, par laquelle il avait été ordonné que le régisseur serait tenu de justifier dans deux mois, du jour de la signification de ladite sentence, que le seigneur de Condé-sur-Noireau, a réuni et racheté le droit de mesurage, relativement à l'édit de 1697, faute de quoi, et ledit temps expiré, le régisseur serait dès à présent, et sans qu'il fût besoin d'autre jugement, évincé de ses fins et actions, et condamné aux dépens de toutes les parties. Déclare bonne et valable la saisie faite sur les nommés Lemaistre, Forestier, Rosé et Garel, par procès-verbal du 18 janvier précédent, de l'orge et du seigle y mentionnés ; en conséquence ordonne que lesdits grains seront acquis et confisqués au profit du régisseur ; condamne lesdits Lemaistre, Forestier, Rosé et Garel, chacun en 500 livres d'amende pour chaque contravention, au paiement de laquelle amende modérée cependant par grâce, et sans tirer à conséquence, à 20 livres les habitants de Condé-sur-Noireau et ceux de Méré seront contraints solidairement avec ceux des contrevenants dont ils ont pris le fait et cause : ordonne en outre que le régisseur, ses commis et préposés, continueront de percevoir dans le bourg de Condé-sur-Noireau, les droits attribués à l'office de mesureurs de grains, conformément à l'édit de janvier 1697, et à l'arrêt du Conseil du 16 avril suivant, et autres règlements intervenus en conséquence ; fait défenses à toutes personnes de troubler le régisseur, ses commis ou préposés, dans l'exercice et fonctions des offices de mesureurs de grains, et dans la perception des droits y attribués, sous telles peines qu'il appartiendra ; condamne pareillement lesdits Lemaistre et consorts, ainsi que les habitants de Condé et Méré, aux dépens faits, tant en l'élection de Vire, qu'au Conseil, et au coût, sceau et du présent arrêt.
Comme aussi ordonne Sa Majesté que les articles XII, XIII et XIV de la déclaration du 17 février 1688, seront exécutés ; en conséquence fait défenses aux officiers de l'élection de Vire, d'appointer les parties à écrire et produire, si ce n'est dans les cas portés par l'ordonnance, ni de se taxer des épices au-delà de 15 sols par

chaque sentence contradictoire et définitive, qu'ils rendront à l'audience ou sur délibéré ; condamne les juges qui ont rendu celle du 10 juillet dernier, à la restitution des épices qu'ils peuvent avoir reçues au-delà des 15 sols.
Et le second, sans avoir égard à l'opposition des habitants de Condé, de ceux de Méré, et desdits Lemaistre et consorts, à l'arrêt ci-dessus, ni à toutes leurs autres demandes, fins et conclusions, dont ils ont été déboutés, ordonne que ledit arrêt du Conseil sera exécuté selon sa forme et teneur ; condamne lesdits opposants aux dépens, et au coût du présent arrêt. 19 octobre 1773 et 21 juin 1774. (AN → AD+ 1013)

48. Arrêt du Conseil d'État du roi, qui maintient M^rs^ les intendants et leurs subdélégués, dans le droit d'apposer les scellés après le décès des directeurs, receveurs, ambulants et autres employés des domaines : et ordonne qu'il sera procédé par le sieur subdélégué de ladite ville, tant à la levée des scellés apposés après le décès du sieur Reynaud, contrôleur des actes à Tulle, qu'à l'inventaire des titres et papiers, circontances et dépendances ; avec attribution au commissaire departi dans la généralité de Limoges, de toutes contestations qui s'élèveraient, sauf l'appel au Conseil ; et interdiction à tous juges d'en connaître. 21 juin 1774. (AN → AD+ 1013)

49. Arrêt du Conseil d'État du roi, qui, sans avoir égard à l'opposition des nommés Nicolas Deschamps et consorts, habitants des faubourgs de Rouen, à l'arrêt du Conseil du 13 juillet 1773, ordonne que ledit arrêt sera exécuté selon sa forme et teneur, et condamne lesdits Nicolas Deschamps et consorts, aux dépens. 21 juin 1774. (AN → AD+ 1013)

50. Arrêt du Conseil d'État du roi, qui casse une sentence des élus de Clermont-en-Beauvaisis, du 21 février 1774 ; décharge Julien Alaterre, adjudicataire des Fermes générales, des condamnations prononcées contre lui par cette sentence : évoquant le principal et y faisant droit, ordonne que la maison de Jean Brunet, située à l'extrémité du faubourg Saint-Laurent de la ville de Clermont, ensemble celles qui seront construites sur le même terrain, seront et demeureront assujetties au payement des droits d'aides et d'entrée, attendu la proximité avec ledit faubourg Saint-Laurent ; en conséquence, ordonne que la contrainte décernée le 16 septembre 1773, sera exécutée selon sa forme et teneur ; condamne ledit Brunet aux frais faits en l'élection, et au coût de l'arrêt. 21 juin 1774. (AN → AD+ 1013)

51. Arrêt du Conseil d'État du roi, qui casse un arrêt du parlement de Paris, du 14 mai 1774, confirmatif d'une sentence de l'élection de Nemours, du 13 août 1770, par laquelle les contraintes décernées contre plusieurs habitants de la ville de Boesse, pour paiement des droits réservés des vins de la récolte de 1768, ont été déclarées nulles, ainsi que les poursuites faites en conséquence, sous prétexte qu'elles n'étaient pas libellées, conformément aux règlements, qu'il y avait une disparité frappante entre les extraits des contraintes et les registres d'inventaire ; qu'on n'y avait point distingué les vins d'avec les demi-vins, vins de refoul, piquettes et autres boissons, et que les poursuites dirigées contre quelques-uns des redevables domiciliés à Paris, au lieu d'être faites en ladite ville, leur domicile ordinaire, l'avaient été audit lieu de Boesse, où ils n'ont aucun domicile de fait et de droit ; et qu'enfin les droits ne sont pas dûs sur les demi-vins, vins de refoul, piquettes et autres boissons : ordonne que lesdites contraintes seront exécutées selon leur forme et teneur, et les poursuites encommencées continuées ; ordonne pareillement que les droits réservés continueront d'être perçus dans la ville de Boesse et ailleurs, sur les vins, demi-vins, vins de refoul, piquettes et autres boissons, à l'exception de celles faites avec du marc pressuré, enfoncé avec de l'eau dans des tonneaux, et tant qu'elles ne seront pas tirées à clair, conformément à l'arrêt du Conseil et lettres patentes du 26 août 1741 : condamne les redevables à la restitution des sommes que le sieur François Noël aurait pû être contraint de payer, en vertu dudit arrêt, et les condamne pareillement aux dépens faits, tant en l'élection de Nemours, qu'au parlement de Paris, et au coût, sceau et signification du présent arrêt. 21 juin 1774. (AN → AD$^+$ 1013)

52. Arrêts du Conseil d'État du roi, Le premier ordonne la communication de la requête de l'adjudicataire, à Gabriel Didier, et l'envoi des motifs de l'arrêt du Conseil supérieur de Poitiers.
Le second casse l'arrêt de ladite Cour du 11 février 1774, déclare Didier déchu de son appel de la sentence du siège des traites de Ruffec, du 17 mars 1773 ; faute par lui de l'avoir relevé dans le temps prescrit ; ordonne que ladite sentence passera pour chose jugée en dernier ressort : condamne Didier en tous les dépens et au coût de l'arrêt. 21 juin 1774 et 11 juin 1776. (AN → AD$^+$ 1013)

53. Arrêt du Conseil d'État du roi, qui déclare sujets aux huit sous pour livre, prorogés ou établis par l'édit du mois de novembre 1771, les droits de péage, passage de bacs et batelets, allégés, hallage, langueyage, forage, tonlieu, plaçage, poids-le-roi et autres de cette espèce, qui se livrent au profit de différents seigneurs, communautés et particuliers, dans l'étendue des villes, bourgs et paroisses des élections de Paris, Beauvais, Nemours, Provins, Coulommiers et Rozay : exempte néanmoins les articles isolés de perception, dont le principal est au-dessous de quinze deniers ; et permet que le produit des huit sous pour livre, pour ceux desdits droits dont il n'est point tenu registre, et dont les tarifs contiennent des articles de perception au-dessous de quinze deniers, ou dont les baux comprenant cumulativement des natures de biens non passibles des huit sous pour livre, soit fixe par abonnements amiablement convenus avec l'adjudicataire des Fermes, sinon qui seront réglés d'office par M. l'intendant de Paris.
Ordonne aux propriétaires et fermiers des droits de passage et allégés aux Carrières-Charenton et des droits de passage de bacs et batelets à la Rapée, de verser incessamment dans la caisse dudit adjudicataire le montant des abonnements qu'ils ont consentis pour les huit sous pour livre desdits droits ; à peine d'y être contraints par toutes voies, et de cinq cents livres d'amende. 22 juin 1774. (AN → AD$^+$ 1013)

54. Arrêt du Conseil d'État du roi, qui déclare sujets aux huit sous pour livre, prorogés ou établis par l'édit de novembre 1771, les droits de péage, plaçage, vinage, poids-le-roi et autres de même espèce, qui se lèvent au profit de différents seigneurs et particuliers, dans les villes, bourgs et paroisses de la direction de Ruffec : exempte néanmoins de ladite imposition les droits perceptibles sur les blés, les grains et les farines, et les articles isolés de perception ; dont le principal est au-dessous de quinze deniers : et permet que le produit des huit sous pour livre, pour ceux desdits droits dont il ne pourrait être tenu registre, et dont les tarifs contiendraient des articles de perception au-dessous de quinze deniers, ou dont les baux comprendraient cumulativement des natures de biens non passibles des huit sous pour livre, soit fixé par abonnements amiablement convenus, sinon qui seront réglés d'office par M[rs] les intendants de Poitiers et de Limoges. 22 juin 1774. (AN → AD[+] 1013)

55. Arrêt du Conseil d'État du roi, qui ordonne que les huit sous pour livre, prorogés et imposés par l'édit du mois de novembre 1771, seront perçus, conformément audit édit et à l'arrêt du 22 décembre suivant, en sus du principal des droits d'octrois, subvention, leude, et généralement de tous autres droits quelconques qui se lèvent au profit des villes, bourgs et communautés du pays de Foix : déclare en outre sujets auxdits huit sous pour livre, les droits de péage du pont de Sabart, de leude de Tarascon, de péage de Videnos, de péage, leude et coupe appartenant aux abbé de Boulbonne et héritiers d'Amiau, et tous autres droits de pareille espèce, à l'exception de ceux desdits droits perceptibles sur les blés, les grains et les farines, lesquels en demeureront exempts, conformément à l'arrêt du 22 décembre 1771 ; et aussi à l'exception des articles de perception desdits droits de péage et autres de cette nature qui seront au-dessous de quinze deniers : permet de Sa Majesté, pour ceux desdits droits de péage dont il ne pourrait être tenu registre, et dont les tarifs contiendraient, soit quelques articles de perception au-dessous de quinze deniers, ou dont les baux comprendraient cumulativement des natures de biens non passibles des huit sous pour livre, que le produit dudit accessoire soit réglé par abonnements amiablement convenus avec l'adjudicataire des Fermes, sinon qui seront réglés d'office par le sieur intendant de Perpignan. 22 juin 1774. (AN → AD[+] 1013)

56. Arrêt du Conseil d'État du roi, qui ordonne que les huit sous pour livre, prorogés et établis par l'édit de novembre 1771, seront perçus en sus du principal de tous les droits de marque, plomb et contrôle des étoffes, de péage, plaçage, passage, barrage, hallage, mesurage, coutume, forage, pontonage et autres de cette espèce, qui se lèvent au profit de différents seigneurs, officiers, communautés de fabricants et particuliers, dans l'étendue des élections de Poitiers et de Niort : exempte néanmoins ceux desdits droits qui se seraient levés et continueraient de se percevoir en nature, ceux perceptibles sur les blés, les grains et les farines, et les articles desdits droits au-dessous de quinze deniers ; et permet que pour ceux desdits droits dont il n'est pas tenu registre, et dont les tarifs contiennent des articles de perception au-dessous de quinze deniers, ou dont les baux comprennent des natures de biens non passibles des huit sous pour livre, le produit de ces accessoires soit fixé par abonnements, amiablement convenus avec l'adjudicataire des Fermes, sinon qui seront réglés d'office par M. l'intendant de Poitiers.
Veut aussi, quant aux droits de marque, plomb, contrôle ou aunage des toiles, draps ou autres étoffes, dont le principal ne serait que d'un sou, que les huit sous pour livre en soient acquittés à raison de trois deniers, aux termes de l'arrêt du Conseil du 18 novembre 1773. 22 juin 1774. (AN → AD[+] 1013)

57. Arrêt du Conseil d'État du roi, qui déclare sujets aux huit sous pour livre, prorogés ou établis par l'édit du mois de novembre 1771, les droits de péage, travers, afforage, pied-fourché, rouage, tonlieu, poids-le-roi, aubage, étalage, hallage, foué, châtellenie, maîtres et aides des ponts, et autres de même espèce qui se lèvent sur les bateaux, marchandises, denrées, boissons et bestiaux, au profit de différents seigneurs, communautés d'habitants, officiers et particuliers dans les villes, bourgs et paroisses des élections de Laon, Noyon, Guise et

Crêpy : exempte néanmoins de ladite imposition ceux desdits droits perceptibles sur les blés, les grains ou les farines, et les articles isolés de perception dont le principal est au-dessous de quinze deniers ; et permet pour ceux desdits droits dont il ne peut être tenu registre, et dont les tarifs contiennent des articles au-dessous de quinze deniers, ou dont les baux comprennent cumulativement des natures de biens non passibles des huit sous pour livre soit fixé par abonnements, amiablement convenus, sinon qui seront réglés d'office par M. l'intendant de Soissons. 22 juin 1774. (AN → AD+ 1013)

58. Arrêt du Conseil d'État du roi, qui ordonne que le transport des grains, farines et légumes, dans le port de Saint-Jean-de-Luz et Sibourre, sera libre de tous les ports où il y a siège d'amirauté, ou de ceux qui leur ont été assimilés, en se conformant aux formalités prescrites par l'arrêt du 14 février 1773 :
Et que la sortie dudit port, pour les autres ports du royaume, ne pourra avoir lieu. 22 juin 1774. (AN → AD+ 1013)

59. Arrêt du Conseil d'État du roi, qui dispense les propriétaires des droits manuels sur les sels ; les uns, de justifier au garde du Trésor royal de la mention des remboursements sur la minute des titres nouvels qui ont été passés sur les quittances de finance desdits droits ; et les autres, de rapporter des titres nouvels sur les parties sur lesquelles il n'en a pas été passé. 23 juin 1774. (AN → AD+ 1013)

60. Loterie de l'Hôtel de Ville de Paris, accordée par arrêts du Conseil des 30 juillet et 22 décembre 1760, et lettres patentes du 7 août 1769. Tirage de juin 1774. Liste générale des billets gagnants de ladite Loterie. Tirée en la grande salle de l'Hôtel de Ville de Paris, en présence de MM. les prévôt des marchands et échevins. 25 juin 1774. (AN → AD/IX/436)

61. Lettres patentes du roi, qui ordonnent l'exécution, dans les duchés de Lorraine et de Bar, de la déclaration du 22 septembre 1733, concernant les billets ou promesses causés pour valeur en argent. 26 juin 1774. (BN → F 13774)

62. Ordonnance du roi, pour établir des chefs de bataillons dans son régiment d'infanterie. 28 juin 1774. (AN → AD+ 1013)

63. Arrêt du Conseil d'État du roi, qui ordonne que les huit sous pour livre, prorogés ou établis par l'édit du mois de novembre 1771, seront et continueront d'être perçus en sus du principal des droits de hallage, plaçage, étalage, gourmetage, aunage, coutume, droits de foires et marchés, et généralement en sus de tous les droits de pareille espèce, qui se lèvent au profit de différents seigneurs ou particuliers, dans les villes, bourgs et paroisses de l'élection de Saint-Maixent, sauf sur ceux desdits droits qui portent sur les blés, les grains ou les farines, et sur les articles dont le principal est au-dessous de quinze deniers ; et permet que le produit des huit sous pour livre, pour ceux desdits droits dont il ne pourrait être tenu registre, et dont les tarifs contiennent des articles de perception au-dessous de quinze deniers, ou dont les baux comprennent cumulativement des natures de biens non passibles, soit fixé par abonnements amiablement convenus avec l'adjudicataire des Fermes, sinon qui seront fixés d'office par M. l'intendant de Poitiers. Ordonne, quant au droit d'aunage dont le principal ne serait que d'un sou, que les huit sous pour livre en soient acquittés à raison de trois deniers, conformément à l'arrêt du 18 novembre 1773. 30 juin 1774. (AN → AD+ 1013)

64. Lettres patentes confirmatives de transaction passée entre les prieur et religieux de Saint-Martin des Champs, et les propriétaires de la terre, seigneurie et mairerie de Sanois. Juillet 1774. (AN → AD+ 1014)

65. Lettres patentes du roi, portant suppression des magasins d'abondance établis en Lorraine par les arrêts du Conseil de Sa Majesté polonaise des 2 mai 1750 et 23 mars 1754, et établissement d'un hôpital d'Enfants-Trouvés dans la ville de Nancy. Juillet 1774. (BN → F 13774)

66. Arrêt du Conseil d'État du roi. (Sept Villes de Bleu. Maineville. Heudeicourt. Hamecour. Saint-Denis-le-Ferrand. Hebecourt. Tierceville. Saucourt. Gisors). 3 juillet 1774. (AN → AD+ 1014)

67. Arrêt du Conseil d'État du roi, portant règlement pour les bacs établis sur les différentes rivières du royaume. 4 juillet 1774. (AN → AD+ 1014)

68. Arrêt du Conseil d'État du roi, qui ordonne que les propriétaires, fermiers ou régisseurs des droits de bacs, seront tenus de faire imprimer et afficher la pancarte ou tarif desdits droits ; et leur ordonne de tenir lesdits bacs en bon état, de les pourvoir d'un nombre d'hommes suffisant, et d'en entretenir les abords, de manière qu'en tout temps les passages soient sûrs et de facile accès. 4 juillet 1774. (BN → F 13774)

69. Arrêt du Conseil d'État du roi, qui, sans avoir égard à l'arrêt du Conseil supérieur de Châlons, ordonne l'exécution d'une sentence des officiers de l'élection de Chaumont, du 10 juillet 1773, qui déboute les officiers municipaux de Châteauvilain de leur opposition à la contrainte décernée contre les habitants de ladite ville, pour raison des droits réservés sur les vins de leur crû de la récolte 1772, qu'ils refusaient de payer, sous prétexte que ces droits n'étaient exigibles qu'après la consommation, et que les sommes que le régisseur pourrait avoir été contraint de payer, en vertu dudit arrêt du Conseil supérieur de Châlons, lui seront rendues et restituées ; condamne lesdits officiers municipaux aux dépens faits au Conseil supérieur de Châlons, et au coût, sceau et signification du présent arrêt. 5 juillet 1774. (AN → AD+ 1014)

70. Arrêt du Conseil d'État du roi, qui ordonne que les huit sous pour livre prorogés ou établis par l'édit du mois de novembre 1771, seront et continueront d'être perçus en sus du principal des droits de gourmetage qui se lèvent dans les villes, bourgs et paroisses de l'élection de Bar-sur-Seine, au profit, soit des communautés, soit des fabriques, ou pour le compte des seigneurs, officiers ou particuliers ; et sans avoir égard aux oppositions, tant des nommés Leuhat et Amiot, que des syndics et fabriciens des paroisses de Landreville et de Viviers dont ils demeureront déboutés ; ordonne que les contraintes décernées contre eux seront exécutées ; et défend aux redevables desdits droits de gourmetage de refuser ou éluder le payement desdits huit sous pour livre, à peine de confiscation et de cent livres d'amende. 7 juillet 1774. (AN → AD+ 1014)

71. Table alphabétique des noms des créanciers du sieur de Maisonrouge. Employés dans l'ordre. 9 juillet 1774. (AN → AD+ 1014)

72. Arrêt du Conseil d'État du roi, qui ordonne que lorsque ceux qui sont ou seront pourvus d'offices en Corse, passeront à d'autres offices en Corse, il leur sera tenu compte, sur le droit de marc d'or à payer pour raison desdites mutations, du droit de marc d'or qu'ils auront payé pour l'office qu'ils quitteront. 10 juillet 1774. (AN → AD$^+$ 1014)

73. Arrêt du Conseil d'État du roi, qui casse toute la procédure faite au bailliage de Fenestrange, relativement à la rébellion faite aux employés, par plusieurs dragons du régiment de Languedoc, en garnison à Sarrebourg, le 31 mai 1774 ; et ordonne que le procès sur cette rixe sera instruit et jugé par la Commission de Reims. 14 juillet 1774. (AN → AD$^+$ 1014)

74. Lettres patentes du roi, sur la déclaration du 13 janvier 1771, concernant les officiers du point d'honneur. 14 juillet 1774. (AN → AD$^+$ 1014)

75. Ordonnance du roi, qui accorde au sieur comte de Palmes la permission exclusive de chasser sur le terrain des ville et châtellenie de Bailleul. 14 juillet 1774. (BN → F 21721 [34])

76. Arrêt du Conseil, qui interdit pour trois mois le sieur Drou avocat au Conseil pour s'être livré à l'imputation indécente et injurieuse contre des magistrats qu'il doit respecter dans la requête en cassation par lui dressé pour la nommée Gaillard femme Romain et le nommé Dujouquey. 16 juillet 1774. (AN → AD$^+$ 1014)

77. Arrêt du Conseil d'État du roi. (Antoine Pascaud). 16 juillet 1774. (AN → AD$^+$ 1014)

78. Arrêt du Conseil d'État du roi. (Marie-Ursule Galay veuve de Jean-Jacques Gras. Geneviève-Adélaïde Gras veuve du sieur André Huet. Pierre Delpon. Antoine Pascaud). 16 juillet 1774. (AN → AD$^+$ 1014)

79. Lettres patentes du roi, interprétatives de la déclaration du 29 octobre 1773, rendue en faveur des commissaires au Châtelet de Paris. 16 juillet 1774. (AN → AD$^+$ 1014)

80. Arrêt du Conseil d'État du roi, qui casse et annule un arrêt du Conseil supérieur de Clermond-Ferrand, du 28 avril 1774, « par lequel il est fait défenses à l'adjudicatiare des Fermes générales d'approvisionner les dépôts de son ressort, et d'y faire, par lui ou ses préposés, le débit du sel, avec injonction aux marchands, minotiers ou fournisseurs, de continuer de faire l'approvisionnement et débit dans lesdits dépôts, etc. » Défend expressément aux officiers dudit Conseil supérieur, de donner suite et exécution audit arrêt ; et notamment d'empêcher ou troubler, soit directement, soit indirectement, l'approvisionnement et débit du sel à faire sans lesdits dépôts par l'adjudicataire des Fermes, conformément aux arrêts du Conseil des 3 octobre 1773 et 18 avril 1774. 19 juillet 1774. (AN → AD$^+$ 1014)

81. Arrêt du Conseil d'État du roi, qui ordonne la continuation pendant les six années du bail de Laurent David, des abonnements faits avec les différentes provinces et généralités du royaume, y dénommées, pour tenir lieu, tant du principal que des sous pour livre, des droits de courtiers-jaugeurs et inspecteurs aux boissons et aux boucheries. 19 juillet 1774. (AN → AD$^+$ 1014)

82. Arrêt du Conseil d'État du roi, qui, faisant droit sur le renvoi porté par l'arrêt du parlement de Paris, du 14 mai 1774, et sans avoir égard à la sentence de l'élection de Reims, du 26 juin 1773, ordonne que l'édit du mois d'août 1758, la déclaration du 3 janvier 1759, les lettres patentes du 22 avril suivant, et les tarifs y annexés, l'édit du mois d'avril 1768, les lettres patentes du 15 mai de la même année, et les autres déclarations et lettres patentes, arrêts et règlements concernant les droits de don gratuit, et les droits réservés qui y sont substitués, seront exécutés selon leur forme et teneur ; en conséquence que lesdits droits seront perçus dans le bourg de Fleury-la-Rivière, avec les deux sols pour livre, sur les denrées et autres objets désignés au tarif annexé aux lettres patentes du 22 avril 1759, suivant la fixation et sur le pied portés audit tarif ; condamne les habitants de Fleury-la-Rivière aux dépens faits, tant en l'élection de Reims, qu'au Parlement, et au coût, sceau et signification du présent arrêt. 19 juillet 1774. (AN → AD+ 1014)

83. Arrêt du Conseil d'État du roi, qui casse un arrêt du Conseil supérieur de Rouen, du 9 mai 1774, confirmatif d'une sentence des officiers de l'élection de Nogent-le-Rotrou du 26 septembre 1772, par laquelle, sans avoir égard aux procès-verbaux rendus contre les nommés Kervel et sa femme, et Marin Maintenant, demeurant au faubourg S. Martin de la ville de Nogent, contenant saisie de bois à brûler, et de fagots, qu'ils avaient fait entrer dans leur domicile, audit faubourg, sans en avoir fait déclaration et payé les droits réservés ; lesdits Kervel et Maintenant avaient été renvoyés de la demande du régisseur, avec dépens, sur le fondement que la partie du faubourg où ces parties avaient leur domicile, dépendait d'une paroisse non sujette aux droits. Ordonne la confiscation des choses saisies par lesdits procès-verbaux, et condamne lesdits Kervel et sa femme solidairement, et ledit Maintenant en deux cents livres d'amende, chacun pour leur contravention, et aux dépens faits, tant en l'élection de Nogent-le Rotrou, qu'au Conseil supérieur de Rouen, ainsi qu'au coût, sceau et signification du présent arrêt. 19 juillet 1774. (AN → AD+ 1014)

84. Arrêt du Conseil d'État du roi, qui casse un arrêt du Conseil supérieur de Châlons, du 10 juin 1774, confirmatif d'une sentence du bailliage de Bar-sur-Seine, du 11 janvier 1773, par laquelle les nommés Godin, père et fils, avaient été déchargés des fins du procès-verbal rendu contre eux, par les commis du régisseur, pour avoir été surpris dételant trois chevaux d'une voiture de bois, que ledit Godin fils, conduisait, et qu'il n'avait ensuite déclaré que pour une voiture à un cheval, et ce, sous prétexte de plusieurs nullités, que lesdits Godin avaient supposés, et que les officiers du bailliage de Bar-sur-Seine avaient adoptées ; ordonne la confiscation des choses saisies par ledit procès-verbal, et condamne Godin, père, en l'amende de 200 livres et aux dépens faits, tant au bailliage de Bar-sur-Seine, qu'au Conseil supérieur de Châlons, même au coût, sceau et signification du présent arrêt. 19 juillet 1774. (AN → AD+ 1014)

85. Arrêts du Conseil d'État du roi. Le premier ordonne l'exécution de l'édit du mois d'août 1758 et autres règlements ; en conséquence que les droits réservés seront perçus dans le bourg de Fleury-la-Rivière, sur les denrées et autres objets désignés au tarif annexé aux lettres patentes du 22 avril 1759, suivant la fixation et sur le pied portés audit tarif, et condamne les habitants aux dépens.
Le second déboute lesdits habitants de leur opposition au précédent, et les condamne au coût de l'arrêt.

Le troisième confirme une sentence de l'élection de Reims, qui ordonne l'exécution d'une contrainte décernée pour lesdits droits, et condamne les habitants aux dépens. 19 juillet 1774, 31 juin 1777 et 31 janvier 1786. (AN → AD[+] 1014)

86. Tarifs des maltôtes et autres droits appartenant à la ville de Metz, et des sols pour livre en sus. 19 juillet 1774. (BN → Fol F 150)

87. Arrêt du Conseil d'État du roi, qui proroge jusqu'au 1er juillet 1775, les délais ci-devant accordés pour faire les mentions ordonnées par l'édit de mars 1760, sur les titres des offices sur les ports, quais, halles et marchés de la ville de Paris ; et sur les contrats de rentes dues par les communautés des officiers sur lesdits ports : et qui ordonne que les mentions sur lesdits contrats, seront faites par les notaires de Paris. 21 juillet 1774. (AN → AD[+] 1014)

88. Arrêts du Conseil d'État du roi. Le premier, casse et annule l'arrêt rendu au Conseil supérieur d'Arras, le 28 juin dernier : déclare nulles et de nul effet les demandes du lieutenant général de Montreuil-sur-Mer, lui fait défenses et aux officiers dudit bailliage, d'apposer les scellés sur les archives de l'abbaye de Valloires.
Le second, fait défenses auxdits officiers de suivre les procédures qu'ils avaient faites lors de l'apposition de leurs scellés à l'abbaye de Valloires : ordonne qu'ils seront reconnus et levés par les juges royaux les plus prochains ; leur enjoignant de se retirer de suite pour laisser la liberté à l'économe de faire ses fonctions. 22 juillet et 24 septembre 1774. (AN → AD[+] 1014)

89. Arrêt du Conseil d'État du roi, qui fait bail à Nicolas Sausseret, bourgeois de Paris, pour trente années consécutives, à compter du premier janvier 1775, jusqu'au 31 décembre 1804, des domaines fonciers et droits domaniaux en dépendant, appartenant à Sa Majesté, dans la province de Bretagne. 24 juillet 1774. (AN → AD[+] 1014)

90. Arrêts du Conseil d'État du roi. Le premier ordonne que la requête du fermier sera communiquée, tant au procureur général syndic des États de Bretagne, qu'aux sieurs Duclos, Legris, Duportal et autres, et que M. le procureur général du parlement de Bretagne enverra au Conseil, les motifs de l'arrêt de cette Cour, toutes choses demeurant en état.
Le second, contradictoire et sur le vu des motifs, casse l'arrêt du parlement de Bretagne du 2 décembre 1771 ; décharge Jean-Jacques Prevost, ci-devant adjudicatiare des Fermes, des condamnations contre lui prononcées ; ordonne la restitution solidaire des sommes qu'il a été forcé de payer contre chacun de ceux qui les ont touchées ; ordonne en outre que les sieurs Duclos, Legris, Duportal et autres, seront tenus d'acquitter les droits de sortie des cuirs verds qu'ils feront passer de Bretagne à Bayonne ; les condamne en conséquence à restituer audit Prevost, ceux dûs sur les cuirs verds qu'ils ont déjà fait passer de Bretagne à Bayonne, et en tous les dépens. 4 février 1772 et 26 juillet 1774. (AN → AD[+] 1014)

91. Arrêts du Conseil d'État du roi. Le premier casse les arrêts du parlement de Grenoble des 8, 20, 30 juin et 13 juillet précédents ; ordonne l'envoi au greffe du Conseil, des procédures extraordinaires respectivement faites, tant en la subdélégation de la Commission de Valence à Grenoble, qu'en l'élection de Gap,

sur la rébellion des sieurs Selme, Mouzon et autres ; ordonne en outre que le commissaire du Conseil à Valence, et le procureur général au parlement de Grenoble, adresseront au Conseil les motifs sur lesquels ils fondent leur compétence ; et par provision, que l'instruction commencée de l'autorité de la Commission, sera continuée jusqu'à jugement définitif exclusivement ; à l'effet de quoi les accusés décrétés, réintégrés dans les prisons de la Commission, les minutes des procédures rétablies en son greffe, et les grosses de celles faites en l'élection de Gap, envoyées en ce greffe pour y servir de mémoires seulement.
Le second casse également l'arrêt du parlement de Grenoble, rendu le 5 septembre, postérieurement à la signification de celui du Conseil ci-dessus visé ; fait très-expresses inhibitions et défenses à toutes personnes d'y déférer, et de le mettre à exécution ; au parlement de Grenoble, d'en rendre de semblables à l'avenir ; à son procureur général d'en requérir sous peine de désobéissance ; à tous greffiers de les expédier ; à tous huissiers de les signifier, à peine d'interdiction, et sous telle autre peine qu'il appartiendra : ordonne que la signification de cet arrêt sera faite de l'exprès commandement de Sa Majesté, tant à M. le procureur général du parlement de Grenoble, qu'au greffier de ladite Cour, et à tous autres qu'il appartiendra, etc. 26 juillet et 2 octobre 1774. (AN → AD+ 1014)

92. Loterie de l'Hôtel de Ville de Paris, accordée par arrêts du Conseil des 30 juillet et 22 décembre 1760, et lettres patentes du 7 août 1769. Tirage de juillet 1774. Liste générale des billets gagnants de ladite Loterie. Tirée en la grande salle de l'Hôtel de Ville de Paris, en présence de MM. les prévôt des marchands et échevins. 26 juillet 1774. (AN → AD/IX/436)

93. Bail de Laurent David. Délibération. 28 juillet 1774. (AN → AD+ 1014)

94. Arrêt du Conseil d'État du roi, qui ordonne la suppression de différentes maisons de l'ordre de la Mercy, de l'ancienne province de France, ensemble l'exécution provisoire du procès-verbal de visite du vicaire général, en ce qui concerne les affiliations ; et indique le chapitre de ladite province au 22 janvier 1775. 29 juillet 1774. (AN → AD+ 1014)

95. Arrêt du Conseil d'État du roi, qui ordonne que les arrêts des 11 juin et 10 décembre 1773, et lettres patentes du 21 du même mois, concernant la régie et administration des biens de l'ordre de Saint-Ruf, seront exécutés ; en conséquence, que tous les revenus des biens dudit ordre, pour l'année 1773, seront versés dans la caisse du sieur de Saint-Julien, receveur général du clergé. 29 juillet 1774. (AN → AD+ 1014)

96. Arrêt du Conseil d'État du roi, qui ordonne que toutes les assemblées ordinaires ou extraordinaires des communautés de perruquiers du royaume, ne pourront être convoquées que sur les mandements des lieutenants du premier chirurgien de Sa Majesté. 30 juillet 1774. (AN → AD+ 1014)

97. Arrêt du Conseil d'État du roi et lettres patentes sur icelui, pour la prise de possession de Jean-Baptiste Fouache, de la régie du droit sur les cuirs et autres droits, pour neuf années, qui commenceront au premier octobre 1774, et qui finiront au dernier septembre 1783. 6 août 1774. (AN → AD+ 1014)

98. Lettres patentes du roi, pour l'ordre de la Sainte-Trinité, en faveur de la rédemption des captifs. 6 août 1774. (AN → AD+ 1014)

99. Lettres patentes sur arrêt, pour les religieux de Notre-Dame de la Merci, en faveur de la rédemption des captifs. 6 août 1774 (AN → Marine A/1/112)

100. Ordonnance du roi, pour régler le nombre des officiers de ses troupes d'infanterie et de troupes légères, qui auront congé par semestre. 6 août 1774. (AN → AD+ 1014)

101. Ordonnance du roi, pour régler le nombre des officiers de ses troupes de cavalerie, hussards et dragons, qui auront congé par semestre. 6 août 1774. (AN → AD+ 1014)

102. Déclaration du roi, interprétative de celle du 22 août 1770, concernant les bénéfices à charge d'âmes, de l'ordre de Saint-Augustin. 6 août 1774. (AN → AD+ 1014)

103. Arrêt du Conseil d'État du roi, qui ordonne la répartition, en 1775, au marc la livre, de la capitation sur les généralités de pays d'élection et sur les pays conquis, d'une somme de quatre cent dix-neuf mille huit cent soixante-treize livres huit sous cinq deniers, y compris les taxations, pour la seconde des dix années de l'imposition annuelle de quatre cent mille livres, ordonnée par l'arrêt du 7 septembre 1773, pour la dépense de la construction des canaux de Bourgogne et de Picardie. 9 août 1774. (AN → AD+ 1014)

104. Extrait des registres du Conseil d'État. (Marquis de Vaugé. Bois. Montesson. Chamlevois. Cordes de Marat et de Codde). 9 août 1774. (AN → AD+ 1014)

105. Arrêts du Conseil d'État du roi. Le premier déclare sujets aux droits réservés les bois destinés à la construction des navires ; casse l'arrêt du parlement de Paris du 2 juillet 1774, et deux sentences de l'élection d'Amiens du 11 juillet 1772, rendus au profit des sieurs Michel et Rivet, constructeurs de navires à Saint-Valéry-sur-Somme ; déclare bonnes et valables les saisies de bois de construction faites sur lesdits sieurs Michel et Rivet les 27 et 28 mars 1772 ; ordonne la confiscation desdits bois ; les condamne à l'amende de 200 livres chacun, en tous les dépens, et au coût de l'arrêt.
Le second les déboute de leur opposition à celui du 9 août 1774, et les condamne au coût de l'arrêt. 9 août 1774 et 26 juin 1781. (AN → AD+ 1014)

106. Arrêt du Conseil d'État du roi, qui confirme le droit de péage dû à la seigneurie de Maisons-sur-Seine, et ordonne que ledit droit sera perçu sur le tarif y porté. 10 août 1774. (AN → AD+ 1014)

107. Brevet par lequel le roi donne d'abondant tous consentements nécessaires aux extinction et suppression du titre de l'abbé de Saint-Rémy et à l'union des biens et droits qui en dépendent à l'archevêché de Reims. 14 août 1774. (BN → F 23628 [896])

108. Arrêt du Conseil d'État du roi, qui ordonne que tous les particuliers, gens du commun, demeurant dans les villes et lieux où les aides ont cours, seront sujets aux droits de détail comme les cabaretiers, sur les vins et autres boissons qu'ils consommeront au-delà de ce qui est nécessaire pour leur provision, eu égard à leur état, condition, famille et impositions à la taille et capitation : et qui attribue à M[grs] les intendants la connaissance des contestations qui pourront naître à ce sujet. 16 août 1774. (AN → AD[+] 1014)

109. Arrêts du Conseil d'État du roi. Le premier casse deux sentences de l'élection de Pont-de-l'Arche et d'Avranches, des 13 et 18 juin 1774 ; ordonne que l'édit d'août 1758, la déclaration du 3 janvier 1759, le tarif y annexé, l'arrêt de règlement du Conseil, du 28 février 1773, et autres arrêts et règlements, seront exécutés selon leur forme et teneur ; en conséquence que les droits réservés continueront d'être perçus dans les villes d'Avranches et de Pont-de-l'Arche, leurs faubourgs et dépendances, et dans toutes les autres villes et bourgs de la province de Normandie, leurs faubourgs et dépendances, sur les bois œuvrés et à œuvrer, de quelque nature et de quelque qualité qu'ils soient, et sans aucune distinction ; ordonne pareillement que les droits continueront d'être perçus, conformément audit tarif, sur les bois à brûler, en bûches ou en fagots, de quelque nature ou qualité que soient les bois, et sans aucune distinction des bois blancs, bois durs, et autres espèces de bois ; et en interprétant, en tant que de besoin, ledit tarif, en ce qui concerne l'exception des bois blancs, bourrées et bois viclins, ordonne que ladite exception ne pourra être entendue que du bois mort, ou du mort-bois, consistant en saules, épines, puisnes, seure, aulne, genêt, genièvre, ronces et autres broussailles propres au chauffage des pauvres, et à l'usage des boulangers, lesquels néanmoins ne seront exempts des droits qu'autant qu'ils ne seront point façonnés en bûches ni en fagots ; déclare le procès-verbal rendu contre Lemaitre et sa femme, et le nommé Mouchard, bon et valable ; ordonne la confiscation des choses saisies au profit dudit Noël, les condamne solidairement en l'amende de 200 livres et aux dépens : fait défenses aux officiers de l'élection d'Avranches, et à tous autres, de rendre de pareilles sentences à l'avenir ; condamne personnellement les officiers municipaux d'Avranches aux dépens.
Le second déboute les officiers municipaux d'Avranches de leur opposition à l'arrêt ci-dessus, et ordonne que ledit arrêt sera exécuté selon sa forme et teneur, et les condamne aux dépens. 16 août 1774 et 15 avril 1777. (AN → AD[+] 1014)

110. Ordonnance du roi, qui supprime la Commission établie par l'ordonnance du 4 août 1772, concernant les hôpitaux militaires. 17 août 1774. (AN → AD[+] 1014)

111. Lettres patentes sur une convention conclue entre le feu roi et le prince de Nassau-Saarbruck, pour l'extension du droit d'aubaine accordée aux sujets de ce prince. 19 août 1774. (BN → F 23741 [379])

112. Déclaration du roi, qui ordonne la continuation de la perception de trente sous par muid de vin, entrant dans la ville et faubourgs de Paris, pendant six années, à commencer du 1er octobre 1774 en faveur de l'Hôtel-Dieu et de l'hôpital général. 19 août 1774. (AN → AD[+] 1014)

113. Déclaration du roi, portant prorogation de la perception du vingtième aux entrées de Paris, pendant six années, à commencer du 1er janvier 1775, au profit de l'hôpital général et de celui des Enfants-Trouvés. 19 août 1774. (AN → AD[+] 1014)

114. Déclaration du roi, qui ordonne la continuation de la perception de dix sous d'augmentation sur chaque muid de vin, entrant dans la ville et faubourgs de Paris, pendant six années, à compter du 1er octobre 1774, en faveur de l'hôpital général. 19 août 1774. (AN → AD$^+$ 1014)

115. Arrêt du Conseil d'État du roi, rendu entre Claude Magnien et Clément Besnard, marchands bouchers privilégiés suivant la Cour, d'une part :
les abbé, prieur, chanoines réguliers et chapitre de l'abbaye royale de Sainte-Geneviève-du-Mont à Paris, d'autre part :
L'adjudicataire des Fermes générales, prenant le fait et cause desdits Magnien et Besnard :
Et Louis de Brancas, pair de France, chevalier de l'ordre de la Toison d'Or, reçu partie intervenante :
En présence de l'inspecteur général du domaine de la Couronne.
Qui déclare le terrain entier de la place Maubert à Paris, n'être dans le domaine direct et utile d'aucun particulier, comme étant place publique, mais en la haute justice et seigneurie du domaine du roi : fait défenses auxdits abbé et chanoines de Sainte-Geneviève, de s'en dire seigneurs, et d'y percevoir aucuns cens et droits seigneuriaux ou de justice, et de permettre aucuns établissements, de quelque nature que ce puisse être, en aucune partie de ladite place Maubert, comme dépendante de leur fief, lequel demeure borné par icelle : condamne lesdits abbé et religieux à restituer auxdits Magnien et Besnard, les sommes qu'ils peuvent avoir été contraints de payer en vertu d'un arrêt du Grand Conseil du 31 mars 1763, et en tous les dépens envers ledit adjudicataire des Fermes, lesdits Magnien et Besnard, et le duc de Brancas, tant ceux faits en première instance qu'au Grand Conseil et Conseil de Sa Majesté. 20 août 1774. (AN → AD$^+$ 1014)

116. Arrêt du Conseil d'État du roi, qui ordonne que conformément au résultat du Conseil du 2 janvier 1774, et lettres patentes expédiées sur icelui le 15 mars suivant, Laurent David, nouvel adjudicataire des Fermes générales, sera mis en possession de la régie pour le compte du roi, de différents droits et sous pour livre. 21 août 1774. (AN → AD$^+$ 1014)

117. Lettres patentes en forme d'édit, portant création de la charge de garde des Sceaux de France en faveur du sieur de Miromesnil. (Procès-verbal du Lit de Justice du 12 novembre 1774). 24 août 1774. (AN → AD$^+$ 1015)

118. Loterie de l'Hôtel de Ville de Paris, accordée par arrêts du Conseil des 30 juillet et 22 décembre 1760, et lettres patentes du 7 août 1769. Tirage d'août 1774. Liste générale des billets gagnants de ladite Loterie. Tirée en la grande salle de l'Hôtel de Ville de Paris, en présence de messieurs les prévôt des marchands et échevins. 26 août 1774. (AN → AD/IX/436)

119. Lettres patentes sur une convention conclue entre le roi et l'impératrice reine de Hongrie et de Bohême, concernant les prieurés de Saint-Morand, Saint-Ulric et d'Oelemberg situés en Alsace. 29 août 1774. (BN → F 23741 [380])

120. Lettre circulaire de la direction des Fermes du roi à Lille concernant la mise en possession de Laurent David, adjudicataire du nouveau bail des Fermes générales, des maisons et immeubles appartenant au roi, servant à l'exploitation desdites Fermes. 30 août 1774. (BN → F 21721 [39])

121. Édit du roi, portant suppression de l'office d'intendant des Finances, dont le sieur Foullon était pourvu ; et création d'un pareil office en faveur du sieur Boutin. Septembre 1774. (AN → AD+ 1014)

122. Édit du roi, portant création d'un nouvel office de notaire pour le bailliage de Boulay, par augmentation à ceux qui y sont établis. Septembre 1774. (BN → F 13774)

123. Lettres patentes du roi, qui confirment un décret de l'évêque de Valence, portant extinction et suppression de l'ordre ou congrégation des chanoines réguliers de Saint-Ruf. Septembre 1774. (AN → AD+ 1310)

124. Instruction sur la régie des droits de marque et contrôle sur les ouvrages d'or et d'argent pour la province. Septembre 1774. (AN → AD+ 1014)

125. Arrêt du Conseil d'État du roi, qui ordonne que les droits portés dans le tarif annexé aux lettres patentes du 12 février 1769, seront et demeureront abonnés à chacune des villes et communautés assujetties, et portées dans le tarif annexé aux lettres patentes du 7 avril 1771, moyennant les sommes fixes et annuelles portées pour chacune d'elle dans l'état annexé au présent arrêt. (Élections de Montauban, Cahors, Figeac, Villefranche, Rodez et Millau). 2 septembre 1774. (AN → AD+ 1014)

126. Arrêt du Conseil d'État du roi, portant la fixation du quatrième don gratuit à payer par les villes et bourgs de la province du Haynaut, Cambrésis, châtellenie de Bouchain et Saint-Amand à 47 355 livres, avec les deux sols pour livre en sus par chaque année, à compter du premier janvier 1775, jusqu'au dernier décembre 1780. 2 septembre 1774. (AN → AD+ 1014)

127. Ordonnance du roi concernant les colporteurs. 3 septembre 1774. (BN → Fr 22179[108])

128. Arrêts du Conseil d'État du roi. Le premier qui, sans s'arrêter à la sentence des officiers de l'élection de Dieppe, du 28 novembre 1771, qui est cassée et annulée, et dérogeant, pour ce regard seulement, aux règlements qui veulent que les droits réservés soient perçus à l'entrée, ordonne que la perception desdits droits sera faite dans la ville de Dieppe seulement, suivant le tarif de 1759, sur la totalité des bois qui sortiront des chantiers du faubourg du Pollet de ladite ville, pour quelque lieu que ce puisse être, lors de la vente et auparavant la livraison ; ce qui sera constaté par les livres de vente des marchands de bois ; à l'effet de quoi lesdits marchands seront tenus de faire leur déclaration lors de la vente desdits bois ; le tout à peine de confiscation et de 200 livres d'amende ; valide celle faite jusqu'à présent sur ces principes ; enjoint au sieur Cavaro de communiquer ses registres, pour constater la quantité de bois qu'il a fait entrer dans son chantier du Pollet, et qu'il en a fait sortir pour être vendu, depuis la contestation mue entre le régisseur et lui, pour, sur le vu desdits registres, régler le droit dont il sera reconnu redevable, et en payer le montant, aux peines ci-dessus.
Le second, qui, sans avoir égard à l'opposition formée par le sieur Cavaro, marchand de bois de la ville de Dieppe, à l'arrêt ci-dessus, dont il est débouté, ordonne que ledit arrêt sera exécuté selon la forme et teneur ; en conséquence que ledit Cavaro sera tenu de représenter ses livres de vente et de livraison, pour constater sur iceux la quantité de bois qu'il a vendue et fait sortir de ses

chantiers, depuis l'instant de la contestation, jusqu'au jour que la vérification en sera faite, et en être les droits payés par ledit Cavaro, sur le pied de cinq sols par charrette, à raison d'une demi-corde de bois, à quoi est évaluée la charrettée, et qu'à défaut de représentation de ses registres, les droits seront liquidés sur le pied de la vente annuelle que le plus fort marchand de la ville de Dieppe aura faite depuis l'établissement des droits dans ladite ville, et ledit Cavaro contraint en vertu dudit arrêt, même par corps, à les payer sur ce pied ; condamne en outre ledit Cavaro, tant aux frais faits en l'élection d'Arques, qu'au coût, sceau, contrôle et signification du présent arrêt. 23 janvier 1772 et 6 septembre 1774. (AN → AD⁺ 1014)

129. Arrêts du Conseil d'État du roi. Le premier, sans s'arrêter à l'arrêt du Conseil supérieur de Rouen, du 17 mai 1773, confirmatif de la sentence des officiers de l'élection de Neuf-Châtel, du 10 mars 1771, qui, faisant droit sur l'intervention du curé de Sainte-Marguerite et de plusieurs particuliers propriétaires de maisons au faubourg d'Auchy, avait, sur le fondement que ledit faubourg d'Auchy ne faisait pas partie de la ville d'Aumale, mais dépendait d'une autre paroisse éloignée, déclare nulle ladite saisie faite sur le nommé Boislet et sa femme, boucher et cabaretier audit faubourg ; décharge lesdits Boislet, ainsi que les nommés Vergne et Masson, aussi habitants dudit faubourg, du paiement des droits qui leur étaient demandés ; casse et annule ledit arrêt, ainsi que tout ce qui s'en est ensuivi ; décharge le régisseur des condamnations prononcées contre lui ; faisant droit sur le procès-verbal rendu contre Jacques Vergne, pour raison d'un porc qu'il avait abattu sans déclaration ni paiement des droits ; déclare ledit porc acquis et confisqué au profit du régisseur, et condamne ledit Vergne en l'amende de 200 livres, que Sa Majesté, par grâce et sans tirer à conséquence, a modérée à la somme de 20 livres ; ordonne l'exécution des contraintes décernées contre Charles Boislet et sa femme, Étienne Masson, et que les poursuites encommencées seront continuées ; et faisant droit sur l'intervention des sieurs Lecomte et consorts, les déclare non-recevables dans ladite intervention, dont ils sont déboutés, et les condamne solidairement au paiement de l'amende de 200 livres encourue par ledit Vergne, et modérée par grâce à 20 livres, comme ayant pris le fait et cause dudit Vergne ; condamne pareillement lesdits Vergne, Boislet et Masson, et les sieurs Lecomte et consorts aux dépens, tant des causes principales, que d'appel, et en ceux faits au Conseil.
Le second, sans avoir égard aux oppositions formées par le sieur Lecomte et autres, à l'arrêt ci-dessus, ni à toutes leurs autres demandes et conclusions, dont Sa Majesté les a déboutés, ordonne que ledit arrêt sera exécuté selon sa forme et teneur, et condamne lesdits sieurs Lecomte et consorts aux dépens et au coût du présent arrêt. 17 août 1773 et 6 septembre 1774. (AN → AD⁺ 1014)

130. Arrêt du Conseil d'État du roi, concernant les places d'engagés, dues par chaque navire allant aux colonies ; et le port des fusils. 10 septembre 1774. (AN → AD⁺ 1014)

131. Arrêt du Conseil de monseigneur le comte d'Artois, concernant l'ouverture du centième denier, pour l'année 1775. 11 septembre 1774. (AN → U* 1252)

132. Arrêt du Conseil d'État du roi, par lequel Sa Majesté établit la liberté du commerce des grains et farines dans l'intérieur du royaume : et se réserve à statuer sur la liberté de la vente à l'étranger, lorsque les circonstances seront devenues plus favorables. 13 septembre 1774. (AN → AD^{+} 1014)

133. Arrêt du Conseil d'État du roi, qui casse et annule une sentence rendue par les officiers de l'élection d'Angoulême le 30 juillet 1774, par laquelle ils avaient déchargés Charles Dusouchet, syndic des marchands bouchers d'Angoulême, et la communauté desdits bouchers intervenue dans l'instance, de l'exercice des commis de François Noël, régisseur pour le roi des droits réservés ; condamne ledit Dusouchet en 200 livres d'amende pour son refus de visite, et condamne également tant ladite communauté que ledit Dusouchet, chacun en ce qui les concerne, aux dépens faits à l'élection, et au coût dudit arrêt. Ordonne l'exécution des édits de 1704 et 1705, l'arrêt du Conseil du 22 septembre 1722, l'édit du mois d'août 1758, la déclaration du 3 janvier 1759, le tarif y annexé, et les autres règlements concernant les droits réservés. Ordonne en outre que ledit arrêt sera imprimé, publié et affiché dans la ville d'Angoulême, et partout ailleurs où besoin sera, et exécuté par provision nonobstant toutes oppositions ou autres empêchements quelconques, pour lesquels ne sera différé, et dont si aucuns interviennent, Sa Majesté se réserve à Elle et son Conseil la connaissance, qu'elle interdit à toutes ses cours et autres juges. 13 septembre 1774. (AN → AD^{+} 1014)

134. Arrêt du Conseil d'État du roi, qui casse un arrêt du parlement de Paris, du 3 août 1774 par lequel le nommé Vinot, habitant du faubourg Goyer de la ville de Sézanne, avait été déchargé des procès-verbaux rendus contre lui, les 8 et 11 juin 1771, pour avoir fait entrer dans son domicile audit faubourg, sans déclaration ni paiement des droits, un porc et deux voitures de bois. Déclare bonnes et valables les saisies faites sur le nommé Vinot, par lesdits procès-verbaux ; ordonne que les choses saisies seront et demeureront acquises à François Noël ; condamne ledit Vinot, par corps, en l'amende de deux cents livres pour chaque contravention, conformément aux règlements, et aux dépens faits, tant en l'élection de Sézanne, qu'au Parlement, et au coût, sceau et signification du présent arrêt. 13 septembre 1774. (AN → AD^{+} 1014)

135. Arrêt du Conseil d'État du roi, qui affranchit différents droits, des sous pour livre auxquels ils avaient été assujettis. 15 septembre 1774. (AN → AD^{+} 1014)

136. Déclaration du roi, qui ordonne que les poinçons des revers des espèces d'or et d'argent, prescrits par l'édit de 1726, continueront d'avoir lieu pour celles qui seront fabriquées à l'avenir. 18 septembre 1774. (AN → AD^{+} 1014)

Arrêts du Conseil d'État du roi. 22 juillet et 24 septembre 1774. (AN → AD^{+} 1014). Voir notice n° 88.

137. Arrêt du Conseil d'État du roi, qui révoque les arrêts, lettres patentes et résultats du Conseil, concernant les baux de trente années des domaines, ainsi que les différents baux desdits domaines, qui ont été passés en conséquence au nommé Sausseret et autres, pour ledit terme et espace de trente années : ordonne que les cautions dudit Sausseret et autres, seront remboursés du montant des frais, avances et déboursés qu'ils pourront avoir bien et légitimement faits à l'occasion desdits baux. 25 septembre 1774. (AN → AD^{+} 1014)

138. Lettres patentes du roi, qui révoquent le résultat du Conseil du 27 juillet 1773, portant bail au profit de Nicolas Sausseret. 25 septembre 1774. (BN → F 13774)

139. Loterie de l'Hôtel de Ville de Paris, accordée par arrêts du Conseil des 30 juillet et 22 décembre 1760, et lettres patentes du 7 août 1769. Tirage de septembre 1774. Liste générale des billets gagnants de ladite Loterie. Tirée en la grande salle de l'Hôtel de Ville de Paris, en présence de messieurs les prévôt des marchands et échevins. 26 septembre 1774. (AN → AD/IX/436)

140. Arrêt du Conseil d'État du roi, qui continue pendant le bail de Laurent David, la commutation des droits d'inspecteurs aux boissons ; de ceux de courtiers-jaugeurs, en un droit de vingt sous par pièce d'eau-de-vie de quatre-vingt-une veltes, dans les élections de Cognac, Saintes et Saint-Jean d'Angély, de la généralité de La Rochelle. 27 septembre 1774. (AN → AD+ 1014)

141. Lettre de cachet du roi, portant révocation d'exil en faveur de M. Choart, président de la Cour des aides. 27 septembre 1774. (AN → AD+ 1014)

142. Délibération qui fixe le traitement des employés supérieurs. (Bail de Laurent David). 30 septembre 1774. (AN → AD+ 1014)

143. Édit du roi, portant rétablissement de la Cour des comptes, aides et finances de la province de Normandie. Octobre 1774. (AN → AD+ 1015)

144. Édit du roi, portant ampliation du pouvoir des présidiaux. Octobre 1774. (AN → AD+ 1015)

145. Édit du roi, portant rétablissement des officiers du parlement de Rouen. Octobre 1774. (AN → AD+ 1015)

146. Ordonnance du roi, pour la Cour des comptes, aides et finances de Normandie. Octobre 1774. (AN → AD+ 1015)

147. Ordonnance du roi, pour le parlement de Rouen. Octobre 1774. (AN → AD+ 1015)

148. Instruction pour la régie, l'exercice et la perception des droits d'inspecteurs aux boucheries. Octobre 1774. (AN → AD+ 1015)

149. Arrêt du Conseil d'État du roi, qui commet le sieur Lenoir, maître des requêtes, pour exercer toutes les fonctions qu'exerçait avant lui le sieur de Sartine. 1er octobre 1774. (AN → AD+ 1015)

Arrêts du Conseil d'État du roi. 26 juillet et 2 octobre 1774. (AN → AD+ 1310). Voir notice n° 91.

150. Arrêt du Conseil d'État du roi, qui casse et annule l'arrêt du parlement de Bordeaux, du 22 juillet 1774, comme incompétemment rendu, et en ce qu'il porte défenses à François Noël, de faire percevoir les droits réservés. 2 octobre 1774. (AN → AD+ 1015)

151. Arrêt du Conseil d'État du roi, qui ordonne la translation à l'hôtel de Bretonvilliers, du Bureau unique pour l'enregistrement des titres de propriété des bourgeois de Paris, et autres priviligiés, qui veulent jouir de l'exemption des droits sur les denrées provenant de leurs terres, et destinées à la consommation de leurs maisons. 2 octobre 1774. (AN → AD+ 1015)

152. Extrait des registres du Conseil d'État. (Franche-Comté. Sel). 2 octobre 1774. (AN → AD⁺ 1015)

153. Arrêt du Conseil d'État du roi et lettres patentes sur icelui, qui autorisent les magistrats de la ville de Lille à prononcer en dernier ressort des amendes en matière d'octrois, jusqu'à la somme de 100 florins. 2 octobre 1774. (BN → F 21722 [25])

154. Ordonnance du roi, concernant le corps royal de l'Artillerie. 3 octobre 1774. (AN → AD⁺ 1015)

155. Bail de Laurent David. Délibération concernant les retraites des employés des Traites. 10 octobre 1774. (AN → AD/VI/33)

156. Arrêt du Conseil d'État du roi et lettres patentes sur icelui, portant bail à Jean-François Martin, pour neuf années, à commencer du 1er janvier 1775, des droits domaniaux, tant anciens que réunis, dans l'étendue des duchés de Lorraine et de Bar, moyennant huit cent trente mille livres par an. 11 octobre et 5 novembre 1774. (BN → F 13774)

157. Arrêt du Conseil d'État du roi, qui révoque celui du 3 octobre 1773, portant règlement pour la fourniture et vente des sels dans les dépôts limitrophes au pays de gabelle ; ordonne en conséquence, que les fournisseurs et minotiers desdits dépôts, continueront de les approvisionner comme auparavant ledit arrêt, et qu'ils seront tenus de se charger des approvisionnements en sel, faits par l'adjudicataire des Fermes à la destination desdits dépôts, en exécution dudit arrêt du 3 octobre 1773, et de lui en rembourser par qui et ainsi qu'il sera ordonné par Sa Majesté, des frais par lui faits, relativement auxdits approvisionnements. 14 octobre 1774. (AN → AD⁺ 1015)

158. Arrêt du Conseil d'État du roi, qui ordonne qu'il sera sursis à l'exécution de l'arrêt de la Cour de Parlement, du 1er août 1774, jusqu'à ce qu'il en ait été par Sa Majesté autrement ordonné ; lequel a fait défenses aux marchands d'acheter des vins à la halle, à l'étape et sur les ports. 17 octobre 1774. (AN → AD⁺ 1015)

159. Arrêt du Conseil d'État et lettres patentes attachés sous le contre-scel d'icelui, portant règlement pour les frais ou taxe des messagers ou pédons en Corse. 21 octobre 1774. (AN → Marine A/1/113)

160. Arrêt du Conseil d'État du roi, qui ordonne qu'à l'avenir les fers-blancs en feuilles, doubles ou simples, venant de l'étranger, acquitteront à toutes les entrées du royaume, quatre livres par quintal, au lieu des droits auxquels ils avaient été imposés par l'arrêt du 3 juillet 1692. 23 octobre 1774. (AN → AD⁺ 1015)

161. Arrêt du Conseil d'État du roi, qui suspend en Alsace, l'exécution de la déclaration du 4 mai 1749, et ordonne celle de l'article XXIII de la déclaration du 1er août 1721, dans les trois lieues de cette province, limitrophes aux Trois-Évêchés, à la Lorraine, à la Franche-Comté et au Montbéliard ;
Et portant règlement pour la police desdites trois lieues, relativement à la vente et à la consommation du tabac. 23 octobre 1774. (AN → AD⁺ 1015)

162. Lettre de cachet du roi adressée à chacun de messieurs du Parlement. 24 octobre 1774. (AN → AD⁺ 1015)

163. Arrêt du Conseil d'État du roi, qui, faisant droit sur le renvoi porté par la sentence de l'élection de Montivilliers, du 4 juin dernier, condamne chacun des nommés Jacques Gasquerel, Charles Cocquais, et autres habitants des franchises de Fécamp, en 200 livres d'amende, pour leur refus de visite, et leur opposition à la marque et prise en charge des boissons et autres denrées sujettes aux droits réservés, existants chez eux, lors des procès-verbaux rendus contre eux ; ordonne que l'édit d'août 1758, la déclaration du 3 janvier 1759, et le tarif y annexé, l'édit d'avril 1768, l'arrêt du Conseil du 22 septembre 1722, concernant les droits d'inspecteurs aux boucheries et aux boissons, à l'instar desquels les droits réservés doivent être perçus, et les autres édits et règlements rendus sur le fait desdits droits réservés, seront exécutés selon leur forme et teneur ; en conséquence que lesdits Gasquerel et consorts, seront tenus de faire leurs déclarations de toutes les boissons et autres denrées sujettes auxdits droits, et de les acquitter au Bureau général, établi par le régisseur, dans la ville de Fécamp, à l'instant de leur arrivée, et auparavant de les faire entrer dans leurs maisons ; de souffrir pareillement les visites et exercices des commis, et de leur faire ouvertures à toutes réquisitions, des caves, celliers, granges et autres lieux de leurs maisons, qui pourraient servir d'entrepôt auxdites denrées, sous peine, en cas de refus, de 200 livres d'amende, et telles autres qu'il appartiendra : condamne lesdits Gasquerel et consorts, aux dépens faits en l'élection de Montivilliers, et au coût, sceau et signification du présent arrêt. 25 octobre 1774. (AN → AD^{+} 1015)

164. Lettre de cachet du roi adressée à chacun de messieurs de la Cour des aides. 25 octobre 1774. (AN → AD^{+} 1015)

165. Loterie de l'Hôtel de Ville de Paris, accordée par arrêts du Conseil des 30 juillet et 22 décembre 1760, et lettres patentes du 7 août 1769. Tirage d'octobre 1774. Liste générale des billets gagnants de ladite Loterie. Tirée en la grande salle de l'Hôtel de Ville de Paris, en présence de messieurs les prévôt des marchands et échevins. 25 octobre 1774. (AN → AD/IX/436)

166. Arrêt du Conseil d'État du roi, qui ordonne l'exécution des arrêts du Conseil et lettres patentes des 30 mai 1724, 11 août et 11 septembre 1739, ensemble de l'arrêt du Conseil du 26 avril 1746 ; en conséquence, sous les peines y portées et à la seule exception des marchands et détailleurs des villes fermées, fait très-expresses inhibitions et défenses à tous marchands, détailleurs et autres, établis dans les paroisses des généralités de Paris et de Soissons, qui sont situées dans les trois lieues limitrophes des extrémités de la généralité d'Amiens, de tenir en magasin aucunes eaux-de-vie en pipes, busses, muids, demi-muids, quarts de muid et autres tonneaux ; leur permet seulement de s'en approvisionner en barils de soixante pintes et au-dessous, ayant acquitté les droits avant l'enlèvement, et dont ils ne pourront en avoir qu'un seul à la fois : veut qu'ils n'en fassent la revente qu'à pot et à pintes ou autres moindres mesures, et seulement pour la consommation des lieux qu'ils habitent : ordonne enfin que l'arrêt sera lu, publié et affiché dans lesdites paroisses. 30 octobre 1774. (AN → AD^{+} 1015)

167. Arrêt du Conseil d'État du roi, qui fixe les sommes qui seront payées à Laurent David, adjudicataire des Fermes générales, pendant chacune des six années de son bail, pour tenir lieu des droits de contrôle des actes des notaires et sous signatures privées, insinuations laïques, petit-scel, centième denier et droits d'usages, dans la province d'Artois. 30 octobre 1774. (AN → AD^{+} 1015)

168. Arrêt du Conseil d'État du roi, qui fixe les sommes qui seront payées à Laurent David, adjudicataire des Fermes générales, pendant chacune des six années de son bail, pour tenir lieu des droits de contrôle des actes des notaires et sous seing privé, insinuations laïques, petit-scel et centième denier, dans le pays de Labour. 30 octobre 1774. (AN → AD^{+} 1015)

169. Lettres patentes sur arrêt, portant abonnement des droits réservés dans les lieux du ressort du parlement de Navarre, pour six années, à compter du 1er janvier 1775. 30 octobre 1774. (AN → AD^{+} 1015)

170. Édit du roi, portant rétablissement des anciens officiers du parlement de Paris. Novembre 1774. (AN → AD^{+} 1015)

171. Édit du roi, portant rétablissement du Grand Conseil. Novembre 1774. (AN → AD^{+} 1015)

172. Édit du roi, portant suppression des offices d'intendants du commerce, vacance arrivant d'iceux. Novembre 1774. (AN → AD^{+} 1015)

173. Édit du roi, portant création et érection d'une capitainerie royale des chasses, sous le titre de capitainerie royale de Sénart, et d'offices dans ladite capitainerie. Novembre 1774. (AN → AD^{+} 1015)

174. Édit du roi, portant suppression d'offices dans le Parlement et les Conseils supérieurs. (Procès-verbal du Lit de Justice du 12 novembre 1774). Novembre 1774. (AN → AD^{+} 1015)

175. Édit du roi, portant rétablissement de la Cour des aides de Paris. (Procès-verbal du Lit de Justice du 12 novembre 1774). Novembre 1774. (AN → AD^{+} 1015)

176. Édit du roi, portant rétablissement de la Cour des aides de Clermont-Ferrand. (Procès-verbal du Lit de Justice du 12 novembre 1774). Novembre 1774. (AN → AD^{+} 1015)

177. Édit du roi, portant suppression des offices d'avocats au Parlement, et rétablissement des offices de procureurs. (Procès-verbal du Lit de Justice du 12 novembre 1774). Novembre 1774. (AN → AD^{+} 1015)

178. Édit du roi, portant ampliation du pouvoir des présidiaux. (Procès-verbal du Lit de Justice du 12 novembre 1774). Novembre 1774. (AN → AD^{+} 1015)

179. Édit du roi, portant rétablissement du Conseil provincial d'Artois. (Procès-verbal du Lit de Justice du 12 novembre 1774). Novembre 1774. (AN → AD^{+} 1015)

180. Édit du roi portant rétablissement du parlement de Douai. Novembre 1774. (BN → F 21722 [27])

181. Lettres patentes du roi, en forme d'édit, en faveur des vingt-trois villes impériales y dénommées, pour l'exemption du droit d'aubaine, et la liberté du commerce. Novembre 1774. (AN → AD^{+} 1015)

182. Ordonnance du roi. (Administration de la Justice). (Procès-verbal du Lit de Justice du 12 novembre 1774). Novembre 1774. (AN → AD[+] 1015)

183. Lettres patentes du roi, concernant le commerce des grains dans l'intérieur du royaume. 2 novembre 1774. (AN → AD[+] 1015)

Arrêt du Conseil d'État du roi et lettres patentes sur icelui. 11 octobre et 5 novembre 1774. Voir notice n° 156.

184. Délibération concernant les gratifications d'excédent sur les bonnes ventes en sel, et les gratifications pour suite et tenue des registres-sextés, qui auront lieu pendant le bail de Laurent David. 7 novembre 1774. (AN → AD/IX/428)

185. Ordonnance du roi, pour régler provisoirement ce qui sera observé dans les différentes parties du service de la Marine. 8 novembre 1774. (AN → AD[+] 1015)

186. Lettre de cachet du roi adressée à chacun de messieurs du nouveau Parlement et à eux envoyée par la poste. 10 novembre 1774. (AN → AD[+] 1015)

187. Lettre de cachet du roi adressée à messieurs les anciens officiers du Parlement et à eux envoyée par la poste. 10 novembre 1774. (AN → AD[+] 1015). (Lettre de M. le duc de la Vrillière jointe à la susdite lettre du roi).

188. Lettre de cachet du roi adressée à messieurs les officiers de la Cour des aides et à eux envoyée par la poste. 10 novembre 1774. (AN → AD[+] 1015). (Lettre de M. le duc de la Vrillière jointe à la susdite lettre du roi).

189. Arrêt du Conseil d'État du roi, concernant les frères-lais de l'ordre des Mineurs-Récollets. 12 novembre 1774. (AN → AD[+] 1015)

190. Procès-verbal de ce qui s'est passé au Lit de Justice, tenu par le roi à Paris, le samedi 12 novembre 1774. (AN → AD[+] 1015)

191. Procès-verbal de la séance, tenue au Grand Conseil, par Monsieur, frère du roi, pour l'enregistrement des édits, ordonnance et lettres patentes ci-après mentionnés. 12 novembre 1774. (AN → AD[+] 1015)

192. Arrêt du Conseil d'État du roi, qui fixe les sommes qui seront payées à Laurent David, adjudicataire des Fermes générales, pendant chacune des six années de son bail, pour tenir lieu des droits de contrôle des actes des notaires et sous signatures privées, insinuations laïques, petit-scel et centième denier, dans la province de Haynault. 13 novembre 1774. (AN → AD[+] 1015)

193. Arrêt du Conseil d'État du roi, qui fixe les sommes qui seront payées à Laurent David, adjudicataire des Fermes générales, pendant chacune des six années de son bail, pour tenir lieu des droits de contrôle des actes des notaires et sous signatures privées, insinuations laïques, petit-scel et centième denier, dans la province de Flandre. 13 novembre 1774. (AN → AD[+] 1015)

194. Arrêt du Conseil d'État du roi, qui casse un arrêt du parlement de Paris, du 23 juillet dernier, et la sentence de l'élection de Nemours, du 22 juin 1773, par laquelle le nommé René Legrand, voiturier à Nemours, avait été renvoyé, avec dépens, de la demande formée contre lui, par le régisseur, pour avoir dételé dans le faubourg Grand-Pont de la ville de Nemours, un des deux chevaux de sa voiture, et n'avoir fait déclaration à l'entrée de ladite ville, que d'une voiture de bois, attelée d'un cheval au lieu de deux, pour frauder une partie des droits : déclare le procès-verbal rendu contre ledit Legrand, bon et valable, et les choses saisies acquises et confisquées au profit de François Noël ; condamne ledit Legrand en l'amende de 200 livres et aux dépens faits, tant en l'élection, qu'au Parlement, et au coût, sceau et signification du présent arrêt. 15 novembre 1774. (AN → AD⁺ 1015)

195. De par le roi. (Adjudication des Fermes déclarées appartenantes à la ville de Reims). 16 novembre 1774. (AN → AD⁺ 1015)

196. Arrêt du Conseil d'État du roi, qui ordonne que les huit sous pour livre continueront d'être perçus en sus du principal des droits de chablage, de maîtres et aides des ponts ; enjoint aux percepteurs desdits droits de faire la perception desdits huit sous pour livre, et d'en compter aux préposés de l'adjudicataire des Fermes générales, soit à vue des registres de recette bien et dûment tenus, soit sur le pied de leurs baux, soit enfin sur le pied des abonnements passés à l'amiable et convenus d'office :
Condamne les nommés Lepage, Marié, Orry, Freret et Dubourg à acquitter les huit sous pour livre en sus du principal des droits de courbe qu'ils ont payés, soit à Conflans, soit à Chatou. 20 novembre 1774. (AN → AD⁺ 1015)

197. Arrêt du Conseil d'État du roi, qui ordonne que les actes qui seront passés pendant l'espace de deux années, entre les gros décimateurs ou curés primitifs et les curés ou vicaires perpétuels qui n'auront point opté la portion congrue, et par lesquels il sera cédé aux curés des portions de dîmes anciennes ou novales, en échange des novales qu'ils abandonneront aux gros décimateurs, demeureront affranchis, par grâce, de tout droit d'amortissement. 24 novembre 1774. (AN → AD⁺ 1015)

198. Arrêt du Conseil d'État du roi, qui règle la forme dans laquelle les officiers rétablis, des Cours supérieures, remettront au Trésor royal les valeurs qu'ils ont reçues en payement des liquidations de leurs offices ; celle de la comptabilité du garde du Trésor royal ; celle du payement des gages des officiers rétablis ; et qui supprime les remboursements des quittances de finance, provenant des liquidations d'offices, à compter du 1er janvier 1775. 25 novembre 1774. (AN → AD⁺ 1015)

199. Loterie de l'Hôtel de Ville de Paris, accordée par arrêts du Conseil des 30 juillet et 22 décembre 1760, et lettres patentes du 7 août 1769. Tirage de novembre 1774. Liste générale des billets gagnants de ladite Loterie. Tirée en la grande salle de l'Hôtel de Ville de Paris, en présence de messieurs les prévôt des marchands et échevins. 25 novembre 1774. (AN → AD/IX/436)

200. Arrêt contradictoire du Conseil, qui déboute le lieutenant général et procureur du roi au bailliage de Chalon-sur-Saône, de l'opposition par eux formée à l'arrêt du Conseil du 4 décembre 1772, concernant la vente des meubles et effets de la succession du sieur de Rochefort d'Ailly, évêque dudit Chalon, et ordonne l'exécution dudit arrêt. (Sieurs Bernigaud et Leschesnault). 26 novembre 1774. (AN → AD/XVII/17^{A})

201. Arrêt du Conseil d'État du roi, qui ordonne que les maisons abbatiales, prieutales et canoniales, et tous autres biens dépendant des lieux claustraux et réguliers, qui ont été ou seront mis dans le commerce, demeureront, par grâce, déchargés du droit d'amortissement, pourvu que l'usage et la destination n'en soient pas changés et dénaturés pour toujours ; et à la charge que le droit de nouvel acquêt en sera payé par les bénéficiers et autres gens de mainmorte, relativement à la durée des baux qu'ils en auront faits, ou qu'ils pourraient en faire. 27 novembre 1774. (AN → AD^{+} 1015)

202. Arrêt du Conseil d'État du roi, qui ordonne, conformément à l'article XVI du règlement du 13 avril 1751, que les ecclésiastiques constitués dans les ordres sacrés, qui font partie du clergé de France, et qui seront de condition roturière, continueront de jouir, tant pour les biens de leurs bénéfices, que pour leurs biens patrimoniaux, de l'exemption du droit de franc-fief, lequel ne sera exigible et payé que pour raison des biens nobles qu'ils ont acquis, ou qu'ils pourront acquérir à l'avenir. 27 novembre 1774. (AN → AD^{+} 1015)

203. Lettres patentes du roi, concernant la comptabilité des quatre cent mille livres de rentes perpétuelles et viagères sur l'ordre du Saint-Esprit, créées par lettres patentes du 18 juin 1771. 27 novembre 1774. (AN → AD^{+} 1015)

204. Arrêt du Conseil d'État du roi, et lettres patentes sur icelui, qui ordonnent la liberté du commerce des huiles de pavot, dites d'œillet. 28 novembre et 20 décembre 1774. (AN → AD^{+} 1015)

205. Arrêt du Conseil d'État du roi. (Verriers, faïenciers, émailleurs, patenôtriers de Paris). 29 novembre 1774. (AN → AD^{+} 1015)

206. Arrêt du Conseil d'État du roi, qui permet à l'ordre de Saint-Jean de Jérusalem un supplément de coupe des bois, futaies et taillis, baliveaux sur taillis et arbres épars dans les commanderies, bailliages et autres bénéfices des six grands prieurés dudit ordre. 29 novembre 1774. (AN → AD^{+} 1015)

207. Réponse du roi à la réputation du Grand Conseil. 30 novembre 1774. (AN → AD^{+} 1015)

208. Édit du roi, portant établissement d'un hospice dans les écoles de chirurgie de Paris. Décembre 1774. (AN → AD^{+} 1016)

209. Édit du roi, portant création d'un sixième office d'intendant des Finances, en faveur du sieur Amelot. Décembre 1774. (AN → AD^{+} 1016)

210. Édit du roi, portant rétablissement des deux offices d'huissiers servant à la seconde et à la troisième Chambre des enquêtes du parlement de Paris. Décembre 1774. (AN → AD^{+} 1016)

211. Édit du roi, portant rétablissement d'offices dans le Châtelet de Paris. Décembre 1774. (AN → AD^{+} 1016)

212. Édit du roi, portant rétablissement des anciens offices du parlement de Bretagne. Décembre 1774. (AN → AD^{+} 1016)

213. Édit du roi, portant règlement pour la discipline du Parlement. (Bretagne). Décembre 1774. (AN → AD^{+} 1016)

214. Édit du roi, portant ampliation du pouvoir des présidiaux. Décembre 1774. (AN → AD+ 1016)

215. Édit du roi qui rétablit dans leurs fonctions ceux qui, à l'époque de la suppression du parlement de Douai, étaient pourvus des offices y dénommés, et qui substitue les sieurs Lefebvre et Cauquelin aux sieurs Des Rasières et de Riacourt, compris dans l'état annexé à l'édit de rétablissement du Parlement, comme substituts du procureur général. Décembre 1774. (BN → F 21722 [27])

216. Lettres patentes du roi, en forme d'édit, qui accordent à Monsieur, frère du roi, pour supplément d'apanage, le duché d'Alençon et la forêt de Senonches. Décembre 1774. (AN → AD+ 1016)

217. Lettres patentes du roi, portant confirmation de privilèges en faveur des habitants du comté de Venise. Décembre 1774. (AN → AD/IX/344)

218. Lettres patentes du roi, en faveur des consuls et habitants de la ville d'Avignon et comté vénaissin. Décembre 1774. (AN → U 1288)

219. Ordonnance du roi, concernant les régiments provinciaux. 1er décembre 1774. (AN → AD+ 1016)

220. Extrait des registres du Conseil d'État du roi. (Louis-Théodore Andrault. Henry de Lambert. Charles Achard. Laporte. M. Boucey. Aucey. Sougeal). 3 décembre 1774. (AN → AD+ 1016)

221. Arrêt du Conseil d'État du roi, qui ordonne que les droits de visite et de contrôle, perçus sur chaque pièce de draps et de toiles, seront affranchis des trois deniers pour livre, tenant lieu des huit sous pour livre ordonnés être perçus par l'arrêt du Conseil du 18 novembre 1773. 4 décembre 1774. (AN → AD+ 1016)

222. Arrêt du Conseil d'État du roi, concernant le droit de marc d'or à payer pour les offices d'exempts et receveurs des amendes des capitaineries des chasses. 4 décembre 1774. (AN → AD+ 1016)

223. Arrêt du Conseil d'État du roi, qui ordonne aux huissiers et sergents qui signifieront des oppositions aux conservateurs des hypothèques, établis par l'édit de juin 1771, de signer l'acte d'enregistrement qui sera fait desdites oppositions, sur les registres à ce destinés. 4 décembre 1774. (AN → AD+ 1016)

224. Arrêt du Conseil d'État du roi, et lettres patentes sur icelui, qui ordonnent que les pièces de six sous, douze sous et vingt-quatre sous, ne pourront entrer dans les payements que pour appoint et en espèces découvertes. 11 décembre 1774. (AN → AD+ 1016)

225. Délibération, contenant que les veuves et enfants des confrères jouiront de la bourse-commune pendant six mois après leurs décès, et qu'elle ne sera ni saisissable ni cessible. 11 décembre 1774. (AN → AD+ 1016)

226. Ordonnance du roi, concernant la masse de remonte des maréchaussées. 13 décembre 1774. (AN → MM 1221)

227. Départements de messieurs les fermiers généraux, pour le service des Fermes royales unies, pendant la première années du bail de Laurent David. 13 décembre 1774. (AN → AD+ 1016)

228. Lettres patentes du roi, qui ordonnent l'enregistrement à la Chambre des comptes, des lettres patentes, contrat d'aliénation et arrêt concernant l'emprunt en rentes viagères, fait en Hollande. 17 décembre 1774. (AN → AD/IX/96)

229. Extraits des ordonnances du roi, règlement et code de police, portant défenses d'aider au déguisement des soldats, de leur faire crédit, et aux mineurs et bas-officiers, même aux journaliers ; aux cabaretiers de donner à boire aux soldats après la retraite, et d'acheter des effets et métaux d'autres que de fripiers, revendeurs et gens non suspects. 17 décembre 1774. (BN → F 13774)

230. Déclaration du roi, concernant les monastères situés en Flandre et en Artois. 17 décembre 1774. (BN → F 23628 [977])

231. Arrêt du Conseil d'État du roi, contenant des dispositions pour arrêter les progrès de la maladie épizootique sur les bestiaux, dans les provinces méridionales du royaume. 18 décembre 1774. (AN → AD^{+} 1016)

232. Arrêt du Conseil d'État du roi, qui ordonne que Jean-Baptiste Pirodeau sera mis en possession de la Régie des droits des hypothèques, des greffes et autres y joints, dont Sa Majesté l'a chargé de faire la perception pendant six années entières et consécutives, à commencer du 1er janvier 1775. 18 décembre 1774. (AN → AD^{+} 1016)

233. Lettres patentes du roi, qui fixent les capitaux de l'emprunt en rentes viagères, fait en Hollande, en exécution des lettres patentes du 12 juin 1771 ; et qui ordonnent que lesdites rentes viagères seront payées à l'avenir, à compter du 1er juillet 1774, à l'Hôtel de Ville de Paris. 18 décembre 1774. (AN → AD^{+} 1016)

234. Déclaration du roi, concernant la comptabilité des receveurs généraux des Finances. 18 décembre 1774. (AN → AD^{+} 1016)

235. Arrêt du Conseil d'État du roi, qui permet à l'adjudicataire des Fermes, de faire procéder à la vente des chevaux et autres effets saisis sur les faux-sauniers, faux-tabatiers et autres contrebandiers, sans autre formalité que la simple permission du juge, au bas de la requête qui lui sera présentée à cet effet ; et ordonne que cette permission sera accordée sans frais. 19 décembre 1774. (AN → AD^{+} 1016)

236. Arrêt du Conseil d'État du roi, qui ordonne l'exécution de l'arrêt du 21 août 1771, portant attribution aux sieurs intendants et commissaires départis dans les provinces, des contestations concernant la régie et perception du droit sur l'amidon : déclare que lesdits sieurs intendants, chacun dans leur généralité, sont suffisamment autorisés par ledit arrêt pour recevoir les plaintes et informer des faits résultant des procès-verbaux dans les matières dont la connaissance leur est attribuée. En conséquence commet le sieur intendant de Dijon pour instruire et juger souverainement et en dernier ressort, avec le nombre de gradués requis par l'ordonnance, le procès à faire au nommé Raverot, amidonnier à Mâcon, ses adhérents et complices. 19 décembre 1774. (AN → AD^{+} 1016)

237. Arrêt du Conseil d'État du roi, qui ordonne que Jean Berthaux sera mis en possession de la régie des domaines et droits domaniaux appartenant à Sa Majesté, pour le temps et espace de neuf années entières et consécutives, à commencer du 1er janvier 1775. 22 décembre 1774. (AN → AD^{+} 1016)

238. Loterie de l'Hôtel de Ville de Paris, accordée par arrêts du Conseil des 30 juillet et 22 décembre 1760, et lettres patentes du 7 août 1769. Tirage de décembre 1774. Liste générale des billets gagnants de ladite Loterie. Tirée en la grande salle de l'Hôtel de Ville de Paris, en présence de messieurs les prévôt des marchands et échevins. 24 décembre 1774. (AN → AD/IX/436)

239. Arrêt du Conseil d'État et tarif des sommes à payer par les propriétaires, capitaines et maîtres des bâtiments de commerce du port de Lorient, [...]. 25 décembre 1774. (AN → Marine A/1/113)

240. Lettres patentes du roi, portant création de trois charges de conseiller-maître des requêtes de l'Hôtel de Monsieur, frère du roi. 25 décembre 1774. (AN → AD^{+} 1016)

241. Déclaration du roi, concernant le commerce de la viande pendant le Carême à Paris. 25 décembre 1774. (AN → AD^{+} 1016)

242. Ordonnance du roi, portant création de cent compagnies de fusiliers, en un seul corps, sous la dénomination de corps royal d'Infanterie de la Marine. 26 décembre 1774. (AN → AD^{+} 1016)

243. Ordonnance du roi, pour rétablir les compagnies de bombardiers classés dans les ports de Brest, Toulon et Rochefort ; et régler provisoirement ce qui sera observé dans le service et l'administration de l'Artillerie de la Marine. 26 décembre 1774. (AN → AD^{+} 1016)

244. Ordonnance du roi, pour le dépôt de recrues des troupes des colonies à l'île de Ré. 26 décembre 1774. (AN → AD^{+} 1016)

245. Ordonnance du roi, pour la réforme du régiment de l'Amérique. 26 décembre 1774. (AN → AD^{+} 1016, Marine A/1/113)

246. Déclaration du roi, qui exempte différentes lettres du droit de marc d'or auquel elles étaient assujetties d'après l'édit du mois de décembre 1770. 26 décembre 1774. (AN → AD^{+} 1016)

247. Déclaration du roi, concernant le droit de marc d'or à payer pour les lettres d'honneur et de vétérance. 26 décembre 1774. (AN → AD^{+} 1016)

248. Convention entre la France et l'Espagne, qui règle les fonctions des officiers des amirautés et des consuls, aux naufrages des navires appartenant aux sujets respectifs des deux nations. 27 décembre 1774. (AN → AD^{+} 1016)

249. Supplément à l'article XX de la convention secrète, arrêtée entre Sa Majesté très-chrétienne et Sa Majesté catholique, le 2 janvier 1768. Signé à Versailles le 27 décembre 1774. Pour arrêter la contrebande qui se fait sur les terres des deux dominations. (AN → AD/XV/7)

250. Arrêt du Conseil d'État du roi, concernant l'évaluation des offices des Cours souveraines. 30 décembre 1774. (AN → AD^{+} 1016)

251. Arrêt du Conseil d'État du roi, qui supprime la place d'apothicaire-major de l'Hôtel royal des Invalides, dont le sieur Parmentier était pourvu. 31 décembre 1774. (AN → AD/VI/13^{B} dossier B)

1775

252. Abonnement des édits et arrêts pour la ville de Paris, et toutes les provinces et villes du royaume. (Table analytique des matières contenues dans les édits, lettres patentes, déclarations du roi, arrêts du Conseil, du Parlement, etc.). Année 1775. Imprimé en 1776. (AN → AD/I/30 ; BN → F 21988)

253. Copie de la lettre du roi, écrite aux archevêques et évêques de son royaume. Et instruction envoyée par ordre de Sa Majesté à tous les curés de son royaume. (Blés). 1775. (AN → AD^{+} 1311)

254. Instruction pour l'établissement et la régie des ateliers de charité. 1775. (AN → AD/XIV/5)

255. Instruction concernant les invalides de la Marine entretenus dans les provinces du royaume. 1775. (AN → Marine A/1/115)

256. Instruction pour les aspirants-gardes de la Marine, avant et après leur admission. 1775. (AN → Marine A/1/115)

257. Liste de messieurs les conseillers du roi, commissaires-enquêteurs-examinateurs au Châtelet de Paris, suivant l'ordre de leurs réceptions. Pour l'année 1775. (AN → AD/II/9)

258. Liste des marchands-bonnetiers, l'un des six corps des marchands à Paris. 1775. (AN → AD/XI/13 dossier A pièce 117)

259. Liste des principaux logements de la Cour, à Reims, pour la cérémonie du sacre du roi Louis XVI, au mois de juin 1775. (BN → Lb^{39} 183)

260. Liste des postes principales, dressée en faveur des voyageurs, qui partent de Strasbourg pour l'Allemagne, la Hollande et la Suisse. Avec un tarif sur la réduction de l'argent d'Allemagne en argent de France. 1775. (BN → G 10789)

261. Aux déserteurs français, réfugiés dans les pays étrangers. 1775. (AN → Marine A/1/115)

262. Édit du roi portant création de six offices de receveurs des impositions dans la ville de Paris ; et suppression de l'office de receveur général de la capitation et des vingtièmes de ladite ville. Janvier 1775. (AN → AD^{+} 1017)

263. Édit du roi, qui partage entre l'intendance d'Auch et celle de Bordeaux, le département qui compose aujourd'hui l'intendance de Bayonne. Janvier 1775. (AN → AD^{+} 1017)

264. Lettres patentes du roi, en forme de déclaration, qui valident les opérations faites dans la généralité de Paris, pendant les années 1772, 1773, 1774 et 1775, pour la confection des rôles des tailles de ces années. 1er janvier 1775. (AN → AD+ 1017)

265. Arrêt du Conseil d'État du roi, qui exempte les baux des terres, soit incultes, soit en valeur, et de tous autres biens-fonds de la campagne, dont la durée n'excédera pas vingt-neuf années, qui seront passés à l'avenir par-devant notaires, des droits d'insinuation, centième ou demi-centième denier, et de franc-fiefs : et à l'égard de ceux au dessus de neuf années qui auront pour objet des maisons et autres immeubles sis dans les villes et bourgs, ou la perception de rentes, cens et droits seigneuriaux, sans aucune exploitation rurale faite par le fermier, ordonne qu'ils continueront d'être assujettis aux droits de centième ou demi-centième denier. 2 janvier 1775. (AN → AD+ 1017)

266. Déclaration du roi, portant abolition des contraintes solidaires contre les principaux habitants des paroisses, pour le payement des impositions royales, excepté dans le cas de rébellion. 3 janvier 1775. (AN → AD+ 1017)

267. Arrêt du Conseil d'État du roi, qui supprime un écrit intitulé, *Mémoire sur des questions importantes du droit public ; quels sont les caractères de la supériorité territoriale dans l'empire d'Allemagne, etc.* ? 4 janvier 1775. (AN → AD+ 1017)

268. Liste de messieurs les avocats aux Conseils du roi, distribués suivant le service que chacun de messieurs doit à la compagnie, pendant la présente année 1775, dans les mois qui lui sont désignés. 4 janvier 1775. (AN → AD+ 1017)

269. Arrêt du Conseil d'État du roi et lettres patentes sur icelui, qui ordonne que le franc-salé des officiers de la Chambre des comptes de Paris, leur sera délivré suivant l'ancien usage, et comme auparavant les arrêts des 24 février et 18 juillet 1773. 7 janvier 1775. (AN → AD+ 1017)

270. Arrêt du Conseil d'État du roi, qui accorde différentes gratifications par chaque mulet ou cheval à la charrue, qui sera vendu dans les marchés y désignés. 8 janvier 1775. (AN → AD+ 1017)

271. Déclaration du roi, portant suspension des droits d'entrée dans la ville de Paris, sur le poisson salé ; et réduction à moitié de ceux qui se lèvent sur le poisson de mer frais, depuis le premier jour de Carême jusqu'à Pâques. 8 janvier 1775. (AN → AD+ 1017)

272. Lettres patentes du roi, en faveur de la ville impériale de Reutlingen, pour l'exemption du droit d'aubaine, et la liberté du commerce. 12 janvier 1775. (AN → AD+ 1017)

273. Lettres patentes du roi, qui maintiennent à perpétuité les propriétaires du droit des carrosses de places de la ville et faubourgs de Paris et droits y joints et unis, dans la propriété, possession et jouissance pleine et entière de leurs droits. 12 janvier 1775. (BN → F 23629 [12])

274. Déclaration du roi, qui fixe la finance et l'exercice du payeur des gages des officiers de la Cour des aides de Paris. 12 janvier 1775. (AN → AD+ 1017)

275. Déclaration du roi, qui fixe les délais dans lesquels les trésoriers généraux de l'extraordinaire des Guerres, ceux de l'Artillerie et du Génie, ceux des troupes de la Maison du roi et de l'ordinaire des Guerres, et ceux des maréchaussées, compteront de leurs exercices : et qui interprète la déclaration du 23 septembre 1770, relativement aux exercices des années 1736, 1739, 1742 et 1745, de l'office de trésorier général-triennal de l'extraordinaire des Guerres, supprimé en 1747. 12 janvier 1775. (AN → AD$^+$ 1017)

276. Lettres patentes du roi, qui accordent à M. le comte d'Eu, la jouissance en toute propriété et par supplément d'échange, de la forêt de Clary en Languedoc. 13 janvier 1775. (AN → AD$^+$ 1017)

277. Arrêt du Conseil d'État du roi, qui permet l'introduction des grains nationaux dans la Provence, en passant par le port de Marseille, moyennant l'acquit à caution pour le premier Bureau, par lequel les marchandises entrent dans l'intérieur de ladite province en sortant de la ville de Marseille. 14 janvier 1775. (AN → AD$^+$ 1017)

278. Lettres patentes du roi, qui ordonnent que l'acte de prestation du serment de fidélité de l'archevêque de Besançon, sera registré en la Chambre des comptes de Paris. (Durfort). 14 janvier 1775. (AN → AD$^+$ 1017)

279. État des exemptions particulières du tirage du sort pour les régiments provinciaux, accordées par le roi aux provinces de Lorraine et Barrois, eu égard aux circonstances locales. 14 janvier 1775. (BN → F 13774)

280. Arrêt du Conseil d'État du roi, qui ordonne que les lettres de change tirées des îles de France et de Bourbon, sur les trésoriers de la Marine et des Colonies, dont le payement a été suspendu, seront représentées au sieur de Mory caissier de la Compagnie des Indes, pour en dresser un état qui contiendra l'ordre dans lequel elles seront acquittées. 15 janvier 1775. (AN → AD$^+$ 1017)

281. Procès-verbal des sommes remboursées par Me Dubu de Longchamp, trésorier de la Caisse des amortissements, établie par l'édit de décembre 1764, sur ses exercices 1766, 1767 et 1768, depuis les derniers procès-verbaux dressés sur chacun desdits exercices savoir, sur celui de 1766, le 16 décembre 1773 ; sur celui de 1767, le 17 du même mois ; celui de 1768, le 8 juillet 1771. 17 janvier 1775. (AN → AD$^+$ 1017)

282. Arrêt du Conseil d'État du roi, portant règlement pour la police intérieure du nouvel hôtel de la monnaie de Paris. 18 janvier 1775. (AN → AD$^+$ 1017)

283. Réponse du roi aux représentations du Parlement. 18 janvier 1775. (AN → AD$^+$ 1017)

284. Résultat du conseil de Monsieur, qui fait défenses à tous particuliers, corps ou communautés, d'envoyer leurs bestiaux pacager dans ses forêts du duché d'Alençon. 20 janvier 1775. (AN → AD/X/1^A dossier D pièce 17)

285. État des exemptions particulières du tirage du sort pour les régiments provinciaux, accordés par le roi à la généralité de Paris. 20 janvier 1775. (AN → AD$^+$ 1017)

286. Ordonnance du roi, portant suppression des trois régiments créés le 18 août 1772, pour la garde des îles de France et de Bourbon ; et leur incorporation en un seul régiment de quatre bataillons. 21 janvier 1775. (AN → AD^{+} 1017)

287. Déclaration du roi, qui accorde des délais pour compter, à différents trésoriers et payeurs, et à l'adjudicataire des Fermes générales. 22 janvier 1775. (AN → AD^{+} 1017)

288. Loterie de l'Hôtel de Ville de Paris, accordée par arrêts du Conseil des 30 juillet et 22 décembre 1760, et lettres patentes du 7 août 1769. Tirage de janvier 1775. Liste générale des billets gagnants de ladite Loterie. Tirée en la grande salle de l'Hôtel de Ville de Paris, en présence de messieurs les prévôt des marchands et échevins. 25 janvier 1775. (AN → AD/IX/436)

289. Règlement fait au Conseil de Monsieur, sur le fait des chasses du duché d'Alençon, et portant interprétation de celui du 15 janvier 1774, concernant les chasses du surplus de l'apanage. 28 janvier 1775. (AN → AD^{+} 1017)

290. Ordonnance du roi, portant que les écuyers de la Vénerie, pourront, ainsi que ceux de la Grande et Petite Écurie, avoir le choix tant au marché aux chevaux, que chez les marchands particuliers, pour le service des Chasses de Sa Majesté. 29 janvier 1775. (AN → AD^{+} 1017)

291. Déclaration du roi, qui fixe la finance et l'exercice du payeur des gages des officiers du parlement de Paris. 29 janvier 1775. (AN → AD^{+} 1017)

292. Arrêt du Conseil d'État du roi, qui ordonne qu'à compter du jour de sa publication, les morues sèches de pêche française, seront exemptes de tous droits appartenant au roi, tant à l'entrée dans les ports du royaume, que dans la circulation de province à province. 30 janvier 1775. (AN → AD^{+} 1017)

293. Arrêt du Conseil d'État du roi, qui, en ordonnant l'exécution de celui du 18 décembre 1774, prescrit de nouvelles dispositions pour arrêter le progrès de la maladie épizootique sur les bêtes à cornes. 30 janvier 1775. (AN → AD^{+} 1017)

294. Instructions et avis aux habitants des provinces méridionales de la France, sur la maladie putride et pestilentielle qui détruit le bétail. Publiées par ordre du roi. 30 janvier 1775. (AN → AD^{+} 1017)

295. Arrêt du Conseil d'État du roi, qui subroge au lieu et place de Nicolas Giverne, Jean-Louis Renard, dans le privilège exclusif de la manufacture des Glaces. 31 janvier 1775. (AN → AD^{+} 1017)

296. Arrêt du Conseil d'État du roi, qui ordonne que les droits de sou pour livre et autres, établis sur les bestiaux vendus pendant le Carême dans le marché de Sceaux, seront perçus par Martin Bouchinet, et qu'il en comptera par-devant M. le lieutenant général de police. 31 janvier 1775. (AN → AD^{+} 1017)

297. Édit du roi, portant rétablissement du parlement de Bordeaux. Février 1775. (AN → AD^{+} 1017)

298. Édit du roi, portant ordonnance pour le parlement de Bordeaux. Février 1775. (AN → AD^{+} 1017)

299. Édit du roi, portant ampliation du pouvoir des présidiaux. Février 1775. (AN → AD$^+$ 1017)

300. Édit du roi, portant suppression du Conseil supérieur de Nîmes. Février 1775. (AN → AD$^+$ 1017)

301. Édit du roi, portant rétablissement d'offices dans le parlement de Toulouse. Février 1775. (AN → AD$^+$ 1017)

302. Ordonnance du roi, concernant le régiment provincial de la ville de Paris. 1er février 1775. (AN → AD$^+$ 1017)

303. Arrêt du Conseil d'État du roi, qui supprime un écrit ayant pour titre : *Mémoire à consulter et consultation pour Pierre-Augustin Caron de Beaumarchais*. 4 février 1775. (AN → AD$^+$ 1017)

304. Lettres patentes du roi, qui ordonnent que tous les actes d'hommages, aveux et dénombrements, déclarations et autres titres concernant les domaines des duché d'Alençon et comté du Perche ; ensemble les anciens comptes desdits domaines, seront et demeureront déposés en la Chambre des comptes de Paris. 4 février 1775. (AN → AD$^+$ 1017)

305. Édit du roi, concernant les privilèges des habitants de l'Hôtel royal des Gobelins et jugement de Mrs les maîtres des requêtes de l'Hôtel du roi pour les en faire jouir. 9 février 1775. (AN → AD$^+$ 1017)

306. Arrêt du Conseil d'État du roi, qui commet le sieur Broutin pour faire le recouvrement de toutes les sommes dues à la Compagnie des Indes, aux îles de France et de Bourbon. 13 février 1775. (AN → AD$^+$ 1017)

307. Ordonnance du roi, concernant la visite que les commis aux barrières sont autorisés d'y faire de toutes les voitures, sans exception, qui y arrivent. 15 février 1775. (AN → AD$^+$ 1017)

308. Arrêt du Conseil d'État du roi, par lequel Sa Majesté fait concession au sieur Anisson Dupéron, seigneur de Ris et de la Borde, et à ses successeurs dans la terre et seigneurie de Ris, d'un droit de port, bac et passage sur la rivière de Seine, dans l'étendue de la paroisse et seigneurie de Ris ; avec défenses à toutes personnes de le troubler dans l'exercice dudit droit, ni d'établir bateaux de passage, sous quelque nom et forme que ce soit dans ladite étendue. 16 février 1775. (AN → AD$^+$ 1017)

309. Arrêt du Conseil de monseigneur le comte d'Artois, qui ordonne l'exécution des lettres patentes des 30 janvier, 20 février et 15 mai 1774, et que faute par les vassaux de son apanage, délayants ou refusants de rendre leurs hommages, aveux et dénombrements dans les délais prescrits, il sera procédé à toute saisie féodales et autres poursuites de droit contre lesdits vassaux. 19 février 1775. (AN → AD$^+$ 1017)

310. Liste ordinaire du cinquième tirage de la Loterie de remboursement des reconnaissances en échange des billets des Fermes générales, remboursables, conformément à l'arrêt du Conseil du 13 novembre 1770, par ordre de sortie de la roue, de mois en mois par douzième, à compter du 10 mars 1775, à raison de trois cent mille livres par mois. Fait le lundi 20 février 1775. (AN → AD$^+$ 1017)

311. Extrait des registres du Conseil d'État du roi. (Provinces de Flandres wallonne et maritime). 23 février 1775. (AN → AD+ 1017)

312. Loterie de l'Hôtel de Ville de Paris, accordée par arrêts du Conseil des 30 juillet et 22 décembre 1760, et lettres patentes du 7 août 1769. Tirage de février 1775. Liste générale des billets gagnants de ladite Loterie. Tirée en la grande salle de l'Hôtel de Ville de Paris, en présence de messieurs les prévôt des marchands et échevins. 25 février 1775. (AN → AD/IX/436)

313. Édit du roi, portant rétablissement d'offices dans le parlement de Bourgogne. Mars 1775. (AN → AD+ 1018)

314. Édit du roi, portant ordonnance pour le parlement de Bourgogne. Mars 1775. (AN → AD+ 1018)

315. Déclaration du roi, portant défenses aux nouveaux convertis, d'aliéner leurs biens, sans permission. (Protestants). 1er mars 1775. (AN → AD+ 1017)

316. Ordonnance du roi, concernant les gardes du Pavillon et de la Marine. 2 mars 1775. (AN → AD+ 1017)

317. Règlement du roi, pour la police et discipline des gardes du Pavillon et de la Marine, et des aspirants. 2 mars 1775. (AN → AD+ 1017)

318. Arrêt du Conseil d'État du roi, qui ordonne que les marchands-détailleurs d'eau-de-vie, établis dans les paroisses des généralités de Paris et de Soissons, qui sont situées dans les trois lieues limitrophes des extrémités de la généralité d'Amiens, pourront s'en approvisionner en pièces de soixante à soixante-dix veltes et au-dessous, dont ils ne pourront avoir qu'une seule à la fois. 4 mars 1775. (AN → AD+ 1017)

319. Édit du roi, concernant les présidiaux. 4 mars 1775. (AN → AD+ 1018)

320. Compagnie des Indes. Cinquième tirage du remboursement des actions de la Compagnie des Indes, fait le 4 mars 1775, en l'une des salles de l'hôtel de ladite Compagnie, conformément à l'arrêt du Conseil du 10 février 1772. (AN → AD+ 1017)

321. Arrêt du Conseil d'État privé du roi, rendu en faveur des architectes-experts entrepreneurs. Contre les architectes-experts bourgeois. 6 mars 1775. (AN → AD+ 1017)

322. Liste générale de la Loterie de remboursement des reconnaissances données en échange des rescriptions et assignations, en exécution de l'arrêt du Conseil du 2 décembre 1770. Cinquième tirage. Fait en présence de M. le lieutenant général de police, en l'une des salles de l'hôtel de Mesme. 6 mars 1775. (AN → AD+ 1017)

323. Lettres patentes du roi, qui valident l'aliénation faite à la maison Horneca, Hogguer et compagnie, banquiers à Amsterdam, de deux millions de livres de rentes viagères, dont un million à huit pour cent sur une seule tête, et un million à sept pour cent sur deux têtes. 8 mars 1775. (AN → AD/IX/96)

324. Brevets pour l'érection de l'évêché de Nancy, des 12 mars 1775, 28 avril 1776, 11 août 1776, et nomination de Louis-Apollinaire de Montauban, vicaire général d'Autun, audit évêché, du 10 août 1777. (BN → Ms. Joly de Fleury 491, fol. 81)

325. Arrêt du Conseil d'État du roi, concernant le droit de marc d'or à payer pour les charges et offices de la Maison du roi. 16 mars 1775. (AN → AD^{+} 1017)

326. Lettres patentes du roi, qui ordonnent que les propriétaires des fiefs dans la mouvance desquels sont situées les terres et seigneuries de Courtoux et la Forêt, et le fief de Torbechet et autres propriétaires, seront tenus de remettre ès mains de M. le contrôleur général, les titres en vertu desquels ils peuvent prétendre des indemnités, pour être procédé à la liquidation et au payement d'icelles. 17 mars 1775. (AN → AD^{+} 1017)

327. Règlement du Conseil, sur les fonctions des receveurs des impositions de la ville de Paris. 19 mars 1775. (AN → AD^{+} 1017)

328. Arrêt du Conseil d'État du roi, qui ordonne que, nonobstant les règlements, les droits réservés dans la ville, faubourgs et banlieue de Paris, ne seront perçus que pour les denrées et marchandises sur lesquelles ils se percevaient, et seulement dans les endroits de la banlieue où ils se percevaient avant le 1er janvier 1775. 24 mars 1775. (AN → AD^{+} 1017)

329. Ordonnance du roi, pour réunir au régiment provincial de Bordeaux, le bataillon du régiment provincial d'Auch, levé sur les pays qui seront à l'avenir de la généralité de Bordeaux. 24 mars 1775. (AN → Marine A/1/114)

330. Loterie de l'Hôtel de Ville de Paris, accordée par arrêts du Conseil des 30 juillet et 22 décembre 1760, et lettres patentes du 7 août 1769. Tirage de mars 1775. Liste générale des billets gagnants de ladite Loterie. Tirée en la grande salle de l'Hôtel de Ville de Paris, en présence de messieurs les prévôt des marchands et échevins. 24 mars 1775. (AN → AD/IX/436)

331. Arrêt du Conseil d'État du roi, portant règlement pour la bibliothèque du collège royal de La Flèche. 25 mars 1775. (AN → AD^{+} 1017)

332. Lettres patentes du roi, portant évocation au Grand Conseil, des affaires tant civiles que criminelles des anciens officiers du parlement de Bretagne. 25 mars 1775. (AN → AD^{+} 1017)

333. Arrêt du Grand Conseil du roi. (Jean-Claude Colard. Besançon). 29 mars 1775. (AN → AD^{+} 1017)

334. Édit du roi, portant rétablissement des deux receveurs et contrôleurs des consignations du Conseil, Parlement et autres Cours et juridictions de Paris, et création d'un troisième et semblable office en faveur du sieur Héron de la Thuillerie, ci-devant receveur et contrôleur des consignations des requêtes du Palais. (Brillon de Jouy. Danjou. Guillaume Valladon). Avril 1775. (AN → AD^{+} 1018)

335. Édit du roi, portant rétablissement du parlement de Dauphiné. Avril 1775. (AN → AD^{+} 1018)

336. Arrêt du Conseil d'État du roi, qui supprime un ouvrage ayant pour titre : *Théorie du libelle*. 2 avril 1775. (AN → AD^{+} 1018)

337. Règlement fait au Conseil de monseigneur le comte d'Artois, sur le fait des chasses des duché-comté d'Auvergne, duché de Mercoeur, duché d'Angoulême, et autres domaines de son apanage. 2 avril 1775. (AN → AD⁺ 1018)

338. Arrêt du Conseil d'État du roi, qui ordonne qu'à l'avenir les droits sur les fers noirs en feuilles doubles ou simples, venant de l'étranger, seront payés indistinctement à toutes les entrées du royaume, à raison de deux livres huit sous par quintal. 5 avril 1775. (AN → AD⁺ 1018)

339. Arrêt du Conseil d'État du roi, qui ordonne qu'à l'avenir les sucres raffinés, en pains et en poudre ou candi, provenant du commerce des îles de France et de Bourbon, payeront comme ceux provenant des îles et colonies françaises de l'Amérique, vingt-deux livres dix sous par quintal à toutes les entrées du royaume, tant de la Bretagne et des provinces réputées étrangères, que des cinq grosses Fermes. 5 avril 1775. (AN → AD⁺ 1018)

340. Arrêt du Conseil d'État du roi, qui casse la sentence des officiers de la maîtrise de Saint-Mihiel, du 4 février 1775, et ordonne l'exécution des règlements concernant les plantations faites sur les grandes routes. 5 avril 1775. (BN → F 13774)

341. Arrêt du Conseil d'État du roi, qui casse les ordonnances des officiers de la sénéchaussée et lieutenants généraux de police de La Rochelle, des 9 et 10 mars 1775 ; la première, en ce qu'elle ordonne la visite dans les greniers de grains venant de l'étranger ; et la seconde, en ce qu'elle en suspend la vente sous le prétexte qu'ils sont avariés. 7 avril 1775. (AN → AD⁺ 1018)

342. Déclaration du roi, qui rétablit l'ordre des offices de conseillers au Châtelet de Paris ; fixe les gages et pensions attachés auxdits offices ; ordonne l'emploi d'iceux dans l'état des charges de la recette générale des finances de Paris, et la suppression des offices de payeur des gages dudit Châtelet. 8 avril 1775. (AN → AD⁺ 1018)

343. Procès-verbal de limites avec le canton de Berne, du 15 novembre 1774, ratifié par le roi le 9 avril 1775. (AN → AD⁺ 1018)

344. Arrêt du Conseil d'État du roi, concernant le marc d'or à payer pour les offices, commissions et emplois militaires. 13 avril 1775. (AN → AD⁺ 1018)

345. Arrêt du Conseil d'État du roi, qui règle les droits qui seront perçus à l'avenir sur le poisson de mer frais : et supprime ceux sur le poisson salé, à l'exception des droits de domaine et barrage. 13 avril 1775. (AN → AD⁺ 1018)

346. Extrait des registres du Conseil d'État du roi. (Villes et bourgs du comté de Bourgogne). 13 avril 1775. (AN → AD⁺ 1018)

347. Lettres patentes du roi, concernant le recouvrement des gages intermédiaires des offices vacants de justice, police, finance, maréchaussée, et tous autres, échus et à écheoir. 15 avril 1775. (BN → F 13774)

348. Déclaration du roi, qui autorise Jean-Baptiste Pirodeau, à faire, pendant six années, à compter du 1er janvier 1775, le recouvrement de gages intermédiaires. 15 avril 1775. (AN → AD⁺ 1018)

349. Traité préalable passé entre l'ordre de Saint-Jean de Jérusalem et l'ordre hospitalier de Saint-Antoine de Viennois. 15 avril 1775. (AN → AD⁺ 1018)

350. Ordonnance du roi, portant règlement pour le logement du régiment de ses Gardes françaises. 21 avril 1775. (AN → AD⁺ 1018)

351. Arrêt du Conseil d'État du roi, qui suspend à Dijon, Beaune, Saint-Jean-de-Losne et Montbard, la perception des droits sur les grains et farines, tant à l'entrée desdites villes que sur les marchés. 22 avril 1775. (AN → AD⁺ 1018)

352. Arrêt du Conseil d'État du roi, qui supprime deux écrits concernant le prince de Monaco. (*Observations du sieur Jean-Baptiste Pétau*... et *Au roi, pour Jean-Baptiste Pétau*, ...). 22 avril 1775. (AN → AD⁺ 1018)

353. Arrêt du Conseil d'État du roi, qui exempte de tous droits d'entrée dans le royaume, les livres imprimés ou gravés, soit en français, soit en latin, reliés ou non reliés, vieux ou neufs, venant de l'étranger. 23 avril 1775. (AN → AD⁺ 1018)

354. Arrêt du Conseil d'État du roi, qui accorde des gratifications à ceux qui feront venir des grains de l'étranger. 24 avril 1775. (AN → AD⁺ 1018)

355. Arrêt du Conseil d'État du roi, portant défenses aux officiers municipaux de Bonifacio, aux podestats et pères du commun des villes, bourgs et communautés de l'île de Corse, de taxer les denrées et marchandises apportées par les étrangers, ou par les gens du pays, pour la consommation et le commerce. 24 avril 1775. (AN → Marine A/1/114)

356. Loterie de l'Hôtel de Ville de Paris, accordée par arrêts du Conseil des 30 juillet et 22 décembre 1760, et lettres patentes du 7 août 1769. Tirage d'avril 1775. Liste générale des billets gagnants de ladite Loterie. Tirée en la grande salle de l'Hôtel de Ville de Paris, en présence de messieurs les prévôt des marchands et échevins. 25 avril 1775. (AN → AD/IX/436)

357. Ordonnance du roi, concernant l'infanterie française. 26 avril 1775. (AN → AD⁺ 1018)

358. Ordonnance du roi, concernant les régiments d'infanterie irlandaise. 26 avril 1775. (AN → AD⁺ 1018)

359. Ordonnance du roi, concernant le régiment Royal-Italien. 26 avril 1775. (AN → AD⁺ 1018)

360. Ordonnance du roi, concernant le régiment Royal-Corse. 26 avril 1775. (AN → AD⁺ 1018)

361. Ordonnance du roi, pour mettre la légion corse sur le pied des autres légions françaises, sous le nom de légion du Dauphiné. 26 avril 1775. (AN → AD⁺ 1018)

362. Ordonnance du roi, concernant les régiments d'infanterie allemande, d'Alsace et de Bouillon. 26 avril 1775. (AN → AD⁺ 1018)

363. Déclaration du roi, portant établissement d'une Chambre de Tournelle civile au Parlement. 26 avril 1775. (AN → AD⁺ 1018)

364. Arrêt du Conseil d'État du roi, qui ordonne qu'à l'avenir la garance qui viendra de l'étranger, payera à toutes les entrées du royaume, vingt-cinq sous par quintal : et exempte de tous droits de traites celle qui circulera dans le royaume, ainsi que celle qui proviendra de l'île de Corse, en justifiant de son origine. 28 avril 1775. (AN → AD^{+} 1018)

365. Arrêt du Conseil d'État du roi, qui suspend la perception du droit de minage dans la ville de Pontoise ; et fait défenses à toutes personnes de l'exiger, même de la recevoir quoiqu'il fût volontairement offert. 30 avril 1775. (AN → AD^{+} 1018)

366. Édit du roi, qui fixe la finance des offices du Grand Conseil, pensions et indemnités attachés auxdits offices. Mai 1775. (AN → AD^{+} 1018)

367. Édit du roi, portant règlement pour la discipline du parlement de Dauphiné. Mai 1775. (AN → AD^{+} 1018)

368. Édit du roi, concernant la noblesse du Conseil d'Artois. Mai 1775. (BN → F 23629 [47])

369. Lettres patentes du roi, concernant les Missions étrangères. Mai 1775. (AN → AD^{+} 1018). Précis pour les évêques, missionnaires et procureurs députés des Missions étrangères. (AN → Marine A/1/114)

370. Arrêt du Conseil d'État du roi, qui confirme et autorise les délibérations du chapitre des religieux de la province ancienne de l'ordre de la Merci ; et enjoint à ceux qui se trouveront de résidence dans les maisons qui doivent être supprimées, de se retirer dans celles de leur affiliation. 1er mai 1775. (AN → AD^{+} 1018)

371. Ordonnance du roi, pour donner une nouvelle forme aux régiments affectés au service des colonies de l'Amérique. 1er mai 1775. (AN → AD^{+} 1018)

372. Ordonnance du roi, portant établissement de hautes-payes, et distinctions pour les bas-officiers, soldats et tambours des compagnies de canonniers-bombardiers des îles du Vent et sous le Vent. 1er mai 1775. (AN → AD^{+} 1018)

373. Ordonnance du roi, pour la réforme des cadets à l'Aiguillette, entretenus au dépôt des recrues des colonies à l'île de Ré. 1er mai 1775. (AN → AD^{+} 1018)

374. Déclaration du roi, qui fixe en Alsace la forme et la consistance des presbytères et règle par qui les frais de leur entretien seront supportés. 2 mai 1775. (BN → F 23629 [51])

375. Arrêt du Conseil d'État du roi, qui commet et subroge le sieur Albert, lieutenant général de police, pour, au lieu et place du sieur Lenoir, tenir la main à l'exécution des arrêts et règlements concernant les Loteries. 5 mai 1775. (AN → AD^{+} 1018)

376. Déclaration du roi, portant attribution aux prévôts généraux des maréchaussées, de la connaissance et du jugement en dernier ressort des crimes et excès y mentionnés. 5 mai 1775. (AN → AD^{+} 1018)

377. Déclaration du roi, qui ordonne que les brigands attroupés pour piller les maisons et magasins des meuniers, boulangers et laboureurs, seront jugés par les prévôts généraux des maréchaussées. 5 mai 1775. (AN → AD$^+$ 1018)

378. Procès-verbal de ce qui s'est passé au Lit de Justice, tenu par le roi au château de Versailles, le vendredi 5 mai 1775. (Brigands. Pain). (AN → AD$^+$ 1018)

379. Arrêt du Conseil d'État du roi, qui suspend à Nancy et à Pont-à-Mousson la perception des droits sur les grains et farines, tant à l'entrée desdites villes que sur les marchés. 7 mai 1775. (BN → F 13774)

380. Arrêt du Conseil d'État du roi, qui accorde des gratifications à ceux qui feront venir des grains de l'étranger, dans les provinces d'Alsace, de Lorraine, et des Trois-Évêchés. 8 mai 1775. (AN → AD$^+$ 1018)

381. Lettres patentes du roi, qui révoquent l'édit du mois de mars 1771, et ordonnent qu'en conséquence les sièges royaux y dénommés, ensemble les justices y énoncées, continueront de ressortir à l'avenir où ils ressortissaient au 1er janvier 1771. 8 mai 1775. (AN → AD$^+$ 1018)

382. Deux arrêts du Conseil d'État du roi. Le premier, qui renouvelle en faveur de M. le duc d'Orléans les précédents abonnements des droits, tant en principaux que sous pour livre, énoncés audit arrêt ; et fixe les sommes à payer de même par ce prince, à titre d'abonnement, pour tenir lieu des sous pour livre résultant de l'édit de novembre 1771, en sus des droits dont il jouit à différents titres.
Le second, qui fixe, à compter du 1er septembre 1781, à la somme de soixante-dix mille livres, l'abonnement à payer annuellement par M. le duc d'Orléans, pour tenir lieu de la perception des deux sous pour livre établis par l'édit d'août 1781, en sus des anciens droits d'aides dans les élections d'Orléans et de Pithiviers ; des droits rétablis dans lesdites élections et autres lieux de l'apanage de ce prince ; ainsi que des droits d'insinuation, centième denier, contrôle des actes, petit-scel, etc., dont il jouit dans l'étendue de son apanage et de ses terres patrimoniales. 9 mai 1775 et 30 janvier 1782. (AN → AD$^+$ 1018)

383. Copie de la lettre du roi, écrite aux archevêques et évêques de son royaume. Instruction envoyée par ordre de Sa Majesté à tous les curés de son royaume. (Brigands. Blés. Pain). 11 mai 1775. (AN → AD$^+$ 1018)

384. De par le roi. (Attroupements. Brigands. Blés. Pain). 11 mai 1775. (AN → AD$^+$ 1018)

385. Arrêt du Conseil d'État du roi, qui casse l'ordonnance du lieutenant général de police de Soissons du 7 mai 1775, ... et qui lui ordonne d'indemniser les boulangers du préjudice qu'ils auront pu souffrir de la taxe faite par son ordonnance dudit pour 7 mai... 12 mai 1775. (BN → Ms. Joly de Fleury 468, fol. 402)

386. Arrêt du Conseil d'État du roi, et lettres patentes sur icelui, en faveur de l'abbaye de Saint-André-en-Gouffern. 14 mai 1775. (AN → AD$^+$ 1018)

387. Arrêt du Conseil d'État du roi, qui suspend à Bar-le-Duc la perception des droits sur les grains. 14 mai 1775. (BN → F 13774)

388. Lettres patentes sur arrêt du Conseil, servant de règlement pour la répartition du sel d'ordinaire en Franche-Comté. 14 mai 1775. (AN → AD$^+$ 1018)

389. Arrêt du Conseil d'État du roi, qui exempte la ville de Reims, de tous droits d'entrée sur toutes sortes de denrées, non seulement pendant le séjour que le roi fera pour son sacre dans cette ville, mais encore huit jours avant l'arrivée, et huit jours après le départ de Sa Majesté. 15 mai 1775. (AN → AD$^+$ 1018)

390. Arrêt du Conseil d'État du roi, qui supprime un imprimé, intitulé : *Mémoire sur la nature, l'origine et les progrès de l'affaire pour le comte de Guines, ambassadeur du roi, contre le nommé Tort, ci-devant son secrétaire.* 16 mai 1775. (AN → AD$^+$ 1018)

391. Arrêt du Conseil d'État du roi, qui commet le sieur Albert, conseiller au Parlement, intendant du commerce, pour exercer toutes les foctions qu'exerçait avant lui le sieur Lenoir. 19 mai 1775. (AN → AD$^+$ 1018)

392. Arrêt du Conseil d'État du roi, qui accorde pendant six années, à compter du 1er juillet prochain, une gratification de vingt-cinq sous par quintal de morues sèches de pêche française, qui seront transportées dans les îles françaises. 19 mai 1775. (AN → AD$^+$ 1018)

393. Arrêt du Conseil d'État du roi, qui autorise le sieur Albert, lieutenant général de police, à choisir et nommer telle personne qu'il lui plaira, pour faire les fonctions de greffier dans les différentes commissions dont il est chargé. 20 mai 1775. (AN → AD$^+$ 1018)

394. Arrêt du Conseil d'État du roi, qui ordonne que les droits réservés seront et demeureront abonnés, à compter du 1er janvier 1775, jusqu'au dernier décembre 1780, aux villes, bourgs et communautés de la généralité d'Auch, ci-dessous mentionnés. 21 mai 1775. (AN → AD$^+$ 1018)

395. Arrêt du Conseil d'État du roi, qui ordonne la suppression de l'imprimerie établie à l'Hôtel de la guerre à Versailles ; et sa réunion à l'Imprimerie royale. 22 mai 1775. (AN → AD$^+$ 1018)

396. Ordonnance du roi, portant établissement de hautes-payes, et distinctions pour les bas-officiers attachés au dépôt des recrues des colonies, à l'île de Ré. 22 mai 1775. (AN → AD$^+$ 1018)

397. Extrait des registres du Conseil d'État. (Moïse Dalpuget. Mercerie). 23 mai 1775. (AN → AD$^+$ 1018)

398. Arrêt du Conseil d'État du roi, qui maintient le sieur Desmontis dans les droits honorifiques, préséances et privilèges accordés aux officiers commensaux de la Maison du roi. 26 mai 1775. (AN → AD$^+$ 1018)

399. Loterie de l'Hôtel de Ville de Paris, accordée par arrêts du Conseil des 30 juillet et 22 décembre 1760, et lettres patentes du 7 août 1769. Tirage de mai 1775. Liste générale des billets gagnants de ladite Loterie. Tirée en la grande salle de l'Hôtel de Ville de Paris, en présence de messieurs les prévôt des marchands et échevins. 26 mai 1775. (AN → AD/IX/436)

400. Ordonnance du roi, concernant les capitaines-commandants des compagnies colonelle et lieutenante-colonelle des régiments d'infanterie de Royal-Italien et de Royal-Corse. 27 mai 1775. (AN → MM 1221)

401. État de messieurs du Châtelet de Paris, au mois de mai 1775. 27 mai 1775. (BN → F 21599)

402. Arrêt du Conseil d'État du roi, qui convertit en une régie, pour le compte du roi, le bail des Poudres, passé à Alexis Demont le 16 juin 1772. 28 mai 1775. (AN → AD+ 1018)

403. Arrêt du Conseil d'État du roi, qui prescrit les formalités à observer par les voituriers, bourgeois et autres, pour l'affranchissement des droits d'entrée dans la ville de Reims, et de sortie, sur les denrées de consommation, pendant le temps du sacre de Sa Majesté. 29 mai 1775. (AN → AD+ 1018)

404. Arrêt du Conseil d'État du roi, concernant les visites à faire par les préposés de l'adjudicataire des Fermes, chez les marchands en gros, cabaretiers, hôteliers et autres vendant vins et autres boissons en détail ; comme aussi chez tous bouilleurs, marchands en gros et détailleurs d'eaux-de-vie, le lendemain de l'expiration de la franchise accordée par Sa Majesté à la ville de Reims, pendant le temps de son sacre. 29 mai 1775. (AN → AD+ 1018)

405. Lettres patentes du roi, qui désignent les justices où ressortiront les villages et lieux cédés à la France par les échanges conclu entre le feu roi et le prince de Nassau-Saarbruck, et les magasins où ils se pourvoiront de sel ; et qui donnent à la Chambre des comptes de Lorraine, dans toute l'étendue des duchés de Lorraine et de Bar, la connaissance des affaires criminelles concernant les droits des Fermes, attribuée dans les autres provinces aux commissaires du Conseil. 29 mai 1775. (AN → AD+ 1018)

406. Lettres patentes du roi, qui fixent les justices où ressortiront les villages et lieux cédés à la France par la convention d'échange passée entre le feu roi et l'impératrice. (Reine de Hongrie et de Bohême). 29 mai 1775. (AN → AD+ 1018)

407. Arrêts du Conseil d'État du roi. Le premier ordonne le communiqué de la requête de l'adjudicataire à Philbert Cornu et à Pierre Gavillier sa caution.
Le second, rendu contradictoirement, casse une sentence de la juridiction des traites de Joinville, du 30 septembre 1771, et un arrêt du Conseil supérieur de Châlons du 11 octobre suivant : évoquant le principal, confisque les marchandises saisies sur Philbert Cornu ; le condamne solidairement, avec Pierre Gavillier sa caution, à les représenter, sinon à payer la somme de onze mille livres pour la valeur ; le condamne en outre en trois mille livres d'amende et en tous les dépens. 11 mai 1773 et 30 mai 1775. (AN → AD+ 1018)

408. Résultat du Conseil d'État du roi, contenant règlement pour l'exploitation de la régie des Poudres et Salpêtres, établie pour le compte du roi, par arrêt du Conseil du 28 mai 1775. 30 mai 1775. (AN → AD+ 1018)

409. Arrêt du Conseil et lettres patentes, servant de règlement pour l'usage du sel dans les paroisses de Nouvion, Bergues, Boué et Barzy, situées dans le ressort du grenier à sel de Guise. 30 mai 1775. (AN → AD+ 1018)

410. Lettres patentes du roi, portant que les officiers du bailliage du comté de Forez, séant à Montbrison, continueront de connaître de toutes les affaires civiles et criminelles qui surviendront dans l'étendue du ressort des sénéchaussées de Roanne et de Saint-Étienne. 30 mai 1775. (AN → AD$^+$ 1018)

411. Instruction que le roi a fait expédier pour régler provisoirement l'exercice de ses troupes d'infanterie. 30 mai 1775. (AN → MM 1221)

412. Réponse du roi aux remontrances de la Cour des aides. 30 mai 1775. (AN → AD$^+$ 1018)

413. Arrêt du Conseil d'État du roi, qui commet et subroge le sieur Albert, lieutenant général de police, pour, au lieu et place du sieur Lenoir, recevoir les comptes de la régie de la halle aux draps. 31 mai 1775. (AN → AD$^+$ 1018)

414. Arrêt du Conseil d'État du roi, qui nomme le sieur Albert, lieutenant général de police, commissaire du Bureau du commerce, au lieu et place du sieur Lenoir. 31 mai 1775. (AN → AD$^+$ 1018)

415. Arrêt du Conseil d'État du roi, qui commet et subroge le sieur Albert, lieutenant général de police, pour, au lieu et place du sieur Lenoir, connaître et juger les contestations relatives à la démolition et réédification de la halle aux draps. 31 mai 1775. (AN → AD$^+$ 1018)

416. Arrêt du Conseil d'État du roi, qui commet et subroge le sieur Albert, lieutenant général de police, pour, au lieu et place du sieur Lenoir, connaître des contestations relatives aux abreuvoirs, puits et autres édifices publics. 31 mai 1775. (AN → AD$^+$ 1018)

417. Arrêt du Conseil d'État du roi, qui commet et subroge le sieur Albert, lieutenant général de police, pour, au lieu et place du sieur Lenoir, juger sommairement toutes les contestations relatives aux pensions des prisonniers renfermés dans les maisons de Saint-Lazare, des Frères de la Charité et autres congrégations. 31 mai 1775. (AN → AD$^+$ 1018)

418. Arrêt du Conseil d'État du roi, qui commet et subroge le sieur Albert, lieutenant général de police, pour, au lieu et place du sieur Lenoir, tenir la main à l'exécution des arrêts et règlements concernant l'établissement des boucheries dans la banlieue. 31 mai 1775. (AN → AD$^+$ 1018)

419. Édit du roi, portant suppression des offices réunis de commissaires, receveurs, contrôleurs, payeurs, commis et greffiers des saisies réelles. Juin 1775. (AN → AD$^+$ 1019)

420. Édit du roi, portant suppression d'offices de marchands privilégiés, et porteurs de grains : et abolition du droit de banalité en la ville de Rouen. Juin 1775. (AN → AD$^+$ 1019)

421. Édit du roi, qui fixe la finance des offices de la Cour des comptes, aides et finances de Provence, et les gages, pensions et indemnités qui y seront attachés, et dont jouiront les pourvus actuels desdits offices. Juin 1775. (AN → AD$^+$ 1019)

422. Arrêt du Conseil d'État du roi, qui ordonne que la mention faite dans l'arrêt du Conseil du 22 avril dernier, du nom de Me Belot, avocat au Parlement, comme ayant signé un écrit répréhensible, sera regardée comme non avenue. (Jean-Baptiste Pétau). 1er juin 1775. (AN → AD+ 1019)

423. Arrêt du Conseil d'État du roi, portant règlement pour le payement du service extraordinaire des maréchaussées du royaume. 1er juin 1775. (AN → AD+ 1019)

424. De par le roi, et Monsieur, capitaine. M. le marquis de Montesquiou, brigadier des armées du roi, capitaine en second, les lieutenants généraux de robe-courte et de robe-longue, et autres officiers de la capitainerie royale des chasses de Sénart. Règlement général des chasses. 2 juin 1775. (AN → AD+ 1015)

425. Arrêt du Conseil d'État du roi, qui suspend la perception des droits d'octrois des villes sur les grains, farines et pain : et qui défend aux exécuteurs de la haute-justice, d'exiger aucunes rétributions, soit en nature, soit en argent, sur les grains et farines, dans tous les lieux où elles ont été en usage jusqu'à présent. 3 juin 1775. (AN → AD+ 1019)

426. Arrêt du Conseil d'État du roi, portant suspension du droit d'octroi sur les grains, tant nationaux qu'étrangers, entrant par eau ou par terre dans la ville et banlieue de Bordeaux. 3 juin 1775. (AN → AD+ 1019)

427. Tarif que le roi veut être observé pour les différentes sortes d'impressions qui seront exécutées à son Imprimerie royale, pour les départements de la Guerre, de la Marine et des Affaires étrangères... 3 juin 1775. (BN → Vp 744)

428. Arrêt du Conseil d'État du roi, concernant l'exercice des privilèges et concessions des messageries, diligences, carrosses et autres voitures publiques. 4 juin 1775. (AN → AD+ 1019)

429. Infirmeries, abus réformés et à quelle occasion. Décision du Conseil, sous l'autorité de M. le maréchal du Muy, pour remédier à un abus qui s'était glissé aux infirmeries, au préjudice des malades et de l'Hôtel. 8 juin 1775. (AN → AD/VI/13B dossier B)

430. Ordre de la marche et des cérémonies qui seront observées au sacre et couronnement de Sa Majesté Louis XVI, avec les noms et qualités des princes, des pairs, des maréchaux de France, cardinaux, archevêques, évêques, grands-officiers de la Couronne, des seigneurs, et de toutes les personnes qui y feront quelques fonctions. 11 juin 1775. (AN → AD+ 1019)

431. Relation de la cérémonie du sacre et couronnement du roi, faite en l'église métropolitaine de Reims, le dimanche 11 juin 1775. (AN → AD/I/15 dossier B pièce 91)

432. Lettre du roi, à l'occasion de son sacre, commençant par ces mots : De par le roi. Nos amés et féaux, la divine providence qui a placé la couronne... 12 juin 1775. (BN → Res Fol Lb39 6250)

433. Ordonnance du roi, portant règlement sur la paye de la compagnie des grenadiers à cheval. 13 juin 1775. (AN → AD+ 1019)

434. Arrêts du Conseil d'État du roi. Le premier ordonne le communiqué de la requête de l'adjudicataire au sieur Guerin, et l'envoi au Conseil des motifs des arrêts de la Cour des aides de Paris.
Le second contradictoire et sur le vu des motifs, casse les arrêts de la Cour des aides et les sentences du siège des traites de Reims, des 28 avril, 11, 24 et 29 mai 1775, ainsi que tout ce qui a suivi ; et pour faire droit sur la saisie de toiles peintes, rapportée contre le sieur Guerin, renvoie les parties à procéder devant M. l'intendant de Champagne. 20 juin et 21 novembre 1775. (AN → AD+ 1019)

435. Arrêts du Conseil d'État du roi. Le premier ordonne que la requête de l'adjudicataire, en cassation d'un arrêt du parlement de Dijon, du 13 mars 1775, sera communiquée aux officiers de la juridiction des gabelles de Seurre.
Le deuxième casse l'arrêt du parlement de Dijon, en ce que l'adjudicataire a été condamné au paiement de quatre procédures, dans lesquelles il n'avait point donné de conclusions, et en ce qui concerne le dépôt des procès-verbaux ; le décharge des condamnations prononcées par ledit arrêt. 20 juin 1775 et 7 juillet 1778. (AN → AD+ 1019)

436. Lettres patentes du roi, qui fixent au nombre de soixante-dix les avocats aux Conseils ; les autorisent à emprunter les sommes nécessaires pour payer l'augmentation de finance portée par l'édit de juin 1766, et remplacer au Trésor royal les intérêts payés aux avocats supprimés des Conseils de Lorraine. 20 juin 1775. (AN → AD+ 1019)

437. Arrêt du Conseil du roi, qui nomme les régisseurs préposés à l'administration du service des Poudres et Salpêtres ; et prescrit les formes de cette administration. 24 juin 1775. (AN → AD+ 1019)

438. Arrêt du Conseil d'État du roi, qui déclare libre, l'art de polir les ouvrages d'acier. 24 juin 1775. (AN → AD+ 1019)

439. Loterie de l'Hôtel de Ville de Paris, accordée par arrêts du Conseil des 30 juillet et 22 décembre 1760, et lettres patentes du 7 août 1769. Tirage de juin 1775. Liste générale des billets gagnants de ladite Loterie. Tirée en la grande salle de l'Hôtel de Ville de Paris, en présence de messieurs les prévôt des marchands et échevins. 26 juin 1775. (AN → AD/IX/436)

440. Édit du roi, portant rétablissement des Eaux et Forêts à la Table de marbre, ci-devant supprimée par édit du mois de juin 1771. Juillet 1775. (AN → AD+ 1019)

441. Édit du roi, portant rétablissement du Siège des requêtes du Palais. Juillet 1775. (AN → AD+ 1019)

442. Édit du roi, qui fixe la compétence du Grand Conseil. Juillet 1775. (AN → AD+ 1019)

443. Édit du roi, portant suppression de la Chambre des comptes de Blois. Juillet 1775. (AN → AD+ 1019)

444. Édit du roi, portant rétablissement de l'Amirauté de France au Siège général de la Table de marbre du Palais à Paris, supprimé par édit du mois de juin 1771. Juillet 1775. (AN → AD+ 1019)

445. Édit du roi, portant rétablissement des quatre offices d'huissiers du parlement de Paris. Juillet 1775. (AN → AD⁺ 1019)

446. Édit du roi, portant suppression des offices de receveur et payeur ancien, alternatif et triennal des gages et augmentations de gages des officiers de la Chambre des comptes de Paris : et création d'un seul office de receveur et payeur desdits gages des officiers de ladite Cour. Juillet 1775. (AN → AD⁺ 1019)

447. Ordonnance du roi, concernant l'administration de la masse destinée à l'habillement et à l'équipement de ses troupes. 4 juillet 1775. (AN → AD⁺ 1019)

448. Déclaration du roi, portant défenses à toutes les communautés d'arts et métiers du royaume, d'intenter aucune action ni procès, ni faire aucune députation, sans le consentement de la communauté, du sieur intendant et commissaire dans les provinces et de celui du sieur lieutenant général de police à Paris. 4 juillet 1775. (BN → F 21722 [68])

449. Extrait du règlement arrêté par le roi, concernant la régie de l'habillement et équipement des troupes. 4 juillet 1775. (AN → MM 1221)

450. De par le roi. Brevet qui permet aux demoiselles de La Jutais, exclusivement à tous autres, leur vie durant, de vendre et distribuer par tout le royaume une poudre royale fébrifuge, à raison de 10 sols la prise. 4 juillet 1775. (AN → AD⁺ 1019)

451. Lettres patentes du roi, en forme de déclaration, portant règlement pour le collège royal de chirurgie de la ville de Lyon. 6 juillet 1775. (BN → Ms. Joly de Fleury 1911, fol. 165)

452. Arrêt du Grand Conseil du roi. (Présidiaux. Parlement de Besançon. Jean-Claude Colard. Huet). 7 juillet 1775. (AN → AD⁺ 1019)

453. Arrêt du Conseil d'État du roi, qui proroge pendant cinq années, l'attribution donnée aux sieurs intendants et commissaires départis dans les provinces et généralités du royaume, par l'arrêt du 7 avril 1771, concernant la police du roulage. 8 juillet 1775. (AN → AD⁺ 1019)

454. Lettres patentes. (Charles-Godefroy de la Tour d'Auvergne duc de Bouillon). 8 juillet 1775. (AN → AD⁺ 1019)

455. Instruction pour les préposés de la régie des Domaines de Sa Majesté. 11 juillet 1775. (AN → AD⁺ 1019)

456. Arrêt du Conseil d'État du roi, qui casse et annule un arrêt du parlement de Paris, du 1er juin 1775, et ce qui s'en est ensuivi, comme contraire à l'attribution au Bureau des finances, de la connaissance des matières concernant la voirie sur les routes construites par les ordres de Sa Majesté, soit pour l'alignement des édifices bâtis le long de ces routes, soit pour démolition en cas de périls imminents. 13 juillet 1775. (AN → AD⁺ 1019)

457. Ordonnance du roi, pour régler le nombre des officiers de ses troupes d'infanterie et de troupes légères, qui auront congé par semestre. 15 juillet 1775. (AN → AD⁺ 1019)

458. Ordonnance du roi, pour régler le nombre des officiers de ses troupes de cavalerie, hussards et dragons, qui auront congé par semestre. 15 juillet 1775. (AN → AD+ 1019)

459. Lettres patentes sur arrêt, pour la prise de possession par Jean-Baptiste Bossuat, des droits réservés dans l'étendue du ressort de la Cour des aides de Bordeaux. 17 juillet 1775. (AN → AD+ 1019)

460. Arrêt du Conseil d'État du roi, qui casse et annule l'arrêt du Conseil supérieur de Poitiers, du 17 juin 1774, et ordonne que l'édit du mois d'octobre 1705, la déclaration du 3 janvier 1759, et le tarif y annexé, seront exécutés selon leur forme et teneur. Enjoint aux habitants des faubourgs et dépendances de la ville d'Angoulême, de déclarer exactement au Bureau de la porte le plus prochain de leurs domiciles, les boissons, denrées et bestiaux sujets aux droits réservés qu'ils feront arriver, soit qu'ils proviennent de leur cru ou d'achat, et d'y acquitter les droits avant de pouvoir faire entrer et décharger lesdites boissons, denrées et bestiaux dans leurs maisons ou autres endroits situés dans lesdits faubourgs et dépendances, à peine contre les contrevenants de confiscation et 200 livres d'amende.
Déclare les saisies faites sur les sieurs Tournier père et fils, Nouel l'aîné et fils, Rousseau boulanger, et Thinon, par procès-verbaux des 11 et 12 juillet 1771, 22 juin, 1er et 7 juillet 1772, bonnes et valables. Ordonne que les choses saisies par lesdits procès-verbaux, demeureront acquises et confisquées au profit de François Noël, régisseur pour Sa Majesté desdits droits réservés, et condamne ledit Tournier père et fils, Nouel l'aîné et fils, Rousseau et Thinon, chacun en 200 livres d'amende, et aux dépens faits tant en l'élection d'Angoulême, qu'au Conseil supérieur de Poitiers.
Déclare lesdits sieurs Clergeon, Guyot-Dévarennes, et autres habitants des faubourgs de la ville d'Angoulême, opposants à la contrainte contr'eux décernée pour le payement des droits réservés des vins et boissons inventoriés chez eux après la récolte de 1772, ainsi qu'aux commandements faits en conséquence, et intervenant dans la cause, non-recevables dans leurs oppositions et interventions, dont Sa Majesté les a déboutés et déboute. Ordonne que lesdites contraintes et commandements auront leur plein et entier effet. Condamne lesdits Clergeon, Guyot-Dévarennes et consorts, solidairement aux dépens faits sur lesdites oppositions et interventions, tant en ladite élection d'Angoulême qu'au Conseil supérieur de Poitiers.
Ordonne que les sommes que ledit François Noël aurait pu être contraint de payer, en vertu de l'arrêt du Conseil supérieur de Poitiers du 17 juin 1774, lui seront rendues et restituées ; à quoi faire seront contraints solidairement lesdits Tournier père et fils, Nouel l'aîné et fils, Rousseau, Thinon, Clergeon, Guyot-Dévarennes et consorts, que Sa Majesté a en outre condamné aussi solidairement aux coûts, sceau, contrôle et signification du présent arrêt.
Ordonne Sa Majesté que l'article 43 du titre commun pour toutes les Fermes de l'ordonnance du mois de juillet 1681, sera exécuté selon leur forme et teneur ; en conséquence fait défenses aux officiers de l'élection d'Angoulême, d'ordonner à l'avenir aucune surséance à l'exécution des sentences de condamnation et des contraintes décernées pour le payement des droits de Sa Majesté, à peine d'en répondre en leur propre et privé nom. 18 juillet 1775. (AN → AD+ 1019)

461. Lettres patentes du roi, qui ordonnent l'exécution de l'édit du mois de février 1700, portant établissement d'une juridiction consulaire à Dunkerque. 18 juillet 1775. (AN → AD^{+} 1019)

462. Arrêt du Conseil d'État du roi, qui ordonne que tous les droits des seigneurs, sur les grains, dont la perception n'a pas été suspendue par des arrêts particuliers, continueront d'être perçus. 20 juillet 1775. (AN → AD^{+} 1019)

463. Arrêt du Conseil d'État du roi, concernant l'enregistrement de l'état des pensions accordés aux anciens employés admis à la retraite, et les droits à payer pour cet enregistrement. 20 juillet 1775. (AN → AD^{+} 1019)

464. Extrait des registres du Conseil d'État du roi. (Manufacture à Lavaur. Famille Liotard. Toulouse. Soie). 20 juillet et 17 août 1775. (AN → AD^{+} 1020)

465. Arrêt du Conseil d'État du roi. (Université de Poitiers). 21 juillet 1775. (AN → AD^{+} 1019)

466. Lettres patentes du roi, qui ordonnent l'exécution, au profit de Monsieur, du contrat d'échange passé entre le feu roi et M. le duc de la Vrillière, de la forêt de Brix. 21 juillet 1775. (AN → AD^{+} 1019)

467. Ordonnance du roi, pour donner une nouvelle forme au régiment de Pondichéry, créé le 30 décembre 1772, pour la garde des possessions de Sa Majesté dans l'Inde. 21 juillet 1775. (AN → AD^{+} 1019)

468. Arrêt du Conseil d'État du roi, qui ordonne qu'à l'avenir les villes, corps, communautés, hôpitaux et provinces, ne pourront être autorisés à faire des emprunts, qu'en destinant un fonds annuel au remboursement des capitaux. 24 juillet 1775. (AN → AD^{+} 1019)

469. Arrêt du Conseil d'État du roi, qui maintient les sieurs Moyse Perpignan, Joseph Petit, Israël Salomon et Salomon Petit, etc., dans le droit de continuer leur commerce ; fait défenses aux marchands drapiers, merciers, et à tous autres de les troubler, sous les peines qu'il appartiendra. 25 juillet 1775. (AN → AD^{+} 1019)

470. Arrêt du Conseil d'État du roi, qui casse et annule deux arrêts du parlement de Paris, des 12 et 19 juillet 1775, et ce qui s'en est ensuivi : et ordonne que l'ordonnance du Bureau des finances du 5 dudit mois de juillet 1775, portant évocation d'une procédure criminelle encommencée en la justice de Vaux contre l'inspecteur et les ouvriers commis par les ordres de Sa Majesté à la fabrication du pavé dans les bois de Vaux, sera exécutée selon sa forme et teneur. 26 juillet 1775. (AN → AD^{+} 1019)

471. Loterie de l'Hôtel de Ville de Paris, accordée par arrêts du Conseil des 30 juillet et 22 décembre 1760, et lettres patentes du 7 août 1769. Tirage de juillet 1775. Liste générale des billets gagnants de ladite Loterie. Tirée en la grande salle de l'Hôtel de Ville de Paris, en présence de messieurs les prévôt des marchands et échevins. 26 juillet 1775. (AN → AD/IX/436)

472. Déclaration du roi, qui accorde un délai définitif pour terminer les opérations ordonnées par l'édit de décembre 1764 : supprime la Caisse des amortissements établie par ledit édit : ordonne que les dixièmes d'amortissement, et autres droits résultant du même édit, seront versés, à compter de 1776, entre les mains du sieur de Gagny, par les mains duquel seront opérés, à compter de ladite année, les remboursements des parties de rentes et intérêts dûs par le roi. 30 juillet 1775. (AN → AD⁺ 1019)

473. Contrat de vente et de subrogation d'échange en faveur de Mgr le comte d'Artois, et lettres de ratification dudit contrat. (Duc de La Vauguyon. Seigneuries de Cognac et Merpins). 31 juillet et 30 septembre 1775. (AN → AD⁺ 1019)

474. Édit du roi, qui ordonne que les habitants de la ville de Pernes, seront régis par la coutume générale de l'Artois. Août 1775. (AN → AD⁺ 1020)

475. Édit du roi, portant suppression des offices de receveurs des tailles, et création d'offices de receveurs des impositions ; sans porter néanmoins aucune atteinte aux droits appartenant à ceux qui sont pourvus actuellement des offices de receveurs des tailles à ceux qui ont été reçus en survivance, ou qui, ayant l'agrément, ont fait commettre, en attendant leur majorité, à l'exercice de ces charges. Août 1775. (AN → AD⁺ 1020)

476. Arrêt du Conseil d'État du roi, qui ordonne une imposition annuelle, à commencer en 1776, de la somme de huit cent mille livres ; savoir, celle de sept cent vingt-un mille neuf cent cinq livres sur les pays d'élections, et celle de soixante-dix-huit mille quatre-vingt-quinze livres sur les pays conquis, pour être employée aux travaux du canal de Picardie et de celui de Bourgogne, de la navigation de la Charente, et autres ouvrages de cette nature, destinés aux progrès de la navigation. 1er août 1775. (AN → AD⁺ 1020)

477. Ordonnance du roi, pour mettre le régiment d'infanterie d'Eu sous le nom de Nivernois. 5 août 1775. (AN → AD⁺ 1020)

478. Instruction sur la manière de désinfecter les cuirs des bestiaux morts de l'épizootie, et de les rendre propres à être travaillés dans les tanneries sans y porter la contagion. Par M. Félix Vicq d'Azyr. 6 août 1775. (AN → U 1254)

479. Arrêt du Conseil d'État du roi, qui réunit au domaine de Sa Majesté, le privilège accordé pour l'établissement des voitures de la Cour, et de celles de Saint-Germain ; révoque les baux passés en vertu desdits privilèges. 7 août 1775. (AN → AD⁺ 1020)

480. Arrêt du Conseil d'État du roi, servant de règlement sur les diligences et messageries du royaume, auquel est annexé le tarif qui sera suivi à l'avenir, tant pour le prix des places, que pour le port des paquets, or, argent, hardes et marchandises. 7 août 1775. (AN → AD⁺ 1020)

481. Arrêt du Conseil d'État du roi, qui réunit au domaine de Sa Majesté, les privilèges concédés par les rois ses prédécesseurs, pour les droits de carrosses, diligences et messageries du royaume : fait très-expresses inhibitions et défenses à tous concessionnaires, possesseurs et fermiers, de s'immiscer dans l'exercice desdits privilèges, à compter des jours qui seront fixés par les arrêts particuliers qui leur seront notifiés un mois à l'avance. 7 août 1775. (AN → AD⁺ 1020)

482. Arrêt du Conseil d'État du roi, qui commet les sieurs de Boullongne, conseiller d'État ordinaire et au Conseil royal, intendant des Finances ; Boutin, conseiller d'État et intendant des Finances ; Dufour de Villeneuve, conseiller d'État ; et les sieurs de Meulan d'Ablois, Raymond de Saint-Sauveur, de Colonia et Feydeau de Brou, maîtres des requêtes, pour procéder aux liquidations ordonnées par les arrêts de ce jour, aux anciens fermiers des diligences et messageries du royaume, y compris les voitures de la Cour, Saint-Germain, et les messageries qui en dépendent. 7 août 1775. (AN → AD$^+$ 1020)

483. Arrêt du Conseil d'État du roi, qui nomme les administrateurs préposés à la régie, pour le compte du roi, des diligences et messageries. 7 août 1775. (AN → AD$^+$ 1020)

484. Arrêt du Conseil d'État du roi, et lettres patentes sur icelui, qui accordent aux vassaux du roi, jusqu'au 1er janvier 1777, pour rendre les foi et hommages dûs à cause de son heureux avènement à la Couronne. 7 août et 16 septembre 1775. (AN → AD$^+$ 1020)

485. Résultat du Conseil du roi, par lequel Sa Majesté commet Denys Bergaut pour la régie et administration des diligences et messageries par tout le royaume. 7 août 1775. (AN → AD$^+$ 1020)

486. Ordonnance du roi, pour donner une nouvelle forme aux troupes nationales de Cayenne : et qui règle les hautes-payes, tant des bas-officiers et soldats desdites troupes, que de ceux des compagnies entretenues à Saint-Pierre et Miquelon, et à Gorée. 8 août 1775. (AN → AD$^+$ 1020)

487. Ordonnance du roi, concernant les messageries. 12 août 1775. (AN → AD$^+$ 1020)

488. Arrêt du Conseil d'État du roi, qui ordonne que dans six mois, tous seigneurs ou propriétaires de droits sur les grains, seront tenus de représenter leurs titres de propriété : et nomme des commissaires à l'effet de les examiner. 13 août 1775. (AN → AD$^+$ 1020)

489. Arrêt du Conseil d'État du roi, qui supprime la brochure intitulée *Diatribe à l'auteur des Éphémérides*, et les pages 59 et suivantes, jusque et compris la page 71 du *Mercure* du présent mois d'août ; interdit le sieur Valleyre, de l'imprimerie et librairie ; et ordonne que le sieur Louvel sera rayé de la liste des censeurs royaux. 19 août 1775. (AN → AD$^+$ 1020)

490. Arrêt du Conseil d'État du roi, concernant les demandes en relief de laps de temps, et les *committitur*. 20 août 1775. (AN → AD$^+$ 1020)

491. Lettres patentes du roi, concernant l'ordre des payements à faire à la Caisse des consignations. 21 août 1775. (AN → AD$^+$ 1020)

492. Distribution des jours de fêtes et spectacle pour le mariage de Madame Clotilde, lundi 21 août 1775. (AN → AD$^+$ 1312)

493. Déclaration du roi, concernant les requêtes civiles. 24 août 1775. (AN → AD$^+$ 1020)

494. Sur la requête présentée au roi étant en son Conseil par le sieur Gau entrepreneur de la manufacture royale des armes blanches située à Klingenthal en Alsace, [...]. 24 août 1775. (AN → AD$^+$ 1020)

495. Loterie de l'Hôtel de Ville de Paris, accordée par arrêts du Conseil des 30 juillet et 22 décembre 1760, et lettres patentes du 7 août 1769. Tirage d'août 1775. Liste générale des billets gagnants de ladite Loterie. Tirée en la grande salle de l'Hôtel de Ville de Paris, en présence de messieurs les prévôt des marchands et échevins. 26 août 1775. (AN → AD/IX/436)

496. Lettres patentes du roi, portant interprétation de celles du 30 mai 1775, relativement aux terres, seigneuries, justices et châtellenies qui composaient ci-devant le duché-pairie de Roannais. 28 août 1775. (AN → AD$^+$ 1020)

497. Arrêt du Conseil d'État du roi, qui ordonne une imposition annuelle, à compter de 1776, d'un million deux cent mille livres ; savoir, celle d'un million cent quatorze mille quatre cent quatre-vingt-dix-sept livres sur les pays d'élections, et celle de quatre-vingt-cinq mille cinq cent trois livres sur les pays conquis, pour être employée au service des convois militaires. 29 août 1775. (AN → AD$^+$ 1020)

498. Arrêts du Conseil d'État du roi. Le premier, sans s'arrêter à la disposition de l'arrêt du parlement de Paris, du 16 juin 1774, relative aux droits de courtiers-jaugeurs, inspecteurs aux boissons et aux boucheries, ordonne que les arrêts du Conseil des 24 mars 1722, 2 juin 1760, 28 avril, 12 mai, 22 décembre 1761, 22 juillet 1766 et 11 avril 1769, seront exécutés ; ce faisant, que les contestations nées et à naître sur la perception desdits droits, continueront d'être jugées par M^{rs} les intendants et commissaires départis dans les généralités du royaume, sauf l'appel au Conseil : fait défenses de porter lesdites contestations ailleurs, à peine de nullité, dépens, dommages et intérêts : ordonne l'exécution des ordonnances de M. l'intendant de Tours, rendues contre Louis et René Auriau, et Jean Pasquier.
Le second déboute René Auriau et Jean Pasquier, de leur opposition. 29 août 1775 et 9 juillet 1776. (AN → AD$^+$ 1020)

499. Lettres patentes du roi, portant établissement d'une commission à l'effet de connaître par voie de police et d'administration et juger en dernier ressort, de l'introduction et vente du tabac dans les villes de Paris et de Versailles, et dans l'étendue des prévôtés et vicomtés en dépendantes. 29 août 1775. (AN → AD$^+$ 1020)

500. Arrêt du Conseil d'État du roi, qui ordonne le remboursement des offices du parlement de Toulouse, supprimés par l'édit de rétablissement dudit Parlement, du mois de février 1775 ; et qui fixe les finances des offices d'avocats généraux du même Parlement. 31 août 1775. (AN → AD$^+$ 1020)

501. Édit du roi, portant rétablissement d'offices dans le bailliage et siège présidial de Blois. Septembre 1775. (AN → AD$^+$ 1020)

502. Édit du roi, portant rétablissement d'offices dans le bailliage et siège présidial de Troyes. Septembre 1775. (AN → AD$^+$ 1020)

503. Édit du roi, portant rétablissement du siège de la sénéchaussée de Villefranche. Septembre 1775. (AN → AD$^+$ 1020)

504. Édit du roi, qui confirme définitivement et pour toujours la Cour souveraine dans toute la juridiction et étendue de son ancien ressort, et lui donne le titre et dénomination de Parlement. (Nancy). Septembre 1775. (AN → AD$^+$ 1020)

505. Édit du roi, portant rétablissement du parlement de Metz. Septembre 1775. (BN → F 23629 [105])

506. Lettres patentes du roi, qui accordent aux sieurs Homber frères et Lallemant, négociants du Havre-de-Grâce, les droits de régnicoles et naturels français. Septembre 1775. (BN → Ms. Joly de Fleury 472, fol. 15)

507. Ordonnance du roi, pour la discipline du parlement de Nancy. Septembre 1775. (AN → AD^{+} 1020)

508. Déclaration du roi, concernant les audiences des seconde et troisième chambres de la Cour des aides de Paris. 1er septembre 1775. (AN → AD^{+} 1020)

509. Arrêt du Conseil d'État du roi, qui supprime un imprimé ayant pour titre : *Requête du Sr Abbé Borde de Charmois*. 2 septembre 1775. (AN → AD^{+} 1020)

510. Lettres patentes du roi, qui maintiennent et confirment les conseillers du roi, rapporteurs et référendaires de la chancellerie de Paris, dans les droits attachés à leurs offices. 2 septembre 1775. (AN → AD^{+} 1020)

511. Ordonnance du roi, portant création d'un dépôt de recrues qui sera établi à l'île de Ré. 2 septembre 1775. (AN → AD^{+} 1020)

512. Règlement arrêté par le roi, pour l'habillement et l'équipement de l'infanterie, des invalides et des troupes-légères. 2 septembre 1775. (AN → AD^{+} 1020)

513. Règlement arrêté par le roi, sur l'uniforme des officiers généraux et autres employés dans ses armées et dans ses places. 2 septembre 1775. (AN → MM 1221)

514. Lettres patentes qui accordent aux sieurs de Manneville, de Montpezat, de Barassy, Maussion, Chappe, et Nègre de Rivères, anciens conseillers au Grand Conseil, l'exercice de six offices de conseillers en la Cour des aides, non rétablis. 3 septembre 1775. (AN → AD^{+} 1020)

515. Arrêt du Conseil d'État du roi, qui, sans avoir égard à l'opposition formée par les maire, échevins, habitants et communauté de Crécy-sur-Serre, à la saisie faite, à la requête de François Noël, entre les mains d'Étienne Lutton, fermier des droits de mesurage des grains, dont Sa Majesté les a débouté ; ordonne que l'édit du mois d'avril 1768, et la déclaration du 15 décembre 1770, seront exécutés selon leur forme et teneur, en conséquence que les droits de mesurage audit lieu de Crécy-sur-Serre, seront perçus au profit de Sa Majesté, et condamne les maire, échevins, habitants et communauté, en tous les dépens, et au coût du présent arrêt. 5 septembre 1775. (AN → AD^{+} 1020)

516. Relation de ce qui s'est passé dans le cours de la négociation au sujet du serment de fidélité prêté par l'ordre de Malte, et foi et hommage par lui rendu de tous ses biens au roi Louis XVI, à son avènement à la Couronne. 5 septembre 1775. (AN → AD^{+} 1020)

517. Arrêt du Conseil d'État du roi, concernant le marc d'or de noblesse du parlement de Bretagne. 6 septembre 1775. (AN → AD^{+} 1020)

518. Arrêt du Conseil d'État du roi, qui ordonne que les créanciers des fermiers des voitures de la Cour, seront tenus de représenter au sieur Rouillé de Marigny, caissier de l'administration des Messageries, dans un mois, à compter de la date du présent arrêt, les billets au porteur, souscrits solidairement par lesdits fermiers, à l'effet d'être visés et payés en déduction et jusqu'à concurrence des sommes qui se trouveront leur être dues par ladite administration. 6 septembre 1775. (AN → AD$^+$ 1020)

519. Arrêt du Conseil d'État du roi, qui ordonne que les actes portant extinction des rentes foncières non-rachetables, ensemble ceux par lesquels la faculté d'en faire le rachat sera accordée aux débiteurs, demeureront exempts à l'avenir du droit de centième denier. 9 septembre 1775. (AN → AD$^+$ 1020)

520. Arrêt du Conseil d'État du roi, qui proroge en faveur du clergé jusqu'au dernier décembre 1780, les délais accordés par différentes déclarations et arrêts du Conseil de Sa Majesté, au sujet des foi et hommages, aveux et dénombrements, même dans les provinces données en apanage, ait main-levée des saisies, etc. 10 septembre 1775. (AN → AD$^+$ 1020)

521. Règlement concernant les chasses, eaux et forêts de la terre de Gorze. 10 septembre 1775. (AN → AD$^+$ 1312)

522. Arrêt du Conseil d'État du roi, qui commet les administrateurs préposés à la régie des Diligences et Messageries, nommés par arrêt du 7 août dernier, à l'effet de procéder à l'adjudiction au rabais des fournitures nécessaires à la manutention de ladite administration. 11 septembre 1775. (AN → AD$^+$ 1020)

523. Arrêt du Conseil d'État du roi, qui ordonne qu'à l'avenir, les harengs blancs et forêts, provenant de pêche nationale, qui seront envoyés par terre dans les provinces d'Alsace, Trois-Évêchés et Lorraine, seront exempts des droits de traites et de consommation en sortant par les Bureaux y désignés. 15 septembre 1775. (BN → F 13774)

524. Lettres patentes du roi, pour la translation des écoles de la faculté de médecine, dans les bâtiments des anciennes écoles de la faculté de droit. 15 septembre 1775. (AN → AD$^+$ 1020)

525. Lettres patentes du roi, qui accordent aux vassaux de Sa Majesté jusqu'au 1er janvier 1777, pour rendre les foi et hommages dûs à cause de son heureux avènement à la Couronne. 16 septembre 1775. (BN → F 13774)

526. Arrêt du Conseil d'État du roi, qui ordonne que les déclarations des marchandises dans le port de Marseille, seront faites dans la forme prescrite pour les autres ports du royaume, et conformément aux règlements rendus sur cette matière. 19 septembre 1775. (AN → AD$^+$ 1020)

527. Arrêt du Conseil d'État du roi, qui ordonne l'exécution des ouvrages à faire, tant pour rendre la rivière de la Charente navigable, depuis Civray jusqu'à Angoulême, que pour en perfectionner la navigation depuis Angoulême jusqu'à Cognac. 20 septembre 1775. (AN → AD$^+$ 1020)

528. Arrêt du Conseil d'État du roi, qui fixe le droit de marc d'or à payer en exécution de l'édit du mois de décembre 1770, pour le marc d'or de l'office de substitut du procureur du roi en la Chambre du domaine du Roussillon. 23 septembre 1775. (AN → AD+ 1020)

529. Arrêt du Conseil d'État du roi, qui casse une sentence du bailliage d'Estaing, qui a appliqué au profit de la charité, une amende de cent livres ; et condamne les juges qui l'ont rendue au payement de ladite somme entre les mains de Pirodeau, régisseur pour le roi, des amendes appartenantes à Sa Majesté. 23 septembre 1775. (AN → AD+ 1020)

530. Arrêt du Conseil d'État du roi, qui ordonne que les dispositions des lettres patentes du 4 novembre 1772, auront leur exécution dans la ville de Versailles et dépendances ; en conséquence que les vernis, soit de France, soit de l'étranger, eaux-de-vie aromatisées, eaux de cologne, de mélisse, menthe, et autres liqueurs spiritueuses venant de l'étranger, acquitteront à leur entrée dans ladite ville de Versailles et dépendances, les mêmes droits que ceux qui sont dus sur les eaux-de-vie triples, ou sur l'esprit-de-vin pur. 23 septembre 1775. (AN → AD+ 1020)

531. Loterie de l'Hôtel de Ville de Paris, accordée par arrêts du Conseil des 30 juillet et 22 décembre 1760, et lettres patentes du 7 août 1769. Tirage de septembre 1775. Liste générale des billets gagnants de ladite Loterie. Tirée en la grande salle de l'Hôtel de Ville de Paris, en présence de messieurs les prévôt des marchands et échevins. 25 septembre 1775. (AN → AD/IX/436)

532. Lettres patentes du roi, qui autorisent le parlement de Metz à choisir deux présidents et douze conseillers de cette Cour pour tenir la Chambre des vacations. 26 septembre 1775. (BN → F 23629 [116])

533. Commission à M. le maréchal duc de Broglie pour procéder avec M. de Calonne à l'installation du parlement de Metz. Donnée à Versailles, le 26 septembre 1775. (BN → Lf^{25} 230)

534. Arrêt du Conseil d'État du roi, concernant les privilèges des gradués parmi les Grands-Carmes. 27 septembre 1775. (AN → AD+ 1020)

535. Arrêt du Conseil d'État du roi, qui ordonne que les parties non réclamées qui se trouveront dans les Bureaux des messageries, seront remises, par les fermiers sortant, aux administrateurs des Diligences et Messageries, ou à leurs préposés. 30 septembre 1775. (AN → AD+ 1020)

536. Extrait des registres du Conseil d'État du roi. (Bordeaux. Dons gratuits). 30 septembre 1775. (AN → AD+ 1020)

537. Lettres patentes du roi, qui ordonnent la distraction des châtellenies de Cognac et Merpins, du duché-pairie d'Angoulême, et qui portent subrogation de monseigneur le comte d'Artois, à l'échange commencé entre Sa Majesté et feu M. le duc de la Vauguyon. 30 septembre 1775. (AN → AD+ 1020). Voir notice n° 473.

538. Édit du roi, Louis XVI, portant confirmation des exemptions de tailles, aides, subsides, impositions et levées de deniers, logements de gens de guerre, *committimus*, tutelles, curatelles, et autres charges publiques, et de tous les privilèges, immunités, prérogatives, franchises et libertés octroyés aux docteurs, maîtres, régents, bacheliers, écoliers, messagers-jurés, et autres suppôts et officiers de l'université de Paris. Octobre 1775. (AN → AD+ 1021)

539. Édit du roi, qui ordonne que les appels des sentences rendues par le bailliage de Bassigny, séant à la Marche, dans les affaires concernant les Fermes du roi et les droits perçus au profit de Sa Majesté, seront portés à la Cour des aides de Paris. Octobre 1775. (AN → AD$^+$ 1021)

540. Extrait des registres du Conseil d'État. (Gavoty de Berthe. Chanvre. Cordage). 1er octobre 1775. (AN → AD$^+$ 1021)

541. Arrêt du Conseil d'État du roi, qui ordonne que les préposés de l'administration des diligences et messageries royales, seront tenus de prêter serment, à Paris, entre les mains du sieur lieutenant général de police ; et dans les provinces, par-devant les sieurs intendants et commissaires départis, que Sa Majesté a commis et commet à cet effet. 5 octobre 1775. (AN → AD$^+$ 1021)

542. Arrêt du Conseil d'État du roi, portant règlement pour le transport par mer, des blés, farines et légumes, d'un port à un autre du royaume : et qui attribue à M^{rs} les intendants, la connaissance des contraventions y relatives. 12 octobre 1775. (AN → AD$^+$ 1021)

543. Convention entre le roi et l'impératrice, reine de Hongrie et de Bohême, concernant les bénéfices réguliers. Conclue à Bruxelles le 14 octobre 1775. (AN → AD$^+$ 1021)

544. Arrêt du Conseil d'État du roi, qui casse et annule une sentence rendue le 29 mai 1775, par les officiers du grenier à sel de Moulins ; ordonne que l'article XXXIII du titre VIII de l'ordonnance du mois de mai 1680, sera exécuté selon sa forme et teneur : et condamne plusieurs privilégiés de l'impôt du ressort du grenier de Souvigny, qui n'avaient pas rempli les obligations auxquelles cet article les assujettit, en la restitution des droits de gabelles, du sel que chacun d'eux avait négligé de lever, en l'amende de cent cinquante livres et aux dépens. 17 octobre 1775. (AN → AD$^+$ 1021)

545. Lettres patentes du roi, qui confirment et autorisent les délibérations de l'assemblée générale du clergé, des 13 juillet et 18 septembre 1775, au sujet de la somme de seize millions de livres de don gratuit, accordé à Sa Majesté par ladite assemblée. 21 octobre 1775. (AN → AD$^+$ 1021)

546. Lettres patentes du roi, portant ratification de la convention concernant les bénéfices réguliers, situés en France et dans les Pays-Bas Autrichiens. 22 octobre 1775. (AN → AD$^+$ 1021)

547. Arrêts du Conseil d'État du roi. Le premier ordonne, avant faire droit sur la requête y insérée de Jean-Jacques Prévôt, ci-devant adjudicataire des Fermes générales, et Laurent David, adjudicataire actuel, qu'elle sera communiquée aux sieurs Bancel-Dupuis, Desmons, Laurent, Delastre fils, Falley, Thierry de Saint-Vanne, Drouet, Roussel, Savoye fils, et Venderwecken-Trousson ; et que le sieur procureur général de la Cour des aides de Paris enverra les motifs de l'arrêt de ladite Cour du 10 mai 1775.
Le second casse l'arrêt de la Cour des aides de Paris du 10 mai 1775, en ce que par icelui les sieurs Bancel-Dupuis, Desmons et autres, marchands de vin à Reims, ont été maintenus dans l'usage où ils étaient de faire la marchandise avec la commission, etc. ; ordonne l'exécution des règlements : en conséquence, leur fait défenses de faire la commission avec la marchandise, à peine de confiscation

des vins qui seront saisis, et de 300 livres d'amende. Condamne lesdits Desmons et autres intervenants aux frais faits en la Cour des aides, et avec ledit Bancel-Dupuis, au coût, tant dudit arrêt que de celui de soit-communiqué du 24 octobre 1775. 24 octobre 1775 et 16 octobre 1781. (AN → AD+ 1021)

548. Loterie de l'Hôtel de Ville de Paris, accordée par arrêts du Conseil des 30 juillet et 22 décembre 1760, et lettres patentes du 7 août 1769. Tirage d'octobre 1775. Liste générale des billets gagnants de ladite Loterie. Tirée en la grande salle de l'Hôtel de Ville de Paris, en présence de messieurs les prévôt des marchands et échevins. 25 octobre 1775. (AN → AD/IX/436)

549. Lettres patentes qui ordonnent que les villes, bourgs et communautés de la généralité de Montauban payeront, par forme d'abonnement des droits réservés, les sommes pour lesquelles elles se trouvent comprises dans les états y annexés. 26 octobre 1775. (AN → AD+ 1021)

550. De par le roi. (Navigateurs. Cartes marines. Ports). 28 octobre 1775. (AN → Marine A/1/115)

551. Arrêt du Conseil d'État du roi, qui proroge les gratifications accordées par l'arrêt du 8 janvier 1775, par chaque mulet ou cheval propre à la charrue, qui sera vendu dans les marchés des provinces dévastées par l'épizootie. 29 octobre 1775. (AN → AD+ 1021)

552. Arrêt du Conseil d'État du roi, qui ordonne dans les provinces de Flandre, Hainaut et Artois, l'exécution de l'édit du mois de février 1771, et des arrêts du Conseil des 6 juillet 1772 et 30 décembre 1774, concernant l'évaluation des offices et les droits casuels. 31 octobre 1775. (AN → AD+ 1021)

553. Édit du roi, portant rétablissement des élection, grenier à sel et traites foraines de la ville de Troyes. Novembre 1775. (AN → AD+ 1021)

554. Lettres patentes du roi, portant statuts et règlements pour l'Académie royale d'architecture. Novembre 1775. (AN → AD+ 1021)

555. Arrêt du Conseil d'État du roi, concernant l'exécution des mesures ordonnées par le roi, pour arrêter les progrès de la maladie épizootique, dans les provinces qui en sont affligées. 1er novembre 1775. (AN → AD/IV/2 dossier A pièce 83)

556. Ordonnance du roi, concernant l'exécution des mesures ordonnées par Sa Majesté, contre les progrès de la maladie épizootique, dans les provinces qui en sont affligées. 1er novembre 1775. (AN → AD+ 1021)

557. Arrêt du Conseil d'État du roi, qui permet aux boulangers-forains des villes, villages et lieux circonvoisins, d'apporter et vendre librement leur pain dans la ville de Lyon ; à la charge de se conformer aux ordonnances de police, pour la qualité et le prix, etc. 5 novembre 1775. (AN → AD+ 1021)

558. Lettres patentes du roi, qui fixent à six mois le délai pendant lequel les déclarations de défrichement pourront être contredites par les communautés d'habitants ou les décimateurs. 7 novembre 1775. (AN → AD+ 1312)

559. Déclaration du roi, qui fixe à six mois le délai pendant lequel les déclarations de défrichements pourront être contredites par les communautés d'habitants ou les décimateurs. 7 novembre 1775. (AN → AD+ 1021)

560. Arrêt du Conseil d'État du roi, qui fixe l'étendue des trois lieues d'Alsace, limitrophes aux Trois-Évêchés, à la Lorraine, à la Franche-Comté et au Montbéliard, et le nombre des marchands auxquels il permet un approvisionnement de mille livres de tabac à la fois, pour la consommation des habitants de ces trois lieues. 9 novembre 1775. (AN → AD⁺ 1021)

561. Lettres patentes du roi, portant que toutes les saisies réelles, instances d'ordre et décrets volontaires actuellement pendants aux sièges des requêtes du Palais et des requêtes de l'Hôtel, continueront d'y être poursuivis, instruits et jugés, conformément aux ordonnances. 11 novembre 1775. (AN → AD⁺ 1021)

562. Décision du Conseil, concernant le vingtième des maisons canoniales. 17 novembre 1775. (AN → AD⁺ 1021)

Arrêts du Conseil d'État du roi. 20 juin et 21 novembre 1775. Voir notice n° 434.

563. Arrêt du Conseil d'État du roi, qui casse les arrêts de la Cour des aides de Paris, et les sentences du siège des traites de Reims, rendues en conséquence, à l'occasion d'une saisie de toiles peintes à faux plombs, faite sur le sieur Guerin ; et ordonne que sur ladite saisie, les parties continueront de procéder par-devant M. l'intendant de Champagne, suivant les derniers errements. 21 novembre 1775. (AN → AD⁺ 1021)

564. Arrêt du Conseil d'État, qui confirme M. le duc d'Orléans dans la propriété, possession et jouissance du droit de voirie dans la ville et faubourgs de Montargis, et dans toutes les autres villes et lieux de son apanage, excepté celle sur les grandes routes, traverses des villes et chemins royaux entretenus par Sa Majesté. 21 novembre 1775. (AN → AD⁺ 1021)

565. Arrêt du Conseil d'État du roi, qui défend, à peine de 1 000 livres d'amende, au sieur Rigaud, fermier des droits du tarif de la ville de Bressuire, et à tous autres, de percevoir, sous quelque prétexte et dénomination que ce soit, aucuns droits sur les tabacs de la Ferme, qui entreront dans la ville de Bressuire ; le condamne à restituer ceux perçus, et en tous les dépens. 21 novembre 1775. (AN → AD⁺ 1021)

566. Arrêt du Conseil d'État du roi, qui ordonne que les édifices, maisons et bâtiments servant de casernes, dont il sera passé des baux par-devant notaires, pour les intervalles pendant lesquels il n'y sera pas logé de troupes, demeureront affranchis du droit d'amortissement, pourvu que l'usage et la destination n'en soient pas changés pour toujours ; et à la charge que le droit de nouvel acquêt en sera payé par les villes et communautés, pendant la jouissance des particuliers qui les occuperont. 22 novembre 1775. (AN → AD⁺ 1021)

567. Arrêt du Conseil d'État du roi, qui réduit aux doubles droits de contrôle, résultant de l'omission de déclaration dans la dernière année, tous ceux dûs pour les années antérieures, par les bénéficiers et autres gens de mainmorte qui n'auront pas fait faire les publications prescrites par l'arrêt du 2 septembre 1760 : et qui ordonne qu'à l'avenir ces doubles droits ne seront pareillement exigibles que pour la dernière année seulement, et dans le cours de celle où les contraventions auront été commises. 24 novembre 1775. (AN → AD⁺ 1021)

568. Arrêt du Conseil d'État du roi, qui, en déclarant exemptes du droit d'amortissement les rentes constituées sur le clergé et les diocèses particuliers, soit qu'elles soient données pour cause de fondation, ou qu'elles soient délivrées par les héritiers des fondateurs en payement des legs, autorise les gens de mainmorte à placer en rentes de même nature, les deniers qu'ils recevront pour l'acquit des fondations, sans être sujets à l'amortissement, pourvu que cet emploi soit fait dans les six mois de la délivrance des sommes léguées. 24 novembre 1775. (AN → AD^{+} 1021)

569. Déclaration du roi, qui révoque celle du 5 mai dernier, rendue à l'occasion des émeutes sur les grains. 24 novembre 1775. (AN → AD^{+} 1021)

570. Arrêt du Conseil d'État du roi, qui casse un arrêt du parlement de Bordeaux du 21 août 1775, fait défenses de le mettre à exécution ; et décharge le capitaine Jean Lasosse, des condamnations y portées contre lui. (Jacques Bidet). 25 novembre 1775. (AN → AD^{+} 1021)

571. Loterie de l'Hôtel de Ville de Paris, accordée par arrêts du Conseil des 30 juillet et 22 décembre 1760, et lettres patentes du 7 août 1769. Tirage de novembre 1775. Liste générale des billets gagnants de ladite Loterie. Tirée en la grande salle de l'Hôtel de Ville de Paris, en présence de messieurs les prévôt des marchands et échevins. 25 novembre 1775. (AN → AD/IX/436)

572. Arrêt du Conseil d'État du roi, qui supprime une brochure intitulée : *Consultation pour les curés du diocèse de Lisieux, etc.* 26 novembre 1775. (AN → AD^{+} 1021)

573. Arrêt du Conseil d'État du roi, qui ordonne que les réclamations et protestations des curés du diocèse de Lisieux, contre le mandement de l'évêque de Lisieux du 20 décembre 1773, seront et demeureront nulles et comme non avenues. 26 novembre 1775. (AN → AD^{+} 1021)

574. Lettres patentes du roi, en forme d'édit, qui ratifient les évaluations des objets échangés par contrat du 13 mars 1727, entre le feu roi et M. le maréchal de Maillebois. Décembre 1775. (AN → AD^{+} 1021)

575. Tarif pour connaître facilement ce qu'un contrat d'acquêt doit produire de lods et ventes, soit au total qui est un douzième, soit que l'on fasse remise d'un tiers ou d'un quart. Décembre 1775. (AN → AD^{+} 1021)

576. Lettres patentes du roi, sur une convention conclue entre Sa Majesté, l'empereur et l'impératrice reine de Hongrie et de Bohême, concernant les bénéfices réguliers dépendant des abbayes situées en France et dans les Pays-Bas autrichiens. 1er décembre 1775. (BN → F 13774)

577. Ordonnance du roi, pour séparer les officiers de port, des officiers de vaisseau. 1er décembre 1775. (AN → AD^{+} 1021)

578. Arrêt du Conseil d'État du roi, et lettres patentes sur icelui, qui ordonnent le rapport des arrêts du Conseil des 7 et 15 août 1772, et cassent et annulent l'arrêt du parlement de Bretagne du 15 juillet de la même année, etc. 2 décembre 1775 et 18 janvier 1776. (AN → AD^{+} 1021)

579. Arrêt du Conseil d'État du roi, qui réunit au domaine de Sa Majesté les privilèges des coches et diligences d'eau, établis sur les rivières de Seine, Marne, Oise, Aisne, Yonne, Aube, Loire, Saône, Rhône, canal de Briare, et autres rivières et canaux navigables du royaume. 11 décembre 1775. (AN → AD^+ 1021)

580. Procès-verbal des sommes remboursées par Me Dubu de Longchamp, trésorier de la Caisse des amortissements, établie par l'édit de décembre 1764, en exécution de la déclaration du roi du 29 novembre 1767, des lettres patentes des 21 janvier 1768 et 7 février 1769, et dans les délais portés par les arrêts du Conseil des 25 février 1770, 28 février 1771 et 13 février 1772. 11 décembre 1775. (AN → AD^+ 1021)

581. Arrêt du Conseil d'État du roi, qui casse et annule le décret d'ajournement personnel, prononcé par le parlement de Grenoble le 19 août dernier, contre le sieur Bremont, contrôleur des actes à Grenoble ; ordonne que les procureurs au bailliage se pourvoiront sur l'instance, par-devant M. l'intendant, et par appel au Conseil : et fait défenses à toutes personnes, de se pourvoir sur les contestations relatives aux droits de la Ferme des domaines, ailleurs, sous peine de cinq cents livres d'amende : condamne les procureurs au bailliage de Grenoble au coût du présent arrêt. 12 décembre 1775. (AN → AD^+ 1021)

582. Ordonnance du roi, portant amnistie générale en faveur des soldats, cavaliers, dragons et hussards, qui ont déserté des troupes de Sa Majesté, avant le 1er janvier 1776 : et qui établit de nouvelles peines contre les déserteurs. 12 décembre 1775. (AN → AD^+ 1021)

583. Ordonnance du roi, pour l'établissement d'une chaîne à laquelle les déserteurs des troupes de Sa Majesté, seront attachés comme forçats. 12 décembre 1775. (AN → AD^+ 1021)

584. Ordonnance du roi, pour supprimer les régiments provinciaux. 15 décembre 1775. (AN → AD^+ 1021)

585. Ordonnance du roi, pour la suppression des deux compagnies des mousquetaires de la Garde du roi. 15 décembre 1775. (AN → AD^+ 1021)

586. Ordonnance du roi, pour réduire les deux compagnies des gendarmes et chevaux-légers de la Garde. 15 décembre 1775. (AN → AD^+ 1021)

587. Ordonnance du roi, pour réformer la compagnie des grenadiers à cheval. 15 décembre 1775. (AN → AD^+ 1021)

588. Ordonnance du roi, qui supprime les charges de commissaires à la conduite et police des deux compagnies des mousquetaires de la Garde du roi, et de la compagnie des grenadiers à cheval. 15 décembre 1775. (AN → AD^+ 1021)

589. Ordonnance du roi, pour la nouvelle composition des compagnies des gardes du corps de Sa Majesté. 15 décembre 1775. (AN → AD^+ 1312)

590. Arrêt du Conseil d'État du roi, et lettres patentes sur icelui, qui autorisent les États de Bourgogne à emprunter au denier vinq-cinq, les sommes nécessaires pour rembourser les emprunts au denier vingt, pour lesquels lesdits États ont prêté leur crédit au roi. 16 décembre 1775. (AN → AD^+ 1021)

591. Arrêt du Conseil d'État du roi, qui défend l'impression des requêtes en cassation. 18 décembre 1775. (AN → AD⁺ 1021)

592. Arrêt du Conseil d'État du roi, qui casse une sentence du siège de police de Sainte-Foix, qui applique aux réparations les plus urgentes de la ville, une amende de deux cents livres prononcée par ladite sentence, contre deux particuliers : et défend à tous juges, de faire désormais aucune application d'amende autrement qu'au profit du roi. 19 décembre 1775. (AN → AD⁺ 1021)

593. Arrêt du Conseil d'État du roi, qui ordonne que pour suppléer aux titres nouvels des rentes et intérêts sur les revenus du roi, ordonnés par l'édit de décembre 1764, il sera, en exécution de la déclaration du 30 juillet 1775, arrêté des rôles au Conseil, des parties de rentes et intérêts qui restent à liquider : et qui commet le sieur Panet pour délivrer des extraits desdits rôles. 20 décembre 1775. (AN → AD⁺ 1021)

594. Déclaration du roi, en interprétation de l'article premier de l'édit de juillet 1775, qui fixe la compétence du Grand Conseil. 20 décembre 1775. (AN → AD⁺ 1021)

595. Procès-verbal des sommes remboursées par Mᵉ Dubu de Longchamp, trésorier de la Caisse des amortissements, établie par l'édit du mois de décembre 1764, sur ses exercices 1766, 1767 et 1768, depuis le dernier procès-verbal dressé sur lesdits exercices le 17 janvier de la présente année. 20 décembre 1775. (AN → AD⁺ 1021)

596. Arrêt du Conseil d'État du roi, qui permet aux négociants de Rochefort, de faire directement par le port de cette ville le commerce des îles et colonies françaises de l'Amérique, en se conformant aux dispositions des lettres patentes du mois d'avril 1717. 22 décembre 1775. (AN → AD⁺ 1021)

597. Lettres patentes d'affranchissement pour le pays de Gex. 22 décembre 1775. (BN → Ms. Joly de Fleury 593, fol. 68)

598. Règlement fait par ordre du roi, pour établir dans les hôpitaux militaires de Strasbourg, Metz et Lille, des amphithéâtres destinés à former en médecine, chirurgie et pharmacie, des officiers de santé pour le service des hôpitaux militaires du royaume et des armées. 22 décembre 1775. (AN → AD⁺ 1021)

599. Loterie de l'Hôtel de Ville de Paris, accordée par arrêts du Conseil des 30 juillet et 22 décembre 1760, et lettres patentes du 7 août 1769. Tirage de décembre 1775. Liste générale des billets gagnants de ladite Loterie. Tirée en la grande salle de l'Hôtel de Ville de Paris, en présence de messieurs les prévôt des marchands et échevins. 23 décembre 1775. (AN → AD/IX/436)

600. Arrêt du Conseil d'État du roi, qui confirme l'exemption du droit d'amortissement accordée par le règlement du 13 avril 1751, aux rentes sur l'Hôtel de Ville de Paris, soit qu'elles soient données pour cause de fondation ou qu'elles soient délivrées par les héritiers des fondateurs en payement des legs : et qui autorise les gens de mainmorte à placer en rentes de même nature les deniers qu'ils recevront pour l'acquit des fondations, sans être sujets à l'amortissement, pourvu que cet emploi soit fait dans les six mois de la délivrance des sommes léguées. 24 décembre 1775. (AN → AD⁺ 1021)

601. Arrêt du Conseil d'État du roi, qui ordonne le remboursement d'un office de conseiller-clerc au parlement de Toulouse ; et qui indique l'office de président aux enquêtes dudit parlement, sur lequel doit frapper la suppression ordonnée par l'édit de février 1775. 24 décembre 1775. (AN → AD+ 1021)

602. Lettres patentes du roi, portant suppression des droits établis sur les étoffes en passe-debout à Paris. 25 décembre 1775. (AN → AD+ 1021)

603. Lettres patentes du roi, portant rétablissement de la commission établie à Caen par lettres patentes du 9 octobre 1768, pour juger les contrebandiers. 26 décembre 1775. (AN → AD+ 1021)

604. Arrêt du Conseil d'État du roi, qui ordonne qu'à compter du 1er janvier 1776, le recouvrement des sommes portées dans les rôles de capitation des princes, ducs, maréchaux de France, officiers de la Couronne, chevaliers et officiers de l'ordre du Saint-Esprit, de la chancellerie, des officiers des Finances et des Fermiers généraux, qui continueront d'être arrêtés au Conseil, sera fait à l'avenir entre les mains de celui des receveurs des impositions de la ville de Paris, dans le département duquel les personnes comprises dans ces rôles seront domiciliées. 30 décembre 1775. (AN → AD+ 1021)

1776

605. Abonnement des édits et arrêts pour la ville de Paris, et toutes les provinces et villes du royaume. (Table analytique des matières contenues dans les édits, lettres patentes, déclarations du roi, arrêts du Conseil, du Parlement, etc.). Année 1776. Imprimé en 1777. (AN → AD/I/30 ; BN → F 21989)

606. Instruction pour les directeurs des vingtièmes. 1776. (BN → 23760 [35])

607. Instruction pour les contrôleurs du vingtième. 1776. (BN →23760 [36])

608. Liste des noms et demeures de messieurs les fermiers généraux des Fermes royales unies. Pour la quatrième année du bail de Laurent David. 1776. (AN → AD+ 1313)

609. Liste des postes principales, dressée en faveur des voyageurs, qui partent de Strasbourg pour l'Allemagne, la Hollande et la Suisse. Avec un tarif sur la réduction de l'argent d'Allemagne en argent de France. 1776. (BN → G 10799)

610. Tarif des frais de perquisitions et saisies qui seront alloués dans les comptes des corps et communautés. 1776. (AN → AD/II/9)

611. Tarif général du toisé des bois et de la marque, avec une instruction sur le bordage... Par M. Le Mancel. 1776. (BN → V 18996)

612. Tableau de comparaison entre les droits et frais de réception que percevaient anciennement les corps et communautés, et ceux qui sont fixés par le nouveau tarif. 1776. (AN → U 1290)

613. Anciens statuts de l'ordre hospitalier et militaire du Saint-Sépulcre de Jérusalem, suivis des bulles, lettres patentes et règlements authentiques dudit ordre. 1776. (BN → 8 J 1963)

614. Arrêt du Grand Conseil du roi. (Parlement de Dijon). 9 janvier 1776. (AN → AD+ 1022)

615. Arrêt du Grand Conseil du roi. (Parlement de Toulouse). 9 janvier 1776. (AN → AD+ 1022)

616. Arrêt du Conseil d'État du roi, qui ordonne une imposition de cent soixante mille livres pour les gages des officiers du parlement de Nancy. 12 janvier 1776. (BN → F 13774)

617. Lettres patentes du roi, qui ordonnent l'enregistrement au Grand Conseil de l'édit du mois de juin 1772, portant création de présidiaux dans les duchés de Lorraine et de Bar. 12 janvier 1776. (AN → AD+ 1022)

618. Déclaration du roi, portant liberté à tous les maîtres de verreries de la province de Normandie, de vendre à Paris, Rouen et ailleurs, les verres à vitres de leurs fabriques. 12 janvier 1776. (AN → AD^{+} 1022)

619. Ordonnance du roi, portant amnistie générale en faveur des soldats qui ont déserté des troupes de Sa Majesté, employées au service de la Marine et des Colonies : et qui établit de nouvelles peines contre les déserteurs. 13 janvier 1776. (AN → AD^{+} 1022)

620. Arrêt du Conseil d'État du roi, qui autorise les officiers de la cour, ville et châtellenie de Cassel, à nommer des personnes dans chaque paroisse, pour faire les fonctions de bailli. 16 janvier 1776. (AN → AD/XVI/14^{A})

621. Instruction sur la manière de désinfecter les étables où il y a eu anciennement des bestiaux attaqués de l'épizootie. Par M. Vicq-d'Azyr. 16 janvier 1776. (AN → AD/IV/2 dossier A pièce 87)

622. Extrait des registres du Conseil d'État du roi. (Apanage. Princes. Clergé). 17 janvier 1776. (AN → AD^{+} 1022)

623. Lettres patentes du roi, qui approuvent les statuts et constitutions des religieux de l'ordre du Mont-Carmel, de l'ancienne observance appelés Grands-Carmes. 17 janvier 1776. (AN → AD/XVI/14^{A})

Arrêt du Conseil d'État du roi, et lettres patentes sur icelui. 2 décembre 1775 et 18 janvier 1776. Voir notice 578.

624. Ordonnance du roi, concernant les compagnies des gendarmes et chevaux-légers de sa Garde. 19 janvier 1776. (AN → AD^{+} 1022)

625. Arrêt du Conseil d'État du roi, pour la destruction des lapins, dans l'étendue des capitaineries royales. 21 janvier 1776. (AN → AD^{+} 1022)

626. Arrêt du Conseil d'État du roi, concernant le paiement du don gratuit. 22 janvier 1776. (AN → AD^{+} 1022)

627. Lettres patentes du roi, concernant la desserte des collèges de la Lorraine et du Barrois. 23 janvier 1776. (BN → F 23629 [155])

628. Ordonnance du roi, concernant le régiment provincial de la ville de Paris. 24 janvier 1776. (AN → AD^{+} 1022)

629. Convention entre le roi et le prince de Nassau-Weilbourg, concernant les limites de leurs États respectifs. 24 janvier 1776. (AN → AD^{+} 1022)

630. Loterie de l'Hôtel de Ville de Paris, accordée par arrêts du Conseil des 30 juillet et 22 décembre 1760, et lettres patentes du 7 août 1769. Tirage de janvier 1776. Liste générale des billets gagnants de ladite Loterie. Tirée en la grande salle de l'Hôtel de Ville de Paris, en présence de messieurs les prévôt des marchands et échevins. 25 janvier 1776. (AN → AD/IX/436)

631. Arrêt du Conseil d'État du roi, qui casse la modification mise par le parlement de Rouen, à l'enregistrement des lettres patentes du 2 novembre 1774, contenant le commerce des grains dans l'intérieur du royaume. 27 janvier 1776. (AN → AD^{+} 1022)

632. Délibération, contenant ce qui doit être observé lors des assemblées de la communauté des huissiers-commissaires-priseurs-vendeurs au Châtelet de Paris, homologuée par sentence dudit Châtelet du 9 février 1776. 28 janvier 1776. (AN → AD+ 1022)

633. Arrêt du Conseil d'État du roi, qui, en confirmant l'exemption du droit d'amortissement accordée aux dîmes acquises par les curés des paroisses au profit de leurs cures, ordonne que tous échanges, concordats, transactions et autres actes par lesquels les curés ou vicaires perpétuels cèderont des dîmes aux gros décimateurs ou curés primitifs, demeureront pareillement affranchis de tous droits d'amortissement et de nouvel acquêt. 29 janvier 1776. (AN → AD+ 1022)

634. Arrêt du Conseil d'État du roi, qui, en déclarant les maisons abbatiales, prieurales, canoniales et autres de même nature, que le clergé possédait avant 1641, ou qui ayant été acquises depuis, auront été données à loyer avant 1700, exemptes de tout droit d'amortissement et de nouvel acquêt, encore qu'elles soient mises dans le commerce, et qu'elles produisent un revenu ; ordonne que celles acquises depuis 1641, qui n'auront été données à loyer que depuis 1700, continueront d'être assujetties au droit de nouvel acquêt lorsqu'elles seront louées, à moins qu'elles n'aient été amorties ou qu'elles ne soient réputées l'être, comme faisant partie de dotations ou fondations royales. 29 janvier 1776. (AN → AD+ 1022)

635. Arrêt du Conseil d'État du roi, qui décharge du droit de nouvel acquêt, les baux qui seront faits par les abbés ou prieurs ; en faveur de leurs religieux, soit qu'ils soient passés pour un terme au-dessus de neuf années jusqu'à vingt-neuf, soit même qu'ils soient faits pour avoir lieu pendant la vie des abbés ou prieurs. 29 janvier 1776. (AN → AD+ 1022)

636. Extrait des registres de l'Amirauté de France. (Pierre Dammeron. Barré l'aîné. Comte Pottoski. Veuve Charpentier). 31 janvier 1776. (AN → AD+ 1022)

637. Édit du roi, portant suppression de la Caisse de Poissy, conversion et modération des droits. Février 1776. (AN → AD+ 1022)

638. Édit du roi, portant suppression des jurandes et communautés de commerce, arts et métiers. Février 1776. (AN → AD+ 1022)

639. Édit du roi, portant suppression des offices sur les ports, quais, halles, marchés et chantiers de Paris. Février 1776. (AN → AD+ 1022)

640. Édit du roi, par lequel Sa Majesté supprime les corvées ; et ordonne la confection des grandes routes à prix d'argent. Février 1776. (AN → AD+ 1022)

641. Édit du roi, portant suppression du Conseil supérieur de Pondichéry ; et création d'un nouveau Conseil supérieur, à l'instar des autres colonies. Février 1776. (AN → AD+ 1022)

642. Lettres patentes du roi, pour régler les matières dont la connaissance exclusive doit être attribuée aux administrateurs des établissements français de l'Inde. Février 1776. (AN → AD+ 1022)

643. Déclaration du roi, portant règlement, non seulement sur l'éducation que recevront à l'avenir les élèves de l'École royale militaire, mais encore touchant l'administration des biens de cet établissement. 1er février 1776. (AN → AD^{+} 1022)

644. Brevet de libraire du roi, pour Louis-François Prault Fils. 2 février 1776. (AN → AD^{+} 1022)

645. Lettres patentes du roi, qui fixent la qualité des héritiers de la châtellenie de Cassel. 3 février 1776. (AN → AD/XVI/14^{A})

646. Ordonnance du roi, sur les saluts et honneurs à rendre dans l'Inde. 3 février 1776. (AN → AD^{+} 1022)

647. Déclaration du roi, sur la discipline du Conseil supérieur de Pondichéry. 3 février 1776. (AN → AD^{+} 1022)

648. Arrêt du Conseil d'État du roi, et lettres patentes sur icelui, portant conversion et modération des droits sur les suifs. 5 février 1776. (AN → AD^{+} 1022)

649. Déclaration du roi, par laquelle Sa Majesté, en abrogeant les règlements particuliers de police, sur lesquels l'article V des lettres patentes du 2 novembre 1774, avait réservé à statuer, supprime tous les droits établis dans la ville de Paris sur les blés, méteils, seigles, farines, pois, fèves, lentilles et riz : et modère les droits qui subsistent sur les autres graines et grenailles. 5 février 1776. (AN → AD^{+} 1022)

650. Arrêt du Conseil d'État du roi, qui ordonne l'apposition des scellés sur les effets et papiers des corps et communautés, et la description desdits effets. (Jurandes. Communautés de commerce, arts et métiers). 6 février 1776. (AN → AD^{+} 1022)

651. Arrêt du Conseil d'État du roi, qui réduit à quarante-deux pieds la largeur des routes principales ; et prescrit des règles pour fixer la largeur des routes moins importantes. 6 février 1776. (AN → AD^{+} 1022)

652. Arrêt du Conseil d'État du roi, qui ordonne que l'adjudicataire général des Fermes, sera mis en possession de la perception des droits attribués aux communautés d'officiers établis sur les ports, quais, halles, marchés et chantiers de la ville de Paris : et qui établit une caisse particulière, où sera versé le produit desdits droits, pour être employé au payement des intérêts et remboursements des capitaux des créanciers desdits officiers, et de la finance de leurs offices. 6 février 1776. (AN → AD^{+} 1022)

653. Arrêt du Conseil d'État du roi, rendu contradictoirement entre le sieur Fabre, tailleur d'habits, demeurant à Paris, et les maire et échevins de la ville de Melun ; qui juge que les bourgeois de Paris ne sont point exempts de taille pour leurs maisons et clos, lorsqu'ils sont situés hors l'étendue de l'élection de Paris. 6 février 1776. (AN → AD^{+} 1022)

654. Arrêt du Conseil d'État du roi, qui ordonne que la perception des droits de régie, confiée aux corps et communautés, sera faite par l'adjudicataire des Fermes : et que tant les fonds qui en proviendront, que le montant des gages attribués auxdites communautés, ainsi que les sommes résultantes des ventes de leurs biens, et du produit de leurs créances, seront versés dans une caisse particulière, tenue par le sieur Rouillé de Létang, pour être employée à l'acquittement des dettes desdits corps et communautés. 6 février 1776. (AN → AD^{+} 1022)

655. Arrêt contradictoire du Conseil d'État du roi, qui, sans avoir égard aux oppositions des sieurs Nouel l'aîné et fils, Thinon le jeune et Tournier l'aîné à l'arrêt du Conseil du 18 juillet dernier, ni à toutes les autres demandes, fins et conclusions, dont Sa Majesté les a déboutés et déboute, a ordonné et ordonne que ledit arrêt du 18 juillet dernier sera exécuté selon sa forme et teneur ; condamne ledit Nouel l'aîné et consorts aux dépens et au coût du présent arrêt, qui sera imprimé, lu, publié et affiché partout où besoin sera. 6 février 1776. (AN → AD^{+} 1022)

656. Lettres patentes du roi, portant ratification de la convention entre le roi et le prince de Nassau-Weilbourg, concernant les limites de leurs États respectifs. 7 février 1776. (AN → AD^{+} 1022)

657. Liste ordinaire du sixième tirage de la Loterie de remboursement des reconnaissances en échange des billets des Fermes générales, remboursables, conformément à l'arrêt du Conseil du 13 novembre 1770, par ordre de sortie de la roue, de mois en mois par douzième, à compter du 10 mars 1776, à raison de trois cent mille livres par mois. 7 février 1776. (AN → AD^{+} 1022)

658. Arrêt du Conseil d'État du roi, qui en prorogeant d'un an le délai porté par l'arrêt du Conseil du 13 août dernier, pour la représentation des titres des droits sur les grains, dans les marchés, ordonne une semblable représentation à l'égard de ceux desdits droits qui se perçoivent hors des halles et marchés. 8 février 1776. (AN → AD^{+} 1022)

659. Arrêt du Conseil d'État du roi, qui ordonne qu'il sera envoyé annuellement dans les provinces, la quantité de deux mille deux cent cinquante-huit boîtes de remèdes, pour être distribuées gratuitement aux pauvres habitants des campagnes, au lieu de sept cent soixante-quatorze boîtes qui se distribuaient précédemment. 9 février 1776. (AN → AD^{+} 1022)

660. Arrêt du Conseil d'État du roi, concernant le droit de marc d'or de noblesse des officiers du Châtelet. 9 février 1776. (AN → AD^{+} 1022)

661. Arrêt du Conseil d'État du roi, portant évocation de toutes les contestations nées et à naître aux îles françaises de l'Amérique, concernant la liquidation de la Compagnie des Indes. 10 février 1776. (AN → AD^{+} 1022)

662. Arrêt du Conseil d'État du roi, portant règlement pour le payement des rentes à quatre pour cent, dues aux Indiens ou domiciliés dans l'Inde, à cause des contrats ou promesses de passer contrat, qui leur ont été donnés en payement de leurs créances sur la Compagnie. 10 février 1776. (AN → AD^{+} 1022)

663. Arrêt du Conseil d'État du roi, qui ordonne le renvoi en France, des originaux des titres de créance sur la Compagnie des Indes, déposés dans les greffes des conseils des Indes et des îles de France et de Bourbon. 10 février 1776. (AN → AD^{+} 1022)

664. Déclaration du roi, en interprétation de l'édit d'octobre 1771, portant création de nouveaux sièges de municipalité et de police dans les duchés de Lorraine et Barrois. 10 février 1776. (BN → F 23629 [182])

665. Arrêt du Conseil d'État du roi, qui nomme des commissaires pour procéder à l'inventaire des biens et effets de l'École royale militaire. 11 février 1776. (AN → AD⁺ 1022)

666. Lettres patentes de Monsieur, concernant les foi et hommages, les déclarations, aveux et dénombrements qui lui sont dus dans son apanage. 11 février 1776. (AN → AD⁺ 1022)

667. Lettres patentes du roi, qui ordonnent l'enregistrement en la Cour des monnaies, d'une déclaration de Sa Majesté du 8 avril 1773, concernant les offices de la Compagnie du prévôt général des monnaies. 12 février 1776. (AN → AD⁺ 1022)

668. Ordonnance du roi, concernant le régiment des carabiniers de Monsieur. 13 février 1776. (AN → AD⁺ 1022)

669. Liste générale de la Loterie de remboursement des reconnaissances données en échange des rescriptions et assignations, en exécution de l'arrêt du Conseil du 2 décembre 1770. Sixième tirage. Fait en présence de M. le lieutenant général de police, en l'une des salles de l'hôtel de Mesme. 13 février 1776. (AN → AD⁺ 1022)

670. Ordonnance du roi, pour faire continuer la fourniture du pain de munition aux troupes qui seront dans les places d'Alsace, pays Messin, Lorraine, Champagne, Flandre, Artois, Picardie et Haynault, comté et duché de Bourgogne, Dauphiné, Languedoc, Roussillon, Provence, en Corse et à Brest : et pour fixer à vingt deniers par ration la retenue du pain de munition qui sera fourni dans lesdits départements. 14 février 1776. (AN → AD⁺ 1022)

671. Lettres patentes du roi, portant dérogation à la déclaration du 25 février 1725, relativement aux procès qui concernent l'abbaye d'Hautvillers, pendant sa vacance. 16 février 1776. (AN → AD⁺ 1022)

672. Arrêt du Conseil d'État du roi, qui casse l'arrêt que la Cour des monnaies vient de faire afficher contre un avocat. (Claude Sainctin le Blanc). 17 février 1776. (AN → AD⁺ 1022)

673. Lettres patentes du roi, qui prorogent la Chambre de la Tournelle civile jusqu'au 7 septembre 1777. 17 février 1776. (AN → AD⁺ 1022)

674. Arrêt du Conseil d'État du roi, qui indique les offices de présidents et conseillers sur lesquels frappe la suppression ordonnée par l'édit de rétablissement du parlement de Metz. 18 février 1776. (AN → AD⁺ 1022)

675. Déclaration du roi, qui fixe définitivement à trois cents le nombre des procureurs au Parlement : et qui ordonne la manière dont sera opéré l'extinction de cent desdits offices supprimés. 18 février 1776. (AN → AD⁺ 1022)

676. Arrêt du Conseil d'État du roi, par lequel Sa Majesté autorise la délibération prise le 3 février 1776 par les États de Languedoc, d'emprunter au denier vingt-cinq les sommes nécessaires au remboursement de ce qui reste dû des emprunts au denier vingt, faits par cette province pour le compte du roi. 19 février 1776. (AN → AD+ 1022)

677. Arrêt du Conseil d'État du roi, qui accorde la jouissance pendant 30 ans du privilège exclusif des spectacles de la ville de Lyon, au sieur Sordo et compagnie. 19 février 1776. (AN → AD/VIII/10 dossier E pièce 39)

678. Arrêt du Conseil d'État du roi, qui supprime différents imprimés relatifs à la suppression des jurandes des communautés d'arts et métiers. 22 février 1776. (AN → AD+ 1022)

679. Arrêt du Conseil d'État du roi, pour l'exécution de celui du 27 août 1774, concernant le nombre des receveurs et distributeurs des billets de Loteries générale et de piété. 24 février 1776. (AN → AD+ 1022)

680. Ordonnance du roi, concernant la gendarmerie. 24 février 1776. (AN → AD+ 1022)

681. Loterie de l'Hôtel de Ville de Paris, accordée par arrêts du Conseil des 30 juillet et 22 décembre 1760, et lettres patentes du 7 août 1769. Tirage de février 1776. Liste générale des billets gagnants de ladite Loterie. Tirée en la grande salle de l'Hôtel de Ville de Paris, en présence de messieurs les prévôt des marchands et échevins. 26 février 1776. (AN → AD/IX/436)

682. Arrêt du Conseil d'État du roi, qui, sans s'arrêter à l'ordonnance de M. l'intendant du Haynaut du 9 octobre 1771, ordonne que l'arrêt du Conseil du 6 janvier 1756 sera exécuté selon la forme et teneur, en conséquence, permet Sa Majesté aux employés de Laurent David, adjudicataire des Fermes générales, de faire leurs visites et exercices chez tous les habitants de la baronnie d'Estroeungt et autres lieux francs, conformément audit arrêt ; et pour la contravention commise par Étienne Fontaine, Joseph François, Antoine Labrique, Pierre Romelot, Jean-Joseph Thiebault, Martin Gilles, le nommé Bonnaire, Nicolas Moreau et Pierre Hosselet, constatée par le procès-verbal du 7 février 1771, les condamne Sa Majesté, chacun en l'amende prononcée par ledit arrêt, laquelle, par grâce et sans tirer à conséquence, demeurera réduite à dix livres, ensemble au coût du présent arrêt, liquidé à soixante-quinze livres. 27 février 1776. (AN → AD+ 1022)

683. Arrêt du Conseil d'État du roi, qui, entre autres dispositions, renouvelle les défenses faites à tous propriétaires, usagers et adjudicataires de bois situés à deux lieues des forêts, chantiers, canaux de flottage et entrepôts des salines de Dieuze, Château-Salins et Moyenvic, de façonner leurs bois de corde de moindre longueur que de six pieds, et les fagots de la grosseur au moins de trois pieds de tour, à peine de confiscation et de dix livres d'amende. 28 février 1776. (BN → F 13774)

684. Arrêt du Conseil d'État du roi, qui supprime le droit de péage perçu par le sieur Del'Averdy, marquis de Gambais, dans le marquisat de Gambais. 29 février 1776. (AN → AD+ 1022)

685. Édit du roi, concernant la composition et le service des chancelleries établies près des Cours de parlement de Metz et de Nancy. Mars 1776. (BN → F 13774)

686. Lettres patentes du roi, qui accordent au sieur Jacob de Perpignan, Juif, négociant de Bordeaux, à sa femme, ses enfants et postérité, les droits de régnicoles et naturels français. Mars 1776. (BN → Ms. Joly de Fleury 472, fol. 11)

687. Arrêt du Conseil d'État du roi, par lequel Sa Majesté (en dérogeant aux règlements qui avaient fixé dans les environs des salines de Salins et de Montmorot, des arrondissements dans lesquels tous les bois étaient affectés exclusivement à l'exploitation desdites salines) rend aux propriétaires desdits bois, dans la moitié la plus éloignée desdits arrondissements, la liberté d'en disposer ; et fixe au 1er octobre 1778, l'époque à laquelle ils pourront disposer de l'autre moitié. 4 mars 1776. (AN → AD^{+} 1023)

688. Arrêt du Conseil d'État du roi, portant qu'en exécution des règlements, les juge et consuls de Bordeaux seront tenus de liquider les dépens par les sentences et jugements contradictoires, ou défaut, qui les adjugeront, à peine de nullité, avec défenses au greffier d'en délivrer aucunes expéditions que le droit de contrôle des dépens n'en ait été acquitté, à peine d'en demeurer responsable. 5 mars 1776. (AN → AD/II/14 pièce 181)

689. Arrêts du Conseil d'État du roi. Le premier casse un arrêt de la Cour des aides du 30 janvier 1776, déclare les procès-verbaux faits à la requête de François Noël, régisseur des droits réservés, les 20 juin, 1er et 14 juillet 1774, contre la veuve Martel et autres habitants de la ville de Cognac, bons et valables ; en conséquence ordonne que les objets saisis seront acquis et confisqués au profit dudit François Noël, les condamne, même par corps, chacun en l'amende de deux cents livres, pour chaque contravention : ordonne la restitution des frais payés par François Noël, en vertu de l'arrêt de la Cour des aides : faisant droit sur l'intervention des officiers municipaux, les y déclare non-recevables et mal fondés : ordonne que, conformément aux édit d'avril 1768, et lettres patentes du 24 août 1769, l'édit d'août 1758, la déclaration du 3 janvier 1759, et le tarif y annexé, seront exécutés dans la ville de Cognac, selon leur forme et teneur ; en conséquence que les particuliers de cette ville seront tenus d'aller faire au Bureau la déclaration des bois, foins et autres denrées sujettes, qu'ils feront venir, et ce au moment de leur arrivée, et d'en payer les droits.
Le second déboute les officiers municipaux de Cognac, de leur opposition à l'arrêt ci-dessus, et ordonne que ledit arrêt sera exécuté selon sa forme et teneur, et les condamne aux dépens. 5 mars 1776 et 17 juin 1777. (AN → AD^{+} 1023)

690. Réponse du roi aux remontrances du Parlement. (Contribution).7 mars 1776. (AN → AD^{+} 1023)

691. Compagnie des Indes. Sixième tirage du remboursement des actions de la Compagnie des Indes, fait le 7 mars 1776, en l'une des salles de l'hôtel de ladite Compagnie, conformément à l'arrêt du Conseil du 10 février 1772. (AN → AD^{+} 1023)

692. Arrêt rendu en faveur du sieur Molerat, qui déclare un tiercement fictif sur le sieur Namurois, son commis, nul, illicite, et contraire à l'ordonnance, avec quarante mille livres de dommages et intérêts, etc. 9 mars 1776. (AN → AD^{+} 1023)

693. Arrêt du Conseil d'État du roi, par lequel Sa Majesté, en homologuant la délibération de l'assemblée générale des communautés du pays de Provence, du 7 février 1776, ordonne qu'il sera incessamment, au nom de la province, et pour le compte du roi, ouvert un emprunt au denier vingt-cinq, pour rembourser ce qui reste dû des emprunts de même nature, constitués au denier vingt. 10 mars 1776. (AN → AD^{+} 1023)

694. Déclaration du roi, concernant les inhumations. 10 mars 1776. (AN → AD^{+} 1023)

695. Déclaration du roi, concernant les dévolutaires. 10 mars 1776. (AN → AD^{+} 1023)

696. Déclaration du roi, qui autorise les officiers de la Cour des aides à faire les recherches, et ensuite des copies des arrêtés et procès-verbaux de ladite Cour, dont les minutes ont été incendiées. 11 mars 1776. (AN → AD^{+} 1023)

697. Déclaration du roi, qui ordonne la représentation à la Cour des aides, des titres et pièces qui y ont été ci-devant registrés, concernant la noblesse et les privilèges des communautés séculières et régulières. 11 mars 1776. (AN → AD^{+} 1023)

698. Procès-verbal de ce qui s'est passé au Lit de Justice, tenu par le roi à Versailles, le mardi douze mars 1776. (Corvées. Impositions). (AN → AD^{+} 1023)

699. Arrêt du Grand Conseil du roi. (Parlement de Nancy). 13 mars 1776. (AN → AD^{+} 1023)

700. Arrêt du Conseil d'État du roi, qui supprime le droit de rouage, péage ou travers, perçu par le sieur Barentin, Premier président de la Cour des aides de Paris, dans la seigneurie d'Hardivilliers en Picardie. 14 mars 1776. (AN → AD^{+} 1023)

701. Arrêt du Conseil d'État du roi, qui permet aux négociants des ports de Saint-Brieuc, Binic et Portérieux, de faire directement le commerce des îles et colonies françaises de l'Amérique. 14 mars 1776. (AN → AD^{+} 1023)

702. Arrêt du Conseil d'État du roi, qui supprime une requête de Sainctin le Blanc, avocat, signée Belloumeau, avocat aux Conseils, comme contenant des faits injurieux pour les magistrats de sa Cour des monnaies. 15 mars 1776. (AN → AD^{+} 1023)

703. Arrêt du Conseil d'État du roi, qui ordonne que le chapitre des Grands-Carmes de la province de Toulouse, qui devait s'assembler au mois de mai, ne se tiendra qu'au mois de septembre prochain, et suivant les formes établies par les nouvelles constitutions de l'ordre. 15 mars 1776. (AN → AD^{+} 1023)

704. Arrêt du Conseil d'État du roi, qui réunit la halle aux toiles et la halle aux draps, pour y acquitter les droits sur toutes les marchandises qui y seront conduites. 15 mars 1776. (AN → AD^{+} 1023)

705. Arrêt du Conseil d'État du roi, qui ordonne que le Bureau de déclaration de recette des bois carrés, ci-devant établi rue des Nonaindières, sera réuni au Bureau général des aides, hôtel de Bretonvilliers. 16 mars 1776. (AN → AD^{+} 1023)

706. Arrêt du Conseil d'État du roi, concernant la remise et l'emploi des deniers qui se trouveront sous les scellés apposés dans les Bureaux des corps et communautés, et de ceux qui pourraient être entre les mains des gardes et jurés ; ainsi que la remise des titres et papiers qui se trouveront sous lesdits scellés :
Et la résiliation des baux actuels des maisons ou appartements tenus à loyer par aucuns desdits corps et communautés. 16 mars 1776. (AN → AD⁺ 1023)

707. Lettres patentes du roi, qui ordonnent à tous aliénataires, censitaires, acquéreurs, cessionnaires, et possesseurs de biens et droits domaniaux, qui n'ont pas obtenu de confirmation et de subrogation dans les cas de mutation, de se mettre en règle dans le délai de trois mois, à peine de réunion : qui autorise en outre la Chambre des comptes de Lorraine à passer les contrats de subrogation sans arrêts du Conseil pour les objets domaniaux acensés, qui n'excèdent pas cent livres de rente. 17 mars 1776. (BN → F 13774)

708. Arrêt du Conseil d'État du roi, qui, en autorisant la manufacture de draps de soie, laine, ratines et peluches, établie à Montmartre par le sieur Quinquet, lui permet de faire teindre dans ladite manufacture, en grand et bon teint et en rouge d'Andrinople, toutes les matières nécessaires à la fabrication de ses étoffes. 18 mars 1776. (AN → AD⁺ 1023)

709. Lettres patentes du roi, portant réunion au domaine de Versailles, de la terre et seigneurie de Villepreux. 18 mars 1776. (AN → AD⁺ 1023)

710. Ordonnance du roi, concernant la fourniture du fourrage aux quatre compagnies de ses gardes du corps. 18 mars 1776. (AN → AD⁺ 1023)

711. Ordonnance du roi, portant règlement sur les gouvernements généraux des provinces, gouvernements particuliers, lieutenances de roi, ou commandements, majorités, aides et sous-aides-majorités des villes, places et châteaux ; et qui, en déterminant différentes classes, affecte particulièrement chacune d'elles aux différents grades militaires. 18 mars 1776. (AN → AD⁺ 1023)

712. État des gouvernements généraux et particuliers, et autres emplois d'état-major, qui seront conservés à l'avenir, vacance arrivant par mort ou démission de ceux qui en sont pourvus ; et du traitement qui sera attaché à chaque emploi, tant en appointements qu'en émoluments. 18 mars 1776. (AN → AD/VI/35 dossier A pièce 1)

713. Tarif des droits qui se perçoivent, tant aux portes de la ville de Neufchâtel, que ceux qui se perçoivent sur la place, halle, foire et marché, les jours de foires et marchés, conformément au tarif arrêté au Conseil le 11 avril 1775, et à l'arrêt du Conseil du même jour, registrés au parlement de Normandie le 19 mars 1776. (AN → AD⁺ 1018)

714. Arrêt du Conseil d'État du roi, qui fixe le délai dans lequel les particuliers pourront réclamer les marchandises ou effets sur eux saisis par les gardes et jurés des corps et communautés. 21 mars 1776. (AN → AD⁺ 1023)

715. Arrêt du Conseil d'État du roi, qui ordonne qu'il sera procédé à la vente des meubles et effets des corps et communautés, nonobstant les oppositions formées par les créanciers desdits corps, à la levée des scellés : défend à tous procureurs et huissiers, de former et de recevoir par la suite de pareilles oppositions ; et prescrit aux créanciers de produire les titres de leurs créances, par-devant le sieur lieutenant général de police, dans les délais prescrits pour la liquidation de leursdites créances. 21 mars 1776. (AN → AD$^+$ 1023)

716. Ordonnance du roi, pour faire continuer la fourniture du pain de munition aux troupes de Sa Majesté, qui seront dans l'étendue de son royaume et île de Corse ; et pour fixer à vingt-quatre deniers par ration la retenue du pain de munition qui leur sera fourni. 22 mars 1776. (AN → AD$^+$ 1023)

717. Arrêt du Conseil d'État du roi, portant établissement d'une Caisse d'escompte. 24 mars 1776. (AN → AD$^+$ 1023)

718. Arrêt du Conseil d'État du roi, qui ordonne que les bâtiments servant de casernes, dont il sera passé des baux par-devant notaires, pour les intervalles pendant lesquels il n'y sera pas logé de troupes, ensemble tous autres édifices employés au service de Sa Majesté ou à l'utilité publique, dont la location ne sera que momentanée, et dont la destination ne sera pas changée pour toujours, demeureront affranchis du droit d'amortissement, à la charge que le droit de nouvel acquêt en sera payé par les villes et communautés, pendant la jouissance des particuliers qui les occuperont. 24 mars 1776. (BN → F 13774)

719. Ordonnance du roi, portant suppression des charges d'inspecteurs généraux d'infanterie, de cavalerie, de troupes-légères, et de celle d'inspecteur des hussards. 25 mars 1776. (AN → AD$^+$ 1023)

720. Ordonnance du roi, portant suppression de la finance de tous les emplois militaires des troupes d'infanterie, cavalerie, dragons, hussards et troupes légères. 25 mars 1776. (AN → AD$^+$ 1023)

721. Ordonnance du roi, concernant les déserteurs. 25 mars 1776. (AN → AD$^+$ 1023)

722. Ordonnance du roi, portant création de cadets-gentilshommes dans les troupes de Sa Majesté. 25 mars 1776. (AN → AD$^+$ 1023)

723. Ordonnance du roi, portant règlement sur l'administration de tous les corps, tant d'infanterie, que cavalerie, dragons et hussards ; sur l'habillement ; sur les recrues, rengagements et remontes ; la discipline, la subordination, la police intérieure ; les récompenses, les punitions ; la nomination aux emplois vacants ; la formation des troupes en divisions ; les congés, les semestres ; les revues des commissaires des guerres, et celles des officiers généraux. 25 mars 1776. (AN → AD$^+$ 1023)

724. Ordonnance du roi, concernant l'infanterie française et étrangère. 25 mars 1776. (AN → AD$^+$ 1023)

725. Ordonnance du roi, concernant la cavalerie. 25 mars 1776. (AN → AD$^+$ 1023)

726. Ordonnance du roi, concernant les dragons. 25 mars 1776. (AN → AD$^+$ 1023)

727. Ordonnance du roi, concernant les légions. 25 mars 1776. (AN → AD$^+$ 1023)

728. Ordonnance du roi, concernant les hussards. 25 mars 1776. (AN → AD+ 1023)

729. Ordonnance du roi, pour la suppression du Conseil actuel de l'École royale militaire, celle des officiers et autres personnes employées dans les maisons de Paris et de La Flèche ; et pour la création d'un inspecteur général et d'un sous-inspecteur des Écoles royales militaires. 25 mars 1776. (AN → AD+ 1023)

730. Éclaircissements pour servir à l'exécution de l'ordonnance du 25 mars 1776, concernant l'infanterie française et étrangère. (AN → MM 1222)

731. Éclaicissements pour servir à l'exécution des ordonnances du 25 mars 1776, concernant la cavalerie, les dragons et les hussards. (AN → MM 1222)

732. Arrêt du Conseil d'État du roi, qui ordonne que les droits uniformes des traites, seront payés indépendamment de celui de la marque des cuirs, sur les cuirs verds sortant du royaume pour la Lorraine et les Trois-Évêchés, et sur les cuirs tannés ou corroyés venant de ces provinces dans le royaume. 26 mars 1776. (AN → AD+ 1023)

733. Deux arrêts du Conseil d'État du roi. Le premier, sur la demande en cassation d'un arrêt de la Cour des aides de Paris, du 6 mars 1776, ordonne l'envoi des motifs et le communiqué de la requête de l'adjudicataire au sieur Alexis Marie.
Le second, contradictoire et sur vu de motifs, casse la sentence du siège des traites de Charleville, du 22 décembre 1774, et l'arrêt de la Cour des aides de Paris, du 6 mars 1776 ; condamne Alexis Marie à payer sur les papiers qu'il avait fait entrer de Lorraine dans les cinq grosses Fermes, le supplément des droits tels qu'ils sont dûs, conformément à l'arrêt du Conseil du 21 août 1771, duquel supplément néanmoins il lui est fait remise pour cette fois seulement, par grâce et sans tirer à conséquence. 26 mars 1776 et 24 juin 1777. (AN → AD+ 1023)

734. Loterie de l'Hôtel de Ville de Paris, accordée par arrêts du Conseil des 30 juillet et 22 décembre 1760, et lettres patentes du 7 août 1769. Tirage de mars 1776. Liste générale des billets gagnants de ladite Loterie. Tirée en la grande salle de l'Hôtel de Ville de Paris, en présence de messieurs les prévôt des marchands et échevins. 26 mars 1776. (AN → AD/IX/436)

735. Règlement concernant les nouvelles Écoles royales militaires. 28 mars 1776. (AN → AD+ 1023)

736. Arrêt du Conseil d'État du roi, qui ordonne que les biens, droits et revenus dépendant du monastère des Célestins de Paris, seront régis et administrés par le sieur Bollioud de Saint-Julien, receveur général du clergé, jusqu'à ce qu'il en ait été autrement ordonné. 29 mars 1776. (AN → AD+ 1023)

737. Arrêt du Conseil d'État du roi, portant règlement pour les tables des commissaires de Sa Majesté aux États de Bretagne, et des présidents des ordres desdits États : et défenses de jouer aux jeux de hasard. 29 mars 1776. (AN → AD+ 1023)

738. Ordonnance du roi, portant règlement sur les entrées aux représentations et répétitions de l'Opéra ; sur la distribution et le payement des billets, et sur la police intérieure pendant la durée du spectacle. 29 mars 1776. (AN → AD⁺ 1023)

739. Arrêt du Conseil d'État du roi, portant nouveau règlement pour l'Académie royale de musique. 30 mars 1776. (AN → AD⁺ 1023)

740. Lettres patentes du roi, sur la convention portant abolition du droit d'aubaine entre la France et la République de Venise. 30 mars 1776. (AN → U 1290)

741. Édit du roi, par lequel Sa Majesté permet de faire circuler librement les vins dans toute l'étendue du royaume, de les emmagasiner, de les vendre en tous lieux et en tout temps ; et de les exporter en toute saison, par tous les ports, nonobstant tous privilèges particuliers et locaux à ce contraires, que Sa Majesté supprime. Avril 1776. (AN → AD⁺ 1024)

742. Édit du roi, portant règlement pour la composition et le service des chancelleries près les parlements de Metz et de Nancy. Avril 1776. (BN → F 23629 [225])

743. Lettres patentes du roi en forme d'édit, qui donnent au présidial de Sedan les mêmes pouvoirs et les mêmes attributions que celles accordées par l'édit de juin 1772, aux présidiaux de Metz, Toul et Verdun. Avril 1776. (AN → AD⁺ 1024)

744. Ordonnance du roi, concernant son régiment d'infanterie. 1er avril 1776. (AN → AD⁺ 1024)

745. Arrêt contradictoire du Conseil d'État du roi, par lequel, sans avoir égard à l'opposition du syndic et de la communauté des bouchers d'Angoulême, à l'arrêt du Conseil du 13 septembre 1774, ordonne que ledit arrêt sera exécuté selon sa forme et teneur ; les condamne solidairement et par corps, aux dépens ; déclare bons et valables les procès-verbaux rapportés les 14 et 15 octobre 1774, en exécution dudit arrêt : fait défenses aux bouchers de ladite ville de troubler les commis dans leurs visites et exercices, à peine d'être poursuivis extraordinairement ; et ordonne que le présent arrêt, ainsi que celui du 13 septembre 1774, seront enregistrés, sans frais, au greffe de l'élection, avec injonction à ce siège de s'y conformer. 2 avril 1776. (AN → AD⁺ 1024)

746. Convention entre le roi très-chrétien et la République de Raguse, conclue à Raguse le 2 avril 1776. (AN → AD⁺ 1024)

747. Ordonnance du roi, qui prescrit ce qui sera observé relativement à l'acquisition que Sa Majesté jugerait à propos de faire, de la composition et préparation de certains remèdes particuliers. 12 avril 1776. (AN → AD⁺ 1024)

748. Arrêt du Conseil d'État du roi, concernant l'École royale gratuite de dessin. 13 avril 1776. (AN → AD⁺ 1024)

749. Lettres patentes du roi, pour le terrier de la seigneurie de Fresnes, et sentence du Châtelet de Paris, portant entérinement d'icelles. 13 avril et 11 mai 1776. (AN → AD⁺ 1024)

750. Arrêt du Conseil d'État du roi, qui fixe à un an, le délai accordé aux propriétaires riverains pour planter sur leurs terrains, le long des routes ; et permet aux seigneurs-voyers de faire lesdites plantations, à défaut par les propriétaires de l'avoir fait dans ledit délai. 17 avril 1776. (AN → AD$^+$ 1024)

751. Arrêt du Conseil d'État du roi, portant suppression de deux mémoires imprimés, de M^{rs} d'Esseville et de Marnaval ; et interdiction d'un an contre Me Belloumeau, avocat au Conseil. 18 avril 1776. (AN → AD$^+$ 1024)

752. Arrêt du Conseil d'État du roi, qui commet les sieurs intendants, pour faire chacun dans leur généralité, la liquidation des dettes des corps et communautés d'arts et métiers, ordonnée par l'article XXIII de l'édit du mois de février dernier, portant suppression des jurandes. 20 avril 1776. (AN → AD$^+$ 1024)

753. Arrêt du Conseil d'État du roi, qui ordonne la visite et l'estimation des maisons appartenantes aux corps et communautés supprimés. 20 avril 1776. (AN → AD$^+$ 1024)

754. Arrêt du Conseil d'État du roi, qui confirme les différents règlements rendus sur la fabrication des cartes à jouer ; et qui fixe les villes dans lesquelles la fabrication en est permise. 21 avril 1776. (AN → AD$^+$ 1024)

755. Arrêt du Conseil d'État du roi, qui ordonne que, conformément à l'article 4 du titre VI de l'ordonnance des gabelles, et aux arrêts des 30 décembre 1684, 14 septembre 1688 et 6 août 1697, les officiers du grenier de Neuvy et tous autres, fourniront sans frais à l'adjudicataire des Fermes, de quartier en quartier, des certificats de ce qui aura été vendu de sel en chacun quartier, et de ce qui en restera ; et leur défend d'intenter aucune action contre ledit adjudicataire, pour raison des gratifications d'excédents de ventes, ailleurs qu'au Conseil. 23 avril 1776. (AN → AD$^+$ 1024)

756. Arrêt du Conseil d'État du roi, qui autorise les commissaires chargés de la vérification des droits qui sont perçus sur les grains, à procéder à la vérification et liquidation des offices supprimés, de mesureurs royaux, et des droits dépendant desdits offices : ordonne que les droits sur les grains, graines, grenailles et farines, seront sujets auxdites vérifications, sur lesquelles il sera statué au Conseil, sur l'avis desdits commissaires. 24 avril 1776. (AN → AD$^+$ 1024)

757. Arrêt du Conseil d'État du roi, portant que les droits sur les suifs, ci-devant attribués aux officiers-planchéeurs et gardes-nuit, vingtièmes de l'hôpital, et sous pour livre d'iceux, demeureront éteints et supprimés. 25 avril 1776. (AN → AD$^+$ 1024)

758. Arrêt du Grand Conseil du roi. (Parlement de Nancy. Duchés de Lorraine et de Bar). 25 avril 1776. (AN → AD$^+$ 1024)

759. Arrêt du Grand Conseil du roi. (Parlement de Dijon). 25 avril 1776. (AN → AD$^+$ 1024)

760. Arrêt du Grand Conseil du roi. (Parlement de Rouen). 25 avril 1776. (AN → AD$^+$ 1024)

761. Loterie de l'Hôtel de Ville de Paris, accordée par arrêts du Conseil des 30 juillet et 22 décembre 1760, et lettres patentes du 7 août 1769. Tirage d'avril 1776. Liste générale des billets gagnants de ladite Loterie. Tirée en la grande salle de l'Hôtel de Ville de Paris, en présence de messieurs les prévôt des marchands et échevins. 25 avril 1776. (AN → AD/IX/436)

762. Conditions sous lesquelles seront affermés pour neuf années, à compter du premier avril 1776, les biens et revenus de l'abbaye de Saint-Vincent de Metz, en conséquence de l'arrêt du Conseil d'État du roi du 17 février dudit an, qui casse et annule le bail général desdits biens et revenus fait à Me Charles-Joseph-Antoine Serva, avocat à la Cour souveraine de Lorraine, résidant à Pont-à-Mousson, devant Me Cordier, notaire à Paris, qui en a la minute et son confrère, le 23 septembre 1769, ensemble les autres baux particuliers, et les sous-baux desdits biens et revenus faits par ledit sieur Serva. 25 avril 1776. (AN → AD^{+} 1314)

763. Lettres patentes du roi, sur une convention conclue entre le roi et le prince de Nassau-Weilbourg, concernant les limites de leurs États respectifs, et pour l'abolition réciproque du droit d'aubaine. 26 avril 1776. (AN → AD/XVI/14^{A})

764. Arrêt du Conseil d'État du roi, qui établit une commission de médecins à Paris, pour tenir une correspondance avec les médecins de provinces, pour tout ce qui peut être relatif aux maladies épidémiques et épizootiques. 29 avril 1776. (AN → AD^{+} 1024)

765. Arrêt du Conseil d'État du roi, concernant les contestations qui s'étaient élevées entre les échevins et égards-jurés du corps des fabricants du bourg de Roubaix, et les mayeur, échevins et négociants de la ville de Lille, sur le fait de leurs manufactures. 30 avril 1776. (AN → AD/XVI/14^{A})

766. Déclaration du roi, concernant les substitutions. 1er mai 1776. (AN → AD^{+} 1024)

767. Lettres patentes du roi, qui ordonnent l'enregistrement au Grand Conseil de l'édit du mois d'avril 1775, portant rétablissement de deux receveurs et contrôleurs des consignations du Conseil, parlement et autres cours et juridictions de Paris ; et création d'un troisième et semblable office en faveur du sieur Héron de la Thuillerie. 6 mai 1776. (AN → AD^{+} 1024)

768. Ordonnance du roi, pour mettre le régiment d'infanterie de Quercy, sous le nom de Rohan-Soubise. 7 mai 1776. (AN → AD^{+} 1024)

769. Ordonnance du roi, sur le rang des régiments de dragons entre eux, et l'incorporation des légions. 7 mai 1776. (AN → AD^{+} 1024)

770. Lettres patentes du roi, qui nomment le sieur Dardet de Minerais tuteur aux substitutions établies dans la Maison de Condé à la place du sieur Gougenot. 9 mai 1776. (BN → F 23629 [233])

771. Arrêt du Conseil d'État du roi, qui ordonne que la vérification des droits qui se perçoivent sur les grains, s'appliquera non-seulement à la propriété de ces droits, mais aux usages qui règlent la forme de perception de ces droits en chaque lieu, suivant la déclaration qui en sera fournie par les propriétaires. 10 mai 1776. (AN → AD^{+} 1024)

772. Arrêt du Conseil d'État du roi, qui nomme les administrateurs de la fondation de l'École royale militaire ; et qui règle les fonctions de cette administration. 10 mai 1776. (AN → AD^{+} 1024)

773. Arrêt du Conseil d'État du roi, qui ordonne que toutes les contestations nées et à naître sur le fait du logement à Paris, des compagnies des régiments des Gardes françaises et suisses, seront portées, en première instance, par-devant le prévôt des marchands, et par appel au Conseil. 10 mai 1776. (AN → AD^{+} 1024)

774. Arrêt du Conseil d'État du roi, et lettres patentes sur icelui qui cassent un arrêt du Conseil supérieur de l'île de Corse du 28 mars 1776, concernant le port d'armes, et lettres patentes interprétatives de la déclaration du 24 mars 1770, concernant le port d'armes en Corse. 10 et 15 mai 1776. (AN → Marine A/1/117)

775. Lettres patentes par lesquelles le roi ordonne dans la Bourgogne l'exécution des lettres patentes du 14 mars 1726, dont l'objet est de prévenir des abus subsistant dans la distribution du sel à diminution de prix ; laquelle exécution avait été ordonnée par des lettres patentes du 29 octobre 1737, mais qui n'ont point eu leur effet, attendu que celles du 14 mars 1726 n'avaient pas été attachées sous leur contre-scel. 10 mai 1776. (AN → AD^{+} 1024)

776. Arrêt du Conseil d'État du roi, concernant le remboursement des quittances de finance, provenantes de la liquidation des offices du parlement de Pau, et des dettes communes des officiers dudit Parlement. 11 mai 1776. (AN → AD^{+} 1024)

777. Arrêt du Grand Conseil du roi, pour l'exécution de l'édit des présidiaux. 11 mai 1776. (AN → AD^{+} 1024)

778. Arrêt du Grand Conseil du roi. (Parlement de Toulouse). 11 mai 1776. (AN → AD^{+} 1024)

779. Déclaration du roi, concernant la forme de la comptabilité du trésorier de la Caisse des arrérages pour les années 1763, 1764 et 1765. (Caisse des amortissements). 11 mai 1776. (AN → AD^{+} 1024)

780. Déclaration du roi, concernant les causes d'appellations comme d'abus, et toutes celles de régale. 12 mai 1776. (AN → AD^{+} 1024)

781. Arrêt du Conseil d'État du roi, qui casse une sentence des élus de Nevers, du quatre du même mois, par laquelle ils avaient défendu de percevoir les droits réservés dans l'étendue de leur ressort, sous prétexte que la levée en avait dû cesser le 31 décembre 1774, aux termes des lettres patentes du 15 mai 1768. 13 mai 1776. (AN → AD^{+} 1024)

782. Ordonnance du roi, portant création d'un régiment d'infanterie irlandaise. 14 mai 1776. (AN → AD^{+} 1024)

783. Lettres patentes du roi, concernant l'École royale gratuite de dessin. 19 mai 1776. (AN → AD^{+} 1024)

784. Déclaration du roi, qui ordonne que l'adjudicataire des Fermes, ses commis et préposés, continueront de faire la perception de tous droits autorisés, sur les pois, fèves, lentilles et riz. 19 mai 1776. (AN → AD^{+} 1024)

785. Lettres patentes du roi, concernant le collège de la Flèche. 20 mai 1776. (AN → AD^+ 1024)

786. Arrêt du Grand Conseil du roi. (Parlement de Metz. Présidiaux). 24 mai 1776. (AN → AD^+ 1024)

787. Lettres patentes du roi, concernant l'université épiscopale de Strasbourg et portant création de la faculté du droit canonique en icelle. 24 mai 1776. (BN → F 23741 [384])

788. Lettres... concernant la composition, le régime et la discipline de l'université de Strasbourg, et qui établissent deux chaires de droit canonique. 24 mai 1776. (BN → F 23741 [383])

789. Loterie de l'Hôtel de Ville de Paris, accordée par arrêts du Conseil des 30 juillet et 22 décembre 1760, et lettres patentes du 7 août 1769. Tirage de mai 1776. Liste générale des billets gagnants de ladite Loterie. Tirée en la grande salle de l'Hôtel de Ville de Paris, en présence de messieurs les prévôt des marchands et échevins. 25 mai 1776. (AN → AD/IX/436)

790. Arrêt du Conseil d'État du roi, portant règlement sur les dépenses du curage du port et de l'entretien des quais de la ville de Marseille. 27 mai 1776. (AN → AD^+ 1024)

791. Arrêt du Conseil d'État du roi, qui évoque au Conseil la demande à fin de résiliation du bail de la maison servant de Bureau des aides à Montereau, formée au bailliage dudit Montereau, contre Laurent David adjudicataire des Fermes, à la requête du sieur Gueffier, et tout ce qui s'en est ensuivi et pourrait s'ensuivre ; en conséquence, ordonne que les parties remettront leurs mémoires et pièces entre les mains du sieur contrôleur général des Finances, pour, sur son rapport, être par Sa Majesté ordonné ce qu'il appartiendra, toutes choses jusqu'à ce demeurant en état : fait défenses de procéder ailleurs qu'au Conseil, à peine de nullité, cassation de procédures, mille livres d'amende et de tous dépens, dommages et intérêts. 28 mai 1776. (AN → AD^+ 1024)

792. Ordonnance du roi, pour mettre le régiment d'infanterie de Ponthieu sous le nom d'Austrasie. 31 mai 1776. (AN → AD^+ 1024)

793. Ordonnance du roi, concernant l'administration des fourrages pour les chevaux de la cavalerie, dragons et hussards. 31 mai 1776. (AN → AD^+ 1024)

794. Règlement arrêté par le roi, concernant l'habillement et l'équipement de ses troupes. 31 mai 1776. (AN → AD^+ 1024)

795. Édit du roi, portant établissement à Versailles d'un dépôt des papiers publics des colonies. Juin 1776. (AN → AD^+ 1025)

796. Édit du roi, qui rétablit les officiers de l'ancienne chancellerie près la Cour des monnaies de Lyon, et ordonne qu'ils exerceront leurs fonctions dans celles près des parlements de Metz et de Nancy. Juin 1776. (BN → F 23741 [385])

797. Édit du roi, concernant les monitoires. Juin 1776. (BN → F 13774)

798. Lettres patentes du roi, en forme d'édit, portant réunion de la justice de Villepreux au bailliage de Versailles. Juin 1776. (AN → AD^+ 1025)

799. Lettres patentes du roi, en forme d'édit, portant remplacement et supplément d'apanage en faveur de monseigneur le comte d'Artois. Juin 1776. (AN → AD⁺ 1025)

800. Lettres patentes du roi, confirmatives des privilèges, dont les Juifs portugais jouissent en France depuis 1550. Juin 1776. (AN → AD⁺ 1025)

801. Parties casuelles de monseigneur le comte d'Artois. Juin 1776. (AN → AD/X/1^A dossier E pièce 22)

802. Ordonnance du roi, pour régler l'exercice de ses troupes d'infanterie. 1er juin 1776. (AN → AD⁺ 1025)

803. Planches relatives à l'exercice de l'infanterie, suivant l'ordonnance du roi du 1er juin 1776. (AN → AD/VI/30)

804. Extrait des registres du Conseil d'État. (Tours. Horlogerie. Michel l'Évêque). 4 juin 1776. (AN → AD⁺ 1025)

805. Lettres patentes de Monsieur, concernant le droit de gardenoble. (Lettres de don). 6 juin 1776. (AN → AD⁺ 1025)

806. Lettres patentes du roi, qui accordent à Monsieur et à ses successeurs et ayants cause, pour l'espace de cinquante années, la concession des mines d'Allemont en Dauphiné. 10 juin 1776. (AN → AD⁺ 1025)

Arrêts du Conseil d'État du roi. 21 juin 1774 et 11 juin 1776. (AN → AD⁺ 1025). Voir notice n° 52.

807. Arrêt du Conseil d'État du roi, qui déclare commune aux baux à nourriture des mineurs, l'exemption des droits de centième denier et de franc-fief que l'arrêt du 2 janvier 1775, a accordé aux baux à ferme ou à loyer, dont la durée n'excède pas vingt-neuf années, qui ont pour objet des fonds de terre et autres héritages situés dans la campagne. 16 juin 1776. (AN → AD⁺ 1025)

808. Arrêt du Conseil d'État du roi, qui, en interprétant les articles VI et IX de celui du 18 décembre 1774, concernant la prise de possession de Jean-Baptiste Pirodeau, régisseur des droits de greffes et autres, ordonne que les cautionnements fournis à l'adjudicataire des Fermes par les employés des Domaines, qui sont chargés de la partie des greffes, n'auront point d'effet ni d'exécution envers Pirodeau ; et que les registres plumitifs et autres registres de forme de l'intérieur des greffes, ensemble les quittances et expéditions à la charge des parties, et les poursuites et procédures qui seront faites contre les redevables, continueront d'être en papier timbré. 16 juin 1776. (AN → AD⁺ 1025)

809. Ordonnance du roi, concernant la constitution et administration de l'Hôtel royal des Invalides, les officiers, bas-officiers et soldats pensionnés. 17 juin 1776. (AN → AD⁺ 1025)

810. Ordonnance du roi, concernant les compagnies détachées de l'Hôtel royal des Invalides. 17 juin 1776. (AN → AD⁺ 1025)

811. Arrêt du Conseil d'État du roi, qui casse et annule la sentence rendue par les officiers de l'élection de Blois, contre le nommé Maréchal, commis de la régie des Droits réunis, le 23 mars 1776 ; fait défenses audit Maréchal d'y satisfaire ; au procureur de Sa Majesté audit siège, d'en requérir l'exécution, sous peine de désobéissance ; enjoint aux officiers de l'élection de Blois, et à tous autres, de se conformer aux règlements relatifs à la régie du droit d'inspecteurs aux boucheries ; leur fait très-expresses inhibitions et défenses de rendre à l'avenir de semblables sentences, à peine de nullité, d'interdiction des fonctions de leurs offices, de trois mille livres d'amende, et de demeurer personnellement responsables de tous dépens, dommages et intérêts. 18 juin 1776. (AN → AD+ 1025)

812. Arrêt du Grand Conseil du roi. (Parlement de Nancy). 21 juin 1776. (AN → AD+ 1025)

813. Arrêt du Conseil d'État du roi, qui ordonne que les arrérages qui écherront au 1er juillet 1776, des rentes appartenantes aux créanciers des corps et communautés d'officiers sur les ports, seront payés par les anciens syndics ou caissiers desdites communautés. 23 juin 1776. (AN → AD+ 1025)

814. Instruction pour M. de la Ponce, relativement à l'exécution de l'ordonnance du 17 juin 1776, concernant l'Hôtel royal des Invalides. 25 juin 1776. (AN → AD/VI/13B dossier B)

815. Hôtel royal des Invalides. État des traitements accordés par le roi, aux officiers du grand état-major, pour les appointements des commis de leurs secrétariats, frais de Bureaux et d'impression, et leur abonnement pour le bois, lumière et blanchissage. 25 juin 1776. (AN → AD/VI/13B dossier B)

816. Loterie de l'Hôtel de Ville de Paris, accordée par arrêts du Conseil des 30 juillet et 22 décembre 1760, et lettres patentes du 7 août 1769. Tirage de juin 1776. Liste générale des billets gagnants de ladite Loterie. Tirée en la grande salle de l'Hôtel de Ville de Paris, en présence de messieurs les prévôt des marchands et échevins. 25 juin 1776. (AN → AD/IX/436)

817. Lettres patentes du roi, qui subrogent M. Lenoir, conseiller d'État, lieutenant général de police, et ses successeurs en ladite charge, pour connaître, au lieu et place du sieur Albert, conformément aux lettres patentes du 29 août 1775, de l'introduction, vente, débit et colportage des tabacs de toute espèce, dans l'étendue des villes de Paris, Versailles, prévôtés et vicomtés en dépendantes. 26 juin 1776. (AN → AD+ 1025)

818. Arrêt du Conseil d'État du roi, qui ordonne que les règlements faits pour prévenir les progrès de l'épizootie, seront exécutés dans les provinces de Flandre et d'Artois. 27 juin 1776. (AN → AD+ 1025)

819. Ordonnance du roi, concernant quelques objets relatifs aux troupes du corps royal de l'Artillerie, à la visite des arsenaux et des fortifications, aux enchères et adjudications des ouvrages à ordonner aux bâtiments militaires, et aux fournitures en tout genre à faire aux troupes. 27 juin 1776. (AN → AD+ 1025)

820. Échange entre le roi et monseigneur le comte d'Artois. 27 juin 1776. (AN → AD+ 1025)

821. Arrêt du Grand Conseil du roi. (Parlement de Toulouse. Présidial d'Auch). 28 juin 1776. (AN → AD⁺ 1025)

822. Arrêt du Grand Conseil du roi. (René Gillot. Joseph Martin. Congrégation de Saint-Maur). 28 juin 1776. (AN → AD⁺ 1025)

823. Ordonnance du roi, portant augmentation d'un lieutenant et de vingt hommes dans la compagnie des bas-officiers invalides de d'Habin, servant à la garde de l'École royale militaire. 28 juin 1776. (AN → AD/VI/10^{A} dossier D)

824. Arrêt du Conseil d'État du roi, concernant le cautionnement en argent des comptables de la régie des Poudres et Salpêtres. 29 juin 1776. (AN → AD⁺ 1025)

825. Arrêt du Conseil d'État du roi. (Antoine Pascaud. Marie-Ursule Galay. Geneviève-Adélaïde Gras). 29 juin 1776. (AN → AD⁺ 1025)

826. Arrêt du Conseil d'État du roi. (Antoine Pascaud. Marie-Ursule Galay. Geneviève-Adélaïde Gras. Pierre Delpon). 29 juin 1776. (AN → AD⁺ 1025)

827. Arrêt du Conseil d'État du roi, portant suppression, à compter des 1er et 6 août prochain, des Loteries de l'École royale militaire, de l'Hôtel de Ville de Paris, de la Générale d'association et de celle des communautés religieuses :
Création d'une nouvelle Loterie sous le nom de Loterie royale de France, dont le premier tirage sera fait le 1er septembre prochain :
Et union à la régie de la Loterie royale, des Loteries des Enfants-Trouvés et de Piété qui sont conservées. 30 juin 1776. (AN → AD⁺ 1025)

828. Arrêt du Conseil d'État du roi, qui fixe à deux millions de livres par an, l'indemnité dûe à l'École royale militaire, à cause de la suppression de sa Loterie. 30 juin 1776. (AN → AD/VI/10^{A} dossier D)

829. Lettres patentes du roi, qui réunissent au duché d'Alençon, différents objets dépendant des domaines d'Argentan et d'Exmes, pour jouir par Monsieur, frère du roi, desdits objets réunis, comme faisant partie du duché d'Alençon. 30 juin 1776. (AN → AD⁺ 1025)

830. Lettres patentes du roi, en forme d'édit, portant ratification du contrat d'échange entre le roi et Mgr le comte d'Artois, de la forge de Ruelle en Angoumois, contre les domaines et bois de Saint-Dizier, Wassy et Sainte-Menehould. Juillet 1776. (AN → AD⁺ 1025)

831. Lettres patentes du roi, qui confirment une fondation faite à Cambrai en 1672, en faveur des pauvres ménages de la ville, sous le titre d'aumône générale. Juillet 1776. (AN → AD/XVI/14^{A})

832. Contrat d'échange entre le roi et Mgr le comte d'Artois, et lettres de ratification dudit contrat. (Forge de Ruelle. Forge-Neuve. Javerlhac. Saint-Dizier. Wassy. Sainte-Menehould). Juillet 1776. (AN → AD⁺ 1025)

833. Ordonnance du roi, concernant la compagnie des Cent-Suisses de la Garde de Sa Majesté. 2 juillet 1776. (AN → AD⁺ 1025)

834. Ordonnance du roi, portant création d'un corps de Soldats-Pionniers. 2 juillet 1776. (AN → AD⁺ 1025)

835. Arrêt du Conseil d'État du roi, qui condamne le nommé Monneron et sa femme, régisseurs des droits de péage qui se lèvent au bourg de Tain en Dauphiné, à rendre et restituer des sommes par eux indûment exigées de divers voituriers, sous prétexte qu'ils n'avaient point payé tout ou partie desdits droits : condamne pareillement lesdits Monneron et sa femme à une amende de cent livres, applicable aux réparations des chemins de Tain à Saint-Vallier. 6 juillet 1776. (AN → AD^{+} 1025)

836. Lettres patentes du roi, qui ordonnent l'enregistrement au Grand Conseil de l'édit de juin 1775, portant suppression des offices de commissaires, receveurs, contrôleurs, payeurs, greffiers et commis des saisies réelles, etc., et création d'un seul office en faveur du sieur Roulleau. 6 juillet 1776. (AN → AD^{+} 1025)

837. Arrêt du Conseil d'État du roi, qui rétablit la perception du droit de minage dans la ville de Pontoise, qui avait été suspendue par arrêt du 30 avril 1775. 8 juillet 1776. (AN → AD^{+} 1025)

Arrêts du Conseil d'État du roi. 29 août 1775 et 9 juillet 1776. (AN → U 1290). Voir notice n° 498.

838. Arrêt du Conseil d'État du roi, qui, conformément aux articles II, XI et XVII du titre des anciens et nouveaux cinq sols, de l'ordonnance de 1680, à l'édit du mois d'octobre 1705, à l'arrêt du Conseil du 22 septembre 1722 et autres règlements rendus en conformité, ordonne que, sous les peines y contenues, les habitants de Loudun feront déclaration et paieront les droits dûs pour raison des vins qu'ils feront entrer dans ladite ville, dès le moment de leur entrée, même pendant l'intervalle des six semaines des vendanges : confirme en conséquence deux ordonnances de M. l'intendant de Tours ; et ordonne que l'article III du titre des anciens et nouveaux cinq sols de l'ordonnance de 1680, sera exécuté pour le paiement des droits d'entrée sur vendanges. 9 juillet 1776. (AN → AD^{+} 1025)

839. Arrêt du Conseil d'État du roi, qui déclare compris dans la révocation générale ordonnée par l'édit du mois d'août 1715, le privilège d'exemption de franc-fief, attribué aux offices des greniers à sel, par édit du mois d'octobre 1694 ; en conséquence, ordonne que le sieur Perret, contrôleur général de la prévôté et dépôt des sels à Nantes, sera tenu de payer le droit de franc-fief, résultant de deux terres nobles dont il est propriétaire, encore que la finance de son office excède dix mille livres. 9 juillet 1776. (AN → AD^{+} 1025)

840. Arrêt du Conseil d'État du roi, qui casse une sentence du bailliage de Cany, du 3 juin 1776, qui enjoignait au sieur de la Halle, contrôleur des actes et droits y joints, au Bureau de Cany, et pourvu d'une charge de procureur aux juridictions de la même ville, d'opter dans un mois, entre son emploi de contrôleur et son office de procureur : en conséquence, fait défenses aux officiers dudit bailliage, d'en rendre de semblables à l'avenir, et de troubler ledit de la Halle dans ses fonctions, sous prétexte d'incompatibilité. 9 juillet 1776. (AN → AD^{+} 1025)

841. Lettres patentes du roi, qui ordonnent que les maîtres et marchands qui arriveront dans un port, soit en relâche, soit pour faire le commerce de leurs cargaisons, et qui sauront la langue française, seront dispensés de se servir des interprètes-courtiers. 10 juillet 1776. (AN → AD^{+} 1025)

842. Lettres patentes, qui fixent définitivement le nombre des juridictions des traites et gabelles dans le comté de Bourgogne ; et qui, en ordonnant la formation de leurs ressorts respectifs, en règlent les attributions, ainsi que celles du Bureau des finances de Besançon. 10 juillet 1776. (AN → AD^{+} 1025)

843. Arrêt du Grand Conseil du roi. (Parlement de Metz. Présidiaux). 13 juillet 1776. (AN → AD^{+} 1025)

844. Arrêt du Conseil d'État du roi, qui rétablit la perception des droits sur les grains appartenant aux villes et à Sa Majesté, dans les généralités de Flandre, Hainaut et Picardie, qui avait été suspendue par les arrêts des 21 mai et 3 juin 1775. 14 juillet 1776. (AN → AD^{+} 1025)

845. Règlement concernant le payement qui devra être fait, à compter du 1er juillet 1776, aux bas-officiers, soldats, cavaliers, hussards et dragons des troupes du roi, actuellement retirés avec la solde ou la demi-solde dans les provinces de son royaume ; et ce conformément à la réduction ordonnée par l'article 17 du titre VIII de l'ordonnance du roi du 25 mars 1776, portant règlement sur l'administration des corps. 15 juillet 1776. (AN → MM 1222)

846. Déclaration du roi, portant création d'un inspecteur de police à Nancy, et qui en règle les fonctions et les droits. 16 juillet 1776. (BN → F 13774)

847. Arrêt du Conseil d'État du roi, qui casse trois sentences de la capitainerie de Fontainebleau, des 11 septembre 1773, 11 mars 1774 et 13 mai 1776 ; et ordonne l'exécution de l'ordonnance du 6 mars 1733, concernant les exploitations des bois étant dans ladite capitainerie. 19 juillet 1776. (AN → AD^{+} 1025)

848. Déclaration du roi, concernant la Chambre des vacations de la Cour des monnaies. 19 juillet 1776. (AN → AD^{+} 1025)

849. Lettres patentes du roi, portant ratification de la convention entre le roi et l'électeur de Saxe, pour l'exemption réciproque du droit d'aubaine. 20 juillet 1776. (AN → AD^{+} 1025)

850. Lettres patentes du roi, en forme d'édit, qui ordonnent que les deux offices d'avocat du roi en la sénéchaussée et siège présidial de la Flèche, demeureront désunis à perpétuité. 20 juillet 1776. (AN → AD^{+} 1025)

851. Arrêt du Conseil d'État du roi, qui indique les offices de procureurs au parlement de Paris, sur lesquels porte la suppression ordonnée par la déclaration du roi du 18 février dernier. 22 juillet 1776. (AN → AD^{+} 1025)

852. Arrêt du Conseil d'État du roi, qui ordonne une nouvelle répartition, à compter de 1777, de la somme d'un million deux cent mille livres, imposée sur les pays d'élections et les pays conquis, depuis l'année dernière, pour subvenir à la dépense des convois militaires. 23 juillet 1776. (AN → AD^{+} 1025)

853. Arrêt du Conseil d'État du roi, qui ordonne que l'adjudicataire général des Fermes, chargé de la régie des Droits ci-devant appartenant aux communautés d'officiers supprimés par édit de février 1776, remettra directement au Trésor royal, le montant du produit de ces droits. 23 juillet 1776. (AN → AD+ 1025)

854. Arrêt du Conseil d'État du roi, qui ordonne qu'à compter de 1777, il sera imposé pendant l'espace de cinq années seulement, et conjointement avec la capitation, les six deniers pour livre du principal de cette imposition sur tous les justiciables du ressort du parlement de Paris sujets à la capitation, pour subvenir à la reconstruction et réparation des bâtiments de Palais à Paris, incendiés au mois de janvier 1776. 26 juillet 1776. (AN → AD+ 1025)

855. Loterie de l'Hôtel de Ville de Paris, accordée par arrêts du Conseil des 30 juillet et 22 décembre 1760, et lettres patentes du 7 août 1769. Tirage de juillet 1776. Liste générale des billets gagnants de ladite Loterie. Tirée en la grande salle de l'Hôtel de Ville de Paris, en présence de messieurs les prévôt des marchands et échevins. 26 juillet 1776. (AN → AD/IX/436)

856. Arrêt du Conseil d'État du roi, qui annule les trois délibérations des élus généraux des États de Bourgogne, des 23 décembre 1775, 10 janvier et 1er février 1776 ; et ordonne l'exécution des édits et règlements de Sa Majesté, les décrets des États de Bourgogne, et les délibérations ci-devant prises par les élus généraux, concernant les vingtièmes, la répartition et la levée des impositions, et autres dispositions relatives à l'administration des Finances ; et renvoie aux États à en délibérer s'il y a lieu, dans leur prochaine assemblée. 28 juillet 1776. (AN → AD+ 1025)

857. Lettres patentes du roi, qui nomment les commissaires de la Chambre des comptes de Paris, qui devront procéder à l'évaluation des biens échangés entre le roi et Mgr le comte d'Artois, par le contrat du 27 juin dernier, et les lettres patentes de ratification, du présent mois ; lesquels biens consistent, de la part de Mgr le comte d'Artois, dans la forge de Ruelle et le fief de Forge-Neuve en Angoumois ; et de la part de Sa Majesté, dans les bois des maîtrises de Wassy, Saint-Dizier et Sainte-Menehould en Champagne. 28 juillet 1776. (AN → AD+ 1025)

858. Arrêt du Conseil d'État du roi, qui ordonne que les droits attribués aux offices de mesureurs de grains, continueront d'être perçus au profit de Sa Majesté, conformément à l'édit de janvier 1697, et à l'arrêt du Conseil, du 16 avril suivant, ainsi qu'ils l'étaient avant les arrêts des 13 septembre 1774, et 13 août 1775. 31 juillet 1776. (AN → AD+ 1025)

859. Édit du roi, portant nouvelle création de six corps de marchands, et de quarante-quatre communautés d'arts et métiers. Août 1776. (AN → AD+ 1026)

860. Édit du roi, par lequel Sa Majesté, en créant, de nouveau, six corps de marchands et quarante-quatre communautés d'arts et métiers, conserve libres certains genres de métiers ou de commerce : réunit les professions qui ont de l'analogie entre elles ; établit à l'avenir des règles dans le régime desdits corps et communautés. Août 1776. (AN → AD+ 1026)

861. Édit du roi, portant rétablissement du bailliage et siège présidial d'Auxerre. Août 1776. (AN → AD+ 1026)

862. Édit du roi, portant rétablissement du second office d'avocat du roi, en la sénéchaussée et siège présidial de Guéret. Août 1776. (AN → AD+ 1026)

863. Édit du roi, qui convertit en une redevance annuelle au profit de la Maison royale de Saint-Cyr, l'obligation des abbayes et monastères de filles, de recevoir à chaque changement d'abbesse ou prieure titulaire, telle personne de ladite Maison que le roi jugera à propos d'y nommer. Août 1776. (AN → AD^{+} 1026)

864. Édit du roi, portant rétablissement des deux sièges du bailliage et de l'élection dans la province du Mâconnais. Août 1776. (AN → AD^{+} 1026)

865. Édit du roi, portant affiliation du grand séminaire de Toul à l'université de Nancy. Août 1776. (BN → F 13774)

866. Lettres patentes du roi, en forme d'édit, qui ratifient le procès-verbal d'évaluation, fait par la Chambre des comptes de Paris, des objets échangés, entre le feu roi et M. Mesnard de Chouzy, conseiller d'État, contrôleur général de la Maison du roi, et procureur général de l'ordre de Saint-Lazare ; et qui lui abandonnent de nouveaux objets pour le remplir de sa soulte. Août 1776. (AN → AD^{+} 1026)

867. Lettres patentes du roi, portant union et translation de justices pour M. le prince de Condé. (Seigneurie de Chantilly). Août 1776. (BN → F 23629 [274])

868. Arrêt du Conseil d'État du roi, qui casse et annule une délibération des élus généraux des États de Bourgogne. 2 août 1776. (AN → AD^{+} 1026)

869. Arrêt du Conseil d'État du roi, qui détermine les jours du tirage de la Loterie des Enfants-Trouvés et de celle de Piété. 2 août 1776. (AN → AD^{+} 1026)

870. Arrêt du Conseil d'État du roi, qui ordonne que les directeurs, receveurs et autres employés de l'administration de la régie de la Loterie royale, jouiront ès privilèges accordés aux commis des Fermes par l'ordonnance du mois de juillet 1681. 4 août 1776. (AN → AD^{+} 1026)

871. Arrêt du Conseil d'État du roi, qui déboute les grenetier et contrôleur du grenier à sel de Pont-Audemer, de leur demande à fin de payement des droits d'excédent de ventes par eux prétendus ; et les condamne au payement de la valeur d'un déchet extraordinaire. 6 août 1776. (AN → AD^{+} 1026)

872. Arrêt du Conseil d'État du roi, qui annule toutes les marques dont se servaient ci-devant les officiers auneurs de toiles, et les gardes de la draperie, mercerie et bonneterie ; et ordonne que l'adjudicataire des Fermes en fera faire de nouvelles, et que les marchands seront tenus, dans deux mois pour tout délai, à compter de la date du présent arrêt, de représenter leurs toiles aux commis, pour la nouvelle marque y être apposée, à défaut de quoi les marchandises seront assujetties aux droits, nonobstant qu'elles soient revêtues des marques anciennes. 6 août 1776. (AN → AD^{+} 1026)

873. Arrêt du Grand Conseil du roi, qui, sans s'arrêter aux défenses portées par l'arrêt du parlement de Toulouse, du 26 juin 1776 ; ordonne l'exécution des arrêts du Conseil, des 9 janvier, 11 mai et 28 dudit mois de juin. 7 août 1776. (AN → AD^{+} 1026)

874. Arrêt du Grand Conseil du roi, qui déclare nul et incompétemment rendu un arrêt du parlement de Nancy, du 5 juillet 1776. (Officiers du présidial de Dieuze). 7 août 1776. (AN → AD^{+} 1026)

875. Ordonnance du roi, concernant les régiments de dragons. 7 août 1776. (AN → AD+ 1026)

876. Déclaration du roi, qui continue, pour six années, en faveur de l'hôpital général de Paris, la levée de cinq sols par chaque cent de bottes de foin. 7 août 1776. (AN → AD+ 1026)

877. Arrêt du Conseil d'État du roi, qui nomme des commissaires pour procéder à la liquidation des dettes de la succession du sieur Dupleix, et prescrit la forme dans laquelle se fera cette liquidation. 10 août 1776. (AN → AD+ 1026)

878. Lettres patentes du roi, pour le rétablissement du trésorier de l'École royale militaire. 10 août 1776. (AN → AD+ 1026)

879. Lettres patentes du roi, qui ordonnent que la déclaration du roi, du premier septembre 1775, concernant les audiences de la seconde et troisième chambres de la Cour des aides, continuera d'être exécutée jusqu'aux vacances de l'année 1777. 10 août 1776. (AN → AD+ 1026)

880. Déclaration du roi, concernant les requêtes civiles. 10 août 1776. (AN → AD+ 1026)

881. Ordonnance du roi, portant règlement sur le service dans les ville et port de Brest. 11 août 1776. (AN → AD+ 1026)

882. Déclaration du roi, qui rétablit, par provision, l'ancien usage observé pour les réparations des grands chemins. 11 août 1776. (AN → AD+ 1026)

883. Déclaration du roi, concernant la répartition de la taille dans la généralité de Paris. 11 août 1776. (AN → AD+ 1026)

884. Liste des professions faisant partie des communautés supprimées qui pourront être exercées librement. 11 août 1776. (AN → AD/XI/11/dossier B)

885. Tarif des droits de réception dans les corps et communautés créés par édit de ce mois. 11 août 1776. (AN → AD/XI/11/dossier B)

886. Tarif des droits de confirmation, réunion et admission dans les six corps à annexer sous le contre-scel de l'édit de ce mois. 11 août 1776. (AN → AD/XI/11/dossier B)

887. État des six corps de marchands, et des quarante-quatre communautés d'artisans, rétablis, créés et réunis par l'édit de ce mois ;
Contenant l'indication des genres de commerce et des professions qui sont attribués à aucuns desdits corps ou communautés, soit exclusivement, soit concurremment entre eux. 11 août 1776. (AN → AD/XI/11/dossier B)

888. Tableau de comparaison entre les droits et frais de réception que percevaient anciennement les corps et communautés, et ceux qui sont fixés par le nouveau tarif. 11 août 1776. (AN → AD/XI/11/dossier B)

889. Arrêt du Conseil d'État du roi, qui casse et annule un arrêt de la Cour des aides de Paris, du 31 juillet 1776, et ordonne que l'édit du mois de novembre 1771, portant établissement des huit sous pour livre en sus du principal de tous les droits, et les arrêts du Conseil des 22 décembre suivant et 31 juillet 1773, seront exécutés selon leur forme et teneur. 12 août 1776. (AN → AD[+] 1026)

890. Lettres patentes du roi, qui abrogent les dispositions de l'article XXXI de la rubrique XV de la coutume de Bergues, concernant l'établissement de moulins à grains. 13 août 1776. (AN → AD/XVI/14[A])

891. Convention entre le roi très-chrétien et son altesse l'évêque et prince de Liège, pour la restitution réciproque des déserteurs. 13 août 1776. (AN → AD[+] 1026)

892. Déclaration du roi, qui proroge le délai accordé par la déclaration du 11 mars 1776, pour la représentation à la Cour des aides des titres et pièces qui y ont été ci-devant registrés, concernant la noblesse et les privilèges des communautés séculières et régulières. 15 août 1776. (AN → AD[+] 1026)

893. Lettres patentes du roi, portant règlement pour la desserte des collèges de Nancy, Pont-à-Mousson et Épinal, et l'exécution provisoire de celles du 23 janvier dernier concernant lesdits collèges. 16 août 1776. (BN → F 23629 [294])

894. Arrêt du Conseil d'État du roi, concernant les messageries. 17 août 1776. (AN → AD[+] 1026)

895. Lettres patentes du roi, qui établissent une chaire de professeur et une place de démonstrateur en chimie dans l'université de Nancy, et qui leur fixent des droits, ainsi qu'au chirurgien professeur. 19 août 1776. (AN → AD[+] 1026)

896. Arrêts du Conseil d'État du roi. Le premier casse l'arrêt du Conseil supérieur de Clermond-Ferrand, du 14 juin 1773 ; décharge Alaterre des condamnations contre lui prononcées ; ordonne la restitution des sommes au payement desquelles il aurait pu être contraint : confisque les marchandises saisies sur le nommé Heron ; le condamne, solidairement avec le sieur Rochefort, en l'amende de trois cents livres, en tous les dépens et au coût de l'arrêt.
Le second, rendu contradictoirement, sans s'arrêter à l'opposition et aux demandes du sieur Rochefort, dont il est débouté, ordonne l'exécution du précédent. 25 janvier 1774 et 20 août 1776. (AN → AD[+] 1026)

897. Arrêt du Conseil d'État du roi, qui ordonne que les toiles cirées peintes, étrangères, continueront de payer à toutes les entrées du royaume, comme merceries, le droit de douze livres dix sous par quintal. 20 août 1776. (AN → AD[+] 1026)

898. Arrêt du Conseil d'État du roi, qui confirme une ordonnance de M. l'intendant de Bretagne du 23 septembre 1756 ; et déboute le sieur Jacques Viau de la Thébaudière, contrôleur général ancien des Finances de la gendarmerie, du Taillon en Bretagne, de sa demande, tendante à jouir, en vertu de l'édit de création de son office, du privilège de la noblesse et de l'exemption du droit de franc-fief. 20 août 1776. (AN → AD[+] 1026)

899. Arrêt du Conseil d'État du roi, par lequel, en faisant droit sur le renvoi porté par une ordonnance de M. l'intendant de Bordeaux, la dame Testas, veuve du sieur Sargos, décédé revêtu de l'office de greffier en chef des présentations et affirmations au parlement de Bordeaux, a été déboutée de sa demande, en exemption du droit de franc-fief, comme n'ayant par l'édit de création dudit office, le droit de jouir du privilège de la noblesse, ni de l'exemption du franc-fief. 20 août 1776. (AN → AD$^+$ 1026)

900. Règlement concernant les cadets-gentilshommes, créés dans les troupes du roi, par l'ordonnance du 25 mars 1776. 20 août 1776. (AN → AD$^+$ 1026)

901. Ordre de régie et instruction pour les contrôleurs et vérificateurs des dépôts établis dans les cinq lieues des provinces rédimées, limitrophes du pays de gabelles. 20 août 1776. (AN → AD/IX/428)

902. Tarif pour les forts employés à la halle aux cuirs de Paris. 21 août 1776. (AN → AD$^+$ 1026)

903. Lettres patentes du roi, par lesquelles Sa Majesté fait connaître ses intentions sur les différents points de discipline indiqués dans l'arrêt d'enregistrement que la Chambre des comptes et aides de Rouen a fait le six août dernier, des lettres patentes du trente et un mai précédent, qui ordonnaient l'exécution de celles du vingt-six décembre mil sept cent soixante-quinze, portant rétablissement de la commission de Caen. 22 août 1776. (AN → AD$^+$ 1026)

904. Lettres patentes du roi, qui autorisent tous les créanciers domiciliés en la ville de Saint-Dizier, qui ont été compris dans l'incendie du 20 août de l'année dernière, à se faire délivrer une seconde grosse des contrats passés à leur profit. 23 août 1776. (AN → AD$^+$ 1026)

905. Arrêt du Conseil d'État du roi, qui ordonne que les droits de péage, hallage, passage et autres de pareille nature, qui sont dans la main du roi, et affermés ou régis pour son compte, ou tenus à titre d'engagement, et sous faculté de rachat, ou attribués à des offices et commissions, ou à des compagnies d'officiers, continueront d'être assujettis à la levée et perception des huit sous pour livre. 24 août 1776. (AN → AD$^+$ 1026)

906. Arrêt du Conseil d'État du roi, qui commet le sieur Bertin, en sa qualité de trésorier des revenus casuels, pour faire la perception, tant des droits de réception aux maîtrises, d'admission dans les six corps, de confirmation et de réunion de différentes professions, que ceux de continuation d'exercice d'arts et de commerce ; le tout conformément à l'édit de ce mois, registré le 23 au Parlement. 24 août 1776. (AN → AD$^+$ 1026)

907. Arrêt du Conseil d'État du roi, qui ordonne que les paiements faits par les économes, sur ordre du roi, pendant les six mois suivants l'année dont ils rendront compte, leur seront alloués dans le compte général de l'année précédente auxdits six mois. 25 août 1776. (AN → AD/XVII/17^{A})

908. Arrêt du Conseil d'État du roi, qui ordonne qu'à l'avenir les gages des officiers de toutes les Cours supérieures, des Bureaux des finances et des chancelleries, ne seront employés, dans les états du roi, qu'avec la retenue de leur capitation. 26 août 1776. (AN → AD$^+$ 1026)

909. Arrêt du Conseil d'État du roi, par lequel Sa Majesté, conformément à l'article XXII de l'édit du mois de février dernier, portant suppression des jurandes, et à l'article XLII de celui du présent mois, portant nouvelle création des six corps et communautés ; ordonne qu'il sera procédé, dans la ville de Lyon, à la vente des effets des corps et communautés de commerce, pour le produit en être employé à l'acquittement de leurs dettes, suivant la liquidation prescrite par l'arrêt du Conseil du 20 avril dernier. 26 août 1776. (AN → AD^{+} 1026)

910. Arrêt du Conseil d'État du roi, qui ordonne que les présidents-trésoriers de France, avocats et procureurs du roi, chevaliers d'honneur et greffiers en chef des Bureaux des finances, seront assujettis au droit du centième denier et aux autres droits casuels, conformément à l'édit du mois de février 1771 et à l'arrêt du Conseil du 6 juillet 1772, pour l'année 1777 : leur fait remise de celui de la présente année, et de celui qu'ils pourraient devoir des années 1773, 1774, 1775 et 1776. 26 août 1776. (AN → AD^{+} 1026)

911. Arrêt du Conseil d'État du roi, qui autorise les gardes, syndics et adjoints des corps et communautés, à faire, concurremment avec le trésorier des revenus casuels, le recouvrement, tant des droits de confirmation, réunion et admission dans les six corps, que de celui du dixième qui doit être payé annuellement par les particuliers qui ont été ou seront inscrits sur les registres de la police ; et qui règle la forme de ce recouvrement. 29 août 1776. (AN → AD^{+} 1026)

912. Lettres patentes du roi, portant nomination de commissaires, pour procéder à l'évaluation des objets abandonnés par le roi à M. Mesnard de Chouzy, conseiller d'État, contrôleur général de la Maison du roi, et procureur de l'ordre de Saint-Lazare, pour la soulte à lui dûe, résultante du procès-verbal d'évaluation des biens échangés entre le feu roi et ledit sieur de Chouzy. 30 août 1776. (AN → AD^{+} 1026)

913. Lettres patentes, qui autorisent les commissaires aux évaluations des biens donnés en apanage à monseigneur le comte d'Artois, d'y comprendre la somme de 99 972 livres 3 sols 4 deniers, qui doit être employée pour mettre en état les sièges de différentes juridictions, et les prisons de la ville d'Angoulême. 31 août 1776. (AN → AD^{+} 1026)

914. Édit du roi, portant règlements généraux pour l'administration des Bâtiments de Sa Majesté en six titres. Septembre 1776. (AN → AD^{+} 1027)

915. Lettres patentes du roi, portant exemption du droit d'aubaine en faveur de la principauté de Schwartzenberg. Septembre 1776. (AN → AD^{+} 1027)

916. Lettres patentes du roi, sur décret de l'évêque d'Arras, portant union d'une chapelle à la cure de Saint-Vaast en la ville de la Bassée. Septembre 1776. (AN → AD/XVI/14^{A})

917. Arrêt du Conseil d'État du roi, concernant la liquidation et le remboursement des dettes des corps et communautés de commerce, dans les généralités de Languedoc et du Roussillon, et dans les duchés de Lorraine et de Bar. 1er septembre 1776. (AN → AD^{+} 1027)

918. Arrêt du Conseil d'État du roi, par lequel Sa Majesté, conformément à l'article XXII de l'édit du mois de février de cette année, portant suppression des jurandes, et à l'article XLII de celui du mois d'août dernier, portant nouvelle création des six corps et communautés ; ordonne qu'il sera procédé dans tous les lieux dépendant du ressort du parlement de Paris, à la vente des effets des corps et communautés de commerce, pour le produit en être employé à l'acquittement de leurs dettes, suivant la liquidation prescrite par l'arrêt du Conseil du 20 avril 1776. 1er septembre 1776. (AN → AD+ 1027)

919. Lettres patentes du roi, sur une convention conclue entre le roi et l'électeur de Saxe, pour l'exemption réciproque du droit d'aubaine. 1er septembre 1776. (AN → AD/XVI/14A)

920. Déclaration du roi, pour nouvelle administration des Bâtiments du roi. 1er septembre 1776. (AN → AD+ 1027)

921. Bâtiments du roi. Règlements pour leur administration, par déclaration du roi, du 1er septembre 1776. Septembre 1776. (AN → AD+ 1027)

922. Déclaration du roi, qui renouvelle les dispositions des anciennes ordonnances rendues pour empêcher la contrebande. 2 septembre 1776. (AN → AD+ 1027)

923. Lettres patentes du roi, qui ordonnent qu'il sera sursis au jugement des contestations concernant les Noirs de l'un et de l'autre sexe, jusqu'à ce que le roi ait fait connaître ses intentions par un nouveau règlement. 3 septembre 1776. (AN → AD+ 1027)

924. Arrêt du Conseil de Monsieur, fils de France, frère du roi, duc d'Anjou et d'Alençon, comte du Maine, du Perche et de Senonches ; qui accorde à tous les propriétaires de charges de barbiers-perruquiers-baigneurs et étuvistes des différentes villes de son apanage, un délai de deux mois pour faire l'évaluation desdites charges. 7 septembre 1776. (AN → AD+ 1027)

925. Arrêt du Conseil d'État du roi, par lequel Sa Majesté, sans s'arrêter à la requête présentée sous le nom des prévôt des marchands et échevins de la ville de Lyon, ordonne que les sieurs Brac fils, Nolhac, Raft et Muguet l'aîné, échevins de ladite ville, qui ont refusé de signer le bail des octrois, ordonné par l'arrêt du Conseil du 4 août dernier, seront tenus, sous peine de désobéissance, de souscrire ledit bail dans les vingt-quatre heures de la notification qui leur sera faite du présent arrêt ; faute de quoi Sa Majesté commet le sieur intendant de Lyon pour passer ledit bail avec le sieur prévôt des marchands, et en présence des échevins, ou eux dûment appelés. (François Girard. Joseph Strunts). 8 septembre 1776. (AN → AD+ 1027)

926. Arrêt du Conseil d'État du roi, concernant la police des Noirs. 8 septembre 1776. (AN → AD+ 1027)

927. Arrêt du Conseil d'État du roi, qui ordonne la suppression d'une requête imprimée, signée P.J.L. Nouel père et fils, et Drou avocat. 9 septembre 1776. (AN → AD+ 1027)

928. Arrêt du Conseil d'État du roi, qui, sans avoir égard à trois ordonnances de M. l'intendant de Pau, en date des 3 et 17 juillet, et 13 août 1775, ordonne que les sommes que Laurent David, régisseur desdits droits, a été contraint de payer, en vertu desdites ordonnances, tant pour restitution de droits, que de frais, lui seront rendues et restituées, par les nommés Brumont, Rouffille et Caire, maîtres cartiers à Pau ; ordonne en outre, qu'en conformité de la déclaration du 1er mars 1771 et du tarif y annexé, tout papier cartier fin ou commun, tant celui destiné à recevoir l'empreinte de la carte, que celui servant à remplir le milieu, payera le droit en entier de la classe dudit tarif, à laquelle il se rapportera, par ses dimensions, sous quelque dénomination que le déclarent les cartiers : condamne lesdits Brumont, Rouffille et Caire, solidairement au coût du présent arrêt, liquidé à cent vingt livres. 10 septembre 1776. (AN → AD⁺ 1027)

929. Arrêt du Conseil d'État du roi, qui, sans s'arrêter aux sentences des élus des Sables-d'Olonne et de Châtillon-sur-Sèvre, des 3 septembre et 30 novembre 1774, ni à l'arrêt de la Cour des aides de Paris du 4 septembre 1775, confirmatif desdites sentences, qui sont cassés et annulés ; ordonne que les droits d'anciens et nouveaux cinq sous, subvention par doublement, jauge et courtage à la sortie, seront payés sur les vins et autres boissons enlevés du Poitou ou des autres pays sujets aux droits d'aides, à la destination des marches communes, indépendamment des droits de courtiers-jaugeurs, payables à l'enlèvement ; et que les droits de courtiers-jaugeurs, jauge et courtage et subvention par doublement, dûs à l'arrivée, seront payés sur les vins et autres boissons de crû ou d'achat, enlevés desdites marches communes, et destinés pour le Poitou ou autres pays où les aides ont cours, le tout conformément à l'ordonnance de 1680 et autres règlements concernant lesdits droits. 10 septembre 1776. (AN → AD⁺ 1027)

930. Arrêt du Conseil d'État du roi, qui casse l'arrêt du parlement de Metz du 21 août précédent, lui fait défenses d'en rendre de semblables à l'avenir ; et pour la contravention commise par le nommé Marcel Monnard, huissier-audiencier au bailliage de Sedan, aux dispositions de l'arrêt du Conseil du 6 décembre 1757, l'interdit des fonctions de sa charge pendant un an ; le condamne en trois mille livres d'amende : et avant faire droit sur la demande en cassation d'autre arrêt du parlement de Metz du 9 août 1776, ordonne que la requête de l'adjudicataire sera communiquée au sieur Dutertre-Dumanoir. 10 septembre 1776. (AN → AD⁺ 1027)

931. Extrait des registres du Conseil d'État. (Heune, l'. Bois. Comte de Thelis). 10 septembre 1776. (AN → AD⁺ 1027)

932. Ordonnance du roi, pour changer les noms de quelques régiments d'infanterie et de dragons. 12 septembre 1776. (AN → AD⁺ 1027)

933. Ordonnance du roi, concernant les embaucheurs et fauteurs de désertion. 12 septembre 1776. (AN → AD⁺ 1027)

934. Ordonnance du roi, pour la formation nouvelle du dépôt des recrues des colonies, établi à l'île de Ré. 12 septembre 1776. (AN → AD⁺ 1027)

935. Arrêt du Conseil d'État du roi, qui, en conformité de l'édit d'avril 1768, et de la déclaration du 15 décembre 1770, portant suppression des offices de contrôleurs et visiteurs des poids et mesures, ordonne que les droits y attribués seront perçus au profit de Sa Majesté, par Jean-Baptiste Bossuat. 13 septembre 1776. (AN → AD⁺ 1027)

936. Arrêt du Conseil d'État du roi, qui fixe la quotité des droits réservés, sur les sommes ou charges de bois et foins. 13 septembre 1776. (AN → AD⁺ 1027)

937. Ordonnance du roi, concernant les commissaires des guerres. 14 septembre 1776. (AN → AD⁺ 1027)

938. Ordonnance du roi, concernant les compagnies des Suisses de la garde de Monsieur et de M. le comte d'Artois. 14 septembre 1776. (AN → AD⁺ 1027)

939. Arrêt du Conseil d'État du roi, concernant les fouilles et extractions de pierres et moellons, glaises, marnes et autres matériaux dans les carrières et branches souterraines d'icelles, qui se prolongent au-dessous des grands chemins et des rues ou maisons. 15 septembre 1776. (AN → AD⁺ 1027)

940. Arrêt du Conseil d'État du roi, qui ordonne plusieurs dispositions pour le remplacement des bestiaux dans les provinces méridionales. 15 septembre 1776. (AN → AD⁺ 1027)

941. Arrêt du Conseil d'État du roi, qui permet aux religieux cordeliers de la communauté de Caen, de faire bâtir une maison en dehors de leur clôture, destinée à servir d'appui aux murs de leur église ; à la charge, lorsque cette maison sera construite, que le premier bail qui en sera passé pour trois, six ou neuf années, ne pourra être fait que par la voie des enchères, et que le droit d'amortissement qui en résultera, sera payé sur le pied fixé par les règlements. 17 septembre 1776. (AN → AD⁺ 1027)

942. Arrêt du Conseil d'État du roi, qui, sans s'arrêter à la tierce opposition formée par le sieur Retau de la Budorière, à l'arrêt du Conseil du 9 octobre 1759, ni à l'appel qu'il a interjeté des ordonnances de M. l'intendant de Bretagne, des 16 novembre 1773 et 21 mars 1774 ; le condamne à payer les droits de franc-fief de la terre de la Champagnière, et des portions de maison et magasins situés à Chezines, dont il se prétendait exempt en sa qualité d'ancien receveur et payeur des gages de la Chambre des comptes de Nantes. 17 septembre 1776. (AN → AD⁺ 1027)

943. Arrêt du Conseil d'État du roi, qui déboute le sieur Perret, contrôleur général de la prévôté et du mesurage des sels à Nantes, de la demande qu'il avait formée contre l'adjudicataire général des Fermes, de deux deniers pour chaque minot de sel qui s'emplaceraient ou se relèveraient dans les dépôts de Nantes. 17 septembre 1776. (AN → AD⁺ 1027)

944. Arrêt du Conseil d'État du roi, qui, en exécution de l'édit de février 1776, ordonne le remboursement des offices établis sur les ports, quais, halles, marchés et chantiers de la ville de Paris ; prescrit la forme dans laquelle lesdits remboursements seront faits : et ordonne le payement des rentes dues par les communautés desdits officiers à l'Hôtel de Ville de Paris. 19 septembre 1776. (AN → AD⁺ 1027)

945. Arrêt du Conseil d'État du roi, qui renouvelle les défenses faites par celui du 9 avril 1752, de vendre ni distribuer des billets de Loteries étrangères, ou autres qui n'auraient pas été autorisées par Sa Majesté, à peine de trois mille livres d'amende. 20 septembre 1776. (AN → AD⁺ 1027)

946. Lettres patentes du roi, qui règlent la forme dans laquelle les officiers rétablis, des Cours supérieures, remettront au Trésor royal les valeurs qu'ils ont reçues en payement des liquidations de leurs offices ; celle de la comptabilité du Trésor royal ; celle du payement des gages des officiers rétablis : et qui supprime les remboursements d'offices, à compter du 1er janvier 1775. 20 septembre 1776. (AN → AD⁺ 1027)

947. Arrêt du Conseil d'État du roi, qui distrait de la capitainerie et gruerie royale de Corbeil, le canton de chasse y énoncé ; et le réunit à la capitainerie royale de Sénart. 21 septembre 1776. (AN → AD^{+} 1027)

948. Arrêt du Conseil d'État du roi, qui réduit au quart la finance des huissiers des requêtes du Palais ; ordonne le remboursement des quittances de finance qui leur ont été données en payement de leurs premières liquidations ; savoir, un quart en un récépissé à la décharge du trésorier des parties casuelles, et le surplus en contrats à quatre pour cent de l'édit de février 1770. 22 septembre 1776. (AN → AD^{+} 1027)

949. Arrêt du Conseil d'État du roi, qui, en dérogeant à celui du 24 mars 1776, dispense le sieur Besnard, de verser au Trésor royal les dix millions qu'il y devait porter aux termes dudit arrêt : ordonne que les deux millions qui y sont déposés, lui seront rendus ; et que les fonds de la Caisse d'escompte seront de douze millions seulement, divisés en quatre mille actions de trois mille livres chacune, pour être employées en totalité aux opérations de ladite Caisse. 22 septembre 1776. (AN → AD^{+} 1027)

950. Arrêt du Conseil d'État, qui renvoie toutes les causes et contestations à naître, à l'occasion du service et de l'établissement des voitures de la Cour, par-devant le prévôt de l'Hôtel et grand-prévôt de France, pour être jugées en première instance, sauf l'appel au Grand Conseil. 22 septembre 1776. (AN → O/1/211)

951. Ordonnance du roi, pour régler les fonctions dont les officiers de la Marine seront chargés sur les escadres et à bord des vaisseaux, relativement aux consommations et remplacements des munitions et des effets, et aux revues des équipages dans le cours des campagnes. 27 septembre 1776. (AN → AD^{+} 1027)

952. Ordonnance du roi, concernant les officiers de port. 27 septembre 1776. (AN → AD^{+} 1027)

953. Ordonnance du roi, portant établissement de contrôleurs de la Marine. 27 septembre 1776. (AN → AD^{+} 1027)

954. Ordonnance du roi, portant établissement de commissaires généraux et ordinaires des ports et arsenaux de marine, et de gardes-magasins. 27 septembre 1776. (AN → AD^{+} 1027)

955. Ordonnance du roi, portant établissement de commissaires et de syndics des classes. 27 septembre 1776. (AN → AD^{+} 1027)

956. Ordonnance du roi, pour la suppression du corps des officiers d'administration et des écrivains de la Marine. 27 septembre 1776. (AN → AD^{+} 1027)

957. Ordonnance du roi, concernant la régie et administration générale et particulière des ports et arsenaux de marine. 27 septembre 1776. (AN → AD^{+} 1027)

958. Mémoire concernant le service à exécuter par les officiers chargés du détail à bord des vaisseaux armés et préposés par l'ordonnance du 27 septembre 1776 pour remplir les fonctions qui étaient attribuées aux écrivains de vaisseaux. (AN → Marine A/1/117)

959. Édit du roi, qui déroge à celui du mois de juin 1751, en ce qui concerne la réunion du Val de Liepvre au bailliage de Saint-Dié. Octobre 1776. (AN → AD^{+} 1028)

960. Lettres patentes du roi, portant confirmation des privilèges et immunités accordés à l'ordre de Malte. Octobre 1776. (AN → AD/XVI/14^{A})

961. Arrêt du Grand Conseil du roi, qui déclare nul et incompétemment rendu un arrêt du parlement de Metz, du 20 août 1776. (Présidiaux). 1er octobre 1776. (AN → AD^{+} 1028)

962. Ordonnance du roi, concernant les droits et prérogatives attachés aux charges de l'état-major de la cavalerie et des dragons. 1er octobre 1776. (AN → AD^{+} 1028)

963. Arrêt du Conseil d'État du roi, qui, en interprétant celui du 14 mars dernier, ordonne que les négociants des ports de Saint-Brieuc, Binic et Porterieux, ne pourront à l'avenir faire directement le commerce des îles et colonies françaises de l'Amérique que par le port de Saint-Brieuc, dans lequel seul ils jouiront des privilèges accordés par ledit arrêt, en se conformant aux conditions qui y sont prescrites. 3 octobre 1776. (AN → AD^{+} 1028)

964. Extrait des registres du Conseil d'État privé du roi, sur un règlement de juges entre le parlement de Rouen et le Grand Conseil. 14 octobre 1776. (AN → AD^{+} 1028)

965. Lettres patentes du roi, pour faire le procès à trois grenadiers et à un particulier de la ville de Cambrai, accusés de viol. 17 octobre 1776. (AN → AD/XVI/14^{A})

966. Extrait des registres du Conseil d'État. (Élèves de l'École militaire). 19 octobre 1776. (AN → AD/VI/10^{A} dos. D pièce 1)

967. Extrait des registres du Conseil d'État. (Collèges d'Auxerre et de Dôle). 19 octobre 1776. (AN → AD/VI/10^{A} dos. D pièce 1)

968. Arrêt du Conseil d'État du roi, qui ordonne que sur la représentation des titres des dettes des corps et communautés de la ville et faubourgs de Paris, il sera par le sieur lieutenant général de police, procédé à la liquidation desdites créances à titre de reconstitution. (Arts et métiers). 20 octobre 1776. (AN → AD^{+} 1028)

969. Arrêt du Conseil d'État du roi, portant cassation d'un arrêt du parlement de Toulouse, du 2 avril 1776, qui avait donné les effets civils au mariage d'un protestant, fait au désert… 25 octobre 1776. (BN → Ms. Joly de Fleury 476, fol. 149)

970. Arrêt du Conseil d'État du roi, qui ordonne que les acquéreurs des terres incultes ou inondées, qui lors de leurs acquisitions, n'auront pas rempli les formalités prescrites par la déclaration du 6 juin 1768, seront tenus de payer provisoirement les droits de contrôle et de centième denier des contrats et actes passés en leur faveur, à raison des sommes qui en formeront le prix ; sauf à eux à rapporter dans la première année de leur possession, les déclarations et publications ordonnées pour jouir des privilèges accordés aux entrepreneurs de défrichements ou dessèchements ; auquel cas le droit de contrôle sera réduit à dix sous pour chaque acte ; celui de centième denier, à un denier par journal de terre, et ce qui aura été perçu au-delà, sera restitué. 27 octobre 1776. (AN → AD^{+} 1028)

971. Arrêt du Conseil d'État du roi, qui casse celui de la Cour des aides de Montauban du 17 janvier précédent, portant défenses de percevoir les 3 sols pour livres et les 8 sols pour livres d'iceux, sur les taxations accordées aux officiers des élections, pour la vérification des rôles des communautés. 27 octobre 1776. (AN → AD^{+} 1028)

972. Arrêt du Conseil d'État du roi, qui ordonne qu'à compter du 1er juillet dernier, toutes les rentes, tant perpétuelles que viagères, constituées par les corps et communautés d'arts et métiers, seront assujetties à la retenue des deux vingtièmes et quatre sous pour livre du premier vingtième. 28 octobre 1776. (AN → AD^{+} 1028)

973. Arrêt du Conseil d'État du roi, qui ordonne que toutes coiffeuses de femmes seront tenues de se faire inscrire, tant au Bureau de la communauté des maîtres perruquiers, qu'en celui de la police. 29 octobre 1776. (AN → AD^{+} 1028)

974. Lettres patentes du roi, en faveur de la République de Raguse, pour l'exemption du droit d'aubaine. 29 octobre 1776. (AN → AD^{+} 1028)

975. Arrêt du Conseil d'État du roi, rendu en faveur de la faculté de médecine de Reims, et du sieur Dupont, docteur de ladite faculté ; qui déboute les sieurs Jannard, Thiesset, Collet et Gillet, médecins à Troyes, de leur demande en cassation d'un arrêt du Conseil supérieur de Châlons ; qui autorise le sieur Dupont, à exercer la médecine à Troyes ; ordonne l'exécution dudit arrêt ; supprime les termes injurieux à la faculté de Reims et au sieur Dupont, insérés dans les requêtes et mémoires desdits Jannard, Thiesset, Collet et Gillet ; ordonne que l'arrêt sera imprimé, affiché aux dépens desdits Jannard, Thiesset, Collet et Gillet, dans les villes de Reims, Châlons et Troyes, les condamne en l'amende et aux dépens. 30 octobre 1776. (AN → AD^{+} 1028)

976. Arrêt du Conseil d'État du roi, qui évoque au Conseil, et renvoie par-devant les sieurs intendants et commissaires départis, les contestations nées ou à naître pour raison des émigrations de bestiaux, faites dans les provinces qui ont été affligées de la maladie épizootique. 31 octobre 1776. (AN → AD^{+} 1028)

977. Déclaration du roi, portant règlement pour les religieux de la congrégation de Saint-Maur, qui seront chargés de la desserte des collèges. 31 octobre 1776. (AN → AD^{+} 1028)

978. Déclaration du roi, portant règlement pour le collège d'Auxerre. 31 octobre 1776. (AN → AD^{+} 1028)

979. Arrêt du Conseil d'État du roi, qui supprime plusieurs écrits anonymes, imprimés sans permission. 1er novembre 1776. (AN → AD^{+} 1028)

980. Arrêt du Conseil d'État du roi, qui ordonne que les dettes et finances communes des huissiers de la Chambre des comptes, aides et finances de Normandie, seront à leur charge, à compter du jour du rétablissement de leurs offices ; et qu'ils seront tenus, à compter du même jour, d'acquitter les rentes par eux constituées en noms collectifs, et de remettre au Trésor royal les quittances de finance qui leur ont été délivrées pour raison desdites dettes. 3 novembre 1776. (AN → AD⁺ 1028)

981. Ordonnance du roi, concernant le corps royal de l'Artillerie. 3 novembre 1776. (AN → AD⁺ 1028)

982. Ordonnance du roi, portant règlement sur le service que les ouvriers du corps royal, auront à faire dans les arsenaux de construction. 3 novembre 1776. (AN → AD⁺ 1028)

983. Arrêt du Conseil d'État du roi, qui ordonne que dans quinzaine, à compter du jour de la publication du présent arrêt, les anciens maîtres qui, avant l'édit de suppression des corps et communautés, du mois de mars dernier, composaient les communautés qui n'ont point été rétablies, et dont les professions ont été réunies par l'édit du mois d'août suivant, à d'autres communautés créées et rétablies par ledit édit, seront tenus de faire leur déclaration au Bureau de la communauté qu'ils adopteront, qu'ils entendent exercer la profession attibuée à ladite communauté et contribuer à ses impositions. 4 novembre 1776. (AN → AD⁺ 1028)

984. Ordonnance du roi, qui fait défenses à toutes personnes, de faire portée la livrée de Sa Majesté à leurs domestiques, à moins qu'ils n'en aient le droit par leurs charges ou par concession particulière. 4 novembre 1776. (AN → AD⁺ 1028)

985. Arrêt du Conseil d'État du roi, pour la construction d'un canal de navigation en Poitou, depuis Moncontour, jusqu'à la rivière du Thouet, au-dessous du pont de Saint-Just, traversant les marais de la rivière de Dive, et dessèchement desdits marais. 5 novembre 1776. (AN → AD⁺ 1028)

986. Lettres patentes, pour l'enregistrement de l'état d'arrondissement, tant des treize anciens entrepôts du sel Rozière existant dans les trois lieues de Franche-Comté, limitrophes à la Champagne, la Bourgogne, la Bresse et le Bugey, que des cinq nouveaux à établir, en exécution de l'article IV des lettres patentes du 10 juillet dernier. 5 novembre 1776. (AN → AD⁺ 1028)

987. Lettres patentes du roi, concernant le port et l'arsenal de Rochefort. 9 novembre 1776. (AN → AD⁺ 1028)

988. Ordonnance du roi, portant règlement sur les pavillons et marques de commandement que ses vaisseaux porteront à la mer. 19 novembre 1776. (AN → AD⁺ 1028)

989. Arrêt du Conseil d'État, et lettres patentes portant prorogation et amélioration des octrois et revenus de la ville de Bordeaux, enregistrés au Parlement. 24 novembre 1776. (AN → AD⁺ 1028)

990. Deux arrêts du Conseil d'État du roi, dont le premier ordonne que tous exploits de saisies, oppositions ou empêchements à la délivrance et payement des

sommes assignées et employées dans les États du roi, expédiés pour la distribution des deniers des Fermes, remboursement des avances des Fermiers, et tous autres remboursements, charges et dépenses concernant la régie desdites Fermes, seront visés et paraphés sans frais par le sieur Maisière, receveur général desdites Fermes : et fait défenses à tous huissiers et sergents de mettre à exécution aucuns arrêts, sentences, exécutoires et contraintes contre lesdits Fermiers et leurs cautions, pour raison desdites Fermes, qu'après avoir remis et laissé pendant huitaine lesdits exploits de saisies, oppositions, arrêts, sentences, jugements, et autres pièces dont ils seront porteurs, ès mains dudit sieur Maisière ou ses successeurs, à peine de trois mille livres d'amende, et de tous les dépens, dommages et intérêts.
Et le second casse l'arrêt de la Cour des aides de Rouen, du 14 août 1776 ; annule une saisie et exécution des meubles du sieur de Vitry, receveur du quart-bouillon à Avranches, faite à la requête du nommé Douillet, en vertu d'une condamnation par lui obtenue contre Alaterre, ci-devant adjudicataire des Fermes ; interdit le nommé Mottay, huissier à Avranches, pendant un an, pour avoir procédé à ladite saisie au préjudice des dispositions de l'arrêt du Conseil du 6 décembre 1757, et le condamne en l'amende de trois mille livres envers ledit Alaterre, et au coût dudit arrêt. 26 novembre 1776. (AN → AD+ 1028)

991. Arrêt du Conseil d'État du roi, portant suppression des primes gratuites de la Loterie royale, à compter du 1er février 1777 ; et augmentation des lots. 3 décembre 1776. (AN → AD+ 1028)

992. Arrêt du Conseil d'État du roi, qui ordonne que les articles 43 et 45, de la déclaration du 5 novembre 1661, et l'arrêt du Conseil du 23 mai 1719, seront exécutés dans toutes les juridictions royales, ordinaires et extraordinaires ; ce faisant, qu'en toutes causes esquelles il y aura appointement de remise pour venir plaider, ou autres appointements d'instruction, de quelque qualité qu'ils soient, prononcés à l'audience, à l'Hôtel des juges, ou autrement, rendus de concert ou forcé, les procureurs ne pourront être ouis ni procéder en exécution d'iceux, qu'au préalable ils n'aient été levés au greffe et signifiés ; et condamne les sieurs Pean et Robert, avocats, faisant fonction de procureurs, en l'amende de 300 livres pour chacune des contraventions par eux commises aux susdits règlements. 3 décembre 1776. (AN → AD+ 1028)

993. Arrêt du Conseil d'État du roi, qui, sans avoir égard aux défenses du nommé Duclemy, fermier de Tournepuits, qui prétendait n'être pas assujetti aux droits de mesureurs de grains, attendu la distance de ladite Ferme de plus de cinq cents toises du clocher de la paroisse de Guines, lieu de la résidence du mesureur royal, et que l'exercice du mesurage, ainsi que la perception du droit y attaché, étaient absolument contraires à l'arrêt du Conseil du 13 septembre 1774.
Ordonne que les droits de mesureurs de grains, seront perçus dans le bourg de Guines et ses dépendances, conformément aux dispositions de l'édit de janvier 1697 ; condamne ledit Duclemy au paiement des droits des grains par lui vendus, sans le ministère du mesureur, ainsi qu'en tous les dépens, et au coût du présent arrêt. 3 décembre 1776. (AN → AD+ 1028)

994. Lettres patentes du roi, portant validation des actes, procédures, sentences et jugements concernant les habitants des paroisses de Nédonchel, Ligny-les-Aire et des hameaux de Westrehen, Chemin-Rely et Tiremande, faisant partie du Boulonnois et enclavés dans l'Artois, qui, depuis le 30 juin 1767, n'ont pas été contrôlés. 4 décembre 1776. (BN → Ms. Joly de Fleury 488 fol. 409)

995. Arrêt du Conseil d'État du roi, qui casse et annule l'arrêt rendu le 21 novembre dernier, par la troisième Chambre du parlement de Flandres, à l'occasion d'une requête présentée par Mgr l'archevêque de Cambrai. 5 décembre 1776. (AN → AD/XVI/14[A])

996. Lettres patentes du roi, par lesquelles Sa Majesté évoque au Conseil différentes contestations élevées au sujet de l'échange fait entre le feu roi et M. le duc de la Vrillière, de la terre d'Essoyes, de la baronnie de Fontette, etc., contre la forêt de Brix, etc. Et les renvoie aux commissaires de la Chambre des comptes de Paris, nommés pour faire l'évaluation de cet échange, auquel Monsieur est aujourd'hui subrogé. 5 décembre 1776. (AN → AD[+] 1028)

997. Arrêt du Conseil d'État du roi, qui supprime les termes injurieux aux commis des Fermes, insérés dans un mémoire. (*Le procureur du sieur Antoine Simian, marchand droguiste de cette ville, ...*). 7 décembre 1776. (AN → AD[+] 1028)

998. Arrêt du Conseil d'État du roi, qui commet le sieur Tertre, commis-greffier de la prévôté de l'Hôtel, pour percevoir, au profit de Sa Majesté, le droit de réunion, ordonné être payé par les marchands et artisans privilégiés du roi, suivant la Cour. 7 décembre 1776. (AN → AD[+] 1028)

999. État des marchands et artisans privilégiés du roi, que Sa Majesté veut et ordonne être sous la charge du prévôt de son Hôtel et grande prévôté de France : contenant l'indication des genres de commerce et de professions, qui leur sont attribués, soit exclusivement, soit concurremment entre eux. 7 décembre 1776. (AN → AD/XI/11/dossier B)

1000. Tarif du droit de réunion, auquel seront assujettis les marchands et artisans privilégiés de la prévôté de l'Hôtel et grande prévôté de France. 8 décembre 1776. (AN → AD/XI/11/dossier B)

1001. Arrêt du Conseil d'État du roi, qui réduit toutes les impositions établies sur le commerce du Levant et de Barbarie, au droit unique de cinq pour cent, sous la dénomination de droit de consulat. 9 décembre 1776. (AN → AD[+] 1028)

1002. Arrêt du Conseil d'État du roi, qui ordonne la liquidation et le payement de ce qui reste dû aux négociants de Morée, et des dettes des Échelles du Levant et de Barbarie. 9 décembre 1776. (AN → AD[+] 1028)

1003. Arrêt du Conseil d'État du roi, qui défend de faire payer, soit par imposition, soit par la caisse de la Chambre du commerce de Marseille, les avanies, les emprunts demandés à la nation dans les Échelles du Levant et de Barbarie, etc. Et qui défend également aux négociants établis dans lesdites Échelles, d'emprunter en corps de nation. 9 décembre 1776. (AN → AD[+] 1028)

1004. Arrêt du Conseil d'État du roi, qui ordonne à la Chambre du commerce de Marseille, d'emprunter onze cent mille livres au denier vingt-cinq ; et d'employer cette somme au payement des dettes des Échelles du Levant et de Barbarie. 9 décembre 1776. (AN → AD[+] 1028)

1005. Ordonnance du roi, concernant les consuls et autres officiers de Sa Majesté, dans les Échelles du Levant et de Barbarie. 9 décembre 1776. (AN → AD^{+} 1028)

1006. État des officiers de Sa Majesté, et autres employés en Barbarie et en Levant. 9 décembre 1776. (AN → U 1256)

1007. Départements de messieurs les fermiers généraux, pour le service des Fermes royales unies, pendant la troisième année du bail de M. Laurent David. 12 décembre 1776. (AN → AD^{+} 1028)

1008. Arrêt du Conseil d'État du roi, qui ordonne que Monsieur sera mis en possession des droits de trépas de Loire et traite par terre d'Anjou, comme lui appartenant en vertu de son apanage. 14 décembre 1776. (AN → AD^{+} 1028)

1009. Instruction sur l'établissement des nitrières et sur la fabrication du salpêtre, publiée par ordre du roi. 14 décembre 1776. (AN → AD^{+} 1028)

1010. Observations sur la position du troisième rang, dans la charge et dans les feux. (Infanterie. Relatives à l'ordonnance du 1er juin 1776). 14 décembre 1776. (AN → AD/VI/30)

1011. Arrêt du Conseil d'État du roi, qui, en ordonnant l'exécution des articles CI, CII, CIII, CIV et CV du règlement fait pour la Librairie, en 1723 ; fait défenses à tous imprimeurs-libraires, d'imprimer ou faire imprimer aucun ouvrage, sans en avoir préalablement obtenu la permission. 15 décembre 1776. (AN → AD^{+} 1028)

1012. Arrêt du Conseil d'État du roi, qui fixe la compétence des officiers de l'Amirauté, sur ce qui concerne les feux et signaux établis sur les côtes du royaume, pour la sûreté de la navigation. 15 décembre 1776. (AN → AD^{+} 1028)

1013. Arrêt du Conseil d'État du roi, qui ordonne que dans un mois, pour tout délai, les porteurs de billets souscris solidairement par les anciens fermiers des voitures de la Cour, et visés par le sieur Rouillé de Marigny, caissier de l'administration des Messageries, seront tenus de les présenter audit caissier, pour en recevoir le montant. 19 décembre 1776. (AN → AD^{+} 1028)

1014. Lettres patentes du roi, concernant l'École royale gratuite de dessin. 19 décembre 1776. (AN → AD^{+} 1028)

1015. Déclaration du roi, portant établissement d'un syndic et d'un adjoint dans chacune des professions déclarées libres. 19 décembre 1776. (AN → AD^{+} 1028)

1016. Déclaration du roi, portant règlement en faveur des ouvriers et artisans du faubourg Saint-Antoine de Paris. 19 décembre 1776. (AN → AD^{+} 1028)

1017. Lettres patentes du roi sur arrêt du Conseil, qui ordonnent qu'à compter du 1er janvier 1777, l'adjudicataire de la Ferme des Postes percevra en argent de France les droits des lettres et paquets destinés pour les duchés de Lorraine et de Bar. 20 décembre 1776. (BN → F 13774)

1018. Convention entre le roi et le duc de Wittemberg, pour la restitution réciproque des déserteurs et criminels. 20 décembre 1776. (AN → MM 1223)

1019. Arrêt du Conseil d'État du roi, portant règlement pour la distribution dans les provinces, des billets de la Loterie royale, et de ceux des Loteries de Piété et des Enfants-Trouvés. 21 décembre 1776. (AN → AD⁺ 1028)

1020. Règlement concernant les pensions et autres grâces pécuniaires. 22 décembre 1776. (AN → AD⁺ 1028)

1021. Règlement pour la liquidation des dettes et le payement des dépenses courantes de la Maison de Sa Majesté. 22 décembre 1776. (AN → AD⁺ 1028)

1022. Extrait des registres du Conseil de monseigneur le comte d'Artois. (Droits). 22 décembre 1776. (AN → AD⁺ 1028)

1023. Règlement arrêté par le roi, pour la direction de service, dans l'administration des Bâtiments de Sa Majesté. 26 décembre 1776. (AN → AD⁺ 1028)

1024. Arrêt du Conseil d'État du roi, qui révoque celui du 10 mai précédent, concernant le Bureau d'administration de l'École royale militaire. 31 décembre 1776. (AN → AD⁺ 1028)

1025. Ordonnance du roi, concernant le corps du Génie. 31 décembre 1776. (AN → AD⁺ 1028)

1026. Procès-verbal des sommes remboursées par Mᵉ Dubu de Longchamp, trésorier de la Caisse des amortissements, établie par l'édit de décembre 1764, sur ses exercices 1766 et 1769, depuis les derniers procès-verbaux dressés sur lesdits exercices, par les commissaires de la Chambre. 31 décembre 1776. (AN → AD⁺ 1028)

1777

1027. Abonnement des édits et arrêts pour la ville de Paris, et toutes les provinces et villes du royaume. (Table analytique des matières contenues dans les édits, lettres patentes, déclarations du roi, arrêts du Conseil, du Parlement, etc.). Année 1777. Imprimé en 1778. (AN → AD/I/30 ; BN → F 21990)

1028. Régie générale. Circulaire. Droits réservés. 1777. (AN → AD/IX/401)

1029. Recueil des édits et ordonnances de Lorraine, du règne de leurs Majestés Louis XV et Louis XVI, pendant les années 1773, 1774, 1775, 1776 et 1777. (Nancy). 1777. (BN → F 13774)

1030. Statuts synodaux du diocèse de Paris, renouvelés et confirmés par monseigneur Christophe de Beaumont, archevêque de Paris. 1777. (BN → B 21411)

1031. Analyse des procès-verbaux de l'expérience faite par ordre du roi, à l'hôpital militaire de Lille, pour constater l'efficacité de l'eau de salubrité, pour la guérison des maladies vénériennes. 1777. (AN → AD/VIII/9^{B} dossier C pièce 30)

1032. Édit du roi, portant création d'une Loterie en rentes viagères et perpétuelles. Janvier 1777. (AN → AD^{+} 1029)

1033. Édit du roi, portant réunion de l'office de lieutenant général du bailliage de Fismes, à celui de lieutenant général de police de la même ville. Janvier 1777. (AN → AD^{+} 1029)

1034. Édit du roi, pour les communautés d'arts et métiers de la ville de Lyon. Janvier 1777. (AN → AD^{+} 1029)

1035. Arrêt du Conseil d'État du roi, qui ordonne que les présidents-trésoriers de France, avocats et procureurs du roi, chevaliers d'honneur et greffiers en chef des Bureaux des finances, qui désireront conserver leurs offices pendant la présente année 1777, seront admis à en payer le centième denier jusqu'au 1er avril prochain. 2 janvier 1777. (AN → AD^{+} 1029)

1036. Arrêt du Conseil d'État du roi, qui supprime un écrit intitulé, *Très-humbles et très respectueuses représentations des élus généraux des États de Bourgogne, au roi.* 3 janvier 1777. (AN → AD^{+} 1029)

1037. Arrêt du Conseil d'État du roi, qui ordonne que les vassaux, censitaires, et détenteurs des fiefs mouvants et dépendant des terres cédées par le roi à M. le duc de Bouillon, en contre échange des souverainetés de Sedan et Raucourt, par le contrat du 20 mars 1651, continueront de lui rendre foi et hommages, etc., aux peines de droit, nonobstant l'arrêt rendu à la Chambre des comptes de Paris le 2 avril 1776. 3 janvier 1777. (AN → AD$^+$ 1029)

1038. Lettres patentes du roi, portant confirmation du don fait au sieur Quoynat, lieutenant général au bailliage et siège présidial de Mantes, de deux offices de conseillers audit bailliage, et des gages y attribués. 3 janvier 1777. (AN → AD$^+$ 1029)

1039. Arrêt du Conseil d'État du roi, qui ordonne que les provinces de Flandre, Haynault et Artois demeureront exceptées de l'exécution de l'édit du mois de février 1771, et des arrêts du Conseil qui l'ont suivi, rendus pour ordonner l'évaluation des offices et le payement des droits de centième denier et de mutation. 4 janvier 1777. (AN → AD$^+$ 1029)

1040. Arrêt du Conseil d'État du roi, qui ordonne que la province d'Alsace demeurera exceptée de l'exécution de l'édit du mois de février 1771, et de ceux qui l'ont suivi, rendus pour ordonner l'évaluation des offices et le payement des droits de centième denier et de mutation. 4 janvier 1777. (AN → AD$^+$ 1316)

1041. Lettres patentes du roi, qui exceptent la province d'Alsace de l'exécution des lois rendues pour le reste du royaume, relativement à l'évaluation et aux droits casuels des offices. 4 janvier 1777. (AN → AD$^+$ 1029)

1042. Lettres patentes du roi, qui exceptent les provinces de Flandre, Haynault et Artois, de l'exécution des lois rendues pour le reste du royaume, relativement à l'évaluation et aux droits casuels des offices. 4 janvier 1777. (AN → AD/IX/96)

1043. Ordonnance du roi, portant règlement pour la tenue du Bureau d'administration de l'École royale militaire. 4 janvier 1777. (AN → AD$^+$ 1029)

1044. Arrêt du Conseil d'État du roi, qui casse et annule, comme attentatoires à l'autorité du roi, contraires à l'obéissance qui lui est dûe, et au respect dû à Monsieur, des protestations faites par le sieur Geoffroy, grand-maître des Eaux et Forêts de la généralité d'Alençon, contre des lettres patentes du roi, confirmatives d'un règlement fait par Monsieur, sur les chasses de son apanage ; fait très-espresses défenses audit sieur Geoffroy, de faire à l'avenir de pareilles protestations, sous peine de désobéissance. 5 janvier 1777. (AN → AD$^+$ 1029)

1045. Extrait des registres du Conseil d'État du roi. (Mont-Saint-Michel. Jean Quinette. Avranches. Granville). 7 janvier 1777. (AN → AD$^+$ 1029)

1046. Arrêt du Conseil d'État du roi, qui casse une ordonnance du Bureau des finances de Caen, portant défenses au préposé du receveur général des domaines et bois de Monsieur, frère du roi, au duché d'Alençon, à peine d'amende, de percevoir aucuns droits, fruits ni revenus provenant du domaine de Saint-Sylvain et le Thuit, jusqu'à ce qu'il y eût été autorisé par ledit Bureau. 10 janvier 1777. (AN → AD$^+$ 1029)

1047. Déclaration du roi, concernant le dépôt des marques prétendues fausses, enlevées des cuirs saisis, pour raison desdites marques. 10 janvier 1777. (AN → AD$^+$ 1029)

1048. Arrêt du Conseil d'État du roi, qui prescrit la manière dont seront perçus à l'avenir les droits d'octroi ci-devant établis en la ville de Pont-Audemer. 11 janvier 1777. (AN → AD$^+$ 1029)

1049. État des quarante et une communautés d'arts et métiers, créées et établies en la ville de Lyon par l'édit du mois de janvier 1777. 16 janvier 1777. (AN → AD/XI/11/dossier B)

1050. Arrêt du Conseil d'État du roi, et lettres patentes sur icelui, portant surséance jusqu'au 1er janvier 1778, de toutes poursuites contre les vassaux du roi, qui n'ont pas encore satisfait au renouvellement de l'hommage dû à Sa Majesté, à cause de son heureux avènement à la Couronne, et ordonné par les lettres patentes du 16 septembre 1775. 17 janvier 1777. (AN → AD$^+$ 1029)

1051. Arrêt du Conseil d'État du roi, portant règlement sur les proportions que peuvent avoir les échoppes, loges, ou baraques servant aux marchands fréquentant le marché établi au quartier Notre-Dame, en la ville de Versailles, conformément aux dispositions des lettres patentes de 1634 et 1669, et du règlement de 1725. 17 janvier 1777. (AN → AD$^+$ 1029)

1052. Arrêt du Conseil d'État du roi, portant défenses aux propriétaires, fermiers du droit de galiotes, batelage et bachotage, compagnons de rivière et autres conducteurs, tant de la ville de Poissy que de tous autres lieux et endroits situés au-dessous de Paris, le long de la rivière de Seine, d'aller par rivière avec bateaux, coches ou galiotes, bachots ou batelets, chargés ou vides, qu'entre le soleil levant et couchant. 17 janvier 1777. (AN → AD$^+$ 1029)

1053. Tarif des droits qui seront perçus pour la ville de Bordeaux, en exécution de l'arrêt du Conseil du 24 novembre 1776, et les lettres patentes du 30 du même mois, expédiées sur icelui. 17 janvier 1777. (AN → AD$^+$ 1029)

1054. Arrêt du Conseil d'État du roi, qui commet le sieur Jean-Baptiste Vial, pour signer les billets de la Loterie royale, créée par édit de janvier 1777. 18 janvier 1777. (AN → AD$^+$ 1029)

1055. Arrêt du Conseil d'État du roi, servant de règlement sur les diligences et messageries du royaume. 23 janvier 1777. (AN → AD$^+$ 1029)

1056. Lettres patentes du roi, portant confirmation de l'acquisition faite au nom du roi, des anciens fermiers des voitures à la suite de la Cour, des bâtiments et terrains servant à leur exploitation. 24 janvier 1777. (AN → AD$^+$ 1029)

1057. De par le roi. S.A.S. monseigneur le duc de Penthièvre, amiral de France, et de monsieur le lieutenant général civil et criminel de l'Amirauté de France ; établie pour la Flandre à Dunkerque. (Chasse sur le rivage). 25 janvier 1777. (AN → Marine A/1/119)

1058. Ordonnance du roi, concernant la police des spectacles des foires de Saint-Germain et de Saint-Laurent. 26 janvier 1777. (BN → F 23621 [607])

1059. Arrêt du Conseil d'État du roi, qui en déclarant les ecclésiastiques constitués dans les ordres sacrés, qui font partie du clergé de France, exempts de franc-fief, tant pour les biens nobles dépendant de leurs bénéfices et leurs biens patrimoniaux, que pour ceux de même genre qu'ils auront acquis ou pourront acquérir, leur fait défenses de prêter leurs noms à aucuns particuliers, pour les faire profiter de cette exemption ; à peine du triple droit de franc-fief et de deux cents livres d'amende payables solidairement par les contrevenants. 27 janvier 1777. (AN → AD^{+} 1029)

1060. Arrêt du Conseil d'État du roi, qui commet le sieur Bertin, trésorier des parties casuelles, pour faire le recouvrement des droits établis par Sa Majesté, par l'édit de création de nouvelles communautés d'arts et métiers en la ville de Lyon. 31 janvier 1777. (AN → AD^{+} 1029)

1061. Édit du roi, qui restreint à trente les quarante offices de conseillers-laïcs supprimés dans le parlement de Paris par édit de novembre 1774, et indique les titulaires desdits offices et ceux des quatre conseillers-clercs sur lesquels porte ladite suppression. Février 1777. (AN → AD^{+} 1029)

1062. Lettres patentes du roi, portant confirmation des privilèges de l'abbaye de Marquette. Février 1777. (AN → AD/XVI/14^{A})

1063. Arrêt du Conseil d'État du roi, concernant l'établissement des ramoneurs publics dans la ville et les faubourgs de Paris. 2 février 1777. (AN → AD^{+} 1029)

1064. Fermes générales. Liste ordinale du septième tirage de la Loterie de remboursement des reconnaissances en échange des billets des Fermes générales, remboursables, conformément à l'arrêt du Conseil du 13 novembre 1770, par ordre de sortie de la roue, de mois en mois par douzième, à compter du 10 mars 1777, à raison de trois cent mille livres par mois. 3 février 1777. (AN → AD^{+} 1029)

1065. Arrêt du Conseil d'État du roi, qui commet et subroge le sieur Duplessis, l'un des premiers commis du Contrôle général, pour signer, coter et parapher, au lieu du sieur Drouet de Santerre, les registres-journaux des receveurs généraux des Domaines et Bois. 4 février 1777. (AN → AD^{+} 1029)

1066. Extrait des registres du Conseil d'État. (Laurent David. Abbeville. Voitures publiques. Diligences). 4 février 1777. (AN → AD^{+} 1029)

1067. Arrêt du Conseil d'État du roi, pour l'acquit du droit de confirmation. 4 février 1777. (AN → AD^{+} 1029)

1068. Arrêt du Conseil d'État du roi, concernant l'établissement de voitures, pour desservir par la Ferme des messageries, les environs de Paris. 5 février 1777. (AN → AD^{+} 1029)

1069. Déclaration du roi, concernant le payement des gages des officiers municipaux des villes et communautés, dont les revenus sont insuffisants pour acquitter cette charge. 5 février 1777. (AN → AD^{+} 1029)

1070. Arrêt du Conseil d'État du roi, qui fixe le temps dans lequel tous ceux qui ont été enregistrés ou qui le seront par la suite, pour exercer le commerce ou des professions dépendantes des corps et communautés, seront tenus d'acquitter le droit de dixième annuel. 6 février 1777. (AN → AD^{+} 1029)

1071. Arrêt du Conseil d'État du roi, qui permet aux maîtres de l'ancienne communauté des savetiers de Paris de se réunir aux cordonniers, en payant cent livres dans trois mois. 6 février 1777. (AN → AD^{+} 1029)

1072. Ordonnance du roi, qui ordonne que tous propriétaires, fermiers ou cultivateurs, seront tenus de procéder incessamment à la destruction des nids de chenilles, chacun en droit soi, dans les formes qui leur seront prescrites, et sous telle amende qui sera arbitrée. 6 février 1777. (AN → AD$^+$ 1316)

1073. Arrêt du Conseil d'État du roi, qui maintient M. l'archevêque de Reims dans un droit de stellage sur les grains et farines qui se vendent dans l'étendue du ban de l'archevêché de Reims. 7 février 1777. (AN → AD$^+$ 1029)

1074. Arrêt du Conseil d'État et lettres patentes du roi, qui autorise l'ordre du Saint-Esprit à faire un emprunt de six cent mille livres de rentes perpétuelles et viagères. 7 et 8 février 1777. (AN → AD$^+$ 1029)

1075. Arrêt du Conseil d'État du roi, qui reçoit les six corps des marchands tiers-opposants à l'arrêt du 25 juillet 1775 ; et ayant aucunement égard à ladite opposition, a débouté et déboute les nommés Israël Salom, Joseph Petit, Moïse Perpignan, Salomon Petit et Moïse Dalpujet de leurs demandes, aux fins qu'il leur soit délivré des quittances de finance du droit de confirmation prescrit par l'article VII de l'édit du mois d'août dernier, à l'effet d'être autorisés à faire le commerce de draperie et mercerie dans la ville de Paris. 7 février 1777. (AN → AD$^+$ 1029)

1076. Arrêt du Conseil d'État du roi, qui maintient le sieur abbé de Saint-Rémi de Reims, dans un droit de stellage en la même ville. 7 février 1777. (AN → AD$^+$ 1029)

1077. Lettres patentes du roi, sur arrêt du Conseil, portant privilège en faveur des sieurs Périer, mécaniciens, d'établir dans la ville de Paris, et aux lieux convenables, des pompes ou machines à feu, pour élever l'eau de la rivière de Seine, et la conduire dans les différents quartiers de la ville et faubourgs, pour être distribuée dans les rues et dans les maisons, de faire construire des fontaines de distribution pour faciliter l'approvisionnement, et de placer sous le pavé des tuyaux de conduite, trappes, regards, etc. 7 février 1777. (AN → AD$^+$ 1029)

1078. Arrêt du Grand Conseil du roi, qui, sans s'arrêter à l'appel comme d'abus interjeté par le sieur Gauthier de la bulle de Clément V, et à l'opposition à l'arrêt d'enregistrement, juge l'état des cures de l'ordre de Prémontré imprescriptibles. 8 février 1777. (AN → AD$^+$ 1029)

1079. Arrêt du Conseil d'État du roi, qui accorde un nouveau délai de six mois aux propriétaires des droits sur les grains, pour remettre les titres de ces droits au greffe de la Commission établie pour en faire la vérification : ordonne la suspension de la perception après l'expiration de ce délai, contre ceux qui n'auront pas représenté leurs titres. 10 février 1777. (AN → AD$^+$ 1029)

1080. Liste générale de la Loterie de remboursement des reconnaissances données en échange des rescriptions et assignations, en exécution de l'arrêt du Conseil du 2 décembre 1770. Septième tirage. Fait en présence de M. le lieutenant général de police, en l'une des salles de l'hôtel de Mesme. 10 février 1777. (AN → AD$^+$ 1029)

1081. Arrêt du Conseil d'État du roi, qui casse et annule les sentences rendues par les juges des gabelles de Guise, le 18 juin 1776 ; leur fait défenses, et à tous autres, d'en rendre de semblables, et d'accorder aucune permission d'employer en salaison le sel d'impôt, lorsque l'imposition totale de la paroisse n'excédera pas la proportion d'un minot pour quatorze personnes : et ordonne que lesdites permissions d'employer le sel d'impôt en salaison, lorsqu'il y aura lieu de les accorder, ne pourront être données que pour la quantité excédante ladite proportion sur l'imposition totale de la paroisse, et qu'après que les requêtes auront été communiquées au commis du fermier. 11 février 1777. (AN → AD^{+} 1029)

1082. Arrêt du Conseil d'État du roi, qui ordonne que les armes blanches venant de l'étranger, continueront à payer, pendant six années, à toutes les entrées du royaume, soixante livres du cent pesant ; et permet, pendant le même temps, la circulation en exemption de tous droits dans toute l'étendue du royaume, des armes blanches fabriquées dans la manufacture de Klingenthal en Alsace, jusqu'à la concurrence de vingt milliers pesant par an, au lieu de douze milliers accordés par l'arrêt du 16 août 1769. 14 février 1777. (AN → AD^{+} 1029)

1083. Arrêt du Conseil d'État du roi, qui ordonne l'exécution du résultat du Conseil du 14 septembre 1773, des arrêts et lettres patentes du 6 août 1774, et de l'arrêt du 19 juillet de ladite année ; en conséquence, fixe les sommes qui doivent être annuellement payées à Jean-Baptiste Fouache, par les provinces, généralités, villes et pays du royaume, y dénommés, pour la portion relative aux inspecteurs aux boucheries, dans les abonnements fixés par les arrêts des 4 février 1768, et 3 juillet 1772. 15 février 1777. (AN → AD^{+} 1029)

1084. Arrêt du Conseil d'État du roi, qui, sans avoir égard aux arrêts de sa Cour des aides de Paris, des 30 janvier et 18 octobre dernier, que Sa Majesté a cassés et annulés, ainsi que tout ce qui s'en est ensuivi ou aurait pu s'ensuivre, a ordonné et ordonne que les arrêts de son Conseil, des 18 avril 1773, et 25 mai 1775, seront exécutés selon leur forme et teneur : ordonne aussi que l'ordonnance de son commissaire départi en la généralité du Berry, du 24 mai dernier, sera exécutée comme elle aurait dû l'être avant ledit arrêt de la Cour des aides du 18 octobre, et fait défenses de procéder ailleurs que devant ledit sieur commissaire, pour raison des droits réservés sur les boissons et boucheries. 15 février 1777. (AN → AD^{+} 1029)

1085. Lettres patentes du roi, pour l'établissement d'un marché sur le terrain cédé par l'abbaye Saint-Antoine à Paris. 17 février 1777. (AN → AD^{+} 1029)

1086. Ordonnance du roi, pour régler le rang de quelques régiments d'infanterie française. 19 février 1777. (AN → AD^{+} 1029)

1087. Déclaration du roi, sur l'administration des biens des mineurs dans les Établissements français de l'Inde. 22 février 1777. (AN → AD^{+} 1029)

1088. Déclaration du roi, sur la contribution en cas de déconfiture, dans les Établissements français de l'Inde. 22 février 1777. (AN → AD^{+} 1029)

1089. Règlement sur les places et rangs dans les églises, et dans les marches et cérémonies publiques, dans les Établissements français de l'Inde. 22 février 1777. (AN → AD^{+} 1029)

1090. Règlement pour les procédures dans les Établissements français de l'Inde. (Justice). 22 février 1777. (AN → AD^{+} 1029)

1091. Arrêt du Conseil d'État du roi, qui maintient les abbesse et religieuses de l'abbaye royale de Nogent-l'Artault, dans le droit de mesurage et hallage audit lieu, etc. 23 février 1777. (AN → AD^{+} 1029)

1092. Déclaration du roi, servant de règlement dans tout le royaume pour le contrôle des exploits. 23 février 1777. (BN → Ms. Joly de Fleury 2415 fol. 414)

1093. Arrêt du Conseil d'État du roi, qui ordonne que le droit de minage, ci-devant perçu par le chapitre de Notre-Dame de Semur-en-Auxois, sur les grains vendus au marché de Semur, sera et demeurera supprimé. 26 février 1777. (AN → AD^{+} 1029)

1094. Arrêt du Conseil d'État du roi, qui condamne en des amendes, l'entrepreneur de la manufacture de papier établie à la Motte près Verberie, ainsi que quelques-uns de ses ouvriers, ci-devant employés à celle de Courtalin près Faremoutiers-en-Brie : et ordonne en outre l'exécution du règlement du 27 janvier 1739, concernant les papeteries du royaume. 26 février 1777. (AN → AD^{+} 1029)

1095. Ordonnance du roi, concernant les hôpitaux militaires. 26 février 1777. (AN → AD^{+} 1029)

1096. Ordonnance du roi, concernant les ingénieurs-géographes. 26 février 1777. (AN → AD^{+} 1029)

1097. Règlement fait par ordre du roi, concernant les trois amphithéâtres établis dans les hôpitaux militaires de Strasbourg, Metz et Lille. 26 février 1777. (AN → AD^{+} 1029)

1098. Tarif de la solde réglée aux troupes de Sa Majesté, tant françaises qu'étrangères, et de la retenue à faire sur lesdites troupes, pour les journées du traitement des malades et blessés, dans les hôpitaux du royaume. 26 février 1777. (AN → MM 1223)

1099. Arrêt du Conseil d'État du roi, qui accorde un nouveau délai aux maitres et maîtresses des anciens corps et communautés, pour être admis à payer les droits de confirmation, réunion et admission aux nouveaux corps et communautés, créés par l'édit d'août 1776. 27 février 1777. (AN → AD^{+} 1029)

1100. Lettres patentes du roi, qui règlent la forme des comptes à rendre par les receveurs des consignations des cours et juridictions de Paris. 27 février 1777. (AN → AD^{+} 1029)

1101. Lettres patentes du roi, qui permettent à monseigneur le comte d'Artois de vendre et concéder un terrain appelé le Pré du Parc, situé dans l'enceinte du château d'Angoulême, et qui autorisent différents travaux à faire dans ladite ville. 28 février 1777. (AN → AD^{+} 1029)

1102. Édit du roi, portant suppression des offices d'avocats-procureurs au Mans. Mars 1777. (AN → AD^{+} 1030)

1103. Lettres patentes du roi, qui valident les payements faits aux officiers des Maisons de monseigneur le comte et de madame la comtesse d'Artois. Mars 1777. (AN → AD$^+$ 1030)

1104. Lettres patentes du roi, qui confirment l'établissement des soeurs de la Charité en la ville de Cambrai, et maintiennent les pauvres malades de ladite ville, dans la possession des parties de rentes sur particuliers, constituées à leur profit. Mars 1777. (AN → AD/XVI/14^A)

1105. Arrêt du Conseil d'État du roi, qui casse des délibérations des États de Bretagne, des 18 et 27 décembre 1776. 1er mars 1777. (AN → AD$^+$ 1030)

1106. Arrêt du Conseil d'État du roi, concernant la galiote de Poissy à Rolleboise, et de Rolleboise à Poissy. 1er mars 1777. (AN → AD$^+$ 1030)

1107. Lettres patentes du roi, qui ordonnent que le Conseil provincial d'Artois sera tenu de déclarer, dans les jugements qu'il rendra en dernier ressort, qu'il juge en vertu de l'attribution à lui donnée par l'article X de l'édit du mois de novembre 1774. 3 mars 1777. (AN → AD$^+$ 1030)

1108. Arrêt du Conseil d'État du roi, qui casse une sentence de l'élection de Vitry-le-François, du 20 mars 1776 ; et ordonne, conformément à l'article VII de la déclaration du roi du 19 juin 1691, que les sentences de nomination de tuteurs et curateurs, celles portant réception d'officiers, et généralement tous autres actes, sentences et jugements définitifs rendus, soit au bailliage royal de Vitry, soit dans toutes autres juridictions royales, seront expédiées et délivrées en parchemin timbré, à peine de cent livres d'amende pour chaque contravention. 4 mars 1777. (AN → AD$^+$ 1030)

1109. Arrêt du Conseil d'État du roi, qui casse celui de la Cour des aides de Rouen, du 9 août 1776. (Charles Dépiné. Jacques Temply. Paroisse de Montanel). 4 mars 1777. (AN → AD$^+$ 1030)

1110. Arrêt du Conseil d'État du roi, qui casse deux arrêts de la Cour des aides de Rouen, des 10 août 1775 et 13 janvier 1777 ; et ordonne que, conformément aux arrêts du Conseil des 18 avril 1773 et 25 mai 1775, la connaissance des contestations relatives aux droits réservés, appartiendra aux intendants dans les provinces et lieux où les droits d'inspecteurs aux boissons et aux boucheries sont exercés. 6 mars 1777. (AN → AD$^+$ 1030)

1111. Déclaration du roi, qui permet l'entrée et l'entrepôt, dans les différents ports du royaume, des taffias venant des colonies françaises de l'Amérique. 6 mars 1777. (AN → AD$^+$ 1030)

1112. Compagnie des Indes. Septième tirage du remboursement des actions de la Compagnie des Indes, en l'une des salles de l'hôtel de ladite Compagnie, conformément à l'arrêt du Conseil du 10 février 1772. 6 mars 1777. (AN → AD$^+$ 1030)

1113. Arrêt du Conseil d'État du roi, portant règlement sur les ventes et reventes des Domaines. 7 mars 1777. (AN → AD$^+$ 1030)

1114. Arrêt du Conseil d'État du roi, qui ordonne que les vins de la Lorraine et du Barrois seront affranchis du droit de trois livres par muid, perçu au profit de la ville de Metz sur les vins étrangers qui passent dans le pays messin et terre de Gorze. 7 mars 1777. (BN → F 13774)

1115. Ordonnance du roi, pour la destruction des chenilles. 7 mars 1777. (BN → Ms. Joly de Fleury 478, fol. 344)

1116. Arrêt du Conseil d'État du roi, qui, sans s'arrêter à celui du 31 janvier dernier, ordonne le contrôle des quittances délivrées par le trésorier des parties casuelles, pour le payement des droits acquittés en vertu de l'édit du même mois, concernant les communautés d'arts et métiers de Lyon. 8 mars 1777. (AN → AD$^+$ 1030)

1117. Arrêt du Conseil d'État du roi, en interprétation de celui du seize décembre mil sept cent quarante et un, au sujet des réparations à faire aux bénéfices en économats et autres. 9 mars 1777. (AN → AD/XVII/17^A)

1118. Lettres patentes du roi, pour accorder en première instance aux élections, et par appel à la Cour des aides, la connaissance des contestations relatives à la perception des droits réservés, à la charge de les juger sommairement et sans frais. 9 mars 1777. (AN → AD$^+$ 1030)

1119. Arrêt du Conseil d'État du roi, et lettres patentes sur icelui, qui ordonnent qu'à compter de huitaine après la publication desdites lettres patentes, il sera payé, au profit de l'hôpital général, un droit de vingt livres par quintal, sur toute la mélasse qui entrera dans la ville, faubourgs et banlieue de Paris. 14 mars 1777. (AN → AD$^+$ 1030)

1120. Déclaration du roi, qui ordonne la continuation de la fabrication des espèces de cuivre, dans les monnaies d'Aix, Montpellier, Lille et La Rochelle, en conséquence de l'édit du mois d'août 1768. 14 mars 1777. (AN → AD$^+$ 1030)

1121. Déclaration du roi, en faveur de l'Académie royale de peinture et de sculpture. 15 mars 1777. (AN → AD$^+$ 1030)

1122. Arrêt du Conseil d'État du roi, portant évocation à la Commission des économats, de toutes les contestations qui pourraient s'élever au sujet des indemnités demandées par les fermiers et sous-fermiers de l'abbaye de Bocherville, et réparations d'icelle. 16 mars 1777. (AN → AD/XVII/17^A)

1123. Lettres patentes du roi, portant exemption du droit d'aubaine, en faveur de la principauté de Furstemberg. 16 mars 1777. (AN → AD$^+$ 1030)

1124. Lettres patentes du roi, portant exemption du droit d'aubaine, en faveur du comte de Wied-Neuwied. 16 mars 1777. (AN → AD$^+$ 1030)

1125. Arrêt du Conseil d'État du roi, qui annule un arrêt du parlement de Bretagne du 3 décembre 1776, comme incompétemment rendu, et comme contraire aux règlements concernant la perception des droits de contrôle ; ordonne, conformément auxdits règlements, que les relations et quittances des contrôles, ne pourront être mises et apposées que sur les minutes ou les originaux même des contrats et actes, soit publics, soit sous signatures privées ; lesquelles minutes et originaux seront représentés à cet effet aux commis établis pour les contrôles : enjoint aux notaires, greffiers et autres officiers ayant la faculté d'instrumenter en la même qualité, de transcrire en entier les quittances ou

certificats du contrôle, au bas des expéditions qu'ils délivreront des contrats et actes qui auraient été passés devant eux, à peine de deux cents livres d'amende pour chaque contravention.
Ordonne que le registre des délibérations de la paroisse de Lorient, sera rapporté au Bureau au contrôle de Lorient, pour, la délibération qui y a été insérée le 10 novembre 1776, y être contrôlée ; ordonne en outre la restitution par les habitants de ladite paroisse, des sommes qu'ils auraient pu se faire payer pour les frais et dépens prononcés par l'arrêt du 3 décembre dernier. 18 mars 1777. (AN → AD^+ 1030)

1126. Arrêt du Grand Conseil du roi, par lequel les officiers commensaux militaires de la Maison du roi et notamment les chevaux-légers de la Garde de Sa Majesté, leurs femmes et familles, ont été maintenus dans le droit d'avoir le pain-béni par morceaux de distinction, tous honneurs et préséances aux processions et autres cérémonies publiques et particulières dans l'église et paroisse du lieu de leur résidence, avant tous gentilhommes domiciliés dans la même paroisse, autres que les seigneurs hauts-justiciers, fondateurs ou patrons. 19 mars 1777. (AN → AD^+ 1030)

1127. Nouveau règlement des droits des officiers des bailliages, présidiaux et sénéchaussée, de la Table de marbre, des maîtrises, prévôtés et châtellenies royales, des mairies, des maréchaussées, des substituts du procureur général du roi dans les justices royales... et généralement de tous les praticiens du ressort... (Dijon). 21 mars 1777. (BN → F 47120 [23])

1128. Ordonnance du roi, qui enjoint à tous fermiers, laboureurs et cultivateurs, de retirer le soir, après le travail, les coutres de leurs charrues, et de les enfermer chez eux. 22 mars 1777. (AN → AD^+ 1030)

1129. Arrêt du Conseil d'État du roi, qui adapte aux reconnaissances délivrées au Trésor royal, portant promesse de fournir des billets de la Loterie créée par édit de janvier 1777, et qui n'ont point été échangées contre des billets, les numéros des billets non délivrés, qui restent au Trésor royal : et qui fixe au 9 du mois d'avril prochain, l'époque du premier tirage de ladite Loterie. 23 mars 1777. (AN → AD^+ 1030)

1130. Lettres patentes du roi, sur arrêt, qui ordonnent le défrichement et le partage des marais dans les châtellenies de Lille, Douai et Orchies. 27 mars 1777. (AN → AD^+ 1030)

1131. Déclaration du roi, qui proroge, pour la dernière fois, le délai accordé par la déclaration du roi, du 11 mars 1776, pour la représentation à la Cour des aides, des titres et pièces qui y ont été ci-devant registrés, concernant la noblesse et les privilèges des communautés séculières et régulières. 27 mars 1777. (AN → AD^+ 1030)

1132. Arrêt du Conseil d'État du roi, qui autorise le sieur Bertin à prendre sur le pied de sept livres quinze sols les lettres domaniales, dites de regrat. 29 mars 1777. (AN → AD^+ 1030)

1133. Arrêt du Conseil d'État du roi, qui ordonne, qu'à compter du premier janvier dernier, toutes les rentes constituées par les corps et communautés d'arts et métiers de la ville de Lyon, seront assujetties à la retenue des deux vingtièmes, et quatre sous pour livre du premier vingtième. 29 mars 1777. (AN → AD⁺ 1030)

1134. Lettres patentes du roi, qui commettent le sieur Bertin, trésorier des parties casuelles, pour faire le recouvrement des droits établis par l'édit de création de nouvelles communautés d'arts et métiers de la ville de Lyon ; et ordonnent le contrôle des quittances dudit trésorier, délivrées pour le payement desdits droits. 29 mars 1777. (AN → AD⁺ 1030)

1135. Arrêt du Conseil d'État du roi, et lettres patentes, qui maintiennent M. le duc souverain de Bouillon dans le droit de nomination aux offices de judicature et autres, tant dans l'étendue du comté d'Évreux, que dans toutes les autres terres données par le roi, en échange des souverainetés de Sedan et de Raucourt. 31 mars 1777. (AN → AD⁺ 1030)

1136. Édit du roi, portant suppression des communautés d'arts et métiers ci-devant établies dans les villes du ressort du parlement de Paris : et création de nouvelles communautés dans celles desdites villes, dont l'état arrêté au Conseil est annexé au présent édit. Avril 1777. (AN → AD⁺ 1030)

1137. Édit du roi, portant rétablissement de la juridiction sur le fait des aides et tailles à Bar-sur-Seine. Avril 1777. (AN → AD⁺ 1030)

1138. Édit du roi, portant création de deux offices de notaires à la résidence, l'un de Sèvres, l'autre de Villepreux, dépendant du bailliage royal de Versailles. Avril 1777. (AN → AD⁺ 1030)

1139. Édit du roi, portant rétablissement du siège de l'élection de la ville de Bar-sur-Seine. Avril 1777. (AN → AD⁺ 1030)

1140. Édit du roi, portant création d'une charge de lieutenant de robe-longue de la capitainerie de Fontainebleau en faveur du sieur Dubois. Avril 1777. (AN → AD⁺ 1030)

1141. Lettres patentes du roi, en forme d'édit, par lesquelles le roi donne à Monsieur, les domaines de Falaise et d'Orbec, en remplacement des domaines de Saint-Sylvain, le Thuit et petit Alençon en Cotentin ; et déclare que dans la cession faite à ce prince du duché d'Anjou et du comté du Maine, par l'édit d'avril 1771, sont comprises les parties qui en avaient été démembrées pour former le duché de Vendôme, etc. Avril 1777. (AN → AD⁺ 1030)

1142. Lettres patentes du roi, sur indult de cour de Rome, qui accorde à Sa Majesté la disposition des prébendes ou canonicats qui vaqueront dans les églises collégiales de Lille, Seclin, Cassel et Douai, pendant les mois de février, mai, août et novembre. Avril 1777. (AN → AD/XVI/14ᴬ)

1143. Arrêt du Conseil d'État du roi, qui casse et annule une sentence du bailliage de Caen, du 19 mars 1777, et ordonne que M. de Cheylus, nommé à l'évêché de Bayeux, ou ses nouveaux fermiers, jouiront de tous les revenus dudit évêché, à compter du premier janvier 1777. 1er avril 1777. (AN → AD/XVII/17ᴬ)

1144. Lettres patentes du roi, en forme de déclaration, concernant l'administration des Diligences et Messageries. 2 avril 1777. (BN → F 13774)

1145. Arrêt du Conseil d'État du roi, qui ordonne la réunion, à compter du 1er octobre prochain, des régies des droits réunis, des greffes, des hypothèques, des droits réservés, des quatre membres de Flandre, et des papiers et cartons, en une seule régie, sous le titre de Régie générale. 3 avril 1777. (AN → AD+ 1030)

1146. Arrêt du Conseil d'État du roi, portant commission à M. le lieutenant général de police, et à M. le comte d'Angiviller, pour veiller à la suite des opérations qu'exige l'état actuel des carrières des environs de Paris. 4 avril 1777. (AN → AD+ 1030)

1147. Arrêt du Conseil d'État du roi, qui fixe un délai définitif, pour la remise au Trésor royal, des finances des offices des parlements rétablis ; ordonne le payement à la Caisse des amortissements, des intérêts des quittances de finance, provenant des offices qui restent supprimés, et la liquidation du surplus desdits offices. 6 avril 1777. (AN → AD+ 1030)

1148. Arrêt du Conseil de monseigneur le comte d'Artois, en forme de règlement, contenant la conservation des chasses dans les domaines patrimoniaux. 7 avril 1777. (AN → AD+ 1030)

1149. Arrêt du Conseil de monseigneur le comte d'Artois, qui ordonne que le règlement du 2 avril 1775, concernant la conservation des chasses, sera exécuté dans l'étendue des duchés d'Auvergne, de Mercoeur et d'Angoulême, sera pareillement exécuté dans les autres domaines de l'apanage. 7 avril 1775. (AN → U* 1253)

1150. Arrêt du Conseil d'État du roi, qui permet de transférer le champ de foire de Saint Jean-Baptiste, des environs de la cathédrale, dans la nouvelle halle, et dans la place de l'Hôtel de Ville, si besoin est. 8 avril 1777. (AN → AD+ 1030)

1151. Loterie royale de rentes viagères et perpétuelles, établies par édit de janvier 1777. Liste générale des billets qui ont gagné des lots du premier tirage de ladite Loterie, composé de lots de rentes viagères ; fait dans la grande salle de l'Hôtel de Ville de Paris, en présence de messieurs les prévôt des marchands et échevins. 9, 10 et 11 avril 1777. (AN → AD+ 1030)

1152. Arrêt du Conseil d'État du roi, qui prescrit un délai définitif aux propriétaires des offices sur les ports, pour exécuter celui du 19 septembre 1776 ; simplifie les formes dans les propriétés, et statue sur le payement, tant des intérêts des finances d'offices, que des arrérages des rentes antérieures à 1758, pour tout ce qui se trouvera échu au 1er janvier 1777. 12 avril 1777. (AN → AD+ 1030)

1153. Extrait des registres du Conseil de monseigneur comte d'Artois. Règlement pour la manutention et la comptabilité des finances de monseigneur comte d'Artois. 12 avril 1777. (AN → AD+ 1030)

1154. Déclaration du roi, pour l'admission des demoiselles nobles de Corse, à la Maison royale de Saint-Louis à Saint-Cyr. 13 avril 1777. (AN → AD+ 1030)

Arrêts du Conseil d'État du roi. 16 août 1774 et 15 avril 1777. (AN → AD+ 1030). Voir notice n° 109.

1155. Arrêt du Conseil d'État du roi, portant union de la Commission des messageries à celle des postes. 16 avril 1777. (AN → AD$^+$ 1030)

1156. Arrêt du Conseil d'État du roi, qui ordonne que les droits dont jouissent les États, provinces, villes, bourgs et communautés d'habitants, de quelque nature qu'ils soient, et à quelque titre qu'ils les possèdent, continueront d'être assujettis aux huit sols pour livre ; défend aux officiers municipaux de la ville de Niort, de s'opposer à leur perception sur les droits de coutume, sous peine d'en répondre en leur propre et privé nom, et aux redevables, d'en refuser, ou éluder le paiement, à peine de cent livres d'amende. 18 avril 1777. (AN → AD$^+$ 1030)

1157. Arrêt du Conseil d'État du roi, portant règlement pour le logement des gardes françaises. 19 avril 1777. (AN → AD$^+$ 1030)

1158. Arrêt du Conseil d'État du roi, concernant les anciens Frères-lais de l'ordre des Frères-Mineurs-Cordeliers. 19 avril 1777. (AN → AD$^+$ 1030)

1159. Déclaration du roi, qui ordonne la vente des deux hôtels servant ci-devant de logement aux deux compagnies des mousquetaires de la Garde du roi, dans la ville de Paris. 19 avril 1777. (AN → AD$^+$ 1030)

1160. Arrêt du Conseil d'État du roi. (Delcros. *Cantiques spirituels. Sermons du P. Frey de Neuville*). 21 avril 1777. (AN → AD$^+$ 1030)

1161. Arrêt du Conseil d'État du roi, portant nouvelle distribution aux receveurs des impositions de la ville de Paris, tant des corps et communautés dépendant du Châtelet de ladite ville, que des marchands et artisans privilégiés de l'Hôtel. 25 avril 1777. (AN → AD$^+$ 1030)

1162. Arrêt du Conseil d'État du roi, qui ordonne qu'il sera envoyé annuellement dans les provinces de l'Île-de-France, Picardie, Flandre, Normandie, Orléanais, Maine, Perche, Champagne et Bourgogne, cent boîtes de remèdes disposées à l'usage des enfants, pour être distribuées gratuitement aux nourrissons des pauvres habitants de Paris, élevés dans les campagnes. 25 avril 1777. (AN → AD$^+$ 1030)

1163. Arrêt du Conseil d'État du roi, qui ordonne qu'à l'avenir les toiles de Nankin, provenant tant de l'étranger, que du commerce de l'Inde, payeront les mêmes droits, et seront assujetties aux mêmes formalités que les toiles de coton blanches, venant aussi, tant de l'étranger que de l'Inde, conformément aux règlements rendus pour ces dernières. 25 avril 1777. (AN → AD$^+$ 1030)

1164. Déclaration du roi, portant règlement pour les professions de la pharmacie et de l'épicerie, à Paris. 25 avril 1777. (AN → AD$^+$ 1030)

1165. Tarif arrêté le 25 avril 1777 par monseigneur le contrôleur général des Finances pour le prix des impressions fournies par le sieur Anisson Dupéron, directeur de l'Imprimerie royale, depuis le 1er janvier 1775, pour le département de la Finance, et qui doit servir de règle pour celles qui seront exécutés par la suite à ladite Imprimerie. (BN → F 23743 [17])

1166. État des communautés d'arts et métiers dans les différentes villes du ressort du parlement de Paris. 25 avril 1777. (AN → AD/XI/11/dossier B)

1167. Lettres patentes du roi, qui valident l'emploi fait par anticipation, dans les états des finances, des gages attribués aux officiers créés dans les Conseils supérieurs établis en 1771 ; et approuvent le payement des gages et droits attribués aux offices créés sans finance, tant dans les Parlements que dans lesdits Conseils supérieurs. 26 avril 1777. (AN → AD^+ 1030)

1168. Arrêt du Conseil d'État du roi, qui nomme des commissaires pour, en exécution de l'édit du présent mois d'avril, procéder à la liquidation des dettes des corps et communautés supprimés. (Arts et métiers). 28 avril 1777. (AN → AD^+ 1030)

1169. Déclaration du roi, portant règlement concernant le partage d'opinions, en matière de révision au parlement de Flandres. 30 avril 1777. (AN → AD/XVI/14^A)

1170. Édit du roi, concernant les sujets du roi qui étaient engagés dans la Société et compagnie des Jésuites. Mai 1777. (AN → AD^+ 1031)

1171. Lettres patentes du roi, qui ordonnent que M. le duc de Penthièvre jouira en toute propriété des terres vaines et vagues situées dans l'étendue des domaines de Gisors, Vernon, Andely et Lihons-la-Forêt, ainsi que des directes, rentes seigneuriales et mouvances des fiefs, terres et seigneuries situées dans l'enclave desdits domaines, cédés par le roi à feu M. le comte d'Eu, en contre-échange de la principauté de Dombes, par contrat du 19 mars 1762. Mai 1777. (AN → AD^+ 1031)

1172. Lettres patentes du roi, qui ordonnent que les justices de Nesle-l'Hôpital, Neslette, Witaineglise, Vergies, le Fay, Cannessières, Moustières, Villeroy, Beaucamp-le-Vieil et le Quesnes, appartenantes au marquis et à la marquise de Sablé, seront exercées et administrées par le bailli et autres officiers de la justice de Rambures, et tenues au lieu ordinaire de ladite justice de Rambures, auquel lieu l'exercice desdites justices sera transféré, sans néanmoins mutation de ressort pour les appellations, qui continueront d'être portées au bailliage d'Amiens et en la sénéchaussée de Ponthieu à Abbeville, chacun en ce qui les concerne. Mai 1777. (AN → AD^+ 1031)

1173. Lettres patentes du roi, qui autorisent les prévôt des marchands et échevins de la ville de Paris, à supprimer la porte Saint-Antoine, à faire démolir ce qui reste de murs d'enceinte et bastions, depuis ladite porte jusqu'à la rue du Calvaire, à faire combler les fossés de ladite porte jusqu'au réservoir du grand égout, et à aliener les places, fossés, glacis et contrescarpes, marqués sur le plan attaché sous le contre-scel desdits lettres. Mai 1777. (AN → AD^+ 1316)

1174. Lettres patentes sur brevet (du 10 mai 1777), portant règlement par rapport aux preuves qu'il faudra faire désormais pour être admis dans le chapitre de l'église cathédrale de Metz, et concession d'une décoration en faveur de ses membres. Mai 1777. (BN → F 23629 [414])

1175. Ordonnance du roi, pour régler l'exercice de toutes les troupes à cheval. 1er mai 1777. (AN → AD^+ 1031)

1176. Lettres patentes du roi, concernant les droits à percevoir par les premiers et principaux commis au greffe du Parlement. 1er mai 1777. (AN → AD^+ 1031)

1177. Arrêt du Conseil d'État du roi, qui supprime un imprimé ayant pour titre : *Lettres de madame de Bellegarde à monseigneur le maréchal duc de Biron, sur le Conseil de guerre tenu aux Invalides en 1773.* 3 mai 1777. (AN → AD⁺ 1031)

1178. Arrêt du Conseil d'État du roi, qui accorde un nouveau délai aux maîtres et maîtresses des anciens corps et communautés d'arts et métiers de la ville de Lyon, pour profiter des modérations accordées par l'article V de l'édit du mois de janvier dernier. 3 mai 1777. (AN → AD⁺ 1031)

1179. Extrait des registres du Conseil d'État. (États de Bourgogne). 5 mai 1777. (AN → AD/XVI/2)

1180. Arrêt du Conseil d'État du roi, qui, sans s'arrêter à un jugement du Conseil des quinze de la ville de Strasbourg, du 22 mars 1777, ordonne l'exécution des anciens règlements rendus pour la Ferme de tabac ; et fait défenses au receveur des droits patrimoniaux de cette ville et à tous autres, de percevoir aucuns droits sous quelques dénominations qu'ils puissent être, sur les tabacs voiturés ou emmagasinés pour le compte de l'adjudicataire des Fermes : ordonne la restitution de ceux qui pourraient avoir été perçus. 6 mai 1777. (AN → AD⁺ 1031)

1181. Arrêt du Conseil d'État du roi, qui supprime un libelle intitulé : *Mémoire à consulter, et consultation pour le sieur Langlade, ancien directeur des vingtièmes de la généralité de Caen.* 6 mai 1777. (AN → AD⁺ 1031)

1182. Règlement concernant l'École du corps royal du Génie. 7 mai 1777. (BN → F 5002 [1812])

1183. Déclaration du roi, qui réunit, à Paris, en un seul et même corps, les orfèvres, tireurs d'or, batteurs d'or et d'argent : et à Lyon, les orfèvres, tireurs, acacheurs, fileurs, batteurs d'or et d'argent, et paillonneurs, en une seule et même communauté. 9 mai 1777. (AN → AD⁺ 1031)

1184. Ordonnance du roi, pour donner le rang de lieutenant-colonel aux cinquante plus anciens lieutenants de vaisseau. 10 mai 1777. (AN → AD⁺ 1031)

1185. Arrêt du Conseil d'État du roi, qui ordonne que les marchands et propriétaires faisant commerce de sel, seront tenus de déclarer, dans les vingt-quatre heures de la publication du présent, les quantités de pipes de sel qu'ils ont en leur pouvoir, autres que celles qu'ils ont déclarées par entrepôt ; et d'en payer, en principal et accessoires, tous les droits portés par l'article VI de l'arrêt du Conseil du 24 novembre dernier, sous la déduction de ceux qu'ils ont acquittés à l'entrée desdits sels dans la ville de Bordeaux, sous peine de confiscation des sels non déclarés. 11 mai 1777. (AN → AD⁺ 1031)

1186. Arrêt du Conseil d'État du roi, qui ordonne la réintégration entre les mains des économes généraux du clergé, de la succession du sieur de Fussey, décédé prévôt de Mâcon, et titulaire du prieuré de Vesly, diocèse de Rouen. 11 mai 1777. (AN → AD/XVII/17ᴬ)

1187. Arrêt du Conseil d'État du roi, qui, en cassant une sentence de l'élection de Roanne du 26 avril 1776, fait nouvelles inhibitions et défenses à tous notaires et greffiers, procureurs, huissiers, sergents et autres, d'écrire et rédiger aucuns actes sur des feuilles, demi-feuilles ou quarts de papier et parchemin timbré qui auraient déjà servi à d'autres actes, expéditions et écritures : et condamne les héritiers du sieur Durelle, procureur, et tamain, huissier, au payement des droits de timbre de différents actes par eux rédigés et signifiés sur des feuilles dont il avait été fait usage. 13 mai 1777. (AN → AD+ 1031)

1188. Arrêt du Conseil d'État du roi, qui ordonne que les droits d'inspecteurs aux boucheries, établis par l'édit de février 1704, continueront d'être acquittés à Saint-Cloud, conformément audit édit, et autres arrêts et règlements rendus en conséquence : ordonne pareillement l'exécution des édit d'août 1758, déclaration du 3 janvier 1759, et tarif y annexé, et autres édits, déclarations et arrêts, en conséquence que les habitants de Saint-Cloud seront tenus d'acquitter les droits sur toutes les denrées assujetties par le tarif du 3 janvier 1759 ; confirme l'ordonnance au sieur intendant de la généralité de Paris, rendue par défaut, contre Jean-Baptiste Hebert, marchand boucher à Saint-Cloud, laquelle sera exécutée selon sa forme et teneur ; condamne ledit Hebert en tous les dépens. 13 mai 1777. (AN → AD+ 1031)

1189. Arrêt du Grand Conseil du roi, qui annule les décrets décernés par le parlement de Bordeaux, contre un procureur et un huissier au présidial de Saintes. (Sieurs Pasquier et Archambaud). 15 mai 1777. (AN → AD+ 1031)

1190. Arrêt du Conseil d'État du roi. (*Mémoire pour le sieur d'Entomas d'Armentieu, juge de la prévôté royale de Born, contre le sieur chevalier Dejean, capitaine de dragons, commandant le détachement de la légion de Dauphiné*). 16 mai 1777. (AN → AD+ 1031)

1191. Lettres patentes du roi, portant ratification de la convention touchant l'extension de l'exemption du droit d'aubaine, accordé aux sujets du prince de Nassau-Usingen. 16 mai 1777. (AN → AD+ 1031)

1192. Arrêt du Conseil d'État du roi, qui ordonne que les réceptions de nouveaux maîtres, faites dans les communautés des fabricants de bas et des boulangers de la ville de Lyon, depuis la publication de l'arrêt du 26 août dernier, et sans qu'il ait été permis par le consulat auxdites communautés de s'assembler à cet effet, seront et demeureront nulles. 18 mai 1777. (AN → AD+ 1031)

1193. Lettres patentes du roi, portant règlement concernant les acquisitions des gens de mainmorte du duché de Cambrai, pays et comté de Cambrésis. 21 mai 1777. (AN → AD/XVI/14A)

1194. Lettres patentes du roi, portant règlement sur la forme dans laquelle doivent se faire les devoirs de loi ou deshéritances et adhéritances, rapports ou hypothèques d'héritages par la coutume du Cambrésis. 24 mai 1777. (AN → AD/XVI/14A)

1195. Arrêt du Conseil d'État du roi, qui casse un arrêt du parlement de Paris du 3 mai 1769, rendu en faveur de M. le maréchal duc de Brissac, et autres ducs et pairs de France. 26 mai 1777. (AN → AD+ 1031)

1196. Arrêt du Conseil d'État du roi, contre la communauté des tanneurs de Nantes. 27 mai 1777. (AN → AD+ 1031)

1197. Lettres patentes du roi, qui maintiennent M. le duc d'Orléans dans la propriété, possession et jouissance de la voirie ordinaire, conformément à son édit d'apanage, en qualité de seigneur apanagiste. 27 mai 1777. (AN → AD$^+$ 1031)

1198. Lettres patentes du roi, portant union de l'ordre hospitalier de Saint-Antoine de Viennois, à l'ordre hospitalier et militaire de Saint-Jean de Jérusalem. 30 mai 1777. (AN → AD$^+$ 1031)

1199. Arrêt du Conseil d'État du roi, qui ordonne que le magasin de tabac établi à Sainte-Marie sera transféré à Lauttenbach, celui d'Orbay à la Portroye, celui de Nederhaslach à Oberottroll, celui de Marmoutier à Romanwiller, et celui de Rosting à la Petite-Pierre : et en ajoutant aux dispositions de l'article III de l'arrêt du 9 novembre 1775, ordonne l'établissement d'un nouveau magasin à Harrberg, pour faciliter l'approvisionnement des habitants du comté de Dabo. 31 mai 1777. (AN → AD$^+$ 1031)

1200. Édit du roi, portant suppression des six offices d'intendants des Finances. Juin 1777. (AN → AD$^+$ 1032)

1201. Édit du roi, portant suppression, remboursement et création d'offices d'huissiers ordinaires des requêtes de l'Hôtel. Juin 1777. (AN → AD$^+$ 1032)

1202. Édit du roi, portant suppression des quatre offices d'intendants du commerce créés par édit du mois de juin 1724 ; et création de quatre commissions d'intendants du commerce. Juin 1777. (AN → AD$^+$ 1032)

1203. Édit du roi, qui réduit à vingt-deux le nombre des procureurs postulant au parlement de Metz. Juin 1777. (BN → F 23629 [441])

1204. Lettres patentes du roi, concernant les collèges d'Arras et de Béthune. Juin 1777. (AN → AD$^+$ 1032)

1205. Lettres patentes du roi, concernant les collèges de Saint-Omer, Aire et Hesdin. Juin 1777. (AN → AD$^+$ 1032)

1206. Lettres patentes du roi, qui confirment les évaluations faites de la terre et châtellenie de Villepreux et autres biens échangés entre le roi et le sieur Mesnard de Chouzy. Juin 1777. (AN → AD$^+$ 1032)

1207. Ordonnance du roi, concernant les dettes des officiers. 2 juin 1777. (AN → AD$^+$ 1032)

1208. Ordonnance du roi, concernant le régiment provincial de l'île de Corse. 2 juin 1777. (AN → AD$^+$ 1032)

1209. Arrêt du Conseil d'État du roi, concernant la perception des droits établis sur tous les suifs et chandelles, qui sont vendus et consommés dans la banlieue de Paris. 3 juin 1777. (AN → AD$^+$ 1032)

1210. Arrêt du Grand Conseil du roi, qui déclare nul et de nul effet, comme donné sans pouvoir ni juridiction, un arrêt du parlement de Nancy, du 14 mai 1777. 4 juin 1777. (AN → AD$^+$ 1032)

1211. Déclaration du roi, concernant les ecclésiastiques qui ont été ci-devant dans la société des Jésuites. 7 juin 1777. (AN → AD^{+} 1032)

1212. Lettres patentes du roi, portant nouvelle distribution aux receveurs des impositions de la ville de Paris, tant des corps et communautés dépendant du Châtelet de ladite ville, que des marchands et artisans privilégiés de l'Hôtel. 9 juin 1777. (AN → AD^{+} 1032)

1213. Lettres patentes du roi, qui ordonnent l'enregistrement de celles portant ratification d'une convention conclue entre le roi et le prince de Nassau-Usingen, pour l'abolition réciproque du droit d'aubaine dans leurs États. 10 juin 1777. (AN → AD/XVI/14^{A})

1214. Arrêt du Conseil et lettres patentes qui exceptent en tant que de besoin S.A. monseigneur le duc de Bouillon des dispositions de l'édit du mois de février 1771. 11 juin 1777. (AN → AD^{+} 1032)

1215. Lettres patentes du roi, qui ordonnent la translation du cimetière de l'église de Notre-Dame de Versailles. 12 juin 1777. (AN → AD^{+} 1032)

1216. Arrêt du Conseil d'État du roi, qui interdit un imprimeur et deux libraires. (Claude Lequatre. Edme-Jean le Jay. Robert-André Hardouin). 13 juin 1777. (AN → AD^{+} 1032)

1217. Arrêt du Conseil d'État du roi, et lettres patentes sur icelui, qui autorisent le Tribunal des maréchaux de France à disposer en gratifications en faveur des officiers du point d'honneur, du cinquième du fonds provenant des intérêts viagers des finances desdits offices, qui n'ont pas été consommés pour le payement de leurs pensions. 13 juin 1777. (AN → AD^{+} 1032)

1218. Arrêt du Conseil d'État du roi, qui casse et annule les ordonnances rendues en la maîtrise particulière des Eaux et Forêts de Paris, à la requête des dames religieuses de Poissy. 13 juin 1777. (AN → AD^{+} 1032)

1219. Déclaration du roi, qui ordonne que les comptoirs des marchands de vin, revêtus en plomb, ainsi que les vaisseaux de cuivre dont se servent les laitières, et les balances de même métal qu'emploient les regrattiers de sel et les débitants de tabac, seront supprimés. 13 juin 1777. (AN → AD^{+} 1032)

Arrêts du Conseil d'État du roi. 5 mars 1776 et 17 juin 1777. (AN → AD^{+} 1032). Voir notice n° 689.

1220. Arrêt du Conseil d'État du roi, qui ordonne l'exécution des arrêts du Conseil des 13 février 1731, 6 septembre 1768 et 16 août 1774 ; en conséquence casse et annule une sentence de l'élection de Soissons du 8 mars 1777, comme incompétemment rendue ; fait défenses aux officiers de ce siège, d'en rendre de semblables à l'avenir : ordonne en outre l'exécution de l'ordonnance du sieur intendant et commissaire départi en la généralité de Soissons du 12 du même mois de mars, sauf à Sébastien Vervetu, provisionnaire de boissons, à se pourvoir, si bon lui semble, par opposition devant ledit sieur commissaire départi, ou par appel au Conseil ; condamne ledit Vervetu au coût de l'arrêt liquidé à soixante-quinze livres, et ordonne que l'arrêt sera enregistré sans frais au greffe de l'élection. 17 juin 1777. (AN → AD^{+} 1032)

1221. Lettres patentes du roi, qui règlent que, dans la ville et banlieue d'Aire, les levées de cadavres, ainsi que les désaisines et saisines d'héritages, se feront désormais par trois officiers municipaux seulement. 19 juin 1777. (AN → AD+ 1032)

1222. Arrêt du Conseil d'État du roi, qui casse et annule un arrêt rendu au Conseil supérieur d'Arras, le 16 juillet 1774, qui autorise tous huissiers, sergents, à procéder sur les lieux, à la vente de tous fruits et avestures saisies, sans qu'il soit besoin d'obtenir à cet effet la permission du juge ; ordonne que l'édit du mois de février 1771, et les lettres patentes du 7 août 1772, seront exécutés selon leur forme et teneur ; en conséquence fait défenses à tous huissiers, sergents et autres officiers, de procéder à aucunes ventes de fruits, avestures saisies et de tous autres biens-meubles, soit qu'elles soient faites volontairement, soit après décès, sans en avoir obtenu la permission du juge, et satisfait aux autres formalités prescrites par lesdites lettres patentes du 7 août 1772, sous les peines y portées, même d'interdiction, si le cas y écheoit : ordonne pareillement que le présent arrêt sera imprimé, publié et affiché partout où besoin sera. 20 juin 1777. (AN → AD+ 1032)

1223. Arrêt du Conseil d'État du roi, portant établissement d'un siège pour la réformation des bois des salines de Dieuze, Château-Salins et Moyenvic, en ladite ville de Moyenvic. 20 juin 1777. (BN → F 13774)

1224. Lettres patentes du roi, sur arrêt du Conseil, concernant les octrois dans les villes de la Lorraine et du Barrois. 20 juin 1777. (BN → F 13774)

1225. Arrêt du Conseil d'État du roi, qui commet le sieur Bertin, trésorier des revenus casuels, pour faire le recouvrement des droits établis au profit de Sa Majesté, par l'édit de création des nouvelles communautés d'arts et métiers des différentes villes du ressort du parlement de Paris, ainsi qu'il avait été commis par arrêts du Conseil des 24 août 1776 et 31 janvier dernier, à faire les recouvrements de pareille nature dans les villes de Paris et Lyon. 21 juin 1777. (AN → AD+ 1032)

1226. Arrêt du Conseil d'État du roi, concernant l'exploitation, par la Ferme des messageries, du privilège non exclusif du courtage des rouliers dans l'étendue du royaume. 22 juin 1777. (AN → AD+ 1032)

1227. Déclaration du roi, portant qu'il ne sera plus à l'avenir expédié d'ordonnances de gages intermédiaires. 22 juin 1777. (AN → AD+ 1032)

1228. Arrêt du Conseil de monseigneur comte d'Artois, et lettres patentes sur icelui, concernant les foi et hommages, déclarations, aveux et dénombrements qui lui sont dus dans la province du Berry, et portant attribution de juridiction aux officiers du Bureau des finances de Bourges, pour connaître des affaires domaniales et féodales de ladite province. 22 et 29 juin 1777. (AN → AD+ 1032)

Deux arrêts du Conseil d'État du roi. 26 mars 1776 et 24 juin 1777. (AN → AD+ 1032). Voir notice n° 733.

1229. Arrêt du Conseil d'État du roi, qui casse l'arrêt de la Cour des aides de Rouen, rendu le 24 mai 1776, en faveur des sieurs Taillet et Payenneville, du procureur-syndic du commerce de Rouen, et de plusieurs négociants intervenant ; en ce que, par cet arrêt, il a été ordonné que, dans le cas où il n'aurait pas été fait de pesée des marchandises au lieu du chargement, le fermier serait tenu, sur la simple déclaration du nombre de ballots, des marques et numéros, et de la qualité des marchandises, de donner un permis de décharger et de souffrir que la pesée des marchandises soit faite avant d'en fournir la déclaration, quant au poids : ordonne, en conséquence, que les articles 4 et 5 du titre 11 de l'ordonnance de 1687, et les arrêt et lettres patentes des 9 août et 30 septembre 1723, seront exécutés selon leur forme et teneur. 24 juin 1777. (AN → AD⁺ 1032)

1230. Arrêt du Conseil d'État du roi, portant règlement pour la navigation de la rivière de Marne et autres rivières et canaux navigables. 24 juin 1777. (AN → AD⁺ 1032)

1231. Arrêt du Conseil d'État du roi, qui confirme les privilèges des habitants des marches communes de Bretagne et de Poitou. 24 juin 1777. (AN → AD⁺ 1032)

1232. Lettres patentes du roi, qui confirment les officiers municipaux de Valenciennes, en la jouissance et perception des droits d'octroi sur les toiles, baptistes et linons, venant de Picardie et des environs, en entrant dans Valenciennes. 24 juin 1777. (AN → AD/XVI/14^{A})

1233. Arrêt du Conseil d'État du roi, qui établit la forme dans laquelle les caissiers et syndics des communautés d'officiers sur les ports, supprimés, compteront des sommes qu'ils ont touchées de l'adjudicataire des Fermes, pour le payement des arrérages des six premiers mois 1776, des rentes ci-devant dues par lesdites communautés : et prescrit un délai de deux mois pour la présentation desdits comptes. 28 juin 1777. (AN → AD⁺ 1032)

1234. Lettres patentes du roi, portant ampliation de pouvoir aux gardes des registres du Contrôle général des finances ; et suppression des droits de contrôle. 29 juin 1777. (AN → AD⁺ 1032)

Arrêts du Conseil d'État du roi. 19 juillet 1774, 31 juin 1777 et 31 janvier 1786. (AN → AD⁺ 1032). Voir notice n° 85.

1235. Édit du roi, portant réduction du nombre des offices de procureurs au bailliage et siège présidial de Blois. Juillet 1777. (AN → AD⁺ 1032)

1236. Édit du roi, portant création de quatre commissions en titres d'offices d'intendants du commerce. Juillet 1777. (AN → AD⁺ 1032)

1237. Édit du roi, concernant le droit de boisselage dans la province du Poitou. Juillet 1777. (AN → AD⁺ 1032)

1238. Édit du roi, qui donne à la gouvernance de Douai la juridiction sur les cantons situés à portée de son territoire, qui ont été cédés par la convention de limites de 1769, sur les terres de Saint-Amand et Mortagne, laissées à la France par le traité d'Utrecht, et enfin, sur les terres franches, dites empire de Lallaing, Bruille, Escalion et Péquencourt. Juillet 1777. (AN → AD/XVI/14^{A})

1239. Loterie royale de rentes viagères et perpétuelles, établie par édit de janvier 1777. Liste générale des billets qui ont gagné les lots du deuxième et dernier tirage de ladite Loterie. Juillet 1777. (AN → AD⁺ 1032)

1240. Lettres patentes du roi, portant ratification d'un traité d'alliance, conclu entre le roi et le corps helvétique, à Soleure, le 28 mai 1777. 1er juillet 1777. (AN → AD^{+} 1032)

1241. Ordonnance du roi, portant amnistie en faveur des officiers-mariniers et matelots déserteurs. 1er juillet 1777. (AN → AD^{+} 1032)

1242. Déclaration du roi, concernant la police de la maison commune du corps de l'orfèvrerie. 3 juillet 1777. (AN → AD^{+} 1032)

1243. Arrêt du Conseil d'État du roi, portant règlement sur l'exploitation, visites et reconnaissances des carrières sous la ville de Paris et plaines adjacentes. 4 juillet 1777. (AN → AD^{+} 1032)

1244. Arrêt du Conseil d'État du roi, qui ordonne qu'en se faisant par le sieur Odier recevoir dans la communauté des faiseuses et marchandes de modes-plumassières-fleuristes, il pourra continuer l'exercice de sa profession de fleuriste-décorateur, etc. 4 juillet 1777. (AN → AD^{+} 1032)

1245. Arrêt contradictoire. (Sieur de Cheylus. Évêché de Bayeux. Bailliage de Caen). 4 juillet 1777. (AN → AD/XVII/17^{A})

1246. Ordonnance du roi, concernant les compagnies des gendarmes et chevaux-légers de sa Garde. 4 juillet 1777. (AN → AD^{+} 1032)

1247. Lettres patentes du roi, portant prorogation, pendant vingt années, de l'augmentation de droits accordés à la faculté de droit. 12 juillet 1777. (AN → AD^{+} 1032)

1248. Lettres patentes du roi, qui ordonnent l'enregistrement de celles du 25 décembre 1775, portant suppression des droits sur les étoffes en passe-debout à Paris. 14 juillet 1777. (AN → AD^{+} 1032)

1249. Arrêt du Conseil d'État du roi, qui ordonne que les matériaux et démolitions vendus par les villes, pour tourner au profit de la construction des nouvelles chaussées, seront astreints aux quatre deniers pour livre. 15 juillet 1777. (AN → AD^{+} 1032)

1250. Ordonnance du roi, concernant le régiment des Gardes françaises de Sa Majesté. 17 juillet 1777. (AN → AD^{+} 1032)

1251. Ordonnance du roi, portant établissement d'un corps de cadets et d'un corps d'instruction à l'Hôtel de l'École royale militaire. 17 juillet 1777. (AN → AD^{+} 1032)

1252. Lettres patentes du roi, qui ordonnent que les arbres nécessaires pour le mai et la plantation d'icelui dans la Cour du Palais à Paris, seront annuellement délivrés dans le bois de Vincennes aux officiers de la Bazoche dudit Palais, par les officiers de la maîtrise de ladite ville. 19 juillet 1777. (AN → AD^{+} 1032)

1253. Lettres patentes du roi, qui ordonnent que les droits qui se percevaient dans les villes et principautés de Sedan, Raucourt et Saint-Manges avant les lettres patentes du mois de décembre dernier, confirmatives de leurs privilèges, continueront d'être perçus comme avant lesdites lettres patentes. 19 juillet 1777. (AN → AD^{+} 1032)

1254. Arrêt du Conseil d'État du roi, concernant l'administration de la Loterie royale de France. 20 juillet 1777. (AN → AD⁺ 1032)

1255. Arrêt du Conseil d'État du roi, concernant l'imposition de huit cent mille livres, destinée aux dépenses, tant des travaux des canaux de Picardie et de Bourgogne, et de la navigation de la rivière de la Charente, que des autres ouvrages de cette nature, relatifs au progrès de la navigation. 22 juillet 1777. (AN → AD⁺ 1032)

1256. Lettres patentes du roi, qui maintiennent les greffiers de la ville de Douai dans l'usage de rédiger les procès-verbaux de ventes des meubles en cette ville et banlieue. 23 juillet 1777. (AN → AD/XVI/14^{A})

1257. Déclaration du roi, concernant la vérification et rédaction nouvelle de la coutume du comté de Ponthieu. 23 juillet 1777. (AN → AD⁺ 1032)

1258. Lettres patentes du roi, pour la réunion et l'incorporation de l'ordre de Saint-Antoine, à l'ordre de Saint-Jean de Jérusalem. 25 juillet 1777. (AN → AD⁺ 1032)

1259. Lettres patentes du roi, par lesquelles Sa Majesté déclare n'y avoir lieu de procéder au décret de la principauté de Dombes. 26 juillet 1777. (AN → AD⁺ 1032)

1260. Ordonnance du roi, concernant les mendiants. 27 juillet 1777. (AN → AD⁺ 1032)

1261. Arrêt du Conseil d'État du roi, qui défend toute espèce d'entrepôt et magasin au Pont-de-Beauvoisin : et ordonne que tout voiturier qui enlèvera des marchandises dudit lieu, sera tenu d'être porteur de l'acquit des droits, ou d'expéditions justificatives qu'ils ont été payés ; à peine de confiscation des marchandises et équipages, de cinq cents livres d'amende. 31 juillet 1777. (AN → AD⁺ 1032)

1262. Édit du roi, portant suppression de tous les offices de receveurs et contrôleurs généraux des Domaines et Bois, receveurs particuliers desdits Bois, receveurs, gardes généraux et collecteurs des amendes, restitutions et confiscations dans les maîtrises des Bois, Eaux et Forêts. Août 1777. (AN → AD⁺ 1033)

1263. Édit du roi, qui autorise les prévôt des marchands et échevins de la ville de Paris à faire un emprunt de six cent mille livres de rentes perpétuelles et viagères. Août 1777. (AN → AD⁺ 1033)

1264. Édit du roi, portant règlement pour la juridiction des présidiaux. Août 1777. (AN → AD⁺ 1033)

1265. Édit portant érection en duché-pairie des marquisats de Brunoy, Grosbois, et autres domaines y annexés, sous le nom de duché de Brunoy. Août 1777. (AN → AD⁺ 1033)

1266. Lettres patentes du roi, confirmatives de la bulle d'érection de l'évêché de Saint-Dié en Lorraine. Août 1777. (AN → AD⁺ 1033)

1267. Lettres patentes du roi, en forme de déclaration, qui prorogent pour dix ans, à compter du premier janvier 1778, la perception des octrois municipaux ; en conséquence ordonnent, pendant lesdites dix années, la perception des droits et octrois, impositions ou sommes fixes, désignés et employés au tarif y annexé, dans les lieux dénommés audit tarif. 2 août 1777. (AN → AD+ 1033)

1268. Arrêt du Conseil d'État du roi, et lettres patentes sur icelui, qui confirment les évaluations de la principauté de Dombes. 4 août 1777. (AN → AD+ 1033)

1269. Arrêt du Conseil d'État du roi, et lettres patentes sur icelui, qui confirment les évaluations de la forêt de Clary. 4 août 1777. (AN → AD+ 1033)

1270. Arrêt du Conseil d'État du roi, qui ordonne la remise par les propriétaires y dénommés, ès mains du sieur Dupont, greffier de la Commission des péages, des titres des moulins, pertuis, vannes, écluses, arches, bouchis, gors ou pêcheries, sur et au long des rivières navigables, etc. 5 août 1777. (AN → AD+ 1033)

1271. Deux arrêts du Conseil d'État du roi, dont le premier, en confirmant la communauté de Montcornet en Ardennes, dans son privilège, ordonne que, sans égard à tout usage contraire, elle jouira de la faculté de recevoir au grenier d'Aubenton, à vingt livres le minot, le sel nécessaire à la consommation de ses habitants, tant pour pot et salière, que pour grosses salaisons, à raison de quatre pintes par personne ; à la charge de payer, outre ledit prix de vingt livres, les droits manuels et les huit sous pour livre, tant desdits droits manuels, que du prix principal des gabelles.
Et le second ordonne que la contenance du minot, sera et demeurera évaluée à trente-cinq pintes, à l'égard de ladite communauté. 5 août 1777 et 19 mai 1778. (AN → AD+ 1033)

1272. Arrêt du Conseil d'État du roi, et lettres patentes sur icelui, qui ordonnent la réunion au domaine de la Couronne de différents territoires, dont la souveraineté et propriété ont été réservées à Sa Majesté par le traité de limites passé entre le feu roi et le prince de Nassau-Saarbruck, le 15 février 1766. 6 août et 9 septembre 1777. (BN → F 13774)

1273. Lettres patentes du roi, qui commettent Dominique Compant pour faire le recouvrement des gages intermédiaires des offices vacants, depuis le premier octobre 1777, jusqu'au dernier septembre 1783. 6 août 1777. (AN → AD+ 1033)

1274. Lettres patentes du roi, concernant les franchises et exemptions des habitants des paroisses et enclaves des marches communes du Poitou et de la Bretagne. 6 août 1777. (AN → AD+ 1033)

1275. Arrêt du Conseil d'État du roi, qui ordonne que dans trois mois, pour tout délai, à compter de la date du présent arrêt, tous propriétaires du brevet d'assurance de quinze mille livres, accordé par le feu roi au sieur Duchesnay, sur la charge de l'un des médecins de Sa Majesté, servant par quartier, seront tenus de le représenter au secrétaire d'État ayant le département de la Maison de Sa Majesté, pour être par lui donné tous ordres nécessaires pour l'acquittement dudit brevet, s'il y a lieu. 7 août 1777. (AN → AD+ 1033)

1276. Arrêt du Conseil d'État du roi, qui restreint la fouille du salpêtre ; décharge les communautés des fournitures à faire aux salpêtriers ; et permet audites communautés de se rédimer de la fouille, par l'établissement des nitrières artificielles. 8 août 1777. (AN → AD$^+$ 1033)

1277. Déclaration du roi, pour la police des Noirs. 9 août 1777. (AN → AD$^+$ 1033)

1278. Arrêt du Conseil d'État du roi, qui confirme l'établissement du Bureau de la vérification des états au vrai qui s'arrêtent au Conseil royal des finances : et qui commet le sieur d'Ormesson, conseiller d'État et chef du Conseil de la Maison royale de Saint-Cyr, pour en avoir l'inspection. 10 août 1777. (AN → AD$^+$ 1033)

1279. Arrêt du Conseil d'État du roi, concernant les communautés d'officiers sur les ports, quais, halles, marchés et chantiers de la ville de Paris, leurs rentiers, et les comptes que doivent rendre leurs syndics et caissiers. 12 août 1777. (AN → AD$^+$ 1033)

1280. Arrêt du Conseil d'État du roi, qui accorde pour le terme et espace de quinze ans, aux syndics, administrateurs et intéressés dans la compagnie de la Guyane française, le privilège exclusif de la traite des Noirs et du commerce en l'île de Gorée et sur les côtes d'Afrique, depuis le Cap-Verd jusqu'à la rivière de Casamance. 14 août 1777. (AN → AD$^+$ 1033)

1281. Arrêt du Conseil d'État du roi, concernant l'établissement des Bureaux de correspondance maritime dans les ports du royaume. 14 août 1777. (AN → AD$^+$ 1033)

1282. Ordonnance du roi, concernant la police du marché aux chevaux. 14 août 1777. (AN → AD$^+$ 1033)

1283. Déclaration du roi, qui ordonne l'exécution, dans l'apanage des princes du sang, de l'édit du mois d'août 1775, concernant la suppression des receveurs des Tailles, et l'établissement d'un receveur des Impositions dans tous les lieux où il existe des receveurs des Tailles. 14 août 1777. (AN → AD$^+$ 1033)

1284. Déclaration du roi, portant confirmation de tous les privilèges attribués à l'office de payeur des gages de la Chambre des comptes, notamment de la noblesse au premier degré : et qui lui accorde l'entrée et le rang au nombre desdits officiers, dans les cérémonies. 14 août 1777. (AN → AD$^+$ 1033)

1285. Déclaration du roi, qui ordonne que celle du premier septembre 1775, concernant les audiences des seconde et troisième Chambres de la Cour des aides de Paris, sera exécutée jusqu'aux vacances de l'année 1778. 14 août 1777. (AN → AD$^+$ 1033)

1286. Arrêt du Conseil d'État du roi. (*Justification de la communauté de Montesquieu, Volvestre, diocèse de Rieux, province de Languedoc*. M. de Bertrand. Resclaure. Delherm de Novital. Devesy. J. Rayet). 15 août 1777. (AN → AD$^+$ 1033)

1287. Arrêt du Conseil d'État du roi, et lettres patentes sur icelui, concernant l'entrée des raisins dans Paris, et portant règlement pour les droits qui seront perçus sur les vins provenant des vignes situées dans le faubourg Saint-Antoine, et autres dispositions y portées. 15 août 1777. (AN → AD^{+} 1033)

1288. Arrêt du Conseil d'État du roi, portant établissement d'une commission, pour examiner les moyens d'améliorer les divers hôpitaux de la ville de Paris. 17 août 1777. (AN → AD^{+} 1033)

1289. Arrêt du Conseil d'État du roi, qui ordonne, qu'à compter du 1er janvier 1778, les revenus des Postes seront régis pour le compte de Sa Majesté. 17 août 1777. (AN → AD^{+} 1033)

1290. Déclaration du roi, concernant les veuves de maîtres dans les corps et communautés d'arts et métiers. 18 août 1777. (AN → AD^{+} 1033)

1291. Déclaration du roi, qui ordonne que les coiffeurs de femmes, au nombre de six cents, seront agrégés à la communauté des maîtres barbiers-perruquiers. 18 août 1777. (AN → AD^{+} 1033)

1292. Arrêt contradictoire du Conseil d'État du roi, qui confirme une ordonnance de M. l'intendant de Champagne, par laquelle les marchandises saisies sur le sieur Lefort, de Meslay, avaient été confisquées, avec amende de cinq cents livres et dépens. 19 août 1777. (AN → AD^{+} 1033)

1293. Arrêt du Conseil d'État du roi, et lettres patentes sur icelui. (Metz). 19 et 20 août 1777. (AN → AD^{+} 1033)

1294. Extrait des registres du Conseil d'État du roi. (Paris. Carrosses. Nicolas Defaux). 20 août 1777. (AN → AD^{+} 1033)

1295. Arrêt du Conseil d'État du roi, portant défenses de chasser sur le territoire de la ville et châtellenie de Bailleul. 20 août 1777. (AN → AD/XVI/14^{A})

1296. Déclaration du roi, concernant la perception des droits réservés. 22 août 1777. (AN → AD^{+} 1033)

1297. Lettres patentes du roi, qui renvoient à la Grand'Chambre du parlement de Paris, la connaissance des contestations nées et à naître, au sujet des biens, revenus, droits, privilèges, exemptions et immunités appartenant à l'Hôtel royal des Invalides. 24 août 1777. (AN → AD^{+} 1033)

1298. Deux arrêts du Conseil d'État du roi. Le premier, sans s'arrêter à la sentence des élus de Lyon du 10 mai 1776, ni à l'arrêt de la Cour des aides de Paris, confirmatif d'icelle, du 8 juillet 1777, qui sont cassés et annulés, décharge Laurent David, adjudicataire des Fermes générales, des condamnations prononcées contre lui par lesdites sentence et arrêt, ordonne la restitution des sommes qu'il aurait pu être contraint de payer en vertu d'iceux ; faisant droit sur le procès-verbal et l'assignation des 28 et 30 août 1775, ordonne qu'André Vialand sera tenu de souffrir les visites et exercices des commis dudit adjudicataire, dans tous les bâtiments dépendant des deux maisons de Jacques Balmont, à peine de cent livres d'amende, en cas de refus, si mieux n'aime ledit Vialand, faire faire telle séparation entre les lieux par lui occupés et ceux occupés par Balmont, qu'il n'y ait aucune communication des uns aux autres : condamne lesdits Vialand et Balmont aux dépens faits en l'élection et en la Cour des aides et au coût de l'arrêt.

Le second, contradictoire, déboute lesdits Vialand et Balmont de leurs oppositions à ce premier arrêt, dont il ordonne l'exécution, et les condamne au coût d'icelui. 26 août 1777 et 20 janvier 1778. (AN → AD+ 1033)

1299. Arrêt du Conseil d'État du roi, qui met en possession Dominique Compant de différents droits compris dans la Régie générale, pendant six années consécutives, à compter du premier octobre mil sept cent soixante-dix-sept, jusqu'au dernier septembre mil sept cent quatre-vingt-trois. 1° des droits des inspecteurs aux boucheries ; 2° du droit établi sur l'amidon ou la poudre à poudrer ; 3° du droit sur les papiers et cartons ; 4° des sous pour livre des droits du grand-amiral et autres ; 5° de tous droits et émoluments, tant des greffes en chef que d'autre nature de greffes, appartenant à Sa Majesté dans les Conseils et Commissions, etc. 27 août 1777. (AN → AD+ 1033)

1300. Arrêt du Conseil d'État du roi, concernant la liquidation et acquittement des dettes des communautés d'arts et métiers établis dans la ville de Lyon, et autres villes du ressort du parlement de Paris. 27 août 1777. (AN → AD+ 1033)

1301. Arrêt du Conseil d'État du roi, qui ordonne que les anciens marchands et leurs veuves, reçus dans le corps de la mercerie avant la suppression des jurandes, et faisant en cette qualité le commerce des modes, seront tenus de payer, dans le délai d'un mois, à compter de la publication du présent arrêt, les droits de confirmation et de réunion établis par l'édit d'août 1776, ou la somme de cent cinquante livres au Bureau de la communauté des faiseuses et marchandes de modes-plumassières-fleuristes, pour y être admis, et pouvoir continuer ledit commerce et profession. Fait défenses, Sa Majesté, à toutes personnes qui ne seraient pas reçues ou admises à ladite communauté, d'entreprendre ni exercer ledit commerce et profession, à peine de confiscation et amende. 27 août 1777. (AN → AD+ 1033)

1302. Arrêt du Conseil d'État du roi, qui met Dominique Compant en possession de différents droits compris dans la Régie générale. 27 août 1777. (AN → AD+ 1317)

1303. Lettres patentes du roi, qui envoient Dominique Compant en possession des droits d'hypothèques et des quatre deniers pour livre du prix des ventes de biens-meubles. 27 août 1777. (AN → AD+ 1033)

1304. Lettres patentes du roi, qui ordonnent qu'à compter du premier octobre 1777 Dominique Compant fera la régie, recette et exploitation du droit unique sur les cuirs et peaux, des droits de contrôle et marque des ouvrages d'or et d'argent, des droits de la marque des fers, des droits des offices supprimés par l'édit du mois d'avril 1768, et des droits anciennement établis pour le payement des dons gratuits ; et, à compter du premier janvier 1778, celle des octrois municipaux. 27 août 1777. (AN → AD+ 1033)

1305. Lettres patentes pour la prise de possession de Dominique Compant de la Régie des droits y énoncés, pour six années qui commenceront au premier octobre 1777, et finiront au dernier septembre 1783. 27 août 1777. (AN → AD/IX/406)

1306. Ordonnance du roi, pour régler le traitement des régiments d'infanterie qui seront employés dans les colonies de l'Amérique. 28 août 1777. (AN → AD+ 1033)

1307. Ordonnance du roi, pour donner une nouvelle forme aux six compagnies de canonniers-bombardiers des îles du Vent et sous le Vent de l'Amérique, et assimiler leur traitement à celui des troupes du corps royal employées dans les mêmes colonies. 28 août 1777. (AN → AD+ 1033)

1308. Ordonnance du roi, pour régler provisoirement le traitement des officiers, bas-officiers et soldats des quatre régiments coloniaux des îles du Vent et sous le Vent. 28 août 1777. (AN → AD+ 1033)

1309. Ordonnance du roi, pour régler le traitement des troupes du corps royal de l'artillerie, qui seront employées dans les colonies de l'Amérique. 28 août 1777. (AN → AD+ 1033)

1310. Ordonnance du roi, pour régler le traitement des compagnies de dragons qui seront employées dans les colonies de l'Amérique. 28 août 1777. (AN → Marine A/1/120)

1311. Arrêt du Conseil d'État du roi, concernant la police du Colisée. 30 août 1777. (AN → AD+ 1033)

1312. Arrêt du Conseil d'État du roi, portant règlement de discipline pour les compagnons imprimeurs. 30 août 1777. (AN → AD+ 1033)

1313. Arrêt du Conseil d'État du roi, portant règlement sur la durée des privilèges en librairie. 30 août 1777. (AN → AD+ 1033)

1314. Arrêt du Conseil d'État du roi, concernant les contrefaçons des livres, soit antérieures au présent arrêt, soit celles qui seraient faites en contravention des défenses portées audit arrêt. 30 août 1777. (AN → AD+ 1033)

1315. Arrêt du Conseil d'État du roi, portant établissement de deux ventes publiques de librairie. 30 août 1777. (AN → AD+ 1033)

1316. Arrêt du Conseil d'État du roi, qui règle les formalités à observer pour la réception des libraires et imprimeurs. 30 août 1777. (AN → AD+ 1033)

1317. Arrêt du Conseil d'État du roi, portant suppression et création de différentes chambres syndicales dans le royaume. 30 août 1777. (AN → AD+ 1033)

1318. Lettres patentes du roi, concernant le collège Louis-le-Grand. 30 août 1777. (AN → AD+ 1033)

1319. Histoire impartiale des règlements de la Librairie, opposés aux six arrêts du Conseil, du 30 août 1777, qui la concernent ; en réponse, 1° à l'écrit intitulé *Indication*, par ordre de dates, de plusieurs actes de législation, de jurisprudence, et d'administration relatifs aux privilèges de la Librairie ; 2° au mémoire de quelques libraires et imprimeurs de Lyon, Rouen, Toulouse, Marseille et Nîmes, concernant les mêmes privilèges de la Librairie, publié en 1776, et reproduit dans les circonstances actuelles. (AN → AD+ 1033)

1320. Édit du roi, portant suppression de la capitainerie de Chambord. Septembre 1777. (AN → AD+ 1034)

1321. Édit du roi, qui autorise la renclôture des prés et pâtures dans le Boulonnois. Septembre 1777. (AN → AD+ 1034)

1322. Lettres patentes en forme d'édit, qui autorisent Monsieur, frère du roi, à acenser ou inféoder à titre incommutable, par les commissaires de son Conseil, les terres vaines, vagues et incultes, situées dans l'étendue des domaines de son apanage. Septembre 1777. (AN → AD+ 1034)

1323. Régie générale. Circulaire. Septembre 1777. (AN → AD/IX/406)

1324. Arrêt du Conseil d'État du roi, portant suppression et concession en faveur du sieur Geoffroi de Limon, à titre d'indemnité, de l'ancien chemin de traverse allant de Boissise-la-Bertrand, au hameau du Laré. 1er septembre 1777. (AN → AD+ 1034)

1325. Arrêt du Conseil d'État du roi, concernant le retour des Noirs, mulâtres ou autres gens de couleur aux colonies. 7 septembre 1777. (AN → AD+ 1034)

1326. Arrêt du Conseil d'État du roi, concernant le privilège exclusif, de la faciende et débit des bières à Nancy et banlieue. 9 septembre 1777. (BN → F 13774)

1327. Arrêt du Conseil d'État du roi, et lettres patentes sur icelui, qui font défenses d'introduire, de Bretagne dans les pays de gabelles, du sel déguisé sous la forme de pains de seigle, de sarrazin ou d'autres grains, à peine contre les contrevenants d'être poursuivis et punis comme faux-sauniers. 13 septembre 1777. (AN → AD+ 1034)

1328. Deux arrêts du Conseil d'État du roi. Le premier ordonne le communiqué de la requête de l'adjudicataire à la dame du Failly ; et l'envoi des motifs de l'arrêt de la Chambre des comptes de Nancy du 1er juin 1771.
Le second, rendu contradictoirement et sur le vu des motifs, casse l'arrêt susdaté ; ordonne l'exécution des arrêts du Conseil de Lorraine des 23 janvier et 20 mars 1726, et de la décision du 12 août 1769 ; fait remise, par grâce et sans tirer à conséquence, à la dame du Failly, de la confiscation des bois saisis sur elle et de l'amende ; la condamne en tous les dépens et au coût de l'arrêt. 4 février 1772 et 16 septembre 1777. (AN → AD+ 1034)

1329. Arrêt du Conseil d'État du roi, et lettres patentes sur icelui, qui renouvellent les dispositions des anciennes ordonnances, et font défenses de planter et cultiver du tabac dans les forêts du roi, dans les bois des seigneurs, des particuliers, des communautés, tant séculières que régulières, qui sont situés dans l'étendue de la vente exclusive, ou dans les trois lieues de ses limites. 16 septembre 1777. (AN → AD+ 1034)

1330. Lettres patentes, par lesquelles Sa Majesté accorde aux religieux de la congrégation de Saint-Maur, la desserte du collège royal de Pau. 16 septembre 1777. (AN → AD+ 1034)

1331. Arrêt du Conseil d'État du roi, qui ordonne que dans trois mois, pour tout délai, tous propriétaires ou dépositaires du brevet d'assurance de cent cinquante mille livres, accordé par le feu roi au feu sieur duc de Tresmes et au sieur marquis de Gesvres son fils, présentement duc de Gesvres, sur la charge de gouverneur et lieutenant général de la province de l'Île-de-France, seront tenus de le représenter au secrétaire d'État ayant le département de la Maison de Sa Majesté. 17 septembre 1777. (AN → AD+ 1034)

1332. Règlement concernant la composition de la ration de fourrages aux troupes à cheval. 18 septembre 1777. (AN → AD+ 1034)

1333. Arrêt du Conseil d'État du roi, qui, sans s'arrêter à deux ordonnances rendues par le Bureau des finances les 22 et 30 juillet 1777, au sujet des ouvertures des carrières, ordonne que les arrêts du Conseil des 4 avril et 4 juillet de la même année, seront exécutés. 26 septembre 1777. (AN → AD+ 1034)

1334. Lettres patentes du roi, portant règlement pour la composition des collèges de Nancy, Pont-à-Mousson et Épinal, l'emploi et l'administration de leurs biens et revenus. 26 septembre 1777. (BN → F 13774)

1335. État de distribution des cinquante-quatre mille livres que Sa Majesté veut être employées à l'acquit des rentes viagères ci-après, et être ensuite, à l'extinction desdites rentes, affectées à la fondation de places gratuites en faveur des enfants natifs des duchés de Lorraine et de Bar, et provisoirement à la dotation des séminaires de Nancy et Saint-Dié. 26 septembre 1777. (BN → F 13774)

1336. Ordonnance du roi, pour la conservation des routes de chasse dans les forêts de Saint-Germain, Marly, Fontainebleau, Compiègne, et autres forêts appartenantes à Sa Majesté. 28 septembre 1777. (AN → AD+ 1034)

1337. Arrêt du Conseil d'État du roi, qui casse un arrêt de la Cour des aides de Paris du 5 septembre 1777 ; décharge Laurent David, adjudicataire des Fermes générales, des condamnations contre lui prononcées, avec restitution des sommes qu'il aurait été contraint de payer : ordonne l'exécution d'une sentence de l'élection d'Amiens du 17 février 1776, qui déboute le sieur Dargent de sa demande à fin de crédit du droit principal de quinze livres dû sur les eaux-de-vie à leur arrivée dans la généralité d'Amiens ; le condamne, ainsi que plusieurs négociants intervenant, aux frais faits en la Cour des aides, et au coût dudit arrêt, dont il ordonne l'impression et l'affiche à leurs frais. 30 septembre 1777. (AN → AD+ 1034)

1338. Lettres qui, créant en faveur du baron d'Assas, ci-devant capitaine au régiment d'Auvergne, de ses deux fils et de leur postérité, une pension perpétuelle et héréditaire de 1 000 livres, règlent l'ordre de la succession à cette pension. Octobre 1777. (AN → AD+ 1034)

1339. Lettres patentes, qui ordonnent l'enregistrement de celles du premier juillet 1777, portant ratification d'un traité d'alliance fait entre le roi et le corps helvétique, le 28 mai précédent. 1er octobre 1777. (AN → AD+ 1029)

1340. Arrêt du Conseil d'État du roi, concernant la communauté des fabricants-passementiers de la ville de Tours. 2 octobre 1777. (AN → AD+ 1034)

1341. Arrêt du Conseil d'État du roi, concernant les communautés de teinturiers dans les villes du ressort du parlement de Paris. 2 octobre 1777. (AN → AD+ 1034)

1342. Ordonnance du roi, concernant les embaucheurs et fauteurs de désertion. 2 octobre 1777. (AN → AD+ 1034)

1343. Arrêt du Conseil d'État du roi, qui proroge jusqu'au 1er janvier 1778, les délais fixés par les articles VIII et IX de l'édit du mois d'avril dernier, concernant les communautés d'arts et métiers dans les villes du ressort du parlement de Paris : et qui règle en même temps ce qui regarde les veuves des maîtres dans lesdites villes. 5 octobre 1777. (AN → AD$^+$ 1034)

1344. Arrêt du Conseil d'État du roi, qui règle la manière dont seront décernées les contraintes contre les receveurs des deniers de la Loterie royale de France. 12 octobre 1777. (AN → AD$^+$ 1034)

1345. Arrêt du Conseil d'État du roi, qui déclare nulles les oppositions faites au nom des principaux habitants de Cognac et Merpins et autres habitants, à l'échange fait contre le roi et le sieur duc de la Vauguyon, de plusieurs portions de bois de la forêt de Senonches et des châtellenies de Cognac et Merpins en Angoumois.
Déclare les officiers du bailliage et de la maîtrise de Cognac, et ceux de la sénéchaussée et siège présidial d'Angoulême, non-recevables dans leurs oppositions audit échange.
Ordonne que sans s'arrêter auxdites oppositions et aux représentations desdits habitants, ledit contrat d'échange, ensemble celui de subrogation fait par le sieur duc de la Vauguyon au profit de monsieur le comte d'Artois, seront exécutés selon leur forme et teneur.
En conséquence ordonne Sa Majesté, que les commissaires de la Chambre des comptes, nommés pour les évaluations, continueront d'y procéder. 14 octobre 1777. (AN → AD$^+$ 1034)

1346. Déclaration du roi, qui ordonne que le délai de six mois accordé par la déclaration du 7 novembre 1775 aux décimateurs, curés et habitants pour contredire les déclarations de défrichements, commencera à courir dans la province de Languedoc à compter du jour de l'enregistrement desdites déclarations au greffe des communautés, sans que les entrepreneurs soient tenus d'en faire faire l'affiche à la porte de l'église paroissiale. (Avec l'arrêt de registre au parlement de Toulouse du 1er avril 1778). 15 octobre 1777. (BN → F 23629 [528])

1347. Arrêt du Conseil d'État du roi, qui ordonne la liquidation des finances des offices et des dettes communes des officiers mouleurs et aides-mouleurs de bois de la ville de Lyon : et prescrit la forme du payement des intérêts et des capitaux desdites finances. 16 octobre 1777. (AN → AD$^+$ 1034)

1348. Lettres patentes du roi, portant établissement d'un marché sur le terrain de la couture Sainte-Catherine. 18 octobre 1777. (AN → AD$^+$ 1034)

1349. Ordonnance du roi, portant création d'une compagnie de cadets-gentilshommes. 18 octobre 1777. (AN → AD$^+$ 1034)

1350. Ordonnance du roi, pour régler le semestre des officiers, bas-officiers, cavaliers, hussards, dragons et soldats de ses troupes. 18 octobre 1777. (AN → AD$^+$ 1034)

1351. Instruction concernant le service et l'administration particulière des brigades détachées de la maréchaussée de l'Île-de-France. 18 octobre 1777. (AN → MM 1223)

1352. Règlement arrêté par le roi, concernant les commandants en chef et en second dans les provinces, et le commandement des divisions. 18 octobre 1777. (AN → MM 1223)

1353. Arrêts du Conseil d'État du roi et lettres patentes sur iceux, concernant le recouvrement du rachat des boues et lanternes. 19 août 1771 et 24 octobre 1777. (AN → AD^{+} 1034).

1354. Deux arrêts du Conseil d'État du roi. Le premier sur la demande en cassation du fermier, d'un arrêt de la Cour des aides de Rouen du 10 avril 1771, ordonne le communiqué de la requête et l'envoi des motifs de l'arrêt.
Le second, rendu contradictoirement, casse l'arrêt susdaté ; ordonne l'exécution d'une sentence de la juridiction des gabelles de Rouen, qui avait confisqué le faux sel saisi au domicile du sieur Dumont, avec amende ; et condamne le sieur Dumont aux dépens. 13 août 1771 et 28 octobre 1777. (AN → AD^{+} 1034)

1355. Arrêt du Conseil d'État du roi, par lequel Sa Majesté reçoit Laurent David, adjudicataire de ses Fermes générales unies, opposant à la disposition de ses lettres patentes du mois d'octobre 1776 ; par laquelle l'échange y énoncé, a été déclaré exempt de tous droits auxquels il pouvait donner ouverture, de quelque nature qu'ils fussent : en conséquence, et sans s'arrêter à ladite disposition, qui demeurera comme non avenue, ordonne Sa Majesté que les maire et jurats de Bordeaux et les supérieurs du séminaire de Saint-Raphaël, de la même ville, seront tenus de payer, conformément aux règlements, les droits de centième denier, amortissement et autres résultant de l'échange qu'ils ont fait le 17 février 1777, tant en principaux que huit sous pour livre. 28 octobre 1777. (AN → AD^{+} 1034)

1356. Arrêt du Grand Conseil du roi, qui supprime deux imprimés, l'un intitulé : *Arrêtés et très-humbles remontrances du Grand Conseil au roi, août et septembre 1777* ; l'autre intitulé : *Du mercredi premier octobre 1777.* 31 octobre 1777. (AN → AD^{+} 1034)

1357. Lettres patentes en forme d'édit, qui autorisent monseigneur le comte d'Artois, fils de France, frère du roi ; à acenser ou inféoder à titre incommutable, par les commissaires de son Conseil, les terres vaines et vagues, patis et marais, situés dans l'étendue des domaines de son apanage. Novembre 1777. (AN → AD^{+} 1034)

1358. Lettres patentes du roi, qui confirment deux actes passés entre l'évêque de Saint-Omer et les administrateurs du collège anglais de la même ville, et les directeurs du séminaire épiscopal. Novembre 1777. (AN → AD/XVI/14^{A})

1359. Lettres patentes d'érection du comté de Villennes en marquisat d'Aux, suivies de quelques notes explicatives. Novembre 1777. (BN → F 47016 [13])

1360. Extrait des registres du Conseil de Monsieur, portant dérogation au règlement du 6 mars 1774, concernant le paiement des droits seigneuriaux, et remise du tiers desdits droits en faveur seulement des preneurs à rente rachetable, qui se présenteront pour satisfaire au paiement des droits dans les trois mois qui suivront la date du présent arrêt. 1er novembre 1777. (AN → AD^{+} 1034)

1361. Arrêt du Conseil d'État du roi, concernant la répartition des vingtièmes : et portant suppression des vingtièmes d'industrie dans les bourgs, les villages et les campagnes. 2 novembre 1777. (AN → AD⁺ 1034)

1362. Arrêt du Conseil d'État du roi, qui confirme l'hôpital général d'Orléans dans le droit de faire gagner la maîtrise aux artisans qui se seront chargés d'un enfant mâle sorti dudit hôpital. 4 novembre 1777. (AN → AD⁺ 1034)

1363. Lettres patentes du roi, qui ordonnent l'exécution des bulles et décret portant suppression de l'ordre de Saint-Antoine et union dudit ordre et de ses biens et revenus à celui de Malte. 6 novembre 1777. (Suivi du traité préalable passé entre l'ordre de Saint-Jean de Jérusalem et l'ordre hospitalier de Saint-Antoine de Viennois, du 15 avril 1775, de deux bulles relatives à cette union des 17 décembre 1776 et 9 mai 1777, et du décret de fulmination desdites bulles, du 3 juillet 1777). (BN → F 23629 [533])

1364. Lettres patentes du roi, confirmatives des bulles, portant suppression de l'abbaye, chef d'ordre de Saint-Antoine, l'union desdits ordres, et la translation des religieux antonins dans l'ordre de Saint-Jean de Jérusalem, et du décret de fulmination d'icelles. 8 novembre 1777. (AN → AD⁺ 1317)

1365. Lettres patentes du roi, portant abolition du droit d'aubaine, en faveur de la République de Pologne. 9 novembre 1777. (AN → AD⁺ 1034)

1366. Arrêt du Conseil de monseigneur, comte d'Artois, et lettres patentes sur icelui, concernant les foi et hommages, déclarations, aveux et dénombrements qui lui sont dus dans la province et comté de Ponthieu, et portant attribution de juridiction aux officiers du Bureau des finances d'Amiens, pour connaître des affaires domaniales et féodales de ladite province et comté. 16 novembre 1777. (AN → AD⁺ 1034)

1367. Arrêts du Conseil d'État du roi, et lettres patentes sur iceux, concernant le paiement des droits sur les eaux-de-vie dans la généralité d'Amiens. 22 novembre 1777. (AN → AD⁺ 1034)

1368. Arrêt du Conseil d'État du roi, qui commet le sieur Chardon, pour faire les fonctions de procureur général de Sa Majesté au Conseil royal pour les prises. 23 novembre 1777. (AN → AD⁺ 1034)

1369. Arrêt du Conseil d'État du roi, concernant les Messageries. 23 novembre 1777. (AN → AD⁺ 1034)

1370. Arrêt du Conseil d'État du roi, qui, sans s'arrêter à une ordonnance de police du bailliage de Saint-Sauveur-le-Vicomte, qui est cassée et annulée, ordonne l'exécution des règlements ; en conséquence, veut qu'il soit libre à toutes personnes de tenir hôtellerie ou cabaret, et de vendre vin ou autres boissons dans la paroisse du Vast et autres lieux, tous les jours indistinctement, même les fêtes et dimanches, excepté pendant les heures du Service divin, sans être assujettis à d'autres formalités que d'en faire déclaration au Bureau des aides, en la forme ordinaire et conformément à l'ordonnance de 1680 : fait au surplus défenses au lieutenant de police de Saint-Sauveur-le-Vicomte, et à tous autres juges, d'insérer à l'avenir dans leurs jugements, sentences ou ordonnances, aucune défense contraire. 25 novembre 1777. (AN → AD⁺ 1034)

1371. Arrêt du Conseil d'État du roi, qui ordonne l'exécution de la déclaration du 17 septembre 1692 ; et, conformément à icelle, que les droits de domaine, barrage et poids-le-roi, seront perçus par l'adjudicataire des Fermes, sur les laines non-filées, les cotons en laine, les chanvres et lins en masse et non-apprêtés, les poils de chameaux et chevreaux, et les poils de chèvres filés et non-filés, qui entreront dans la ville et faubourg de Paris. 25 novembre 1777. (AN → AD^{+} 1034)

1372. Lettres patentes du roi, pour l'administration de la justice de Saint-Sulpice de Reges. Décembre 1777. (AN → AD^{+} 1034)

1373. Restes des régies de F. Noël et de J.-B. Bossuat. Décembre 1777. (AN → AD/IX/406)

1374. Arrêt du Conseil d'État du roi, pour l'élection des gardes-jurés des marchands et fabricants, dans les villes et lieux où il est d'usage d'en nommer. 1er décembre 1777. (AN → AD^{+} 1317)

1375. Lettres patentes du roi, pour l'élection des gardes-jurés des marchands et fabriquants, dans les villes et lieux du ressort du parlement de Paris où il est d'usage d'en nommer. 1er décembre 1777. (AN → AD^{+} 1034)

1376. Extrait des registres du Conseil d'État du roi. (André-Hercules-Alexandre de Rosset. Lenoir. Dionis du Séjour. Leschassier. Michel de Montpezat. De Fays. Lemoine de la Clartière). 4 décembre 1777. (AN → AD^{+} 1034)

1377. Lettres patentes du roi, portant nomination du sieur Lefebvre d'Ammécourt, pour, à la place du sieur Blondeau, procéder, avec le sieur Pasquier, à la vérification et rédaction nouvelle de la coutume du comté de Ponthieu. 6 décembre 1777. (AN → AD^{+} 1034)

1378. Arrêt du Conseil d'État du roi, qui ordonne qu'il sera ouvert au Trésor royal un emprunt remboursable, en sept années, par voie de Loterie. 7 décembre 1777. (AN → AD^{+} 1034)

1379. Départements de messieurs les fermiers généraux, pour le service des Fermes royales unies, pendant la quatrième année du bail de Me Laurent David. 8 décembre 1777. (AN → AD^{+} 1034)

1380. Arrêt du Conseil d'État du roi, qui ordonne, qu'à compter du 1er avril de la présente année, toutes les rentes constituées par les corps et communautés d'arts et métiers des villes du ressort du parlement de Paris, seront assujetties à la retenue des deux vingtièmes, et quatre sous pour livre du premier vingtième. 9 décembre 1777. (AN → AD^{+} 1034)

1381. Arrêt du Conseil d'État du roi, qui casse une ordonnance des officiers de police de Cahors, portant condamation d'amende, avec application au profit de l'hôpital. 9 décembre 1777. (AN → AD^{+} 1034)

1382. Arrêt du Conseil d'État du roi, qui casse une ordonnance des officiers de police d'Auch, portant condamnation d'amendes converties en aumônes en faveur de l'hôpital. 9 décembre 1777. (AN → AD^{+} 1034)

1383. Arrêt contradictoire du Conseil d'État du roi, qui déboute l'adjudicataire générale des Fermes de la demande en cassation qu'il avait formée d'un jugement du Bureau des finances de Besançon, qui annule une saisie de marchandises, faite par les employés de la Ferme, sur le sieur Ventrillon, négociant à Besançon, et condamne l'adjudicataire, aux dommages-intérêts envers ledit sieur Ventrillon, et aux dépens. 9 décembre 1777. (AN → AD/IX/488)

1384. Lettres patentes du roi, portant établissement d'un Mont-de-Piété. 9 décembre 1777. (AN → AD^{+} 1034)

1385. Arrêt du Conseil d'État du roi, qui maintient le chapitre de Molhain dans le droit de nommer des vicaires amovibles, pour la desserte des cures de Molhain, de Vireux-Saint-Martin et de leurs annexes. 12 décembre 1777. (AN → AD/XVI/14^{A})

1386. Arrêt du Conseil d'État du roi, qui commet le sieur Jean-Baptiste Vial, pour signer les billets de la Loterie royale, créée par arrêt du Conseil du 7 décembre 1777. 13 décembre 1777. (AN → AD^{+} 1034)

1387. Arrêt du Conseil d'État du roi, qui proroge pour trois années consécutives, à compter du premier janvier mil sept cent soixante-dix-huit, l'exécution du *Traité des vivres de la Marine*, passé sous le nom de Claude Fay. 13 décembre 1777. (AN → Marine A/1/117)

1388. Arrêt du Conseil d'État du roi, qui ordonne que Jean-Vincent René sera mis en possession de l'administration et régie des Domaines et Bois, et droits domaniaux appartenant à Sa Majesté, pour l'espace de neuf années, qui commenceront au 1er janvier 1778. 14 décembre 1777. (AN → AD^{+} 1034)

1389. Lettres patentes du roi, qui ordonnent la prise de possession par Jean-Vincent René, de l'administration des Domaines et Bois. 14 décembre 1777. (AN → AD^{+} 1034)

1390. Déclaration du roi, qui ordonne la prise de possession, par Jean-Vincent René, de l'administration des Domaines et Bois. 14 décembre 1777. (AN → AD^{+} 1034)

1391. Arrêt du Conseil d'État du roi, qui autorise l'adjudicataire des Fermes générales à changer, à compter du 1er mars prochain, les timbres servant actuellement à timbrer les parchemins destinés à l'usage de la ville et généralité de Paris. 16 décembre 1777. (AN → AD^{+} 1034)

1392. Arrêt du Conseil d'État du roi, portant suppression d'un ouvrage intitulé : *Considérations sur l'état présent de la colonie française de Saint-Domingue.* 17 décembre 1777. (AN → AD^{+} 1034)

1393. Arrêt du Conseil d'État du roi, concernant la communauté des ciriers d'Angers. 17 décembre 1777. (AN → AD/XI/11/dossier B)

1394. Arrêt du Conseil d'État du roi, portant règlement pour les anciens marchands merciers, faisant le commerce des modes. 18 décembre 1777. (AN → AD^{+} 1034)

1395. Lettres patentes du roi, qui ordonnent la vente des bâtiments des anciennes écoles de droit. 19 décembre 1777. (AN → AD^{+} 1034)

1396. Procès-verbal des sommes remboursées par Me Dubu de Longchamp, trésorier de la Caisse des amortissements, établie par l'édit de décembre 1764, sur ses exercices 1766 et 1768, depuis les derniers procès-verbaux dressés sur lesdits exercices, par les commissaires de la Chambre des comptes. (Pierre-Nicolas-Florimond Fraguier. Nicolas-Hugues Bizeau. Hiérôme-Jean-Baptiste Cousinet. Pierre-Louis de Moncrif. Louis-César-Maurice de Moncrif). 19 décembre 1777. (AN → AD^{+} 1034)

1397. Arrêt contradictoire du Conseil d'État du roi, qui casse et annule celui rendu par la Cour des aides de Rouen du 7 février 1766 et ordonne l'exécution d'une sentence de l'élection de Valognes du 4 septembre 1765, laquelle en prononçant la confiscation du bateau le *Pierre*, agrès et apparaux, et de son chargement consistant en trois mille cinq cents livres de faux tabac, un baril d'eau-de-vie et six mouchoirs des Indes ; a condamné Pierre Hamond, Giffard, Pinel, Carel et Guille, maître et matelots dudit bateau, chacun et solidairement en l'amende de mille livres et aux dépens. 23 décembre 1777. (AN → AD^{+} 1034)

1398. Arrêt du Conseil d'État du roi, concernant la perception des droits sur l'amidon et la poudre à poudrer. 24 décembre 1777. (AN → AD^{+} 1034)

1399. Lettres patentes du roi, confirmatives des bulles d'érection d'évêchés à Nancy et à Saint-Dié. 24 décembre 1777. (AN → AD^{+} 1034)

1400. Lettres patentes du roi, pour l'érection de la manufacture d'armes à feu, établie dans la ville de Tulle, en manufacture royale, pour le service de la Marine. En faveur du sieur Fenis de Saint-Victour. 27 décembre 1777. (AN → AD^{+} 1034)

1401. Arrêt du Conseil d'État du roi, concernant la franchise et le contre-seing des lettres. 30 décembre 1777. (AN → AD^{+} 1034)

1402. Arrêt du Conseil d'État du roi, qui, sans avoir égard à la sentence des officiers de l'élection de Pont-l'Évêque, du 11 mai 1772, ni à l'arrêt de la Cour des aides de Rouen, du 6 août 1777, que Sa Majesté a cassés et annulés, ordonne que les octrois municipaux seront perçus tant dans les villes que dans les faubourgs desdites villes et autres lieux de la généralité de Rouen, mentionnés aux arrêts portant tarifs desdits droits, et qu'ils seront payés par tous les bourgeois desdites villes, faubourgs et lieux ; condamne les nommés André Gentil et Morlet, demeurant en la ville d'Honfleur, solidairement et par corps, en la confiscation de cent vingt-neuf cotterets de différents bois blancs, sur eux saisis par procès-verbal du 5 décembre 1772, en l'amende de 100 livres et aux dépens faits tant en l'élection de Pont-l'Évêque qu'en la Cour des aides de Rouen ; les condamne pareillement à rendre et restituer à François Hacquin, fermier des octrois municipaux, les sommes qu'il aurait été contraint de payer en vertu de l'arrêt de la Cour des aides de Rouen, et au coût, sceau, contrôle et signification du présent arrêt. Ordonne que ledit arrêt sera imprimé, publié et affiché dans la ville d'Honfleur, et partout où besoin sera. 30 décembre 1777. (AN → AD^{+} 1034)

1403. Arrêt du Conseil d'État du roi, qui ordonne que les ouvrages de la nouvelle église de la Magdeleine de la Ville-l'Évêque, seront continués, conformément au nouveau plan arrêté par Sa Majesté. 31 décembre 1777. (AN → AD^{+} 1034)

1404. Arrêt du Conseil d'État du roi, qui ordonne qu'à compter du premier janvier 1778, et conformément aux lettres patentes du 2 août dernier, la ville de Châteaudun continuera de payer entre les mains de Dominique Compant, la somme de six cents livres pendant dix années entières et consécutives, pour le recouvrement des octrois appartenant à Sa Majesté. 31 décembre 1777. (AN → AD^{+} 1034)

1778

1405. Abonnement des édits et arrêts pour la ville de Paris, et toutes les provinces et villes du royaume. (Table analytique des matières contenues dans les édits, lettres patentes, déclarations du roi, arrêts du Conseil, du Parlement, etc.). Année 1778. Imprimé en 1779. (AN → AD/I/30 ; BN → F 21991)

1406. Recueil des édits et déclarations du roi, lettres patentes, arrêts du Conseil de Sa Majesté vérifiés, publiés et régistrés au parlement de Besançon, et des règlements de cette Cour, depuis la réunion de la Franche-Comté à la Couronne. Nouvelle édition par François-Nicolas-Eugène Droz, 1771-1778. (BN → F 2188-2192)

1407. Extrait du projet d'instruction pour l'exercice et la manoeuvre de l'infanterie, selon les principes de l'ordre français. 1778. (AN → MM 1224)

1408. Règlement provisoire sur le service de la cavalerie et des dragons en campagne. 1778. (AN → MM 1224)

1409. Règlement provisoire sur le service de l'infanterie en campagne. 1778. (AN → MM 1224)

1410. Mémoire d'instruction. (Perruquiers. Droit de centième denier). 1778. (AN → U* 1260)

1411. Prix extraordinaire proposé par l'Académie royale des sciences pour l'année 1778. (Salpêtre). (AN → AD/VI/17 dossier A pièce 13)

1412. Bail de la Ferme du droit de socquet, qui doit commencer le 1er janvier 1778 et finir le 31 décembre 1782. 1778. (BN → Lk^{7} 50120)

1413. Tableau instructif à l'usage des actionnaires de la Loterie royale de France. 1778. (BN → 4 Lf^{78} 26)

1414. Statuts et règlements pour l'orchestre de l'Académie royale de musique. 1778. (BN → R 168117)

1415. Lettres patentes du roi, qui confirment les bulles d'érection d'un évêché à Nancy. Janvier 1778. (AN → AD^{+} 1035)

1416. Droits réservés. Restes de Bossuat. 2 janvier 1778. (AN → G/2/17)

1417. Règlement d'administration du Mont-de-Piété. 5 janvier 1778. (AN → AD^{+} 1035)

1418. Arrêt du Conseil d'État du roi, qui ordonne que dans trois mois, pour tout délai, tous propriétaires ou dépositaires du brevet d'assurance de dix mille livres, accordé par le feu roi au sieur de la Barrère, sur la charge de l'un des valets de chambre de Sa Majesté, dont il est pourvu, seront tenus de le représenter au secrétaire d'État ayant le département de la Maison du roi. 10 janvier 1778. (AN → AD^{+} 1035)

1419. Arrêt du Conseil d'État du roi, en faveur de sieur Bonnefoy l'aîné, par lequel Sa Majesté a jugé que le vendeur d'une charge des Maisons royales, est hypothécaire privilégié sur les biens de son acquéreur, et sur le prix même de la charge passée en d'autres mains. 10 janvier 1778. (AN → AD^{+} 1035)

1420. Arrêt du Conseil d'État du roi, pour la police des Noirs, mulâtres, ou autres gens de couleur qui sont dans la ville de Paris. 11 janvier 1778. (AN → AD^{+} 1035)

1421. Ordonnance du roi, qui règle l'âge auquel il sera expédié des lettres de sous-lieutenants aux cadets-gentilshommes de la compagnie établie à l'École royale militaire. 11 janvier 1778. (AN → AD^{+} 1035)

1422. Arrêt du Conseil d'État du roi, qui casse et annule une sentence de l'élection de Gannat ; en conséquence, déclare nulle et de nul effet la nomination de la personne du nommé Chollet, buraliste, faite par les habitants de la ville d'Aigueperse, pour collecteur pendant l'année 1778, décharge ce buraliste de la collecte, et condamne les habitants aux dépens. 13 janvier 1778. (AN → AD^{+} 1035)

1423. Lettres patentes sur arrêts du Conseil [du 18 novembre 1777] qui permettent aux administrateurs de la charité générale de Lille en Flandre de continuer de percevoir pendant quatre années, à commencer du 1er novembre 1778, un octroi sur les boissons, au profit de l'hôpital général. 14 janvier 1778. (BN → F 21725 [44])

1424. Arrêt du Conseil d'État du roi, qui ordonne qu'à l'avenir il ne sera perçu dans la ville de Troyes, ses faubourgs et dépendances, pour raison des droits établis par les lettres patentes du 2 août 1777, que 2 livres par muid d'eau-de-vie et de liqueur ; treize sols 6 deniers par muid de vin, et six sols 9 deniers par muid de bière et cidre, avec les deux sols pour livre desdits droits, et trois sols seulement par voiture de bois et foin. Fait Sa Majesté défenses au régisseur de percevoir autres et plus grands droits à l'avenir, à peine d'en demeurer responsable : et ordonne que lesdites lettres patentes seront exécutées selon leur forme et teneur, en ce qui n'y est pas dérogé par le présent arrêt. 15 janvier 1778. (AN → AD^{+} 1035)

1425. Arrêt du Conseil d'État du roi, portant règlement pour la reddition et la révision des comptes des corps des marchands et communautés d'arts et métiers. 16 janvier 1778. (AN → AD^{+} 1035)

1426. Ordonnance de Sa Majesté, concernant la police des spectacles des foires de Saint-Germain et de Saint-Laurent. 17 janvier 1778. (AN → AD/I/24 dossier J pièce 76)

1427. Arrêt du Conseil d'État du roi, concernant la navigation de la Seine, depuis Paris jusqu'à Rouen et retour. 19 janvier 1778. (AN → AD⁺ 1035)

1428. Lettres patentes du roi, qui règlent la manière dont les arrêts, sentences, jugements et contraintes doivent être mis à exécution contre l'adjudicataire des Fermes générales, ou ses cautions. 19 janvier 1778. (AN → AD⁺ 1035)

Deux arrêts du Conseil d'État du roi. 26 août 1777 et 20 janvier 1778. (AN → AD⁺ 1035). Voir notice n° 1298.

1429. Arrêt du Conseil d'État du roi, interprétatif de celui du 8 août 1777, concernant le droit de fouille et recherche du salpêtre ; et qui permet aux communautés de se rédimer de cette servitude par l'établissement des nitrières artificielles, etc. 24 janvier 1778. (AN → AD⁺ 1035)

1430. Lettres patentes en forme de règlement, concernant l'administration de la Chambre aux deniers, la police, les fonctions et le service des officiers et la bouche et du commun et monseigneur le comte d'Artois. 24 janvier 1778. (AN → AD⁺ 1035)

1431. Marché pour l'hôpital militaire de la Basse-Terre, île de la Guadeloupe. Pour six années, à compter du 1er janvier 1778. 26 janvier 1778. (AN → MM 1224)

1432. Arrêt du Conseil d'État du roi, concernant la maison de la communauté des marchands de Tours. 30 janvier 1778. (AN → AD⁺ 1035)

1433. Ordonnance du roi, concernant ses troupes provinciales. 30 janvier 1778. (AN → AD⁺ 1035)

1434. Déclaration du roi, portant établissement d'une communauté de marchands-fabricants et débitants de vinaigre dans la ville d'Orléans. 30 janvier 1778. (AN → AD⁺ 1035)

1435. Déclaration du roi, qui ordonne l'établissement de communautés de teinturiers dans différentes villes du ressort du parlement de Paris. 30 janvier 1778. (AN → AD⁺ 1035)

1436. Déclaration du roi, portant création, dans la ville de Versailles, d'une communauté de peintres, doreurs, vernisseurs, sculpteurs et marbriers, à l'instar des autres communautés établies par l'édit d'avril 1777. 30 janvier 1778. (AN → AD⁺ 1035)

1437. Déclaration du roi, qui étend aux communautés d'arts et métiers du ressort du parlement de Paris, créées par l'édit d'avril 1777, les dispositions de la déclaration rendue le 18 août suivant, concernant les veuves de maîtres dans les corps et communautés d'arts et métiers de la ville de Paris. 30 janvier 1778. (AN → AD⁺ 1035)

1438. Déclaration du roi, portant établissement d'une communauté de passementiers en la ville de Tours. 30 janvier 1778. (AN → AD⁺ 1035)

1439. Édit du roi, portant création d'un office de commissaire des guerres, près et à la suite de la compagnie des cadets-gentilshommes de l'Hôtel de l'École royale militaire. Février 1778. (AN → AD⁺ 1035)

1440. Édit du roi, concernant les communautés d'arts et métiers dans la ville de Rouen. Février 1778. (AN → AD[+] 1035)

1441. Lettres patentes du roi, confirmatives d'un mandement de l'archevêque de Paris, portant suppression de plusieurs fêtes dans son diocèse. Février 1778. (AN → AD[+] 1035)

1442. Fermes générales. Liste ordinaire du huitième tirage de la Loterie de remboursement des reconnaissances en échange des billets des Fermes générales, remboursables, conformément à l'arrêt du Conseil du 13 novembre 1770, par ordre de sortie de la roue, de mois en mois par douzième, à compter du 10 mars 1778, à raison de trois cent mille livres par mois. 3 février 1778. (AN → AD[+] 1035)

1443. Lettres patentes du roi, qui ordonnent que la ville de Sens sera ajoutée à l'état des villes du ressort du parlement de Paris, où il y a des jurandes. 6 février 1778. (AN → AD[+] 1035)

1444. Lettres patentes du roi, qui ordonnent que la ville de Chauny sera ajoutée à l'état des villes du ressort du parlement de Paris, où il a été établi des jurandes par l'édit du mois d'avril dernier 1777. 6 février 1778. (AN → AD[+] 1035)

1445. Traité d'amitié et de commerce conclu entre le roi et les États-Unis de l'Amérique septentrionale. 6 février 1778. (AN → AD[+] 1035)

1446. Arrêt du Conseil d'État du roi, qui, sans s'arrêter à la modification insérée en l'arrêt de la Cour des comptes, aides et finances de Normandie, du 13 novembre 1777, ordonne que les dispositions du tarif joint aux lettres patentes du 2 août 1777, seront exécutées selon leur forme et teneur : veut en conséquence Sa Majesté que les droits énoncés audit tarif, soient levés et perçus dans tous les faubourgs et dépendances des villes, bourgs et lieux y dénommés, sous les peines y portées. 7 février 1778. (AN → AD[+] 1035)

1447. Arrêt du Conseil de monseigneur le comte d'Artois, qui fixe la finance des charges de sa Chambre aux deniers, de sa bouche, des offices et du commun, ainsi que les droits de mutation et de survivance. 8 février 1778. (AN → AD[+] 1035)

1448. Arrêt du Conseil de monseigneur le comte d'Artois, portant règlement sur l'administration intérieure de sa Chambre aux deniers, bouche et commun. 8 février 1778. (AN → AD[+] 1035)

1449. Arrêt du Conseil de monseigneur le comte d'Artois, qui ordonne que le règlement du 12 avril 1777, et notamment les articles 15 et 16 seront exécutés, et observés, tant, par les premiers officiers de sa Maison, que, par ceux de la Maison de madame la comtesse d'Artois.
Déclare nulles, toutes les gratifications, augmentations de traitement et de logement, pensions, et gages des surnuméraires, qui se trouveront portés dans les états, ou rôles des dépenses extraordinaires desdites Maisons, nonobstant, les bons pris par les premiers ordonnateurs, à moins qu'ils n'aient été accordés par monseigneur, sur le rapport du surintendant de ses finances.
Fait défenses aux trésoriers-généraux des deux Maisons de payer, ni acquitter aucun des états, ou rôles quelconques, qui excéderont les fonds assignés pour chaque partie, avant qu'ils n'aient été approuvés, ou reformés en son Conseil.

Comme aussi, de passer les gratifications qui se trouveront comprises dans les arrêtés des cayers des revenants-bons, si, elles n'ont été autorisées par un bon de monseigneur, sur le même rapport ; le tout, à peine de radiation des sommes qu'ils porteront pour ces objets, dans leurs comptes. 8 février 1778. (AN → U* 1259)

1450. Règlement sur la bougie et le bois. (Comte d'Artois). 8 février 1778. (AN → AD⁺ 1035)

1451. Règlement qui fixe à tant par jour, la nourriture des officiers qui ont droit de manger aux tables du commun, lorsqu'elles sont rompues. (Comte d'Artois). 8 février 1778. (AN → AD⁺ 1035)

1452. Arrêt du Conseil d'État du roi, qui donne acte au régisseur général des offres par lui faites de payer aux officiers de l'élection d'Orléans, conformément à l'arrêt du Conseil du 15 août 1769, trois livres par vacation de trois heures, et de payer en conséquence les 54 vacations dues auxdits officiers ; ordonne l'exécution dudit arrêt du 15 août 1769, et condamne les officiers de ladite élection en tous les dépens et au coût de l'arrêt. 10 février 1778. (AN → AD⁺ 1035)

1453. Arrêts du Conseil d'État du roi. Le premier, ordonne que les règlements, concernant la marque et perception des droits sur les cuirs et notamment les articles VIII et X de l'édit du mois d'août 1759, l'article V des lettres patentes du 24 septembre suivant, et l'article 18 des lettres patentes du 29 mai 1766, seront exécutés selon leur forme et teneur ; en conséquence casse et annule un arrêt du parlement de Dijon du 26 mai 1777, évoque l'appel interjeté par le régisseur, d'une sentence de l'élection de Bourg-en-Bresse du 16 décembre 1776 ; et y faisant droit sans s'arrêter à ladite sentence, qui est regardée comme non avenue, déclare bonne et valable la saisie faite, sur Pierre Gagnière, cordonnier à Montluel, de plusieurs morceaux de cuirs trouvés chez lui sans être revêtus des marques de la régie, en prononce la confiscation et condamne Gagnière en l'amende de 50 livres et en tous les dépens.
Le second déboute Gagnière de son opposition à l'arrêt ci-dessus, ordonne qu'il sera exécuté selon sa forme et teneur et le condamne aux dépens. 10 février 1778 et 22 juin 1779. (AN → AD⁺ 1035)

1454. Liste générale de la Loterie de remboursement des reconnaissances données en échange des rescriptions et assignations, en exécution de l'arrêt du Conseil du 2 décembre 1770. Huitième tirage. Fait en présence de M. le lieutenant général de police, en l'une des salles de l'hôtel de Mesme. 11 février 1778. (AN → AD⁺ 1035)

1455. Arrêt du Conseil d'État du roi, qui autorise les grands maîtres des Eaux et Forêts, à commettre des sujets pour remplir les fonctions de gardes généraux des maîtrises de leurs Départements. 12 février 1778. (AN → AD⁺ 1035)

1456. Arrêt du Conseil d'État du roi, qui admet au simple droit les maréchaux et charrons de la ville d'Orléans et les bouchers de Troyes. 14 février 1778. (AN → AD/XI/11/dossier B)

1457. Déclaration du roi, portant défenses aux nouveaux-convertis, d'aliéner leurs biens sans permission. 14 février 1778. (AN → AD⁺ 1035)

1458. Arrêt du Conseil d'État du roi, qui, en ordonnant l'exécution d'une ordonnance de M. l'intendant de Rouen, du 24 avril 1774, condamne Jacques Lejeune à payer le droit de franc-fief d'un moulin et des héritages à lui donnés à bail emphytéotique, qu'il prétendait ne tenir qu'en roture, à la faveur des charges et conditions imposées par ledit bail. 17 février 1778. (AN → AD$^+$ 1035)

1459. Arrêt du Conseil d'État du roi, qui accorde un nouveau et dernier délai aux maîtres et maîtresses des anciens corps et communautés, pour payer les droits de confirmation, de réunion et d'admission. 18 février 1778. (AN → AD$^+$ 1035)

1460. Lettres patentes du roi, qui indiquent les quatre-vingt seize offices subsistant de conseillers au parlement de Bretagne, et fixent les quatre offices de conseillers au même parlement, supprimés par l'édit de rétablissement. 18 février 1778. (AN → AD$^+$ 1035)

1461. Lettres patentes du roi, portant fixation des droits de contrôle des actes ecclésiastiques dans les duchés de Lorraine et de Bar. 18 février 1778. (BN → F 23629 [574])

1462. Ordonnance du roi, portant défenses aux capitaines de navires de laisser débarquer aucun Noir, mulâtre ou autres gens de couleur, avant d'avoir fait leur rapport à l'Amirauté. 23 février 1778. (AN → AD$^+$ 1035)

1463. Arrêt du Conseil d'État du roi, concernant le droit exclusif des trésoriers de France, de donner les alignements et permissions sur les routes pavées et entretenues aux frais du roi. 26 février 1778. (AN → AD$^+$ 1035)

1464. Arrêt du Conseil d'État du roi, contenant règlement pour l'Académie royale de musique. 27 février 1778. (AN → AD$^+$ 1035)

1465. Arrêt du Conseil d'État du roi, qui fixe la tenue du chapitre provincial des Carmes-Déchaussés de Provence, au 15 juin prochain, dans le couvent de Montpellier. 27 février 1778. (AN → AD$^+$ 1035)

1466. Arrêt du Conseil d'État du roi, concernant l'assemblée prochaine du chapitre général de la congrégation de Saint-Maur. 27 février 1778. (AN → AD$^+$ 1035)

1467. Édit du roi, portant suppression des juridictions des traites et du grenier à sel de la ville de Mâcon, et réunion à l'élection de la même ville. Mars 1778. (AN → AD$^+$ 1035)

1468. Édit du roi, portant suppression et nouvelle création de la compagnie du prévôt de l'Hôtel et grand-prévôt de France. Mars 1778. (AN → AD$^+$ 1035)

1469. Règlement concernant les troupes provinciales. 1er mars 1778. (AN → AD$^+$ 1035)

1470. Compagnie des Indes. Huitième tirage du remboursement des actions de la Compagnie des Indes. 5 mars 1778. (AN → AD$^+$ 1035)

1471. Arrêt du Conseil d'État du roi, qui ordonne l'expédition d'un nouveau brevet de retenue en faveur du prince de Tingry, sur sa charge de lieutenant général en Flandre. 6 mars 1778. (AN → AD$^+$ 1035)

1472. Extrait des registres du Conseil d'État du roi. (*Considérations sur la réforme des armes jugée au Conseil de guerre assemblé à l'Hôtel royal des Invalides.* Alexandre Castier de Bellegarde. Jean-Joseph Carrier de Monthieu). 6 mars 1778. (AN → AD+ 1035)

1473. Règlement provisoire, que le roi veut et ordonne être exécuté dans la manufacture de Tulle, concernant le choix des matières premières, l'examen de la fabrication et des pièces travaillées, les devoirs des contrôleurs et réviseurs, l'instruction et la police des ouvriers. 6 mars 1778. (AN → Marine A/1/121)

1474. Lettres patentes du roi, qui valident les payements faits par le trésorier de la Caisse des arrérages, des rentes constituées par les États de Bretagne. 9 mars 1778. (AN → AD+ 1035)

1475. Lettres patentes du roi, qui ordonnent l'enregistrement à la Chambre des comptes de Paris, de celles du 22 avril 1770, portant homologation de la délibération prise par les députés, syndics et directeurs de la Compagnie des Indes, du 7 du même mois d'avril 1770. 9 mars 1778. (AN → AD+ 1035)

1476. Ordonnance du roi, concernant les invalides pensionnés, soldes, demi-soldes et récompenses militaires, retirés dans les provinces. 9 mars 1778. (AN → AD+ 1035)

1477. Ordonnance du roi, concernant la compagnie des gardes de la prévôté de l'Hôtel. 9 mars 1778. (AN → AD+ 1035)

1478. Ordonnance du roi, concernant l'administration des fourrages pour les chevaux de la cavalerie, des dragons et des hussards. 9 mars 1778. (AN → AD+ 1035)

1479. Arrêt du Conseil d'État du roi, qui casse et annule l'ordonnance du sieur bailli de Versailles et l'assignation donnée en conséquence, ainsi que tout ce qui s'en est suivi, comme attentatoire à la compétence et au droit exclusif du prévôt de l'Hôtel ; fait défenses audit sieur bailli de Versailles de connaître des demandes des sieurs Richard, portées en leur requête et assignation des 26 et 27 janvier 1778 ; ordonne que, sur lesdites demandes, le nommé Bard sera tenu de procéder en la prévôté de l'Hôtel, suivant les derniers errements, sous les peines portées par les règlements. 14 mars 1778. (AN → AD+ 1035)

1480. Déclaration du roi, qui fixe le ressort des bailliages de Montreuil-sur-Mer et d'Ardres. 14 mars 1778. (AN → AD+ 1035)

1481. Résultat du Conseil de Monsieur, qui accorde à titre de gratification aux officiers des maîtrises de l'apanage de Monsieur, en sus des sommes qu'ils ont coutume de toucher sous le titre de chauffage, la valeur en argent de la quantité de bois nécessaire pour leur chauffage. 14 mars 1778. (AN → AD+ 1035)

1482. Ordonnance du roi, portant règlement sur la composition, la police et le service de la compagnie du prévôt de l'Hôtel et grand-prévôt de France. 15 mars 1778. (AN → AD+ 1035)

1483. Arrêt du Conseil d'État du roi, qui, sans s'arrêter à une ordonnance de M. l'intendant de Dijon du 3 juin 1775, ordonne que les juges, les procureurs fiscaux, les procureurs postulants et les greffiers des justices seigneuriales de

Louhans, seront tenus de lever au greffe du bailliage royal de Châlons, des expéditions en parchemin de leurs actes de réception et de prestation de serment ; de les faire sceller conformément à l'édit du mois de novembre 1696, et d'en payer les droits de petit-scel, greffes et droits réservés. 17 mars 1778. (AN → AD⁺ 1035)

1484. Déclaration du roi, concernant les privilèges des gens de mer. 21 mars 1778. (AN → AD⁺ 1035)

1485. Marché pour l'hôpital de Rochefort. 1778 à 1787. 22 mars 1778. (AN → MM 1224)

1486. Arrêt du Conseil d'État du roi, qui ordonne que la suppression du droit de leyde de la ville de Brioude, ordonnée par l'arrêt de son Conseil du 13 juillet 1771, sera exécutée. 23 mars 1778. (AN → AD⁺ 1035)

1487. Arrêt du Conseil d'État du roi, qui maintient le sieur comte d'Egmont, en qualité de seigneur de la terre et pairie d'Auxy-le-Château en Artois, dans un droit de mesurage de tous les grains. 23 mars 1778. (AN → AD⁺ 1035)

1488. Arrêt du Conseil d'État du roi, qui maintient le sieur comte de Lannoy, en qualité de seigneur de la terre et pairie d'Auxy-le-Château en Picardie, dans le droit de mesurage de tous les grains vendus dans ladite ville d'Auxy-le-Château, à raison de deux sous par chacun setier. 23 mars 1778. (AN → AD⁺ 1035)

1489. Arrêt du Conseil d'État du roi, qui maintient le sieur comte d'Egmont, seigneur d'Armentières, dans le droit de mesurage des grains, graines et grenailles de toute espèce, vendus en la ville et échevinage dudit lieu d'Armentières. 23 mars 1778. (AN → AD⁺ 1035)

1490. Arrêt du Conseil d'État du roi, qui liquide les finances de deux offices de mesureurs de grains de la ville de Falaise. 23 mars 1778. (AN → AD⁺ 1035)

1491. Extrait des registres du Conseil d'État. (Jean-François Queret de Méry. François Brunet. Philippe-Auguste de Sainte-Foy chevalier d'Arcq). 27 mars 1778. (AN → AD⁺ 1035)

1492. Lettres patentes du roi, interprétatives de celles du mois de mai 1775, données sur le décret d'agrégation des abbayes de Saint-Vaast d'Arras et de Saint-Bertin de Saint-Omer à l'ordre de Cluny, en ce qui concerne les droits et privilèges des habitants de l'Artois, relativement aux lettres de *committimus*. 28 mars 1778. (AN → AD⁺ 1035)

1493. Ordonnance du roi, concernant les prises faites par les vaisseaux, frégates et autres bâtiments de Sa Majesté. 28 mars 1778. (AN → AD⁺ 1035)

1494. Lettre de Sartine. (Signaux de reconnaissance). 28 mars 1778. (AN → Marine A/1/121)

1495. Arrêt du Conseil d'État du roi, portant règlement pour le paiement de la capitation et des vingtièmes, par les habitants des faubourgs de la ville de Paris. 29 mars 1778. (AN → AD⁺ 1035)

1496. Déclaration du roi, portant règlement pour les fripiers-brocanteurs. 29 mars 1778. (AN → AD⁺ 1035)

1497. Édit du roi, concernant la noblesse de Provence. Avril 1778. (AN → AD⁺ 1036)

1498. Édit du roi, portant suppression de la charge d'aide-major français, avec titre d'exempt de la compagnie des Cent-Suisses ; et création de ladite charge avec titre de lieutenant. Avril 1778. (AN → AD/I/17 dossier A pièce 53)

1499. Lettres patentes du roi, pour la perfection et l'alignement des remparts de la ville de Paris. Avril 1778. (AN → AD⁺ 1036)

1500. Brevet d'une pension de 600 livres. (accordée par le roi à Pierre-Jean-Baptiste de l'Espine, commis au Bureau de l'artillerie. 1er avril 1778. (BN → 4 Z Le Senne 1411 [5])

1501. Arrêt du Conseil d'État du roi, et lettres patentes sur icelui, qui confirment les évaluations des château, terres et seigneuries de Clagny et de Glatigny. 2 avril 1778. (AN → AD⁺ 1036)

1502. Arrêt du Conseil d'État du roi, concernant les mariages des Noirs, mulâtres ou autres gens de couleur. 5 avril 1778. (AN → AD⁺ 1036)

1503. Lettres patentes du roi, concernant l'ordre des Célestins. 5 avril 1778. (AN → AD⁺ 1036)

1504. Arrêt du Conseil d'État du roi, concernant la finance à payer par les coiffeurs de femmes, agrégés à la communauté des barbiers-perruquiers-baigneurs-étuvistes de la ville de Paris. 9 avril 1778. (AN → AD⁺ 1036)

1505. Arrêt du Conseil d'État du roi, concernant les loges louées à l'année à l'Opéra. 10 avril 1778. (AN → AD⁺ 1036)

1506. Arrêt du Conseil d'État du roi, concernant les honoraires des auteurs qui travaillent pour l'Académie royale de musique. 10 avril 1778. (AN → AD⁺ 1036)

1507. Déclaration du roi, concernant les arts de peinture et sculpture. 10 avril 1778. (AN → AD⁺ 1318)

1508. Arrêt du Conseil d'État du roi, qui ordonne que l'article X du mois de janvier 1751, portant établissement de son École royale militaire, ensemble ses ordonnances des 17 juillet et 18 octobre 1777, seront exécutés selon leur forme et teneur : et maintient l'Hôtel de l'École royale militaire dans les mêmes franchises, exemptions et immunités que celles accordées à l'Hôtel des Invalides. 11 avril 1778. (AN → AD/VI/10^{A} dos. D pièce 1)

1509. Déclaration du roi, qui règle la comptabilité des trésoriers du marc d'or, relativement aux rentes constituées sur l'ordre du Saint-Esprit. 11 avril 1778. (AN → AD⁺ 1036)

1510. Ordonnance du roi, contenant de nouvelles précautions à prendre pour la sûreté et la police des prisonniers renfermés dans la maison de Bicêtre. 17 avril 1778. (AN → AD⁺ 1036)

1511. Arrêt du Conseil d'État du roi, concernant le payement du dixième annuel, à faire par les particuliers enregistrés sur les livres de la police, pour pouvoir continuer leur commerce et profession. 20 avril 1778. (AN → AD⁺ 1036)

1512. Arrêt du Conseil d'État du roi, concernant les voitures établies par la Ferme des messageries, pour desservir les environs de Paris, tant à heures fixes, qu'au gré des voyageurs. 20 avril 1778. (AN → AD^+ 1036)

1513. Lettres patentes du roi, portant ratification de la convention pour l'exemption du droit d'aubaine entre la France et les États du duc de Saxe-Saalfeld-Cobourg. 20 avril 1778. (AN → AD^+ 1036)

1514. Lettres patentes du roi, portant ratification de la convention pour l'exemption du droit d'aubaine, entre la France et les États du duc de Saxe-Gotha et Altembourg. 20 avril 1778. (AN → AD^+ 1036)

1515. Lettres patentes du roi, portant ratification de la convention pour l'abolition du droit d'aubaine, entre la France et les États du duc de Würtemberg. 20 avril 1778. (AN → AD^+ 1036)

1516. Déclaration du roi, portant création d'une communauté de marchands-vinaigriers à Troyes. 20 avril 1778. (AN → AD^+ 1036)

1517. Déclaration du roi, portant règlement sur la forme de procéder en matière de taille. 23 avril 1778. (AN → AD^+ 1036)

1518. Lettres patentes du roi, qui fixent la forme et les délais de la comptabilité du sieur Rouillé de l'Étang, trésorier des deniers provenant des corps et communautés d'arts et métiers. 24 avril 1778. (AN → AD^+ 1036)

1519. Déclaration du roi, concernant les communautés d'orfèvres-lapidaires-joailliers et horlogers, dans les villes du ressort du parlement de Paris, autres que Paris et Lyon, à l'égard desquelles il a été statué par la déclaration du 9 mai 1777. 25 avril 1778. (AN → AD^+ 1036)

1520. Arrêt du Conseil d'État du roi, concernant les vingtièmes. 26 avril 1778. (AN → AD^+ 1036)

1521. Ordonnance du roi, concernant la maréchaussée. 28 avril 1778. (AN → AD^+ 1036)

1522. Instruction pour les revues de la maréchaussée. 28 avril 1778. (AN → MM 1224)

1523. Édit du roi, portant réunion du domaine de Meudon à celui de Versailles. Mai 1778. (AN → AD^+ 1036)

1524. Lettres patentes du roi, en forme d'édit, confirmatives de la bulle d'érection d'un évêché à Nancy. Mai 1778. (AN → AD^+ 1036)

1525. Lettres patentes du roi, portant une nouvelle amnistie de six mois en faveur des Corses sortis de l'île et des auteurs et complices des troubles arrivés dans le Niolo en 1774. Mai 1778. (BN → F 23629 [615])

1526. Lettres patentes du roi, portant confirmation de foires et marchés à Crèvecoeur. Mai 1778. (BN → F 5001 [869])

1527. Arrêt du Conseil d'État du roi, et lettres patentes sur icelui, qui ordonnent qu'il sera fabriqué jusqu'à concurrence de cent mille marcs d'espèces de cuivre en la monnaie de Limoges. 3 mai 1778. (AN → AD^+ 1036)

1528. Arrêt du Conseil d'État du roi, concernant le domaine de Vincennes. 6 mai 1778. (AN → AD⁺ 1036)

1529. Arrêt du Conseil d'État du roi, portant règlement pour l'imposition à la taille des fermiers des droits de mesurage, roulage, pontonage, et autres de même nature, dépendant des Domaines du roi. 6 mai 1778. (AN → AD⁺ 1036)

1530. Ordonnance du roi, pour faire quelques changements dans la répartition des régiments provinciaux ou bataillons de garnison. 7 mai 1778. (AN → AD⁺ 1036)

1531. Arrêt du Conseil d'État du roi, qui, sans s'arrêter à l'ordonnance de M. l'intendant de la généralité de Paris du 24 avril 1777, condamne, conformément à l'article VI de la déclaration du 17 février 1731, le sieur Gallois à payer le droit d'insinuation et les huit sols pour livre résultant du don, par forme de préciput, stipulé dans son contrat de mariage en faveur de la future, si elle survit, et dans le cas même où elle renoncerait à la communauté.
Et ordonne, que pour raison des préciputs ordinaires, stipulés pour n'être pris et prélevés que sur les meubles et effets de la communauté, il ne sera exigé ni perçu aucun droit d'insinuation. 12 mai 1778. (AN → AD⁺ 1036)

1532. Arrêt du Conseil d'État du roi, qui déboute les maire et consuls de la ville de Cahors, de leur opposition à l'arrêt du 9 décembre 1777, concernant les amendes de police, dont l'application ne peut être faite qu'au profit du roi. 12 mai 1778. (AN → AD⁺ 1036)

1533. Lettres patentes du roi, qui augmentent de cinquante livres la pension des vicaires de paroisses. 12 mai 1778. (AN → AD⁺ 1036)

1534. Arrêt du Conseil d'État du roi, qui casse et annule deux décrets, l'un d'ajournement personnel, et l'autre de prise de corps, prononcés par le bailliage de Dôle, contre le sieur Bertrand, contrôleur des actes de la même ville : casse pareillement plusieurs ordonnances, par lesquelles le même siège a commis son greffier pour faire les fonctions de contrôleur des actes : fait défenses aux officiers du bailliage, de donner à l'avenir de semblables ordonnances, ni de s'immiscer directement ou indirectement, dans la régie, recette et perception des droits de contrôle, insinuation, centième denier et autres concernant la Ferme des domaines, circonstances et dépendances, à peine de cassation de procédure et jugements, d'interdiction, de mille livres d'amende pour chacune contravention, et de tous dépens, dommages et intérêts : enjoint au greffier de rétablir les sommes qu'il a reçues pour et au nom de l'adjudicataire : valide, sans tirer à conséquence, et pour cette fois seulement, les actes qui ont été contrôlés, insinués et scellés par cet officier ; à la charge que les droits en seront payés, si fait n'a été, dans un mois pour tout délai ; et que les actes seront portés et inscrits par le contrôleur de Dôle sur les registres à ce destinés.
Décharge le sieur Regnault, de l'effet et des suites du procès-verbal rapporté contre lui, pour avoir fait signifier l'ordonnance y énoncée, sans qu'elle fût scellée préalablement ; à la charge qu'il sera exact à l'avenir à se conformer aux articles IX et X de l'édit du mois de novembre 1696, sous les peines y portées : lui fait défenses, ainsi qu'à toutes autres personnes, de troubler directement ni indirectement les commis et préposés à la perception des droits de Sa Majesté, dans l'exercice de leurs fonctions, de leur méfaire ni médire, à peine de cinq

cents livres d'amende, et même de plus grande peine, s'il y échoit. 13 mai 1778. (AN → AD⁺ 1036)

1535. Arrêt du Conseil d'État du roi, qui évoque la contestation pendante en la justice de Calais entre le sieur Deshayes et le sieur Mareschal, et leur fait défenses de se pourvoir ailleurs que par-devant les commissaires établis par arrêt du 28 avril 1777 pour la liquidation des dettes des communautés. 13 mai 1778. (AN → AD⁺ 1036)

1536. Arrêt du Conseil d'État du roi, concernant les cabaretiers-aubergistes, cafetiers-limonadiers d'Angers, et les traiteurs-rôtisseurs de la même ville. 13 mai 1778. (AN → AD⁺ 1036)

1537. Lettres patentes, portant commission du sieur Voillerault pour continuer l'exercice de M. Dumas. 13 mai 1778. (AN → AD/IX/352)

1538. Ordonnance du roi, concernant le service de la cavalerie de la Garde de Paris. 13 mai 1778. (AN → AD⁺ 1036)

1539. Arrêt du Conseil d'État du roi, qui désigne quels sont les officiers, domestiques et commensaux de la Maison du roi, des Maisons royales, et de celles des princes et princesses du sang, qui seront exempts du droit de franc-fief ; et qui explique à quelles conditions ils jouiront de cette exemption. 15 mai 1778. (AN → AD⁺ 1036)

1540. Extrait des registres du Grand Conseil du roi. (Étienne-Éloi de Caisne. Bailliage de Guise). 15 mai 1778. (AN → AD⁺ 1036)

1541. Lettres patentes du roi, portant ratification de la convention pour l'exemption du droit d'aubaine, entre la France et les États du duc de Mecklenbourg-Strélitz. 16 mai 1778. (AN → AD⁺ 1036)

1542. Lettres patentes du roi, portant ratification de la convention pour l'exemption du droit d'aubaine, entre le roi et le duc de Mecklenbourg-Schwerin. 16 mai 1778. (AN → AD⁺ 1036)

1543. Lettre du roi aux États généraux des Provinces-Unies des Pays-Bas. Écrite au camp de Deinse le 18 mai 1778. (AN → AD⁺ 1036)

Deux arrêts du Conseil d'État du roi. 5 août 1777 et 19 mai 1778. (AN → AD⁺ 1036). Voir notice n° 1271.

1544. Arrêt du Conseil d'État du roi, qui fait défenses au nommé Bossu et à tous autres notaires royaux, de s'établir et passer aucun acte, tant dans les ville et faubourgs de Coulommiers, que dans les bourgs, paroisses, villages et hameaux dépendant des ville, châtellenie et bailliage de Coulommiers, à peine de faux. 19 mai 1778. (AN → AD⁺ 1036)

1545. Lettres patentes du roi, concernant les communautés d'arts et métiers dans la ville de Beauvais. 19 mai 1778. (AN → AD⁺ 1036)

1546. Lettres patentes du roi, qui valident les réceptions faites au bailliage de Vitry-le-François, des notaires, huissiers, arpenteurs et autres officiers de cette qualité, de celui de Sainte-Menehould. 19 mai 1778. (AN → AD⁺ 1036)

1547. Arrêt du Conseil d'État du roi, qui détermine les bois et forêts destinés à l'approvisionnement de la ville de Rouen. 20 mai 1778. (AN → AD⁺ 1036)

1548. Arrêt du Conseil d'État du roi, qui ordonne que dans quinzaine, pour tout délai, tous les maîtres de la nouvelle communauté des menuisiers, ébénistes, tourneurs, layetiers, tonneliers, boisseliers, etc., de la ville de Compiègne, seront assemblés par le lieutenant de police de ladite ville, pour être procédé à l'élection des syndics et adjoints, conformément à l'édit d'avril 1777. 20 mai 1778. (AN → AD⁺ 1036)

1549. Arrêt du Conseil d'État du roi, concernant la maison des communautés des marchands merciers, drapiers et fabricants de Reims. 20 mai 1778. (AN → AD⁺ 1036)

1550. Arrêt du Conseil d'État du roi, qui ordonne l'exécution de l'édit du mois d'août 1777, concernant les présidiaux ; et déclare nulles et de nul effet les lettres en règlement de juges, expédiées en la Grande Chancellerie le 14 janvier dernier. 22 mai 1778. (AN → AD⁺ 1036)

1551. Arrêt du Conseil d'État du roi, concernant les détailleurs d'eau-de-vie et les vendants vins, et autres boissons à pot et assiette, dans les villes où il a été établi des communautés de cabaretiers-aubergistes, cafetiers-limonadiers, par l'édit du mois d'avril 1777, ainsi que dans les autres villes du royaume où il en sera établi par la suite. 23 mai 1778. (AN → AD⁺ 1036)

1552. Lettres patentes du roi, qui ordonnent l'exécution du tarif des frais et droits à percevoir par les procureurs au parlement de Paris. 23 mai 1778. (AN → AD⁺ 1036)

1553. Lettres patentes sur arrêt du Conseil d'État du roi, qui cassent et annulent les arrêtés du parlement de Rouen des 27 juin, 18, 23 et 28 juillet 1777, 19 janvier et 17 mars de la présente année, concernant les vingtièmes. 24 mai 1778. (BN → F 23629 [630])

1554. Déclaration du roi, qui prescrit les formalités nécessaires pour purger les hypothèques dont pourraient être affectés les biens que le roi acquèrerait en Lorraine. 25 mai 1778. (AN → AD⁺ 1036)

1555. Arrêts de Conseil d'État du roi. Le premier, ordonne que la requête du régisseur du droit sur les cuirs sera communiquée aux président et subsituts du procureur général de Sa Majesté au siège des traites de Château-Briant, et au sieur Lorette, greffier dudit siège.
Le second casse et annule un arrêt du parlement de Rennes du 13 février 1778, évoque l'appel interjeté par le régisseur, d'une sentence du juge des traites de Château-Briant du 29 septembre 1775, et y faisant droit, sans s'arrêter à ladite sentence, ordonne que ledit sieur Lorette sera tenu de délivrer au régisseur une expédition de l'acte de dépôt fait en son greffe le 26 février 1774, de l'empreinte des presses et poinçons à l'usage de marquer les cuirs et peaux dans l'étendue de la juridiction des traites de Château-Briant, et que ledit régisseur sera tenu de lui payer, suivant ses offres, la somme de 3 livres pour l'expédition, papier timbré et scel dudit acte, conformément à l'arrêt de règlement du parlement de Rennes du 29 avril 1773 ; ordonne en outre que ledit sieur Lorette sera tenu de rendre et restituer au régisseur la somme de 33 livres, par lui exigée en sus de celle de 3

livres qui lui était seulement due, et condamne, tant ledit sieur Lorette que les officiers du siège des traites de Château-Briant, en tous les dépens. 26 mai 1778 et 20 juillet 1779. (AN → AD+ 1036)

1556. Arrêt du Conseil d'État du roi, qui ordonne que Dominique Compant, chargé de la Régie générale, sera tenu de se servir de papier timbré, pour raison des commandements et de tous autres exploits qu'il fera signifier aux redevables ; ensemble pour les contraintes particulières qu'il décernera contre ses procureurs, receveurs et commis, ou contre leurs cautions. 27 mai 1778. (AN → AD+ 1036)

1557. Arrêt du Conseil d'État du roi, qui ordonne les réparations des routes ci-devant ouvertes tant sur la montagne d'Hautye qu'ès environs. 27 mai 1778. (AN → AD+ 1036)

1558. Arrêt du Conseil d'État du roi, portant défenses aux officiers du bailliage de Choisy-le-Roi, de procéder, par voie de cassation, contre les ordonnances du Bureau des finances de la généralité de Paris, rendues en direction de voirie ; et injonction auxdits officiers d'être plus circonspects à l'avenir, sous les peines portées par les règlements. 28 mai 1778. (AN → AD+ 1036)

1559. Arrêt du Conseil d'État du roi, qui ordonne que les villes de Stenay, Rethel et Mouzon, seront comprises dans l'arrondissement de la Chambre syndicale de Reims. 28 mai 1778. (AN → AD+ 1036)

1560. Arrêt du Conseil d'État du roi, et lettres patentes sur icelui, qui détermine les juges qui connaîtront dans le pays de Provence, en première instance, des contestations concernant le droit sur les cuirs et les droits de marque et de contrôle des ouvrages d'or et d'argent, et qui fixe l'étendue de leurs juridictions. 29 mai 1778. (AN → AD+ 1036)

1561. Déclaration du roi, concernant la comptabilité des receveurs généraux des Domaines et Bois, supprimés par édit du mois d'août 1777. 29 mai 1778. (AN → AD+ 1036)

1562. Édit du roi, portant règlement sur les fonctions judiciaires et de police, qu'exercent les consuls de France en pays étrangers. Juin 1778. (AN → AD+ 1037)

1563. Édit du roi, portant création d'un cinquième office de procureur postulant au bailliage de Bourg-Argental. Juin 1778. (AN → AD+ 1037)

1564. Lettres patentes du roi qui, fondant dans le collège royal de Strasbourg dix places gratuites d'éducation en faveur d'autant de jeunes gentilshommes d'Alsace, attachent au collège de Molsheim les dix bourses établies dans celui de Strasbourg par lettres patentes du 5 juillet 1766. Juin 1778. (BN → F 23741 [386])

1565. Arrêt du Conseil d'État du roi, qui autorise le trésorier général des revenus casuels, à recevoir sur le pied du quart ou du tiers de la fixation faite par édit d'avril 1777, ceux qui sont dans le cas des articles VIII et IX dudit édit, et qui se présenteront pour être admis dans les nouvelles communautés d'orfèvres, lapidaires, joailliers et horlogers du ressort du parlement de Paris. 1er juin 1778. (AN → AD+ 1037)

1566. Arrêt du Conseil d'État du roi, qui permet au séminaire de Caen de faire construire un nouveau bâtiment ; à la charge, lorsqu'il sera achevé, que le premier bail qui en sera passé pour trois, six ou neuf années, ne pourra être fait que par la voie des enchères, et que le droit d'amortissement qui en résultera, sera réglé et payé par les supérieur et prêtres dudit séminaire, sur le pied fixé par les règlements. 2 juin 1778. (AN → AD⁺ 1037)

1567. Arrêt du Conseil d'État du roi, qui ordonne que, sans s'arrêter à un arrêt du parlement de Bordeaux du 19 février 1777, les exécutoires qui seront décernés pour les frais de justice qui sont à la charge du roi, ne pourront être acquittés sans avoir été préalablement visés. 3 juin 1778. (AN → AD⁺ 1037)

1568. Lettres patentes du roi, portant érection du terrain, ci-devant l'ancienne pépinière du Roule-en-Fief, sous la dénomination de fief d'Artois. 3 juin 1778. (AN → AD⁺ 1037)

1569. Arrêt du Conseil d'État du roi, qui ordonne la tenue du chapitre provincial des religieux Cordeliers conventuels de la province de Touraine, au couvent de Tours. 4 juin 1778. (AN → AD⁺ 1037)

1570. Lettres patentes du roi, concernant les droits réservés sur les bois en Normandie. 4 juin 1778. (AN → AD⁺ 1037)

1571. Arrêt du Conseil d'État du roi, qui ordonne que les biens et revenus dépendant de la maison des chanoines réguliers de Sainte-Croix-de-la-Bretonnerie, seront régis et administrés, et les revenus perçus par les sieurs Bollioud de Saint-Julien père et fils, receveurs généraux du clergé, sous l'inspection des sieurs commissaires établis par l'arrêt du 23 mai 1766. 10 juin 1778. (AN → AD⁺ 1037)

1572. Lettres patentes du roi, qui confirment les propriétés et les droits de M. le duc d'Orléans, dans la terre et pairie d'Avesnes. 10 juin 1778. (AN → AD/XVI/14^{A})

1573. Arrêt du Conseil d'État du roi, et lettres patentes sur icelui, portant établissement, dans l'hôtel des monnaies de Paris, d'une chaire de minéralogie et de métallurgie docimastique, et nomination du sieur Sage pour professeur. 11 juin 1778. (AN → AD⁺ 1037)

1574. Arrêt du Conseil d'État du roi, qui supprime le Bureau d'indication établi à Paris, rue neuve Saint-Roch ; ensemble tous autres Bureaux de la même nature, qui pourraient exister actuellement. 12 juin 1778. (AN → AD⁺ 1037)

1575. Extrait des registres du Conseil de Monsieur, qui proroge le délai accordé par résultat du Conseil de monseigneur, du 1er novembre 1777, pour le paiement des droits seigneuriaux dus à cause des baux à rentes rachetables, jusqu'au 31 décembre de la présente année. 13 juin 1778. (AN → AD⁺ 1037)

1576. Arrêt du Conseil d'État du roi, qui ordonne que le chapitre général ordinaire de la congrégation des Augustins réformés, se tiendra au couvent de la place des Victoires à Paris. 14 juin 1778. (AN → AD⁺ 1037)

1577. Arrêt du Conseil d'État du roi, qui adapte aux reconnaissances délivrées au Trésor royal, portant promesse de fournir des billets de l'emprunt remboursable en sept années, ordonné par arrêt du 7 décembre 1777, et qui n'ont point été échangées contre des billets, les numéros des billets non délivrés, qui restent au Trésor royal : et qui fixe au 2 du mois de juillet prochain, le premier tirage général de ladite Loterie. 23 juin 1778. (AN → AD^{+} 1037)

1578. Déclaration du roi, concernant la course sur les ennemis de l'État. 24 juin 1778. (AN → AD^{+} 1037)

1579. Convention entre le roi et l'électeur de Trèves, pour la restitution réciproque des déserteurs. 25 juin 1778. (AN → AD^{+} 1037)

1580. Arrêt du Conseil d'État du roi. (Geneviève-Adélaïde Gras veuve d'André Huet. Pierre Delpon). 26 juin 1778. (AN → AD^{+} 1037)

1581. Arrêt du Conseil d'État du roi, en faveur du sieur Claude-Corentin Tanguy de la Boissière, procureur au siège royal d'amirauté de la ville de Saint-Louis, île et côte de Saint-Domingue. 26 juin 1778. (AN → Marine A/1/122)

1582. Arrêt du Conseil d'État du roi, concernant les bâtiments anglais détenus dans les ports du royaume, en vertu des ordres de Sa Majesté ; et les navires français pris par les corsaires des îles de Jersey et de Guernesey. 28 juin 1778. (AN → AD^{+} 1037)

1583. Lettres patentes du roi, portant que les prêtres qui entreront à l'avenir dans la congrégation de la Doctrine Chrétienne, seront réputés capables de recueillir toutes successions directes ou collatérales. 28 juin 1778. (AN → AD^{+} 1037)

1584. Arrêt du Conseil d'État du roi, qui, sans avoir égard à la prétention de M. de Castagny, lieutenant-colonel à la suite du régiment d'Aunis, d'être exempt de franc-fief, comme ayant été créé chevalier de l'ordre royal et militaire de Saint-Louis, après avoir servi pendant plus de trente ans, dont vingt avec commission de capitaine ; et sans s'arrêter à une ordonnance de M. l'intendant de Bretagne, en ce qu'elle a réduit les droits de franc-fief, dont la demande a été formée à M. de Castagny, pour raison de la terre de Couëtligné dont il est propriétaire, au prorata de sa jouissance, depuis 1762 et 1765, jusqu'au jour de l'enregistrement des lettres de noblesse qu'il a obtenues ; ordonne que ces droits seront par lui payés en entier, avec les huit sous pour livre :
Et qui, à l'égard de la jouissance qu'il a eue de la même terre, conjointement avec son épouse, depuis 1751 jusqu'en 1762, ordonne pareillement qu'il en payera le droit de franc-fief, mais seulement au prorata de cette jouissance, conformément à l'ordonnance de M. l'intendant. 30 juin 1778. (AN → AD^{+} 1037)

1585. Édit du roi, qui rappelle à leurs fonctions et à l'exercice de leurs charges, les officiers de la Cour des monnaies, supprimés par édit du mois de septembre 1771. Juillet 1778. (AN → AD^{+} 1037)

1586. Édit du roi, portant suppression de toutes les commissions de gardes du commerce ci-devant accordées ; et création de douze commissions sous le titre d'officiers-gardes du commerce. Juillet 1778. (AN → AD^{+} 1037)

1587. Édit du roi, qui fixe les peines à infliger pour les vols de bestiaux qui se commettront dans le ressort du parlement de Flandre. Juillet 1778. (AN → AD/XVI/14^{A})

1588. Liste du tirage général des vingt-cinq mille billets, dont était composée la Loterie établie par arrêt du Conseil d'État du roi du 7 décembre 1777, ainsi que des lots, qui leur sont échus ; ledit tirage fait en exécution de cet arrêt, par lequel les billets auxquels il n'est échu que des lots de mille livres, sont réservés à participer aux six tirages de primes, qui se feront en juillet 1779, pour les billets remboursables en décembre 1779 ; en juillet 1780, pour les billets remboursables en 1780, et ainsi de suite jusqu'à la dernière époque de remboursement en 1784. Le tout conformément à l'article V dudit arrêt du Conseil. Juillet 1778. (AN → AD$^+$ 1037)

1589. Arrêt du Conseil d'État du roi, qui assigne le monastère de Marcoussis pour retraite, à ceux des religieux Célestins de son royaume, qui voudront continuer de vivre dans une maison dudit ordre. 4 juillet 1778. (AN → AD$^+$ 1037)

1590. De par le roi. Règlement concernant la contrefaction des papiers peints et tontisses, dans la communauté des maîtres relieurs, papetiers-colleurs en meubles ; homologué par sentence de M. le lieutenant général de police, sur les conclusions de M. le procureur du roi, en date du 11 septembre 1778. 6 juillet 1778. (AN → AD$^+$ 1037)

Arrêts du Conseil d'État du roi. 20 juin 1775 et 7 juillet 1778. (AN → AD$^+$ 1037). Voir notice n° 435.

1591. Lettre du roi à M. l'Amiral, pour faire délivrer des commissions en course. 10 juillet 1778. (AN → AD$^+$ 1037)

1592. À tous ceux qui ces présentes verront ; Anne-Gabriel-Henry Bernard, [...]. (Desfontaines. Biard. Porcher. Huguet. Roger de Bonlieu). 11 juillet 1778. (AN → AD$^+$ 1037)

1593. Arrêt du Conseil d'État du roi, portant établissement d'une administration provinciale dans le Berry. 12 juillet 1778. (AN → AD$^+$ 1037)

1594. Extrait des registres du Conseil de Monsieur, concernant les chasses de son apanage. 13 juillet 1778. (AN → AD$^+$ 1037)

1595. Arrêt du Conseil d'État du roi, qui maintient les prévôt des marchands et échevins de la ville de Paris dans le droit et possession d'exercer sur le canal de Briare, en ce qui concerne les marchandises destinées pour la provision de Paris, le même droit de police et de juridiction qu'ils exercent sur les canaux d'Orléans et de Loing, sur toutes les rivières navigables affluantes à la Seine, et sur la Seine même, tant au-dessus qu'au-dessous de Paris, et de connaître de toutes les contestations qui peuvent survenir, à l'occasion desdites marchandises, à l'exception des trois cas mentionnés aux lettres patentes portant établissement du canal de Briare de 1638 et de 1642. 15 juillet 1778. (AN → AD$^+$ 1037)

1596. Lettre de M. de Sartine aux amirautés des ports de la Méditerranée, sur les cargaisons des bâtiments anglais, qui se trouveront appartenir en tout ou en partie aux sujets du Grand-Seigneur, ou à ceux des États de Barbarie. 15 juillet 1778. (AN → AD/VII/7^B pièce 2)

1597. Lettres patentes pour la prise de possession de Dominique Compant, de la régie des droits y énoncés, pour six années, qui commenceront au premier octobre 1777, et finiront au dernier septembre 1783. 18 juillet 1778. (AN → AD^{+} 1037)

1598. Arrêt du Conseil d'État du roi, portant nomination des commissaires pour tenir le Conseil des prises près l'Amiral de France. 19 juillet 1778. (AN → AD^{+} 1037)

1599. Déclaration du roi, concernant les requêtes civiles mises aux grands rôles de la Cour de Parlement, depuis la Saint-Jean 1776 jusqu'à la Saint-Jean 1778. 19 juillet 1778. (AN → AD^{+} 1037)

1600. Règlement pour l'établissement du Conseil des prises, et la forme d'y procéder. 19 juillet 1778. (AN → AD^{+} 1037)

1601. Arrêt du Conseil d'État du roi, qui règle les quantités de bières, de vins et d'eaux-de-vie sur lesquelles les habitants des Moëres jouiront de l'exemption des droits des quatre-membres de Flandres. 24 juillet 1778. (AN → AD^{+} 1037)

1602. Arrêt du Conseil d'État du roi, portant règlement sur les droits et prérogatives, tant de l'office de prévôt de Lille, que de celui de son lieutenant. 24 juillet 1778. (AN → AD/XVI/14^{A})

1603. Ordonnance du roi, portant création d'un régiment de cavalerie allemande, sous le nom de Nassau-Saarbruck. 26 juillet 1778. (AN → AD^{+} 1037)

1604. Déclaration du roi, concernant l'abolition du droit d'aubaine, convenue entre la France et les États-Unis de l'Amérique septentrionale. 26 juillet 1778. (AN → AD^{+} 1037)

1605. Règlement concernant la navigation des bâtiments neutres, en temps de guerre. 26 juillet 1778. (AN → AD^{+} 1037)

1606. Arrêt du Conseil d'État du roi, portant règlement sur les privilèges en Librairie, et les contrefaçons. 30 juillet 1778. (AN → AD^{+} 1037)

1607. Arrêt du Conseil d'État du roi, et lettres patentes sur icelui, qui ordonnent une fabrication de trois cent mille marcs d'espèces de cuivre en la monnaie de Pau. 31 juillet 1778. (AN → AD^{+} 1037)

1608. Arrêt du Conseil d'État du roi, qui règle la compétence pour l'amodiation des communaux de la généralité de Bourgogne. 31 juillet 1778. (AN → AD^{+} 1037)

1609. Lettres patentes du roi, portant établissement d'une Société royale de médecine. Août 1778. (AN → AD^{+} 1038)

1610. Arrêt du Conseil d'État du roi, qui ordonne que le sieur Allemand, libraire à Marseille, sera interdit de ses fonctions. 1er août 1778. (AN → AD^{+} 1038)

1611. Lettres patentes du roi, qui ordonnent l'enregistrement de l'un des articles du traité de commerce et d'amitié, conclu entre le roi et les États-Unis de l'Amérique septentrionale. 1er août 1778. (AN → AD/XVI/14^{A})

1612. De par le roi. Règlement concernant la contrefaction des papiers peints et tontisses, dans la communauté des maîtres peintres, sculpteurs, doreurs et marbriers, homologué par sentence de M. le lieutenant de police... en date du 11 septembre 1778. 4 août 1778. (BN → F 211198 [56])

1613. Arrêt du Conseil d'État du roi, qui ordonne la réunion d'un office de conseiller au présidial de Bailleul, au corps des conseillers de ce siège. 5 août 1778. (AN → AD/XVI/14^{A})

1614. Règlement général de justice et police du bailliage et duché-pairie de Brunoy. 5 août 1778. (AN → AD^{+} 1038)

1615. Arrêt du Conseil d'État du roi, qui ordonne que les gendarmes et les mousquetaires qui ont obtenu, avant et depuis leur suppression, des lettres de vétérance, jouiront, et leurs veuves pendant leur viduité, de l'exemption du droit de franc-fief. 7 août 1778. (AN → AD^{+} 1038)

1616. Lettres patentes du roi, qui autorisent le Mont-de-Piété à faire un emprunt sur l'hypothèque des revenus et droits de l'hôpital général. 7 août 1778. (AN → AD^{+} 1038)

1617. Extrait des registres du Conseil d'État. (Louis Deschamps. Eaux-de-vie. Laurent David. Châlons). 11 août 1778. (AN → AD^{+} 1038)

1618. Deux arrêts du Conseil d'État du roi. Le premier, avant faire droit, ordonne la communication de la requête de Laurent David, adjudicataire des Fermes générales, à Pierre Moreau et autres, pour y fournir de réponse dans le délai du règlement ; et par provision, ordonne que ledit Moreau et tous autres fabricants d'huile en la ville de Cormery, seront tenus, conformément à l'article II de la déclaration du 21 mars 1716, et sous les peines y portées, de faire leurs déclarations, de quinzaine en quinzaine, des huiles qu'ils auront fabriquées pendant ledit temps, avec soumission d'en payer les droits, soit avant l'enlèvement ou après la consommation sur le lieu.
Le second, contradictoire, faisant droit sur le renvoi ordonné par la sentence des élus de Loches du 27 août 1777, sans avoir égard aux demandes de Pierre Moreau, Quentin Moreau, Pierre Becquet et consorts, dont ils sont déboutés, déclare bonne et valable la saisie faite sur ledit Pierre Moreau, par procès-verbal du 29 décembre 1776, de la valeur de deux cents pintes d'huile ; confisque ladite valeur au profit de l'adjudicataire des Fermes ; condamne ledit Moreau, même par corps, à la lui payer ; ensemble en l'amende de trois cents livres, modérée par grâce, et sans tirer à conséquence, à la somme de six livres ; déboute Quentin Moreau et les autres intervenants, de leur intervention et demande ; et les condamne, chacun en droit soi, aux dépens faits en l'élection, et au coût de l'arrêt, qui sera enregistré sans frais au greffe de l'élection de Loches, imprimé et affiché partout où besoin sera. 11 août 1778 et 9 mars 1779. (AN → AD^{+} 1038)

1619. Arrêt du Conseil d'État du roi, portant établissement d'un bac sur la rivière d'Armançon, en faveur de M. le comte d'Ailly. 15 août 1778. (AN → AD^{+} 1038)

1620. Lettres patentes du roi, qui ordonnent l'enregistrement de celles du 20 avril dernier, portant ratification d'une convention conclue entre le roi et le duc de Würtemberg, pour l'abolition réciproque du droit d'aubaine dans leurs États. 15 août 1778. (AN → AD/XVI/14^{A})

1621. Lettres patentes du roi, qui ordonnent l'enregistrement de celles du 20 avril dernier, portant ratification d'une convention conclue entre le roi et le duc de Saxe-Saalfeld-Cobourg, pour l'abolition réciproque du droit d'aubaine dans leurs États. 15 août 1778. (AN → AD/XVI/14^{A})

1622. Lettres patentes du roi, qui ordonnent l'enregistrement de celles du 16 mai dernier, portant ratification d'une convention conclue entre le roi et le duc de Saxe-Gotha, pour l'abolition réciproque du droit d'aubaine dans leurs États. 15 août 1778. (AN → AD/XVI/14^{A})

1623. Lettres patentes du roi, qui ordonnent l'enregistrement de celles du 16 mai dernier, portant ratification d'une convention conclue entre le roi et le duc de Mecklenbourg-Strélitz, pour l'abolition réciproque du droit d'aubaine dans leurs États. 15 août 1778. (AN → AD/XVI/14^{A})

1624. Lettres patentes du roi, qui ordonnent l'enregistrement de celles du 16 mai dernier, portant ratification d'une convention conclue entre le roi et le duc de Mecklenbourg-Schwerin, pour l'abolition réciproque du droit d'aubaine dans leurs États. 15 août 1778. (AN → AD/XVI/14^{A})

1625. Arrêt du Conseil d'État du roi, concernant la Chambre du commerce de Dunkerque. 16 août 1778. (AN → AD^{+} 1038)

1626. Arrêt du Conseil d'État du roi, qui casse l'arrêt du parlement de Bretagne du 22 août 1768, concernant les soumissions. 18 août 1778. (AN → AD^{+} 1038)

1627. Arrêt du Conseil d'État du roi, qui ordonne que les syndics et adjoints des communautés de la ville de Loudun, seront nommés, pour la première fois, parmi les maîtres et les agrégés indistinctement. 24 août 1778. (AN → AD^{+} 1038)

1628. Déclaration du roi, qui ordonne que celle du premier septembre 1775, concernant les audiences des seconde et troisième Chambres de la Cour des aides de Paris, sera exécutée jusqu'aux vacances de l'année 1779. 25 août 1778. (AN → AD^{+} 1038)

1629. Arrêt du Conseil d'État du roi, portant règlement pour les marchandises provenant des prises faites en mer sur les ennemis de l'État. 27 août 1778. (AN → AD^{+} 1038)

1630. Lettres patentes du roi, portant ratification de la convention passée entre Sa Majesté et le duc de Saxe-Hildbourghausen, pour l'abolition réciproque du droit d'aubaine. 28 août 1778. (AN → AD^{+} 1038)

1631. Lettre de M. de Sartine, aux amirautés, relativement à l'envoi des lettres qui peuvent se trouver à bord des prises. 28 août 1778. (AN → A/1/122)

1632. Arrêt du Conseil d'État du roi, pour la prise de possession du bail de la Ferme générale et régie des biens des religionnaires fugitifs et réfractaires aux ordres du roi, sous le nom de Claude Jacob, avocat en Parlement, pendant neuf années, à commencer du premier janvier 1779. 29 août 1778. (AN → AD^{+} 1038)

1633. Arrêt du Conseil d'État du roi, portant homologation des délibérations prises par les marchands de vin, aubergistes et autres habitants de la Haute Courtille, rue Saint-Maur, Haute Borne, et dépendances, les 12 et 13 janvier 1777, et 28 mars dernier, relativement à l'établissement de la garde et construction d'un corps-de-garde dans ladite rue Saint-Maur. 29 août 1778. (AN → AD^{+} 1038)

1634. Lettres patentes du roi, pour l'abolition du droit d'aubaine entre la France et l'abbaye-principauté de Fulde. 29 août 1778. (AN → AD^{+} 1038)

1635. Déclaration du roi, interprétative de l'édit de juillet 1778, concernant la Cour des monnaies. 29 août 1778. (AN → AD^{+} 1038)

1636. Déclaration du roi, concernant les présidiaux. 29 août 1778. (AN → AD^{+} 1038)

1637. Lettres patentes sur arrêt du Conseil, qui cassent et annulent l'arrêté du parlement de Rouen du vingt-quatre août mil sept cent soixante-dix-huit. (Droits réservés. Bois). 31 août 1778. (AN → AD^{+} 1038)

1638. Lettres patentes sur arrêt du Conseil, qui cassent et annulent les arrêtés du parlement de Rouen des 2 et 3 juin, 15, 16, 17, 22 juillet et 6 août de la présente année et ordonnent que les lettres patentes sur arrêt du Conseil du 24 mai dernier [concernant le vingtième] seront exécutées selon leur forme et teneur. 31 août 1778. (BN → Ms. Joly de Fleury 593, fol. 61)

1639. Édit du roi, portant création d'un neuvième office de notaire au bailliage de la Marche. Septembre 1778. (AN → AD^{+} 1038)

1640. Édit du roi, pour la comptabilité des monnaies. Septembre 1778. (AN → AD^{+} 1038)

1641. Édit du roi concernant les Bureaux de santé de l'île de Corse. Septembre 1778. (AN → Marine A/1/123)

1642. Arrêt du Conseil d'État du roi, et lettres patentes sur icelui, qui rétablissent la ville de Metz dans le droit d'élire ses magistrats, et confirment ses privilèges à cet égard. 1er et 9 septembre 1778. (AN → AD^{+} 1038)

1643. Ordonnance du roi, portant création du corps des Volontaires étrangers de la Marine. 1er septembre 1778. (AN → AD^{+} 1038)

1644. Avis au public, sur l'examen des remèdes pour lesquels on demande des permissions ou brevets. (Exposé, par la Société royale de médecine, de la façon dont elle procèdera pour accorder les permissions pour les médicaments, après l'habilitation accordée par les lettres patentes du 1er septembre 1778). 1778. (BN → Tel^{47} 69)

1645. Lettres patentes du roi, qui ordonnent que les procédures des affaires, qui étaient de la compétence de la Chambre du domaine à Paris, continueront d'être faites et taxées en la juridiction du Bureau des finances et Chambre du domaine et trésor, comme elles le sont aux requêtes de l'Hôtel et du Palais à Paris. 3 septembre 1778. (AN → AD^{+} 1038)

1646. Déclaration du roi, concernant le collège de Maître-Gervais, réuni à celui de Louis-le-Grand. 3 septembre 1778. (AN → AD^{+} 1038)

1647. Déclaration du roi, concernant la police des carrières des environs de Paris. 5 septembre 1778. (AN → AD^{+} 1038)

1648. Lettres patentes du roi, qui cèdent aux grands-baillis des quatre barons-seigneurs-hauts-justiciers de la Flandre wallonne, le droit de plantis sur les chemins royaux dans les châtellenies de Lille, Douai et Orchies. 9 septembre 1778. (AN → AD/XVI/14^{A})

1649. Arrêt du Grand Conseil du roi, qui ordonne qu'un mémoire imprimé et signé du sieur abbé Destrées, abbé commandataire de l'abbaye de Bonlieu, ordre de Cîteaux, filiation de Pontigny, sera supprimé comme calomnieux et attentatoire, tant à la réputation de Me Antoine-Étienne Mille, écuyer et avocat au Parlement, qu'à l'honneur de sa profession ; condamne ledit abbé Destrées en 100 livres de dommages-intérêts applicables, du consentement dudit Me Mille, au pain des prisonniers du Fort-l'Évêque, et ordonne l'impression et affiche dudit arrêt. 12 septembre 1778. (AN → AD^{+} 1038)

1650. Arrêt du Conseil d'État du roi. (Denis Laffecteur. Maladies vénériennes). 12 septembre 1778. (AN → AD^{+} 1038)

1651. Lettres patentes du roi, qui ordonnent qu'à compter du premier octobre 1778, les mesures à grains et des liquides, en usage dans le commerce de Versailles, seront réglées sur celles qui sont employées pour le commerce de Paris. 12 septembre 1778. (AN → AD^{+} 1038)

1652. Arrêt du Conseil d'État du roi, qui supprime un écrit, intitulé : *Mémoire à consulter, et consultation pour le chapitre de Poitiers*, comme imprimé en contravention des règlements, et comme contenant des imputations fausses, injurieuses et contraires au respect dû par ledit chapitre au sieur évêque de Poitiers : ordonne que ledit mémoire et les délibérations y relatives seront rayées et biffées sur les registres, et que le présent arrêt sera transcrit en son entier sur lesdits registres. 13 septembre 1778. (AN → AD^{+} 1038)

1653. Déclaration du roi, interprétative de l'édit du mois d'août 1777, concernant les présidiaux. 16 septembre 1778. (AN → AD/XVI/14^{A})

1654. Arrêt du Conseil d'État du roi, qui règle les limites, le commerce mutuel, et la liberté des communications entre la France et l'État de Liège, et qui accorde au commerce dudit État la jouissance du transit. 17 septembre 1778. (AN → AD^{+} 1038)

1655. Lettres patentes du roi, qui règlent les précautions à prendre à l'avenir, pour la validité des procès-verbaux de ceux des employés de la Ferme générale qui ne savent lire ni écrire. 17 septembre 1778. (AN → AD^{+} 1038)

1656. Ordonnance du roi, pour fixer, à commencer du 1er janvier 1779, la composition du pain de munition, dont la fourniture doit être faite à ses troupes. 18 septembre 1778. (AN → AD^{+} 1038)

1657. Instruction particulière ordonnée par le roi, pour le service et la discipline des brigades détachées de la maréchaussée de l'Île-de-France. 18 septembre 1778. (AN → MM 1224)

1658. Arrêt du Conseil d'État du roi, concernant la police des carrières des environs de Paris. 19 septembre 1778. (AN → AD^{+} 1038)

1659. Arrêt du Conseil d'État du roi, qui liquide l'indemnité dûe à la succession de M. le cardinal de la Roche-Aimond, pour non-jouissance du droit de stellage appartenant à l'archevêché de Reims. 20 septembre 1778. (AN → AD^{+} 1038)

1660. Arrêt du Conseil d'État du roi, qui a maintenu et maintient le sieur Godard d'Aucourt, en qualité de seigneur de la terre de Saint-Just, dans le droit de mesurage, le droit de hallage et étalage, de tous les grains vendus aux deux foires tenues, l'une le lundi de Quasimodo, l'autre le lendemain de la fête de Saint-Luc, évangeliste ; et dans le droit de mesurage seulement de tous les grains vendus au marché tenu le lundi de chaque semaine audit lieu de Saint-Just. 20 septembre 1778. (AN → AD^{+} 1038)

1661. Arrêt du Conseil d'État du roi, qui a maintenu et maintient le sieur d'Aucourt, en qualité de seigneur de Semoine, dans le droit de percevoir les mêmes droits de hallage, étalage, mesurage et minage audit lieu et au même taux, sur les grains vendus à la foire tenue audit lieu de Semoine le 14 septembre de chaque année, et au marché tenu le lundi de chaque semaine, sans que lesdits droits ni aucun autre puissent être perçus, tant au lieu de Plancy qu'audit lieu de Semoine, sur les grains vendus sans fraude dans les maisons et greniers des particuliers ; à la charge, par ledit sieur d'Aucourt, de faire mesurer par ses préposés lesdits grains, tant à Plancy qu'à Semoine, sans abus ni malversation, et de fournir ou faire fournir par ses préposés, toutes les mesures à ce nécessaires, dûment étalonnées. 20 septembre 1778. (AN → AD^{+} 1038)

1662. Arrêt du Conseil d'État du roi, qui, en maintenant le sieur Planelly de Mascrany, marquis de Maubec, en qualité de seigneur engagiste de la terre de Bourgoin, dans le droit de leyde sur tous les grains, graines, grenailles, farines et noyaux, vendus sous les halles au marché tenu dans ce bourg le jeudi de chaque semaine, ainsi qu'aux foires des 17 janvier, 1er mai et 29 septembre de chaque année, fixe la quotité dudit droit ; règle ceux qui en seront exempts, et la manière dont il sera perçu. 20 septembre 1778. (AN → AD^{+} 1038)

1663. Arrêt du Conseil d'État du roi, qui ordonne que les puînés auxquels, suivant les fors et coutumes de Béarn, il sera délivré des immeubles pour les remplir de leurs légitimes, demeureront, relativement aux objets de ce genre, affranchis de tout droit de centième denier ; et que la même exemption aura lieu en faveur des aînés, qui en payant la légitime des puînés en argent, conserveront à ce moyen la propriété de tous les biens-immeubles provenant des successions de leurs pères et mères. 23 septembre 1778. (AN → AD^{+} 1038)

1664. Arrêt du Conseil d'État du roi, concernant les avances à faire par les armateurs, aux équipages des corsaires. 27 septembre 1778. (AN → AD^{+} 1038)

1665. Ordonnance du roi, concernant les formalités qui doivent être observées par les officiers de ses vaisseaux, pour les prises qu'ils feront sur les ennemis de Sa Majesté. 27 septembre 1778. (AN → AD^{+} 1038)

1666. Instruction que le roi veut être observée, par les officiers de ses vaisseaux, pour les prises qu'ils feront sur ses ennemis. 27 septembre 1778. (AN → AD^{+} 1038)

1667. Règlement concernant les prises que des corsaires français conduiront dans les ports des États-Unis de l'Amérique ; et celles que les corsaires américains amèneront dans les ports de France. 27 septembre 1778. (AN → AD$^+$ 1038)

1668. Ratification de la convention entre la France et les États du duc de Saxe-Hildbourghausen, pour l'abolition réciproque du droit d'aubaine. 28 septembre 1778. (AN → AD$^+$ 1038)

1669. Arrêt du Conseil d'État du roi. (Alexandre-Henry Le Dreux). 29 septembre 1778. (AN → AD$^+$ 1038)

1670. Circulaire. Administration générale. (Droits de la Régie. Bail de Hacquin). Octobre 1778. (AN → G/2/17)

1671. Arrêt du Conseil d'État du roi, portant formation d'une nouvelle régie pour le service des Étapes et des Convois militaires. 3 octobre 1778. (AN → AD$^+$ 1039)

1672. Ordonnance du roi, portant augmentation dans le corps de la maréchaussée. 3 octobre 1778. (AN → AD$^+$ 1039)

1673. Lettres patentes du roi servant de règlement pour la communauté des patrons pêcheurs de Marseille. 4 octobre 1778. (AN → Marine A/1/123)

1674. Arrêt du Conseil d'État du roi, qui casse un arrêt de la Cour des aides de Guyenne, du 17 juin 1778, par lequel cette Cour a, entre autres dispositions, fait défenses à toutes personnes, préposés ou autres, de lever ni recevoir aucune imposition nouvelle, qui ne soit autorisée par édits, déclarations, lettres patentes dûment vérifiées et régistrées en ladite Cour. 14 octobre 1778. (AN → AD$^+$ 1039)

1675. Lettres patentes du roi, qui ordonnent la levée et la décharge des impositions et souffrances prononcées par la Chambre, au jugement du compte des Étapes de la généralité de Lyon, de l'année 1768. 14 octobre 1778. (AN → AD$^+$ 1039)

1676. Arrêt du Conseil d'État du roi, portant établissement d'un nouvel ordre pour toutes les Caisses de dépense. 18 octobre 1778. (AN → AD$^+$ 1039)

1677. Arrêt du Conseil d'État du roi, concernant la perception des huit sous pour livre, établis par l'édit de novembre 1771, sur les marchandises et denrées transportées par les coches et diligences d'eau. 19 octobre 1778. (AN → AD$^+$ 1039)

1678. Arrêt du Conseil d'État du roi, qui déboute les Bénédictins de Vendôme de leur demande en restitution du droit d'amortissement, par eux payé pour leur rentrée en possession dans un terrain ci-devant cédé à bail emphythéotique, sous la charge de reconstruire un moulin qui a été bâti, et pour raison duquel ils ont payé à leurs emphythéotes, une somme de quatre mille livres. 20 octobre 1778. (AN → AD$^+$ 1039)

1679. Arrêt du Conseil d'État du roi, qui ordonne, qu'entre autres choses, l'anéantissement de la concession à titre d'inféodation, faite par autre arrêt du 26 avril 1774, aux sieurs Deluynes, Morin et Vallin, de plusieurs forêts dépendantes de la maîtrise de Nantes, ainsi que des landes de la Tripaudière, Frémiou, Fromaget, du Gauchou et de la Grande-Bauche, s'étendant ès paroisses du Pont-Saint-Martin, Rezé et Bouguenais ; en conséquence, que lesdites landes seront afféagées pour tout ce qui peut en appartenir au roi, à l'effet de quoi les prétendants droits à icelles, seront tenus, dans le délai de six mois, du jour de la publication et affiche d'icelui, de représenter leurs titres au Conseil ; ordonne encore qu'il sera procédé à l'afféagement de deux cents arpents de terre dépendants de la Forêt-Basse. 20 octobre 1778. (AN → AD⁺ 1039)

1680. Lettres patentes du roi, et arrêt de la Cour des aides, qui enjoignent aux créanciers du sieur Élie Forien, receveur des tailles et autres impositions de la ville de Poitiers, ses participes et associés, de ne se pourvoir qu'en ladite Cour des aides dans les contestations nées et à naître entre eux, tant en demandant qu'en défendant. 21 octobre 1778. (AN → AD⁺ 1039)

1681. Ordonnance du roi, pour donner au régiment d'infanterie de Nivernais, le nom du Maréchal-de-Turenne. 22 octobre 1778. (AN → AD⁺ 1039)

1682. Lettres patentes du roi, sur le bref du pape, pour les Frères-Mineurs-Récollets. 24 octobre 1778. (AN → AD/XVI/14ᴬ)

1683. Arrêt du Conseil d'État du roi, qui déclare nulle et attentatoire à l'autorité de Sa Majesté et de son Conseil, une sentence du prévôt de Saint-Port, avec défenses d'en rendre à l'avenir de semblables ; et ordonne que l'arrêt du Conseil du 1er septembre 1777, et l'ordonnance du Bureau des finances du 28 août 1778, seront exécutés selon leur forme et teneur. (Geoffroi de Limon. Boissise-la-Bertrand). 28 octobre 1778. (AN → AD⁺ 1039)

1684. Édit du roi, portant suppression de divers offices de trésoriers et contrôleurs ; et création d'une charge de trésorier-payeur-général des dépenses du département de la Guerre ; et d'une charge de trésorier-payeur-général des dépenses du département de la Marine. Novembre 1778. (AN → AD⁺ 1039)

1685. Édit du roi, portant création de quatre millions de rentes viagères. Novembre 1778. (AN → AD⁺ 1039)

1686. Édit du roi, par lequel Sa Majesté fait distraction des duchés d'Auvergne et de Mercoeur, de l'apanage de M. le comte d'Artois, et donne à ce prince, en remplacement et en supplément d'apanage, le comté de Poitou. Novembre 1778. (AN → AD⁺ 1039)

1687. Édit du roi, portant création d'offices de procureur du roi, de greffier et d'huissier en la monnaie de Pau. Novembre 1778. (AN → AD⁺ 1039)

1688. Lettres patentes du roi, portant confirmation de privilèges en faveur de l'abbaye de Saint-Bertin en la ville de Saint-Omer. Novembre 1778. (AN → AD/XVI/14ᴬ)

1689. Arrêt du Conseil d'État du roi, portant établissement d'une Chambre syndicale de librairie à Nîmes. 7 novembre 1778. (AN → AD⁺ 1039)

1690. Arrêt du Conseil d'État du roi, qui accorde aux créanciers et prétendants droits sur la succession du sieur Dupleix, un dernier délai de trois mois pour la production de leurs titres. 7 novembre 1778. (AN → AD⁺ 1039)

1691. Lettres patentes du roi, portant ratification d'une convention pour l'abolition du droit d'aubaine, entre la France et les États de la reine de Portugal et des Algarves. 8 novembre 1778. (AN → AD⁺ 1039)

1692. Lettres patentes du roi, portant établissement d'un nouvel ordre pour le payement des pensions. 8 novembre 1778. Et déclaration du roi, concernant les pensions (7 janvier 1779). (AN → AD⁺ 1039)

1693. Instruction sur les formalités à remplir par les pensionnaires, en exécution des lettres patentes du 8 novembre 1778, de la déclaration du roi du 7 janvier 1779, et celle du 8 août de ladite année 1779, pour recevoir les pensions et autres grâces dont ils jouissent. (AN → AD⁺ 1039)

1694. Ratification de la convention entre la France et les États du duc de Brunswick et Lunebourg, pour l'abolition réciproque du droit d'aubaine. 8 novembre 1778. (AN → AD⁺ 1039)

1695. Arrêt du Conseil d'État du roi, et lettres patentes sur icelui, concernant le payement des gages et pensions des officiers de la Cour des monnaies. 12 novembre 1778. (AN → AD⁺ 1039)

1696. Arrêt du Conseil d'État du roi, qui ordonne qu'à l'avenir tous les marbres travaillés qui entreront dans l'étendue du tarif de 1671, acquitteront le droit de trois livres par cent pesant. 13 novembre 1778. (AN → AD⁺ 1039)

1697. Arrêt du Conseil d'État du roi, qui permet l'entrée des sels étrangers, de Gemme, d'Epsum et de Glauber dans le royaume, par tous les Bureaux de la Ferme, ouverts au commerce de la droguerie : et impose un droit uniforme de trente livres par quintal. 13 novembre 1778. (AN → AD⁺ 1039)

1698. Arrêt du Conseil d'État du roi, qui fait défenses à toutes personnes, autres que les notaires, greffiers, huissiers ou sergents royaux, de faire les prisées, expositions et ventes de biens-meubles. 13 novembre 1778. (AN → AD⁺ 1039)

1699. Arrêt du Conseil d'État du roi, qui ordonne que les édits, lettres patentes et arrêts concernant la vente à l'encan des biens-meubles, seront exécutés selon leur forme et teneur ; en conséquence, fait défenses à toutes personnes, autres que les notaires, greffiers, huissiers ou sergents royaux, d'y procéder, à peine de confiscation des meubles, et de mille livres d'amende. 13 novembre 1778. (AN → AD⁺ 1319)

1700. Ordonnance du roi, concernant les recrues qui se font à Paris. 15 novembre 1778. (AN → AD⁺ 1039)

1701. Arrêt du Conseil d'État du roi, qui reçoit Jean-Baptiste Bossuat et Dominique Compant, parties intervenantes, dans l'instance élevée à Saint-Germain-en-Laye, entre le sieur Hesse, abonnataire des droits de mesureurs de grains, et plusieurs fariniers de ladite ville : en conséquence déboute lesdits fariniers de leur demande, ordonne l'exécution de l'édit de janvier 1697 et de l'arrêt du 16 avril suivant ; fait défenses auxdits fariniers de vendre, lever et lotir dans les maisons, bateaux ou autres lieux, aucuns grains, farines et denrées sujets au mesurage, sans y avoir appelé l'abonnataire et payé les droits, conformément audit édit, à peine de confiscation et de 500 livres pour chaque contravention ; déclare bonnes et valables les saisies faites sur plusieurs fariniers de ladite ville, les condamne chacun en 500 livres d'amende et en tous les dépens. Permet en outre audit abonnataire de faire imprimer ledit arrêt aux frais des fariniers jusqu'à concurrence de 200 exemplaires. 17 novembre 1778. (AN → AD^{+} 1039)

1702. Arrêt du Conseil d'État du roi, qui permet le transit par les ports de Bordeaux, La Rochelle, Nantes, Saint-Malo et Le Havre, tant pour la sortie des ouvrages provenant des manufactures de la Flandre française, pays conquis et cédés, que pour l'entrée des matières premières servant à leur aliment. 18 novembre 1778. (AN → AD^{+} 1039)

1703. Règlement pour le service des brigades des chasses de la maréchaussée de l'Île-de-France, réunies dans la grande avenue de Paris à Versailles. 20 novembre 1778. (AN → MM 1224)

1704. Arrêt du Conseil d'État du roi, concernant l'éducation et l'enseignement des sourds et muets. 21 novembre 1778. (AN → AD^{+} 1039)

1705. Lettres patentes du roi, portant règlement concernant les charpentiers, calfats et perceurs de navires du Havre-de-Grâce. 21 novembre 1778. (AN → Marine A/1/123)

1706. Arrêt du Conseil d'État du roi, qui ordonne que le sieur Bedeau de Beauregard, fermier général des revenus de l'abbaye du Lorroux, diocèse d'Angers, sera tenu de payer entre les mains des économes-généraux du clergé, en leur qualité de sequestre, le prix de son bail général des revenus de ladite abbaye du Lorroux, de la présente année 1778. 22 novembre 1778. (AN → AD/XVII/17^{A})

1707. Lettres patentes du roi, qui ordonnent l'enregistrement de celles du 28 septembre dernier, portant ratification d'une convention conclue entre le roi et le duc de Saxe-Hildbourghausen, pour l'abolition réciproque du droit d'aubaine dans leurs États. 22 novembre 1778. (AN → AD/XVI/14^{A})

1708. Ordonnance du roi, portant création d'une place de colonel général des hussards. 22 novembre 1778. (AN → AD^{+} 1039)

1709. De par le roi. Tarif des droits de péages par eau sur le Rhône et l'Isère, dépendant de la seigneurie de Châteaubourg, dûs en exécution de l'arrêt du Conseil d'État de Sa Majesté, du 22 novembre 1778. (AN → AD^{+} 1039)

1710. Arrêt du Conseil d'État du roi, et lettres patentes sur icelui, qui règlent l'époque à laquelle commenceront à courir les gages des officiers rétablis à la Cour des monnaies. 24 novembre 1778. (AN → AD^{+} 1039)

1711. Lettres patentes du roi, qui suspendent dans le ressort du parlement de Provence l'exécution de l'édit du mois de juin 1771, concernant les hypothèques. 24 novembre 1778. (AN → AD^{+} 1039)

1712. Arrêt du Conseil d'État du roi, qui ordonne que le droit sur les cartes, et les huit sous pour livre en sus, seront perçus et régis pour le compte du roi, par Dominique Compant, régisseur général, à compter du 1er janvier 1779. 26 novembre 1778. (AN → AD^{+} 1039)

1713. Arrêt du Conseil d'État du roi, qui fixe à quinze millions de livres l'indemnité accordée à l'École royale militaire, pour raison de la privation du droit sur les cartes. 26 novembre 1778. (AN → AD/VI/10^{A} dossier D)

1714. Lettres patentes du roi, qui accordent à M. le comte d'Artois, la nomination aux bénéfices consistoriaux, situés dans l'étendue du diocèse de Poitiers, faisant partie de son apanage. 26 novembre 1778. (AN → AD^{+} 1039)

1715. Ordonnance du roi, pour régler les quantités de sel et de tabac de cantine, qui doivent être fournies aux troupes. 26 novembre 1778. (AN → AD^{+} 1039)

1716. Déclaration du roi, concernant la comptabilité des receveurs des impositions de la ville de Paris. 30 novembre 1778. (AN → AD^{+} 1039)

1717. Lettres patentes du roi, en forme d'édit, par lesquelles Sa Majesté donne à Monsieur, le Palais du Luxembourg, à titre et par augmentation d'apanage. Décembre 1778. (AN → AD^{+} 1039)

1718. Circulaire aux contrôleurs des actes. (Droits). Décembre 1778. (AN → AD/IX/406)

1719. Arrêt du Conseil d'État du roi, qui sans s'arrêter à un jugement du Bureau des finances de Besançon du 1er avril dernier, que Sa Majesté a cassé et annulé, ordonne que la fourniture d'un ménage de sept personnes, les enfants au-dessous de huit ans exceptés, demeurera fixée à quarante pains de sel ordinaire et extraordinaire des formes prescrites par le règlement, qui au surplus seront exécutées relativement aux heures et jours d'ouverture des entrepôts du sel Rosière, établis dans les trois lieues limitrophes aux provinces des grandes et petites gabelles : déboute en outre les habitants et communautés désignés au présent arrêt, de leur demande. 1er décembre 1778. (AN → AD^{+} 1039)

1720. Arrêt du Conseil d'État du roi, qui casse et annule la nouvelle procédure faite par la maîtrise des Eaux et Forêts de Paris, à la requête des dames religieuses de Poissy : fait itératives défenses auxdits juges de connaître à l'avenir de pareilles contestations, et ordonne auxdites dames religieuses de se pourvoir, s'il y échet, par-devant les officiers du siège de la capitainerie de Corbeil. 4 décembre 1778. (AN → AD^{+} 1039)

1721. Arrêt du Conseil d'État du roi, concernant les droits sur l'amidon. 10 décembre 1778. (AN → AD^{+} 1039)

1722. Ordonnance du roi, portant création des Volontaires de Nassau. 10 décembre 1778. (AN → Marine A/1/123)

1723. Lettre de M. de Sartine aux officiers des amirautés. Au sujet de la perception des six deniers pour livre, attribués aux invalides de la Marine, sur le produit des prises. 12 décembre 1778. (AN → AD/VII/7^{B} pièce 2)

1724. Lettre de M. de Sartine à M. de La Prévalaye, sur les papiers trouvés à bord des prises faites par les vaisseaux de Sa Majesté. 12 décembre 1778. (AN → AD/VII/7^{B} pièce 2)

1725. Ordonnance du roi, concernant les gardes-côtes. 13 décembre 1778. (AN → AD^{+} 1039)

1726. Arrêt du Conseil d'État du roi, qui supprime un droit de mesurage prétendu par les chanoines du chapitre de l'église cathédrale de Dol, sur les grains vendus ès foires et marchés de ladite ville, faute par eux d'avoir justifié des titres qui établissent ledit droit. 18 décembre 1778. (AN → AD^{+} 1039)

1727. Arrêt du Conseil d'État du roi, qui liquide l'indemnité dûe aux héritiers de M. le cardinal de Rochechouart, abbé de Saint-Rémi de Reims, pour non-jouissance d'un droit de stellage en la même ville. 18 décembre 1778. (AN → AD^{+} 1039)

1728. Arrêt du Conseil d'État du roi, qui maintient M. le marquis de Courtanvaux, seigneur de Montmirail, généralité de Soissons, dans le droit de minage qui se perçoit en ladite ville. 18 décembre 1778. (AN → AD^{+} 1039)

1729. Arrêt du Conseil d'État du roi, qui maintient le sieur De Fay, marquis de Maubourg, seigneur de la ville de Privas, dans le droit de leude qu'il perçoit dans la ville de Privas. 18 décembre 1778. (AN → AD^{+} 1039)

1730. À tous ceux qui ces présentes lettres verront, Anne-Gabriel-Henri Bernard, [...]. (François-Jacques Hainfray. Sieur Revoyrat. Sieur Benoist. Sieur Gouret. Me Moignon. Me Degaulle. Lambert et Cheirouze). 19 décembre 1778. (AN → AD^{+} 1039)

1731. Arrêt du Conseil d'État du roi, qui défend aux rouliers et voituriers d'entreposer les marchandises dont ils seront chargés ; et leur ordonne de les transporter directement aux lieux de leur destination, conformément aux lettres de voiture dont ils seront porteurs, etc. 21 décembre 1778. (AN → AD^{+} 1039)

1732. Arrêt du Conseil d'État du roi, concernant l'ouvrage qui a pour titre, *Apologie du commerce*. 21 décembre 1778. (AN → AD^{+} 1039)

1733. Arrêt du Conseil d'État du roi, qui a maintenu et maintient ledit sieur d'Aucourt en qualité de seigneur de Semoine, dans le droit de percevoir les mêmes droits de hallage, étalage, mesurage et minage audit lieu, et au même taux, sur les grains vendus à la foire tenue audit lieu de Semoine le 14 septembre de chaque année, et au marché tenu le lundi de chaque semaine, sans que lesdits droits ni aucuns autres puissent être perçus tant audit lieu de Plancy qu'audit lieu de Semoine, sur les grains vendus sans fraude dans les maisons et greniers des particuliers, à la charge par ledit sieur d'Aucourt, de faire mesurer par les préposés lesdits grains, tant à Plancy qu'à Semoine, sans abus ni malversations, et de fournir ou faire fournir par ses préposés toutes les mesures à ce nécessaires dûment étalonnées. 23 décembre 1778. (AN → AD^{+} 1039)

1734. Lettres patentes du roi, qui exceptent de la suppression portée en l'édit d'août 1777, les offices des Domaines et Bois de la province de Poitou. 24 décembre 1778. (AN → AD^{+} 1039)

1735. Lettres patentes du roi, en forme de déclaration, qui prorogent pour six années, à commencer au 1er janvier 1779, le droit de deux sous six deniers qui se perçoit par jour, au profit de l'hôpital général, sur les carrosses de remise. 24 décembre 1778. (AN → AD^{+} 1039)

1736. Règlement pour l'administration municipale de la ville de Sézanne. De par le roi. 28 décembre 1778. (AN → AD/XVI/3)

1737. Arrêt du Conseil d'État du roi, portant règlement pour l'exécution des deux services de la nouvelle régie des Étapes et des Convois militaires. 31 décembre 1778. (AN → AD^{+} 1039)

1738. Arrêt du Conseil d'État du roi, concernant les parties de gages ou rentes pour lesquelles les corps et communautés d'arts et métiers supprimés, ou qui le seront par la suite, ont été employés dans les états des finances. 31 décembre 1778. (AN → AD^{+} 1039)

1739. Règlement concernant les ordres royaux militaires et hospitaliers de Notre-Dame du Mont-Carmel et de Saint-Lazare de Jérusalem. Vêtement d'un chevalier Profès. 31 décembre 1778. (AN → AD^{+} 1039)

1779

1740. Abonnement des édits et arrêts pour la ville de Paris, et toutes les provinces et villes du royaume. (Table analytique des matières contenues dans les édits, lettres patentes, déclarations du roi, arrêts du Conseil, du Parlement, etc.). Année 1779. Imprimé en 1780. (AN → AD/I/30 ; BN → F 21992)

1741. Circulaire. Droit sur les cartes. 1779. (AN → AD/IX/406)

1742. Recueil de règlements pour les corps et communautés d'arts et métiers, commençant au mois de février 1776. (Jusqu'en 1778). 1779. (BN → F 12623)

1743. Liste des noms et demeures de messieurs les fermiers généraux des Fermes royales unies. Pour la cinquième année du bail de Laurent David. 1779. (AN → AD^{+} 1320)

1744. Liste de messieurs les conseillers du roi, commissaires-enquêteurs-examinateurs au Châtelet de Paris, suivant l'ordre de leurs réceptions. Pour l'année 1779. (AN → AD/II/9)

1745. État des graines d'arbres, arbrisseaux, plantes, oignons à fleurs, qu'il serait nécessaire de faire venir du Levant, pour les jardins botaniques, et d'agréments, de Sa Majesté. 1779. (AN → AD/VIII/9^{B} dossier B pièce 2)

1746. État des ordonnances de comptant. Année 1779. (Fait, examiné, calculé et arrêté en mon Conseil royal des finances le 13 mai 1788). Imprimé en 1790. (AN → AD/IX/356)

1747. Table générale des tirages de la Loterie de l'École royale militaire et de la Loterie royale de France, depuis leurs établissements (1779-1782). (BN → Lf^{60} 8)

1748. Prix proposé par la Société royale d'agriculture de Soissons. 1779. (AN → AD/XVI/5^{B})

1749. Armement. Volontaires de Tonnerre. (Corps des). 1779. (AN → AD/VII/1 dossier B pièce 7)

1750. Armement autorisée par la Cour, et construction à Dieppe, sous la direction de M. Philippe Lebrun, de la frégate-corsaire *La Maréchale de Tonnerre.* 1779. (AN → AD/VII/1 dossier B pièce 8)

1751. Armement à Cherbourg, d'une corvette nommée *La Parisienne.* 1779. (AN → AD/VII/1 dossier B pièce 9)

1752. Grand Prieuré de France. Conditions sous lesquelles il sera procédé à la concession des terrains qui composent actuellement les marais du Temple, contenant environ vingt-trois arpents, tenant d'un côté du levant à la rue de la Folie-Moricourt, d'autre du couchant à celle des fossés du Temple, d'un bout du midi à la rue du Ménilmontant, d'autre du nord à des particuliers et à une ruelle d'aisance. 1779 ? (AN → AD/XVI/10)

1753. Édit du roi, concernant l'ordre de Saint-Louis. Janvier 1779. (AN → AD^{+} 1040)

1754. Édit du roi, portant suppression de l'office de lieutenant général de police de la ville de Pontoise. Janvier 1779. (AN → AD^{+} 1040)

1755. Ordonnance du roi, pour augmenter de onze mille cinq cents hommes le nombre des matelots classés, dans les provinces de Flandre, Picardie, Normandie, Bretagne, Poitou, Aunis, Saintonge, Guyenne, Roussillon, Languedoc, Provence et îles dépendantes desdites provinces. 3 janvier 1779. (AN → AD^{+} 1040)

1756. Ordonnance du roi, pour une levée de matelots dans les villes et communautés du royaume assujetties au service de la garde-côte, laquelle levée doit être de 500 hommes en Languedoc. 3 janvier 1779. (AN → Marine A/1/124)

1757. Extrait de la délibération du collège de MM. les avocats aux Conseils du roi. (Villars-Saint-Marcellin. Bourbonne-les-Bains. Charles Berthaud. Jean-François-Gabriel-Bénigne Chartraire). 4 janvier 1779. (AN → AD^{+} 1040)

1758. Arrêt du Conseil d'État du roi, qui casse et annule une plainte rendue par le procureur du roi en la juridiction des traites de Metz, contre Antoine Marula, marchand forain, en ce qu'il a requis que les poursuites auxquelles ladite plainte donnerait lieu, seraient faites aux risques, périls et fortunes du régisseur du droit de marque et contrôle sur les ouvrages d'or et d'argent : fait défenses audit procureur du roi et à tous autres d'insérer à l'avenir de pareilles clauses dans les plaintes qu'il pourra rendre. 5 janvier 1779. (AN → AD^{+} 1040)

1759. Arrêts du Conseil d'État du roi, qui font défenses tant aux juges-consuls des marchands, qu'à tous ceux des autres sièges d'admettre ni de passer en taxe aucun frais de voyage, séjour et retour, qu'il ne leur soit apparu des actes d'affirmations levés aux greffes des affirmations de voyage et contrôlés, à peine de 500 livres d'amende pour chaque contravention. 5 janvier et 20 juillet 1779. (AN → AD^{+} 1040)

1760. Déclaration du roi, concernant les pensions. 7 janvier 1779. (AN → AD/IX/97)

1761. Instruction sur les formalités à remplir par les pensionnaires, en exécution des lettres patentes du 8 novembre 1778, et de la déclaration du roi du 7 janvier 1779, pour recevoir les grâces dont ils jouissent. 1779. (AN → AD^{+} 1040)

1762. Arrêt du Conseil d'État du roi, concernant les commis, ou autres employés supprimés par les différentes réformes qui ont eu lieu dans la Finance. 10 janvier 1779. (AN → AD^{+} 1040)

1763. Arrêt du Conseil d'État du roi, concernant les Enfants-Trouvés. 10 janvier 1779. (AN → AD^{+} 1040)

1764. Arrêt du Conseil d'État du roi, qui, à commencer du 26 janvier 1779, révoque, à l'égard des sujets de la République des Provinces-Unies des Pays-Bas, la ville d'Amsterdam exceptée, les avantages annoncés par l'article 1er du règlement du 26 juillet 1778, pour les navigations des neutres : ordonne que pour celle des bâtiments hollandais, les articles 1, 2, 3, 4 et 5 du règlement du 21 octobre 1744, seront provisoirement exécutés : assujettit lesdits bâtiments au payement du droit de fret, et annonce un nouveau tarif. 14 janvier 1779. (AN → AD^{+} 1040)

1765. Lettre de M. de Sartine aux officiers des amirautés, concernant la remise des reprises faites par les vaisseaux de Sa Majesté. 15 janvier 1779. (AN → AD/VII/7^{B} pièce 2)

1766. Arrêt du Conseil d'État du roi, pour concéder à l'Hôtel-Dieu de la ville de Lyon, le bénéfice des croupiers et autres intéressés inutiles dans la Ferme des octrois de ladite ville. 17 janvier 1779. (AN → AD^{+} 1040)

1767. Lettres patentes du roi, qui ordonnent l'exécution des articles I et II de l'édit de mars 1768, concernant les ordres religieux. 17 janvier 1779. (AN → AD^{+} 1040)

1768. Ordonnance du roi, concernant les congés à délivrer aux brigadiers, cavaliers, sergents, caporaux et soldats de la Garde de Paris. 21 janvier 1779. (AN → AD^{+} 1040)

1769. Ordonnance du roi [destituant les échevins de Béthune, coupables d'avoir réquisitionné de force les greniers de deux monastères de religieuses en 1778]. 21 janvier 1779. (BN → F 21726 [8])

1770. Règlement en faveur des élèves de l'École royale militaire. 21 janvier 1779. (AN → AD^{+} 1040)

1771. Règlement que Monsieur, frère du roi, en qualité de grand-maître général, tant au spirituel qu'au temporel, des ordres royaux, militaires et hospitaliers de Notre-Dame du Mont-Carmel et de Saint-Lazare de Jérusalem, veut et ordonne être observé sur l'admission des élèves de l'École militaire. 21 janvier 1779. (AN → AD/VI/10^{A} dos. D pièce 1)

1772. Arrêt du Conseil d'État du roi, qui nomme le sieur Perreau, pour faire, au compte du roi, à compter du 1er janvier 1779, et jusqu'à ce qu'il en soit autrement ordonné, l'exercice du droit et privilège des carrosses de place de la ville et faubourgs de Paris. 22 janvier 1779. (AN → AD^{+} 1040)

1773. Lettres patentes, qui défendent tout entrepôt au Pont-de-Beauvoisin des marchandises du Levant, des colonies françaises, et de celles des manufactures du royaume, qui jouissent du bénéfice du transit. 22 janvier 1779. (AN → AD^{+} 1040)

1774. Lettres patentes du roi, portant confirmation de statuts pour la communauté des maîtres écrivains. 23 janvier 1779. (AN → AD^{+} 1040)

1775. Déclaration du roi, qui proscrit l'exploitation des carrières par le cavage. 23 janvier 1779. (AN → AD^{+} 1040)

1776. Arrêt du Conseil d'État du roi. (États de Bretagne. Octrois municipaux). 24 janvier 1779. (AN → AD^{+} 1040)

1777. Lettres patentes du roi, qui dispensent Jean-Vincent René et les administrateurs ses cautions, de prêter serment en la Chambre des comptes : et prescrivent les règles à observer pour l'examen des actes de féodalité et de vassalité, et de tous autres qui intéressent le Domaine de Sa Majesté. 25 janvier 1779. (AN → AD^{+} 1040)

1778. Lettres patentes du roi, qui ordonnent l'enregistrement de celles du 8 novembre dernier, portant ratification d'une convention conclue entre le roi et le duc de Brunswick et Lunebourg, pour l'abolition réciproque du droit d'aubaine dans leurs États respectifs. 27 janvier 1779. (AN → AD/XVI/14^{A})

1779. Lettres patentes du roi, qui ordonnent l'enregistrement de celles du 21 juin dernier, portant ratification d'une convention conclue entre le roi et la reine de Portugal et des Algarves, pour l'abolition réciproque du droit d'aubaine entre leurs sujets respectifs. 27 janvier 1779. (AN → AD/XVI/14^{A})

1780. État des officiers de Sa Majesté, et autres employés dans les Échelles de Barbarie et du Levant. 28 janvier 1779. (AN → AD^{+} 1040)

1781. Ordonnance du roi, concernant la cavalerie : et portant création de six régiments de chevaux-légers. 29 janvier 1779. (AN → AD^{+} 1040)

1782. Ordonnance du roi, concernant les dragons : et portant création de six régiments de chasseurs à cheval. 29 janvier 1779. (AN → AD^{+} 1040)

1783. Gabelles, tabac et traites. Contentieux. Circulaire. (Voir lettres patentes du roi du 17 septembre 1778. Ferme générale). 30 janvier 1779. (AN → AD^{+} 1038)

1784. Lettre de M. de Sartine à MM. le comte d'Orvilliers, et de La Porte, concernant les parts de prises, dont doivent jouir les ingénieurs-constructeurs embarqués sur des vaisseaux. 30 janvier 1779. (AN → AD/VII/7^{B} pièce 2)

1785. Édit du roi, qui supprime les deux anciens offices de trésoriers généraux des Ponts et Chaussées ; et qui en crée un seul et unique pour ce service, et celui des Turcies et Levées, Canaux et Navigation des rivières, Barrage et Pavé de Paris. Février 1779. (AN → AD^{+} 1040)

1786. Édit du roi, qui autorise, dans les duchés de Lorraine et de Bar, la formalité des décrets en faveur des créanciers des détenteurs des fonds et droits domaniaux. Février 1779. (AN → AD^{+} 1040)

1787. Nouveau règlement pour la perception du droit sur l'amidon. Circulaire. Février 1779. (AN → AD/IX/406)

1788. Arrêt du Conseil d'État du roi, qui autorise le trésorier général des revenus casuels à recevoir sur le pied du quart ou du tiers de la fixation faite par l'édit d'avril 1777, les marchands et artisans de la ville de Beauvais, qui sont dans le cas d'être admis à cette fixation. 4 février 1779. (AN → AD^{+} 1040)

1789. Fermes générales. Liste ordinale du neuvième tirage de la Loterie de remboursement des reconnaissances en échange des billets des Fermes générales, remboursables, conformément à l'arrêt du Conseil du 13 novembre 1770, par ordre de sortie de la roue, de mois en mois par douzième, à compter du 10 mars 1779, à raison de trois cent mille livres par mois. 4 février 1779. (AN → AD^{+} 1040)

1790. Route que tiendront leurs Majestés le lundi 8 février 1779. (AN → AD/I/27^{A} dossier L pièce 55)

1791. Procès-verbal des sommes remboursées par Me Dubu de Longchamp, trésorier de la Caisse des amortissements, établie par édit de décembre 1764, sur ses exercices 1766 et 1767, depuis les derniers procès-verbaux dressés sur lesdits exercices, par les commissaires de la Chambre des comptes. 10 février 1779. (AN → AD^{+} 1040)

1792. Liste générale de la Loterie de remboursement des reconnaissances données en échange des rescriptions et assignations, en exécution de l'arrêt du Conseil du 2 décembre 1770. Neuvième tirage. Fait en présence de M. le lieutenant général de police, en l'une des salles de l'hôtel de Mesme. 11 février 1779. (AN → AD^{+} 1040)

1793. Lettre de M. Necker à M. de Sartine, sur le droit de préférence de la Ferme, aux adjudicataires des tabacs. 11 février 1779. (AN → AD/VII/7^{B} pièce 2)

1794. Lettres patentes du roi, concernant les boursiers du collège de Dormans-Beauvais. 14 février 1779. (AN → AD^{+} 1040)

1795. Lettre du roi à son altesse sérénissime monseigneur l'Amiral. (Ville d'Harlem. Amsterdam). 14 février 1779. (AN → AD^{+} 1320)

1796. Arrêt du Conseil d'État du roi, qui infirme une sentence des officiers de l'élection de Saint-Étienne, du 29 août 1778, en conséquence, ordonne que la contrainte décernée par Jean-Baptiste Faidy, régisseur des dons gratuits, le 29 novembre 1777, contre les officiers municipaux, syndic et principaux habitants de Rivedegiés, et visée seulement des régisseurs ses cautions, sera exécutée selon sa forme et teneur ; et juge que les contraintes décernées par les prête-noms des Fermes et Régies des droits du roi, peuvent être signifiées et exécutées sans être visées par les juges, ni scellées. 16 février 1779. (AN → AD^{+} 1040)

1797. Arrêt du Conseil d'État du roi, qui ordonne qu'il sera fourni par les préposés et receveurs, tant des Fermes que des administrations et Régies générales, des cautionnements et suppléments de cautionnements en argent, le tout suivant les états qui en seront incessamment arrêtés au Conseil. 17 février 1779. (AN → AD^{+} 1040)

1798. Lettres patentes du roi, concernant les carrosses de place et les voitures des environs de Paris. 17 février 1779. (AN → AD^{+} 1040)

1799. Lettres patentes du roi, qui renvoyent à la Cour des aides de Paris, la discussion des biens du sieur Préaudeau, ci-devant trésorier de l'artillerie, et de ses cautions. 17 février 1779. (AN → AD^{+} 1040)

1800. Procès-verbal des sommes remboursées par Me Dubu de Longchamp, trésorier de la Caisse des amortissements, établie par édit de décembre 1764, sur ses exercices 1772, 1773, 1774 et 1775, pour capitaux des reconnaissances du Canada, de propriété britannique, en exécution des arrêts du Conseil des 11 février 1770, 31 août 1771, 2 février 1772, suivant la liste du tirage fait le 24 mars 1772 ; et encore aux termes des arrêts du Conseil des 17 mai 1772 et 7 mai 1773 : le tout validé par la déclaration du roi du 24 septembre 1778, registrée en la Chambre des comptes le 21 janvier 1779. 17 février 1779. (AN → AD^{+} 1040)

1801. Lettres patentes du roi, qui renvoient au parlement de Paris, la connaissance de tous les procès et contestations que Monsieur a ou pourrait avoir dans toutes les cours et juridictions du royaume. 18 février 1779. (AN → AD^{+} 1040)

1802. Arrêt du Conseil d'État du roi, qui ordonne que dans trois mois pour tout délai, tous propriétaires ou dépositaires du brevet d'assurance de vingt mille livres, accordé par le feu roi au feu sieur de Lorme, sur la charge de l'un des gentilshommes ordinaires de Sa Majesté, dont il est décédé revêtu, seront tenus de le représenter au secrétaire d'État ayant le département de sa Maison. 20 février 1779. (AN → AD^{+} 1040)

1803. Copie de la lettre de M. le directeur général des Finances, à M^{rs} les Fermiers généraux, en date du 20 février 1779. (Cautionnements). (AN → AD/IX/406)

1804. Règlement arrêté par le roi, pour l'habillement et l'équipement de ses troupes. 21 février 1779. (AN → AD^{+} 1040)

1805. Arrêt du Conseil d'État du roi, qui casse et annule un jugement du présidial de Nantes, par lequel le sieur Auffray, notaire, avait été débouté de sa demande en recours pour raison du droit de contrôle du contrat de mariage du sieur Bouron ; en conséquence, ordonne que ledit sieur Auffray sera remboursé par les parties, de la somme de cent cinquante-deux livres huit sous six deniers, qu'il a acquitté à leur décharge, sauf à se pourvoir par-devant le sieur intendant et commissaire départi en Bretagne, soit en réduction, soit en restitution, s'il y a lieu, du droit de contrôle qui a été perçu pour l'acte dont il s'agit. 23 février 1779. (AN → AD^{+} 1040)

1806. Lettres patentes du roi, qui statuent sur l'exécution de l'édit du mois de septembre dernier, concernant la comptabilité des monnaies. 23 février 1779. (AN → AD^{+} 1040)

1807. Copie d'une lettre écrite par M. le directeur général des Finances, à M^{rs} les régisseurs généraux. 23 février 1779. (AN → AD/IX/406)

1808. Extrait des registres du Conseil d'État. (Province d'Artois. Marais). 25 février 1779. (AN → AD^{+} 1040)

1809. Lettre du roi à M. l'Amiral, qui accorde à la ville de Harlem, les mêmes avantages que ceux accordés à la ville d'Amsterdam, par l'arrêt du Conseil du 14 janvier précédent. 25 février 1779. (AN → AD/VII/7^{B} pièce 2)

1810. Lettres patentes du roi, qui ordonnent que le pourvu par M. le duc d'Orléans du titre de prévôt des prévôtés royales de Chéroy, Voulx et Lorrez-le-

Bocage, exercera par provision la justice, tant civile que criminelle, desdites prévôtés dans l'auditoire de Chéroy. 26 février 1779. (BN → F 23629 [735])

1811. Arrêt du Conseil d'État du roi, et lettres patentes sur icelui, qui ordonnent la fabrication de cent mille marcs d'espèces de cuivre en la monnaie de Lyon. 27 février 1779. (AN → AD^{+} 1040)

1812. Édit du roi, portant réduction du nombre des notaires à Angers. Mars 1779. (AN → AD^{+} 1041)

1813. Édit du roi, portant établissement d'une sénéchaussée en la ville des Cayes. Mars 1779. (AN → Marine A/1/124)

1814. Lettres patentes du roi, concernant la comptabilité des revenus et impositions de la principauté de Dombes. Mars 1779. (AN → AD^{+} 1041)

1815. Lettres patentes du roi, qui transfèrent le sieur Chevalier, professeur en droit en l'université d'Orléans, à la chaire vacante dans celle de Poitiers. Mars 1779. (AN → AD^{+} 1041)

1816. Lettres patentes du roi, qui autorisent l'établissement de cinq soeurs de la Charité dans la ville de Douai, pour le soulagement des pauvres malades. Mars 1779. (AN → AD/XVI/14^{A})

1817. Circulaire. Droit sur les cartes. Mars 1779. (AN → G/2/17)

1818. État, par ordre alphabétique, des villes, bourgs, paroisses, hameaux et écarts, situés dans l'étendue de l'élection du plat-pays de Paris ; dressé pour faciliter les vérifications qui se font dans la régie des aides. Mars 1779. (AN → AD/IX/406)

1819. Arrêt du Conseil d'État du roi, qui décharge Pierre Perreau, acquéreur du privilège des carrosses de place de la ville et faubourgs de Paris, et autres objets y réunis, de la garantie des sommes dues aux anciens concessionnaires dudit privilège, par les propriétaires des carrosses de place et les loueurs de carrosses de remise. 4 mars 1779. (AN → AD^{+} 1041)

1820. Arrêt du Conseil d'État du roi, qui ordonne que les propriétaires des carrosses de place de la ville et faubourgs de Paris, ne pourront exiger aucune indemnité pour raison de la résiliation ordonnée par l'arrêt du Conseil de ce jour, des baux qui leur avaient été faits par les anciens concessionnaires du privilège desdits carrosses. 4 mars 1779. (AN → AD^{+} 1041)

1821. Arrêt du Conseil d'État du roi, qui résilie, à compter du 1er avril prochain, les baux faits aux propriétaires des carrosses de place de la ville de Paris, par les anciens concessionnaires du privilège desdits carrosses. 4 mars 1779. (AN → AD^{+} 1041)

1822. Neuvième tirage du remboursement des actions de la Compagnie des Indes. 4 mars 1779. (AN → AD^{+} 1041)

1823. Arrêt du Conseil d'État du roi, qui défend à toutes personnes, d'exporter les métiers, ainsi que les outils et instruments servant à leur fabrication. 5 mars 1779. (AN → AD^{+} 1041)

1824. Arrêt du Grand Conseil du roi, qui déclare nul, déraisonnable et injurieux, le désaveu formé par le sieur abbé d'Estrées, abbé commendataire de l'abbaye de Bonlieu, contre Me Pillot, procureur au Grand Conseil ; condamne le sieur abbé d'Estrées en 200 livres de dommages-intérêts, applicables, du consentement dudit Me Pillot, au pain des prisonniers du Fort-l'Évêque ; ordonne la mention dudit arrêt en marge de la minute dudit désaveu, ainsi que l'impression et affiche dudit arrêt, jusqu'à concurrence de 300 exemplaires. 6 mars 1779. (AN → AD^{+} 1041)

1825. Déclaration du roi, concernant les communautés de papetiers et de cartiers. 6 mars 1779. (AN → AD^{+} 1041)

1826. Arrêt du Conseil d'État du roi, concernant l'administration de la Caisse d'escompte. 7 mars 1779. (AN → AD^{+} 1041)

Deux arrêts du Conseil d'État du roi. 11 août 1778 et 9 mars 1779. (AN → AD^{+} 1041). Voir notice n° 1618.

1827. Lettre de M. de Sartine à M. Chardon, procureur général des prises, au sujet de la prévention de la Ferme générale, sur les adjudications des tabacs provenant des prises. 9 mars 1779. (AN → AD/VII/7^{B} pièce 2)

1828. Arrêt du Conseil d'État du roi, concernant le commerce et la vente des toiles sous la halle de Paris. 12 mars 1779. (AN → AD^{+} 1041)

1829. Lettres patentes du roi, portant abolition du droit d'aubaine entre la France et le duché de Saxe-Meinungen. 12 mars 1779. (AN → AD/XVI/14^{A})

1830. Lettre de M. de Sartine à M. le comte d'Orvilliers, concernant les prises faites par des vaisseaux, frégates et autres bâtiments du roi, expédiés pour des missions particulières. 12 mars 1779. (AN → AD/VII/7^{B} pièce 2)

1831. Arrêt du Conseil d'État du roi, qui commet le sieur Bertin, trésorier des revenus casuels, pour faire le recouvrement de la recette des maîtrises dans le ressort du parlement de Rouen. (Arts et métiers). 13 mars 1779. (AN → AD^{+} 1041)

1832. Arrêt du Conseil d'État du roi, portant nouveau règlement sur la répartition et le recouvrement des impositions dans les corps et communautés d'arts et métiers de la ville de Paris. 14 mars 1779. (AN → AD^{+} 1041)

1833. Lettre du roi à son altesse sérénissime monseigneur l'Amiral. (Ports de Hollande). 15 mars 1779. (AN → Marine A/1/124)

1834. Arrêt du Conseil d'État du roi, qui ordonne qu'il sera payé un droit sur les marchandises qui arriveront par eau au port du Pecq, jusqu'à la concurrence et parfait payement d'une somme de sept mille cinq cent quatre-vingt-six livres six sous deniers, pour la construction d'un chemin de communication du port du Pecq à la chaussée du chemin de Paris. 16 mars 1779. (AN → AD^{+} 1041)

1835. Ordonnance du roi, pour régler le traitement des officiers et soldats du corps des Volontaires étrangers de la Marine, pendant qu'ils seront employés dans les colonies de l'Amérique. 16 mars 1779. (AN → AD^{+} 1041)

1836. Arrêt du Conseil d'État du roi, concernant les droits de marque et de contrôle sur les ouvrages d'or et d'argent, qui seront vendus au Mont-de-Piété, établi à Paris. 18 mars 1779. (AN → AD^{+} 1320)

1837. Lettres patentes du roi, qui renvoyent au Parlement la connaissance de tous les procès et contestations que M. le comte d'Artois a ou pourrait avoir, dans toutes les cours et juridictions du royaume. 18 mars 1779. (AN → AD^{+} 1041)

1838. Lettres patentes du roi, portant établissement d'une Caisse pour la facilité du commerce des bestiaux. 18 mars 1779. (AN → AD^{+} 1041)

1839. Arrêt du Conseil d'État du roi, qui maintient le sieur de Bernage, dans un droit de minage sur les grains, au lieu d'Aillant. 21 mars 1779. (AN → AD^{+} 1041)

1840. Arrêt du Conseil d'État du roi, concernant le curage des différents bras de la rivière d'Armance, au-dessus de Saint-Florentin, et la construction d'un nouveau canal pour le flottage des bois. 21 mars 1779. (AN → AD^{+} 1041)

1841. Arrêt du Conseil d'État du roi, qui maintient le sieur Anisson Dupéron, seigneur de Ris, dans le droit de foires et marchés audit lieu de Ris. 21 mars 1779. (AN → AD^{+} 1041)

1842. Arrêt du Conseil d'État du roi, qui maintient le sieur archevêque, les officiers municipaux de Besançon, et les abbé et chanoines de Saint-Paul de ladite ville, dans le droit d'y percevoir l'éminage sur les grains. 21 mars 1779. (AN → AD^{+} 1041)

1843. Arrêt du Conseil d'État du roi, qui supprime le droit de minage ou mesurage qui se perçoit sur les grains vendus dans la ville d'Albert. 21 mars 1779. (AN → AD^{+} 1041)

1844. Arrêt du Conseil d'État du roi, qui supprime le droit de coupe qui se perçoit sur les grains vendus à Saissac ; et fait très-expresses inhibitions et défenses à la dame de Saissac et à ses successeurs, seigneurs de ladite terre, de le percevoir à l'avenir, ni d'exiger aucun autre droit sur les grains vendus à Saissac, à peine contre lesdits seigneurs de Saissac de restitution de ce qui aurait été exigé, et de mille livres d'amende, et contre leurs fermiers, commis ou préposés, sous peine de concussion. (Henriette-Nicole d'Egmont-Pignatelly). 21 mars 1779. (AN → AD^{+} 1041)

1845. Lettres patentes du roi, qui permettent au Mont-de-Piété de faire vendre l'argenterie ou la vaisselle d'argent mise en nantissement. 22 mars 1779. (AN → AD^{+} 1041)

1846. Lettres patentes du roi, qui ordonnent la translation du marché de la place Maubert, sur le terrain formant le pourtour de la nouvelle place aux Veaux. 24 mars 1779. (AN → AD^{+} 1041)

1847. Lettres patentes du roi, portant concession à Monsieur, à titre d'inféodation, des terrains et emplacements dépendant du Palais du Luxembourg, lesquels le roi s'était réservés, par édit du mois de décembre dernier ; pour en jouir par Monsieur à titre de fief, avec faculté de se jouer de la totalité dudit fief, par toutes les aliénations et acensements qu'il croira devoir faire desdits terrains et emplacements. 25 mars 1779. (AN → AD^{+} 1041)

1848. Lettres patentes du roi, qui autorisent l'administration du Mont-de-Piété à emprunter des Génois, ou autres étrangers, les sommes qu'il a été autorisé à emprunter par les lettres patentes du 7 du mois d'août 1778, et à stipuler l'exemption des dixième, vingtièmes, et autres impositions. 25 mars 1779. (AN → AD^{+} 1041)

1849. Arrêt du Conseil d'État du roi, et lettres patentes sur icelui, qui nomment le sieur de Morambert, à la place de trésorier des communautés de filles religieuses du royaume. 26 mars 1779. (AN → AD^{+} 1041)

1850. Arrêt du Conseil d'État du roi, qui règle par provision le tarif des droits à percevoir par le fermier du bac établi sur la rivière de Seine, près de Choisy-le-Roi. 31 mars 1779. (AN → AD^{+} 1041)

1851. Arrêt du Conseil d'État du roi, concernant le commerce de boucherie de la banlieue. 31 mars 1779. (AN → AD^{+} 1041)

1852. Édit du roi, concernant les communautés d'arts et métiers des villes du ressort du parlement de Rouen. Avril 1779. (AN → AD^{+} 1041)

1853. Édit du roi, portant création d'une charge de major, de deux charges de brigadiers, et de deux charges de sous-brigadiers des gardes de la Porte. Avril 1779. (AN → AD^{+} 1041)

1854. Édit du roi, portant fixation du nombre des procureurs à Aurillac. Avril 1779. (AN → AD^{+} 1041)

1855. Édit du roi, portant réduction du nombre des notaires à Aurillac. Avril 1779. (AN → AD^{+} 1041)

1856. Édit du roi, portant suppression des juridictions des traites et des gabelles de la ville de Mâcon, et des offices qui y ont été créés ; et réunion des fonctions attribués auxdits offices, à celle des offices de l'élection de la même ville. Avril 1779. (AN → AD^{+} 1041)

1857. Lettres patentes du roi, qui ordonnent l'enregistrement de celles du 27 avril 1774, portant ratification d'une convention conclue entre le roi et le grand-maître de l'ordre Teutonique, pour l'abolition du droit d'aubaine. 1er avril 1779. (AN → AD/XVI/14^{A})

1858. Ordonnance du roi, portant création du corps des Volontaires de Bourbon. 1er avril 1779. (AN → Marine A/1/124)

1859. Arrêt du Conseil d'État du roi, qui liquide l'indemnité due au chapitre de Brioude, à cause de la suppression de son droit de leyde, y compris la valeur de l'emplacement et bâtiments de la halle, et ordonne l'imposition du montant de ladite liquidation, en dix années, sur les contribuables de l'élection de la même ville de Brioude. 2 avril 1779. (AN → AD^{+} 1041)

1860. Arrêt du Conseil d'État du roi, qui ordonne que l'apposition des scellés faite par les officiers du bailliage de Meaux, dans l'abbatiale de Saint-Pierre de Lagny, sera et demeurera comme nulle et non avenue ; que lesdits scellés seront reconnus et levés par le commissaire au Châtelet, qui les avaient précédemment apposés, par droit de suite, à la requête des économes. 4 avril 1779. (AN → AD/XVII/17^{A})

1861. Arrêt du Conseil d'État du roi, concernant les comptes à rendre par les syndics et adjoints des communautés d'arts et métiers, établies dans les villes du ressort du parlement de Paris. 5 avril 1779. (AN → AD^{+} 1041)

1862. Lettre du roi à M. l'Amiral. (*Licorne. Pallas.* Angleterre). 5 avril 1779. (AN → AD^{+} 1041)

1863. Lettres patentes du roi, concernant les créances pour lesquelles les Juifs de la province d'Alsace seront dans le cas d'agir contre les débiteurs chrétiens de la classe du peuple. 7 avril 1779. (BN → F 23741 [387])

1864. Ordonnance du roi, pour établir des élèves dans le corps royal de l'artillerie, et pour porter de dix à douze les capitaines en second, attachés à chacun des régiments de ce corps. 8 avril 1779. (AN → AD^{+} 1041)

1865. Ordonnance du roi, concernant la compagnie des gardes de la Porte. 8 avril 1779. (AN → AD^{+} 1041)

1866. Ordonnance du roi, concernant le régiment des carabiniers de Monsieur. 8 avril 1779. (AN → AD^{+} 1041)

1867. Ordonnance du roi, pour attacher aux régiments de chasseurs à cheval, les officiers des légions supprimées. 8 avril 1779. (AN → AD^{+} 1041)

1868. Ordonnance du roi, concernant les grenadiers-royaux. 8 avril 1779. (AN → AD^{+} 1041)

1869. Extrait des registres du Conseil d'État du roi. (Marquis de Sourches. Bailliage de Versailles. Sieur Cardon. Sieur Mesnier). 10 avril 1779. (AN → AD^{+} 1041)

1870. Lettres patentes du roi, portant privilège exclusif de faire dans l'étendue du royaume, par le moyen du ventilateur, la vidange des fosses, puits et puisards ; et défenses à toutes personnes de faire la vidange dans la ville et faubourgs de Paris, suivant l'ancienne méthode, à peine de saisie, confiscation, et de mille livres d'amende. 10 avril 1779. (AN → AD^{+} 1041)

1871. Lettres patentes du roi, pour l'ouverture de la rue du Colisée. 10 avril 1779. (AN → AD^{+} 1041)

1872. Arrêt du Conseil d'État du roi, qui nomme des commissaires pour procéder à la liquidation des dettes des communautés d'arts et métiers supprimées, de la ville de Rouen, et de celles qui pourront l'être par la suite dans le ressort du parlement de Normandie. 15 avril 1779. (AN → AD^{+} 1041)

1873. Arrêt du Conseil d'État du roi, qui déboute Gentil, et Morlet, habitants d'Honfleur, de leur opposition aux arrêts du Conseil des 30 décembre 1777, et 7 février 1778, et les condamne aux dépens et au coût, contrôle, sceau et signification du présent arrêt. 20 avril 1779. (AN → AD^{+} 1041)

1874. Arrêt du Conseil d'État du roi, concernant les privilèges, franchises et exemptions des préposés, commis et employés des Fermes de Sa Majesté, Administrations et Régies. 21 avril 1779. (AN → AD⁺ 1041)

1875. Lettres patentes du roi, qui autorisent le procureur général de la Cour des aides, de faire vendre les biens-immeubles du sieur Préaudeau de Montchamps, ceux de ses cautions et débiteurs, et de tous autres comptables envers le roi, sur trois simples publications. 21 avril 1779. (AN → AD⁺ 1041)

1876. Arrêt du Conseil d'État du roi, qui subroge Henri Clavel à Dominique Compant, pour faire la régie, recette et exploitation des droits de la Régie générale. 22 avril 1779. (AN → AD⁺ 1041)

1877. Arrêt du Conseil d'État du roi, qui ordonne que les propriétaires des offices de greffiers des présentations, alternatifs et triennaux, ne pourront prétendre chacun dans l'année de leur exercice, que les mêmes et semblables portions dont jouissent ou doivent jouir ceux des offices de greffiers anciens, suivant les contrats d'aliénations qui ont été faites à ceux-ci. 22 avril 1779. (AN → AD⁺ 1041)

1878. Arrêt du Conseil d'État du roi, qui ordonne qu'à la poursuite et diligence du sieur le Breton, préposé par le sieur Rouillé de l'Étang, trésorier des deniers des communautés, il sera incessamment procédé, par-devant le sieur intendant et commissaire départi en la généralité de Rouen, ou son subdélégué, après trois publications faites en la forme ordinaire, à la vente et adjudication des effets, tant mobiliers qu'immobiliers, appartenant aux communautés supprimées par l'article premier de l'édit du mois de février 1778, et ce nonobstant toutes oppositions faites ou à faire, etc. 24 avril 1779. (AN → AD⁺ 1320)

1879. Arrêt du Conseil de monseigneur, comte d'Artois, et lettres patentes sur icelui, concernant les foi et hommages, déclarations, aveux et dénombrements qui lui sont dûs dans la province et comté de Poitou, et portant, attribution de juridiction aux officiers du Bureau des finances de Poitiers, pour connaître des affaires domaniales et féodales de ladite province et comté. 25 avril et 4 mai 1779. (AN → AD⁺ 1041)

1880. Arrêt du Conseil d'État du roi, contenant un nouveau tarif, relativement aux denrées et aux productions que les sujets de la République des Provinces-Unies, feront entrer dans tous les ports du royaume. 27 avril 1779. (AN → AD⁺ 1041)

1881. Arrêt du Conseil d'État du roi, portant établissement d'une administration provinciale dans le Dauphiné. 27 avril 1779. (AN → AD⁺ 1041)

1882. Arrêt du Conseil d'État du roi, pour la liquidation des dettes des chanoines réguliers de la congrégation de France. 27 avril 1779. (AN → AD⁺ 1041)

1883. Arrêt du Conseil d'État du roi, qui ordonne qu'à l'avenir les laboureurs et marchands de moutons et brebis de l'Île-de-France, Soissonnais et Picardie, Normandie et autres, marqueront leurs moutons et brebis avec de la sanguine ou autre matière qui ne puisse être nuisible aux laines ; et défend de les marquer avec du terque, de la poix ou autre composition capable d'altérer la qualité des laines. 29 avril 1779. (AN → AD⁺ 1041)

1884. Édit du roi, concernant les communautés d'arts et métiers du ressort du parlement de Nancy. Mai 1779. (AN → AD^{+} 1042)

1885. Édit du roi, portant suppression des communautés d'arts et métiers, ci-devant établies dans les villes du ressort du Conseil de Roussillon ; et création de nouvelles communautés dans celles desdites villes, dont l'état arrêté au Conseil, est annexé au présent édit. Mai 1779. (AN → AD^{+} 1042)

1886. Édit du roi, portant réunion du comté de Caraman à la province de Languedoc. Mai 1779. (BN → F 23629 [773])

1887. Lettres patentes du roi, concernant l'étendue et l'application des privilèges des ville et principautés de Sedan, Raucourt et Saint-Manges. Mai 1779. (AN → AD^{+} 1042)

1888. Lettres patentes du roi, portant confirmation des droits et privilèges du corps de la noblesse immédiate de la Basse-Alsace. Mai 1779. (BN → F 5054 [14])

1889. Circulaire de la direction. Droit sur les cartes. Mai 1779. (AN → G/2/17)

1890. Arrêt du Conseil d'État du roi, qui ordonne la démolition d'une halle en la ville de Bray-sur-Seine, et que le marché qui s'y tient, sera transféré dans un autre lieu de la ville. 2 mai 1779. (AN → AD^{+} 1042)

1891. Arrêt du Conseil d'État du roi, qui prononce sur le commerce des grains et farines, relativement aux banalités. 3 mai 1779. (AN → AD^{+} 1042)

1892. Ordonnance de Sa Majesté, concernant la police des spectacles des foires de Saint-Germain, Saint-Laurent et des boulevards. 3 mai 1779. (AN → AD/VIII/10 dossier E pièce 44)

1893. Lettres patentes du roi, concernant les manufactures. 5 mai 1779. (AN → AD^{+} 1042)

1894. Ordonnance du roi, pour faire quelques changements dans la répartition des régiments provinciaux ou bataillons de garnison. 7 mai 1778. (AN → AD/VI/15 dossier A pièce 104)

1895. Lettre de M. de Sartine à M. Lombard. (Part des domestiques des officiers dans les prises maritimes). 8 mai 1779. (AN → Marine A/1/124)

1896. Lettres patentes du roi, portant établissement d'une administration provinciale dans le Berry. 9 mai 1779. (AN → AD^{+} 1042)

1897. Lettres patentes du roi, par lesquelles Sa Majesté autorise et approuve la bulle apostolique concernant le monastère des Célestins du Colombier, diocèse de Vienne, du 30 septembre 1778, attaché aux susdites lettres patentes. 9 mai 1779. (AN → AD^{+} 1320)

1898. Lettres patentes du roi, confirmatives des brefs de suppression des maisons des Célestins. 13 mai 1779. (AN → AD^{+} 1042)

1899. Règlement concernant la chapelle de l'École royale militaire. 13 mai 1779. (AN → AD^{+} 1042)

1900. Traité de paix entre Sa Majesté l'impératrice reine apostolique de Hongrie et de Bohème, archiduchesse d'Autriche, etc., et Sa Majesté le roi de Prusse, électeur de Brandebourg, etc. Fait à Teschen le 13 mai 1779. (AN → AD^{+} 1042)

1901. Extrait des registres du Conseil d'État du roi. (Gabriel Prevost). 14 mai 1779. (AN → AD^{+} 1042)

1902. Extrait des registres du Conseil d'État privé du roi. (Simon-Charles Lemoine. Notaires au Châtelet de Paris). 14 mai 1779. (AN → AD^{+} 1042)

1903. Lettre de M. Necker à M. Chardon, procureur général des prises, concernant les exemptions des droits de traite, sur les coques des navires, provenant des prises. 18 mai 1779. (AN → AD/VII/7^{B} pièce 2)

1904. Arrêt du Conseil d'État du roi, portant révocation de la permission accordée aux armateurs, de tirer de l'Espagne et du Portugal les sels nécessaires à la pêche de la morue. 20 mai 1779. (AN → AD^{+} 1042)

1905. Arrêt du Conseil d'État du roi, qui proroge pendant dix années, à commencer du 1er janvier prochain, la perception du droit de péage de l'Île-Barbe, sur la Saône près Lyon. 24 mai 1779. (AN → AD^{+} 1042)

1906. Lettres patentes du roi, qui maintiennent Monsieur, frère du roi, dans la propriété et jouissance de la voirie ordinaire, conformément à son édit d'apanage. 29 mai 1779. (AN → AD^{+} 1042)

1907. Lettres patentes, par lesquelles le roi abandonne à M. le prince de Conti, par supplément de l'échange du 17 septembre 1747, les terres vaines et vagues, landes et bruyères appelées les communes de Bray. 29 mai 1779. (AN → AD/IX/355)

1908. Édit du roi, qui supprime les offices de contrôleurs des finances. Juin 1779. (AN → AD^{+} 1042)

1909. Arrêt du Conseil d'État du roi, portant interprétation de l'article III de l'arrêt du 27 avril, contenant le nouveau tarif des droits sur les denrées et marchandises de Hollande. 5 juin 1779. (AN → AD^{+} 1042)

1910. Lettres patentes du roi, confirmatives d'un règlement fait par monseigneur le comte d'Artois, pour les chasses de son apanage. 5 juin 1779. (AN → AD^{+} 1042)

1911. Lettre du roi à M. l'Amiral, concernant le commerce de la pêche. 5 juin 1779. (AN → AD^{+} 1042)

1912. Lettre de M. de Sartine aux secrétaires des Finances, sur le dépôt et l'expédition des arrêts rendus au Conseil royal des finances pour les prises. 9 juin 1779. (AN → AD/VII/7^{B} pièce 2)

1913. Déclaration du roi, qui défend la tacite reconduction dans le Barrois, pour les terres et héritages situés à la campagne. 11 juin 1779. (AN → AD^{+} 1042)

1914. Ordonnance du roi, qui défend le port d'armes et les épaulettes, à tous domestiques, et nommément à ceux appelés chasseurs, heiduques, et aux nègres. 13 juin 1779. (AN → AD^{+} 1042)

1915. Arrêt du Conseil d'État du roi, qui déclare bonne la reprise du navire la *Constance*, de Bordeaux, faite par le sieur Pickren, commandant le corsaire américain le *Cambden*, et l'adjuge au repreneur. 15 juin 1779. (AN → AD/VII/7^{B} pièce 2)

1916. Arrêt du Conseil d'État du roi, qui, sans s'arrêter au jugement du Conseil des prises, déclare de bonne prise la *Rescousse* faite par le capitaine Macknil, américain, du navire français l'*Isabelle*, de Bordeaux. 15 juin 1779. (AN → AD/VII/7^{B} pièce 2)

1917. Ordonnance du roi, concernant les reprises faites par les vaisseaux, frégates et autres bâtiments de Sa Majesté. 15 juin 1779. (AN → AD^{+} 1042)

1918. Lettres patentes du roi, qui approuvent et confirment les dispositions de l'arrêt du Conseil du 6 juillet 1772, concernant le centième denier des offices y sujets, et les revenus casuels de Sa Majesté. 16 juin 1779. (AN → AD^{+} 1042)

1919. Lettres patentes du roi, qui ordonnent que la ville d'Avranches sera comprise dans le nombre de celles où les communautés d'arts et métiers ont été rétablies par édit du mois d'avril dernier. 16 juin 1779. (AN → AD^{+} 1320)

1920. Arrêt du Conseil d'État du roi, qui casse et annule l'arrêt rendu au parlement de Bretagne sur les conclusions du procureur général, le 13 avril 1779, comme attentatoire à la compétence et au droit exclusif du prévôt de l'Hôtel du roi. 19 juin 1779. (AN → AD^{+} 1042)

1921. Arrêt du Conseil d'État du roi, qui accorde un nouveau délai jusqu'au 1er janvier prochain, pour la fixation des maîtrises des communautés d'arts et métiers de la ville de Rouen. 20 juin 1779. (AN → AD^{+} 1042)

1922. Ordonnance du roi, concernant le régiment provincial de la ville de Paris. 20 juin 1779. (AN → AD^{+} 1042)

Arrêts du Conseil d'État du roi. 10 février 1778 et 22 juin 1779. (AN → AD^{+} 1042). Voir notice n° 1453.

1923. Arrêt du Conseil d'État du roi, qui homologue une délibération générale et unanime, par laquelle les habitants de Boissise-la-Bertrand se désistent purement et simplement des oppositions formées par un petit nombre d'eux, aux arrêts du Conseil qui accordent au sieur de Limon le sol de l'ancien chemin de traverse du Laré, à titre d'indemnité, consentent l'exécution desdits arrêts, et désavouent les expressions injurieuses audit sieur de Limon, insérées dans les requêtes données en leur nom, comme également contraires à leurs intentions et à la vérité. 22 juin 1779. (AN → AD^{+} 1042)

1924. Lettres patentes du roi, portant établissement de deux communautés, de tondeurs à grandes forces et de cordiers, dans la ville de Troyes. 23 juin 1779. (AN → AD^{+} 1042)

1925. Ordonnance du roi, concernant le service des caporaux et appointés de la Garde de Paris, de service sur les ports et remparts. 23 juin 1779. (AN → AD^{+} 1042)

1926. Déclaration du roi, concernant les communautés d'arts et métiers pour la ville de Troyes. 23 juin 1779. (AN → AD$^+$ 1042)

1927. Lettre du roi à M. l'Amiral. 25 juin 1779. (BN → Lb^{39} 240 [B])

1928. Extrait des registres du Conseil d'État du roi. (Claude Jacob. Joseph Bouillant). 26 juin 1779. (AN → AD$^+$ 1042)

1929. Lettres patentes du roi, en forme de déclaration, qui suppriment les communautés d'orfèvres, et autres ouvriers employant des matières d'or et d'argent, ci-devant établies dans les villes du ressort du parlement de Rouen : et réunissent les professions d'orfèvres, lapidaires, joailliers et horlogers, pour ne former à l'avenir qu'une seule communauté dans les villes du ressort, dont l'état est ci-attaché. 27 juin 1779. (AN → AD$^+$ 1042)

1930. Arrêt du Conseil d'État du roi, qui confirme un jugement du Conseil des prises, qui avait déclaré de bonne prise le navire vénitien la *Joanna-Maria*, pour avoir jeté ses papiers à la mer. 29 juin 1779. (AN → AD/VII/7^B pièce 2)

1931. Arrêt du Conseil d'État du roi, qui, sans s'arrêter à l'appel interjeté par les héritiers Huygens et autres, négociants à Livourne, d'un jugement du Conseil des prises, qui avait déclaré de bonne prise le navire anglais la *Grande-Duchesse*, de Toscane, avec sa cargaison, et les avait adjugés aux preneurs : ordonne l'exécution du jugement du Conseil des prises, et condamne les sieurs Huygens et compagnie, aux dépens. 29 juin 1779. (AN → AD/VII/7^B pièce 2)

1932. Arrêt du Conseil d'État du roi, qui, sans s'arrêter au jugement du Conseil des prises, fait remise aux propriétaires du navire l'*Intéressant*, de Bordeaux, pris par un vaisseau anglais, et repris par le vaisseau du roi le *Neptune*. 29 juin 1779. (AN → AD/VII/7^B pièce 2)

1933. Arrêt du Conseil d'État du roi, qui fait remise aux propriétaires du navire l'*Aquilon*, pris par un vaisseau anglais, et repris par le vaisseau du roi le *Vengeur* et la frégate la *Belle-Poule*. 29 juin 1779. (AN → AD/VII/7^B pièce 2)

1934. Lettre de M. de Sartine aux syndics des avocats au Conseil, au sujet des procédures faites à l'occasion des reprises. 29 juin 1779. (AN → AD/VII/7^B pièce 2)

1935. Édit du roi, qui réduit à douze les offices de notaires de la ville de Nevers. Juillet 1779. (AN → AD$^+$ 1042)

1936. Édit du roi, portant rétablissement de l'office de général-provincial subsidiaire des monnaies pour la ville de Lyon. Juillet 1779. (AN → AD$^+$ 1042)

1937. Édit du roi, portant suppression de tous les trésoriers des Maisons du roi et de la reine : et création d'un seul trésorier-payeur-général des dépenses des Maisons de leurs Majestés. Juillet 1779. (AN → AD$^+$ 1042)

1938. Édit du roi, portant suppression de l'office d'inspecteur-général-conservateur des Domaines et Droits domaniaux à Marseille. Juillet 1779. (AN → AD$^+$ 1042)

1939. Édit du roi, portant création de huit charges de gardes de la Porte de Monsieur. Juillet 1779. (AN → AD$^+$ 1042)

1940. Lettres patentes du roi, concernant le collège de la ville de Tours. Juillet 1779. (AN → AD$^+$ 1042)

1941. Lettres patentes du roi, qui prorogent en faveur des vassaux du roi, dans la province d'Auvergne, jusqu'au 1er juillet 1780, les délais accordés aux vassaux pour rendre les foi et hommages dûs à cause de son heureux avènement à la Couronne. 1er juillet 1779. (AN → AD$^+$ 1042)

1942. Arrêt du Conseil d'État du roi, qui ordonne qu'il sera sursis à la perception des droits de fret, et de quinze pour cent sur les navires de la province de Hollande exclusivement. 3 juillet 1779. (AN → AD$^+$ 1042)

1943. Arrêt du Conseil d'État du roi, qui ordonne que les droits, émoluments et vacations attribués aux greffiers des experts, seront assujettis à la perception des 2 et 6 sols pour livre établis par la déclaration de 1705 et l'édit de novembre 1771, et que ces greffiers seront tenus de recevoir des parties lesdits sols pour livre, pour en compter à fur et mesure aux préposés du régisseur général, à peine de 500 livres d'amende. 3 juillet 1779. (AN → AD$^+$ 1042)

1944. Mémoire du roi, pour servir d'instruction au sieur Chardon, maître des requêtes ordinaire de l'Hôtel de Sa Majesté. 4 juillet 1779. (AN → Marine A/1/125)

1945. Brevet du roi portant consentement à l'union de la mense abbatiale de l'abbaye de Saint-Florent à la mense conventuelle. 4 juillet 1779. (BN → 4 Fm 28966)

1946. Arrêt du Conseil d'État du roi, concernant les phares établis sur les côtes maritimes de la province de Normandie, et qui fixe la perception du droit de feux sur tous les navires ou bateaux entrant ou sortant des ports de ladite province, suivant le tarif y annexé. 5 juillet 1779. (AN → Marine A/1/125)

1947. Ordonnance du roi, pour régler le rang et le service à l'armée, de quelques officiers supérieurs du régiment d'infanterie de Sa Majesté. 5 juillet 1779. (AN → AD$^+$ 1042)

1948. À tous ceux qui ces présentes lettres verront, [...]. (Jacques-Gédéon Le Sueur. Prévôté de Bouffemont. Pierre-Alexandre Hivart). 5 juillet 1779. (AN → AD$^+$ 1042)

1949. Arrêt du Conseil d'État du roi, qui ordonne l'exécution de l'arrêt du 6 septembre 1690 ; en conséquence que les loueurs de carrosses de remises continueront de rouler dans les dix lieues à la ronde de Paris, sans pouvoir être arrêtés, sous quelque prétexte que ce soit, par les commis de sieur Laure, adjudicataire des Messageries de France. 6 juillet 1779. (AN → AD$^+$ 1042)

1950. Lettres patentes du roi, portant exemption du droit d'aubaine, en faveur de la principauté d'Hambourg. 6 juillet 1779. (AN → AD/XVI/14^A)

1951. Lettres patentes du roi, qui fixent la forme dans laquelle s'instruiront les instances produites par-devant les commissaires de la Chambre des comptes, tant dans les échanges que dans les apanages. 7 juillet 1779. (AN → AD$^+$ 1042)

1952. Règlement que Monsieur, frère du roi, en qualité de grand-maître général, tant au spirituel qu'au temporel, des ordres royaux, militaires et hospitaliers de Notre-Dame du Mont-Carmel et de Saint-Lazare de Jérusalemn, veut et ordonne être observé, sur la formation et distribution à venir des commanderies desdits ordres. 8 juillet 1779. (AN → AD^{+} 1042)

1953. Arrêt du Conseil d'État du roi, qui règle la perception à faire du droit de marque des fers sur les effets et munitions d'artillerie. 9 juillet 1779. (AN → AD^{+} 1042)

1954. Loterie royale, établie par arrêt du Conseil d'État du roi du 7 décembre 1777. Liste générale du tirage des 200 primes, attribuées aux deux mille billets de ladite Loterie, sortis avec des lots de mille livres, remboursables en décembre 1779. 9 juillet 1779. (AN → AD^{+} 1042)

1955. Arrêt du Conseil d'État du roi, portant établissement d'une administration provinciale dans la généralité de Montauban. 11 juillet 1779. (AN → AD^{+} 1042)

1956. Déclaration du roi, concernant l'exercice de la grande et petite voirie, à Versailles. 12 juillet 1779. (AN → AD^{+} 1042)

1957. Arrêts du Conseil d'État du roi. Le premier casse et annule un arrêt de la Cour des aides de Rouen, du 10 mai 1779, qui avait annulé une contrainte décernée pour un manquant de 180 pots d'eau-de-vie ; ordonne que la sentence de l'élection de Lisieux, qui a rejeté l'opposition formée à cette contrainte, par Pierre Letremble, bouilleur, sera exécutée selon sa forme et teneur, et condamne ce bouilleur aux dépens.
Le second casse et annule un arrêt de la Cour des aides de Rouen, du 30 mai 1783, contenant règlement pour la forme des contraintes ; ordonne l'exécution de celle décernée contre Pierre Fouquet et sa femme, pour un manquant de 92 pots d'eau-de-vie, et les condamne aux dépens. 13 juillet 1779 et 8 février 1785. (AN → AD^{+} 1042)

1958. Arrêts du Conseil d'État du roi. Le premier, avant faire droit sur la demande en cassation d'un arrêt de la Cour des aides de Rouen du 18 juin 1779, ordonne l'envoi des motifs, et la communication de la requête de l'adjudicataire des Fermes, toutes choses demeurant en état.
Le second rendu contradictoirement, casse et annule l'arrêt de la Cour des aides de Rouen, ordonne l'exécution d'une sentence de l'élection de ladite ville du 20 mars 1778, laquelle a prononcé avec amende et dépens, la confiscation de trois barils de vin trouvés dans la maison de Nicolas Lequeulx maître chandelier à Rouen, faute par lui d'avoir représenté, lors du recensement, la quittance des droits d'entrées. 13 juillet 1779 et 4 octobre 1785. (AN → AD^{+} 1042)

1959. Arrêt du Conseil d'État du roi, qui ordonne l'exécution provisoire de la sentence de la capitainerie-gruerie du bois de Boulogne et dépendances, rendue le vingt-cinq juin dernier. 17 juillet 1779. (AN → AD^{+} 1042)

1960. Arrêt du Conseil d'État du roi, concernant les boursiers et ceinturonniers de la ville de Rouen. 17 juillet 1779. (AN → AD^{+} 1321)

1961. Lettres patentes du roi, portant établissement d'une communauté d'écrivains dans la ville de Rouen. 17 juillet 1779. (AN → AD^{+} 1042)

1962. Arrêt du Conseil d'État du roi, et lettres patentes sur icelui, qui ordonnent que les officiers municipaux des villes de Moulins et de Nevers nommeront à l'avenir, au lieu des collecteurs ordinaires des Tailles, des préposés de leur choix qu'ils pourront proroger ou destituer à volonté avec l'autorisation du sieur intendant et commissaire départi. 18 juillet 1779. (AN → AD$^+$ 1042)

Arrêts du Conseil d'État du roi. 26 mai 1778 et 20 juillet 1779. (AN → AD$^+$ 1042). Voir notice n° 1555.

Arrêts du Conseil d'État du roi. 5 janvier et 20 juillet 1779. (AN → AD$^+$ 1042). Voir notice n° 1755.

1963. Lettres patentes du roi, en interprétation de celles du 9 mai 1779, portant établissement d'une administration provinciale dans la généralité de Bourges. 30 juillet 1779. (AN → AD$^+$ 1042)

1964. Arrêt du Conseil d'État du roi, qui nomme des commissaires pour la liquidation des dettes des communautés du Roussillon. 31 juillet 1779. (AN → AD$^+$ 1042)

1965. Arrêt du Conseil d'État du roi, qui ordonne que, par provision et jusqu'à ce qu'il en ait été autrement ordonné, le fermier du bac établi sur la rivière de Seine au lieu de Valvin, ne pourra dorénavant percevoir que les droits portés au tarif annexé audit arrêt. 31 juillet 1779. (AN → AD$^+$ 1042)

1966. Arrêt du Conseil d'État du roi, et lettres patentes sur icelui, qui suppriment les privilèges d'exemption de taille d'exploitation de quelques maîtres de poste de la généralité de Moulins, et y substituent une gratification en argent. 31 juillet 1779. (AN → AD$^+$ 1042)

1967. Édit du roi, portant suppression du droit de mainmorte et de servitude dans les Domaines du roi, et dans tous ceux tenus par engagement : et abolition générale du droit de suite sur les serfs et main-mortables. Août 1779. (AN → AD$^+$ 1043)

1968. Édit du roi, portant fixation des notaires établis à Poissy, au nombre de deux. Août 1779. (AN → AD$^+$ 1043)

1969. Édit du roi, qui ordonne une fabrication dans la monnaie de Paris, d'une certaine quantité d'espèces de billon, qui ne pourra avoir cours que dans les îles de France et de Bourbon, où elles seront reçues en toutes sortes de payements, à raison de trois sous la pièce. Août 1779. (AN → AD$^+$ 1043)

1970. Édit du roi, portant suppression de l'office de président-juge général, civil et criminel au siège royal de Calais : et création de deux autres offices, etc. Août 1779. (AN → AD$^+$ 1043)

1971. Édit du roi, portant suppression du bailliage royal de la terre de Château-Renard. Août 1779. (AN → AD$^+$ 1043)

1972. Édit du roi, portant rétablissement du siège de la prévôté royale de Langeac, qui avait été supprimé par édit du mois d'août 1771. Août 1779. (AN → AD$^+$ 1043)

1973. Lettres patentes du roi, en forme d'édit, concernant le collège de la Flèche. Août 1779. (AN → AD+ 1043)

1974. Arrêt du Conseil d'État du roi, et lettres patentes sur icelui, qui ordonnent aux essayeurs et jurés-gardes orfèvres, de se pourvoir au dépôt établi par lesdites lettres patentes, de tous les agents et substances nécessaires à l'opération des essais. 1er août 1779. (AN → AD+ 1043)

1975. Ordonnance du roi, concernant les déserteurs des troupes provinciales. 1er août 1779. (AN → AD+ 1043)

1976. Instruction que le roi a fait expédier aux officiers généraux chargés de l'inspection de son infanterie. 1er août 1779. (AN → MM 1225)

1977. Instruction que le roi a fait expédier aux officiers généraux chargés de l'inspection de ses troupes à cheval. 1er août 1779. (AN → MM 1225)

1978. Règlement des maire et échevins de la ville d'Angers, concernant les Anglais, prisonniers de guerre sous parole et cautionnement. 3 août 1779. (AN → AD/VII/7B pièce 2)

1979. Arrêt du Conseil d'État du roi, qui proroge, jusqu'au 1er janvier prochain, les délais fixés par les articles VIII et IX de l'édit d'avril 1779, concernant les communautés d'arts et métiers des villes du ressort du parlement de Rouen. 8 août 1779. (AN → AD+ 1043)

1980. Déclaration du roi, concernant les pensions. 8 août 1779. (AN → AD+ 1043)

1981. Instruction sur les formalités à remplir par les pensionnaires en exécution des lettres patentes du 8 novembre 1778, de la déclaration du roi du 7 janvier 1779, et de celle du 8 août de ladite année 1779, pour recevoir les pensions et autres grâces dont ils jouissent. 1779. (AN → AD+ 1321)

1982. Arrêt du Conseil d'État du roi, qui ordonne la reconnaissance et levée des scellés apposés sur les effets appartenant aux communautés d'arts et métiers dans le ressort du Conseil supérieur de Roussillon, pour ensuite être procédé à la vente desdits effets. 9 août 1779. (AN → AD+ 1043)

1983. Arrêt du Conseil d'État du roi, qui proroge jusqu'au 1er janvier 1780, les délais fixés par l'édit de mai dernier, concernant les communautés d'arts et métiers du ressort du Conseil de Roussillon. 9 août 1779. (AN → AD+ 1043)

1984. Arrêt du Conseil d'État du roi, qui ordonne qu'il sera sursis à la vente et adjudication des maisons, par cet enclos qui appartenaient aux anciennes communautés des bouchers de la ville de Rouen. 9 août 1779. (AN → AD+ 1321)

1985. Arrêt du Conseil d'État du roi, qui ordonne l'exécution des déclarations des 14 septembre 1706 et 15 juillet 1710 ; en conséquence, que les contestations nées et à naître sur la régie et perception des droits de contrôle, insinuation, centième denier, petit-scel et d'autres y joints, circonstances et dépendances, ne pourront être portées en première instance, que par-devant les sieurs intendants et commissaires départis dans les provinces et généralités du royaume, et par appel au Conseil, à peine de cassation de procédures qui seront faites ailleurs, de cinq cents livres d'amende, et de tous dépens, dommages et intérêts : casse une ordonnance et une sentence du juge-prévôt royal de Murat, des 14 et 16 juin 1779 ; lui fait Sa Majesté très-expresses inhibitions et défenses de récidiver, à peine de mille livres d'amende pour chaque contravention, même d'être interdit de ses fonctions. Ordonne qu'une amende de vingt livres, payée par le contrôleur des actes de Murat, et prononcée par ladite sentence, lui sera rendue. Condamne le sieur Tournier, pour avoir porté devant le juge de Murat, le différend survenu entre lui et ledit contrôleur, au lieu de s'être pourvu devant M. l'intendant d'Auvergne, en cinq cents livres d'amende, modérée à trente livres. Condamne en outre le sieur Tournier, solidairement avec le prévôt de Murat, au coût du présent arrêt. 10 août 1779. (AN → AD$^+$ 1043)

1986. Lettres patentes du roi, qui autorisent Monsieur, frère du roi, à faire procéder à la confection du terrier de la vicomté d'Alençon. 11 août 1779. (AN → AD$^+$ 1043)

1987. Déclaration du roi, portant suppression de toutes les communautés d'arts et métiers, ci-devant établies dans les différentes villes du ressort du parlement de Rouen, où il n'en a pas été établi de nouvelles par l'édit du mois d'avril dernier. 11 août 1779. (AN → AD$^+$ 1321)

1988. Lettres patentes du roi, portant règlement pour les compulsoires. 12 août 1779. (AN → AD$^+$ 1043)

1989. Arrêt du Conseil d'État du roi, concernant les péages établis sur les grandes routes et sur les rivières navigables. 15 août 1779. (AN → AD$^+$ 1043)

1990. Ordonnance du roi, pour prendre au service de terre, une partie de l'infanterie du corps des Volontaires de Nassau, ci-devant attaché à la Marine. 16 août 1779. (AN → AD$^+$ 1043)

1991. Déclaration du roi, concernant les assurances. 17 août 1779. (AN → AD$^+$ 1043)

1992. Déclaration du roi, portant règlement pour les spectacles établis à la suite de la Cour, les appointements des comédiens, et autres gens attachés à ces spectacles, et la sûreté de leurs créanciers. 18 août 1779. (AN → AD$^+$ 1043)

1993. Lettres patentes du roi, concernant l'administration des revenus de l'abbaye de Saint-Germain-des-Prés. 20 août 1779. (AN → AD/XVII/17^A)

1994. Arrêt du Conseil d'État du roi, qui ordonne que les tapissiers-valets-de-chambre de Sa Majesté, ainsi que ceux qui leur succéderont dans lesdites charges, jouiront, tant qu'ils en seront pourvus, du privilège de tenir boutique dans la ville de Paris, en se conformant par eux aux statuts et règlements de la communauté des tapissiers de ladite ville. 21 août 1779. (AN → O/1/213)

1995. Ordonnance du roi, concernant l'ordre de Saint-Louis. 21 août 1779. (AN → AD$^+$ 1043)

1996. Lettres patentes du roi, qui ordonnent la fabrication de vingtièmes d'écus. 22 août 1779. (AN → AD$^+$ 1043)

1997. Ordonnance du roi, pour établir dès à présent les quatre officiers supérieurs de l'état-major du régiment du colonel général des hussards, que Sa Majesté se propose de créer par la suite. 22 août 1779. (AN → AD^{+} 1043)

1998. Ordonnance du roi, en faveur des maîtres de postes aux chevaux, et de la Ferme des messageries, contre les entreprises des loueurs de chevaux. 26 août 1779. (AN → AD^{+} 1043)

1999. Arrêt du Conseil d'État du roi, qui ordonne qu'à l'avenir, et à compter du jour de la signification du présent arrêt, le fermier du bac établi sur la rivière de Seine, au lieu de Choisy-le-Roi, sera autorisé à percevoir les droits portés au tarif annexé dudit arrêt. 27 août 1779. (AN → AD^{+} 1043)

2000. Arrêt du Conseil d'État du roi, qui maintient la dame veuve du sieur Michel et les grand-maître, procureur et boursiers du collège du Plessis, dans la possession et jouissance d'un droit de péage sur la rivière de Marne, au lieu de Gournay, généralité de Paris. 27 août 1779. (AN → AD^{+} 1043)

2001. Lettres patentes du roi, pour l'abolition du droit d'aubaine entre la France et l'abbaye-principauté de Fulde. 29 août 1779. (AN → AD/XVI/14^{A})

2002. Arrêt du Conseil d'État du roi, portant règlement sur les droits de déshérence dans l'étendue des domaines engagés dans la province de Normandie. 30 août 1779. (AN → AD^{+} 1043)

2003. Extrait des registres du Conseil d'État. (Loueurs de carrosses de Paris. Sieurs Homet, Mansiot, Guerbe, Serrugue). 31 août 1779. (AN → AD^{+} 1043)

2004. Déclaration du roi, portant permission d'aliéner, par la voie de la reconstitution, les rentes provenant des corps et communautés d'arts et métiers supprimés. 31 août 1779. (AN → AD^{+} 1043)

2005. Lettres patentes du roi, portant règlement pour les statuts du corps des marchands de vin de la ville et faubourgs de Paris. De l'exercice de MM. Jean-Baptiste Lefèvre, Jean-Baptiste-René Daridan, Claude Vée, Pierre Comperot, Louis-Jean Ladoubé, et Denis-Étienne Deville, gardes et adjoints du corps. Septembre 1779. (AN → AD^{+} 1043)

2006. Arrêt du Conseil d'État du roi, qui commet le sieur Bertin, trésorier des revenus casuels, pour faire le recouvrement de la recette des maîtrises dans le ressort du parlement de Nancy. 2 septembre 1779. (AN → AD^{+} 1043)

2007. Arrêt du Conseil d'État du roi, portant règlement pour l'exploitation pendant six années, de la régie des Poudres et Salpêtres. 5 septembre 1779. (AN → AD^{+} 1043)

2008. Arrêt du Conseil de monseigneur, comte d'Artois, fils de France, frère du roi, concernant l'ouverture du centième denier, pour l'année 1780, et autres subséquentes. 5 septembre 1779. (AN → AD^{+} 1043)

2009. Instruction pour les formalités des prises faites par les vaisseaux du roi. (Amirautés. Contrôleur de la Marine. Commissaire des classes). 6 septembre 1779. (AN → AD^{+} 1043)

2010. Règlement concernant les commissionnaires au Mont-de-Piété. 6 septembre 1779. (AN → AD^{+} 1043)

2011. Extrait des registres du Conseil d'État. (Chartreuse d'Apponay. Paroisse de Remilly-en-Nivernois). 7 septembre 1779. (AN → AD/IV/14 pièce 179)

2012. Lettres patentes concernant l'exécution des jugements et contraintes contre l'adjudicataire des Fermes. 7 septembre 1779. (AN → AD^{+} 1043)

2013. Lettres patentes du roi, portant règlement relatif au poids-le-roi de la ville de Poitiers. 8 septembre 1779. (AN → AD^{+} 1043)

2014. Ratification de la convention entre la France et les États de Hesse-Darmstadt, pour l'exemption réciproque du droit d'aubaine. 8 septembre 1779. (AN → AD^{+} 1043)

2015. Arrêt du Conseil d'État du roi, qui ordonne qu'il sera procédé par les sieurs commissaires du Bureau des péages, à la fixation des indemnités qui seront dues aux propriétaires desdits péages, lorsque Sa Majesté jugera à propos de les supprimer. 11 septembre 1779. (AN → AD^{+} 1043)

2016. Arrêt du Conseil d'État du roi, qui ordonne que le sieur procureur général en la Cour des monnaies, sera colloqué pour Sa Majesté, dans l'ordre et distribution du prix provenant de la vente des immeubles du sieur de la Molère-Sibirol, ci-devant directeur et trésorier particulier de la monnaie de Bordeaux, pour les intérêts de la somme dont il s'est trouvé reliquataire envers Sa Majesté : et affecte la pièce de terre y désignée, au payement de cette somme. 11 septembre 1779. (AN → AD^{+} 1043)

2017. Arrêt du Conseil d'État du roi, qui liquide les finances d'un office de juré-mesureur de blé à Carentan, et de deux semblables offices à Pont-l'Abbé, généralité de Caen. 11 septembre 1779. (AN → AD^{+} 1043)

2018. Arrêt du Conseil d'État du roi, qui supprime le droit de cartelage, couponnage ou grenette, dans la ville de Nantua. 11 septembre 1779. (AN → AD^{+} 1043)

2019. Arrêt du Conseil d'État du roi, qui maintient le sieur Cochart, marquis de Chastenoye, en qualité de seigneur par engagement du domaine de Nonancourt, dans des droits de coutume qui se perçoivent audit lieu sur les blés, orges, avoines, etc. 11 septembre 1779. (AN → AD^{+} 1043)

2020. Arrêt du Conseil d'État du roi, qui maintient la dame marquise De Joyeuse dans un droit de coutume sur les grains vendus au marché de Cailly. 11 septembre 1779. (AN → AD^{+} 1043)

2021. Arrêt du Conseil d'État du roi, qui maintient le sieur Godeau de la Houssaye, en qualité de seigneur de la terre d'Éceuillé en Touraine, dans un droit sur les froments, seigles, orges et avoines, vendus aux marchés et aux foires dudit lieu. 11 septembre 1779. (AN → AD^{+} 1043)

2022. Arrêt du Conseil d'État du roi, qui fait défenses au sieur marquis de Vauborel, de percevoir aucun droit de leyde au marché de Changy. 11 septembre 1779. (AN → AD^{+} 1043)

2023. Arrêt du Conseil d'État du roi, portant règlement pour l'élection des députés du commerce. 12 septembre 1779. (AN → AD⁺ 1043)

2024. Lettres patentes du roi, portant réunion en une seule communauté, des professions d'orfèvres, lapidaires, joailliers et horlogers, dans les villes du ressort du Conseil souverain de Roussillon, dont l'état est ci-annexé. 12 septembre 1779. (AN → AD⁺ 1043)

2025. Arrêt du Conseil d'État du roi, qui interdit et prohibe jusqu'à nouvel ordre, l'entrée des fromages de Nord-Hollande, dans le royaume. 18 septembre 1779. (AN → AD⁺ 1043)

2026. Traité de commerce entre Sa Majesté et le duc de Mecklenbourg, conclu à Hambourg le 18 septembre 1779. (AN → AD⁺ 1043)

2027. Arrêt du Conseil d'État du roi, pour ordonner le versement au Trésor royal, des droits et des impositions de la principauté de Dombes, et d'autres objets particuliers. 19 septembre 1779. (AN → AD⁺ 1043)

2028. Circulaire aux évêques leur enjoignant de faire chanter le *Te Deum* dans les églises de leurs diocèses en actions de grâces des succès remportés par les troupes françaises sur les troupes anglaises. 19 septembre 1779. (BN → F 21249 [73])

2029. À tous ceux qui ces présentes lettres verront, les gens tenant les requêtes du Palais à Paris, conseillers du roi en sa Cour de Parlement, salut : [...]. (Jean Bardin. Jean-Pierre Denis. Louis-Nicolas de Perrusse des Cars. Joachim-François-Bernard Pottiers). 22 septembre 1779. (AN → AD⁺ 1043)

2030. Ordonnance du roi, pour porter le corps des Volontaires d'Afrique à six compagnies de cent hommes, y compris une compagnie de canonniers-bombardiers. 24 septembre 1779. (AN → AD⁺ 1043)

2031. Arrêt du Conseil d'État du roi, qui supprime un mémoire à consulter pour les sieurs Gérard, Rougelin et consorts, marchands épingliers, merciers et tabletiers, contre le sieur chevalier Duboys, commandant de la Garde de Paris ; comme aussi la consultation étant ensuite, le tout imprimé. 25 septembre 1779. (AN → AD⁺ 1043)

2032. Ordonnance du roi, pour régler le rang du maréchal des logis du régiment des Gardes françaises de Sa Majesté. 26 septembre 1779. (AN → AD⁺ 1043)

2033. Ordonnance du roi, concernant les compagnies colonelles, mestres-de-camp, et lieutenantes-colonelles de ses troupes d'infanterie, cavalerie, hussards et dragons. 26 septembre 1779. (AN → AD⁺ 1043)

2034. Arrêt du Conseil d'État du roi. (Rivières navigables. Seine, la). 28 septembre 1779. (AN → AD⁺ 1043)

2035. Deux arrêts du Conseil d'État du roi. Le premier ordonne que la requête de l'adjudicataire des Fermes, tendante à ce que le sieur Guérin, entreposeur du tabac, soit dispensé de faire les fonctions de la charge de marguillier, à laquelle il a été nommé par délibération des habitants de Saint-Gildas d'Auray, sera communiquée auxdits habitants ; et que M. le procureur général du parlement de Bretagne enverra au Conseil les motifs de l'arrêt de cette Cour, du 18 août

dernier, portant que le sieur Guérin sera tenu de remplir les fonctions de la fabrique de ladite paroisse.
Le second, contradictoire, déclare nul l'arrêt du parlement de Bretagne, et décharge le sieur Guérin de sa nomination à la place de marguillier, le dispense d'en remplir les fonctions ; et condamne les habitants en tous les dépens et au coût de l'arrêt. 28 septembre 1779 et 23 octobre 1781. (AN → AD$^+$ 1043)

2036. Arrêt du Conseil d'État du roi, qui nomme des commissaires pour procéder à la liquidation des dettes des communautés du ressort du parlement de Nancy. 29 septembre 1779. (AN → AD$^+$ 1043)

2037. Arrêt du Conseil d'État du roi, qui fixe un délai pour la représentation des titres des concessionnaires, engagistes et autres possesseurs des droits de carrosses, messageries et voitures d'eau, dont la liquidation a été ordonnée par l'arrêt du Conseil du 7 août 1775. 30 septembre 1779. (AN → AD$^+$ 1043)

2038. Arrêt du Conseil d'État du roi, qui donne acte aux représentants la Gardette, de ce qu'ils ont exécuté tous les ouvrages qui leur ont été prescrits, pour rendre la rivière de Loire navigable, en descendant de Saint-Rambert à Roanne, les en décharge définitivement, et de ceux qu'il faudrait faire pour rendre ladite rivière navigable, en descendant de Monistrol à Saint-Rambert. 30 septembre 1779. (AN → AD$^+$ 1043)

2039. Édit du roi, portant suppression des offices de trésoriers des Ligues suisses, de celui de la police de Paris ; de la Commission de payeur des gages des maîtres des Postes et Relais ; de celle de payeur des dépenses des haras, et de différentes Caisses particulières :
Et établissement d'un nouvel ordre pour la réunion de ces objets. Octobre 1779. (AN → AD$^+$ 1044)

2040. Arrêt du Conseil d'État du roi, portant règlement sur le payement des traitements, appointements et émoluments des gouverneurs, tant généraux des provinces, que particuliers ; lieutenants de roi ou commandants, majors, aides et sous-aides-majors des villes, places et châteaux du royaume. 1er octobre 1779. (AN → AD$^+$ 1044)

2041. Arrêt du Conseil d'État du roi, qui casse et annule un arrêt du parlement de Paris, rendu en la Chambre de Tournelle, le 4 septembre 1779, en faveur du sieur Daguin, curé de Digny, diocèse de Chartres, et du sieur Bourget, prêtre du même diocèse ; ordonne l'exécution de la déclaration du 14 août 1562, et de l'édit du mois d'avril 1695 ; et fait défenses à tous prêtres non pourvus et possesseurs légitimes de bénéfices à charge d'âmes, d'exercer, hors le cas d'extrême nécessité, les fonctions de confesseur, sans l'autorisation spéciale, préalable et actuelle de l'archevêque ou évêque diocésain. 2 octobre 1779. (AN → AD$^+$ 1044)

2042. Lettres patentes qui permettent à la ville de Lyon d'emprunter pour le payement des dettes procédantes des emprunts faits jusqu'à ce jour par ladite ville, et autorisés par édits, lettres patentes et arrêts du Conseil. 2 octobre 1779. (AN → AD/XVI/7^B)

2043. Arrêt du Conseil d'État du roi, qui ordonne la suspension dans la ville d'Aunay, en Poitou, de la perception des droits sur les grains vendus en ladite ville. 4 octobre 1779. (AN → AD$^+$ 1044)

2044. Arrêt du Conseil d'État du roi, portant concession au sieur Vandermey et à ses associés, des moëres de Flandres. 4 octobre 1779. (AN → AD/XVI/14^A^)

2045. Arrêt du Conseil d'État du roi, qui, sans s'arrêter aux oppositions et demandes en cassation des abbé et religieux de Saint-Maur, ordonne l'exécution de deux arrêts précédents qui ont maintenu le sieur Teyssié dans la propriété des grèves par lui plantées en vertu du règlement des Turcies et Levées de 1688, et dans l'acensement d'anciennes îles, jards et budats dans la Loire.
Et sur l'intervention du procureur général de Monsieur, frère du roi, déclare lesdits abbé et religieux mal fondés dans leurs demandes en maintenue dans la propriété et seigneurie de la Loire dans l'étendue de leurs fiefs. 5 octobre 1779. (AN → AD$^+$ 1044)

2046. Lettres patentes qui accordent au sieur Pierres la charge d'imprimeur de Sa Majesté, vacante par le décès du sieur Le Breton. 7 octobre 1779. (BN → Ms. Fr. 22078, fol. 323)

2047. Arrêt du Conseil d'État du roi, approbatif du bail ou concession du privilège de l'Opéra-Comique, faite par la ville aux comédiens, dits Italiens, pour trente années, à commencer le 1er janvier 1780. 16 octobre 1779. (AN → AD/VIII/10 dossier E pièce 46)

2048. Lettres patentes du roi, concernant les collèges de Lorraine. 16 octobre 1779. (AN → AD$^+$ 1321)

2049. Arrêt du Conseil d'État du roi, qui condamne par corps le nommé Robustel, fermier du péage de Moret, à rendre et restituer à Étienne Gazet, domestique du sieur de Marsangy, la somme de quarante livres par lui reçue par accommodement ; fait défenses, tant audit Robustel qu'au fermier de Ponthierry, de suivre les voituriers, ou rien exiger d'eux par accommodement, sans avoir fait constater du refus desdits voituriers de payer les droits dûs, par des procès-verbaux. 17 octobre 1779. (AN → AD$^+$ 1044)

2050. Déclaration du roi, concernant la comptabilité et le Trésor royal. 17 octobre 1779. (AN → AD$^+$ 1044)

2051. Arrêt du Conseil d'État du roi, qui ordonne que ceux qui ont été reçus dans l'ancienne communauté des crocquetiers de la ville de Caen, le seront dorénavant dans celle des marchands épiciers-confiseurs-ciriers-chandeliers de ladite ville. 18 octobre 1779. (AN → AD$^+$ 1044)

2052. Arrêt du Conseil d'État du roi, qui ordonne que la perception du droit de péage de l'Île-Barbe, prorogée pendant dix années, par l'arrêt du Conseil du 24 mai 1779, sera faite par les administrateurs des Domaines. 22 octobre 1779. (AN → AD$^+$ 1044)

2053. Lettres patentes qui confirment la ville de Moulins dans la perception à perpétuité des droits d'octrois dont elle jouit pour l'acquit de ses charges ; convertissent le droit de courte pinte en un droit de débit, et ordonnent le doublement pendant dix ans de plusieurs des droits pour payer ses dettes. 25 octobre 1779. (AN → AD$^+$ 1044)

2054. Passeport pour vivres et ustensiles destinés pour le port de Brest. Service de 1780. 29 octobre 1779. (BN → Ms. Joly de Fleury 1448, fol. 240)

2055. Lettres patentes du roi qui ordonnent l'exécution pure et simple de l'édit du mois de septembre 1778, concernant les Bureaux de santé de l'île de Corse. 30 octobre 1779. (AN → Marine A/1/123)

2056. Lettre... aux agents généraux du clergé de France, pour la convocation de l'assemblée générale du clergé en la ville de Paris, au 29 mai 1780. 30 octobre 1779. (BN → Fol Ld^4 6704)

2057. Édit du roi, portant création de cinq millions de rentes viagères. Novembre 1779. (AN → AD^+ 1044)

2058. Lettres patentes du roi, en faveur de l'hôpital de Rochefort. Novembre 1779. (AN → AD^+ 1044)

2059. Lettres patentes du roi, confirmatives d'un décret d'extinction et suppression du prieuré de Saint-Jacques-au-Mont et union de ses biens et revenus à la mense conventuelle de l'abbaye de Saint-Mansuy-lès-Toul. Novembre 1779. (BN → F 23629 [858])

2060. Arrêt du Conseil d'État du roi, qui, sans avoir égard à l'ordonnance de M. l'intendant d'Alençon, du 15 avril 1779, ordonne que l'article IX de l'édit du mois de février 1748, l'article XI de la déclaration du 1er mars 1771, et l'arrêt du Conseil du 21 août suivant, concernant les visites et exercices des commis chez les marchands de papiers et cartons, seront exécutés selon leur forme et teneur ; en conséquence, condamne les nommés Le Canu, Cardon et Jouane, marchands et débitants de papiers et cartons, en la ville d'Alençon, pour s'être refusés aux visites et exercices des commis, en 300 livres d'amende chacun et aux dépens. 2 novembre 1779. (AN → AD^+ 1044)

2061. Arrêt du Conseil d'État du roi, portant distribution et répartition des emplacements de la nouvelle galerie des prisonniers du Palais, en faveur des particuliers qui jouissaient des boutiques établies dans l'ancienne galerie. 3 novembre 1779. (AN → AD^+ 1044)

2062. Arrêt du Conseil d'État du roi, portant don de la succession du sieur Delané, Irlandais. 3 novembre 1779. (AN → AD^+ 1044)

2063. Union des créanciers de M. le président de Grège. 5, 6 et 12 novembre 1779. (AN → AD^+ 1044)

2064. Ordonnance du roi, concernant les logements dans l'Hôtel royal des Invalides. 6 novembre 1779. (AN → AD^+ 1044)

2065. Ordonnance du roi, portant règlement pour l'Hôtel de l'École royale militaire. 6 novembre 1779. (AN → AD/VI/10^A dos. D pièce 1)

2066. Règlement concernant les prises qui seront conduites dans les ports étrangers, et les formalités que doivent remplir les consuls de Sa Majesté qui y sont établis. 8 novembre 1779. (AN → AD^+ 1044)

2067. Lettre de M. de Sartine aux amirautés, concernant les liquidations des prises faites sur les corsaires. 8 novembre 1779. (AN → Marine A/1/125)

2068. Lettre du roi à M. l'Amiral, au sujet des papiers jetés à la mer. (Prises). 13 novembre 1779. (AN → AD$^+$ 1044)

2069. Arrêt du Conseil d'État du roi, qui ordonne l'exécution, dans la ville de Saint-Lô, de l'édit du mois d'avril dernier, concernant les communautés d'arts et métiers des villes du ressort du parlement de Rouen ; déclare nulle l'opposition faite par le seigneur de Saint-Lô, à la perception du droit relatif aux communautés de ladite ville et faubourgs. 14 novembre 1779. (AN → AD$^+$ 1044)

2070. Ordonnance du roi, pour régler le traitement des régiments d'infanterie qui seront employés dans les colonies situées au-delà du cap de Bonne-Espérance. 14 novembre 1779. (AN → AD$^+$ 1044)

2071. Arrêts du Conseil d'État du roi. Le premier casse et annule un arrêt de la Cour des aides de Rouen du 2 juillet 1779 : évoque l'appel interjeté par le régisseur, d'une sentence de l'élection de la même ville du 20 mars 1778, et y faisant droit, sans s'arrêter à ladite sentence, qui est regardée comme non-avenue, déclare bonne et valable la saisie faite sur Denis-Louis Cordier, bourrelier en ladite ville de Rouen, de deux morceaux de cuir trouvés chez lui sans être revêtus des marques de la Régie, en prononce la confiscation avec amende de 50 livres, et condamne ledit Cordier aux dépens faits en cause principale, et tant ledit Cordier que la communauté des bourreliers de Rouen, intervenante sur l'appel, chacun pour ce qui les concerne, à ceux faits en la Cour des aides, et au coût, sceau, contrôle et signification de l'arrêt.
Le second déboute ladite communauté de son opposition à l'arrêt ci-dessus ; ordonne qu'il sera exécuté selon sa forme et teneur, et la condamne aux dépens. 16 novembre 1779 et 12 septembre 1780. (AN → AD$^+$ 1044)

2072. Lettres patentes du roi, qui évoquent au Conseil la discussion des biens du sieur Prevost, trésorier général des Ponts et Chaussées, et la renvoie en la première Chambre de la Cour des aides. 17 novembre 1779. (AN → AD$^+$ 1044)

2073. Convention entre l'impératrice reine de Hongrie et de Bohême et le roi très-chrétien concernant les limites de leurs États respectifs aux Pays-Bas, et d'autres objets relatifs aux frontières. Conclue à Bruxelles le 18 novembre 1779. (AN → AD/XV/7)

2074. Déclaration du roi, portant création d'une communauté de tondeurs à grandes forces dans la ville d'Amiens. 20 novembre 1779. (AN → AD$^+$ 1044)

2075. Règlement pour la gestion et comptabilité des receveurs généraux des Domaines et Bois de monseigneur, comte d'Artois. 23 novembre 1779. (AN → AD$^+$ 1044)

2076. Règlement pour la gestion et comptabilité du trésorier-général des Maisons, Domaines et Finances de monseigneur, comte d'Artois. 23 novembre 1779. (AN → AD$^+$ 1044)

2077. Arrêt du Conseil d'État du roi, concernant la perception du droit de consulat, établi sur le commerce du Levant et de Barbarie. 27 novembre 1779. (AN → AD$^+$ 1044)

2078. Arrêt du Conseil d'État du roi, portant suppression d'un écrit ayant pour titre : *Lettre de MM. les agents généraux du clergé à M. l'archevêque de Tours*. 27 novembre 1779. (AN → AD$^+$ 1044)

2079. Arrêt du Conseil d'État du roi, en faveur des prieur et religieuses de l'hôpital de la Conception à Lille. 27 novembre 1779. (AN → AD/XVI/14^A)

2080. Lettres patentes du roi, concernant la Chambre du commerce de Marseille. 27 novembre 1779. (AN → AD$^+$ 1044)

2081. Ordonnance du roi, pour régler un uniforme aux officiers réformés des troupes des colonies. 28 novembre 1779. (AN → AD$^+$ 1321)

2082. Ordonnance du roi, pour régler l'administration et le service de la Chambre du commerce de Marseille. 29 novembre 1779. (AN → AD$^+$ 1044)

2083. Lettres patentes du roi, concernant la translation de l'hôpital des Quinze-Vingts, dans l'hôtel anciennement occupé par la compagnie des mousquetaires noirs, dans la rue de Charenton. Décembre 1779. (AN → AD$^+$ 1044)

2084. Circulaire aux directeurs. (Régie). Décembre 1779. (AN → G/2/17)

2085. Déclaration du roi, concernant l'hôpital de la ville de Versailles. 3 décembre 1779. (AN → AD$^+$ 1044)

2086. Arrêt du Conseil d'État du roi, qui assujettit à la retenue des vingtièmes et sols pour livre les rentes dues par les communautés d'arts et métiers de la province de Normandie. 4 décembre 1779. (AN → AD$^+$ 1321)

2087. Arrêt du Conseil d'État du roi, concernant la vente de l'argenterie appartenante aux communautés supprimées dans la ville de Rouen. 4 décembre 1779. (AN → AD$^+$ 1321)

2088. Lettres patentes sur arrêt du Conseil, qui ordonnent que les maîtres des anciennes communautés de la ville de Rouen et des autres villes du ressort du parlement de Normandie, qui se sont fait ou se feront recevoir dans les nouvelles communautés, prêteront un nouveau serment ; et qui règlent les droits de réception à payer aux officiers de police. 4 décembre 1779. (AN → AD$^+$ 1321)

2089. Déclaration du roi, qui règle les attributions des contestations élevées par rapport aux saisies et oppositions relatives au recouvrement des deniers de l'impôt du sel. 4 décembre 1779. (AN → AD$^+$ 1044)

2090. Arrêt du Conseil d'État du roi, confirmatif d'un jugement du Conseil des prises, qui avait déclaré de bonne prise le navire danois l'*Anna* et sa cargaison. 6 décembre 1779. (AN → AD/VII/7^B pièce 2)

2091. Arrêt du Conseil d'État du roi, concernant les routes des Chasses de Sa Majesté, dans la forêt de Sequigny. 8 décembre 1779. (AN → AD$^+$ 1044)

2092. Arrêt du Conseil d'État du roi, qui ordonne que les gages des offices de gouverneurs et lieutenants de roi des villes closes du royaume, qui étaient payés par le trésorier des troupes de la Maison du roi, le seront à l'avenir par le sieur Desplasses, payeur des rentes sur la ville de Paris. 8 décembre 1779. (AN → AD$^+$ 1044)

2093. Lettres patentes du roi, portant règlement, concernant la régie et administration du collège de la Flèche et les élèves dudit collège. 8 décembre 1779. (AN → AD⁺ 1044)

2094. Arrêt du Conseil d'État du roi, qui ordonne le payement des gages et rentes appartenant à différentes communautés de chirurgiens. 11 décembre 1779. (AN → AD⁺ 1044)

2095. Arrêt du Conseil d'État du roi, concernant les dettes des habitants de l'île de la Grenade. 12 décembre 1779. (AN → AD⁺ 1044)

2096. Arrêt du Conseil d'État du roi, qui fixe les règles, les époques et la forme de la distribution de la Justice en l'île de la Grenade et dépendances. 12 décembre 1779. (AN → AD⁺ 1044)

2097. Arrêt du Conseil d'État du roi, qui ordonne l'établissement d'une navigation réglée sur la Loire et rivières y affluentes. 12 décembre 1779. (AN → AD⁺ 1044)

2098. Arrêt du Conseil d'État du roi, qui maintient le sieur Del'Averdy, ministre d'État, dans des droits de halle et de marché, à Gambais, généralité de Paris. 12 décembre 1779. (AN → AD⁺ 1044)

2099. Déclaration du roi, qui proroge jusqu'au 31 décembre 1784, les exemptions et modérations de droits accordées en 1770, aux habitants de la Bourgogne et des pays de Bresse, Bugey et Gex, pour les actes d'échanges des terrains au-dessous de dix arpents ; à la charge, par lesdites provinces et pays, de payer à la Ferme générale l'indemnité réglée par la déclaration du 3 février 1771. 12 décembre 1779. (AN → AD⁺ 1044)

2100. Arrêt du Conseil d'État du roi, qui proroge jusqu'au 1er juillet 1780, les délais fixés par l'édit de mai dernier, concernant les communautés d'arts et métiers des villes du ressort du parlement de Nancy. 13 décembre 1779. (AN → AD⁺ 1044)

2101. Ordonnance du roi, concernant les règles qui seront observées pour les grâces militaires, avancement et grades qui seront accordés à l'avenir aux officiers des troupes et des états-majors employés au département des Colonies. 13 décembre 1779. (AN → AD⁺ 1044)

2102. Ordonnance du roi, pour l'établissement d'une compagnie de Cadets-Gentilshommes à l'île de Ré, pour le département des Colonies. 13 décembre 1779. (AN → AD⁺ 1044)

2103. Déclaration du roi, qui fixe les délais dans lesquels différents trésoriers et payeurs doivent compter. 16 décembre 1779. (AN → AD⁺ 1044)

2104. Arrêt du Conseil d'État du roi, qui ordonne que les délais fixés pour l'admission des anciens maîtres dans les communautés créées dans la ville de Lyon, seront de nouveau prorogés jusqu'au 1er avril 1780. 18 décembre 1779. (AN → AD⁺ 1044)

2105. Arrêt du Conseil d'État du roi, qui supprime un imprimé, ayant pour titre : *Observations sur le mémoire justificatif de la Cour de Londres*, par Pierre-Augustin Caron de Beaumarchais. 19 décembre 1779. (AN → AD⁺ 1044)

2106. Arrêt du conseil d'État du roi, qui ordonne que les édits d'établissement des nouvelles communautés des cabaretiers-aubergistes, cafetiers-limonadiers, seront exécutés. 20 décembre 1779. (AN → AD+ 1044)

2107. Arrêt du Conseil d'État du roi, qui ordonne que les détailleurs d'eau-de-vie et vendant vins et autres boissons à pot et à assiette, dans les villes de la province de Normandie, où il a été établi des communautés, pourront continuer leurs vente et débit comme par le passé, sans être obligés de se faire agréger auxdites communautés. 20 décembre 1779. (AN → AD+ 1044)

2108. Lettres patentes du roi, contenant règlement sur le commerce des nouvelles communautés des cabaretiers, aubergistes, cafetiers, limonadiers, et sur celui des détailleurs d'eaux-de-vie et des vendants vins et autres boissons. 20 décembre 1779. (AN → AD+ 1044)

2109. Extrait de lettres patentes du roi, portant homologation des statuts et règlements concernant la communauté des maîtres brasseurs de la ville de Paris. 20 décembre 1779. (AN → AD/XI/14 dossier D pièce 19)

2110. Louis, par la grâce de Dieu, roi de France et de Navarre : À notre aîmé et féal conseiller en nos Conseils, maître des requêtes ordinaire de notre Hôtel, le sieur Chardon ; [...]. (Marine. Commerce maritime. Prises). 20 décembre 1779. (AN → Marine A/1/125)

2111. Arrêt du Conseil d'État du roi, qui permet aux bonnetières, brodeuses, marchandes de modes de la ville de Rouen d'assurer à leurs maris le droit d'exercer leur profession après qu'elles seront décédées. 21 décembre 1779. (AN → AD+ 1321)

2112. Arrêt du Conseil d'État du roi, portant cession réciproque et compensation entre Sa Majesté et monseigneur le comte d'Artois, tant pour le paiement des frais de justice, que pour le recouvrement des droits seigneuriaux, ouverts dans les provinces d'Auvergne et du Limousin, à l'époque où ce prince les a remises à Sa Majesté, et dans celle de Poitou et le comté de Ponthieu, à l'époque où cette province et ce comté ont été cédés à monseigneur le comte d'Artois, en remplacement d'apanage. 22 décembre 1779. (AN → AD+ 1044)

2113. Lettres patentes du roi, portant suppression de l'office de conseiller honoraire en la sénéchaussée de La Rochelle. 22 décembre 1779. (AN → AD+ 1044)

2114. Résultat du Conseil de Monsieur, qui commet le surintendant et les intendants de ses Finances, pour passer les contrats des terres vaines et vagues de son apanage, dont la rente n'excédera pas vingt-cinq livres. 24 décembre 1779. (AN → AD+ 1044)

2115. Règlement que le roi a jugé à propos de faire, concernant les officiers supérieurs de ses troupes, qui sont ou seront, par la suite, promus au grade de maréchal-de-camp. 25 décembre 1779. (AN → AD+ 1044)

2116. Arrêt du Conseil d'État du roi, confirmatif d'un jugement du Conseil des prises, qui avait fait main-levée du navire suédois le *Mercure*, pris par un corsaire anglais, et repris dans les vingt-quatre heures par un corsaire français. 27 décembre 1779. (AN → AD/VII/7B pièce 2)

2117. Arrêt du Conseil d'État du roi, qui, sans s'arrêter au jugement du Conseil des prises du 23 juin 1779, qui avait déclaré de bonne prise le navire suédois la *Fortune* et sa cargaison ; en fait main-levée aux capitaine et propriétaires dudit navire la *Fortune*, de Suède. 27 décembre 1779. (AN → AD/VII/7^B pièce 2)

2118. Arrêt du Conseil d'État du roi, qui, sans s'arrêter aux arrêts rendus par la Cour des aides de Paris, les 5 et 14 mai 1779, ordonne que la contrainte décernée par le contrôleur des actes de Saint-Dizier, pour raison d'amendes de fol-appel, sera exécutée selon sa forme et teneur, sauf au sieur Deschamps à se pourvoir en première instance devant M. l'intendant de Champagne, et sauf l'appel au Conseil de l'ordonnance qui interviendra : défenses de procéder ailleurs que devant ledit sieur intendant, et à tous juges de connaître des contestations sur la régie et perception des droits réservés, à peine de cassation des procédures. 28 décembre 1779. (AN → AD$^+$ 1044)

2119. Ratification de la convention conclue entre Sa Majesté et le gouvernement général des Pays-Bas, relativement aux limites des États respectifs. 29 décembre 1779. (AN → AD$^+$ 1044)

2120. Procès-verbal des sommes remboursées par Me Dubu de Longchamp, trésorier de la Caisse des amortissements, établie par l'édit de décembre 1764, sur son exercice 1768, depuis le dernier procès-verbal dressé sur ledit exercice, par les commissaires de la Chambre des comptes. 30 décembre 1779. (AN → AD$^+$ 1044)

1780

2121. Abonnement des édits et arrêts pour la ville de Paris, et toutes les provinces et villes du royaume. (Table analytique des matières contenues dans les édits, lettres patentes, déclarations du roi, arrêts du Conseil, du Parlement, etc.). Année 1780. Imprimé en 1781. (AN → AD/I/30 ; BN → F 21993)

2122. Recueil d'arrêts, édits, déclarations et règlements, relatifs au corps des agents des changes de la ville de Lyon. Mis en ordre par les soins des sieurs Plinguet et Saget ; syndics en exercice, pour l'année 1780. (AN → AD/XVI/7^B)

2123. Lois municipales et économiques du Languedoc, ou recueil des ordonnances, édits, déclarations, lettres patentes, arrêts du Conseil, du parlement de Toulouse et de la Cour des aides de Montpellier... concernant la constitution politique de cette province, son administration... ses privilèges et usages... 1780-1787. (BN → F 12033-12039)

2124. Régie générale des aides et droits y réunis. Circulaire. 1780. (AN → G/2/17)

2125. Régie générale des aides, et droits réunis, sous le nom de Henri Clavel. Circulaire pour la Normandie. Contentieux. 1780. (AN → G/2/17)

2126. Liste des noms et demeures de messieurs les fermiers généraux des Fermes royales unies. Pour la sixième année du bail de Laurent David. 1780. (AN → AD^+ 1045)

2127. Tableau général des dénominations et figures des poinçons de la marque d'or et d'argent, de la régie de Jean-Baptiste Fouache. 1780 ? (AN → AD/XI/24 dossier B pièce 143)

2128. Statuts des maîtres et marchands brasseurs de bière de la ville, faubourgs et banlieue de Paris. 1780. (BN → 4 F Pièce 781)

2129. Statuts et règlements du chapitre noble de l'Argentière. 1780. (BN → Lk^7 13787)

2130. Composition de l'administration de l'Hôtel (royal des Invalides), depuis son établissement jusqu'à l'ordonnance du roi du 17 juin 1776, que la forme en a changé ; et depuis 1776 jusqu'en 1780. (AN → AD/VI/13^B dossier B)

2131. Formule des assignations à donner à la requête de M. le procureur du roi au Bureau des finances, dans les affaires de grande voirie, ponts et chaussées, police des routes et chemins royaux. 1780. (AN → AD/XIII/10)

2132. Édit du roi, portant suppression, et création nouvelle, de trois offices de receveurs généraux, et de trois de contrôleurs généraux des Domaines et Bois de l'apanage de M. le comte d'Artois. Janvier 1780. (AN → AD⁺ 1045)

2133. Édit du roi, concernant la vente des immeubles des hôpitaux du royaume. Janvier 1780. (AN → AD⁺ 1045)

2134. Édit du roi, portant suppression des charges de contrôleurs généraux de la Maison du roi, et Chambre aux deniers ; d'intendant-contrôleur général des Meubles de la Couronne ; des offices d'intendants-contrôleurs généraux des Écuries ; de ceux d'intendants-contrôleurs généraux de l'Argenterie, Menus-Plaisirs et Affaires de la Chambre du roi ; des deux charges de contrôleurs généraux de la Maison de la reine : avec établissement d'un Bureau général des dépenses de la Maison du roi. Janvier 1780. (AN → AD⁺ 1045)

2135. Édit du roi, concernant les casuels des Maisons du roi et de la reine. Janvier 1780. (AN → AD⁺ 1045)

2136. Ordonnance du roi, concernant les hôpitaux militaires et ceux de charité au compte de Sa Majesté. 1er janvier 1780. (AN → AD⁺ 1045)

2137. Traité de la fourniture générale des lits dans les pavillons et casernes des villes, citadelles, forts et châteaux du royaume et de la Corse. 1er janvier 1780. (AN → MM 1225)

2138. Arrêt du Grand Conseil, qui accorde la préséance dans l'église, à un commensal de la Maison du roi, sur un lieutenant des maréchaux de France. 5 janvier 1780. (AN → AD⁺ 1045)

2139. Arrêt du Conseil d'État du roi, qui maintient M. le duc de Villeroy, en qualité d'engagiste de Sa Majesté, dans un droit de péage par terre, au lieu d'Essonne. 6 janvier 1780. (AN → AD⁺ 1045)

2140. Arrêt du Conseil d'État du roi, qui maintient M. le duc de Villeroy, en qualité d'engagiste de Sa Majesté, dans la possession et jouissance d'un droit de péage sur la rivière de Seine à Corbeil, et d'un pareil droit par terre dans le même lieu. 6 janvier 1780. (AN → AD⁺ 1045)

2141. Instruction pour les formalités des prises faites par les vaisseaux du roi. 9 janvier 1780. (AN → AD⁺ 1045)

2142. Arrêt de règlement, concernant les Fermes et les Régies du roi. 9 janvier 1780. (AN → AD⁺ 1045)

2143. Arrêt du Conseil d'État du roi, qui ordonne que les actes et procès-verbaux de lecture des contrats de vente de biens-immeubles, continueront d'être contrôlés à la diligence des notaires et tabellions qui les auront faits, savoir, au contrôle des exploits dans les trois jours qui suivront celui de leur date, et au contrôle des actes dans la quinzaine du jour de leur passation, le tout sous les peines et amendes portées par le règlement. 11 janvier 1780. (AN → AD⁺ 1045)

2144. Arrêt du Conseil d'État du roi, concernant les avances à payer aux équipages des corsaires qui seront armés à Dunkerque ; et le nombre d'officiers-mariniers qui doivent y être embarqués. 16 janvier 1780. (AN → AD^+ 1045)

2145. Arrêt du Conseil d'État du roi, concernant les droits des officiers des amirautés, pour les dépôts des actes de cautionnement des armateurs en course ; et de ceux des actes de société, connus à Marseille sous le nom d'Écrite. 16 janvier 1780. (AN → AD^+ 1045)

2146. Ordonnance du roi, concernant la course et les armements des corsaires. 16 janvier 1780. (AN → AD^+ 1045)

2147. Ordonnance du roi, portant défenses à tous particuliers de s'annoncer comme chargés de lever des compagnies de volontaires, pour les corsaires, et de recevoir de l'argent, sous prétexte de procurer des emplois dans lesdites compagnies. 16 janvier 1780. (AN → AD/VII/7^B pièce 2)

2148. Lettre du roi à l'Amiral, concernant les bâtiments français pris par les ennemis de l'État, et achetés ensuite par des neutres. 16 janvier 1780. (AN → Marine A/1/126)

2149. Arrêt du Conseil d'État du roi, qui confirme deux sentences rendues en la capitainerie royale de Sénart, contre le sieur Le Paige, seigneur de Quincy, pour fait de chasse. 24 janvier 1780. (AN → AD^+ 1045)

2150. Arrêt du Conseil d'État du roi, qui ordonne que les lingères en vieux de la ville de Rouen seront reçues dans la communauté des tailleurs-fripiers, en payant le quart des droits fixés par le tarif. 24 janvier 1780. (AN → AD^+ 1322)

2151. Arrêt du Conseil d'État du roi, qui déclare éteinte et supprimée la communauté des rubanières-dentellières de la ville de Rouen. 24 janvier 1780. (AN → AD^+ 1322)

2152. Arrêt du Conseil d'État du roi, qui ordonne que les particuliers qui travaillaient dans le lieu de la ville de Rouen, appelé le Petit-Château, seront admis dans les communautés de ladite ville dont ils exerçaient les professions, en payant le quart des droits fixés par le tarif. 24 janvier 1780. (AN → AD^+ 1322)

2153. Arrêt du Conseil d'État du roi, qui ordonne l'exécution de la déclaration de 1777, et de l'article XXVIII des statuts des perruquiers ; et en conséquence fixe le nombre des coiffeurs à six cents ; fait défenses auxdits perruquiers de faire plus d'un apprenti tous les trois ans, et leur défend, ainsi qu'aux coiffeurs, de tenir classes et écoles de coiffure, et de mettre dans leurs enseignes : Académie de coiffure, à peine de cent livres d'amende. 25 janvier 1780. (AN → AD^+ 1045)

2154. Arrêt du Conseil d'État du roi, qui condamne le sieur Hardy, marchand épicier à Nantes, à payer les droits de la traite-domaniale de cette ville, des huiles destinés pour le collège royal de la Flèche indépendemment des passeports de Sa Majesté. 25 janvier 1780. (AN → AD^+ 1045)

2155. Arrêt du Conseil d'État du roi, qui attribue aux intendants des provinces, la connaissance de toutes les contestations relatives à l'exécution de celui du 5 mars dernier, portant défenses d'exporter à l'étranger des métiers propres aux manufactures. 28 janvier 1780. (AN → AD^+ 1045)

2156. Arrêt du Conseil d'État du roi, portant remise du navire le *Saint-Guerin*, repris par la frégate de Sa Majesté l'*Attalante* et la frégate espagnole la *Santa-Catharina*. 30 janvier 1780. (AN → AD/VII/7^{B} pièce 2)

2157. Lettres patentes du roi, qui ordonnent l'enregistrement de celles du 8 septembre dernier, portant ratification d'une convention conclue entre le roi et le landgrave de Hesse-Darmstadt, le 27 juillet précédent, pour l'exemption réciproque du droit d'aubaine. 31 janvier 1780. (AN → AD/XVI/14^{A})

2158. Édit du roi, portant prorogation du second vingtième, des droits réservés, et des sols pour livre en sus de différents droits. Février 1780. (AN → AD^{+} 1045)

2159. Édit du roi, portant création de cent cinquante mille livres de rente héréditaire au profit des États d'Artois, moyennant une somme de trois millions, qui seront versés au Trésor royal. Février 1780. (AN → AD^{+} 1045)

2160. Lettres patentes du roi, portant règlement pour la Société royale de médecine. 1er février 1780. (AN → AD^{+} 1045)

2161. Arrêt du Conseil d'État du roi, contenant règlement pour le commerce des toiles à la halle de Paris. 2 février 1780. (AN → AD^{+} 1045)

2162. Arrêt du Conseil d'État du roi, qui, en ordonnant l'exécution de ceux du Parlement, maintient les maîtres menuisiers, charpentiers et autres, dans le droit de faire régler et estimer les ouvrages faits pour eux, par leurs compagnons et ouvriers, par les syndics, adjoints et députés, avec défenses aux jurés-experts de les y troubler. 2 février 1780. (AN → AD^{+} 1045)

2163. Arrêt de règlement pour la charité de la ville de Donnemarie. 3 février 1780. (AN → AD^{+} 1045)

2164. Fermes générales. Liste ordinale du dixième tirage de la Loterie de remboursement des reconnaissances en échange des billets des Fermes générales, remboursables, conformément à l'arrêt du Conseil du 13 novembre 1770, par ordre de sortie de la roue, de mois en mois par douzième, à compter du 10 mars 1780, à raison de trois cent mille livres par mois. 3 février 1780. (AN → AD^{+} 1045)

2165. Déclaration du roi, concernant les rentes sur les aides et gabelles, de la création de l'édit de février 1770, données aux officiers des ports, quais et halles, supprimés en 1776 ; et celles ci-devant constituées par les communautés desdits officiers supprimés. 4 février 1780. (AN → AD^{+} 1045)

2166. Lettres patentes du roi, concernant les décorations extérieures accordées à différents chapitres du royaume. 5 février 1780. (AN → AD^{+} 1045)

2167. Arrêt du Conseil d'État du roi, qui ordonne que le bail général des revenus de l'abbaye de Saint-Epvre, passé au sieur Gossin, par les sieurs Marchal de Saincy, économes-généraux, sera exécuté selon sa forme et teneur, à compter du premier janvier dernier, en remboursant, par ledit sieur Gossin, aux fermiers sortants, les labours et semences faits sur les terres et domaines de ladite abbaye. 6 février 1780. (AN → AD/XVII/17^{A})

2168. Arrêt du Conseil d'État du roi, qui défend la sortie à l'étranger, des provinces de Lorraine, Trois-Évêchés, Alsace et Franche-Comté, des cendres, salins et potasses ; et prescrit d'autres formalités relatives à cet objet. 10 février 1780. (AN → AD$^+$ 1045)

2169. Arrêt du Conseil d'État du roi, et lettres patentes portant renvoi à la juridiction des gabelles à Moulins, et à la Cour des aides, de toutes les contestations civiles et criminelles concernant la faillite du sieur Barême de Crémille. 10 février 1780. (AN → AD$^+$ 1045)

2170. Lettres patentes servant de statuts pour le collège de pharmacie. 10 février 1780. (BN → F 23632 [33])

2171. Liste générale de la Loterie de remboursement des reconnaissances données en échange des rescriptions et assignations, en exécution de l'arrêt du Conseil du 2 décembre 1770. Dixième tirage. Fait en présence de M. le lieutenant général de police, en l'une des salles de l'hôtel de Mesme. 10 février 1780. (AN → AD$^+$ 1045)

2172. Lettres patentes du roi, qui fixent les droits qui seront perçus sur le charbon de terre préparé par le sieur Ling. 11 février 1780. (AN → AD/XVI/14^A)

2173. Déclaration du roi, concernant la taille et la capitation. 13 février 1780. (AN → AD$^+$ 1045)

2174. Arrêt du Conseil d'État du roi, qui proroge jusqu'au 1er juillet 1780, les délais pour payer sur le pied de la modération, les droits d'admission dans les communautés, tant de la ville de Rouen, que de celles du ressort du parlement de Normandie. 14 février 1780. (AN → AD$^+$ 1045)

2175. Lettres patentes du roi, concernant les taxes d'office des greniers à sel. 15 février 1780. (AN → AD$^+$ 1045)

2176. Déclaration du roi, concernant la perception des droits d'inspecteurs aux boucheries, et portant attribution de la connaissance des contestations relatives à ces droits, aux élections, juges des traites, et par appel aux Cours des aides. 15 février 1780. (AN → AD$^+$ 1045)

2177. Arrêt du Conseil d'État du roi, qui ordonne que l'édit du mois d'avril 1777 continuera d'être exécuté dans la ville de la Flèche, comme dans les autres villes du ressort du parlement de Paris ; et maintient les communautés d'arts et métiers, établies dans ladite ville en vertu dudit édit, dans tous les droits, privilèges et prérogatives qui leur sont attribués. 16 février 1780. (AN → AD$^+$ 1045)

2178. Lettres patentes portant règlement pour les dépenses de la Maison de monseigneur comte d'Artois. 19 février 1780. (AN → AD$^+$ 1045)

2179. Lettres patentes de monseigneur comte d'Artois : portant suspension des charges de trésoriers et argentiers dans sa Maison et celle de madame comtesse d'Artois, et réunion de l'exercice desdites charges à celle de trésorier général de la Maison de madame comtesse d'Artois. 19 février 1780. (AN → AD$^+$ 1045)

2180. Lettres patentes de monseigneur comte d'Artois, pour la casualité des charges de sa Maison et de celle de madame, comtesse d'Artois. 19 février 1780. (AN → AD+ 1045)

2181. Lettres patentes du roi, qui évoquent au Conseil la discussion des biens du sieur Prevost, trésorier général des Ponts et Chaussées, et la renvoie en la première Chambre de la Cour des aides. 23 février 1780. (AN → AD+ 1045)

2182. Déclaration du roi, concernant la faculté de droit. 26 février 1780. (AN → AD+ 1045)

2183. Arrêt du Conseil d'État du roi, portant nouveau règlement pour les impositions des corps et communautés. 27 février 1780. (AN → AD+ 1045)

2184. Arrêt du Conseil d'État du roi, qui fixe pour l'avenir le traitement du receveur général des revenus casuels. 27 février 1780. (AN → AD+ 1045)

2185. Lettres patentes du roi, concernant le droit annuel des offices. 27 février 1780. (AN → AD+ 1045)

2186. Lettres patentes du roi, qui, en interprétant celles du 1er août dernier, établissent la concurrence pour la fourniture des eaux fortes nécessaires à l'opération des essais. 29 février 1780. (AN → AD+ 1045)

2187. Édit du roi, portant rétablissement des bailliages de Couci et de Villers-Cotterets, suppression des prévôtés établies esdites villes, et fixation du ressort desdits bailliages. Mars 1780. (AN → AD+ 1046)

2188. Lettres patentes du roi, en forme d'édit, concernant les privilèges des commissaires généraux de la Maison du roi. Mars 1780. (AN → AD+ 1046)

2189. Lettres patentes du roi, sur décret de l'évêque d'Ypres, portant suppression de onze chapelles fondées en l'église collégiale de Saint-Pierre à Cassel, érection de quatre titres de bénéfices, et union à ces derniers des revenus desdites chapelles supprimées. Mars 1780. (AN → AD/XVI/14A)

2190. Arrêt du Conseil d'État du roi, portant suppression d'un imprimé intitulé : *Requête au roi pour la ville de Strasbourg*. 2 mars 1780. (AN → AD+ 1046)

2191. Arrêt du Conseil d'État du roi, et lettres patentes sur icelui, qui ordonnent une fabrication, en la monnaie de Metz, de cent cinquante mille marcs d'espèces de cuivre. 3 mars 1780. (AN → AD+ 1046)

2192. Ordonnance du roi, portant suppression du corps des Volontaires étrangers de la Marine ; et création d'un nouveau corps, sous le titre de Volontaires étrangers de Lauzun. 5 mars 1780. (AN → Marine A/1/126)

2193. Dixième tirage du remboursement des actions de la Compagnie des Indes, conformément à l'arrêt du Conseil du 10 février 1772. 7 mars 1780. (AN → AD+ 1046)

2194. Déclaration du roi, concernant les attroupements avec port d'armes. 9 mars 1780. (AN → AD+ 1046)

2195. Lettres patentes du roi, portant abolition du droit de parcours dans les paroisses de Villiers et Noyen. 11 mars 1780. (AN → AD+ 1046)

2196. Règlement, pour la nouvelle administration des dépenses de la bouche et des offices de monseigneur et de madame la comtesse d'Artois. 11 mars 1780. (AN → AD^{+} 1046)

2197. Cartel pour l'échange général de tous les prisonniers pris en mer, entre la France et la Grande-Bretagne, et amenés en Europe. 12 mars 1780. (AN → AD^{+} 1046)

2198. Lettre de M. de Sartine aux officiers de l'amirauté de Bordeaux, concernant le dépôt des comptes des armements en guerre et marchandises. 12 mars 1780. (AN → AD/VII/7^{B} pièce 2)

2199. Extrait des registres du Conseil d'État du roi. (Montbar. Georges-Louis Le Clerc). 13 mars 1780. (AN → AD^{+} 1046)

2200. Arrêt du Conseil d'État du roi, qui maintient la dame Marie-Louise de Boffin-de-Pernans, veuve du sieur marquis de Faverges, en qualité de dame engagiste de la terre du Pont-de-Beauvoisin, dans le droit de percevoir la leyde sur les grains et graines, vendus aux marchés dudit lieu, par tous autres que les exempts y dénommés. 13 mars 1780. (AN → AD^{+} 1046)

2201. Déclaration du roi, portant que la pénitencerie de l'église et diocèse de Beauvais sera et demeurera affranchie de toutes expectatives royales ou non royales. 13 mars 1780. (AN → AD^{+} 1046)

2202. Arrêt du Conseil d'État du roi. (Pont-Sainte-Maxence. Sieur Bedel). 14 mars 1780. (AN → AD^{+} 1046)

2203. Arrêt du Conseil d'État du roi, qui déboute le sieur Taillandier, greffier de la prévôté de Murat, de son appel d'une ordonnance de M. l'intendant d'Auvergne du 20 octobre 1779 ; qui le condamne à représenter son registre de recette des épices, et en cinq cents livres d'amende pour son refus ; ordonne l'exécution de ladite ordonnance, et condamne ledit Taillandier au coût dudit arrêt liquidé à soixante-quinze livres. 14 mars 1780. (AN → AD^{+} 1046)

2204. Déclaration du roi, concernant les empoisonneurs. 14 mars 1780. (AN → AD^{+} 1046)

2205. Lettre de M. de Sartine à M. le marquis de Saint-Aignan, commandant la Marine à Toulon, concernant la répartition des prises aux officiers de terre embarqués. 16 mars 1780. (AN → AD/VII/7^{B} pièce 2)

2206. Arrêt du Conseil d'État du roi, concernant l'Opéra. 17 mars 1780. (AN → AD^{+} 1046)

2207. Arrêt du Conseil d'État du roi, qui ordonne que les officiers qui doivent faire le rachat de leur centième denier, et qui n'y auront pas satisfait avant le 1er octobre prochain, seront assujettis aux peines prononcées par l'article III des lettres patentes du 29 février dernier. 17 mars 1780. (AN → AD^{+} 1046)

2208. Déclaration du roi, concernant les carrières. 17 mars 1780. (AN → AD^{+} 1046)

2209. Règlement pour le traitement conservé aux garçons des tables et offices de monseigneur le comte d'Artois. 18 mars 1780. (AN → AD^{+} 1046)

2210. Résultat du Conseil d'État du roi, portant bail des Fermes générales à Nicolas Salzard. 19 mars 1780. (AN → AD^{+} 1046)

2211. Arrêt du Conseil d'État du roi, portant établissement d'une administration provinciale dans la généralité de Moulins. 19 mars 1780. (AN → AD^{+} 1046)

2212. Arrêt du Conseil d'État du roi, qui nomme des commissaires pour examiner les demandes en suppression et union, ou translation de titres de bénéfices et biens ecclésiastiques. 19 mars 1780. (AN → AD^{+} 1046)

2213. Arrêt du Conseil d'État du roi, qui décharge les commissaires nommés pour l'exécution de l'arrêt du Conseil du 23 mai 1766, concernant les ordres religieux, de l'exécution dudit arrêt. 19 mars 1780. (AN → AD^{+} 1046)

2214. Lettres patentes du roi, confirmatives de différentes délibérations prises par le Bureau d'administration du collège Louis-le-Grand. 19 mars 1780. (AN → AD^{+} 1046)

2215. Ordonnance du roi, pour régler le traitement des troupes destinées à une expédition particulière. 20 mars 1780. (AN → AD^{+} 1046)

2216. Arrêt du Conseil d'État du roi, qui en confirmant une ordonnance de M. l'intendant de Bordeaux, du 28 mars 1778, juge qu'une procuration donnée à l'effet de vendre des biens-immeubles moyennant une somme déterminée, avec stipulation que le plus du prix fixé appartiendra au constitué, comme le moins tombera à sa charge, est une vente, et comme telle sujette au droit de centième denier. 21 mars 1780. (AN → AD^{+} 1046)

2217. Ordonnance du roi, concernant l'hôpital français à Smyrne. 21 mars 1780. (AN → AD^{+} 1046)

2218. Ordonnance du roi, concernant les pensions sur les fonds destinés pour le service du Levant et de Barbarie. 21 mars 1780. (AN → AD^{+} 1046)

2219. Lettre de M. de Sartine au procureur du roi de l'amirauté de Dunkerque, sur la déduction des avances dans les liquidations des prises. 22 mars 1780. (AN → AD/VII/7^{B} pièce 2)

2220. Lettres patentes du roi, portant que les quittances de finance des commissaires généraux de la Maison du roi, contiendront les mêmes affectations dont étaient grévés leurs offices ou les brevets d'assurance qu'ils avaient sur leurs charges. 23 mars 1780. (AN → AD^{+} 1046)

2221. Instruction pour les capitaines des bâtiments parlementaires destinés au transport des prisonniers. 23 mars 1780. (AN → AD/VII/7^{B} pièce 2)

2222. Déclaration du roi, concernant les attroupements. 25 mars 1780. (AN → AD/XVI/14^{A})

2223. Lettres patentes du roi, qui permettent aux chefs de garnison de la généralité de La Rochelle, de faire la vente des fruits et effets saisis, à défaut de paiement des impositions sur les contribuables de cette généralité. 26 mars 1780. (AN → AD^{+} 1046)

2224. Lettres patentes du roi, portant réunion aux bâtiments du Palais de quelques parties de terrains appartenant au chapitre de la Sainte-Chapelle, pour servir à l'agrandissement des prisons de la Conciergerie. 27 mars 1780. (AN → AD⁺ 1046)

2225. Arrêt du Conseil d'État du roi, qui ordonne que, sans s'arrêter à l'ordonnance rendue par le sieur intendant de la généralité de Bourges, le 30 mai 1778, le sieur François Laurent sera tenu de rétablir entre les mains du contrôleur des actes de Saint-Amand, la somme de vingt-six livres qui lui a été restituée, et qui avait été perçue pour le droit d'insinuation, et les six sous pour livre résultant de son contrat de mariage ; ensemble celle d'une livre seize sous pour les frais qui lui ont été payés ; à quoi faire il sera contraint par les voies ordinaires et accoutumées, pour le recouvrement des deniers royaux : le condamne en outre Sa Majesté au coût du présent arrêt, liquidé à soixante-quinze livres. 28 mars 1780. (AN → AD⁺ 1046)

2226. Arrêt du Conseil d'État du roi, qui permet au sieur François Perret d'établir une manufacture de toutes sortes de nouveaux velours mélangés soie et coton, dans le bourg de Cuire-la-Croix-Rousse, près la ville de Lyon, et de faire circuler librement lesdits velours dans le royaume, ou les exporter à l'étranger en exemption de tous droits. 28 mars 1780. (AN → AD⁺ 1046)

2227. Lettres patentes pour la suppression du genre italien, création de la Comédie-Française et continuation de l'Opéra-bouffon, pièces à vaudeville, parodies, etc. 31 mars 1780. (BN → Fz 2539 [2])

2228. Lettre de M. de Sartine aux officiers de l'amirauté de Dunkerque, pour défendre aux armateurs qui auront acheté des navires, canons, boulets, vivres, gréements ou autres objets pour un armement en course, d'en porter le prix en dépense, plus haut que sur le pied de l'achat. 31 mars 1780. (AN → AD/VII/7^B pièce 2)

2229. Édit du roi, concernant les offices de la Cour des comptes, aides et finances de Provence. Avril 1780. (AN → AD⁺ 1046)

2230. Édit du roi, portant suppression des quarante-huit offices de receveurs généraux des Finances : et établissement d'un nouvel ordre à cet égard. Avril 1780. (AN → AD⁺ 1046)

2231. Ordonnance du roi, concernant les spectacles. 2 avril 1780. (AN → AD⁺ 1046)

2232. Règlement concernant les Chambres, Menus-Plaisirs et Garde-Robes de monseigneur comte et de madame comtesse d'Artois. 2 avril 1780. (AN → AD⁺ 1046)

2233. Ordonnance du roi, portant création de la place de colonel général de son infanterie française et étrangère. 5 avril 1780. (AN → AD⁺ 1046)

2234. Ordonnance du roi, portant règlement sur les droits et prérogatives de la place de colonel général de son infanterie française et étrangère. 6 avril 1780. (AN → AD⁺ 1046)

2235. Arrêt du Conseil d'État du roi, portant défenses de faire entrer dans le royaume des cuirs en verd ou préparés, venant des ports de la mer Baltique ou de la Hollande. 7 avril 1780. (AN → AD^{+} 1046)

2236. Lettre de M. de Sartine aux officiers de l'amirauté de Bordeaux, concernant les six deniers pour livre, attribués aux invalides de la Marine, sur le produit des prises faites par les navires armés en guerre et en marchandises. 8 avril 1780. (AN → AD/VII/7^{B} pièce 2)

2237. Lettre de M. Necker à M. Chardon, sur le délai dans lequel la Ferme générale peut exercer son droit de préférence sur les tabacs provenant des prises. 10 avril 1780. (AN → AD/VII/7^{B} pièce 2)

2238. Arrêt du Conseil d'État du roi, qui ordonne que les cuirs et peaux fabriqués et employés dans les Marches communes de Poitou et Bretagne, acquitteront les droits imposés par l'édit du mois d'août 1759. 11 avril 1780. (AN → AD^{+} 1046)

2239. Ordonnance du roi, pour mettre le régiment Royal-Bavière, sous le nom de Royal-Hesse-Darmstadt. 15 avril 1780. (AN → AD^{+} 1046)

2240. Arrêt du Conseil d'État du roi, concernant le Bureau royal de correspondance nationale et étrangère. 16 avril 1780. (AN → AD^{+} 1046)

2241. Deux arrêts du Conseil d'État du roi. Le premier ordonne le communiqué de la requête du fermier au sieur Montabreux, l'envoi des motifs de l'arrêt du parlement de Dijon, toutes choses demeurant en état ; il ordonne en outre, par provision, que les droits d'entrée et de sortie continueront d'être payés au Bureau de Cuiseaux, sur toutes les marchandises qui passeront dans son étendue pour aller de Franche-Comté en Franche-Comté, en empruntant le territoire des cinq grosses Fermes.
Le second, rendu contradictoirement et sur vu des motifs, casse l'arrêt du parlement de Dijon, du 11 janvier 1780 ; ordonne l'exécution d'une sentence du siège des traites de Chalon-sur-Saône, qui avait prononcé avec amende de confiscation des sucres saisis sur le sieur Montabreux ; déboute les habitants de Saint-Amour de leur intervention, et les condamne, ainsi que le sieur Montabreux, aux dépens. 18 avril 1780 et 27 mars 1781. (AN → AD^{+} 1046)

2242. Lettres patentes pour la construction du canal royal de Provins. S.A.S. monseigneur Frédéric-Othon-Jean-François-Henri-Philippe, par la grâce de dieu, prince régnant de Salm-Kyrbourg, etc., seigneur engagiste et propriétaire. 19 avril 1780. (AN → AD^{+} 1046)

2243. À son altesse sérénissime monseigneur le prince régnant de Salm-Kyrbourg. 1780. (AN → AD^{+} 1046)

2244. Arrêt du Conseil d'État du roi, qui résilie, à compter du 1er juillet prochain, le bail des Messageries, passé à Claude Laure ; et ordonne que l'exploitation en sera faite à titre de Régie pour le compte du roi. 20 avril 1780. (AN → AD^{+} 1046)

2245. Arrêt du Conseil d'État du roi, qui révoque ceux des 14 janvier, 27 avril, 15 juin et 18 septembre de l'année dernière, relatifs à la navigation et au commerce, dans les ports du royaume, des sujets des États généraux des

Provinces-Unies des Pays-Bas : et qui confirme, en leur faveur, les dispositions du règlement du 26 juillet 1778. 22 avril 1780. (AN → AD^{+} 1046)

2246. Arrêt du Conseil d'État du roi, qui supprime le droit de hallage et copel sur les grains, prétendu par le sieur marquis de Ville-sur-Illon, audit lieu. 23 avril 1780. (AN → AD^{+} 1046)

2247. Ordonnance du roi, portant règlement sur le service aux batteries, corps-de-garde d'observation et signaux établis sur les côtes. 23 avril 1780. (AN → AD^{+} 1046)

2248. Ordonnance du roi, pour créer une seconde division de canonniers garde-côtes, dans le département de Brest. 23 avril 1780. (AN → AD^{+} 1046)

2249. Arrêt du Conseil d'État du roi, qui ordonne l'exécution d'une ordonnance de M. l'intendant d'Orléans, du 10 septembre 1777, par laquelle Marie Allaire, veuve de Jean Joseph, et Jacques Joseph son fils, ont été condamnés à payer le droit de franc-fief du domaine noble de la Borde-Gérard, régi par la coutume d'Orléans, aliéné à la charge d'une redevance qualifiée cens, avec rétention de la foi et moyennant des deniers d'entrée. 25 avril 1780. (AN → AD^{+} 1046)

2250. Arrêt du Conseil d'État du roi, qui, sans s'arrêter à une ordonnance de M. l'intendant d'Amiens, ordonne que M. le baron d'Hanmer-Claibroke demeurera déchargé du droit de centième denier qui lui a été demandé, pour raison des portions appartenantes à ses deux belles-sœurs dans la terre de Lieramont, dont la cession a été faite à la dame Hanmer en conformité de la coutume de Péronne, qui autorise le fils aîné ou la fille aînée noble à retirer, moyennant récompense, le quint appartenant aux puînés dans les fiefs. 25 avril 1780. (AN → AD^{+} 1046)

2251. Édit du roi, par lequel Sa Majesté éteint et supprime le bailli du Vivarais, les sièges royaux d'Annonay et de Villeneuve-de-Berg, distrait le pays du Vivarais du ressort de la sénéchaussée de Nîmes, et crée une sénéchaussée royale audit pays du Vivarais, avec séance en la ville de Villeneuve-de-Berg, où il crée les officiers y dénommés, ainsi qu'il est plus amplement porté par ledit édit. Mai 1780. (AN → AD^{+} 1046)

2252. Lettres patentes du roi, portant établissement d'un Bureau de nourrices à Lyon. Mai 1780. (AN → AD^{+} 1046)

2253. Arrêt du Conseil d'État du roi, concernant les comptes à rendre par les syndics et adjoints des communautés d'arts et métiers, établies dans les villes du ressort du parlement de Nancy. 1er mai 1780. (AN → AD^{+} 1046)

2254. Arrêt du Conseil d'État du roi, concernant les comptes à rendre par les syndics et adjoints des communautés d'arts et métiers établis dans la ville de Rouen, et dans les autres villes du ressort du parlement de Normandie. 1er mai 1780. (AN → AD^{+} 1046)

2255. Arrêt du Conseil d'État du roi, concernant l'élection et nomination des syndics et adjoints de la nouvelle communauté des orfèvres de La Rochelle. 1er mai 1780. (AN → AD^{+} 1046)

2256. Arrêt du Conseil d'État du roi, qui confirme une ordonnance de M. l'intendant d'Orléans, du 30 avril 1775, par laquelle le sieur Barré, avocat au parlement de Paris, a été condamné à payer le droit de franc-fief pour raison du domaine de Boismeau, originairement aliéné à titre de fief, que ledit sieur Barré prétendait ne posséder qu'en roture, parce que par un acte postérieur à la tradition des fonds, la foi et hommage avait été convertie en une redevance qualifiée de cens portant ventes, défaut, saisine et amende aux mutations. 2 mai 1780. (AN → AD^+ 1046)

2257. Arrêt du Conseil d'État du roi, qui défend l'entrée dans le royaume, des laines, cotons et autres marchandises venant des ports de la mer Baltique ou de la Hollande. 6 mai 1780. (AN → AD^+ 1046)

2258. Lettres patentes du roi sur décret des archevêque et évêques de la province de Tours... (concernant les fêtes). 8 mai 1780. (BN → Ms. Joly de Fleury 521, fol. 375)

2259. Lettre de M. de Sartine aux commandants des ports et des escadres de Sa Majesté, sur les navires neutres. 8 mai 1780. (AN → AD/VII/7^B pièce 2)

2260. Extrait des registres du Conseil d'État. (Cleville. Guillaume-Alexandre comte de Polignac. Marie-Jeanne-Louise de Saluces. Jean comte d'Aspect). 9 mai 1780. (AN → AD^+ 1046)

2261. Arrêt du Conseil d'État du roi, qui réunit au Domaine les terrains provenant du comblement du bras de la rivière de Seine à Neuilly, et ceux pris pour l'élargissement du nouveau lit de cette rivière. 10 mai 1780. (AN → AD^+ 1046)

2262. Arrêt du Conseil d'État du roi, concernant l'épizootie. 11 mai 1780. (AN → AD^+ 1046)

2263. Arrêt du Conseil d'État du roi, portant suppression d'un imprimé intitulé : *Mémoire à consulter et consultation pour les curés de Dauphiné, sur l'insuffusance de la portion congrue.* 12 mai 1780. (AN → AD^+ 1046)

2264. Arrêt du Conseil d'État du roi, qui maintient le sieur Foullon, conseiller d'État, dans le droit de minage sur les grains dans le marché de la ville de Doué. 12 mai 1780. (AN → AD^+ 1046)

2265. Arrêt du Conseil d'État du roi, qui maintient le sieur de Reyniés de Prades, en qualité de seigneur de Marvejols, dans le droit de percevoir la leude sur le pied de quatre coffels par setier, et à proportion pour autres quantités, ledit droit revenant au trente-deuxième du grain vendu ; et ce sur tous les froments, seigles, orges, avoines, pois, fèves, lentilles, vesces, gayroutes et autres légumes. 12 mai 1780. (AN → AD^+ 1046)

2266. Arrêt du Conseil d'État du roi, qui maintient le comte de Toulongeon dans le droit de percevoir l'éminage sur tous les grains vendus aux foires et marchés de Champlitte. 12 mai 1780. (AN → AD^+ 1046)

2267. Arrêt du Conseil d'État du roi. (Goincourt. Sieurs Gaillard et Guérin. Becquet). 15 mai 1780. (AN → AD^+ 1046)

2268. Arrêt du Conseil d'État du roi, qui fait défenses à tous procureurs de relever ailleurs qu'au siège de la Table de marbre les appels des sentences rendues, tant dans les maîtrises des Eaux et Forêts, que dans les grueries seigneuriales, soit que les appels soient qualifiés comme de juge incompétent, déni de renvoi, ou autrement, à peine de 300 livres d'amende et d'interdiction. 16 mai 1780. (AN → AD⁺ 1046)

2269. Ordonnance du roi, portant augmentation dans la compagnie de maréchaussée du duché de Bourgogne. 21 mai 1780. (AN → MM 1225)

2270. Lettre du roi à M. l'Amiral, concernant la navigation des bâtiments appartenant aux sujets des puissances neutres. 23 mai 1780. (AN → AD/VII/7^B pièce 2)

2271. Arrêt du Conseil d'État du roi, concernant les réparations et constructions du chemin de hallage le long de la Saône, dans la principauté de Dombes et Franc-Lyonnais. 24 mai 1780. (AN → AD⁺ 1046)

2272. Arrêt du Conseil d'État du roi, qui ordonne, qu'à compter du 1er octobre 1780, dans les provinces sujettes aux droits d'aides, et du 1er janvier 1781, dans les autres provinces du royaume, il ne pourra être employé d'autres papiers et parchemins timbrés, que ceux qui seront marqués des nouveaux timbres de Jean-Vincent René, chargé de la future administration des Domaines, lequel ne sera point tenu de contre-timbrer gratis, de reprendre ou échanger les papiers et parchemins marqués des anciens timbres qui pourraient lui être rapportés. 24 mai 1780. (AN → AD⁺ 1046)

2273. Instruction que le roi a fait expédier aux inspecteurs généraux du corps royal de l'artillerie. 25 mai 1780. (AN → MM 1225)

2274. Déclaration du roi, concernant l'administration des eaux minérales, et l'approbation à donner aux nouveaux remèdes. 26 mai 1780. (AN → AD/XVI/14^A)

2275. Lettres patentes du roi, portant règlement pour l'instruction des affaires d'entre les Juifs d'Alsace et leurs débiteurs chrétiens de la classe du peuple, concernant l'usure et autres. 27 mai 1780. (BN → F 23741 [389])

2276. Arrêt du Conseil d'État du roi, qui nomme les douze receveurs généraux des Finances, créés par édit du mois d'avril dernier. 28 mai 1780. (AN → AD⁺ 1046)

2277. Arrêt du Conseil d'État du roi, qui, en confirmant le jugement du Conseil des prises, qui avait déclaré bonne la prise du navire l'*Horobuny*, faite par le corsaire la *Marquise-de-la-Fayette* ; condamne les armateurs dudit corsaire, à payer à ceux du corsaire l'*Américaine*, le montant de la rançon convenue entre le capitaine de l'*Américaine* et celui de l'*Horobuny*, avant la prise faite par la *Marquise-de-la-Fayette*. 30 mai 1780. (AN → AD/VII/7^B pièce 2)

2278. Arrêt du Conseil d'État du roi, qui fait main-levée aux sieurs Forsters de leur navire les *Trois-Amis* ; et condamne le sieur Landais, commandant la frégate, l'*Alliance*, appartenante aux États-Unis de l'Amérique, aux dommages et intérêts envers lesdits Forsters. 30 mai 1780. (AN → AD/VII/7^B pièce 2)

2279. Lettre de M. de Sartine aux officiers de l'amirauté de Dunkerque, sur les polices d'armements. 30 mai 1780. (AN → AD/VII/7^B pièce 2)

2280. Lettres de M. de Sartine aux amirautés, concernant l'envoi, au procureur général des prises, des liquidations des prises faites par les corsaires. 30 mai 1780. (AN → AD/VII/7^{B} pièce 2)

2281. Lettre de M. de Sartine, aux officiers des amirautés, sur la destination des chargements des navires neutres, particulièrement des Russes. 30 mai 1780. (AN → AD/VII/7^{B} pièce 2)

2282. Édit du roi, portant réduction des offices de procureurs et de notaires à Dunkerque. Juin 1780. (AN → AD^{+} 1047)

2283. Édit du roi, qui supprime les offices de contrôleurs des Finances. Juin 1780. (AN → AD^{+} 1047)

2284. Régie générale des aides, et droits y réunis. Circulaire. Juin 1780. (AN → G/2/17)

2285. Lettres patentes du roi, portant établissement des Bureaux de visite et de marque des étoffes ; et règlement pour la manutention desdits Bureaux. 1er juin 1780. (AN → AD^{+} 1047)

2286. Lettres patentes du roi, portant règlement pour la fabrication des étoffes de laine. 4 juin 1780. (AN → AD^{+} 1047)

2287. Lettres patentes du roi, confirmatives d'un règlement fait par monseigneur le comte d'Artois, pour les chasses de son apanage. 5 juin 1780. (AN → AD^{+} 1047)

2288. Arrêt du Conseil d'État du roi, qui confirme les commis et préposés de la Ferme et Régie générale des biens des religionnaires fugitifs dans la jouissance des privilèges et exemptions à eux attribués par les édits et règlements. 9 juin 1780. (AN → AD^{+} 1047)

2289. Arrêt du Conseil d'État du roi, qui ordonne que toutes les pêcheries actuellement subsistantes dans le ressort de l'amirauté de Saint-Brieuc, autres que celles mentionnées audit arrêt, seront démolies et détruites. 10 juin 1780. (AN → AD^{+} 1047)

2290. Lettre de M. de Sartine au lieutenant général de l'amirauté de Brest, concernant la part des navires armés en guerre et marchandises, dans les prises faites par les vaisseaux de Sa Majesté, sous lesquels les bâtiments sont convoyés. 10 juin 1780. (AN → AD/VII/7^{B} pièce 2)

2291. Arrêt du Conseil d'État du roi, concernant les coiffeurs de femmes de la ville de Lyon. 12 juin 1780. (AN → AD^{+} 1047)

2292. Ordonnance du roi, concernant le classement, pour le service de la Marine, des bateliers et pêcheurs de la rivière de Loire, et autres affluentes. 12 juin 1780. (AN → AD^{+} 1047)

2293. Lettres patentes du roi, qui autorisent les officiers du Châtelet de Paris à se transporter en différents ressorts, pour l'instruction du procès au sujet de la suppression d'état d'un enfant sourd et muet, fils prétendu des sieur et dame de Solar. 13 juin 1780. (AN → AD/XVI/14^{A})

2294. Arrêt du Conseil d'État du roi, rendu en faveur du sieur Mouron, qui déclare nulle une ordonnance du siège général de l'Amirauté du 20 mars 1778, et qui déboute les officiers de l'amirauté de Calais et le sieur Poncet de Lagrave, substitut du procureur général au siège de l'Amirauté, des demandes par eux formées contre ledit sieur Mouron ; ordonne la suppression du réquisitoire et des mémoires du sieur Poncet de Lagrave. 17 juin 1780. (AN → AD^{+} 1047)

2295. Arrêt du Conseil d'État du roi, qui, sans s'arrêter à l'arrêt du parlement de Bretagne du 5 août 1758, ordonne que les droits de défauts en principal, contrôle et huit sols pour livre, seront perçus dans les juridictions consulaires, et autres sièges de la province de Bretagne, connaissant des matières consulaires. 20 juin 1780. (AN → AD^{+} 1047)

2296. Lettres patentes du roi, concernant les offices de contrôleurs aux greniers à sel du Mâconnais. 22 juin 1780. (AN → AD^{+} 1047)

2297. Article ajouté au Cartel pour l'échange de tous les prisonniers pris en mer entre la France et la Grande-Bretagne, et conduits en Europe, conclu de la part de Sa Majesté très-chrétienne, le 12 mars 1780, par L.G. Le Hoc, écuyer, l'un des chefs de Bureau de la Marine de Sa dite Majesté très-chrétienne ; et de la part de Sa Majesté britannique, le 28 mars 1780, par les commissaires chargés du soin des matelots malades et de l'échange des prisonniers de guerre. 22 juin 1780. (AN → Marine A/1/127)

2298. Arrêt du Conseil d'État du roi, qui ordonne que le caissier général de la Caisse commune des impositions, établi par l'édit du mois d'avril dernier, sera tenu de se faire recevoir en la manière accoutumée, et de prêter serment au seul Bureau des finances de la généralité de Paris, et que sur une simple copie collationnée de son acte de réception et de prestation de serment, ledit caissier général prendra l'attache des Bureaux des finances des autres généralités de pays d'élections et de pays conquis. 25 juin 1780. (AN → AD^{+} 1047)

2299. Arrêt du Conseil d'État du roi, qui détermine la forme des rescriptions des recettes générales. 25 juin 1780. (AN → AD^{+} 1047)

2300. Arrêt du Conseil d'État du roi, qui ordonne que les rescriptions de l'exercice 1781, seront tirées sur les deniers des impositions des recettes générales des Finances, par le sieur Geoffroy d'Assy, caissier général de la Caisse commune des impositions, à son ordre, de lui endossées et visées par trois receveurs généraux ; le tout conformément au modèle annexé au présent arrêt. 25 juin 1780. (AN → U* 1263)

2301. Règlement concernant le service de la bouche de monseigneur le duc d'Angoulême. 25 juin 1780. (AN → AD^{+} 1047)

2302. Progression faite en conséquence de la délibération de l'assemblée du clergé, du 26 juin 1780. Rentes au denier vingt. Qui démontre le temps auquel le clergé aura entièrement remboursé l'emprunt de trente millions au denier vingt, avec une somme annuelle de trois millions ; savoir : quinze cent mille livres pour le paiement des arrérages, et pareils quinze cent mille livres pour le remboursement des capitaux, qui commenceront au premier octobre 1781 ; lesquels quinze cent mille pour les remboursements, sont composés ; savoir : de cinq cent mille livres des fonds du clergé, et d'un million, que le roi s'est obligé de fournir annuellement au clergé pendant quatorze années complètes, pour accélérer la libération dudit emprunt de trente millions. (AN → AD/IX/358)

2303. Lettres patentes du roi, portant règlement pour la fabrication des toiles et toileries. 28 juin 1780. (AN → AD$^+$ 1047)

2304. Édit du roi, concernant l'établissement des communautés d'arts et métiers dans le ressort du parlement de Metz. Juillet 1780. (AN → AD$^+$ 1047)

2305. Édit du roi, qui supprime et rétablit l'office de directeur de la monnaie de Perpignan. Juillet 1780. (AN → AD$^+$ 1047)

2306. Ordonnance du roi, concernant le service des Bureaux de la Poste maritime. 4 juillet 1780. (AN → AD$^+$ 1047)

2307. Arrêt du Conseil d'État du roi, pour la prise de possession du bail des Fermes générales, sous le nom de Nicolas Salzard. 5 juillet 1780. (AN → AD$^+$ 1047)

2308. Lettres patentes du roi, pour la prise de possession de Henri Clavel, de la Régie des droits d'aides et autres y énoncés, pour six années trois mois, qui commenceront le 1er octobre, et finiront le dernier décembre 1786. 5 juillet 1780. (AN → AD$^+$ 1047)

2309. Déclaration du roi, portant confirmation des privilèges de la sénéchaussée de Marseille. 7 juillet 1780. (BN → F 23630 [72])

2310. Lettre de M. Necker à M. Chardon, relativement au droit de préférence de la Ferme générale sur les tabacs des prises, lorsqu'ils sont déclarés pour le pays étranger. 10 juillet 1780. (AN → AD/VII/7^B pièce 2)

2311. Ratification de la convention entre le roi et l'électeur de Cologne, en sa qualité de prince-évêque de Munster, pour l'abolition du droit d'aubaine entre la France et l'évêché de Munster. 11 juillet 1780. (AN → AD$^+$ 1047)

2312. Ratification de la convention conclue entre Sa Majesté et le prince-évêque et l'église de Bâle, concernant les limites de leurs États respectifs. 11 juillet 1780. (AN → AD$^+$ 1047)

2313. Loterie royale, établie par arrêt du Conseil d'État du roi du 7 décembre 1777. Liste générale du tirage des 300 primes, attribuées aux trois mille billets de ladite Loterie, sortis avec des lots de mille livres, remboursables en décembre 1780. 11 juillet 1780. (AN → AD$^+$ 1047)

2314. Lettres patentes du roi, concernant le concours de la place de docteur agrégé, vacante en la faculté de Droit de Poitiers. 14 juillet 1780. (AN → AD$^+$ 1047)

2315. Lettres patentes du roi, portant règlement pour l'administration de la ville de Rennes. 15 juillet 1780. (AN → AD/XVI/3)

2316. Déclaration du roi, concernant les requêtes civiles, mises aux grands rôles du Parlement, depuis la Saint-Jean 1778, jusque et compris la Saint-Jean 1780. 16 juillet 1780. (AN → AD$^+$ 1047)

2317. Lettre de M. de Sartine aux officiers de l'amirauté de Dunkerque, sur l'assistance du procureur du roi aux interrogatoires des prisonniers des prises. 17 juillet 1780. (AN → AD/VII/7^{B} pièce 2)

2318. Déclaration du roi, portant que les causes d'appellations comme d'abus, et toutes celles en régale, mises sur les rôles, depuis ceux de la Saint-Jean 1776, jusque et compris ceux de l'année 1780, seront appointées. 18 juillet 1780. (AN → AD^{+} 1047)

2319. Ordonnance du roi, concernant les deux compagnies des gardes du corps de Monsieur, et les deux compagnies des gardes du corps de monsieur le comte d'Artois. 20 juillet 1780. (AN → AD^{+} 1047)

2320. Ordonnance du roi, pour faire quelques changements dans la compagnie des gardes de la prévôté de l'Hôtel. 20 juillet 1780. (AN → AD^{+} 1047)

2321. Ordonnance du roi, pour augmenter la masse des régiments de grenadiers-royaux, régiments provinciaux et bataillons de garnison. 20 juillet 1780. (AN → MM 1225)

2322. Arrêt du Conseil d'État du roi, qui supprime une brochure ayant pour titre : *Essai sur le jugement qu'on peut porter de M. de Voltaire, etc.* 22 juillet 1780. (AN → AD^{+} 1047)

2323. Lettres patentes du roi, portant prorogation, pendant trois ans, des droits d'octrois accordés à l'hôpital général et à celui des Enfants-Trouvés de la ville de Paris. 22 juillet 1780. (AN → AD^{+} 1047)

2324. Lettres patentes du roi, portant règlement pour la fabrication des étoffes de laine dans la généralité d'Amiens. 22 juillet 1780. (AN → AD^{+} 1047)

2325. Lettres patentes du roi, portant règlement pour la fabrication des étoffes de laine dans la généralité de Champagne. 22 juillet 1780. (AN → AD^{+} 1047)

2326. Lettres patentes du roi, portant règlement pour la fabrication des étoffes de laine dans la généralité de Bourges. 22 juillet 1780. (AN → AD^{+} 1047)

2327. Lettres patentes du roi, portant règlement pour la fabrication des étoffes de laine dans la généralité d'Auvergne. 22 juillet 1780. (AN → AD^{+} 1047)

2328. Lettres patentes du roi, portant règlement pour la fabrication des étoffes de laine dans la généralité d'Orléans. 22 juillet 1780. (AN → AD^{+} 1047)

2329. Lettres patentes du roi, portant règlement pour la fabrication des étoffes de laine dans la généralité de Poitiers. 22 juillet 1780. (AN → AD^{+} 1047)

2330. Lettres patentes du roi, portant règlement pour la fabrication des étoffes de laine dans la généralité de Tours. 22 juillet 1780. (AN → AD^{+} 1047)

2331. Lettres patentes du roi, portant règlement pour la fabrication des étoffes de laine dans la généralité de Paris. 22 juillet 1780. (AN → AD^{+} 1047)

2332. Arrêt du Conseil d'État du roi, qui évoque les contestations pendantes en la justice d'Auxerre, entre les héritiers le Prince, d'une part, et les anciens apothicaires-épiciers, d'autre part ; ainsi qu'entre l'hôpital général et les nommés Touchard et Robot. 23 juillet 1780. (AN → AD^{+} 1047)

2333. Ordonnance du roi, portant amnistie en faveur des officiers-mariniers et matelots, déserteurs. 24 juillet 1780. (AN → AD⁺ 1047)

2334. Arrêt du Conseil d'État du roi, qui ordonne que les déclarations des 14 septembre 1706 et 15 juillet 1710, seront exécutées suivant leur forme et teneur ; en conséquence, que sur le procès-verbal que le contrôleur des actes de Château-du-Loir a rapporté le 29 mars 1779, tant contre le lieutenant général que contre le greffier de la sénéchaussée de la même ville, les parties seront tenues de procéder en première instance, devant M. l'intendant de Tours, et par appel au Conseil, sans qu'elles puissent se pourvoir ailleurs, à peine de cassation des procédures, de cinq cents livres d'amende, et de tous dépens, dommages et intérêts : casse et annule comme incompétemment rendue l'ordonnance du 20 mars 1779, par laquelle le sieur Le Long, lieutenant général de la sénéchaussée de Château-du-Loir, a déclaré l'acte qu'il a reçu le même jour non-sujet au contrôle ; lui fait très-expresses inhibitions et défenses de récidiver sous telles peines qu'il appartiendra : et le condamne au coût du présent arrêt liquidé à soixante-quinze livres. 25 juillet 1780. (AN → AD⁺ 1047)

2335. Arrêt du Conseil d'État du roi, qui ordonne que le droit de mutation sur les rentes, établi par édit de décembre 1764, sera à l'avenir acquitté entre les mains du sieur Darras, trésorier de la Caisse des arrérages. 25 juillet 1780. (AN → AD⁺ 1047)

2336. Arrêt du Grand Conseil du roi, en faveur des lieutenant général, avocat du roi et greffier en chef de la sénéchaussée royale de Saint-Jean-d'Angély. Contre Joseph Cœur-de-Roi, et le sieur abbé Testaud, prieur de Saint-Savinien-du-Port ; en présence des régisseurs des Domaines et Droits y réunis. 28 juillet 1780. (AN → AD⁺ 1047)

2337. Lettres patentes du roi, qui confirment et autorisent les délibérations de l'assemblée générale du clergé de France, des 12 et 26 juin 1780, au sujet de la somme des trente millions de livres de don gratuit accordé à Sa Majesté par ladite assemblée. 30 juillet 1780. (AN → AD⁺ 1047)

2338. Arrêt du Conseil d'État privé du roi, qui casse les huit arrêts du parlement de Rouen, des 11 août 1779, 8, 10 et 15 mars, 19 et 24 avril, et 12 mai 1780, et généralement toute la procédure relative, soit à l'intervention du sieur Duval d'Espréménil, soit à la reprise d'instance de la comtesse d'Aché, dans le procès criminel du feu comte de Lally et autres parties ; évoque ledit procès criminel attribué au parlement de Rouen par l'arrêt de cassation du 25 mai 1778, et le renvoie au parlement de Dijon ; ordonne, du propre mouvement, qu'il sera passé outre à l'instruction et au jugement dudit procès, nonobstant toute opposition ; donne acte au comte de Lally-Tollendal, et autres parties, de leurs réserves contre le sieur Duval, notamment pour les écrits et libelles dont il a inondé toute la France :
Sur les requêtes, y insérées, du comte de Lally-Tollendal, curateur à la mémoire du feu comte de Lally, son père ; du sieur Alen de Saint-Wolston, ci-devant major-général de l'armée de l'Inde, et du sieur de Poully, ci-devant grand-prévôt de ladite armée. 31 juillet 1780. (AN → AD⁺ 1047)

2339. Édit du roi, portant suppression de quatre cent six charges-bouche et communs de la Maison de Sa Majesté. Août 1780. (AN → AD⁺ 1048)

2340. Édit du roi, portant aliénation au profit du clergé, pendant quatorze ans, d'un million sur le produit annuel du bail des Fermes. Août 1780. (AN → AD^{+} 1048)

2341. Lettres patentes du roi, portant confirmation du droit de l'électeur de Trèves dans les terres et seigneuries de Fumay, Revin et Seppin. Août 1780. (AN → AD/XVI/14^{A})

2342. Arrêt du Conseil d'État du roi, qui, en interprétant, en tant que de besoin, celui du 24 mai 1780, lequel ordonne qu'à compter du 1er octobre suivant, dans les provinces sujettes aux droits d'aides, et du 1er janvier 1781 dans les autres provinces du royaume, les timbres seront renouvelés et changés, il ne pourra être employé d'autres papiers et parchemins timbrés, que ceux qui seront marqués des nouveaux timbres de Vincent René, chargé de la future administration des Domaines :
Permet à Nicolas Salzard, adjudicataire de la Ferme générale, de se servir dans la ville et élection de Paris ; des mêmes timbres dont se sert actuellement David ; et ordonne que ledit René sera tenu de timbrer gratuitement tous les registres employés à la recette et régie, tant des droits compris dans le bail de Salzard, que de ceux qu'il est ou qu'il pourra être chargé de percevoir pour le compte du roi ; à l'exception néanmoins des droits de timbre de la partie des registres à souche, dont les droits sont à la charge des redevables, lesquels droits continueront d'être perçus comme par le passé. 2 août 1780. (AN → AD^{+} 1048)

2343. Arrêt du Conseil d'État du roi, pour la prise de possession des droits de contrôle et autres y joints, par Jean-Vincent René, administrateur général des Domaines. 4 août 1780. (AN → AD^{+} 1048)

2344. Extrait des registres du Conseil d'État du roi. (Demoiselle de Briqueville. Demoiselle Monchy d'Hocquincourt. Terres de Colombierre, Briqueville et Bernefcq. Sieur Réal). 4 août 1780. (AN → AD^{+} 1048)

2345. Lettres patentes du roi, pour la prise de possession des droits sur les papiers et parchemins timbrés par Jean-Vincent René. 4 août 1780. (AN → AD^{+} 1048)

2346. Lettres patentes du roi, pour la prise de possession de Henri Clavel de la Régie des droits d'aides et autres y énoncés, pour six années trois mois, qui commenceront le premier octobre mil sept cent quatre vingt, et finiront le trente et un décembre mil sept cent quatre vingt six. 4 août 1780. (AN → AD^{+} 1048)

2347. Ordonnance du roi, concernant l'École royale militaire. 5 août 1780. (AN → AD^{+} 1048)

2348. Règlement concernant les logements à l'Hôtel de l'École royale militaire. 5 août 1780. (AN → AD/VI/10^{A} dos. D pièce 1)

2349. Arrêt du Conseil d'État du roi, qui supprime un écrit intitulé : *Représentation de plusieurs bourgeois, propriétaires et habitants de la ville, faubourgs et banlieue de Rouen.* 6 août 1780. (AN → AD^{+} 1048)

2350. Lettre du roi à M. l'Amiral, concernant la navigation des bâtiments appartenant aux sujets des puissances neutres. 7 août 1780. (AN → Marine A/1/127)

2351. Arrêt du Conseil d'État du roi, qui ordonne l'exécution de celui du 13 février 1731, par lequel les particuliers, gens du commun des villes et lieux où les aides ont cours, ont été assujettis aux droits de détail, comme les cabaretiers, sur les vins et autres boissons qu'ils consommeront au-delà de ce qui est nécessaire pour leur provision, eu égard à leur état, condition, famille et imposition à la taille ou capitation ; et attribue à messieurs les intendants la connaissance des contestations qui pourront naître à ce sujet, depuis le premier octobre prochain jusqu'au premier janvier 1787. 8 août 1780. (AN → AD^{+} 1048)

2352. Lettres patentes du roi, qui ordonnent l'enregistrement à la Chambre des comptes, de l'édit du mois de juillet 1772, portant prorogation de l'aliénation faite au profit du clergé, de la somme annuelle de cinq cent mille livres, sur le produit du bail des Fermes. 10 août 1780. (AN → AD^{+} 1048)

2353. Déclaration du roi, portant règlement définitif pour la comptabilité de la Caisse des amortissements, établie par édit du mois de décembre 1764, qui subroge le sieur Darras, trésorier de la Caisse des arrérages, au trésorier de ladite Caisse des amortissements ; et le charge, à compter du 15 août 1780, tant de la suite des recouvrements relatifs aux droits de mutation, dixième et quinzième d'amortissement, et autres résultant dudit édit, restant à faire sur les anciens exercices de ladite Caisse, que des remboursements et autres objets restant à acquitter audit jour 15 août 1780, sur lesdits anciens exercices : qui ordonne aussi différentes reprises à faire dans le compte de l'exercice 1775, de ladite Caisse des amortissements ; et qui valide encore la restitution d'un droit de mutation, faisant partie de la dépense du compte dudit exercice 1775 de la même Caisse. 10 août 1780. (AN → AD^{+} 1048)

2354. Lettre du roi à M. l'Amiral, concernant le jugement des prises faites par les corsaires que les États-Unis d'Amérique arment dans les ports de France. 10 août 1780. (AN → AD^{+} 1048)

2355. Lettre de M. de Sartine aux officiers de l'amirauté de Dunkerque, au sujet des liquidations des prises faites par des corsaires français, armés sous le pavillon des États-Unis de l'Amérique septentrionale. 11 août 1780. (AN → AD/VII/7^{B} pièce 2)

2356. Extrait des registres du Conseil d'État. (Jean-Antoine Le Vaillant de Guelis de Damery. Sieur Marquet de Peyre). 12 août 1780. (AN → AD^{+} 1048)

2357. Arrêt de surséance, en faveur des sieurs Bouffé, et nomination de sequestres. 12 août 1780. (AN → AD^{+} 1048)

2358. Lettres patentes du roi, pour la prise de possession de Henri Clavel, de la Régie et perception des droits y énoncés, pendant six années trois mois, qui commenceront au 1er octobre 1780 et finiront le 31 décembre 1786. 12 août 1780. (AN → AD^{+} 1048)

2359. Lettres patentes du roi, qui nomment Jean-Vincent René, pour faire au compte du roi, pendant six ans trois mois, à compter du 1er octobre 1780, la recette et exploitation des droits d'hypothèques, et des quatre deniers pour livre du prix des ventes de biens-meubles. 12 août 1780. (AN → AD^{+} 1048)

2360. Lettres patentes du roi, pour la prise de possession de Henri Clavel, de la Régie et perception des droits y énoncés [dans le ressort de la Cour des comptes, aides et finances de Provence], pendant six années trois mois, qui commenceront au 1er octobre 1780 et finiront le 31 décembre 1786. 12 août 1780. (BN → F 20964 [2])

2361. Lettres patentes du roi, pour la prise de possession de Henri Clavel, de la Régie et perception des droits y énoncés [dans la généralité de Besançon], pendant six années trois mois, qui commenceront au 1er octobre 1780 et finiront le 31 décembre 1786. 12 août 1780. (BN → F 20964 [3])

2362. Lettres patentes du roi, pour la prise de possession de Henri Clavel, de la Régie et perception des droits y énoncés [dans le ressort de la Cour des aides et finances de Guyenne], pendant six années trois mois, qui commenceront au 1er octobre 1780 et finiront le 31 décembre 1786. 12 août 1780. (BN → F 20964 [4])

2363. Lettres patentes du roi, pour la prise de possession de Henri Clavel, de la Régie et perception des droits y énoncés [dans le ressort de la Cour des aides de Clermont], pendant six années trois mois, qui commenceront au 1er octobre 1780 et finiront le 31 décembre 1786. 12 août 1780. (BN → F 20964 [5])

2364. Lettres patentes du roi, pour la prise de possession de Henri Clavel, de la Régie et perception des droits y énoncés [dans le ressort du parlement de Bourgogne], pendant six années trois mois, qui commenceront au 1er octobre 1780 et finiront le 31 décembre 1786. 12 août 1780. (BN → F 20964 [7])

2365. Lettres patentes du roi, pour la prise de possession de Henri Clavel, de la Régie et perception des droits y énoncés [dans le ressort du parlement de Dauphiné], pendant six années trois mois, qui commenceront au 1er octobre 1780 et finiront le 31 décembre 1786. 12 août 1780. (BN → F 20964 [8])

2366. Lettres patentes du roi, pour la prise de possession de Henri Clavel, de la Régie et perception des droits y énoncés [dans le ressort du parlement de Metz], pendant six années trois mois, qui commenceront au 1er octobre 1780 et finiront le 31 décembre 1786. 12 août 1780. (BN → F 20964 [9])

2367. Lettres patentes du roi, pour la prise de possession de Henri Clavel, de la Régie et perception des droits y énoncés [dans le ressort de la Cour des aides de Montauban], pendant six années trois mois, qui commenceront au 1er octobre 1780 et finiront le 31 décembre 1786. 12 août 1780. (BN → F 20964 [10])

2368. Lettres patentes du roi, pour la prise de possession de Henri Clavel, de la Régie et perception des droits y énoncés [dans le ressort de la Cour des comptes, aides et finances de Montpellier], pendant six années trois mois, qui commenceront au 1er octobre 1780 et finiront le 31 décembre 1786. 12 août 1780. (BN → F 20964 [11])

2369. Lettres patentes du roi, pour la prise de possession de Henri Clavel, de la Régie et perception des droits y énoncés [dans le ressort de la Chambre des comptes de Lorraine], pendant six années trois mois, qui commenceront au 1er octobre 1780 et finiront le 31 décembre 1786. 12 août 1780. (BN → F 20964 [12])

2370. Lettres patentes du roi, pour la prise de possession de Henri Clavel, de la Régie et perception des droits y énoncés [dans le ressort du parlement de Navarre], pendant six années trois mois, qui commenceront au 1er octobre 1780 et finiront le 31 décembre 1786. 12 août 1780. (BN → F 20964 [14])

2371. Lettres patentes du roi, pour la prise de possession de Henri Clavel, de la Régie et perception des droits y énoncés [dans le ressort du parlement de Bretagne], pendant six années trois mois, qui commenceront au 1er octobre 1780 et finiront le 31 décembre 1786. 12 août 1780. (BN → F 20964 [15])

2372. Lettres patentes du roi, pour la prise de possession de Henri Clavel, de la Régie et perception des droits y énoncés [dans le ressort du Conseil souverain de Roussillon], pendant six années trois mois, qui commenceront au 1er octobre 1780 et finiront le 31 décembre 1786. 12 août 1780. (BN → F 20964 [17])

2373. Arrêt du Conseil d'État du roi, qui, en interprétant l'article XVI de celui du 5 juillet dernier, pour la prise de possession du bail des Fermes générales, sous le nom de Nicolas Salzard, commet ledit Salzard pour en requérir l'enregistrement dans les juridictions qui connaissent des droits compris dans son bail. 13 août 1780. (AN → AD+ 1048)

2374. Arrêt du Conseil d'État du roi, qui évoque la procédure faite à l'amirauté de Saint-Malo, sur une demande en réformation du règlement de parts du corsaire le *Duc-de-Mortemart* ; et renvoie les parties par-devant M. l'Amiral, pour y être fait droit. 13 août 1780. (AN → AD/VII/7B pièce 2)

2375. Arrêt du Conseil d'État du roi, et lettres patentes sur icelui, portant suppression de la verrerie du Valdanoy, et confirmation de celle de Romenil. 15 août et 22 septembre 1780. (AN → AD+ 1048)

2376. Arrêt du Conseil d'État du roi, qui ordonne que les directeurs, receveurs et autres préposés à la régie, perception et recette des droits réunis à l'administration générale des Domaines, par le résultat du Conseil du 9 janvier dernier, seront tenus de continuer leurs fonctions, sur les procurations qu'ils ont, soit de Jean-Vincent René, soit de Laurent David, ou de Henri Clavel. 16 août 1780. (AN → AD+ 1048)

2377. Règlement pour l'administration intérieure de la Maison du roi, dite Chambre aux deniers. 17 août 1780. (AN → AD+ 1048)

2378. Arrêt du Conseil d'État du roi, qui casse l'élection faite de syndics et adjoints par la nouvelle communauté des orfèvres, joailliers, lapidaires, horlogers de la ville d'Orléans. 19 août 1780. (AN → AD+ 1048)

2379. Lettre de M. de Sartine aux officiers des amirautés, pour faire supporter la retenue des six deniers pour les invalides de la Marine, sur la commission accordée aux armateurs, et la somme stipulée en faveur du conducteur de prise, ainsi que sur le dédommagement du coffre du capitaine pris. 19 août 1780. (AN → AD/VII/7B pièce 2)

2380. Lettres patentes du roi, portant tarif pour les greffiers de la Cour des aides. 20 août 1780. (AN → AD+ 1048)

2381. Régie générale des aides, et droits y réunis. Circulaire. Timbre des registres et expéditions des droits d'octrois, tarifs et autres droits. 21 août 1780. (AN → G/2/17)

2382. Arrêt du Conseil d'État du roi, qui proroge en faveur du clergé, jusqu'au dernier décembre 1785, les délais accordés au sujet des foi et hommages, aveux et dénombrements ; et fait main-levée des saisies. 23 août 1780. (AN → AD⁺ 1048)

2383. Déclaration du roi, concernant l'abolition de la question préparatoire. 24 août 1780. (AN → AD⁺ 1048)

2384. Déclaration du roi, interprétative de l'édit du mois d'août 1749, concernant les acquisitions des gens de mainmorte. 24 août 1780. (AN → AD⁺ 1048)

2385. Arrêt du Conseil d'État du roi, qui casse et annule l'arrêt de la Cour des aides de Rouen, du 21 juillet 1780, confirmatif d'une sentence des élus d'Argentan, du 24 août 1778, par laquelle ils avaient déclaré nulle la procédure faite à la suite du procès-verbal de saisie rendu contre le nommé Vicaire, cabaretier à Vimoustier, sur le fondement qu'avec l'assignation il n'avait pas été donné copie de l'acte de charge des boissons dudit Vicaire. Déclare bonne et valable la saisie des cent trente pots de cidre mentionnés au procès-verbal, en prononce la confiscation avec amende de 100 livres et condamne Vicaire en tous les dépens et au coût de l'arrêt. 29 août 1780. (AN → AD⁺ 1048)

2386. Arrêt du Conseil d'État du roi, qui nomme des commissaires pour, en exécution de l'édit du mois de janvier dernier, passer, au profit des hôpitaux, contrats de constitution de rente du montant des fonds par eux versés dans la caisse générale des Domaines de Sa Majesté, et provenant de la vente de leurs immeubles. 30 août 1780. (AN → AD⁺ 1048)

2387. Déclaration du roi, portant établissement de nouvelles prisons. 30 août 1780. (AN → AD⁺ 1048)

2388. Régie générale des aides, et droits y réunis. Circulaire. Exemptions de grâce. 30 août 1780. (AN → G/2/17)

2389. Déclaration du roi, portant règlement pour l'enregistrement des baux des Fermes, des résultats du Conseil et de tous actes... relatifs à la perception des droits et revenus du roi ; et fixation des pensions accordées à la Cour des aides de Paris. 31 août 1780. (BN → F 21202 [59])

2390. Copie de la lettre écrite le 31 août 1780, par M. le prince de Montbarey, aux commandants des régiments d'infanterie française et étrangère. (AN → MM 1225)

2391. Lettres patentes du roi, concernant le collège de Moulins. 2 septembre 1780. (AN → AD⁺ 1048)

2392. Lettres patentes du roi, concernant l'exemption des droits de tarif de la ville de Bayeux, pour les mareyeurs qui conduisent du poisson frais pour l'approvisionnement de Paris. 2 septembre 1780. (AN → AD⁺ 1048)

2393. Déclaration du roi, qui étend aux prieurés et abbayes sécularisés, les dispositions de celle du 30 août 1735. 3 septembre 1780. (AN → AD⁺ 1048)

2394. Arrêt du Conseil d'État du roi, qui commet le sieur Bertin, receveur général des revenus casuels, pour faire le recouvrement de la recette des maîtrises dans le ressort du parlement de Metz. 6 septembre 1780. (AN → AD⁺ 1048)

2395. Régie générale des aides, et droits réunis. Circulaire. Envoi des lettres patentes de prise de possession et des procurations des directeurs. 7 septembre 1780. (AN → G/2/17)

2396. Régie générale des aides, et droits réunis. Circulaire. Tradition du bail, et ordres provisoires pour la suite de la nouvelle Régie générale. 7 septembre 1780. (AN → G/2/17)

Arrêts du Conseil d'État du roi. 16 novembre 1779 et 12 septembre 1780. (AN → AD⁺ 1048). Voir notice n° 2071.

2397. Arrêt du Conseil d'État du roi, qui, en interprétant celui du 28 mars dernier, permet au sieur François Perret de transférer à Neuville en Franc-Lyonnais sa manufacture de nouveaux velours mélangés soie et coton, et de faire circuler librement lesdits velours dans le royaume, ou de les exporter à l'étranger en exemption de tous droits. 12 septembre 1780. (AN → AD⁺ 1048)

2398. Arrêt du Conseil d'État du roi, qui commet Henri Clavel pour faire la perception des droits compris dans la Régie générale. 15 septembre 1780. (AN → AD⁺ 1048)

2399. Arrêt du Conseil d'État du roi, qui charge Henri Clavel, bourgeois de Paris, de faire pour le compte et au profit de Sa Majesté, pendant six années et trois mois entiers et consécutifs, la régie, recette et exploitation des différents droits et sous pour livre y énoncés. 15 septembre 1780. (AN → AD/IX/407)

2400. Arrêt du Conseil d'État du roi, pour la prise de la possession des droits d'aides et autres y réunis, par Henri Clavel, régisseur général desdits droits. 15 septembre 1780. (AN → AD/IX/407)

2401. Lettres patentes du roi, concernant les taxes d'offices des gardes-haras et gardes-étalons. 15 septembre 1780. (AN → AD⁺ 1048)

2402. Arrêt du Conseil d'État du roi, portant établissement de Bureaux pour la visite et la marque des étoffes de laine qui se fabriquent dans les villes de la généralité de Paris, conformément aux dispositions des lettres patentes du 1er juin 1780. 17 septembre 1780. (AN → AD⁺ 1048)

2403. Lettres patentes du roi, portant règlement pour la fabrication des étoffes de laine dans la généralité d'Auch. 18 septembre 1780. (AN → AD⁺ 1048)

2404. Lettres patentes du roi, portant prorogation pendant un an, à compter du premier octobre prochain, de l'octroi de trente sols par muid de vin entrant à Paris, en faveur de l'Hôtel-Dieu et de l'hôpital général. 20 septembre 1780. (AN → AD⁺ 1048)

2405. Ordonnance du roi, concernant le classement pour le service de la Marine, des bateliers et pêcheurs des rivières des provinces méridionales. 21 septembre 1780. (AN → AD⁺ 1048)

2406. Lettres patentes du roi, portant à six années l'exercice du prévôt des marchands de la ville de Lyon. 24 septembre 1780. (AN → AD^{+} 1048)

2407. Départements de messieurs les fermiers généraux, pour le service des Fermes générales, pendant la première année du bail de Me Nicolas Salzard. 28 septembre 1780. (AN → AD^{+} 1048)

2408. Arrêt du Conseil d'État du roi. (Sieurs Gaillard et Mallibrand). 29 septembre 1780. (AN → AD^{+} 1048)

2409. Extrait des registres du Conseil d'État du roi. (Sieurs Goupil, Rolland et Boutin. Élection de Saumur). 29 septembre 1780. (AN → AD^{+} 1048)

2410. Arrêt du Conseil d'État du roi, qui maintient les dames abbesse, prieure et religieuses de l'abbaye royale de Maubuisson, dans la propriété, possession et jouissance des droits de minage sur les grains dans la ville de Pontoise. 30 septembre 1780. (AN → AD^{+} 1048)

2411. Lettres patentes du roi, portant règlement pour la fabrication des toiles et toileries, dans la généralité de Champagne. 30 septembre 1780. (AN → AD^{+} 1048)

2412. Lettres patentes du roi, portant règlement pour la fabrication des toiles et toileries, dans la généralité de Tours. 30 septembre 1780. (AN → AD^{+} 1048)

2413. Lettres patentes du roi, portant règlement pour la fabrication des toiles et toileries, dans la généralité de Picardie. 30 septembre 1780. (AN → AD^{+} 1048)

2414. Lettres patentes du roi, portant règlement pour la fabrication des toiles et toileries, dans la généralité de Limoges. 30 septembre 1780. (AN → AD^{+} 1048)

2415. Lettres patentes du roi, portant règlement pour la fabrication des toiles et toileries, dans la généralité de Poitiers. 30 septembre 1780. (AN → AD^{+} 1048)

2416. Lettres patentes du roi, portant règlement pour la fabrication des toiles et toileries, dans la généralité de Lyon. 30 septembre 1780. (AN → AD^{+} 1048)

2417. Lettres patentes du roi, portant règlement pour la fabrication des toiles et toileries, dans la généralité d'Auvergne. 30 septembre 1780. (AN → AD^{+} 1048)

2418. Lettres patentes du roi, portant règlement pour la fabrication des toiles et toileries, dans la généralité de Châlons. 30 septembre 1780. (AN → AD^{+} 1048)

2419. Édit du roi, portant établissement d'un grenier à sel au bourg de Grandpré, dans la généralité de Champagne. Octobre 1780. (AN → AD^{+} 1049)

2420. Édit du roi, portant réunion et incorporation des justices d'Essoyes et de Fontette, à la prévôté royale d'Essoyes. Octobre 1780. (AN → AD^{+} 1049)

2421. Lettres patentes du mois d'octobre 1780, sur les traités faits avec monseigneur, comte d'Artois, les 26 octobre 1779, 7 mars, 12 avril et 13 mai 1780, au sujet du Colisée ; réunion des terrains du Colisée au fief d'Artois, pour ne composer qu'un seul et même fief ; et arrêt d'enregistrement, du 7 août 1781, desdits traités et lettres patentes. Octobre 1780. (AN → AD^{+} 1049)

2422. Ordonnance du roi, portant création des Volontaires de Luxembourg. 1er octobre 1780. (AN → AD+ 1049)

2423. Régie générale des aides et droits y réunis. Instruction sur l'usage des Timbres. 1er octobre 1780. (AN → AD+ 1049)

2424. Arrêt du Conseil d'État du roi, qui ordonne que, sans s'arrêter à la sentence du prévôt de Montrouge du 29 mai 1779, l'ordonnance du Bureau des finances du 30 avril précédent, sera exécutée selon sa forme et teneur. 6 octobre 1780. (AN → AD+ 1049)

2425. Arrêt du Conseil d'État du roi, portant défenses à tous capitaines de corsaires de rançonner en mer les bâtiments ennemis, si ce n'est dans les mers d'Irlande, les canaux de Bristol et de Saint-George, et le nord-ouest de l'Écosse. 11 octobre 1780. (AN → AD+ 1049)

2426. Arrêt du Conseil d'État du roi, qui nomme les commissaires du Conseil, pour procéder à la liquidation des dettes des communautés d'arts et métiers des villes du ressort du parlement de Metz, supprimées par l'édit du mois de juillet dernier. 18 octobre 1780. (AN → AD+ 1049)

2427. Arrêt du Conseil d'État du roi, qui continue pendant le bail de Henri Clavel, commencé le premier octobre 1780, la commutation des droits d'inspecteurs aux boissons et de ceux de courtiers-jaugeurs, en un droit de vingt sols par pièce d'eau-de-vie de quatre-vingt-une veltes, et les huit sols pour livre en sus dans les élections de Cognac, Saintes et Saint-Jean d'Angély, de la généralité de La Rochelle. 22 octobre 1780. (AN → AD+ 1049)

2428. Arrêt du Conseil d'État du roi, qui maintient la dame abbesse et chef générale de l'abbaye royale de Fontevrault, dans le droit de percevoir le minage sur tous les grains et farines vendus les jours de marché, au minage ou halle de la ville de Surgères, etc. 23 octobre 1780. (AN → AD+ 1049)

2429. Arrêt du Conseil d'État du roi, qui maintient les dames abbesse, prieure et religieuses de l'abbaye royale d'Origny, à percevoir le droit de quartel ou mesurage sur les froments, seigles, etc. 23 octobre 1780. (AN → AD+ 1049)

2430. Arrêt du Conseil d'État du roi, qui maintient le sieur Jacquier, seigneur de Vieux-Maisons, à rétablir dans le bourg de Vieux-Maisons, deux foires par an, ainsi que deux marchés, et d'y percevoir les droits énoncés au présent arrêt. 23 octobre 1780. (AN → AD+ 1049)

2431. Extrait des registres du Conseil d'État du roi. (Vicomte de la Rochefoucauld. Droit de minage. Surgères). 23 octobre 1780. (AN → AD+ 1049)

2432. Départements de messieurs les régisseurs généraux, pour le service de la Régie générale établie sous le nom de Henri Clavel, par le résultat du Conseil du 1er avril 1780, arrêtés à Paris le 24 octobre 1780. (AN → AD+ 1049)

2433. Arrêt du Conseil d'État du roi, qui permet à Nicolas Salzard, adjudicataire des Fermes générales, de continuer de se servir, à compter du 1er janvier 1781 jusqu'au 31 décembre suivant, seulement dans les provinces non sujettes aux droits d'aides, de tous les registres et expéditions employés à la recette et Régie des droits compris dans le bail dudit Salzard, marqués des timbres de Laurent David, sans que ledit Salzard soit tenu de les faire contre-timbrer du timbre de Jean-Vincent René ; à la charge par lui de payer audit René, à compter du 1er janvier 1781, les mêmes droits de timbres auxquels ces registres et expéditions auraient été assujettis, s'ils eussent été contre-timbrés des timbres de Jean-Vincent René. 25 octobre 1780. (AN → AD+ 1049)

2434. Arrêt du Conseil d'État du roi, qui ordonne l'ouverture d'un emprunt par forme de Loterie, remboursable en neuf années. 29 octobre 1780. (AN → AD+ 1049)

2435. Arrêt du Conseil d'État du roi, qui défend à tous voituriers par eau, sur la Loire, de transporter les personnes dans des cabanes ou bateaux, sans en avoir payé le droit de permis. 29 octobre 1780. (AN → AD+ 1049)

2436. Arrêt du Conseil d'État du roi, portant nomination des personnes qui signeront les coupons des billets de la Loterie par arrêt du 29 octobre 1780. 31 octobre 1780. (AN → AD+ 1049)

2437. Édit du roi, portant suppression de deux offices de notaires dans la ville de Lézoux. Novembre 1780. (AN → AD+ 1049)

2438. Lettres patentes du roi, portant établissement d'un nouveau marché rue de Baune, à l'hôtel qui servait de logement à la première compagnie des mousquetaires de la Garde du roi, sous le nom de marché de Boulainvilliers. Novembre 1780. (AN → AD+ 1049)

2439. Régie générale des aides, et droits réunis, sous le nom de Henri Clavel. Circulaire. Cautionnements en immeubles. Novembre 1780. (AN → G/2/17)

2440. Ordonnance du roi, concernant la fixation de l'étendue des départements et quartiers des classes, dépendant de l'intendance de Brest, sur la rivière de Loire et celles affluentes. 1er novembre 1780. (AN → AD+ 1049)

2441. Instruction concernant les revues, les contrôles et les décomptes de subsistance des troupes. 1er novembre 1780. (AN → MM 1225)

2442. Arrêt du Conseil d'État du roi, portant défenses à tous armateurs, d'inquiéter en aucune manière les bateaux-pêcheurs anglais qui seront sans armes offensives, et même ceux qui se trouveront chargés de poissons frais qui n'auraient pas été pêchés sur ces bâtiments, à moins qu'ils ne soient convaincus d'avoir fait quelques signaux qui indiqueraient des intelligences avec les corsaires ou vaisseaux ennemis. 6 novembre 1780. (AN → AD/VII/7B pièce 2)

2443. Extrait des registres du Conseil d'État. (Dunkerque. Pêche. *Printemps. Jean et Sara*). 6 novembre 1780. (AN → Marine A/1/127)

2444. Arrêts du Conseil d'État du roi, qui décident que les juges n'ont pas la liberté d'ordonner des procédures, autres que celles estimées suffisantes par la loi ; et qu'en matière de faux-saunage en campagne, où la procédure prescrite par l'article XIX du titre XVII de l'ordonnance de 1680, doit être suivie, il n'est pas besoin de donner assignation dans les quatre jours du procès-verbal, comme l'a voulu, pour une saisie domiciliaire, un arrêt de règlement de la Cour des aides de

Rouen, du 14 août 1737. 7 novembre 1780, 8 mars 1785 et 7 février 1786. (AN → AD+ 1049)

2445. Lettres patentes du roi, en forme de déclaration, interprétatives de l'arrêt du Conseil d'État de Sa Majesté, du 24 juillet 1778, portant règlement, tant sur les droits et prérogatives de l'office de prévôt de Lille, que de son lieutenant. 8 novembre 1780. (AN → AD/XVI/14A)

2446. Mémoire du roi, pour servir d'instruction aux officiers des classes des divers départements et quartiers de la rivière de Loire et de celles affluentes, dépendant de l'intendance de Brest, établis par l'ordonnance de Sa Majesté du 1er novembre 1780. 11 novembre 1780. (AN → AD+ 1049)

2447. Arrêt du Conseil d'État du roi, portant règlement entre la Régie des messageries et les maîtres de poste aux chevaux, pour la conduite des diligences à six places. 18 novembre 1780. (AN → AD+ 1049)

2448. Extrait des registres du Conseil d'État du roi. (Sieur du Bouzet, marquis de Poudenas. Marquis de Sourches). 18 novembre 1780. (AN → AD+ 1049)

2449. Lettres patentes du roi, concernant les baux à cens dans le ressort de la coutume d'Orléans. 18 novembre 1780. (AN → AD+ 1049)

2450. Extrait des registres du Conseil d'État du roi. (Droit de mesurage. Comte d'Egmont. Armentières. Grains). 22 novembre 1780. (AN → AD+ 1049)

2451. Arrêt du Conseil d'État du roi, concernant la concession de six cent soixante-douze arpents de terrain ou molières, situés au lieu du Marquenterre, faite par M. le comte d'Artois, au sieur Guerrier de Lormoy. 25 novembre 1780. (AN → AD+ 1049)

2452. Arrêt du Conseil d'État du roi, qui lève la surséance de la vente des offices de jurés-priseurs, ordonnée par édit de février 1771. 25 novembre 1780. (AN → AD+ 1049)

2453. Arrêt du Conseil d'État du roi, par lequel Sa Majesté, en acceptant l'abandon fait par le sieur de Thomassin, marquis de Saint-Paul, du droit de péage à lui appartenant dans son marquisat de Saint-Paul, éteint et supprime ledit péage. (Durance, la). 26 novembre 1780. (AN → AD+ 1049)

2454. Arrêt du Conseil d'État du roi, par lequel Sa Majesté, en acceptant l'abandon fait par la dame comtesse de Ligny, du droit de péage à elle appartenant dans sa seigneurie de Courtenay, éteint et supprime ledit péage. 26 novembre 1780. (AN → AD+ 1049)

2455. Arrêt du Conseil d'État du roi, qui évoque un appel interjeté par plusieurs des gens de l'équipage du corsaire la *Normande*, d'une liquidation arrêtée par les officiers de l'amirauté du Havre, et qui en renvoie la connaissance par-devant M. l'Amiral, pour être fait droit. 26 novembre 1780. (AN → AD/VII/7B pièce 2)

2456. Lettre de M. le marquis de Castries aux officiers de l'amirauté de Dunkerque, au sujet de la retenue des six deniers des invalides de la Marine, sur les prises faites par les corsaires armés en France, sous pavillon des États-Unis de l'Amérique septentrionale. 26 novembre 1780. (AN → AD/VII/7B pièce 2)

2457. Lettres patentes concernant l'exercice de la police de Nantes. 28 novembre 1780. (BN → F 20965 [55])

2458. Édit du roi, portant création de quatre offices de procureurs en la châtellenie de Cerilly-en-Bourbonnais. Décembre 1780. (AN → AD⁺ 1049)

2459. Marché pour les hôpitaux des religieux de la Charité à l'île de Saint-Domingue. Pour cinq années, à compter du 1er mai 1778. 1er décembre 1780. (AN → MM 1225)

2460. Régie générale des aides, et droits réunis, sous le nom de Henri Clavel. Circulaire. Contentieux. 7 décembre 1780. (AN → G/2/17)

2461. Arrêt du Conseil d'État du roi, qui proroge jusqu'au 1er juillet 1781, les délais fixés par les articles IX et X de l'édit de juillet 1780, concernant les communautés d'arts et métiers dans les villes du ressort du parlement de Metz ; et qui règle en même temps ce qui regarde les veuves des anciens maîtres dans lesdites villes. 8 décembre 1780. (AN → AD⁺ 1049)

2462. Arrêt du Conseil d'État du roi, concernant la permission accordée aux communautés protestantes d'Oberseebach et de Schleithal, situées en Basse-Alsace, d'avoir des écoles où puisse être instruite la jeunesse protestante de l'un et l'autre sexe, par deux maîtres calvinistes, et d'exercer leur culte dans un lieu privé, préparé pour cela. 11 décembre 1780. (AN → AD⁺ 1049)

2463. Arrêt du Conseil d'État du roi, qui ordonne que l'arrêt du 19 août dernier sera exécuté selon sa forme et teneur, ensemble la sentence des juges de police d'Orléans, qui confirme l'élection du nommé Dehors, en qualité d'adjoint, etc. 11 décembre 1780. (AN → AD⁺ 1049)

2464. Lettres patentes du roi, concernant les appels des causes à l'audience de la Grand'Chambre du Parlement. 11 décembre 1780. (AN → AD⁺ 1049)

2465. Arrêt du Conseil d'État du roi, qui règle la forme dans laquelle seront faits les remboursements des charges bouche et commun de la Maison du roi. 15 décembre 1780. (AN → AD⁺ 1049)

2466. Lettres patentes du roi, contenant règlement pour l'administration de la ville de Lyon. 15 décembre 1780. (AN → AD⁺ 1049)

2467. Lettres patentes du roi, portant règlement pour la fabrication des toiles et toileries, dans la généralité de Bretagne. 16 décembre 1780. (AN → AD⁺ 1049)

2468. Lettres patentes du roi, portant règlement pour la fabrication des étoffes de laine dans la généralité de Provence. 16 décembre 1780. (AN → AD⁺ 1049)

2469. Lettres patentes du roi, portant règlement pour la fabrication des étoffes de laine, dans la généralité de Grenoble. 16 décembre 1780. (AN → AD⁺ 1049)

2470. Arrêt du Conseil d'État du roi, portant remise du navire espagnol le *Saint-Joseph*, repris par la frégate le *Montréal* et les corvettes la *Sémilliante* et la *Badine*. 17 décembre 1780. (AN → AD/VII/7B pièce 2)

2471. Règlement, concernant la fourniture du bois et de la bougie, pour les appartements, bouche et offices de madame comtesse d'Artois ; et portant suspension de plusieurs officiers ayant rapport à ce service. 17 décembre 1780. (AN → AD$^+$ 1049)

2472. Règlement, qui fixe les indemnités accordées aux personnes qui jouissaient du profit des bougies, dans la Maison de monseigneur et de madame comtesse d'Artois. 17 décembre 1780. (AN → AD$^+$ 1049)

2473. Déclaration du roi, qui fixe les époques de la levée du sel de vente volontaire et des livraisons des francs-salés, et qui étend aux ressortissants imposés à la taille ou à la capitation, à trois livres et au-dessous, la dispense de s'approvisionner aux greniers et la faculté de se fournir aux regrats, que la déclaration du 29 août 1724, n'avait accordée qu'aux particuliers seulement cotisés à la taille ou à la capitation, à trente sous et au-dessous. 18 décembre 1780. (AN → AD$^+$ 1049)

2474. Régie générale des aides, et droits réunis. Circulaire aux directeurs des aides, dont les receveurs versent les fonds à la Caisse générale à Paris. 18 décembre 1780. (AN → G/2/17)

2475. Régie générale des aides, et droits réunis. Circulaire aux directeurs dont les receveurs versent à une recette générale de province. 18 décembre 1780. (AN → G/2/17)

2476. Régie générale des aides, et droits réunis. Circulaire aux receveurs généraux des aides. 18 décembre 1780. (AN → G/2/17)

2477. Arrêt du Conseil d'État du roi, qui admet au payement du droit annuel des offices, comme par le passé, les officiers rendant la justice au nom du roi, qui n'ont pas profité du rachat dudit droit. 19 décembre 1780. (AN → AD$^+$ 1049)

2478. Arrêt du Conseil d'État du roi, qui ordonne la vente et adjudication, à titre d'afféagement roturier, du droit de pêche dans les rivières d'Audet et de Their. 20 décembre 1780. (AN → Marine A/1/127)

2479. Extrait des registres du Conseil d'État du roi. (Sieur Bonnefoy-Duplan. Nommé Cussy). 23 décembre 1780. (AN → AD$^+$ 1049)

2480. Lettres patentes du roi, qui ordonnent l'enregistrement de celles du 11 juillet dernier, portant ratification d'une convention conclue entre le roi et l'électeur de Cologne, comme prince-évêque de Munster, pour l'abolition du droit d'aubaine, entre la France et les États de cet évêché. 23 décembre 1780. (AN → AD/XVI/14^A)

2481. Arrêt du Conseil d'État du roi, portant prorogation de délai, accordée à la communauté des fabricants en bas de soie de la ville de Lyon, pour se faire recevoir dans la nouvelle communauté. 24 décembre 1780. (AN → AD$^+$ 1049)

2482. Arrêt du Conseil d'État du roi, qui accorde un délai aux fabricants de bas au métier, pour être reçus dans la communauté des bonnetiers, chapeliers, pelletiers-fourreurs d'Angers. 24 décembre 1780. (AN → AD$^+$ 1049)

2483. Arrêt du Conseil d'État du roi, concernant les billets des trésoriers. 24 décembre 1780. (AN → AD$^+$ 1049)

2484. Lettres patentes du roi, portant règlement pour la fabrication des toiles et toileries, dans la généralité de Provence. 31 décembre 1780. (AN → AD^{+} 1049)

2485. Lettres patentes du roi, qui ordonnent l'exécution de différents règlements concernant la voirie de Paris, notamment l'exécution de l'arrêt du parlement de Paris du 27 janvier 1780 ; en conséquence approuvent et homologuent le tarif ou tableau contenu dans ledit arrêt du 27 janvier 1780. 31 décembre 1780. (AN → AD/I/27^{B} dossier L pièce 70)

1781

2486. Abonnement des édits et arrêts pour la ville de Paris, et toutes les provinces et villes du royaume. (Table analytique des matières contenues dans les édits, lettres patentes, déclarations du roi, arrêts du Conseil, du Parlement, etc.). Année 1781. Imprimé en 1782. (AN → AD/I/30 ; BN → F 21994)

2487. Recueil des édits, déclarations, ordonnances, arrêts et règlements, concernant l'Hôtel royal des Invalides. 1781. (BN → F 21802)

2488. Code des nourrices ou recueil des déclarations du roi, arrêts du Parlement, ordonnances et sentences de police concernant les nourrices, les recommandaresses, les meneurs et meneuses. 1781. (BN → 8 Z Le Senne 11983)

2489. Recueil de toutes les délibérations importantes prises depuis 1763 par le Bureau d'administration du collège Louis-le-Grand et des collèges y réunis, concernant le collège du trésorier. 1781. (AN → AD/VIII/4^{B} dossier A)

2490. Liste des noms et demeures de messieurs les fermiers généraux des Fermes royales unies. Pour la première année du bail de Nicolas Salzard. 1781. (AN → AD/IX/69)

2491. De par le roi. Tarif ou pancarte des droits de jauge, visite, marque et étalonnage, attribués à l'office de jaugeur-royal de la ville, bailliage, vicomté de Rouen, et élections y enclavées, suivant et conformément aux lettres patentes données à Dourlans le 26 juin 1478. 1781. (AN → AD^{+} 1050)

2492. Généralité d'Alençon. Tarif des droits dépendant de la Régie générale... 1781. (BN → F 23103)

2493. Généralité de Caen. Tarif des droits dépendant de la Régie générale... 1781. (BN → F 23104)

2494. Tarif des droits dépendant de la Régie générale qui sont dûs dans la ville et faubourgs de Rouen. 1781. (BN → F 23105)

2495. Tarif général des droits dûs aux entrées de Paris sur les marchandises et denrées y arrivant par terre, avec une table indicative des objets y sujets. 1781. (BN → F 4911)

2496. Statuts pour la maison philanthropique établie à Paris à l'instar de celles de Strasbourg, de Nancy, etc. 1781. (BN → R 55216)

2497. Ville et faubourgs de Paris. État des baptêmes, mariages, mortuaires, enfants-trouvés, et professions religieuses de la ville et faubourgs de Paris. Année 1781. (AN → AD/XVI/10)

2498. Conditions à remplir pour l'admission aux places d'aspirant garde de la Marine. 1781. (AN → Marine A/1/130)

2499. Lettres patentes du roi, qui autorisent un nouveau plan du marché à établir sur le terrain de la couture Sainte-Catherine. 6 janvier 1781. (AN → AD^{+} 1050)

2500. Lettres patentes du roi, portant nouvelle fixation des droits accordés aux huissiers-commissaires-priseurs, pour les ventes du Mont-de-Piété. 7 janvier 1781. (AN → AD^{+} 1050)

2501. Arrêt du Conseil d'État du roi, concernant le partage des prises anglaises le *Fathon* et le *Junius*, faites par les corsaires le *Maraudeur*, le *Duguay-Trouin* et l'*Épervier*, conformément au règlement du 27 janvier 1706. 8 janvier 1781. (AN → AD/VII/7^{B} pièce 2)

2502. Ordonnance du roi, concernant les novices-volontaires-matelots. 9 janvier 1781. (AN → AD^{+} 1050)

2503. Arrêt du Conseil d'État du roi, qui ordonne qu'à compter du jour de la publication, les fers en tôle venant de l'étranger, acquitteront à toutes les entrées du royaume, trente sous du quintal. 11 janvier 1781. (AN → AD^{+} 1050)

2504. Arrêt du Conseil d'État du roi, qui permet l'entrée dans le royaume par Septèmes, le Pont-de-Beauvoisin, le Bureau de Longerai et le port de Rouen, des soies blanches dites de Nankin : et fixe le droit qu'elles acquitteront. 11 janvier 1781. (AN → AD^{+} 1050)

2505. Arrêt du Conseil d'État du roi, concernant les rescriptions des recettes générales des Finances de l'exercice 1781 et des suivants. 12 janvier 1781. (AN → AD^{+} 1050)

2506. Arrêt du Conseil d'État du roi, concernant les Domaines engagés. 14 janvier 1781. (AN → AD^{+} 1050)

2507. Déclaration du roi, concernant les droits des secrétaires du Conseil, pour les baux, régies et traités. 14 janvier 1781. (AN → AD^{+} 1050)

2508. Déclaration du roi, interprétative de l'édit du mois d'août 1749, concernant les gens de mainmorte du ressort du parlement de Flandres. 15 janvier 1781. (AN → AD/XVI/14^{A})

2509. Arrêt du Conseil d'État du roi, qui valide les timbres des papiers qui ont été employés dans les provinces non sujettes aux droits d'aides, à la formation des registres destinés à inscrire les baptêmes, mariages et sépultures pendant l'année 1781, soit que les papiers aient été marqués des nouveaux timbres, soit même qu'ils l'aient été des anciennes marques. 17 janvier 1781. (AN → AD^{+} 1050)

2510. Arrêt du Conseil d'État du roi, concernant la communauté des marchands, fabricants et débitants de vinaigre à Orléans. 18 janvier 1781. (AN → AD^{+} 1050)

2511. Lettres patentes du roi, qui homologuent une délibération du clergé de France, du 6 octobre 1780, pour emprunter, au denier vingt-cinq, la somme nécessaire pour rembourser le dernier emprunt de trente millions. 20 janvier 1781. (AN → AD^{+} 1050)

2512. Arrêt du Conseil d'État du roi, portant défenses de délivrer en sacs, les pièces de six liards et de deux sous : et qui règle la quantité qui pourra en être donnée dans les payements. 21 janvier 1781. (AN → AD^{+} 1050)

2513. Arrêt du Conseil d'État du roi, qui supprime un mémoire de Me de Mirbeck, avocat aux Conseils, contre Me Ragon son confrère. 21 janvier 1781. (AN → AD^{+} 1050)

2514. Instruction du roi, sur la régie et l'administration des forges royales de La Chaussade. 21 janvier 1781. (AN → Marine A/1/128)

2515. Lettres patentes du roi, qui réunissent une portion d'office à celui de receveur des consignations de la gouvernance de Douai et Orchies. 24 janvier 1781. (AN → AD/XVI/14^{A})

2516. Lettres patentes du roi, qui réunissent à l'office de tabellion royal, garde-notes de la ville et gouvernance de Douai et Orchies, celui de Saint-Amand et Mortagne. 24 janvier 1781. (AN → AD/XVI/14^{A})

2517. Lettres patentes du roi, qui réunissent en une seule communauté, les professions d'orfèvres, lapidaires, joailliers et horlogers, établis dans les villes du ressort du parlement de Metz. 25 janvier 1781. (AN → AD^{+} 1050)

2518. Déclaration du roi, concernant les brevets d'apprentissage pour l'orfèvrerie. 25 janvier 1781. (AN → AD^{+} 1050)

2519. Déclaration du roi, concernant les actes reçus par les notaires du pays de Dombes, au sujet des testaments, contrats, obligations, et autres actes reçus par lesdits notaires. Et ordonnance concernant les testaments du mois d'août 1735. 25 janvier 1781. (AN → AD^{+} 1050)

2520. Arrêt du Conseil d'État du roi, qui excepte des arrêts de surséances et sauf-conduits qui pourraient être accordés aux bouchers, les sommes par eux dues pour achats de bestiaux aux marchés de Sceaux et de Poissy. 27 janvier 1781. (AN → AD^{+} 1050)

2521. Arrêt du Conseil d'État du roi, qui exempte de l'imposition des vingtièmes les revenus dont Monsieur jouit à titre d'apanage. 28 janvier 1781. (AN → AD^{+} 1050)

2522. Arrêt du Conseil d'État du roi, qui règle par forme d'abonnement, à compter du 1er janvier 1781, jusqu'au dernier décembre 1790, la contribution aux vingtièmes des biens et droits réels appartenant à Monsieur, soit à titre patrimonial, soit à titre d'engagement, ou dans l'engagement desquels il est rentré. 29 janvier 1781. (AN → AD^{+} 1050)

2523. Arrêts du Conseil d'État du roi. Le premier ordonne que la requête de l'adjudicataire, en cassation d'un arrêt de la Cour des aides de Paris, et d'une

sentence de la juridiction de la douane de Lyon, des 15 janvier 1780, et 10 janvier 1781, sera communiquée aux sieurs Billot, Rousselet et Carteret ;
Le deuxième casse lesdites sentence et arrêt, décharge l'adjudicataire des condamnations contre lui prononcées ; ordonne la restitution des sommes au paiement desquelles il pourrait avoir été contraint ; déboute les sieurs Billot, Rousselet et Carteret, tant de leur demande principale portée en la juridiction de la douane de Lyon, que de celle incidemment formée en la Cour des aides de Paris ; les condamne en tous les dépens et au coût, contrôle et signification de l'arrêt. 30 janvier 1781 et 4 mars 1783. (AN → AD^{+} 1059)

2524. Arrêt du Conseil d'État du roi, et lettres patentes sur icelui, qui commettent le sieur Antoine Lalbin, pour continuer et achever les exercices du feu sieur de Selle, trésorier général de la Marine et des Colonies. 31 janvier et 6 mars 1781. (AN → AD^{+} 1050)

2525. Arrêt du Conseil d'État du roi, concernant les cautionnements et suppléments de cautionnements consignés par les employés des Fermes générales, aides et domaines, en vertu de l'arrêt du Conseil du 17 février 1779. 31 janvier 1781. (AN → AD^{+} 1050)

2526. Arrêt de nos seigneurs du Grand Conseil du roi, pour le payement des créanciers de la succession de feu M. de Rastignac, ancien archevêque de Tours, dénommés audit arrêt. 31 janvier 1781. (AN → AD^{+} 1050)

2527. Édit du roi, portant création de six millions de rentes viagères. Février 1781. (AN → AD^{+} 1050)

2528. Édit du roi, qui supprime les deux offices d'affineurs et départeurs d'or et d'argent de Paris ; et révoque la réunion faite à la communauté des tireurs d'or de Lyon, des fonctions et des droits des quatre offices d'affineurs et départeurs d'or et d'argent qui avaient été créés pour cette ville, et qui ont été depuis supprimés. Février 1781. (AN → AD^{+} 1050)

2529. Arrêt du Conseil d'État du roi, portant règlement pour la répartition des impositions des communautés. 4 février 1781. (AN → AD^{+} 1050)

2530. Fermes générales. Liste ordinale du onzième tirage de la Loterie de remboursement des reconnaissances en échange des billets des Fermes générales, remboursables, conformément à l'arrêt du Conseil du 13 novembre 1770, par ordre de sortie de la roue, de mois en mois par douzième, à compter du 10 mars 1781, à raison de trois cent mille livres par mois. 5 février 1781. (AN → AD^{+} 1050)

2531. Lettres patentes du roi, qui ordonnent l'enregistrement de celles du 29 décembre 1779, portant ratification d'une convention conclue entre le roi et le gouvernement-général des Pays-Bas, relativement aux limites des États respectifs. 8 février 1781. (AN → AD/XVI/14^{A})

2532. Liste générale de la Loterie de remboursement des reconnaissances données en échange des rescriptions et assignations, en exécution de l'arrêt du Conseil du 2 décembre 1770. Onzième tirage. Fait en présence de M. le lieutenant général de police, en l'une des salles de l'hôtel de Mesme. 15 février 1781. (AN → AD^{+} 1050)

2533. Lettres patentes du roi, portant règlement pour la fabrication des toiles et toileries dans la généralité d'Alençon. 16 février 1781. (AN → AD[+] 1050)

2534. Lettres patentes du roi, portant règlement pour la fabrication des toiles et toileries dans la généralité de Caen. 16 février 1781. (AN → AD[+] 1050)

2535. Lettres patentes du roi, portant règlement pour la fabrication des toiles et toileries dans la généralité de Rouen. 16 février 1781. (AN → AD[+] 1050)

2536. Lettres patentes du roi, pour la confirmation des nouveaux statuts de la communauté des limonadiers, vinaigriers.
Sous l'exercice des sieurs Louis-Claude Lallemant et Jean Boron, syndics ;
Et des sieurs Jean Rigny et Jacques-Édouard Landron, adjoints. 19 février 1781. (AN → AD[+] 1050)

2537. Lettres patentes du roi, portant nouveaux statuts pour la communauté des maîtresses couturières-découpeuses de la ville de Paris. 19 février 1781. (AN → AD/XI/16 dossier G pièce 8)

2538. Arrêt du Conseil d'État du roi, qui ordonne qu'il sera procédé à la vente et adjudication, à titre d'acensement, d'un attérissement dans la rivière de Seine, du côté de Villeneuve-le-Roi. 22 février 1781. (AN → AD[+] 1050)

2539. Règlement pour établir une nouvelle forme d'administration dans l'exécution des ouvrages ordonnés par le roi, pour fortifier la rade de Cherbourg. 23 février 1781. (AN → MM 1225)

2540. Arrêt du Conseil d'État du roi, qui exempte de l'imposition des vingtièmes les revenus dont M. le comte d'Artois jouit à titre d'apanage. 25 février 1781. (AN → AD[+] 1050)

2541. Lettres patentes du roi, portant règlement pour la fabrication des étoffes de laine, dans la généralité de Montauban. 25 février 1781. (AN → AD[+] 1050)

2542. Arrêt du Conseil d'État du roi, qui, en faisant droit sur le renvoi prononcé par sentence de l'élection de La Rochelle du 19 février 1780, déboute les sieurs Robert frères, Guimet et veuve Rançon, de leur opposition à une contrainte décernée contre eux pour le payement des droits réservés sur des pelleteries qu'ils avaient fait arriver à La Rochelle ; ordonne l'exécution de ladite contrainte, et les condamne aux dépens et au coût de l'arrêt. 27 février 1781. (AN → AD[+] 1050)

2543. Arrêt du Conseil d'État du roi, qui règle par forme d'abonnement, à compter du 1er janvier 1781, jusqu'au dernier décembre 1790, la contribution aux vingtièmes des biens et droits réels appartenant à M. le comte d'Artois, soit à titre patrimonial, soit à titre d'engagement, ou dans l'engagement desquels il est rentré. 28 février 1781. (AN → AD[+] 1050)

2544. Édit du roi, portant création de trois millions de rentes viagères. Mars 1781. (AN → AD[+] 1051)

2545. Édit du roi, qui ordonne une réformation dans la monnaie de Paris, de soixante mille marcs d'espèces de billon, pour être transportées aux îles de France et de Bourbon, et aux colonies de l'Amérique où elles auront cours seulement. Mars 1781. (AN → AD[+] 1051)

2546. Édit du roi, concernant la prévôté d'Issoire et les justices royales d'Usson et de Nonette. Mars 1781. (AN → AD^{+} 1051)

2547. Édit du roi, concernant les prévôtés des duché de Mercoeur et comté de Saint-Ilpize. Mars 1781. (AN → AD^{+} 1051)

2548. Édit du roi, qui soumet les négociants français, dans les Échelles du Levant et de Barbarie, à fournir des cautionnements ; et qui désigne leur valeur et la forme dans laquelle ils doivent être passés. Mars 1781. (AN → AD^{+} 1051)

2549. Lettres patentes du roi, qui permettent à M. l'abbé d'Espagnac d'établir une maison de charité au village de Coulombs. Mars 1781. (AN → AD^{+} 1051)

2550. Lettres patentes du roi, portant établissement d'une Maison royale de santé en faveur des militaires et des ecclésiastiques. Mars 1781. (AN → AD^{+} 1051)

2551. Lettres patentes du roi, portant confirmation d'un mandement de M. l'archevêque de Tours, pour la suppression des fêtes. Mars 1781. (AN → AD^{+} 1051)

2552. Lettres patentes du roi, qui confirment une école de charité fondée à la Gorgue, et maintiennent les religieuses qui la dirigent, dans la possession des biens-fonds et rentes constituées, dont elles sont en possession. Mars 1781. (AN → AD/XVI/14^{A})

2553. Lettres patentes du roi, portant règlement pour la fabrication des étoffes de laine dans la généralité d'Alençon. 1er mars 1781. (AN → AD^{+} 1051)

2554. Lettres patentes du roi, portant règlement pour la fabrication des étoffes de laine dans la généralité de Caen. 1er mars 1781. (AN → AD^{+} 1051)

2555. Lettres patentes du roi, portant règlement pour la fabrication des étoffes de laine dans la généralité de Rouen. 1er mars 1781. (AN → AD^{+} 1051)

2556. Ordonnance du roi, portant règlement pour l'administration municipale de la ville de Vitry-le-François. 1er mars 1781. (BN → F 5054 [15])

2557. Déclaration du roi, concernant les jeux défendus. 1er mars 1781. (AN → AD^{+} 1051)

2558. Déclaration du roi, qui assujettit tous les trésoriers et officiers comptables des deniers royaux, indistinctement, à compter à l'avenir au Conseil royal des finances par états au vrai. 1er mars 1781. (AN → AD^{+} 1051)

2559. Déclaration du roi, concernant la course sur les ennemis de l'État, pour les îles de France et de Bourbon. 1er mars 1781. (AN → AD/VII/7^{B} pièce 2)

2560. Arrêt du Conseil d'État du roi, concernant les droits et émoluments attribués par Sa Majesté aux chanceliers des consulats des Échelles du Levant et de Barbarie. 3 mars 1781. (AN → AD^{+} 1051)

2561. Arrêt du Conseil d'État du roi, concernant le commerce des sujets du roi, dans le royaume de Maroc. 3 mars 1781. (AN → Marine A/1/128)

2562. Ordonnance du roi, portant suppression de la Compagnie franche de Madagascar, et son incorporation dans le régiment de l'île de France : suppression de deux chefs de bataillon, de deux aides-major, de deux sous-aides-major et de plusieurs officiers de l'état-major : et établissement d'un Conseil d'administration dans ledit régiment. 3 mars 1781. (AN → AD⁺ 1051)

2563. Ordonnance du roi, concernant l'établissement à Marseille d'un dépôt des actes passés par ses sujets dans les Échelles du Levant et de Barbarie. 3 mars 1781. (AN → AD⁺ 1051)

2564. Ordonnance du roi, concernant les consulats, la résidence, le commerce et la navigation des sujets du roi, dans les Échelles du Levant et de Barbarie. 3 mars 1781. (AN → AD⁺ 1051)

2565. Ordonnance du roi, portant réunion des deux compagnies de canonniers-bombardiers de l'Inde, aux trois compagnies de canonniers-bombardiers de l'île de France, pour en former quatre compagnies. 3 mars 1781. (AN → AD⁺ 1051)

2566. Ordonnance du roi, portant création d'un second bataillon au régiment de Pondichéry, suppression de la troisième légion des Volontaires étrangers de la Marine ; de la compagnie servant à la suite de l'artillerie de l'île de France, et leur incorporation dans le régiment de Pondichéry. 3 mars 1781. (AN → AD⁺ 1051)

2567. Instruction relative à l'ordonnance du roi, concernant les consulats, la résidence, le commerce et la navigation des sujets de Sa Majesté dans les Échelles du Levant et de Barbarie, rendue le 3 mars 1781. (AN → AD⁺ 1051)

2568. Arrêt du Conseil d'État du roi, concernant le dépôt aux greffes des amirautés, des liquidations particulières, et des comptes de dépenses des relâches et du désarmement des corsaires. 4 mars 1781. (AN → AD⁺ 1051)

2569. Lettres patentes du roi, qui modèrent, à compter du premier juin 1781, à la somme de cent vingt-neuf mille huit cents livres celle à payer annuellement par les villes, bourgs et communautés de la généralité de Montauban, pour les droits réservés, y compris les deux sous pour livre. 5 mars 1781. (AN → AD⁺ 1051)

2570. Instruction que le roi a fait expédier, concernant les officiers de sa Marine, et ceux des détachements de ses troupes de terre, embarqués sur les vaisseaux de Sa Majesté. 7 mars 1781. (AN → Marine A/1/128)

2571. Ordonnance du roi, pour régler le rang du maréchal-des-logis du régiment des Gardes suisses de Sa Majesté, et celui du maréchal des logis de la compagnie générale des Suisses et Grisons. 9 mars 1781. (AN → MM 1225)

2572. Arrêt du Conseil d'État du roi, qui ordonne que dans toutes les provinces du royaume, pour lesquelles il n'a pas été fait de règlements, il sera établi des Bureaux pour l'apposition de la marque nationale sur toutes les étoffes qui auront été fabriquées dans lesdites provinces. 12 mars 1781. (AN → AD⁺ 1051)

2573. Arrêt du Conseil d'État du roi, qui détermine la manière dont les gardes-jurés, et autres préposés à la desserte des Bureaux de visite et de marque, compteront du produit des droits de marque, amendes et confiscations qu'ils sont chargés de percevoir. 12 mars 1781. (AN → AD⁺ 1051)

2574. Régie générale. Bordereau de situation de la Caisse. Circulaire aux directeurs. (Receveurs). 12 mars 1781. (AN → AD⁺ 1051)

2575. Arrêt du Conseil d'État du roi, qui casse celui du parlement de Bretagne, du 8 mai 1780, ordonne l'exécution des articles 26 et 27 du titre 17 de l'ordonnance des gabelles de 1680, de la déclaration du 30 mars 1756, concernant les lois pénales contre les contrebandiers, ensemble de l'article 34 de la déclaration du premier août 1721, en conséquence que les appels des sentences portant peines afflictives, à l'exception de celles emportant mort civile, ne pourront être reçus que les condamnés n'aient consigné, dans le mois de la signification, les condamnations pécuniaires ; ordonne en conséquence que la sentence du siège des traites de Vannes, du 17 novembre 1779, sera exécutée comme ayant acquis force de chose jugée en dernier ressort, à défaut de consignation dans le mois ; et condamne le nommé Turenne aux dépens. 13 mars 1781. (AN → AD⁺ 1051)

2576. Lettres patentes du roi, portant règlement pour la fabrication des toiles et toileries dans la généralité de Grenoble. 13 mars 1781. (AN → AD⁺ 1051)

2577. Compagnie des Indes. Onzième tirage du remboursement des actions de la Compagnie des Indes, fait le 13 mars 1781, en l'une des salles de l'hôtel de ladite Compagnie, conformément à l'arrêt du Conseil du 10 février 1772. (AN → AD⁺ 1051)

2578. Circulaire aux directeurs et contrôleurs ambulants. Adresse des lettres et paquets. 14 mars 1781. (AN → AD⁺ 1051)

2579. Arrêt du Conseil d'État du roi. (Fermes générales. Régies générales. Laurent David. Henri Clavel. Nicolas Salzard. Jean-Vincent René). 16 mars 1781. (AN → AD⁺ 1051)

2580. Arrêt du Conseil d'État du roi, et lettres patentes sur icelui, qui ordonnent le transport au greffe de la monnaie de Pau, des titres, registres, papiers, comptes des directeurs, et autres documents qui font au greffe du parlement de Pau. 17 mars 1781. (AN → AD⁺ 1051)

2581. Arrêt du Conseil d'État du roi, qui maintient le sieur cardinal de Bernis, en qualité de prieur et seigneur de la ville de la Charité-sur-Loire, et ses successeurs prieurs et seigneurs de ladite ville, dans le droit de percevoir le droit de quartelage les jours de marché et de foire. 17 mars 1781. (AN → AD⁺ 1051)

2582. Arrêt du Conseil d'État du roi, qui maintient le sieur Vairon de Doigny, les doyen, chanoines et chapitre de l'église cathédrale de Laon, les chanoines et chapitre de l'église collégiale de Sainte-Geneviève dudit Laon, le chapelain de la chapelle de Notre-Dame, fondée en l'église paroissiale de Saint Pierre-le-Vieil dudit Laon, le chapelain de la chapelle de Sainte-Catherine, fondée en ladite église de Laon, le chapelain de la chapelle de Saint-Côme et de Saint-Damien, fondée en ladite église cathédrale de Laon, et les sieur et demoiselle Poussin, et demoiselle de Beauvisage, tous pour telles parts et portions qui leur appartiennent respectivement dans le droit de percevoir le muyage, sur tous les grains, graines, grenailles ou farines, vendus dans la ville et cité de Laon, et banlieue d'icelle, par autres que les domiciliés dans ladite ville et banlieue. 17 mars 1781. (AN → AD⁺ 1051)

2583. Lettres patentes du roi, concernant la modicité des revenus du collège de la ville de Laon. 17 mars 1781. (AN → AD[+] 1051)

2584. Lettres patentes du roi, portant suppression de la communauté des maîtres lapidaires, et leur réunion au corps des maîtres orfèvres-joailliers, tireurs et batteurs d'or. 17 mars 1781. (AN → AD[+] 1051)

2585. Arrêt du Conseil d'État du roi, qui accorde aux fabricants, négociants et marchands, un délai, pendant lequel ils pourront faire apposer une marque de grâce aux étoffes qui, lors de la publication dudit arrêt, ne se trouveront point revêtus des marques prescrites. 19 mars 1781. (AN → AD[+] 1051)

2586. Lettres patentes du roi, portant règlement pour la fabrication des toiles et toileries dans la généralité de Bourgogne. 19 mars 1781. (AN → AD[+] 1051)

2587. Arrêt du Conseil d'État du roi, qui, en faisant droit sur le renvoi prononcé par l'ordonnance du sieur intendant de la généralité de Poitiers, du 15 mai 1779, déboute les maire, échevins et habitants de la ville de Civray de leur opposition aux contraintes décernées contre eux pour le payement des droits réservés et des droits d'inspecteurs aux boissons sur les vins de la récolte de 1775, et les condamne aux dépens et au coût, tant de l'arrêt de soit communiqué, du 14 mars 1780, que du présent arrêt. 20 mars 1781. (AN → AD[+] 1051)

2588. Arrêt du Conseil d'État du roi, portant création de quatre inspecteurs des mines. 21 mars 1781. (AN → AD[+] 1051)

2589. Arrêt du Conseil d'État du roi, qui supprime le droit de minage prétendu par Belot, sur les grains vendus en la ville et faubourgs de Gien. 23 mars 1781. (AN → AD[+] 1051)

2590. Arrêt du Conseil d'État du roi, qui déclare suspensifs les appels interjetés par l'adjudicataire général des Fermes, d'ordonnances ou jugements des sieurs intendants, portant main-levée de saisie en matière de prohibé. 24 mars 1781. (AN → AD[+] 1051)

2591. Arrêt du Conseil d'État du roi, concernant le recouvrement du rachat des boues et lanternes. 25 mars 1781. (AN → AD[+] 1051)

2592. Lettres patentes portant règlement concernant les mines d'Allemont en Dauphiné. 26 mars 1781. (AN → AD[+] 1051)

Deux arrêts du Conseil d'État du roi. 18 avril 1780 et 27 mars 1781. (AN → AD[+] 1051). Voir notice n° 2241.

2593. Lettres patentes du roi, qui commettent aux fonctions des offices d'affineurs et départeurs d'or et d'argent à Paris et à Lyon, jusqu'à ce qu'il en soit autrement ordonné. 28 mars 1781. (AN → AD[+] 1051)

2594. Arrêt du Conseil d'État du roi, qui confirme l'adjudicataire de la Ferme générale du tabac, dans la préférence pour les tabacs provenant de prises amenées dans les ports du royaume. 30 mars 1781. (AN → AD[+] 1051)

2595. Arrêt du Conseil d'État du roi, qui supprime un imprimé intitulé : *Pièces justificatives, comme contenant des notes, des noms et des énonciations fausses,* *injurieuses et calomnieuses.* (Sieur et dame Bergeray. Sieur Turmeau de la Morandière. Sieur Thoré). 30 mars 1781. (AN → AD^{+} 1051)

2596. Lettres patentes du roi, portant règlement pour le collège Mazarin. 30 mars 1781. (AN → AD^{+} 1051)

2597. Lettres patentes du roi, portant règlement pour les huissiers chargés de faire les saisies et oppositions entre les mains des huissiers-commissaires-priseurs au Châtelet de Paris. Avril 1781. (AN → AD^{+} 1051)

2598. Lettres patentes du roi, concernant les forges et fonderies royales de l'île d'Indret et autres attachées au service de la Marine. 1er avril 1781. (AN → AD^{+} 1051)

2599. Lettres patentes du roi, concernant les fonderies royales de Ruelle et autres attachés au service de la Marine. 1er avril 1781. (AN → Marine A/1/129)

2600. Avertissement pour les capitaines et autres officiers commandant les vaisseaux et autres bâtiments du roi. 1er avril 1781. (AN → Marine A/1/129)

2601. Bail à Joseph Faure de la Perouse, pour l'entretien pendant neuf années, à compter du 1er avril 1781, des routes de Paris en Champagne, en Bourgogne... (BN → 8 J 4439)

2602. Arrêt du Conseil d'État du roi, qui casse un arrêt de la Cour des aides de Rouen, du 19 janvier 1781 ; ordonne que les poursuites commencées en l'élection de Rouen, par Henri Clavel, régisseur général, contre Nicolas Duteurtre, seront continuées jusqu'à sentence définitive inclusivement, et le condamne au coût de l'arrêt. 3 avril 1781. (AN → AD^{+} 1051)

2603. Ordonnance du roi, concernant les mestres-de-camp en second des régiments de hussards. 4 avril 1781. (AN → AD^{+} 1051)

2604. Règlement pour déterminer d'une manière uniforme le service des régiments d'infanterie qui auront des détachements à fournir pour le service de mer. 4 avril 1781. (AN → AD^{+} 1051)

2605. Arrêts du Conseil d'État du roi (19 août 1771 et 24 octobre 1777), et lettres patentes sur iceux, concernant le recouvrement du rachat des boues et lanternes. 8 avril et 1er juillet 1781. (AN → AD^{+} 1051)

2606. Arrêt du Conseil d'État du roi, qui ordonne que dans un mois au plus tard, à compter du jour de la publication du présent arrêt, toutes personnes qui ont des billets au porteur, des caissiers établis à l'Hôtel des Fermes à Paris, seront tenues de les représenter à celui desdits caissiers qui les aura souscrits, pour être à l'instant par lui payés comptant : défend d'en faire de semblables à l'avenir ; comme aussi de recevoir dans leurs caisses aucuns dépôts d'argent, étrangers à leurs fonctions. 11 avril 1781. (AN → AD^{+} 1051)

2607. Arrêt du Conseil d'État du roi, qui ordonne que les travaux des grandes routes qui s'exécutaient ci-devant par corvée dans la généralité de Berry, le seront à l'avenir à prix d'argent. 13 avril 1781. (AN → AD^{+} 1051)

2608. Arrêt du Conseil d'État du roi, qui ordonne l'enregistrement pur et simple au parlement de Flandres, de celui du 4 octobre 1779, portant concession, au profit de Henri Vandermey, des moëres de Flandres. 15 avril 1781. (AN → AD/XVI/14^{A})

2609. Lettre de M. de Necker à MM. Colleville et Reverdun, négociants au Havre, sur la destination et les droits d'une partie de sel gemme, provenant de prises anglaises. 18 avril 1781. (AN → AD/VII/7^{B} pièce 2)

2610. Par arrêt du Conseil d'État du roi, du 20 avril 1781, sur la requête de Jean Delacroix, poursuivant, [...]. (Sieurs Parceval des Chênes, Gigault de la Salle, Rumel, Chevalier et autres créanciers du sieur Haudry). (AN → AD^{+} 1051)

2611. Arrêt du Conseil d'État du roi, qui ordonne l'exécution de l'arrêt du Conseil du 30 août 1777, concernant les contrefaçons ; et condamne le sieur Rayet, imprimeur à Toulouse, en six mille livres d'amende. 20 avril 1781. (AN → AD^{+} 1051)

2612. Arrêt du Conseil d'État du roi, qui adapte aux reconnaissances délivrées au Trésor royal, portant promesse de fournir des billets de l'emprunt par forme de Loterie, remboursables en neuf années, ordonné par arrêt du Conseil du 29 octobre 1780, et qui n'ont point été échangées, les numéros des billets non délivrés qui restent au Trésor royal, à l'effet de les faire participer aux primes dont la distribution est fixé par la table annexée audit arrêt. 21 avril 1781. (AN → AD^{+} 1051)

2613. Lettres patentes du roi, concernant l'Hôtel-Dieu de Paris. 22 avril 1781. (AN → AD^{+} 1051)

2614. Arrêt du Conseil d'État du roi, portant défenses aux curés du diocèse de Nancy, de s'assembler sans permission expresse de Sa Majesté ; et évocation de diverses demandes formées au bailliage et au parlement de Nancy. 23 avril 1781. (AN → AD^{+} 1051)

2615. Arrêt du Conseil d'État du roi, qui défend la sortie à l'étranger, et l'entrepôt dans les quatre lieues frontières, des cendres, salins et potasses. 26 avril 1781. (AN → AD^{+} 1051)

2616. Arrêt du Conseil d'État du roi, qui évoque au roi et à son Conseil, l'appel interjeté au parlement de Rouen, par les armateurs du corsaire l'*Américaine*, d'une sentence de l'amirauté de Granville, sur les avances promises à l'équipage dudit corsaire ; et renvoie le tout par-devant M. l'Amiral, pour y être fait droit. 29 avril 1781. (AN → AD/VII/7^{B} pièce 2)

2617. Lettres patentes du roi, portant union des biens de l'hôpital Saint-Jacques à celui des Enfants-Trouvés ; et permission aux administrateurs de cette maison d'acquérir un terrain et bâtiment, pour y recevoir les enfants nouveaux-nés atteints de maladies communicables. Mai 1781. (AN → AD^{+} 1052)

2618. Lettres patentes du roi, portant règlement pour la fabrication des toiles et toileries dans la généralité d'Auch. 1er mai 1781. (AN → AD^{+} 1052)

2619. Lettres patentes du roi, portant règlement pour la fabrication des toiles et toileries dans la généralité de Bordeaux. 1er mai 1781. (AN → AD^{+} 1052)

2620. Loterie royale, établie par arrêt du Conseil d'État du roi du 29 octobre 1780. Liste du tirage des quatre mille billets qui doivent participer à celui des huit cents primes, du mois de septembre 1781. 1er et 2 mai 1781. (AN → AD+ 1052)

2621. Ordonnance du roi, portant règlement général concernant les hôpitaux militaires. 2 mai 1781. (AN → AD+ 1052)

2622. Règlement concernant les amphithéâtres des hôpitaux militaires de Strasbourg, Metz, Lille, Brest et Toulon. 2 mai 1781. (AN → AD+ 1052)

2623. Tarif de la solde réglée aux troupes de Sa Majesté, tant françaises qu'étrangères, et de la retenue à faire sur lesdites troupes, à compter du 1er juillet 1781, pour les journées du traitement des malades et blessés, dans les hôpitaux du royaume. 2 mai 1781. (AN → Marine A/1/129)

2624. Traité de la fourniture générale des aliments, médicaments, lits, ustensiles, et autres effets accessoires, dans les hôpitaux militaires du royaume ; à compter du 1er juillet 1781, au 1er juillet 1793. 2 mai 1781. (AN → MM 1225)

2625. Arrêt du Conseil d'État du roi, et lettres patentes sur icelui, portant commutation des droits établis pour les octrois municipaux, dans la ville de Vitry-le-François. 4 mai 1781. (AN → AD+ 1052)

2626. Arrêt du Conseil d'État du roi, concernant l'examen et la distribution des eaux minérales et médicinales du royaume. 5 mai 1781. (AN → AD+ 1052)

2627. Arrêt du Conseil d'État du roi, concernant les remèdes pour la distribution desquels on demanderait des lettres patentes, brevets ou permissions. 5 mai 1781. (AN → AD+ 1052)

2628. Lettres patentes du roi, qui, en interprétant la déclaration du 25 avril 1778, expliquent de quelle manière se feront à l'avenir les élections des syndics et adjoints et des jurés-gardes des communautés d'orfèvres, joailliers, lapidaires et horlogers, et qui prescrivent en même temps les formalités que ces différents officiers seront tenus de remplir, relativement à leur réception et à l'exercice de leurs fonctions. 6 mai 1781. (AN → AD+ 1052)

2629. Arrêt du Conseil d'État, portant que les lettres patentes du 5 septembre 1773, concernant l'union des faubourgs de Bourgneuf et de la Barre, à la ville de Mâcon, seront exécutées selon leur forme et teneur. 8 mai 1781. (AN → AD+ 1052)

2630. Arrêt du Conseil d'État du roi, qui fait défenses à toutes personnes d'introduire dans le royaume, par quelques villes et ports que ce puisse être, des glaces et miroirs étrangers, et notamment par le port de Marseille. 8 mai 1781. (AN → AD+ 1052)

2631. Le roi a décidé que tous les sujets qui seraient proposés pour être nommés à des sous-lieutenances, dans ses régiments d'infanterie française, de cavalerie, de chevaux-légers, de dragons et de chasseurs à cheval, seraient tenus de faire les mêmes preuves que ceux qui lui sont présentés pour être admis et élevés à son École royale militaire, et que Sa Majesté ne la agréerait que sur le certificat du sieur Cherin, généalogiste. [...]. 22 mai 1781. (AN → AD+ 1052)

2632. Lettre écrite par M. le marquis de Ségur, à M. le marquis de Timbrune, inspecteur général des Écoles royales militaires, en lui envoyant copie de l'ordre ci-après. 22 mai 1781. Ordre du roi, envoyé à chaque mestre-de-camp commandant des régiments d'infanterie française, de cavalerie, chevaux-légers, dragons et chasseurs à cheval, concernant la création d'une troisième place de sous-lieutenant en pied, sans appointements, et l'extinction des places de cadets-gentilshommes. (AN → AD/VI/10^{A} dos. D pièce 1)

2633. Arrêt du Conseil d'État. (Sieur Courret. Imprimerie. Librairies. Bibliothèques. Orléans). 25 mai 1781. (AN → AD^{+} 1052)

2634. Arrêt du Conseil d'État du roi. (Nommés Bonhomme et Masseau. Rochefort. *Histoire philosophique et politique de l'établissement et du commerce des Européens dans les deux Indes*). 25 mai 1781. (AN → AD^{+} 1052)

2635. Ratification de la convention entre le roi très-chrétien et les Provinces-Unies des Pays-Bas, concernant les reprises. 27 mai 1781. (AN → AD^{+} 1052)

2636. Arrêt du Conseil d'État du roi, qui ordonne que la clause qui exclut les régisseurs, administrateurs et fermiers généraux, leurs commis et préposés, de l'adjudication des octrois de la ville de Sedan, sera rayée et supprimée du procès-verbal de ladite adjudication ; et condamne les officiers municipaux de Sedan au coût de l'arrêt. 29 mai 1781. (AN → AD^{+} 1052)

2637. Lettres patentes du roi, en forme de déclaration, portant désunion de l'office de lieutenant général de police à Troyes, des offices du bailliage de ladite ville, pour être dorénavant exercé par un seul officier en titre. 30 mai 1781. (AN → AD^{+} 1052)

2638. Édit du roi, portant suppression de plusieurs charges en la Grande et en la Petite Écurie. Juin 1781. (AN → AD^{+} 1052)

2639. Arrêt du Conseil d'État du roi, portant règlement pour la vente des bibliothèques. 1er juin 1781. (AN → AD^{+} 1052)

2640. Arrêt du Conseil d'État du roi, concernant les prises faites par l'escadre de M. de La Motte-Picquet. 1er juin 1781. (AN → AD/VII/7^{B} pièce 2)

2641. Déclaration du roi, concernant les concessions, prorogations et augmentations des octrois des villes de la province de Bretagne. 1er juin 1781. (AN → AD^{+} 1052)

2642. Lettres patentes du roi, pour la translation de l'hôpital militaire de la ville de Lille, dans les bâtiments du collège, et du collège dans les bâtiments de l'hôpital militaire. 3 juin 1781. (AN → AD/XVI/14^{A})

2643. Arrêt du Conseil d'État du roi, qui fait concession au marquis de Guerchy des murs, fossés, remparts et fortifications de la ville de Nangis, pour toutes les portions libres ; à la charge par les détenteurs d'en faire déclaration au greffe du Bureau des finances dans les six mois de la publication. 5 juin 1781. (AN → AD^{+} 1052)

2644. Arrêt du Conseil d'État du roi, qui proroge pour la dernière fois, jusqu'au 1er octobre 1781, en faveur seulement des agrégés actuels de la communauté des fabricants de Lyon, les délais fixés par l'article VI de l'édit du mois de janvier 1777, pour l'admission des anciens maîtres dans les nouvelles communautés de ladite ville. 10 juin 1781. (AN → AD^+ 1052)

2645. Arrêt du Conseil d'État du roi, qui défend les ventes et marchés faits avec des gens de mer, pour des parts de prises. 12 juin 1781. (AN → AD^+ 1052)

2646. Arrêt du Conseil d'État du roi, pour la construction d'un canal de navigation en Poitou, depuis Pas-de-Jeu, jusqu'à la rivière du Thouet, au-dessous du pont de Saint-Just, traversant les marais de la rivière de Dive, et dessèchement desdits marais. 12 juin 1781. (AN → AD^+ 1052)

2647. Arrêt du Conseil d'État du roi, qui, sans s'arrêter à l'appel de la Compagnie de Trieste et Fiume, et du sieur Félix-Abraham Coën, ordonne que le jugement du Conseil des prises, du 29 décembre 1779, sera exécuté. 12 juin 1781. (AN → AD/VII/7^B pièce 2)

2648. Déclaration du roi, concernant la comptabilité du trésorier-payeur général des Dépenses du département de la Guerre. 12 juin 1781. (AN → AD^+ 1052)

2649. Tarif des droits à percevoir, sur les marchandises et denrées dont la voiture ou les transports se feront par le canal neuf de la Dive, au profit du sieur de La Faye. 12 juin 1781. (BN → F 21204 [8])

2650. Lettre de M. le marquis de Castries à M. Chardon, relativement aux prises de M. de La Motte-Picquet. 15 juin 1781. (AN → AD/VII/7^B pièce 2)

2651. Arrêt du Conseil d'État du roi, portant règlement pour les marchandises provenantes de l'Artois, relativement à leur entrée dans les provinces de Flandres, Hainaut et Cambrésis. 16 juin 1781. (AN → AD^+ 1052)

2652. Marché pour les hôpitaux des religieux de la Charité à la Martinique. Pour neuf années, à compter du 1er mai 1780. 17 juin 1781. (AN → MM 1225)

2653. Lettres patentes du roi, portant fixation des sommes pour lesquelles le domaine de Poissy entrera, tant en revenu qu'en fonds, dans les évaluations des biens respectivement échangés entre le roi et M. le duc de Bouillon : et ratification desdites évaluations en ce qui concerne ledit domaine. 23 juin 1781. (AN → AD^+ 1052)

2654. Lettres patentes du roi, concernant les baux à cens dans le ressort de la coutume de Péronne, de Montdidier et de Roye. 24 juin 1781. (AN → AD^+ 1052)

Arrêts du Conseil d'État du roi. 9 août 1774 et 26 juin 1781. (AN → AD^+ 1052). Voir notice n° 105.

2655. Arrêt du Conseil d'État du roi. (Jean-André Orsel. Antoine Saunier. Lyon. Cuivre. Dorure). 26 juin 1781. (AN → AD^+ 1052)

2656. Arrêt du Conseil d'État du roi, qui détermine les fonctions des juges des manufactures, lors de l'élection des gardes-jurés ; et qui fixe les droits qui leur seront payés. 28 juin 1781. (AN → AD^+ 1052)

2657. Arrêt du Conseil d'État du roi, qui autorise le corps des marchands drapiers de cette ville, à établir un Bureau de visite et de marque pour les étoffes de laine nationales qui arriveront en cette ville, pour y être vendues ou expédiées, soit pour le royaume, soit pour l'étranger. (Lyon). 28 juin 1781. (AN → AD^{+} 1052)

2658. Arrêt du Conseil d'État du roi, qui déboute les sieurs Doekfcheer, Steenbergen et autres négociants, de leurs appels des jugements du Conseil des prises, portant confiscation de divers navires, ainsi que de leur cargaison, pris par l'escadre de Sa Majesté, commandée par le sieur de La Motte-Picquet : ordonne la suppression d'un mémoire imprimé, signé de Me Mirbeck, avocat aux Conseils ; et interdit ledit Me Mirbeck pour trois mois de ses fonctions. 29 juin 1781. (AN → Marine A/1/129)

2659. Lettres patentes du roi, concernant l'ordre de Malte. Juillet 1781. (AN → AD/XVII/29)

2660. États des bourses des collèges réunis à celui de Louis-le-Grand. Juillet 1781. (AN → AD/VIII/4^{A} dossier A pièce 16)

Arrêts du Conseil d'État du roi, et lettres patentes sur iceux. 8 avril et 1er juillet 1781. (AN → AD^{+} 1052). Voir notice n° 2605.

2661. Lettres patentes du roi, portant suppression de la communauté des maîtres lapidaires, et leur réunion au corps des orfèvres de Paris. 1er juillet 1781. (AN → AD^{+} 1052)

2662. Arrêt du Conseil d'État du roi, qui casse et annule une sentence du bailliage de Mirecourt, du 30 septembre 1780, et dispense l'adjudicataire des Fermes générales de déposer dans les greffes des bailliages de la Lorraine les registres qui ont servi pendant le bail de David, ou qui serviront à l'avenir à la régie et perception des droits de traite foraine, haut-conduit, impôts sur les toiles, traverse, marque des fers et autres de même nature : fait défenses aux officiers du bailliage de Mirecourt et à tous autres juges d'exiger le dépôt desdits registres, ni de ceux antérieurs au bail de David. 3 juillet 1781. (AN → AD^{+} 1052)

2663. Nouveau règlement des droits des officiers des bailliages, présidiaux ; de la Table de marbre ; des maîtrises, etc., greffiers, procureurs, huissiers, sergents, etc. 3 juillet 1781. (AN → AD/II/4)

2664. Arrêt du Conseil d'État du roi, pour les États de Cambrai, qui dispense la ville et le duché de Cambrai et Cambrésis, de la levée des offices de jurés-priseurs-vendeurs de meubles. 4 juillet 1781. (AN → AD/XVI/14^{A})

2665. Déclaration du roi, qui proroge pendant dix années, à compter du 11 août 1782, l'exécution de celle du 11 août 1776, concernant la répartition de la taille dans la généralité de Paris. 4 juillet 1781. (AN → AD^{+} 1052)

2666. Déclaration du roi, concernant les receveurs et les contrôleurs municipaux des villes tarifiées. 5 juillet 1781. (AN → AD^{+} 1052)

2667. Règlement qui fixe les fonctions du secrétaire-archiviste. Extrait des registres des délibérations du Bureau d'administration du collège de Louis-le-Grand. 5 juillet 1781. (AN → AD^{+} 1052)

2668. Arrêt du Conseil d'État du roi, qui accorde une modération des droits d'entrée à Paris sur les gazes. 8 juillet 1781. (AN → AD⁺ 1052)

2669. Loterie royale, établie par arrêt du Conseil d'État du roi du 7 décembre 1777. Liste générale du tirage des 400 primes, attribuées aux quatre mille billets de ladite Loterie, sortis avec des lots de mille livres, remboursables en décembre 1781. 9 juillet 1781. (AN → AD⁺ 1052)

2670. Lettre de M. Joly de Fleury à M. Chardon, sur l'assujettissement des actes des amirautés de Corse aux droits de contrôle. 9 juillet 1781. (AN → AD/VII/7B pièce 2)

2671. Lettre de M. le marquis de Castries à M. Faissoles, sur les interrogatoires des prisonniers des prises. 10 juillet 1781. (AN → AD/VII/7B pièce 2)

2672. Lettre de M. le marquis de Castries aux officiers de l'amirauté de Brest, sur le lieu où doivent se faire les interrogatoires des prisonniers des prises. 10 juillet 1781. (AN → AD/VII/7B pièce 2)

2673. Arrêt du Conseil d'État du roi, qui proroge jusqu'au 1er octobre prochain le délai accordé par l'arrêt du 19 mars 1781, pour l'application d'une marque de grâce aux étoffes qui, lors de la publication dudit arrêt, n'étaient point revêtues des marques prescrites. 12 juillet 1781. (AN → AD⁺ 1052)

2674. Arrêt du Conseil d'État du roi, qui modère à douze sous par muid les frais de commission, chargement et emmagasinage, pour les vins qui seront déposés à Choisy-le-Roi, dans les magasins qui appartiennent à la régie des Messageries. 16 juillet 1781. (AN → AD⁺ 1052)

2675. Arrêt du Conseil d'État du roi, qui ordonne que les arrêts dudit Conseil, du 17 décembre 1777, 31 mars 1780, seront exécutés selon leur forme et teneur, et demeureront définitifs ; ordonne aussi, en conséquence, que les droits de minage et de raclage dépendant du domaine de Sa Majesté, à Sens, seront perçus sur tous les grains et farines qui seront vendus et revendus par personnes non privilégiées, dans la ville, faubourgs et banlieue de Sens, soit au marché, soit sur échantillon, dans les rues, greniers, magasins, maisons, ou auberges de ladite ville, faubourgs et banlieue de Sens : déclare bonnes et valables les saisies de grains faites sur lesdits marchands de grains, à la requête de Bienassé, faute de paiement desdits droits de minage, etc. 17 juillet 1781. (AN → AD⁺ 1052)

2676. Arrêt du Conseil d'État du roi, qui supprime les droits de coutume ou prévôté et de mesurage sur les grains et farines, prétendus par M. le marquis de Croissy, au lieu de Sablé. 19 juillet 1781. (AN → AD⁺ 1052)

2677. Arrêt du Conseil d'État du roi, qui supprime le droit de leyde ou coupe sur les grains apportés ou vendus en la ville de Samatan. 19 juillet 1781. (AN → AD⁺ 1052)

2678. Arrêt du Conseil d'État du roi, portant suppression du droit de leude sur les grains en la ville de Cazères en Languedoc. 19 juillet 1781. (AN → AD⁺ 1052)

2679. Les commissaires généraux du Conseil députés par Sa Majesté, par arrêt de son Conseil d'État du premier mars 1781, pour juger définitivement et en dernier ressort toutes les contestations d'entre le sieur Antoine de Flandres de Brunville, écuyer, secrétaire du roi honoraire et ses créanciers, et celles desdits créanciers entre eux : [...]. (Sieur Lewal). 19 juillet 1781. (AN → AD$^+$ 1052)

2680. Règlement pour fixer les fonctions du caissier, du contrôleur de la Caisse. Extrait des registres des délibérations du Bureau d'administration du collège de Louis-le-Grand. 19 juillet 1781. (AN → AD$^+$ 1052)

2681. Arrêt du Conseil d'État du roi, portant règlement pour l'approvisionnement du magasin de verres à vitres de Normandie, établi à Paris. 22 juillet 1781. (AN → AD$^+$ 1052)

2682. Arrêt du Conseil d'État du roi, qui, sans s'arrêter au jugement du Conseil des prises, fait main-levée aux sieurs Hope et compagnie, du navire hollandais la *Liberté* et de sa cargaison : enjoint aux officiers de l'amirauté de Brest de se conformer plus exactement à l'avenir aux arrêts et ordonnances, notamment à l'article 42 de la déclaration du 24 juin 1778, en ce qui regarde les interrogatoires du capitaine et des gens de l'équipage pris. 22 juillet 1781. (AN → AD/VII/7^B pièce 2)

2683. Arrêts du Conseil d'État du roi. Le premier ordonne l'exécution des articles 1er et 2 du titre 2 de la vente du vin en détail, de l'ordonnance des aides de 1680, et des règlements postérieurs ; en conséquence, fait très-expresses inhibitions et défenses aux prieur et religieux de l'abbaye d'Ourcamp, de troubler dans leur commerce le nommé Hourdé et tous autres qui voudraient vendre et débiter des boissons à Ourcamp, après avoir rempli les formalités prescrites par l'ordonnance ; et condamne lesdits prieur et religieux au coût de l'arrêt.
Le second, sans s'arrêter à l'opposition des abbé, prieur et religieux de l'abbaye d'Ourcamp, dont ils sont déboutés, ordonne l'exécution du premier arrêt, sans préjudice néanmoins des droits de justice et police de ladite abbaye ; et condamne lesdits abbé, prieur et religieux, au coût de l'arrêt. 24 juillet 1781 et 24 septembre 1782. (AN → AD$^+$ 1052)

2684. Arrêt du Conseil d'État du roi, qui ordonne que les coupons d'étoffes et toiles de six aunes et au-dessous, pourront circuler et être exposés en vente, sans être revêtus de marques. 25 juillet 1781. (AN → AD$^+$ 1052)

2685. Arrêt du Conseil d'État du roi, qui ordonne que l'article XIV de l'arrêt du Conseil, en forme de règlement, du 10 décembre 1778, sera exécuté selon sa forme et teneur ; en conséquence, déclare le commerce des blés et farines incompatible avec la profession d'amidonnier : fait Sa Majesté très-expresses inhibitions et défenses à tous amidonniers de faire ledit commerce, soit par eux-mêmes, soit par leurs femmes ou leurs enfants demeurant avec eux ; à peine de confiscation, tant des blés et farines, que des amidons, et de cinq cents livres d'amende. 25 juillet 1781. (AN → AD$^+$ 1052)

2686. Arrêt du Conseil d'État du roi, qui ordonne que l'arrêt du Conseil du 10 décembre 1778, sera exécuté selon sa forme et teneur ; en conséquence, que les hausses dont l'article IX dudit arrêt permet l'usage aux amidonniers, pendant la fermentation des matières seulement, ne pourront avoir plus de huit pouces de hauteur ; leur fait très-expresses inhibitions et défenses d'en employer de plus hautes, à peine de confiscation des futailles et matières, et de deux cents livres d'amende. 25 juillet 1781. (AN → AD⁺ 1052)

2687. Lettres patentes du roi, qui en interprétant en tant que de besoin le tarif annexé aux lettres patentes en forme de déclaration, du 2 août 1777, portant prorogation des octrois municipaux appartenant au roi, ordonnent que, nonobstant toute expression contraire qui pourrait s'y trouver, lesdits droits soient levés sur les vins et boissons entrés ou façonnés dans les lieux sujets pour y être vendus ou consommés. 25 juillet 1781. (AN → AD⁺ 1052)

2688. Ordonnance du roi, portant réunion des dépôts de recrues des colonies, de celui de l'Inde, et des trois compagnies d'infanterie affectées à la garde du port de Lorient, pour ne former ensemble qu'un seul et même corps, sous la dénomination de bataillon auxiliaire des régiments des colonies. 25 juillet 1781. (AN → AD⁺ 1052)

2689. Arrêt du Conseil d'État du roi, concernant l'administration de la généralité de Moulins. 29 juillet 1781. (AN → AD⁺ 1052)

2690. Arrêt du Conseil d'État du roi, pour l'ouverture du droit annuel ou centième denier, dû par les officiers de justice, police, finance et autres officiers royaux, pour l'année 1782. 30 juillet 1781. (AN → AD⁺ 1052)

2691. Arrêt du Conseil, portant concession aux sieurs et dames comtes et comtesses de Polignac et d'Aspect, de trois cent trois arpents soixante-douze perches de la lande de Montgardon, généralité de Caen. 31 juillet 1781. (AN → AD⁺ 1052)

2692. Édit du roi, portant augmentation de deux sous pour livre en sus des droits, établissement, suppression et modération de différents droits. Août 1781. (AN → AD⁺ 1053)

2693. Lettres patentes du roi, concernant les justices des forges royales de la Chaussade. Août 1781. (AN → AD⁺ 1053)

2694. Tarif des droits sur les papiers et parchemins timbrés, qui seront perçus suivant l'ordonnance des aides du mois de juin 1680, l'augmentation sur iceux, par déclaration du 18 avril 1690, et l'édit de février 1748 ; ensemble les quatre sols pour livre desdits droits, établis par les déclarations des 3 mars 1705, 7 mai 1715, et le doublement d'iceux, par édit du mois de novembre 1771 ; et les deux sols pour livre établis par édit du mois d'août 1781. 1781. (AN → AD⁺ 1053)

2695. Tarif des droits à percevoir sur les papiers et cartons, en conséquence de la déclaration du premier mars 1771, à l'entrée et consommation des villes, dont l'état est annexé à ladite déclaration, et se trouve ci-dessous ; lesquels droits sont assujettis à dix sols pour livre, par l'édit d'août 1781. 1781. (AN → AD⁺ 1053)

2696. Tarif des droits dépendant de la Régie générale, qui sont dûs dans la direction de la banlieue et six sergenteries de Rouen. 1781. (AN → AD⁺ 1053)

2697. Lettres patentes portant permission à la dame Dumazis de fabriquer, vendre et distribuer son étamage d'argent fin et d'étain de Melack dans Paris et dans toute l'étendue du royaume. 1er août 1781. (BN → F 5001 [871])

2698. Tarif pour le notaire. Extrait des registres des délibérations du Bureau d'administration du collège de Louis-le-Grand. 2 août 1781. (AN → AD⁺ 1053)

2699. Arrêt du Conseil d'État du roi, qui fixe le prix des diverses rations fournies pendant l'année 1776, dans les ports et sur les vaisseaux, galères et autres bâtiments de Sa Majesté, par Mᵉ Claude Fay, munitionnaire général des vivres de la Marine, en vertu du traité qui lui a été passé par le roi, en son Conseil d'État, le 13 février 1776. 4 août 1781. (AN → Marine A/1/130)

2700. Ordonnance du roi, portant attribution aux intendants et ordonnateurs de la Marine, des ventes et autres opérations relatives aux prises faites par les vaisseaux de Sa Majesté. 4 août 1781. (AN → AD⁺ 1053)

2701. Déclaration du roi, qui ordonne que celle du 1er septembre 1775 (établissant deux audiences par semaine dans chacune des deuxième et troisième chambres de la Cour des aides de Paris) sera exécutée jusqu'aux vacances 1782. 6 août 1781. (BN → F 21204 [37])

2702. Arrêt du Conseil d'État du roi, qui confirme l'adjudicataire des Fermes dans le droit de nommer aux places des fournisseurs et minotiers des dépôts des sels, et de les destituer comme tous autres commis et employés desdites Fermes. 7 août 1781. (AN → AD⁺ 1053)

2703. Déclaration du roi, concernant le sel en Normandie. 7 août 1781. (AN → AD⁺ 1053)

2704. Copie de la lettre écrite le 8 août 1781, par M. le marquis de Ségur, aux commandants des provinces. (AN → MM 1225)

2705. Arrêt du Conseil d'État du roi, qui attribue aux régisseurs des Diligences, Messageries royales et du Roulage, à compter du 1er octobre prochain, le privilège exclusif du transport, tant par eau que par terre, des marchandises qui jouissent de la faveur du transit. 9 août 1781. (AN → AD⁺ 1053)

2706. Lettres patentes du roi, portant règlement pour la fabrication des toiles et toileries dans les généralités de Flandre et du Hainaut. 9 août 1781. (AN → AD⁺ 1053)

2707. Arrêt du Conseil d'État du roi, qui casse et annule celui de la Cour des aides de Montpellier, du 23 mai 1781, par lequel il était enjoint à l'adjudicataire général de la vente exclusive du tabac, d'établir, dans trois jours, à compter de la signification dudit arrêt, dans ladite ville de Montpellier, et dans huitaine, dans les autres lieux du ressort, un nombre suffisant de personnes pour raper le tabac levé par les particuliers, pour leur usage seulement ; moudre et passer au tamis les bouts de carottes ; sinon et à faute de ce faire, permettait à toutes personnes de raper, moudre et tamiser le tabac, aux conditions énoncées dans ledit arrêt. 10 août 1781. (AN → AD⁺ 1053)

2708. Ordonnance du roi, concernant la compagnie des cadets-gentilshommes des troupes des colonies. 10 août 1781. (AN → AD⁺ 1053)

2709. Arrêt du Conseil d'État du roi, qui maintient le sieur Marchal de Saincy, comme administrateur de l'abbaye de Saint-Germain-des-Prés, dans le droit de tenir un bac sur la rivière de Seine, au lieu de Choisy-le-Roi, généralité de Paris. 12 août 1781. (AN → AD⁺ 1053)

2710. Règlement de nos seigneurs les maréchaux de France, pour la présentation et communication des requêtes, pour la signification et l'exécution des ordonnances, tant dans la ville, faubourgs et banlieue de Paris, que hors d'icelle. 13 août 1781. (AN → AD/VI/7 pièce 191)

2711. Arrêt du Conseil d'État du roi, qui reçoit le sieur Carré, amidonnier à Paris, appelant de deux ordonnances du sieur lieutenant général de police de Paris, des 2 septembre et 15 décembre 1780 ; et, sans s'arrêter audit appel ordonne l'exécution desdites ordonnances, et le condamne aux dépens et au coût de l'arrêt. 14 août 1781. (AN → AD⁺ 1053)

2712. Lettres patentes du roi, qui règlent les droits qui seront perçus au profit du roi, pour tenir lieu de la somme annuelle que la ville de Verdun était ci-devant tenue d'acquitter pour représenter les droits réservés. 15 août 1781. (AN → AD⁺ 1053)

2713. Déclaration du roi, qui ordonne la continuation de la perception de trente sols par muid de vin entrant dans la ville et faubourgs de Paris, pendant cinq années trois mois, à commencer du 1er octobre 1781, en faveur de l'Hôtel-Dieu et de l'hôpital général. 15 août 1781. (AN → AD⁺ 1053)

2714. Lettres patentes concernant la remise de copie des rôles dans les trois lieues de la Franche-Comté, limitrophes aux provinces des gabelles de France et du Lyonnais. 17 août 1781. (AN → AD⁺ 1053)

2715. Arrêt du Conseil d'État du roi, qui crée une chambre syndicale à Metz. 18 août 1781. (AN → AD⁺ 1053)

2716. Arrêt du Conseil d'État du roi, concernant les preuves à faire pour être admis dans les chapitres nobles de chanoinesses, établis dans les Pays-Bas français et dans l'Artois. 18 août 1781. (AN → AD/XVI/14A)

2717. Arrêt du Conseil d'État du roi, qui renouvelle les défenses portées par l'ordonnance de 1669, aux marchands et adjudicataires de bois et à tous autres, de faire entre eux aucuns traités et associations illicites. 23 août 1781. (AN → AD⁺ 1053)

2718. Arrêt du Conseil d'État du roi, concernant le droit d'entrée à Paris, sur le gibier et la volaille. 24 août 1781. (AN → AD⁺ 1053)

2719. Arrêt du Conseil d'État du roi, portant règlement sur l'entrée des livres étrangers. 25 août 1781. (AN → AD⁺ 1053)

2720. Arrêt du Conseil d'État du roi, concernant la vente de l'ancien arsenal des galères de la ville de Marseille. 25 août 1781. (AN → AD⁺ 1053)

2721. Arrêt du Conseil d'État du roi, qui approuve les deux délibérations du Conseil municipal de la ville de Marseille, pour la vente de l'arsenal et bâtiments en dépendant. 25 août 1781. (AN → AD⁺ 1053)

2722. Arrêt du Conseil d'État du roi, qui commet Henri Clavel pour faire la régie et perception de la portion des nouveaux sous pour livre et droits résultant de l'édit du mois d'août, comprise dans la Régie générale. 25 août 1781. (AN → AD$^+$ 1053)

2723. Arrêt du Conseil d'État du roi, qui commet Henri Clavel pour la régie des nouveaux sols pour livre en sus des droits y mentionnés. 25 août 1781. (AN → AD/IX/407)

2724. Circulaire. (Sols pour livre). 27 août 1781. (AN → AD/IX/407)

2725. Arrêt du Conseil d'État du roi, qui maintient les habitants de Villeneuve-le-Roi, dans la possession et jouissance de la moitié des droits de péage aux octrois par eux prétendus sur la rivière d'Yonne, audit lieu de Villeneuve-le-Roi. 28 août 1781. (AN → AD$^+$ 1325)

2726. Déclaration du roi, concernant les requêtes civiles. 28 août 1781. (AN → AD$^+$ 1053)

2727. Déclaration du roi, concernant les appels comme d'abus, et les demandes en régale. 28 août 1781. (AN → AD$^+$ 1053)

2728. Arrêt du Conseil d'État du roi, concernant l'ordre de Cîteaux. 31 août 1781. (AN → AD$^+$ 1053)

2729. Arrêt du Conseil d'État du roi, qui maintient les familiers-curés de l'église paroissiale de Saint-Désiré de Lons-le-Saunier, et les héritiers du sieur Pécauld, chacun pour moitié indivise, dans le droit de percevoir le bichenage ou couponnage, sur tous les grains, graines et farines, généralement quelconques, exposés en vente dans les marchés, foires et lieux publics de Lons-le-Saunier, provenant des territoires y rappelés, et aux réserves y portées. 31 août 1781. (AN → AD$^+$ 1053)

2730. Édit du roi, et lettres de jussion sur icelui, concernant la réunion de la principauté de Dombes au pays de Bresse. Septembre 1781 et 22 février 1782. (AN → AD$^+$ 1053)

2731. Lettres patentes qui ordonnent l'établissement d'un Mont-de-Piété à Metz. Septembre 1781. (BN → F 23630 [248])

2732. Arrêt du Conseil d'État du roi, qui règle les impositions dans la principauté de Dombes, réunie au pays de Bresse. 1er septembre 1781. (AN → AD$^+$ 1053)

2733. Déclaration du roi, concernant la perception des droits d'inspecteurs aux boissons, et portant attribution de la connaissance des contestations relatives à la perception de ces droits aux élections et juges des traites, et par appel aux Cours des aides. 1er septembre 1781. (AN → AD$^+$ 1053)

2734. Déclaration du roi, portant qu'à l'avenir la pénitencerie de l'église métropolitaine de Reims sera affranchie de toutes expectatives royales, et qu'elle ne pourra être impétrée en Cour de Rome par prévention, ni transmise par résignation ou permutation. 1er septembre 1781. (AN → AD$^+$ 1053)

2735. Déclaration du roi, qui autorise les prévôt des marchands et échevins de la ville de Paris, à faire un emprunt de sept cent cinquante mille livres en rentes perpétuelles. 3 septembre 1781. (AN → AD$^+$ 1053)

2736. Arrêt du Conseil d'État du roi, qui casse un arrêt du parlement de Metz du 26 janvier 1781, par lequel les sieurs Lecomte frères, marchands de bois à Metz, avaient été déchargés du payement des octrois municipaux sur des bois prétendus provenir des forêts de Sa Majesté : évoque l'appel interjeté par le régisseur général d'une sentence du juge des traites de Metz du 13 juin 1778 ; et sans avoir égard à ladite sentence, qui demeurera comme non avenue, déclare bonne et valable la saisie de bois faite sur lesdits sieurs Lecomte, faute de payement des octrois municipaux ; en ordonne la confiscation, et les condamne en l'amende de 200 livres, aux dépens et au coût de l'arrêt. 4 septembre 1781. (AN → AD^{+} 1053)

2737. Arrêt du Conseil d'État du roi, qui casse un arrêt de la Cour des aides de Rouen du 4 juillet 1781, évoque l'appel interjeté par François Noël, d'une sentence des élus de Montivilliers, du 6 juin 1774 ; et sans s'arrêter à ladite sentence qui sera comme non-avenue, déclare la saisie de viande faite sur le nommé Hanin, père, boucher au village de la Roquette, faute de payement des droits réservés, bonne et valable ; ordonne la confiscation des choses saisies, et le condamne en 200 livres d'amende et aux dépens. 4 septembre 1781. (AN → AD^{+} 1053)

2738. Arrêt du Conseil d'État du roi, qui ordonne que Jean-Vincent René sera mis en possession des nouveaux sous pour livre établis par l'édit du mois d'août 1781, en sus des droits compris dans l'administration générale des Domaines. 5 septembre 1781. (AN → AD^{+} 1053)

2739. Instruction pour les employés de la Ferme générale. Et état des commissaires, entreposeurs des Poudres et Salpêtres, par ordre alphabétique, avec des observations sur le rapport de leur département avec les différentes généralités. 5 septembre 1781. (AN → AD/VI/17 dossier A pièce 18)

2740. Circulaire. Édit d'août 1781. Sols pour livre des parties étrangères. 5 septembre 1781. (AN → G/2/17)

2741. Lettres de jussion qui ordonnent à la Chambre des vacations du parlement de Metz d'enregistrer l'édit... d'août 1781... 7 septembre 1781. (BN → F 20978 [13])

2742. Arrêt du Conseil d'État du roi, rendu contre les entrepreneurs des édifices construits sur les fonds des Loteries, qui n'ont pas rempli leurs soumissions dans les délais convenus. 8 septembre 1781. (AN → AD^{+} 1053)

2743. Lettres patentes du roi, sur arrêt (du Conseil du même jour) qui incorporent les marchands faïenciers, verriers, cristalliers, teneurs de glaces et porcelaines... de Metz à la communauté des merciers-quincailliers de ladite ville et fixent les droits d'admission dans ladite communauté... 8 septembre 1781. (BN → F 23630 [256])

2744. Déclaration du roi, concernant la Maison royale de Saint-Louis à Saint-Cyr. 8 septembre 1781. (AN → AD^{+} 1053)

2745. Déclaration du roi, interprétative de l'édit du mois de juillet 1775 concernant les officiers de la Chambre des comptes de Blois. 9 septembre 1781. (AN → AD^{+} 1053)

2746. Lettres patentes du roi, portant règlement pour les maîtres et les ouvriers dans les manufactures et dans les villes où il y a communautés d'arts et métiers. 12 septembre 1781. (AN → AD$^+$ 1053)

2747. Déclaration du roi, portant suppression d'une des professions de lapidaires privilégiés, et réunion de l'autre à celles d'orfèvres, joailliers, tireurs et batteurs d'or privilégiés de la Cour, Maison et suite de Sa Majesté, à la nomination du prévôt de l'Hôtel. 12 septembre 1781. (AN → AD$^+$ 1053)

2748. Déclaration du roi, concernant les deux relieurs-papetiers-colleurs en meubles, et les deux cartiers-papetiers privilégiés de la Cour, Maison et suite de Sa Majesté, à la nomination du prévôt de l'Hôtel. 12 septembre 1781. (AN → AD$^+$ 1053)

2749. Arrêt du Conseil d'État du roi, qui évoque l'appel interjeté par le sieur Mercier, adjudicataire des droits réservés de la ville de Nantua, d'une sentence des officiers municipaux de ladite ville, du 29 mai 1781 ; et sans s'arrêter à ladite sentence, ordonne que les aubergistes, cabaretiers et débitants seront tenus de payer audit Mercier, en argent, l'onzième du prix de tous les vins qu'ils ont vendus depuis le 1er avril 1781, et vendront à petite mesure pendant la durée de son bail ; leur enjoint d'en faire déclaration, et les condamne en tous les dépens et au coût de l'arrêt. 18 septembre 1781. (AN → AD$^+$ 1053)

2750. Arrêt du Conseil d'État du roi. (Sieur Ancel, libraire à Évreux). 23 septembre 1781. (AN → AD$^+$ 1053)

2751. Arrêt du Conseil d'État du roi, concernant les significations faites à la requête des sieurs Carajou fils aîné, Tarteiron et compagnie, au commissaire général des ports et arsenaux, ordonnateur de la Marine à Bordeaux, par Barberet et Darrieux, notaires. 24 septembre 1781. (AN → AD$^+$ 1053)

2752. Arrêt du Conseil d'État du roi, concernant la concession faite au sieur de Lormoy, par monseigneur le comte d'Artois, de six cent soixante-douze arpents de molières dans le Marquenterre. 24 septembre 1781. (AN → AD$^+$ 1053)

2753. Arrêt du Conseil d'État du roi, qui casse deux ordonnances du parlement de Grenoble des 20 et 22 août 1781, comme attentatoires à l'autorité du roi, et incompétemment rendues ; ordonne l'exécution de deux arrêts du Conseil des 12 décembre 1780 et 1er mai 1781 ; et pour par le sieur Duret, procureur à Romans, s'être pourvu audit Parlement, au préjudice desdits arrêts, l'interdit de toutes fonctions, jusqu'à ce qu'il en soit autrement ordonné ; lui fait défenses d'en exercer aucune, à peine de faux ; le condamne en l'amende de 3 000 livres, et aux dépens ; et ordonne que ledit arrêt sera imprimé et affiché à ses frais, au nombre de 100 exemplaires. 25 septembre 1781. (AN → AD$^+$ 1053)

2754. Arrêt du Conseil d'État du roi, portant continuation, dans la ville de Louviers, de l'établissement d'une partie des droits de tarif représentatif de la taille, pour le surplus être réparti sur les biens-fonds et droits-réels de ladite ville. 25 septembre 1781. (AN → AD$^+$ 1053)

2755. Arrêt du Conseil d'État du roi, concernant les visites à faire par les employés des Fermes, des brouettes des courriers arrivant aux barrières ou sortant de l'Hôtel des Postes de Paris. 27 septembre 1781. (AN → AD$^+$ 1053)

2756. Arrêt du Conseil d'État du roi, qui proroge jusqu'au 1er janvier 1782, le délai accordé par l'arrêt du 19 mars 1781, et prorogé par celui du 12 juillet suivant, pour l'apposition d'une marque de grâce sur les étoffes qui ne seront point revêtues de celles ci-devant prescrites. 27 septembre 1781. (AN → AD^{+} 1053)

2757. Arrêt du Conseil d'État du roi, qui ordonne que les gardes-jurés et autres préposés au service des Bureaux de visite et de marque, seront tenus de remettre aux sieurs intendants et commissaires départis de la généralité, le compte des recettes qu'ils auront faites, tant du produit du droit de marque, que des amendes et confiscations. 27 septembre 1781. (AN → AD^{+} 1053)

2758. Loterie royale, établie par arrêt du Conseil d'État du roi du 29 octobre 1780. Liste du tirage des huit cents primes, attribuées aux quatre mille billets de ladite Loterie, sortis à celui des 1er et 2 mai 1781. 27 septembre 1781. (AN → AD^{+} 1053)

2759. Arrêt du Conseil d'État du roi. (Librairie. Chambres syndicales de Nantes. Rennes). 29 septembre 1781. (AN → AD^{+} 1053)

2760. Arrêt du Conseil d'État du roi. (Librairie. Toulouse. Sieur Broulhet). 29 septembre 1781. (AN → AD^{+} 1053)

2761. Arrêt du Conseil d'État du roi. (Librairie. Castres. Nommé Lepoitier. *Histoire de l'ancien et du nouveau Testament.* Royaumont). 29 septembre 1781. (AN → AD^{+} 1053)

2762. Arrêt du Conseil d'État du roi, qui commet Nicolas Salzard, adjudicataire général des Fermes, pour faire, pendant la durée de son bail, la recette, recouvrement et régie, tant des nouveaux sous pour livre perceptibles en exécution de l'article 1er de l'édit du mois d'août dernier, que des nouveaux droits et augmentation de droits imposés par ledit édit. 29 septembre 1781. (AN → AD^{+} 1053)

2763. Arrêt du Conseil d'État du roi, qui casse une sentence de l'amirauté de Brest, relative à l'enregistrement de l'ordonnance du 4 août 1781. 30 septembre 1781. (AN → AD/VII/7^{B} pièce 2)

2764. Instruction pour les formalités à observer relativement aux prises faites par les vaisseaux de Sa Majesté, en exécution de l'ordonnance du 4 août 1781. 30 septembre 1781. (AN → AD^{+} 1053)

2765. Règlement concernant les prises que des corsaires français conduiront dans les ports des États généraux des Provinces-Unies ; et celles que les corsaires desdits États généraux amèneront dans les ports de France. 30 septembre 1781. (AN → AD^{+} 1053)

2766. Brevet portant permission de procéder à l'extinction du titre de l'abbaye de Saint-Guilhem, et à l'union de ses biens à l'évêché de Lodève. 30 septembre 1781. (BN → F 23630 [344 bis])

2767. Édit du roi, portant création de quarante-huit offices de receveurs généraux des Finances. Octobre 1781. (AN → AD^{+} 1054)

2768. Édit du roi, concernant les charges de trésorier général et contrôleurs généraux de la Maison de la reine. Octobre 1781. (AN → AD$^+$ 1054)

2769. Lettres patentes du roi, qui règlent la forme en laquelle l'exercice des recettes générales de la présente année sera parachevé, et la manière dont il sera compté dudit exercice, tant au Conseil qu'à la Chambre des comptes. Octobre 1781. (AN → AD$^+$ 1054)

2770. Lettres de naturalisation pour les enfants de François-Xavier de Saxe, comte de Lusace. Octobre 1781. (BN → F 5001 [872])

2771. Arrêt du Conseil d'État du roi, concernant la largeur des étamines camelotées qui se fabriqueront à Nogent-le-Rotrou et à Bellême, généralité d'Alençon. 4 octobre 1781. (AN → AD$^+$ 1054)

2772. Arrêt du Conseil... (qui casse l'arrêt de la Chambre des vacations du parlement de Rennes, du 3 septembre 1781, annulant une ordonnance du sieur de La Bove, intendant et commissaire départi en Bretagne). 4 octobre 1781. (BN → 4 F 4372 [111])

2773. Arrêt du Conseil d'État du roi, qui établit une commission pour connaître et juger souverainement et en dernier ressort, de la qualité et du droit de ceux qui se prétendent héritiers de la succession de Jean Thiéry, mort à Venise en 1676, et ordonne que dans six mois ils produiront par-devant ladite commission tous les titres, papiers, documents et généalogies sur lesquels ils entendent établir leur prétention ; enregistré aux requêtes de l'Hôtel, le 7 décembre 1781. 5 octobre 1781. (AN → AD$^+$ 1054)

2774. Résultat du Conseil de Monsieur, qui commet M. de Querbeuff, intendant des Finances de Monsieur, au lieu et place de M. Racine, pour passer les concessions autorisées par le résultat du 24 décembre 1779. 5 octobre 1781. (AN → AD$^+$ 1054)

2775. Lettre de M. le marquis de Castries aux administrateurs des colonies, sur l'exécution de l'ordonnance du 4 août de la même année. 5 octobre 1781. (AN → AD/VII/7^B pièce 2)

2776. Arrêt du Conseil d'État du roi, qui vérifie le droit de stellage appartenant au sieur Levêque de Vandières, au lieu de Vouzières. 6 octobre 1781. (AN → AD$^+$ 1054)

2777. Ordonnance du roi, portant défense de vendre des bâtiments marchands à des étrangers, sans en avoir préalablement obtenu l'agrément de Sa Majesté. 7 octobre 1781. (AN → AD$^+$ 1054)

2778. Arrêt du Conseil d'État du roi, qui ordonne, dans la ville de Sedan, la régie et perception des droits réservés, dons gratuits, conformément aux règlements. 8 octobre 1781. (AN → AD$^+$ 1054)

2779. Arrêt du Conseil d'État du roi, portant règlement pour la discipline du siège de la réformation des bois des salines de Lorraine, et des Trois-Évêchés, établi en la ville de Moyenvic. 12 octobre 1781. (AN → AD$^+$ 1054)

2780. Arrêt du Conseil d'État du roi. (Pontivy. Octrois municipaux). 13 octobre 1781. (AN → AD^+ 1054)

2781. Arrêt du Conseil d'État du roi. (Nommés Leblanc, Olivier. Sieur de La Bove. Vigneux). 13 octobre 1781. (AN → AD^+ 1054)

2782. Arrêt du Conseil d'État du roi. (Nantes). 13 octobre 1781. (AN → AD^+ 1054)

2783. Arrêt du Conseil d'État du roi, portant augmentation du prix des glaces, en vertu de l'édit du mois d'août 1781. (Manufacture royale. Louis Regnard). 13 octobre 1781. (AN → AD^+ 1054)

2784. Arrêt du Conseil d'État du roi, qui fixe le délai dans lequel l'adjudicataire de la Ferme générale pourra exercer le droit de préférence, qui lui est accordé sur les tabacs provenant des prises amenées dans les ports du royaume. 15 octobre 1781. (AN → AD^+ 1054)

Arrêts du Conseil d'État du roi. 24 octobre 1775 et 16 octobre 1781. (AN → AD^+ 1054). Voir notice n° 547.

2785. Arrêt du Conseil d'État du roi, concernant les rescriptions des recettes générales des Finances. 16 octobre 1781. (AN → AD^+ 1054)

2786. Arrêt du Conseil d'État du roi, concernant les demandes en cassation en matière de finance et de commerce. 18 octobre 1781. (AN → AD^+ 1054)

Deux arrêts du Conseil d'État du roi. 28 septembre 1779 et 23 octobre 1781. (AN → AD^+ 1054). Voir notice n° 2035.

2787. Arrêt du Conseil d'État du roi, qui, sans s'arrêter à un jugement du Bureau des finances de Caen, du 5 juillet 1781, que Sa Majesté a cassé et annulé, ordonne l'exécution de l'édit du mois de mai 1710, et, en conséquence, condamne la dame Piquenot à payer le droit de treizième, résultant d'un contrat de vente du 17 février 1716 non ensaisiné. 23 octobre 1781. (AN → AD^+ 1054)

2788. Arrêts du Conseil d'État du roi, concernant le droit de poids-le-roi, dû au domaine de Versailles. 23 octobre 1781 et 7 mai 1782. (AN → AD^+ 1054)

2789. Arrêt du Conseil d'État du roi, qui fixe à dix pour cent les droits que doit payer à l'entrée du royaume la bonneterie étrangère, et à cinq pour cent celle des provinces réputées étrangères, lors de son entrée dans les cinq grosses Fermes ; supprime en conséquence l'abonnement de la ville de Saint-Amand. 25 octobre 1781. (AN → AD^+ 1054)

2790. Arrêt du Conseil d'État du roi, qui ordonne, qu'à commencer de l'année prochaine 1782, les receveurs des impositions de la ville feront le recouvrement des impositions sur les membres des corps et communautés qui y sont domiciliés. 27 octobre 1781. (AN → AD^+ 1054)

2791. Arrêt du Conseil d'État du roi, qui déclare les donataires ou concessionnaires à temps de Domaines du roi, compris dans les dispositions des arrêts des 26 mai et 16 juin 1771, portant révocation des exemptions et aliénations des droits seigneuriaux casuels dans les mouvances du roi. 31 octobre 1781. (AN → AD^{+} 1054)

2792. Édit du roi, qui ordonne que les appels des sentences rendues par le bailliage de Bar-le-Duc, dans les affaires concernant les Fermes du roi et les droits perçus au profit de Sa Majesté, seront portés à la Cour des aides de Paris. Novembre 1781. (AN → AD^{+} 1054)

2793. Lettres patentes du roi, qui, confirmant un décret de l'évêque de Tournay, concernant l'établissement d'un vicaire au village de la Neuville, suppriment le titre d'une chapelle fondée en ce lieu, unissent une partie de ses biens à la chapelle du Bureau des finances de Lille, et font don du reste aux habitants de la Neuville. Novembre 1781. (AN → AD/XVI/14^{A})

2794. Lettres patentes du roi, qui confirment des mandements (des 1er et 5 mai, 26 avril 1781) par lesquels les évêques de Toul, de Saint-Dié et de Nancy ont réduit le nombre des fêtes dans leurs diocèses. Novembre 1781. (BN → F 23630 [268])

2795. Lettres patentes du roi, portant règlement pour les statuts de la communauté des traiteurs-rôtisseurs-pâtissiers de la ville et faubourgs de Paris. De l'exercice de MM. Guillaume-Léonard Selle et Nicolas-Charles Roullion (syndics) ; de Jean-Baptiste Saucède, et François-Simon Brunat (adjoints). 1er novembre 1781. (AN → AD^{+} 1054)

2796. Arrêt du Conseil d'État du roi, qui évoque celui du 25 juillet dernier, qui a permis la circulation dans le royaume, des étoffes et toiles en coupons de six aunes et au-dessous, sans être revêtus des marques ordonnées par les règlements : ordonne l'exécution desdits règlements comme par le passé. 4 novembre 1781. (AN → AD^{+} 1054)

2797. Arrêt du Conseil d'État du roi, et lettres patentes sur icelui, qui ordonnent une fabrication de vingt mille marcs d'espèces de cuivre, en la monnaie d'Orléans. 4 novembre 1781. (AN → AD^{+} 1054)

2798. Lettres patentes du roi, portant que le roi ne percevra aucuns droits sur les successions qui échéront dans ses États à des sujets palatins. 6 novembre 1781. (AN → AD/XVI/14^{A})

2799. Arrêt du Conseil d'État du roi, qui ordonne que, jusqu'à ce qu'il en soit autrement ordonné, les soies de Nankin venant de l'étranger, qui entreront dans le royaume, par les ports de Rouen, Lorient, Nantes et Dunkerque, et par les Bureaux de Septèmes, Saint-Laurent-du-Var, Lille et Strasbourg, ne seront assujetties qu'au payement du droit de quatorze sous par livre attribué à la ville de Lyon, ensemble les dix sous pour livre d'iceux, etc. 9 novembre 1781. (AN → AD^{+} 1054)

2800. Lettre de M. le marquis de Castries au lieutenant général de l'amirauté de Granville, concernant le règlement de parts du corsaire le *Patriote*, présumé perdu en mer. 10 novembre 1781. (AN → AD/VII/7^{B} pièce 2)

2801. Arrêt du Conseil d'État du roi, portant remise de la reprise de la frégate hollandaise le *Castor*, appartenant aux États généraux des Provinces-Unies, faite par les frégates du roi la *Friponne* et la *Gloire*. 11 novembre 1781. (AN → AD/VII/7^B pièce 2)

2802. Arrêt du Conseil d'État du roi, rendu sur la requête du procureur général au Conseil royal des finances pour les prises, qui casse et annule un règlement de parts fait par l'état-major du corsaire la *Sauterelle*, de Granville ; et qui enjoint audit état-major de procéder à un nouveau règlement de parts, plus conforme aux articles 32 et 33 de la déclaration du 24 juin 1778. 11 novembre 1781. (AN → AD/VII/7^B pièce 2)

2803. Arrêt du Conseil d'État du roi, rendu sur la requête du procureur général au Conseil royal des finances pour les prises, qui ordonne que, sans s'arrêter à la saisie-arrêt faite par le sieur Daudigné, lieutenant sur le corsaire le *Duc-de-Mortemart*, entre les mains du sieur Dubois, armateur dudit corsaire, il sera procédé à la répartition des prises faites par ledit corsaire. 11 novembre 1781. (AN → AD/VII/7^B pièce 2)

2804. Arrêt du Conseil d'État du roi, qui ordonne que les droits de coutume, havage et hallage dépendant du domaine d'Argentan, seront perçus sur tous les grains et farines vendus, soit à la halle et marché, soit sur échantillons dans les rues, greniers, magasins et maisons particulières de ladite ville, faubourgs et banlieue d'Argentan. 13 novembre 1781. (AN → AD$^+$ 1054)

2805. Arrêt du Conseil d'État du roi, qui ordonne que les rues, chemins, communications des villes, bourgs et villages, qui ne font pas partie des grandes routes, cesseront d'être entretenus aux frais du roi. 18 novembre 1781. (AN → AD$^+$ 1054)

2806. Arrêt du Conseil d'État du roi, qui en ordonnant l'exécution de celui du 8 mars 1636, juge que le droit de franc-fief pour raison des terres hommagées et fiefs bursaux de la province du Perche, ne doit être payé que sur le pied du rachat dû au seigneur lors des mutations, suivant la fixation faite par l'article XXXIX de la coutume du Perche, et non pas à raison du revenu annuel des fonds. 21 novembre 1781. (AN → AD$^+$ 1054)

2807. Lettres patentes du roi, qui déclarent que celles du mois de novembre 1679, ne sont point applicables aux bulles de provisions des archevêques et évêques. 21 novembre 1781. (AN → AD/XVI/14^A)

2808. Ordonnance du roi, qui renouvelle les défenses de port d'armes et d'épaulettes à tous domestiques, et nommément à ceux appelés chasseurs, heiduques, et aux nègres. 22 novembre 1781. (AN → AD$^+$ 1054)

2809. Arrêt du Conseil d'État du roi, portant règlement pour la compagnie des agents de change ; pour le cautionnement qui sera exigé à l'avenir, et pour le nombre et la police des aspirants. 26 novembre 1781. (AN → AD$^+$ 1054)

2810. Lettre aux commandants de places, leur mandant d'assister avec leur état-major au *Te Deum* célébré à l'occasion des succès militaires d'Amérique. 26 novembre 1781. (BN → F 21250 [31])

2811. Arrêt du Conseil d'État du roi, qui casse une sentence du bailliage de Remiremont et un arrêt de la Chambre des comptes de Nancy, des 2 janvier et 17 mars 1781 ; décharge le fermier des condamnations contre lui prononcées ;

ordonne la restitution des sommes, au payement desquelles il aurait pû être contraint ; déclare les six bœufs saisis sur le sieur Bouilly par procès-verbal du 21 mai 1780, acquis au profit du fermier, et condamne le sieur Bouilly en l'amende de trois cents livres, et en tous les dépens de cause principale et d'appel, et au coût du présent arrêt. 27 novembre 1781. (AN → AD+ 1054)

2812. Lettre de M. de Joly de Fleury à M. Chardon, au sujet des droits dûs pour les cuirs et autres matières trouvés à bord des prises. 27 novembre 1781. (AN → AD/VII/7B pièce 2)

2813. Arrêt du Conseil d'État du roi, qui permet aux administrateurs de la Caisse d'escompte, de faire graver des armoiries pour servir de sceau à ladite Caisse, et de timbre à ses actions. 28 novembre 1781. (AN → AD+ 1054)

2814. Arrêt du Conseil d'État du roi, qui ordonne l'exécution des règlements concernant les amendes de condamnation arbitraire, et fait en conséquence très expresses inhibitions et défenses à toutes les Cours et juges des sièges royaux, tant ordinaires qu'extraordinaires, de faire application d'aucunes amendes civiles, criminelles et de police, à quelques sommes qu'elles puissent monter, et sous quelque prétexte que ce soit :
Enjoint aux officiers desdites Cours et sièges, notamment à ceux de police, de faire rédiger sommairement et sur le champ tous les jugements portant condamnation d'amendes, avec défenses de les percevoir ou faire percevoir, ni de se les approprier :
Fait défenses aux greffiers et à tous autres, de recevoir lesdites amendes ; et leur enjoint de faire l'ouverture de leurs greffes aux commis et préposés de l'administration des Domaines, et de leur communiquer, sans déplacer, les minutes, liasses et registres de leurs greffes, pour y faire les vérifications nécessaires ; le tout sous les peines et amendes y portées. 28 novembre 1781. (AN → AD+ 1054)

2815. De par le roi. (Prieurs et prudhommes de la communauté des charpentiers de navires de Marseille). 30 novembre 1781. (AN → Marine A/1/130)

2816. Édit du roi qui règle les privilèges dont jouiront dans le royaume les sujets du corps helvétique. Décembre 1781. (AN → AD+ 1054)

2817. Édit du roi, concernant la perception de deux nouveaux sous pour livre sur les droits y énoncés. Décembre 1781. (AN → AD+ 1054)

2818. Édit du roi, portant augmentation de sols pour livre en sus des droits, et augmentation du prix du tabac dans les duchés de Lorraine et de Bar. Décembre 1781. (AN → AD+ 1054)

2819. Lettres patentes, portant confirmation de privilèges pour les habitants de Fontainebleau. Décembre 1781. (AN → AD+ 1054)

2820. Ordonnance du roi, pour servir de supplément au règlement du 1er mars 1778, concernant les troupes provinciales. 1er décembre 1781. (AN → AD+ 1054)

2821. Lettre de M. le marquis de Castries aux officiers de l'amirauté de Saint-Malo, à l'effet de n'allouer que deux pour cent du montant de chaque liquidation, pour le dédommagement du coffre du capitaine pris. 1er décembre 1781. (AN → AD/VII/7B pièce 2)

2822. Arrêt du Conseil d'État du roi, portant remise de la reprise du navire espagnol la *Notre-Dame-des-Carmes*, faite par les cotters de Sa Majesté le *Malin* et le *Lézard*. 2 décembre 1781. (AN → AD/VII/7^{B} pièce 2)

2823. Déclaration du roi, qui, en interprétant celle du 4 décembre 1779, ordonne que la reconnaissance des contestations élevées par rapport aux saisies et oppositions relatives au recouvrement des deniers de l'impôt du sel, appartiendra à ceux des officiers des juridictions des gabelles ou des élections, qui auront été les premiers saisis de ces contestations. 4 décembre 1781. (AN → AD^{+} 1054)

2824. Déclaration du roi, concernant la comptabilité des intérêts payés en vertu des arrêts des 25 février 1770, 28 février 1771 et 13 février 1772, tant par le trésorier de la Caisse des amortissements établie par l'édit du mois de décembre 1764, aux propriétaires de contrats et porteurs d'effets qui restaient à rembourser en 1770, sur les exercices 1766, 1767, 1768 et 1769 de ladite Caisse, que par le sieur Darras, chargé de la suite dudit édit par la déclaration du 10 août 1780. 5 décembre 1781. (AN → AD^{+} 1054)

2825. Copie de la lettre écrite par M. le marquis de Ségur, ministre et secrétaire d'État de la Guerre, à M. le comte de Rochambeau. 5 décembre 1781. (AN → AD/VI/12 dossier B pièce 9)

2826. Lettre de M. le marquis de Castries aux officiers de l'amirauté du Havre, concernant un embarquement frauduleux de matelots à bord du corsaire la *Marquise-de-Seignelay*. 7 décembre 1781. (AN → AD/VII/7^{B} pièce 2)

2827. Arrêt du Conseil d'État du roi, concernant la confection, la perfection et l'entretien du chemin ordonné par Sa Majesté, de Saint-Germain à Mantes par Écquevilly. 8 décembre 1781. (AN → AD^{+} 1054)

2828. Extrait des registres du Conseil d'État du roi. (Claude-Pierre Molerat. Jean-Baptiste-Joseph Courty). 8 décembre 1781. (AN → AD^{+} 1054)

2829. Déclaration du roi, portant réunion au Domaine, des droits attribués à l'office de trésorier de France garde-scel au Bureau des finances de Paris. 8 décembre 1781. (AN → AD^{+} 1325)

2830. Départements de messieurs les fermiers généraux, pour le service des Fermes générales, pendant la deuxième année du bail de Me Nicolas Salzard. 9 décembre 1781. (AN → AD^{+} 1054)

2831. Arrêt du Conseil d'État du roi, qui casse une sentence du bailliage d'Argentan, du 2 novembre 1781, concernant les droits de halle, havage, monéage, fouage, coutume, travers et poids-le-roi, dépendant du domaine de ladite ville. 11 décembre 1781. (AN → AD^{+} 1054)

2832. Arrêt du Conseil d'État du roi, qui fixe les droits que doivent payer par douzaine, les chapeaux à leur entrée et sortie des cinq grosses Fermes. 12 décembre 1781. (AN → AD^{+} 1054)

2833. Ordonnance du roi, concernant l'ordre royal et militaire de Saint-Louis. 12 décembre 1781. (AN → AD^{+} 1054)

2834. M. de Fleury me charge mesdames, de vous envoyer un exemplaire d'un arrêt du Conseil rendu le 27 octobre dernier, qui commet les receveurs des impositions de Paris pour faire, à compter de l'année 1782, le recouvrement des impositions des corps et communautés, dont les gardes et les syndics avaient été jusqu'à présent chargés. [...]. 14 décembre 1781. (AN → AD⁺ 1054)

2835. Lettres patentes qui lèvent la modification insérée par le parlement de Dijon dans son arrêt d'enregistrement de l'édit du mois d'août dernier, en ce qu'il y est dit que l'on ne pourra induire d'aucune des dispositions dudit édit, l'établissement de deux nouveaux sols pour livre sur d'autres droits que ceux sur lesquels les huit sols pour livre ont été perçus jusqu'à présent. 17 décembre 1781. (AN → AD⁺ 1054)

2836. Arrêt du Conseil d'État du roi, qui ordonne que, conformément à l'édit du mois d'août 1781, il sera perçu dix sous pour livre en sus du droit sur les cuirs. 19 décembre 1781. (AN → AD⁺ 1054)

2837. Arrêt du Conseil d'État du roi, qui fait défenses de transporter d'une ville à une autre des provinces maritimes ou frontières du royaume, les métiers propres aux manufactures, ainsi que les outils et instruments servant à leur fabrication, sans être accompagnés d'un certificat qui désignera le lieu pour lequel ils seront destinés. 20 décembre 1781. (AN → AD⁺ 1054)

2838. Arrêt du Conseil d'État du roi, qui maintient les officiers municipaux de la ville de Beauvais dans le droit de rendre seuls les ordonnances nécessaires dans les cas de réjouissances publiques dans ladite ville. 22 décembre 1781. (AN → AD⁺ 1054)

2839. Arrêt du Conseil d'État du roi, qui maintient les officiers municipaux de la ville de Joigny, dans le droit de rendre seuls les ordonnances nécessaires dans les cas de réjouissances publiques, dans ladite ville. 22 décembre 1781. (AN → AD⁺ 1054)

2840. Arrêt du Conseil d'État du roi, qui ordonne que le droit d'un sou pour chaque empreinte, marque ou plomb, sera perçu indistinctement, dans les Bureaux de visite et de marque, tant sur les étoffes, que sur les toiles et toileries. 22 décembre 1781. (AN → AD⁺ 1054)

2841. Arrêt du Conseil d'État du roi, qui annule un arrêt du parlement de Grenoble du 7 septembre 1781. 23 décembre 1781. (AN → AD⁺ 1325)

2842. Arrêt du Conseil d'État du roi, qui fixe, pour la durée de la jouissance de Henri Clavel, chargé de la Régie générale des aides et droits y joints, les abonnements à payer par les États de la province d'Artois, à compter du 1er janvier 1782, pour y tenir lieu de la perception des droits réservés, tant en principal que sous pour livre, ainsi que des sous pour livre perceptibles au profit de Sa Majesté, en sus des droits et octrois dont jouissent les états, villes et administrations de ladite province :
Et règle le mode et les époques de payement desdits abonnements. 23 décembre 1781. (AN → AD⁺ 1325)

2843. Arrêt du Conseil d'État du roi, qui ordonne que, conformément à l'édit du mois d'août 1781, il sera perçu dix sous pour livre en sus du principal des droits sur l'amidon et la poudre à poudrer. 24 décembre 1781. (AN → AD⁺ 1054)

2844. Départements de messieurs les régisseurs généraux, pour le service de la deuxième année de la Régie générale sous le nom de Henri Clavel ; arrêtés à Paris le 24 décembre 1781. (AN → AD/IX/407)

2845. Lettres patentes du roi, concernant la restitution des droits réservés sur les boissons dans les lieux affranchis desdits droits par l'édit du mois d'août 1781. 25 décembre 1781. (AN → AD$^+$ 1054)

2846. Arrêt du Conseil d'État du roi, confirmatif d'un jugement du Conseil des prises, qui avait fait main-levée du navire portugais la *Nostra-Signora-d'Ovalle*, pris par un corsaire anglais, et repris dans les vingt-quatre heures par un corsaire français. 29 décembre 1781. (AN → AD/VII/7^B pièce 2)

2847. Lettres patentes du roi, qui ordonnent l'exécution de différents règlements concernant la voirie de Paris, notamment l'exécution de l'arrêt du parlement de Paris du 27 janvier 1780 ; en conséquence approuvent et homologuent le tarif ou tableau contenu dans ledit arrêt du 27 janvier 1780. 31 décembre 1781. (AN → AD$^+$ 1054)

1782

2848. Abonnement des édits et arrêts pour la ville de Paris, et toutes les provinces et villes du royaume. (Table analytique des matières contenues dans les édits, lettres patentes, déclarations du roi, arrêts du Conseil, du Parlement, etc.). Année 1782. Imprimé en 1783 (AN → AD/I/30 ; BN → F 21995)

2849. Recueil des édits, déclarations, ordonnances arrêts et règlements, concernant l'École royale militaire. 1782. (BN → Microfiche Paris : B. Mazarine* A. 10197)

2850. Recueil des édits, déclarations et ordonnances du roi, arrêts du Conseil, du parlement de Toulouse et autres Cours, etc., concernant l'ordre judiciaire et les matières publiques les plus importantes. 1782-1785. (BN → F 21753-21759)

2851. Liste des noms et demeures de messieurs les fermiers généraux des Fermes royales unies. Pour la deuxième année du bail de Nicolas Salzard. 1782. (AN → AD^{+} 1058)

2852. Extrait des dispositions faites et arrêtées par le roi, sur les places de chevalier dans l'ordre royal et militaire de Saint-Louis, que l'intention de Sa Majesté est qui soient suivies et exécutées dès à présent, en attendant l'édit qu'elle se propose de donner, concernant ledit ordre de Saint-Louis. 1782 ? (AN → AD/VI/35 dossier A pièce 6)

2853. Plan des travaux littéraires ordonnées par Sa Majesté, pour la recherche, la collection et l'emploi des monuments de l'histoire et du droit public de la monarchie française. 1782. (AN → AD/VIII/9^{B} dossier A pièce 19)

2854. Édit du roi, portant création de receveurs particuliers de Finances. Janvier 1782. (AN → AD^{+} 1055)

2855. Édit du roi, portant création de sept millions de rentes viagères. Janvier 1782. (AN → AD^{+} 1055)

2856. Édit du roi, portant suppression de la charge de contrôleur ordinaire de la cuisine-bouche : et création d'une charge de contrôleur ordinaire, et de quatre contrôleurs de la Maison du roi, servant par quartier. Janvier 1782. (AN → AD^{+} 1055)

2857. Édit du roi, qui ordonne une réformation dans la monnaie de Paris, de trois cent mille livres en espèces de billon, pour être transportées en l'île de Cayenne, où elles auront cours seulement. Janvier 1782. (AN → AD^{+} 1055)

2858. Édit du roi, portant suppression des tabellionnage et notariat des bailliages unis d'Étampes et de la Ferté-Aleps, et création de douze offices de notaires royaux auxdits bailliages réunis. Janvier 1782. (AN → AD^{+} 1055)

2859. Lettres patentes du roi, qui autorisent l'établissement d'une école de charité dans le village de Bachy en Flandres. Janvier 1782. (AN → AD/XVI/14^{A})

2860. Arrêt du Conseil d'État du roi, qui ordonne qu'à l'avenir les chevaux, poulains, juments, mulets et mules, payeront un droit uniforme, fixé à trois livres avec les sous pour livre, à leur sortie des cinq grosses Fermes. 3 janvier 1782. (AN → AD^{+} 1055)

2861. Lettres patentes du roi, portant règlement pour la perception des droits des jurés-priseurs. 3 janvier 1782. (AN → AD^{+} 1055)

2862. Lettre de M. Joly de Fleury à M. Chardon, sur une partie d'argenterie trouvée à bord d'une prise. 11 janvier 1782. (AN → AD/VII/7^{B} pièce 2)

2863. Arrêt du Conseil d'État du roi, et lettres patentes sur icelui, qui ordonnent une fabrication dans la monnaie d'Aix, de cinquante mille marcs d'espèces de cuivre, pour être transportées aussitôt en l'île de Corse. 12 janvier 1782. (AN → AD^{+} 1055)

2864. Arrêt du Conseil d'État du roi, portant qu'attendu l'absence des officiers composant l'état-major du corsaire le *Comte-d'Artois*, il sera procédé au règlement de parts dudit corsaire, par l'amirauté de Vannes, et dans les proportions établies par l'article 33 de la déclaration du 24 juin 1778. 20 janvier 1782. (AN → AD/VII/7^{B} pièce 2)

2865. Arrêt du Conseil d'État du roi, pour la remise de la capitation de 1782, aux marchands, bourgeois et artisans qui ne sont taxés qu'à neuf livres et au-dessous. 21 janvier 1782. (AN → AD^{+} 1055)

2866. Arrêt du Conseil d'État du roi, qui fait défenses aux marchands détailleurs ou autres, à l'exception de ceux des villes fermées, établis dans les paroisses des généralités de Paris et de Soissons, qui sont situées dans les trois lieues limitrophes de la généralité d'Amiens, d'avoir à la fois plus d'un baril de soixante pintes d'eau-de-vie. 23 janvier 1782. (AN → AD^{+} 1055)

2867. Déclaration du roi, interprétative de l'édit de mai 1711, concernant les droits de la pairie. 26 janvier 1782. (AN → AD^{+} 1326)

2868. Arrêt du Conseil d'État du roi, qui ordonne l'exécution des arrêts du Conseil des 13 février 1731, et 8 août 1780 : en conséquence casse un arrêt de la Cour des aides de Rouen du 10 janvier 1782, comme incompétemment rendu entre le régisseur général et le nommé Sion, ouvrier cordonnier à Rouen ; ordonne que les parties procèderont devant le sieur intendant de la généralité de Rouen, et condamne ledit Sion au coût de l'arrêt. 29 janvier 1782. (AN → AD^{+} 1055)

2869. Arrêt du Conseil d'État du roi, portant continuation et augmentation d'octroi en faveur du village de Watrelos. 29 janvier 1782. (AN → AD^{+} 1055)

Deux arrêts du Conseil d'État du roi. 9 mai 1775 et 30 janvier 1782. (AN → AD⁺ 1055). Voir notice n° 382.

2870. Arrêt du Conseil d'État du roi, qui ordonne que, conformément à l'édit du mois d'août 1781, il sera perçu dix sous pour livre, en sus des droits sur les papiers et cartons. 30 janvier 1782. (AN → AD⁺ 1055)

2871. De par le roi. Tarif des droits de péage et rouage qui se perçoivent aux portes de la ville d'Étampes, au profit de Son Altesse Sérénissime monseigneur le duc d'Orléans, dus par toutes sortes de personnes, sur les marchandises qui passent en ladite ville et la dégarnissent : le tout en exécution des lettres patentes de Philippe-le-Bel, du 8 octobre 1298 ; des arrêts du Conseil du roi des 3 août 1689, 18 novembre 1776 ; des sentences des 24 juin 1724, 12 novembre 1779 ; et des sols pour livre dus à sadite Altesse, en exécution de l'édit de novembre 1771 ; de l'édit d'août 1781 ; et des arrêts du Conseil des 9 mai 1775 et 30 janvier 1782. (AN → AD⁺ 1055)

2872. Édit du roi, qui distrait de la juridiction des Chambres des comptes de Lorraine et de Bar, la connaissance qu'elles avaient ci-devant sur le fait des monnaies, ainsi que sur les titre, emploi, vente et achat des matières d'or et d'argent ; et l'attribue à la Cour des monnaies. Février 1782. (AN → AD⁺ 1055)

2873. Lettres patentes du roi, portant abolition du droit d'aubaine entre la France et les principautés de Salm. Février 1782. (AN → AD⁺ 1055)

2874. Lettres patentes du roi, qui établissent différents droits, et ordonnent qu'en sus du principal des droits déjà existants, de quelque nature qu'ils soient, il sera levé et perçu, au profit de Sa Majesté, de nouveaux sols pour livre ; en sorte que tous lesdits droits se trouvent assujettis au paiement de dix sols pour livre pendant le temps qu'ils devront durer, et qui n'exceptent de cet assujettissement général, que les droits énoncés dans les articles six, sept, huit et neuf de l'édit du mois d'août 1781. 1er février 1782. (AN → AD⁺ 1055)

2875. Arrêt du Conseil d'État du roi, concernant les recettes particulières des Finances. 3 février 1782. (AN → AD⁺ 1055)

2876. Arrêt du Conseil d'État du roi, concernant l'imposition de la capitation et des vingtièmes sur les propriétaires et locataires des maisons et autres biens dépendant des paroisses de la ville de Paris, situés dans l'étendue des lieux sujets aux droits d'entrée de ladite ville ou au-delà ; et sur les propriétaires et locataires des maisons et biens dépendant des paroisses taillables, et situés dans les limites fixées pour la perception desdits droits d'entrée. 3 février 1782. (AN → AD⁺ 1055)

2877. Fermes générales. Liste ordinale du douzième tirage de la Loterie de remboursement des reconnaissances en échange des billets des Fermes générales, remboursables, conformément à l'arrêt du Conseil du 13 novembre 1770, par ordre de sortie de la roue, de mois en mois par douzième, à compter du 10 mars 1782, à raison de trois cent mille livres par mois. 7 février 1782. (AN → AD⁺ 1055)

2878. Lettres patentes du roi, qui ordonnent l'enregistrement au parlement de Paris, des lettres patentes du 24 octobre 1775, portant défenses de saisir les bestiaux dans la province de Languedoc. 10 février 1782. (AN → AD⁺ 1055)

2879. Lettres patentes du roi, qui, conformément aux précédents règlements, ordonnent que les droits établis sur les eaux-de-vie simples seront perçus doubles sur les eaux-de-vie doubles ou rectifiées, et triples sur l'esprit-de-vin. 13 février 1782. (AN → AD^{+} 1055)

2880. Ordonnance du roi, concernant les marchands qui sont dans les Maisons royales. 13 février 1782. (AN → AD^{+} 1326)

2881. De par le roi, et monsieur le comte d'Angiviller, conseiller du roi en ses Conseils, mestre-de-camp de cavalerie, chevalier de l'ordre royal et militaire de Saint-Louis, commandeur de l'ordre de Saint-Lazare, de l'Académie royale des sciences, intendant du Jardin du roi, directeur et ordonnateur-général des Bâtiments de Sa Majesté, Jardins, Arts, Académies et Manufactures royales, grand-voyer de la ville de Versailles. (Terres, étangs, aqueducs, rigoles et autres héritages appartenant à Sa Majesté dans parc de Versailles). 21 juin 1776 et 13 février 1782. (AN → AD^{+} 1055)

2882. Liste générale de la Loterie de remboursement des reconnaissances données en échange des rescriptions et assignations, en exécution de l'arrêt du Conseil du 2 décembre 1770. Douzième tirage. Fait en présence de M. le lieutenant général de police, en l'une des salles de l'hôtel des recettes générales des Finances. 14 février 1782. (AN → AD^{+} 1055)

2883. Lettre de M. le marquis de Castries au procureur général des prises, sur la constitution d'avocats par les états-majors et équipages des vaisseaux de Sa Majesté, pour y suivre leurs intérêts au Conseil des prises. 14 février 1782. (AN → AD/VII/7^{B} pièce 2)

2884. Arrêt du Conseil d'État du roi, portant commission au directeur et ordonnateur-général des Bâtiments du roi, pour installer les comédiens français ordinaires de Sa Majesté, dans la salle royale construite dans le faubourg Saint-Germain, régler les conditions de la jouissance qu'auront les comédiens, et conserver ensuite la direction de cet édifice. 16 février 1782. (AN → AD^{+} 1055)

2885. Lettre de M. le marquis de Castries aux commandants de la Marine dans les ports de Brest, Rochefort et Toulon, au sujet de la constitution des avocats aux Conseils, faite par quelques commandants des vaisseaux de Sa Majesté, pour suivre leurs intérêts au Conseil des prises. 16 février 1782. (AN → AD/VII/7^{B} pièce 2)

2886. Ordonnance du roi, pour détacher des cent six bataillons des troupes provinciales, trois mille trois cent quatre-vingt-douze hommes de bonne volonté, destinés au service de la Marine. 17 février 1782. (AN → AD^{+} 1055)

2887. Déclaration du roi, concernant la comptabilité de la Ferme générale. 18 février 1782. (AN → AD^{+} 1055)

2888. Déclaration du roi, portant interdiction de la Cour des aides de Clermont-Ferrand. 19 février 1782. (AN → AD^{+} 1055)

Édit du roi, et lettres de jussion sur icelui. Septembre 1781 et 22 février 1782. (AN → AD^{+} 1055). Voir notice n° 2730.

2889. Lettres de jussion (pour l'enregistrement par le parlement d'Aix de l'édit d'août 1781, concernant l'augmentation des 2 sous pour livre en sus des droits). 22 février 1782. (BN → F 20978 [1])

2890. Lettres de jussion (pour l'enregistrement par la Cour des comptes, aides et finances de Provence de l'édit d'août 1781, concernant l'augmentation des 2 sous pour livre en sus des droits). 22 février 1782. (BN → F 20978 [2])

2891. Arrêts du Conseil d'État du roi. Le premier, avant faire droit sur la demande de Henri Clavel, à fin de cassation d'une sentence de l'élection, et d'un arrêt de la Cour des aides, de Rouen, qui avaient admis une inscription de faux tendante à prouver que la liqueur saisie était du poiré, et non du cidre, ordonne l'envoi des motifs.
Le second casse lesdites sentence et arrêt, déclare Pierre Lemonnier, cabaretier à Rouen, non-recevable dans son inscription de faux, et le condamne en tous les dépens.
Le troisième déboute ledit Lemonnier de son opposition au précédent arrêt. 25 février 1782, 26 mars et 19 août 1783. (AN → AD$^+$ 1055)

2892. Arrêt du Conseil d'État du roi, portant règlement pour le commerce de toiles à Paris et dans la banlieue. 27 février 1782. (AN → AD$^+$ 1055)

2893. Arrêt du Conseil d'État du roi. (Sieurs de Beaumont, de Fourqueux, de Villeneuve et Debonnaire de Forges. Rentes). 28 février 1782. (AN → AD$^+$ 1055)

2894. Arrêt du Conseil d'État du roi, qui permet aux fabricants de la généralité de Rouen d'augmenter la largeur des siamoises, de huitième en huitième, au-dessus de demi-quart ; et celle des mouchoirs de seizième en seizième au-dessus de demi-aune moins un huitième, de trois huitièmes, et demi-aune moins un seize. 28 février 1782. (AN → AD$^+$ 1055)

2895. Déclaration du roi, portant règlement pour les spectacles établis à la suite de la Cour. 28 février 1782. (AN → AD$^+$ 1055)

2896. Commission du Grand Sceau, qui nomme des commissaires du Conseil pour assister M. le grand-aumônier dans l'examen des placets qui seront présentés par les criminels, à l'effet d'obtenir la grâce que Sa Majesté veut bien accorder, en considération de la naissance de monseigneur le Dauphin. 28 février 1782. (AN → AD$^+$ 1055)

2897. Lettres patentes du roi, qui réunissent le chapitre de Saint-Pierre de Bar-le-Duc au chapitre noble de Saint-Maxe, de la même ville et transfèrent ce chapitre dans l'église de Saint-Pierre, sous la dénomination de Saint-Maxe et sous l'invocation commune de Saint-Maxe et de Saint-Pierre. Mars 1782. (AN → AD$^+$ 1055)

2898. Lettres patentes du roi, qui confirment, en tant que de besoin, l'établissement de l'Hôtel-Dieu de Valenciennes, et autorisent son administration à recevoir des dotes des hospitalières qui le déservent. Mars 1782. (AN → AD/XVI/14^A)

2899. Arrêt du Conseil d'État du roi, qui décharge un garde de la capitainerie royale d'Halatte, de la place de marguillier, à laquelle il avait été nommé. (Barthélémy Hautin). 2 mars 1782. (AN → AD^{+} 1055)

2900. Lettres patentes du roi, portant règlement pour l'administration municipale de la ville de Saint-Paul de Léon. 2 mars 1782. (AN → AD^{+} 1055)

2901. Lettres patentes du roi, portant attribution à la Cour des aides de Paris, de la connaissance des procès et différents mûs et à mouvoir, dans le ressort de la Cour des aides de Clermont-Ferrand. 5 mars 1782. (AN → AD^{+} 1055)

2902. Lettres patentes du roi sur arrêt, qui ordonnent que les offices de contrôleurs des jurés mouleurs, visiteurs, compteurs, mesureurs et peseurs de bois à brûler et foins, et les offices de mesureurs de charbon de terre, seront supprimés comme compris dans la suppression ordonnée par l'édit du mois d'avril mil sept cent soixante-huit, et la déclaration du quinze septembre mil sept cent soixante-dix. 6 mars 1782. (AN → AD^{+} 1055)

2903. Compagnie des Indes. Douzième tirage du remboursement des actions de la Compagnie des Indes, fait en l'une des salles de l'hôtel de ladite Compagnie, conformément à l'arrêt du Conseil du 10 février 1772. 7 mars 1782. (AN → AD^{+} 1055)

2904. Lettres patentes du roi, portant désunion des charges de grand fauconnier de France, et de capitaine du premier vol pour corneille de la Grande Fauconnerie de France. 8 mars 1782. (AN → AD^{+} 1055)

2905. Lettres de jussion, qui, enjoignant au parlement de Nancy d'enregistrer... l'édit... de décembre dernier, ordonnent que le prix du sel sera fixé à 31 l. 5 s. par quintal. 8 mars 1782. (BN → F 20978 [16])

2906. Lettre de M. de Joly de Fleury à M. Chardon, sur les ouvrages dans lesquels l'argent n'est employé que comme ornement. 8 mars 1782. (AN → AD/VII/7^{B} pièce 2)

2907. Lettre de M. le marquis de Castries aux officiers des amirautés, relativement à la forme des liquidations particulières et générales, et au dépôt des liquidations particulières. 8 mars 1782. (AN → AD/VII/7^{B} pièce 2)

2908. Arrêt du Conseil d'État du roi, concernant les droits de lots et ventes dûs sur les coques des navires qui se vendent au port de Brest. 9 mars 1782. (AN → AD^{+} 1055)

2909. Lettres patentes du roi, qui ordonnent l'élargissement de la rue dite de l'Égout à Paris, laquelle sera à l'avenir appelée la rue Richer. 9 mars 1782. (AN → AD^{+} 1055)

2910. Déclaration du roi, qui renouvelle les défenses aux curés du royaume de s'assembler sans permission. 9 mars 1782. (AN → AD^{+} 1055)

2911. Lettres de jussion... enjoignant à la Chambre des comptes de Lorraine d'enregistrer l'édit de décembre dernier (concernant l'augmentation de 2 s. pour livre en sus des droits). 9 mars 1782. (BN → F 20978 [17])

2912. Arrêt du Conseil d'État du roi, qui, sans s'arrêter au jugement du Conseil des prises, ordonne la remise du pinque mahonnois le *Saint-François*, repris par la frégate de Sa Majesté la *Boudeuse* et la corvette la *Belette*. 10 mars 1782. (AN → AD/VII/7^{B} pièce 2)

2913. Lettres (de jussion au parlement de Bourgogne, pour l'enregistrement des lettres patentes du 17 décembre 1781, concernant l'augmentation de 2 s. pour livre en sus des droits). 10 mars 1782. (BN → F 20978 [10])

2914. Arrêt du Conseil d'État du roi, qui ordonne que les futaies qui seront coupées à l'âge de soixante ans et au-dessus, dans les provinces et généralités non abonnées, seront exemptes de l'imposition des vingtièmes. 12 mars 1782. (AN → AD^{+} 1055)

2915. Arrêt du Conseil d'État du roi. (*Défenses de Guy Chartraire, marquis de Ragny*. Nommé Faucheux. Lyon). 12 mars 1782. (AN → AD^{+} 1055)

2916. Arrêt du Conseil d'État du roi, qui fixe, à compter du 1er janvier 1782, et jusqu'à ce qu'il en soit autrement ordonné, les abonnements à payer par les États de Cambrai, la ville de Cambrai, et le Câteau-Cambrésis, pour tenir lieu de la perception en principal et sous pour livre des droits réservés, de ceux de courtiers-jaugeurs, inspecteurs aux boissons et inspecteurs aux boucheries, et des sous pour livre des octrois et droits dont jouissent lesdits États, ville et administration. 14 mars 1782. (AN → AD^{+} 1055)

2917. Arrêt du Conseil d'État du roi, qui fixe les trois abonnements à payer, à compter du 1er janvier 1782, par la Flandre wallonne, pour tenir lieu des droits réservés par l'édit d'avril 1768, et de ceux de courtiers-jaugeurs, inspecteurs aux boissons et aux boucheries, tant en principaux que sous pour livre, ainsi que des sous pour livre perceptibles au profit de Sa Majesté, en sus de droits et octrois dont jouissent les États, villes et administrations de ladite province.
Règle le mode, les époques de payements desdits abonnements, et réserve la perception effective des dix sous pour livre en intégrité sur ceux des octrois et droits levés dans l'étendue de ladite province, dont les sous pour livre au profit du roi n'avaient pas été compris dans les précédents abonnements fixés par arrêt du Conseil. 14 mars 1782. (AN → AD^{+} 1055)

2918. Arrêt du Conseil d'État du roi, concernant les comptes à rendre par les syndics et adjoints des communautés d'arts et métiers, établies dans les villes du ressort du parlement de Metz. 15 mars 1782. (AN → AD^{+} 1055)

2919. Arrêt du Conseil d'État du roi. (Nommé Pavy. Angers. Librairie). 16 mars 1782. (AN → AD^{+} 1055)

2920. Lettres patentes du roi, portant règlement pour l'administration municipale de la ville de Malestroit. 16 mars 1782. (AN → AD^{+} 1055)

2921. Arrêt du Conseil d'État du roi, qui fixe les droits sur les sucres raffinés venant de l'étranger. 17 mars 1782. (AN → AD^{+} 1055)

2922. Règlement de nos seigneurs les maréchaux de France, au sujet de l'épaulette des lieutenants du Tribunal, et autres officiers du point d'honneur. 18 mars 1782. (AN → AD/VI/7 pièce 192)

2923. Lettres patentes du roi, qui attribuent au parlement de Flandres, la connaissance d'un délit, dont le nommé Charles Dumont et autres sont accusés. 19 mars 1782. (AN → AD/XVI/14^{A})

2924. Arrêt du Conseil d'État du roi, qui fixe l'abonnement à payer, à compter du 1er janvier 1782, par les élections de Bordeaux, Périgueux, Agen, Condom et Sarlat, pour y tenir lieu de la perception des droits de courtiers-jaugeurs, inspecteurs aux boissons et aux boucheries, tant en principaux que sous pour livre. 20 mars 1782. (AN → AD^{+} 1055)

2925. Lettres patentes du roi, pour rendre la signature des comptes au grand-maître et au grand-écuyer de France. 20 mars 1782. (AN → AD^{+} 1055)

2926. Déclaration du roi, qui fixe à 14 ans accomplis l'âge auquel les enfants d'Alsace nés dans la confession d'Augsbourg pourront passer de leur culte à la religion catholique. 23 mars 1782. (BN → F 23741 [394])

2927. Arrêt du Conseil d'État du roi, qui fixe les abonnements des villes d'Alsace (Strasbourg excepté) pour les sous pour livre des droits et octrois appartenant auxdites villes, les droits réservés du don gratuit, et ceux de courtiers-jaugeurs, inspecteurs aux boissons et aux boucheries ; ainsi que les époques et le mode de payement à faire desdits abonnements. 27 mars 1782. (AN → AD^{+} 1055)

2928. Arrêt du Conseil d'État du roi, qui fixe les deux abonnements à payer, à compter du 1er janvier 1782, par la ville de Strasbourg, pour y tenir lieu des droits réservés, tant en principaux que sous pour livre, ainsi que des sous pour livre en sus des droits et octrois dont jouit ladite ville, ainsi que le mode et les époques de payement desdits abonnements. 27 mars 1782. (AN → AD^{+} 1055)

2929. Arrêt du Conseil d'État du roi, contenant réunion au Domaine, des murs, fossés, remparts et fortifications de la ville de Saint-Denis : confirmation des propriétaires actuels dans leurs propriétés, aux charges y portées :
Et aliénation du surplus desdits murs non encore aliénés, au profit des officiers municipaux de ladite ville. 28 mars 1782. (AN → AD^{+} 1055)

2930. Lettres patentes du roi, portant première et finale jussion sur l'édit d'augmentation des deux sous pour livre en sus des droits, établissement, suppression et modération de différents droits, du mois d'août 1781. 29 mars 1782. (AN → AD^{+} 1055)

2931. Édit du roi, qui supprime les offices de contrôleurs provinciaux et ordinaires des guerres. Avril 1782. (AN → AD^{+} 1056)

2932. Édit du roi, portant attribution de juridiction à la prévôté d'Agimont, sur plusieurs bourgs et villages cédés au roi, tant par le traité d'échange, passé le 16 mai 1769, avec la feue impératrice-reine, que par ceux conclu les 4 mai 1772 et 9 décembre 1773, avec le prince-évêque de Liège. Avril 1782. (AN → AD/XVI/14^{A})

2933. Arrêt du Conseil d'État du roi, portant règlement général pour les droits d'inspecteurs aux boucheries dans la province de Normandie. 1er avril 1782. (AN → AD^{+} 1056)

2934. Arrêt du Conseil d'État du roi, qui ordonne que les édits et arrêts portant établissement d'un économe-séquestre dans les duchés de Lorraine et de Bar, seront exécutés selon leur forme et teneur ; casse et annule l'arrêt rendu au parlement de Nancy, le 26 février dernier, et tout ce qui l'a précédé, suivi et pourrait s'ensuivre, en ce qu'il est contraire aux édits et arrêts concernant les économats. 2 avril 1782. (AN → AD^{+} 1056)

2935. Extrait de l'arrêt du Conseil d'État du roi, qui nomme et commet Louis-René Marchal pour remplir seul les fonctions des offices d'économes-séquestres des bénéfices à la nomination de Sa Majesté, et faire la régie et recette des revenus des bénéfices ci-devant unis aux maisons et collèges des Jésuites. 2 avril 1782. (AN → AD/XVII/17^{A})

2936. Arrêt du Conseil d'État du roi, qui ordonne que l'ancien fermier général de l'abbaye de Bouzonville, payera et vuidera ses mains entre celles de l'économe ; ordonne l'exécution du nouveau bail général, et casse un arrêt du parlement de Nancy, en ce qu'il est contraire aux règlements des économats. 2 avril 1782. (AN → AD/XVII/17^{A})

2937. Arrêt du Conseil d'État du roi, qui fixe à un droit uniforme ceux qui payaient les tourtes et tourteaux, composés du marc des noix, rabettes, etc., à leur entrée et sortie des cinq grosses Fermes. 4 avril 1782. (AN → AD^{+} 1056)

2938. Arrêt du Conseil d'État du roi, qui ordonne que les créanciers des sieurs Miran et Abeille, seront tenus de remettre dès à présent et dans les deux années qui suivront la paix, leurs titres, ès mains des directeurs de la Compagnie des Indes, pour être pourvu à la liquidation de leurs créances et à leur payement. 7 avril 1782. (AN → AD^{+} 1056)

2939. Arrêt du Conseil d'État du roi, qui, sans s'arrêter au jugement du Conseil des prises, fait main-levée du navire suédois l'*Argos*, pris par un corsaire anglais, et repris neuf jours après par le corsaire français la *Joséphine*, du Havre ; et condamne l'armateur de la *Joséphine*, aux dommages et intérêts envers le capitaine suédois, pour raison de la détention du navire, et aux dépens. 8 avril 1782. (AN → AD/VII/7^{B} pièce 2)

2940. Arrêt du Conseil d'État du roi, qui, sans s'arrêter au jugement du Conseil des prises, ordonne que le prix provenant de la vente du navire le *Stage* ou le *Cerf*, sera remis au grec Duchin, en sa qualité de propriétaire dudit navire. 8 avril 1782. (AN → AD/VII/7^{B} pièce 2)

2941. Lettres patentes du roi, qui ordonnent l'enregistrement, tant d'une convention conclue entre le roi et l'électeur de Trèves, pour régler les limites de leurs États respectifs, que des lettres patentes du 19 novembre 1778, qui l'ont ratifiée. 10 avril 1782. (AN → AD/XVI/14^{A})

2942. Lettres patentes du roi, portant translation à Lorient d'une partie du siège de l'amirauté établi à Vannes. 12 avril 1782. (AN → AD^{+} 1056)

2943. Bref du pape Pie VI, à l'évêque de Brinn en Moravie. 12 avril 1782. (AN → AD^{+} 1056)

2944. Lettres patentes du roi, portant continuation, en la ville de Caen, jusqu'au dernier décembre 1788 inclusivement, de la Commission rétablie par lettres patentes des 26 décembre 1775 et 22 août 1776, pour instruire et juger, aux termes d'icelles, souverainement et en dernier ressort, les procès des contrebandiers, faux-sauniers et faux-tabatiers, etc. 13 avril 1782. (AN → AD^+ 1056)

2945. Règlement du Conseil, concernant les impositions de la ville de Paris. 14 avril 1782. (AN → AD^+ 1056)

2946. Arrêt du Conseil d'État du roi, qui ordonne la continuation des travaux commencés pour la construction d'un chemin de communication de Meulan à Magny, passant par Reuil et Avernes. 15 avril 1782. (AN → AD^+ 1056)

2947. Arrêt du Conseil d'État du roi, qui ordonne que les plombs de teinture apposés sur les étoffes, en conséquence des lettres patentes du 5 mai 1779, seront contremarqués dans les Bureaux de visite. 18 avril 1782. (AN → AD^+ 1056)

2948. Arrêt du Conseil d'État du roi, qui ordonne que celui du 11 septembre 1779, sera exécuté ; en conséquence, et attendu la vacance du gouvernement de Montreuil, avenue par le décès du feu duc d'Aumont, le droit de péage de trois livres par poulain, qu'il faisait percevoir en sadite qualité de gouverneur, sera et demeurera éteint et supprimé. 20 avril 1782. (AN → AD^+ 1056)

2949. Arrêt du Conseil d'État du roi, qui fixe pour la durée de la jouissance de Henri Clavel, chargé de la Régie générale des aides et droits y joints, l'abonnement à payer par les villes et vigueries de Provence, et par les terres adjacentes, non compris les villes d'Arles et de Marseille, à compter du 1er janvier 1782, pour y tenir lieu de la perception des droits réservés, tant en principal que sous pour livre, et du droit sur les huiles et savons fabriqués et consommés dans la province. 24 avril 1782. (AN → AD^+ 1056)

2950. Arrêt du Conseil d'État du roi, qui fixe pour la durée de la jouissance de Henri Clavel, chargé de la Régie générale des aides et droits y joints, l'abonnement à payer par la ville d'Arles, à compter du 1er janvier 1782, pour y tenir lieu de la perception des droits réservés, tant en principal que sous pour livre. 24 avril 1782. (AN → AD^+ 1056)

2951. Arrêt du Conseil d'État du roi, qui fixe pour la durée de la jouissance de Henri Clavel, chargé de la Régie générale des aides et droits y joints, l'abonnement à payer par la ville de Marseille, à compter du 1er janvier 1782, pour y tenir lieu de la perception des droits réservés, tant en principal que sous pour livre. 24 avril 1782. (AN → AD/IX/453)

2952. Règlement que le roi entend être observé dans les courses de juments pour lesquelles Sa Majesté a destiné des prix. 25 avril 1782. (BN → Sz 204)

2953. Arrêt du Conseil d'État du roi, qui maintient le sieur évêque et baron de Luçon, et le sieur marquis de la Coudraye, par indivis et par moitié, dans le droit de percevoir sur les froments, seigles et méteils seulement, vendus aux foires et marchés actuellement établis à Luçon, le droit de minage sur le pied d'un boisseau sur quarante du grain vendu ; sans que ledit droit, ni aucun autre, puisse être perçu sur les grains vendus audit lieu, aucun autre jour de la semaine que ceux desdites foires et marchés, ou hors le temps de la durée desdites foires et marchés, ni sur lesdits grains vendus en quelque temps que ce soit dans les maisons ou greniers des particuliers, sous quelque prétexte que ce soit. 27 avril 1782. (AN → AD+ 1056)

2954. Arrêt du Conseil d'État du roi, qui déclare les droits de mesurages des grains, ès marchés de mauves, appartenir à Sa Majesté. 27 avril 1782. (AN → AD+ 1056)

2955. Arrêt du Conseil d'État du roi, qui attribue à l'amirauté de Dunkerque, la connaissance des malversations commises à bord de la prise l'*Amitié*, faite par le corsaire le *Hussard*. 28 avril 1782. (AN → AD/VII/7B pièce 2)

2956. Ordonnance du roi, qui fixe le nombre de chevaux que chaque postillon de poste pourra conduire, tant à l'abreuvoir qu'en revenant de course. 28 avril 1782. (BN → F 21729 [24])

2957. Édit du roi, concernant le corps de la Musique du roi. Mai 1782. (AN → AD+ 1056)

2958. Édit du roi, portant création d'une cinquième charge de conseiller du Conseil de Monsieur. Mai 1782. (AN → AD/I/17 dossier B pièce 29)

2959. Arrêt du Conseil d'État du roi, qui fixe les trois abonnements à payer, à compter du 1er janvier 1782, par les cinq élections d'Armagnac, Astarac, Comminges, Lomagne et Rivière-Verdun en la généralité d'Auch, pour tenir lieu des droits réservés par l'édit d'avril 1768, et de ceux de courtiers-jaugeurs, inspecteurs aux boissons et aux boucheries, tant en principaux que dix sous pour livre, ainsi que du droit sur les huiles et savons, tant en principal primitif, que doublement et dix sous pour livre d'iceux ; et règle le mode et les époques de payement desdits abonnements. 1er mai 1782. (AN → AD+ 1056)

2960. Déclaration du roi, concernant les communautés d'arts et métiers dans les villes dont l'état est annexé à l'édit d'avril 1777. 1er mai 1782. (AN → AD+ 1056)

2961. Instruction que le roi a fait expédier aux officiers généraux chargés de l'inspection de son infanterie. 1er mai 1782. (AN → MM 1226)

2962. Instruction que le roi a fait expédier aux officiers généraux chargés de l'inspection de ses troupes à cheval. 1er mai 1782. (BN → F 5002 [1900])

2963. Loterie royale, établie par arrêt du Conseil d'État du roi du 29 octobre 1780. Liste du tirage des deux mille billets qui doivent participer à celui des quatre cents primes, du mois de septembre 1782. 1er mai 1782. (AN → AD+ 1056)

2964. Arrêt du Conseil d'État du roi, qui ordonne la vente et adjudication au plus offrant et dernier enchérisseur, des terrains et matériaux de la prison du Fort-l'Évêque. 2 mai 1782. (AN → AD+ 1056)

2965. Arrêt du Conseil d'État du roi, sur la nomination des experts pour la visite des navires. 2 mai 1782. (AN → AD+ 1056)

2966. Lettres patentes, portant confirmation du droit de *committimus* en la juridiction de la conservation des privilèges royaux de l'université de Caen, en faveur des officiers du bailliage et siège présidial de la même ville. 3 mai 1782. (AN → U 1298)

2967. Arrêt du Conseil d'État du roi, qui prescrit les formalités à observer lors de la sortie des ports du royaume, des marchandises provenant des prises. 4 mai 1782. (AN → AD⁺ 1056)

2968. Lettres patentes du roi, qui ordonnent que ceux qui jouissent du droit de *Committimus* à la Chambre des requêtes du Palais, y pourront porter leurs causes, même pendant les vacations du Parlement. 5 mai 1782. (AN → AD⁺ 1056)

2969. Ordonnance du roi, concernant les marchands et libraires qui sont dans le château de Versailles, Maisons du roi, Cour et suite. 5 mai 1782. (AN → AD⁺ 1326)

2970. Arrêt du Conseil d'État du roi, qui permet à l'adjudicataire des Fermes, de faire transporter dans les provinces rédimées, pour y être vendus à son profit, les sels de captures, saisis soit en campagne, soit à domicile, dans l'étendue de la Ferme des gabelles de Languedoc. 7 mai 1782. (AN → AD⁺ 1056)

2971. Arrêts du Conseil d'État du roi. Le premier casse une ordonnance du juge des gabelles de Pont-Audemer, du 28 novembre 1781, et un arrêt de la Cour des aides de Rouen, du 8 mars 1782, qui jugeaient que les requêtes du fermier tendantes à faire répéter ses employés et interroger les faux-sauniers, devaient en matière civile, être signifiées aux faux-sauniers.
Le second déboute le nommé Prévost de son opposition ci-dessus. 7 mai 1782 et 4 février 1783. (AN → AD⁺ 1056)

2972. Lettres patentes du roi, portant défenses de nourrir et de vendre des chiens mâtins, propres à servir à la fraude du sel et du tabac. 7 mai 1782. (AN → AD⁺ 1056)

2973. Arrêt du Conseil d'État du roi, qui ordonne qu'il sera procédé à la vente, à titre d'acensement, des cent soixante-quinze arpents, excédant les trois cent trente-un arpents portés par la déclaration des habitants de la paroisse de Pompoint. 9 mai 1782. (AN → AD⁺ 1056)

2974. Arrêt du Conseil d'État du roi, concernant les lisières des draps blancs de la fabrique d'Elbeuf, généralité de Rouen. 10 mai 1782. (AN → AD⁺ 1056)

2975. Ordonnance du roi, qui renouvelle les anciens règlements sur la vente et le commerce des chevaux qu'on fait venir à Paris. 10 mai 1782. (AN → AD⁺ 1056)

2976. Arrêt du Conseil d'État du roi, concernant les postes aux lettres de la principauté de Dombes. 12 mai 1782. (AN → AD⁺ 1056)

2977. Déclaration du roi, concernant les actes de baptême sur les registres des paroisses. 12 mai 1782. (AN → AD⁺ 1056)

2978. Arrêt du Conseil d'État du roi, qui commet Henri Clavel, régisseur général, pour faire la perception et régie dans les duchés de Lorraine et Barrois, d'une portion des nouveaux sols pour livre ordonnés par l'édit du mois de décembre 1781. 15 mai 1782. (AN → AD⁺ 1056)

2979. Arrêt du Conseil d'État du roi, qui fixe, à compter du 1er janvier 1782, jusqu'à ce qu'il en ait été autrement ordonné, les abonnements à payer annuellement par les villes et administrations de la généralité de Valenciennes, non compris le Cambrésis, pour tenir lieu de la perception en principal et sous pour livre, des droits de courtiers-jaugeurs, inspecteurs aux boissons et inspecteurs aux boucheries, des droits réservés et des sous pour livre, en sus des droits et octrois dont jouissent lesdites villes et administrations. 16 mai 1782. (AN → AD[+] 1056)

2980. Arrêt du Conseil d'État du roi, qui fixe les sommes à payer, annuellement et par abonnement, à compter du premier janvier 1782, jusqu'à ce qu'il en soit autrement ordonné, par les villes et administrations de la généralité de Valenciennes, non compris Cambrai et le Cambrésis, pour tenir lieu des dix sols pour livre, tant des droits d'octrois que du don gratuit desdites villes et administrations ; ensemble l'abonnement en principal avec les dix sols pour livre des droits de courtiers-jaugeurs et inspecteurs aux boucheries. 16 mai 1782. (AN → AD[+] 1056)

2981. Arrêts du Conseil des 17 mai et 28 juin 1782, et lettres patentes sur iceux... concernant la comptabilité des recettes générales pour l'exercice 1781. (BN → F 17419)

2982. Arrêt du Conseil d'État du roi, portant liquidation des offices de receveurs des tailles et des impositions. 18 mai 1782. (AN → AD[+] 1056)

2983. Arrêt du Conseil d'État du roi, qui ordonne qu'en payant, par l'ordre de Malte, la somme de 120 000 livres, par forme de don gratuit, à commencer du premier janvier 1782, jusqu'au dernier décembre 1790, les biens dudit ordre demeureront déchargés des deux vingtièmes et quatre sols pour livre du premier. 18 mai 1782. (AN → AD[+] 1326)

2984. Lettres patentes du roi, portant homologation des nouveaux statuts des maçons. 20 mai 1782. (AN → AD[+] 1056)

2985. Lettres de jussion, qui enjoignent au parlement de Nancy de procéder à l'enregistrement pur et simple tant de l'édit du mois de décembre dernier que des lettres du 8 mars suivant, qui y sont relatives. (Augmentation de 2 sols pour livre en sus des droits). 20 mai 1782. (AN → AD[+] 1056)

2986. Arrêt du Conseil d'État du roi, qui règle la forme à suivre pour apposer aux toiles de fabrication suisse, les plombs et bulletins prescrits par l'édit de décembre 1781, et celle à observer pour procéder à la vérification de ces marques lorsqu'elles seront suspectées fausses. 25 mai 1782. (AN → AD[+] 1056)

2987. Ordonnance du roi, qui crée dix places de troisième sous-lieutenant dans le régiment des carabiniers de Monsieur. 27 mai 1782. (AN → AD/VI/35 dossier A pièce 16)

2988. Lettres patentes du roi, qui règlent la manière dont seront faites la délivrance et l'exploitation des bois de l'apanage de M. le comte d'Artois. 28 mai 1782. (AN → AD[+] 1056)

2989. Arrêt du Conseil d'État du roi, qui fixe l'abonnement à payer par les États de la province de Bigorre, à compter du 1er janvier 1782, pour tenir lieu de la perception des droits réservés, tant en principal que dix sous pour livre. 29 mai 1782. (AN → AD[+] 1056)

2990. Arrêt du Conseil d'État du roi, portant fixation des sommes à payer annuellement par la ville de Dunkerque, pour tenir lieu des droits réservés, des droits de courtiers-jaugeurs, inspecteurs aux boissons et aux boucheries, de ceux sur les papiers, cartons, sur les cuirs et sur l'amidon, tant en principaux que sous pour livre, ainsi que des sous pour livre des octrois et autres droits y sujets, dont ladite ville jouit.
Et par la Chambre du commerce de Dunkerque, pour tenir lieu des sous pour livre au profit du roi, en sus des droits que lève à son profit ladite Chambre, non compris le droit de lestage. 29 mai 1782. (AN → AD⁺ 1056)

2991. Arrêt du Conseil d'État du roi, qui fixe les trois abonnements à payer, à compter du 1er janvier 1782, par la Flandre maritime, non comprise la ville de Dunkerque, pour tenir lieu des droits réservés par l'édit d'avril 1768, et de ceux de courtiers-jaugeurs, inspecteurs aux boissons et aux boucheries, tant en principaux que sous pour livre, ainsi que des sous pour livre perceptibles au profit de Sa Majesté, en sus des droits et octrois dont jouissent les États, villes et administrations de ladite province.
Règle le mode, les époques de payement desdits abonnements, et réserve la perception effective des dix sous pour livre en intégrité sur ceux des octrois et droits levés dans l'étendue de ladite province, dont les sous pour livre au profit du roi n'avaient pas été compris dans les précédents abonnements fixés par arrêt du Conseil. 29 mai 1782. (AN → AD⁺ 1056)

2992. Arrêt du Conseil d'État du roi, qui fixe les trois abonnements, à payer à compter du 1er janvier 1782, par la ville de Lectoure (généralité d'Auch) pour tenir lieu des droits réservés par l'édit d'avril 1768, et de ceux de courtiers-jaugeurs, inspecteurs aux boissons et aux boucheries, tant en principaux que dix sous pour livre, ainsi que du droit sur les huiles et savons, tant en principal primitif que doublement, et dix sous pour livre d'iceux ; et règle le mode et les époques du payement desdits abonnements. 29 mai 1782. (AN → AD⁺ 1056)

2993. Arrêt du Conseil d'État du roi, qui fixe les trois abonnements à payer par la province de Navarre, à compter du 1er octobre 1781, pour tenir lieu de la perception des droits réservés, de ceux de courtiers-jaugeurs, inspecteurs aux boissons et aux boucheries, et du droit sur les cuirs, tant en principaux que dix sous pour livre ; et règle le mode et les époques de payement desdits abonnements. 29 mai 1782. (AN → AD⁺ 1056)

2994. Arrêt du Conseil d'État du roi, qui fixe les trois abonnements à payer, à compter du 1er janvier 1782, par le pays de Nébouzan en la généralité d'Auch, pour tenir lieu des droits réservés par l'édit d'avril 1768, et de ceux de courtiers-jaugeurs, inspecteurs aux boissons et aux boucheries, tant en principaux que dix sous pour livre, ainsi que du droit sur les huiles et savons, tant en principal primitif, que doublement et dix sous pour livre d'iceux ; et règle le mode et les époques du payement desdits abonnements. 29 mai 1782. (AN → AD⁺ 1056)

2995. Arrêt du Conseil d'État du roi, qui fixe les trois abonnements à payer, à compter du 1er janvier 1782, par les Quatre-Vallées en la généralité d'Auch, pour tenir lieu des droits réservés par l'édit d'avril 1768, et de ceux de courtiers-jaugeurs, inspecteurs aux boissons et aux boucheries, tant en principaux que dix sous pour livre, ainsi que du droit sur les huiles et savons, tant en principal primitif, que doublement et dix sous pour livre d'iceux ; et règle le mode et les époques du payement desdits abonnements. 29 mai 1782. (AN → AD$^+$ 1056)

2996. Arrêt du Conseil d'État du roi, qui fixe les deux abonnements à payer, à compter du 1er janvier 1782, par le pays de Soule, pour tenir lieu des droits réservés par l'édit d'avril 1768, et de ceux de courtiers-jaugeurs, inspecteurs aux boissons et aux boucheries, tant en principaux que dix sous pour livre ; et règle le mode et les époques du payement desdits abonnements. 29 mai 1782. (AN → AD$^+$ 1056)

2997. Arrêt du Conseil d'État du roi, qui fixe les deux abonnements à payer par les États de la province de Béarn, à compter du 1er janvier 1782, pour tenir lieu de la perception des droits réservés et de ceux de courtiers-jaugeurs, inspecteurs aux boissons et aux boucheries, tant en principaux que dix sous pour livre ; et règle le mode et les époques du payement desdits abonnements. 29 mai 1782. (AN → AD$^+$ 1056)

2998. Arrêt du Conseil d'État du roi, qui révoque l'arrêt du 5 octobre 1781, en ce que, par icelui, Sa Majesté avait renvoyé les contestations qui y sont évoquées au sujet de la succession de Jean Tierry décédé à Venise en 1676, par-devant les sieurs maîtres des requêtes ordinaires de son Hôtel, pour y être jugées souverainement et en dernier ressort ; confirme, Sa Majesté, l'évocation prononcée par ledit arrêt, et renvoie lesdites contestations nées et à naître concernant ladite succession, par-devant sept commissaires extraordinaires du Conseil, que Sa Majesté a commis pour juger souverainement lesdites contestations, au nombre de cinq au moins, au rapport de M. de Villevault, l'un d'eux, que Sa Majesté a nommé pour rapporteur ;
Ordonne que tous les prétendants droit à ladite succession seront tenus de remettre, si fait n'a été, entre les mains dudit sieur rapporteur, dans un mois pour tout délai, leurs titres, papiers, généalogies, etc., veut, Sa Majesté, que ceux qui ne les auront pas remis dans ledit délai, soient déclarés déchus de tous droits dans ladite succession, etc., et prescrit la forme en laquelle il doit être procédé devant MM. les commissaires. 31 mai 1782. (AN → AD$^+$ 1056)

2999. Lettre de M. le marquis de Castries aux syndics des avocats aux Conseils, relativement aux mémoires qui s'impriment dans les affaires portées au Conseil des prises. 31 mai 1782. (AN → AD/VII/7^B pièce 2)

3000. Édit du roi, portant création d'un trésorier général alternatif de la Marine et des Colonies. Juin 1782. (AN → AD$^+$ 1056)

3001. Édit du roi, portant rétablissement d'offices dans le Bureau des finances et Chambre du domaine à Paris. Juin 1782. (AN → AD$^+$ 1056)

3002. Édit du roi, portant création d'un trésorier général alternatif des dépenses de la Guerre. Juin 1782. (AN → AD$^+$ 1056)

3003. Édit du roi, qui supprime l'office de principal commis du greffe en chef de la Cour des aides. Juin 1782. (AN → AD$^+$ 1056)

3004. Lettres patentes du roi, en forme d'édit, qui ordonnent la réunion du domaine engagé de Corbeil, au Domaine de la Couronne. Juin 1782. (AN → AD$^+$ 1056)

3005. Lettres patentes du roi, qui ordonnent l'enregistrement de celles du 21 août 1771, portant défenses à toutes personnes de faire entrer, vendre et transporter aucuns tabacs en fraude, à peine de 1 000 livres d'amende, tant contre les auteurs et propriétaires de la fraude que contre leurs complices, fauteurs et adhérents. Juin 1782. (BN → Rec Z Le Senne 192 [7])

3006. Lettres patentes du roi, portant homologation des statuts de la communauté des lingères de Paris. 1er juin 1782. (AN → AD+ 1056)

3007. Lettres patentes du roi, qui ordonnent la translation du grenier à sel de la ville d'Ance, à Tarrare. 1er juin 1782. (AN → AD+ 1056)

3008. Lettres patentes du roi, servant de statuts et règlements de la communauté des maîtres et marchands bouchers de la ville et faubourgs de Paris. 1er juin 1782. (AN → AD/XI/13 dossier B pièce 45)

3009. Règlement concernant la recette et l'emploi des fonds, dont la mise se fait dans les quartiers des classes, pour le payement des salaires et des conduites des gens de mer. 1er juin 1782. (AN → AD+ 1056)

3010. Arrêt du Conseil d'État du roi, qui fixe, à compter du 1er octobre 1781, jusqu'à ce qu'il en soit autrement ordonné, les abonnements à payer annuellement par les villes de la généralité de Metz, pour tenir lieu de la perception en principal et sous pour livre des droits de courtiers-jaugeurs et inspecteurs aux boissons ; et de ceux des huiles du crû de ladite généralité, qui s'y consomment. 5 juin 1782. (AN → AD+ 1056)

3011. Arrêt du Conseil d'État du roi, qui ordonne qu'en payant annuellement par M. le duc de Chartres, à compter du 1er septembre 1781, à la caisse de la Régie générale, la somme de quatre mille livres, outre et par-dessus celle de seize mille livres, réglée par l'arrêt du 9 mai 1775, pour tenir lieu des huit sous pour livre des anciens droits d'aides des élections de Vendôme et de Beaugency, ce prince demeurera autorisé à faire percevoir les deux nouveaux sous pour livre établis en sus desdits droits par l'édit d'août 1781. 5 juin 1782. (AN → AD+ 1056)

3012. Arrêt du Conseil d'État du roi, qui accorde un délai pour le payement des droits de centième denier, qui n'auront pas été acquittés dans les termes fixés par les règlements, sans que les redevables soient assujettis à la peine du triple droit ; et qui réduit cette peine pour l'avenir, à un droit en sus seulement. 9 juin 1782. (AN → AD+ 1056)

3013. Déclaration du roi, concernant la délivrance provisoire des prisonniers détenus dans les prisons de Paris. 9 juin 1782. (AN → AD+ 1056)

3014. Arrêt du Conseil d'État du roi, qui fixe, à compter du 1er octobre 1781, et jusqu'à ce qu'il en soit autrement ordonné, l'abonnement à payer annuellement par la généralité de Châlons, pour tenir lieu de la perception, en principal et dix sous pour livre, des droits réglés par la déclaration du 21 mars 1716, sur les huiles fabriquées dans l'étendue de ladite généralité, et qui s'y consomment. 12 juin 1782. (AN → AD+ 1056)

3015. Arrêt du Conseil d'État du roi, qui fixe, à compter du 1er octobre 1781, et jusqu'à ce qu'il en soit autrement ordonné, l'abonnement à payer annuellement par la généralité de Bourges, pour tenir lieu de la perception, en principal et dix sous pour livre, des droits réglés par la déclaration du 21 mars 1716, sur les huiles fabriquées dans l'étendue de ladite généralité, et qui s'y consomment. 12 juin 1782. (AN → AD⁺ 1056)

3016. Arrêt du Conseil d'État du roi, qui fixe, à compter du 1er octobre 1781, et jusqu'à ce qu'il en soit autrement ordonné, l'abonnement à payer annuellement par la généralité de Moulins, pour tenir lieu de la perception, en principal et dix sous pour livre, des droits réglés par la déclaration du 21 mars 1716, sur les huiles fabriquées dans l'étendue de ladite généralité, et qui s'y consomment. 12 juin 1782. (AN → AD⁺ 1056)

3017. Arrêt du Conseil d'État du roi, qui fixe, à compter du 1er octobre 1781, et jusqu'à ce qu'il en soit autrement ordonné, l'abonnement à payer annuellement par la généralité de Caen, pour tenir lieu de la perception, en principal et dix sous pour livre, des droits réglés par la déclaration du 21 mars 1716, sur les huiles fabriquées dans l'étendue de ladite généralité, et qui s'y consomment. 12 juin 1782. (AN → AD⁺ 1056)

3018. Arrêt du Conseil d'État du roi, qui fixe, à compter du 1er octobre 1781, et jusqu'à ce qu'il en soit autrement ordonné, l'abonnement à payer annuellement par la généralité de Poitiers, pour tenir lieu de la perception, en principal et dix sous pour livre, des droits réglés par la déclaration du 21 mars 1716, sur les huiles fabriquées dans l'étendue de ladite généralité, et qui s'y consomment. 12 juin 1782. (AN → AD⁺ 1056)

3019. Arrêts du Conseil d'État du roi. Le premier casse et annule un arrêt de la Cour des aides de Rouen du 22 avril 1782 ; évoque l'appel interjeté par Joseph Gosset, cabaretier à Rouen, d'une sentence de l'élection de ladite ville ; et sans s'y arrêter, ordonne que ladite sentence sera exécutée selon sa forme et teneur ; condamne ledit Gosset aux dépens faits en la Cour des aides de Rouen, et au coût, sceau, contrôle et signification de l'arrêt.
Le second déboute Gosset de son opposition à l'arrêt ci-dessus. 18 juin et 26 novembre 1782. (AN → AD⁺ 1056)

3020. Lettres patentes du roi, concernant les modifications insérées par la Cour des aides de Clermont-Ferrand, relativement au timbre des quittances, dans l'enregistrement par elle fait des lettres patentes de prise de possession de la Régie générale. 18 juin 1782. (AN → AD⁺ 1056)

3021. Arrêt du Conseil d'État du roi, qui maintient le sieur Berthelot de la Villeurnoy dans la propriété et jouissance du droit de chablage, et d'un droit de péage à Villeneuve-le-Roi. 20 juin 1782. (AN → AD⁺ 1056)

3022. Arrêt du Conseil d'État du roi, portant établissement à Paris, d'un dépôt général des matricules de tous les notaires du royaume, pour faciliter la recherche des actes anciens. 21 juin 1782. (AN → AD⁺ 1056)

3023. Arrêt du Conseil d'État du roi, qui fixe les trois abonnements à payer, à compter du 1er avril 1782, pour la province du Dauphiné, pour tenir lieu de la perception des droits réservés, de ceux de courtiers-jaugeurs, inspecteurs aux boissons et aux boucheries, et du droit sur les huiles, tant en principaux que dix sous pour livre.

Et règle le mode et les époques de payement desdits abonnements. 27 juin 1782. (AN → AD^{+} 1056)

3024. Arrêt du Conseil d'État du roi, qui ordonne qu'à compter du 1er octobre 1781, et jusqu'à ce qu'il en soit autrement ordonné, il sera payé annuellement par l'élection de Marennes la somme de trente mille livres, pour tenir lieu de la perception en principal et dix sous pour livre, des droits de courtiers-jaugeurs, inspecteurs aux boissons et aux boucheries. 27 juin 1782. (AN → AD^{+} 1056)

3025. Arrêt du Conseil d'État du roi, qui fixe, à compter du 1er janvier 1782, et jusqu'à ce qu'il en soit autrement ordonné, les abonnements à payer annuellement par la généralité de Montauban, pour tenir lieu de la perception en principal et sous pour livre, des droits réservés, des droits rétablis, et de ceux sur les huiles du crû de ladite généralité, qui s'y consomment. 27 juin 1782. (AN → AD^{+} 1056)

3026. Arrêt du Conseil d'État du roi, qui ordonne qu'à compter du 1er octobre 1781, et jusqu'à ce qu'il en soit autrement ordonné, il sera payé annuellement par les habitants de l'île d'Oléron, par forme d'abonnement, la somme de treize cent soixante-cinq livres, pour tenir lieu de la perception en principal et dix sous pour livre, des droits de courtiers-jaugeurs, inspecteurs aux boissons et aux boucheries. 27 juin 1782. (AN → AD^{+} 1056)

3027. Arrêt du Conseil d'État du roi, qui fixe les arrérages échus jusqu'au 1er juin 1781, sur l'ancien abonnement des droits réservés de la généralité de Montauban, à la somme de trois cent huit mille huit cent vingt-cinq livres onze sous deux deniers ; la remise accordée par les lettres patentes du 5 mars de ladite année, à celle de cent deux mille neuf cent quatre-vingt-quinze livres onze sous deux deniers : et ordonne l'imposition des deux cent cinq mille huit cent trente livres restant, en trois années, à compter du 1er janvier 1782, pour le recouvrement en être fait pendant les années 1783, 1784 et 1785. 27 juin 1782. (AN → AD^{+} 1056)

3028. Arrêt du Conseil d'État du roi, qui casse celui de la Chambre des comptes de Lorraine, du 18 mai 1782, portant fixation du prix auquel le tabac râpé serait vendu chez les débitants. 27 juin 1782. (AN → AD^{+} 1056)

3029. Lettres patentes du roi, au sujet des contrebandiers et fraudeurs de tabac. 27 juin 1782. (BN → F 20965 [60])

3030. Arrêt du Conseil d'État du roi, qui déboute les sieurs Doekfcheer, Steenbergen et autres négociants, de leurs appels des jugements du Conseil des prises, portant confiscation de divers navires, ainsi que de leur cargaison, pris par l'escadre de Sa Majesté, commandée par le sieur de La Motte-Picquet : ordonne la suppression d'un mémoire imprimé, signé de Me Mirbeck, avocat aux Conseils ; et interdit ledit Me Mirbeck pour trois mois de ses fonctions. 29 juin 1782. (AN → AD^{+} 1056)

3031. Arrêt du Conseil d'État du roi, qui, sans s'arrêter aux appels et demandes des sieurs Caron de Beaumarchais et consorts, armateurs des navires le *Fier-Rodrigue* et le *Pérou*, ordonne l'exécution des jugements du Conseil des prises, des 30 août 1780 et 4 juillet 1781. 29 juin 1782. (AN → AD/VII/7^{B} pièce 2)

3032. Édit du roi, portant établissement d'un troisième vingtième sur tous les objets assujettis aux deux premiers vingtièmes, à l'exception de l'industrie, des offices et des droits. Juillet 1782. (AN → AD^{+} 1057)

3033. Édit du roi, qui révoque celui du mois d'octobre 1776, portant réunion à la prévôté de Sainte-Marie-aux-Mines des villages composant le Val de Liepvre, et ordonne qu'ils dépendront désormais du bailliage de Saint-Dié. Juillet 1782. (AN → AD^{+} 1057)

3034. Édit du roi, portant suppression des offices de greffiers des prisons à Paris, et création d'un office de greffier de la geôle de la prison civile. Juillet 1782. (AN → AD^{+} 1057)

3035. Arrêt du Conseil d'État du roi, qui, en confirmant les anciennes ordonnances et règlements, ordonne que les ouvrages et matières d'or et d'argent qui se trouveront à bord des prises, seront portés aux hôtels des monnaies ou aux changes les plus prochains. 5 juillet 1782. (AN → AD^{+} 1057)

3036. Arrêt du Conseil d'État du roi, pour la confection du chemin de Sablonnières à la route de Meaux à Montmirail, au village de Lisle, ainsi que de la partie de communication de la route de Meaux à Montmirail, avec celle de Coulommiers à Sézanne. 6 juillet 1782. (AN → AD^{+} 1057)

3037. Arrêt du Conseil d'État du roi, pour la confection du chemin de La Ferté-sous-Jouarre à Crécy, par Sammeron et Montebise. 6 juillet 1782. (AN → AD^{+} 1057)

3038. Ordonnance du roi, qui fait défenses aux domestiques, connus sous les dénominations de chasseurs et heiduques, aux nègres et à tous autres serviteurs, gens de livrée et à toutes personnes sans état, de porter aucunes armes, épées, couteaux de chasse, sabres, cannes, bâtons ou baguettes, à peine d'être emprisonnés sur le champ. 7 juillet 1782. (AN → AD^{+} 1057)

3039. Arrêt du Conseil d'État du roi, qui condamne le sieur Lagrenée, notaire au Châtelet de Paris, en trois cents livres d'amende pour n'avoir pas fourni à l'administrateur-général des Domaines, conformément à ce qui est ordonné par l'arrêt du Conseil du 18 juillet 1724, l'extrait d'une donation entre-vifs d'immeubles réels, passée devant lui le 18 octobre 1780. 9 juillet 1782. (AN → AD/IX/397)

3040. Loterie royale, établie par arrêt du Conseil d'État du roi du 7 décembre 1777. Liste générale du tirage des 500 primes, attribuées aux cinq mille billets de ladite Loterie, sortis avec des lots de mille livres, remboursables en décembre 1782. 10 juillet 1782. (AN → AD^{+} 1057)

3041. Ordonnance du roi, pour mettre le régiment d'infanterie de Gâtinais sous le nom de Royal-Auvergne. 11 juillet 1782. (AN → AD^{+} 1057)

3042. Arrêt du Conseil d'État du roi, portant remise du navire l'*Ange-Gardien*, repris par le lougre du roi le *Triomphe*, en payant par les propriétaires dudit navire repris, une gratification à l'équipage du *Triomphe*. 14 juillet 1782. (AN → AD/VII/7^{B} pièce 2)

3043. Arrêt du Conseil d'État du roi, qui supprime, à compter du 1er octobre 1782, la perception des droits établis sur les huiles et savons, par l'édit du mois d'août 1781. 17 juillet 1782. (AN → AD^{+} 1057)

3044. Arrêt du Conseil d'État du roi, qui annule tous traités faits à des particuliers, pour fourniture de salin et potasse, par Jean Roux Montclar, chargé précédemment de l'exploitation des salines de Lorraine et Franche-Comté, sans que pour raison de la résiliation desdits traités, il puisse être exigé aucune indemnité de l'adjudicataire des Fermes générales. 19 juillet 1782. (AN → AD^{+} 1057)

3045. Lettres patentes du roi, concernant les fonderies royales de Ruelle et de Forgeneuve, attachées au service de la Marine. 21 juillet 1782. (AN → AD^{+} 1057)

3046. Arrêt du Conseil d'État du roi, qui supprime deux imprimés et mémoires pour le sieur Serpaud, contre les créanciers du sieur Haudry. 25 juillet 1782. (AN → AD^{+} 1057)

3047. Arrêt du Conseil d'État du roi. (Sieur Thoumin. Notaires). 27 juillet 1782. (AN → AD^{+} 1057)

3048. Arrêt du Conseil d'État du roi, qui maintient l'hôpital des Renfermés à Pontoise, dans le droit de percevoir le droit d'avage sur les froments, seigles, orges, avoines, etc., vendus au marché de Pontoise. 28 juillet 1782. (AN → AD^{+} 1057)

3049. Arrêt du Conseil d'État du roi, qui fixe, pour la durée de la jouissance de Henri Clavel, chargé de la Régie générale des aides et droits y joints, les deux abonnements à payer à compter du 1er avril 1782, par les pays de Gex et Valromey, pour y tenir lieu des droits de courtiers-jaugeurs, inspecteurs aux boissons et aux boucheries, ainsi que du droit sur les huiles et savons, tant en principal que dix sous pour livre :
Et règle le mode et les époques de payement desdits abonnements. 31 juillet 1782. (AN → AD^{+} 1057)

3050. Arrêt du Conseil d'État du roi, qui fixe, pour la durée de la jouissance de Henri Clavel, chargé de la Régie générale des aides et droits y joints, les abonnements à payer à compter du 1er avril 1782, par les États du Mâconnais, pour y tenir lieu des droits de jauge et courtage, de ceux de courtiers-jaugeurs, inspecteurs aux boissons et aux boucheries, et de ceux sur les huiles et savons, tant en principaux que dix sous pour livre :
Et règle le mode et les époques de payement desdits abonnements, et de celui de la somme annuelle due par les États, pour y tenir lieu du principal des droits du péage de Mâcon, et pour les frais de justice. 31 juillet 1782. (AN → AD^{+} 1057)

3051. Arrêt du Conseil d'État du roi, qui fixe, pour la durée de la jouissance de Henri Clavel, chargé de la Régie générale des aides et droits y joints, les deux abonnements à payer à compter du 1er avril 1782, par le pays de Bresse, y compris la principauté de Dombes, pour y tenir lieu des droits de courtiers-jaugeurs, inspecteurs aux boissons et aux boucheries, tant en principal que dix sous pour livre, ainsi que du droit sur les huiles et savons :

Et règle le mode et les époques de payement desdits abonnements. 31 juillet 1782. (AN → AD[+] 1057)

3052. Arrêt du Conseil d'État du roi, qui fixe, pour la durée de la jouissance de Henri Clavel, chargé de la Régie générale des aides et droits y joints, les deux abonnements à payer à compter du 1er avril 1782, par le pays de Bugey, pour y tenir lieu des droits de courtiers-jaugeurs, inspecteurs aux boissons et aux boucheries, ainsi que du droit sur les huiles et savons, tant en principal que dix sous pour livre :
Et règle le mode et les époques de payement desdits abonnements. 31 juillet 1782. (AN → AD[+] 1057)

3053. Arrêt du Conseil d'État du roi, qui fixe, pour la durée de la jouissance de Henri Clavel, chargé de la Régie générale des aides et droits y joints, les deux abonnements à payer à compter du 1er avril 1782, par les États du duché de Bourgogne et comté de Charolais, pour y tenir lieu des droits de courtiers-jaugeurs, inspecteurs aux boissons et aux boucheries, tant en principal que dix sous pour livre, ainsi que du droit sur les huiles et savons :
Et règle le mode et les époques de payement desdits abonnements. 31 juillet 1782. (AN → AD[+] 1057)

3054. Édit du roi, qui autorise les six corps des marchands, et les autres communautés d'arts et métiers de Paris, à percevoir une augmentation de droits sur les réceptions. Août 1782. (AN → AD[+] 1057)

3055. Lettres patentes du roi, en forme d'édit, concernant les anoblissements dans les colonies françaises, et les preuves de noblesse à faire dans le royaume par les habitants desdites colonies. Août 1782. (AN → AD[+] 1057)

3056. Lettres patentes du roi, portant nouveaux statuts pour la communauté des imprimeurs en taille-douce de la ville de Paris. 1er août 1782. (AN → AD[+] 1057)

3057. Déclaration du roi, portant rétablissement de la Cour des aides de Clermond-Ferrand. 3 août 1782. (AN → AD[+] 1057)

3058. Déclaration du roi, concernant la fabrication des eaux-de-vie dans les duchés de Lorraine et de Bar. 3 août 1782. (BN → F 23630 [343])

3059. Arrêt du Conseil d'État du roi, qui casse une ordonnance de M. l'intendant de Bordeaux, du 16 juin 1782, qui avait annulé un procès-verbal rendu contre Augustin Spoutourne, amidonnier à Savonne, sur le fondement que la poudre sur lui saisie comme défectueuse, n'avait été scellée que du cachet d'un des employés ; déclare la saisie bonne et valable ; en ordonne la confiscation, et condamne Spoutourne en l'amende de 500 livres et aux dépens. 6 août 1782. (AN → AD[+] 1057)

3060. Arrêt du Conseil d'État du roi, qui, sans s'arrêter à l'arrêt de la Cour des aides de Rouen ; du 16 août 1781, qu'il a cassé et annulé, ordonne que la sentence de l'élection de la même ville, du 26 mai précédent, sera exécutée selon sa forme et teneur, et condamne le sieur Touzé aux dépens. 6 août 1782. (AN → AD[+] 1057)

3061. Arrêt du Conseil d'État du roi, qui fixe les trois abonnements à payer, à compter du 1er octobre 1781, par la province d'Auvergne, pour y tenir lieu de la

perception des droits réservés ; de ceux de courtiers-jaugeurs, inspecteurs aux boissons et aux boucheries ; et du droit sur les huiles, tant en principaux que dix sous pour livre :
Et règle le mode et les époques de payement desdits abonnements. 8 août 1782. (AN → AD^{+} 1057)

3062. Arrêt du Conseil d'État du roi, qui fixe les trois abonnements à payer par les villes et communautés du Roussillon, à compter du 1er janvier 1782, pour y tenir lieu de la perception des dix sous pour livre en sus de leurs octrois, de celle des droits réservés et de ceux de courtiers-jaugeurs, inspecteurs aux boissons et aux boucheries, tant en principaux que dix sous pour livre :
Et règle le mode et les époques de payement desdits abonnements. 8 août 1782. (AN → AD^{+} 1057)

3063. Arrêt du Conseil d'État du roi, qui fixe les deux abonnements à payer, à compter du 1er octobre 1781, par la ville de Bayonne et le bourg du Saint-Esprit, pour y tenir lieu de la perception des droits de courtiers-jaugeurs, inspecteurs aux boissons et aux boucheries, et du droit sur les huiles et savons, tant en principaux que dix sous pour livre.
Et règle le mode et les époques de payement desdits abonnements. 14 août 1782. (AN → AD^{+} 1057)

3064. Arrêt du Conseil d'État du roi, qui fixe les deux abonnements à payer, à compter du 1er juillet 1782, par le pays de Labour, pour tenir lieu de la perception des droits réservés et du droit sur les cuirs, tant en principaux que dix sous pour livre.
Et règle le mode et les époques de payement desdits abonnements. 14 août 1782. (AN → AD^{+} 1057)

3065. Arrêt du Conseil d'État du roi, qui fixe les deux abonnements à payer, à compter du 1er avril 1782, par l'élection des Lannes, pour tenir lieu de la perception des droits réservés, et de ceux de courtiers-jaugeurs, inspecteurs aux boissons et aux boucheries, tant en principaux que dix sous pour livre.
Et règle le mode et les époques de payement desdits abonnements. 14 août 1782. (AN → AD^{+} 1057)

3066. Arrêt du Conseil d'État du roi, qui fixe l'abonnement à payer, à compter du 1er juillet 1782, par les élections de Bordeaux, Périgueux, Agen, Condom et Sarlat, pour y tenir lieu de la perception des droits réglés par la déclaration du 21 mars 1716, à cause des huiles fabriquées du crû desdites élections, et qui s'y consomment. 14 août 1782. (AN → AD^{+} 1057)

3067. Arrêt du Conseil d'État du roi, qui fixe les deux abonnements à payer, à compter du 1er avril 1782, par le pays de Marsan, pour tenir lieu de la perception des droits réservés, et de ceux de courtiers-jaugeurs, inspecteurs aux boissons et aux boucheries, tant en principaux que dix sous pour livre : et règle le mode et les époques de payement desdits abonnements. 14 août 1782. (AN → AD^{+} 1057)

3068. Arrêt du Conseil d'État du roi, qui fixe, à compter du 1er avril 1782, jusqu'à ce qu'il en soit autrement ordonné, les abonnements à payer par les élections de Limoges, Brive et Tulle (non compris la ville de Limoges pour les droits réservés) pour y tenir lieu de la perception en principal et sous pour livre des droits de courtiers-jaugeurs, inspecteurs aux boissons et inspecteurs aux boucheries, des droits réservés et de ceux sur les huiles. 14 août 1782. (AN → AD⁺ 1057)

3069. Déclaration du roi, qui continue pour six années, en faveur de l'hôpital général de Paris, la levée de cinq sols par chaque cent de bottes de foin. 18 août 1782. (AN → AD⁺ 1057)

3070. Lettres patentes du roi, portant concession, en faveur du sieur François Perret, d'une manufacture royale, à Neuville en Franc-Lyonnais, pour la fabrication tant de nouveaux velours de coton, avec faculté de les faire circuler dans tout le royaume et exporter à l'étranger, en exemption de tous droits. 20 août 1782. (AN → AD⁺ 1057)

3071. Tarif des sommes que le roi veut et ordonne être payées pour conduites ou frais de voyages et pour vacations, tant aux officiers de marine et d'administration, qu'aux différents sujets entretenus, lorsqu'ils seront détachés pour le service, outre leurs appointements, à compter du 1er juillet 1782. 20 août 1782. (AN → Marine A/1/131)

3072. Arrêt du Conseil d'État du roi, concernant les liquidations faites ou à faire des différents offices supprimés par l'édit du mois d'août 1777, et autres édits postérieurs. 21 août 1782. (AN → AD⁺ 1057)

3073. Arrêt du Conseil d'État du roi, concernant les amendes de consignation. 21 août 1782. (AN → AD⁺ 1057)

3074. Déclaration du roi, qui ordonne que celle du 1er septembre 1775 (règlant le nombre des audiences des deuxième et troisième Chambres de la Cour des aides de Paris), sera exécutée jusqu'aux vacances de l'année 1783. 22 août 1782. (BN → F 21206 [40])

3075. Arrêt du Conseil d'État du roi, qui casse la charge insérée par la Chambre des comptes, dans l'arrêt d'enregistrement de l'édit de suppression des offices de contrôleurs des guerres. 23 août 1782. (AN → AD⁺ 1057)

3076. Règlement du Conseil, concernant l'administration du Berry. 23 août 1782. (AN → AD⁺ 1057)

3077. Arrêt du Conseil d'État du roi, concernant l'arrêté des rôles, tant pour la perception des premier et second vingtièmes et quatre sous pour livre du premier, que pour celle du troisième vingtième établi par l'édit du mois de juillet 1782. 24 août 1782. (AN → AD⁺ 1057)

3078. Arrêt du Conseil d'État du roi, qui homologue, en tant que de besoin, le devis estimatif, dressé le 16 août 1778, des ouvrages à faire pour rétablir en tuyaux de fonte, la conduite des eaux de la ville de Saint-Germain-en-Laye. 27 août 1782. (AN → AD⁺ 1057)

3079. Arrêt du Conseil d'État du roi, concernant la liquidation et acquittement des dettes des communautés d'arts et métiers établis dans la ville de Lyon, et autres villes du ressort du parlement de Paris. 27 août 1782. (AN → AD⁺ 1057)

3080. Lettres patentes du roi, qui autorisent les six corps des marchands, et les communautés d'arts et métiers, à emprunter une somme de 1 500 000 livres, qu'ils ont offerte au roi pour la construction d'un vaisseau. 29 août 1782. (AN → AD$^+$ 1057)

3081. Régie générale des aides et droits y réunis. Circulaire. Suppression du doublement du droit sur les huiles. 29 août 1782. (AN → AD/IX/407)

3082. Arrêt du Conseil d'État du roi. (Sieurs Ailhaud, Maussallé, Lousteau). 30 août 1782. (AN → AD$^+$ 1057)

3083. Ordonnance du roi, portant défenses de rançonner aucuns navires ou marchandises ennemies, à commencer du 1er décembre prochain. 30 août 1782. (AN → AD$^+$ 1057)

3084. Déclaration du roi, concernant les communautés d'arts et métiers dans la ville de Lyon. 30 août 1782. (AN → AD$^+$ 1057)

3085. Arrêt du Conseil d'État du roi, et lettres patentes sur icelui, qui défendent le commerce des sels ou écumes de verre, dans l'étendue des provinces sujettes aux droits de gabelles. 31 août 1782 et 10 janvier 1787. (AN → AD$^+$ 1057)

3086. Édit du roi, portant augmentation de la finance des six offices de receveurs des impositions de la ville de Paris. Septembre 1782. (AN → AD$^+$ 1057)

3087. Édit du roi, portant suppression des offices d'huissiers de la Cour des aides et création de pareils offices. Septembre 1782. (AN → AD$^+$ 1057)

3088. Lettres patentes du roi, par lesquelles Sa Majesté cède à l'hôpital d'Armentières, les bâtiments de l'ancien collège de cette ville, et ordonne que ledit hôpital sera transféré dans ces bâtiments. Septembre 1782. (AN → AD/XVI/14^A)

3089. Régie générale. Circulaire. Comptabilité. 2 septembre 1782. (AN → AD/IX/407)

3090. Arrêt du Conseil d'État du roi, qui permet aux sieurs Paignon et compagnie de faire broder leur nom de deux en deux aunes sur les lisières de leurs draps, fait défenses à tous fabricants et autres personnes de contrefaire lesdites marques et inscriptions. 3 septembre 1782. (AN → AD$^+$ 1057)

3091. Règlement du Conseil, concernant les impositions de la ville de Paris. 5 septembre 1782. (AN → AD$^+$ 1057)

3092. Ordonnance du roi, portant création d'une milice maritime. 5 septembre 1782. (AN → AD$^+$ 1057)

3093. Rapport fait par ordre du gouvernement, sur un mémoire contenant la méthode employée par feu M. Doulcet, docteur-régent de la faculté de médecine de Paris, l'un des médecins de l'Hôtel-Dieu, dans le traitement d'une maladie qui attaque les femmes en couche, et que l'on connaît sous le nom de fièvre puerpérale. Lu dans la séance de la Société royale de médecine, tenue au Louvre le 6 septembre 1782. (AN → AD$^+$ 1057)

3094. Arrêt du Conseil d'État du roi, qui règle la forme dans laquelle seront perçues les augmentations de droits sur les maîtrises, fixées par l'édit d'août 1782, et celle de la comptabilité. 8 septembre 1782. (AN → AD$^+$ 1057)

3095. Règlement du Conseil, concernant l'administration provinciale de la Haute-Guyenne. 8 septembre 1782. (AN → AD^{+} 1057)

3096. Règlements du Conseil, concernant la généralité de Montauban. 8 septembre 1782 et 10 mars 1785. (AN → AD^{+} 1331)

3097. Arrêt du Conseil d'État du roi, qui, sans s'arrêter aux demandes des négociants de la ville de Rochefort, dont Sa Majesté les a déboutés, ordonne que les droits d'inspecteurs aux boissons et autres droits d'entrée, et ceux de courtiers dûs à la revente, continueront d'être payés, comme par le passé, par lesdits négociants, pour les eaux-de-vie qu'ils feront entrer dans la ville de Rochefort, et qu'ils y revendront, encore qu'elles proviennent des élections de Saintes, Cognac et Saint-Jean d'Angély ; ordonne en outre que l'ordonnance des aides du mois de juin 1680, les lettres patentes du mois d'avril 1717, les arrêts du Conseil des 11 janvier 1719 et 15 février 1720, et autres règlements rendus sur le fait des aides et du commerce des îles françaises de l'Amérique, seront exécutés selon leur forme et teneur ; et condamne les négociants de Rochefort aux dépens. 10 septembre 1782. (AN → AD^{+} 1057)

3098. Loterie royale, établie par arrêt du Conseil d'État du roi du 29 octobre 1780. Liste générale du tirage des 400 primes, attribuées aux deux mille billets de ladite Loterie, sortis à celui du 1er mai 1782. 10 septembre 1782. (AN → AD^{+} 1057)

3099. Arrêt du Conseil d'État du roi, qui ordonne que les fils blancs retors et simples, tant de lin que de chanvre, payeront à toutes les entrées du royaume, quatorze livres par quintal, et les sous pour livre. 13 septembre 1782. (AN → AD^{+} 1057)

3100. Lettres patentes du roi, qui, autorisant l'aliénation de terrains appartenant à l'Hôtel royal des Invalides, prescrivent les formalités à remplir pour cette aliénation, et règlent les conditions auxquelles elle aura lieu. 13 septembre 1782. (AN → AD^{+} 1057)

3101. Arrêt du Conseil d'État du roi, qui règle les attributions des procureurs du roi aux Bureaux des finances, sur les droits seigneuriaux casuels. 14 septembre 1782. (AN → AD^{+} 1057)

3102. Arrêt du Conseil d'État du roi, concernant l'arrêté des rôles pour les maisons et autres emplacements de la ville et faubourgs de Paris, tant des premier et second vingtièmes et quatre sous pour livre du premier, que du troisième vingtième établi par l'édit de juillet 1782. 14 septembre 1782. (AN → AD^{+} 1057)

3103. Arrêt du Conseil d'État du roi, qui révoque celui du 9 août 1781, concernant le privilège exclusif du transport, tant par eau que par terre, des marchandises qui jouissent de la faveur du transit. 14 septembre 1782. (AN → AD^{+} 1057)

3104. Lettres patentes, qui cassent les arrêts du parlement de Besançon, du 6 septembre 1782, qui ont déclaré nul les lecture et enregistrement faits, par les ordres du roi, de l'édit du mois de juillet 1782, portant établissement d'un troisième vingtième, et des lettres de jussion relatives, tant audit édit qu'à celui du mois d'août 1781, concernant les sous pour livre. 15 septembre 1782. (AN → AD⁺ 1057)

3105. Arrêt du Conseil d'État du roi, qui, sans s'arrêter à l'ordonnance de M. l'intendant de Bourgogne, du 6 mars précédent, en ce que, par icelle, l'amende de 3 000 livres avait été modérée à 3 livres et les dépens du procès liquidés à 7 s. ; condamne Joseph Pochet en 3 000 livres d'amende et aux dépens, suivant la liquidation qui en sera faite par les élus de Belley, commis à cet effet : ordonne, en outre, l'exécution de l'arrêt du Conseil du 11 janvier 1729 ; condamne le geôlier des prisons de Belley à rendre et restituer au régisseur les sommes qu'il a exigées pour les gîtes et geôlages dudit Pochet, et en l'amende de 1 000 livres pour sa contravention. 17 septembre 1782. (AN → AD⁺ 1057)

3106. Arrêt du Conseil d'État du roi, qui, sans s'arrêter à l'ordonnance du sieur intendant du Haynault, du 29 avril 1782, qui demeurera comme non-avenue, ordonne que les règlements concernant les privilèges des employés, seront exécutés ; en conséquence décharge plusieurs employés de la Régie générale, du payement des sommes pour lesquelles ils se trouvent imposés dans les rôles de la ville du Quesnoy, pour l'abonnement des droits de contrôle et autres ; et condamne le collecteur des impositions de ladite ville, au coût de l'arrêt, sauf son recours contre les officiers municipaux. 17 septembre 1782. (AN → AD⁺ 1057)

3107. Arrêt du Conseil d'État du roi, qui ordonne l'exécution des arrêts du Conseil des 13 février 1731, 8 août 1780 et 29 janvier 1782, en conséquence, casse et annule une sentence de l'élection de Reims du 13 juillet 1782 comme incompétemment rendue ; sans s'arrêter à l'appel de Robert Droinet de l'ordonnance du sieur intendant de la généralité de Champagne du 5 juillet 1782, ordonne que ladite ordonnance sera exécutée selon sa forme et teneur ; condamne ledit Droinet aux dépens faits en l'élection, et au coût de l'arrêt. 17 septembre 1782. (AN → AD⁺ 1057)

3108. Arrêt du Conseil d'État du roi, concernant les rentes sur les revenus de l'État, échues à Sa Majesté par déshérence, aubaine, confiscation ou autrement. 18 septembre 1782. (AN → AD⁺ 1057)

3109. Instruction sur la colle que la Régie générale emploie dans la province, pour appliquer les bandes de contrôle sur les jeux et sixains. Sans date (septembre 1782 ?). (AN → AD⁺ 1057)

Arrêts du Conseil d'État du roi. 24 juillet 1781 et 24 septembre 1782. (AN → AD⁺ 1057). Voir notice n° 2683.

3110. Lettre de M. Joly de Fleury à M. le marquis de Castries, relativement aux quatre deniers pour livre, sur la vente des effets naufragés. 24 septembre 1782. (AN → AD/VII/7ᴮ pièce 2)

3111. Arrêt du Conseil d'État du roi, qui ordonne que l'abonnement accordé à la ville de Lyon, pour le principal et les quatre anciens sous pour livre des droits de jauge et courtage, continuera d'être payé sur l'ancien pied de trente-six mille livres, jusqu'à la fin de l'année 1785 ; et fixe à cinquante-quatre mille livres le prix dudit abonnement, à dater du 1er janvier 1786. 25 septembre 1782. (AN → AD⁺ 1057)

3112. Lettres patentes sur arrêt du Conseil d'État, qui permettent aux administrateurs du Bureau de la charité générale de Lille en Flandres, de continuer de percevoir pendant quatre années, à commencer du 1er novembre 1782, leurs octrois sur les boissons, au profit de l'hôpital général, avec réduction de celui sur le vin. 25 septembre 1782. (AN → AD+ 1057)

3113. Arrêt du Conseil d'État du roi, concernant la navigation de la Loire. 27 septembre 1782. (AN → AD+ 1057)

3114. Arrêt du Conseil d'État du roi, qui ordonne l'insinuation des lettres de répit et des arrêts, sentences et jugements, portant surséance générale. 27 septembre 1782. (AN → AD+ 1057)

3115. Arrêt du Conseil d'État du roi. (Prince de Rohan. Prince et princesse de Guéménée. Rentes viagères). 28 septembre 1782. (AN → AD+ 1057)

3116. Arrêt du Conseil d'État du roi, qui ordonne que, conformément à celui du 10 avril 1725, et aux lettres patentes du 14 juillet suivant, les préposés aux quêtes pour la rédemption des captifs, ne jouiront de l'exemption d'aucunes charges publiques. 28 septembre 1782. (AN → AD+ 1327)

3117. Lettres patentes du roi, sur arrêt, portant que les préposés aux quêtes pour la rédemption des captifs, ne jouiront de l'exemption d'aucunes charges publiques. 28 septembre 1782. (AN → AD+ 1057)

3118. Arrêt du Conseil d'État du roi, portant qu'il sera procédé à un nouvel état de répartition de part des prises faites par le corsaire le *Calonne*, de Dunkerque. 29 septembre 1782. (AN → AD/VII/7B pièce 2)

3119. Édit du roi, qui supprime les offices des payeurs des gages des officiers de la Grande-Chancellerie et de celle établie près le parlement de Paris, et des offices de contrôleurs desdits payeurs. Octobre 1782. (AN → AD+ 1058)

3120. Lettres patentes du roi, en forme d'édit, portant renouvellement et confirmation des privilèges des monnayeurs, ajusteurs et tailleresses du serment de France, et des officiers des monnaies. Octobre 1782. (AN → AD+ 1058)

3121. Arrêt du Conseil d'État du roi, qui déboute les sieurs Bancel-Dupuis, Savoye et autres, marchands de vin à Reims, de leur opposition à l'arrêt du Conseil du 16 octobre 1781 ; ordonne que ledit arrêt sera exécuté suivant sa forme et teneur : en conséquence, leur défend de faire la commission avec la marchandise de vin ; et les condamne au coût de l'arrêt. 1er octobre 1782. (AN → AD+ 1058)

Arrêts du Conseil d'État du roi. 1er octobre 1782, 1er février 1785 et 20 novembre 1787. (AN → AD+ 1080). Voir notice n° 4738.

3122. Arrêt du Conseil d'État du roi, et lettres patentes sur icelui, qui ordonnent la fabrication de cent mille marcs d'espèces de cuivre en la monnaie de Bordeaux. 4 octobre 1782. (AN → AD+ 1058)

3123. Arrêt du Conseil d'État du roi, et lettres patentes sur icelui, qui ordonnent la fabrication de cent mille marcs d'espèces de cuivre en la monnaie de Montpellier. 4 octobre 1782. (AN → AD+ 1058)

3124. Arrêt du Conseil d'État du roi, et lettres patentes sur icelui, qui ordonnent la fabrication de cent mille marcs d'espèces de cuivre en la monnaie de Pau. 4 octobre 1782. (AN → AD+ 1058)

3125. Arrêt du Conseil d'État du roi, et lettres patentes sur icelui, qui ordonnent la fabrication de cent mille marcs d'espèces de cuivre en la monnaie de La Rochelle. 4 octobre 1782. (AN → AD+ 1058)

3126. Arrêt du Conseil d'État du roi, et lettres patentes sur icelui, qui ordonnent la fabrication de cent mille marcs d'espèces de cuivre en la monnaie de Toulouse. 4 octobre 1782. (AN → AD+ 1058)

3127. Arrêt du Conseil d'État du roi, qui fixe, pour la durée de la jouissance d'Henri Clavel, chargé de la Régie générale des aides et droits y joints, les trois abonnements à payer, à compter du 1er janvier 1782, par les États du pays de Foix, pour y tenir lieu des droits réservés, de ceux de courtiers-jaugeurs, inspecteurs aux boissons et aux boucheries, et du droit sur les huiles, tant en principaux que sous pour livre ; ensemble ceux à payer respectivement par les communautés dudit pays, pour tenir lieu des sous pour livre au profit du roi, en sus des octrois et droits dont elles jouissent ; et règle le mode et les époques de payement desdits abonnements. 9 octobre 1782. (AN → AD+ 1058)

3128. Arrêt du Conseil d'État du roi, qui fait main-levée d'une opposition formée par le sieur Robert, sergent-juré-priseur à Fécamp, à la délivrance des deniers provenant de la vente de la prise anglaise le *Squide* ; et fait défenses audit Robert et à tous autres sergents-jurés-priseurs, de prétendre à la retenue des quatre deniers pour livre sur le produit des ventes des prises. (*Robecq*). 10 octobre 1782. (AN → AD+ 1058)

3129. Arrêt du Conseil d'État du roi. (Prince de Rohan. Prince et princesse de Guéménée. Rentes viagères). 12 octobre 1782. (AN → AD+ 1058)

3130. Lettres patentes du roi, qui ordonnent que le règlement porté par les lettres patentes du 21 novembre 1778, concernant les charpentiers, calfats et perceurs de navires de la ville du Havre, sera et demeurera commun à la communauté des charpentiers, calfats et perceurs de navire de la ville de Dieppe. 12 octobre 1782. (AN → Marine A/1/131)

3131. Ordonnance du roi, pour défendre à toutes personnes non admises dans l'état militaire, d'en porter les distinctions. 13 octobre 1782. (AN → AD+ 1058)

3132. Arrêt du Conseil d'État du roi. (Pierre Machuel. Jean Racine. Rouen. Librairie). 15 octobre 1782. (AN → AD+ 1058)

3133. Jugement de nos seigneurs les commissaires généraux du Conseil, députés par Sa Majesté pour juger souverainement et en dernier ressort les contestations nées et à naître entre les prétendants droit à la succession de Jean Thiéry, natif de Château-Thierry en Champagne, décédé à Venise en 1676. Ledit jugement contenant les dispositions des arrêts du Conseil des 31 mai, 21 juin, 19 juillet et 11 août 1782 : et ordonne l'enregistrement au greffe de la Commission d'un autre arrêt du 19 juillet, qui accorde un nouveau délai jusqu'au 1er janvier 1783, aux prétendants droit à ladite succession, pour produire leurs titres. 17 octobre 1782. (AN → AD+ 1058)

3134. Arrêt du Conseil d'État du roi, qui ordonne que le droit de demi pour cent accordé à la Chambre du commerce de Marseille par l'arrêt du Conseil du 18 août dernier, sera perçu à son profit dans les ports du Ponant, sur les bâtiments armés à Marseille pour les îles françaises d'Afrique, d'Amérique ou de l'Inde, lors de leur retour dans ces ports. 18 octobre 1782. (AN → AD^+ 1058)

3135. Arrêt du Conseil d'État du roi, concernant le service des diligences des Messageries, par les maîtres des postes. 20 octobre 1782. (AN → AD^+ 1058)

3136. Arrêt du Conseil d'État du roi, qui ordonne que les rubans de fil, teints, appelés padoux, venant de l'étranger, payeront à toutes les entrées du royaume le droit uniforme de vingt livres du quintal, et les dix sous pour livre. 22 octobre 1782. (AN → AD^+ 1058)

3137. Arrêt du Conseil d'État du roi, qui fixe à huit mille livres la somme à payer par les États du Mâconnais, à compter du 1er avril 1782, pour tenir lieu des deux sous pour livre perceptibles en vertu de l'édit d'août 1781, sur leur octroi de douze livres par queue de vin. 23 octobre 1782. (AN → AD^+ 1058)

3138. Arrêt du Conseil d'État du roi, qui proroge pour six ans, à compter du 14 février 1783, les soixante livres par quintal imposées à toutes les entrées du royaume sur les armes blanches étrangères ; et l'exemption de tous droits à la circulation sur vingt milliers de celles venant de la manufacture de Klingenthal en Alsace. 24 octobre 1782. (AN → AD^+ 1058)

3139. Lettres patentes du roi, attributives de taxations et de droits d'exercice aux trésoriers de la Marine et des Colonies. 24 octobre 1782. (AN → AD^+ 1058)

3140. Arrêt du Conseil d'État du roi, qui règle que l'indemnité sera accordée à la Flandre wallonne, pour le territoire qu'elle a perdu par les derniers traités de limites, que la France a conclu avec la Cour de Vienne. 25 octobre 1782. (AN → $AD/XVI/14^A$)

3141. Lettres patentes qui, indépendamment des 45 000 livres de modération accordée pour l'industrie, accordent une nouvelle modération de 83 705 livres sur le 3e vingtième de Franche-Comté, établi par l'édit de juillet 1782. 26 octobre 1782. (BN → Ms. Joly de Fleury 1450, fol. 262)

3142. Déclaration du roi, concernant les translations de domicile des maîtres orfèvres. 26 octobre 1782. (AN → AD^+ 1058)

3143. Arrêt du conseil d'État du roi, qui casse et annule les arrêts de la Cour des comptes, aides et finances d'Aix, des 20 et 22 août 1782, et fait défenses à ladite Cour des aides, d'y donner à l'avenir aucune visite dans les manufactures et Bureaux du fermier, ni chez les débitants du ressort d'iceux, si elle n'en a été requise par lui, ou ses commis. 27 octobre 1782. (AN → AD^+ 1058)

3144. Arrêt du Conseil d'État du roi, portant règlement pour le dessèchement des marais de Rochefort. 30 octobre 1782. (AN → AD^+ 1058)

3145. Lettre de M. de Joly de Fleury à M. Chardon, sur les droits dûs pour les faïences provenant des prises. 30 octobre 1782. (AN → $AD/VII/7^B$ pièce 2)

3146. Arrêt du Conseil d'État du roi, qui permet aux veuves des maîtres reçus depuis l'édit du mois d'août 1776, d'exercer le commerce ou la profession de leurs maris pendant l'année de leur viduité seulement, etc. 31 octobre 1782. (AN → AD^{+} 1058)

3147. Édit du roi, concernant les secours annuels accordés au clergé jusqu'en 1802, pour sa libération. Novembre 1782. (AN → AD^{+} 1058)

3148. Lettres patentes du roi, portant abolition du droit d'aubaine, à l'égard des sujets du comte de Leyen. Novembre 1782. (AN → AD/XVI/14^{A})

3149. Déclaration du roi, concernant la comptabilité des Ferme et Régie des Postes et Messageries. 1er novembre 1782. (AN → AD^{+} 1058)

3150. Petites gabelles. Ordre de régie, et instruction, pour la suite et la comptabilité des saisies. 5 novembre 1782. (AN → AD^{+} 1058)

3151. Arrêt du Conseil d'État du roi, qui fixe l'abonnement à payer, à compter du 15 octobre 1782, par la province de Franche-Comté, pour y tenir lieu des droits réservés, tant en principaux que sous pour livre, et celui du droit sur les huiles et savons qui s'y fabriquent et consomment, également en principal et sous pour livre, à compter du 1er septembre 1782. 6 novembre 1782. (AN → AD^{+} 1058)

3152. Lettres patentes du roi, concernant les rentes sur les revenus de l'État, échues à Sa Majesté par deshérence, aubaine, confiscation ou autrement. 6 novembre 1782. (AN → AD^{+} 1058)

3153. Arrêt du Conseil d'État du roi, concernant la modération du triple droit de centième denier à un droit en sus seulement, accordée par celui du 9 juin 1782. 7 novembre 1782. (AN → AD^{+} 1058)

3154. Lettres patentes du roi, qui confirment et autorisent les délibérations de l'assemblée générale du clergé de France, des 18 et 28 octobre 1782, au sujet de la somme de quinze millions de don gratuit offerte au roi par cette assemblée ; et de celle d'un million accordée par elle pour être employée au soulagement des matelots blessés, et des veuves et orphelins de ceux qui ont péri pendant la présente guerre. 7 novembre 1782. (AN → AD^{+} 1058)

3155. Ordonnance du roi, concernant le régiment Royal-Corse. 11 novembre 1782. (AN → AD^{+} 1058)

3156. Arrêt du Conseil d'État du roi, concernant les pièces à produire pour la réclamation des parts de prises appartenantes aux officiers-mariniers et matelots étrangers. 12 novembre 1782. (AN → AD^{+} 1058)

3157. Arrêt du Conseil d'État du roi, concernant les privilèges des bourgeois de la ville de Lyon. 12 novembre 1782. (AN → AD^{+} 1058)

3158. Arrêt du Conseil d'État du roi, qui ordonne l'exécution des arrêts du Conseil des 13 février 1731, 8 août 1780, 29 janvier et 17 septembre 1782 ; en conséquence, casse et annule les arrêts de la Cour des aides de Paris des 25 septembre et 16 octobre 1782, comme incompétemment rendus : évoquant l'appel interjeté par le nommé Brunet, tonnelier à Reims, et sa femme, des ordonnances du sieur intendant de la généralité de Champagne des 31 mars et 15 septembre 1782 ; faisant droit sur ledit appel, et sans s'y arrêter, ordonne que lesdites ordonnances seront exécutées selon leur forme et teneur ; condamne Brunet et sa femme au coût de l'arrêt. 12 novembre 1782. (AN → AD$^+$ 1058)

3159. Arrêts du Conseil d'État du roi. Le premier casse et annule un arrêt de la Cour des aides de Rouen, du 12 août 1781, qui avait prononcé un appointement en matière d'aides ; évoque les appels des sentences de l'élection de Caen des 10 février et 3 mars 1781, interjetés par la veuve Leblanc, cabaretière, les nommés Colleville, bouilleur, Letot et Déterville, voituriers ; ordonne l'exécution desdites sentences, et condamne lesdites veuve Leblanc, Colleville, Letot et Déterville, aux dépens faits en la Cour des aides et au coût de l'arrêt.
Le second déboute lesdits Colleville, Letot et Déterville, de leur opposition à l'arrêt ci-dessus, et les condamne aux dépens. 12 novembre 1782 et 30 mars 1784. (AN → AD$^+$ 1058)

3160. Arrêt du Conseil d'État du roi, qui, sans s'arrêter au jugement du Conseil des prises, fait main-levée du navire impérial la *Jeune-Dame*, pris par un corsaire anglais, et repris trois jours après par la frégate du roi la *Gentille*. 12 novembre 1782. (AN → AD/VII/7^B pièce 2)

3161. Arrêt du Conseil d'État du roi, portant remise du brigantin l'*Aline*, repris par la frégate du roi la *Fée*. 12 novembre 1782. (AN → AD/VII/7^B pièce 2)

3162. Arrêt du Conseil d'État du roi, qui, sans s'arrêter à l'appel et demande du sieur Edern, de Brest, intéressé dans l'armement du corsaire l'*Aigle*, de Calais, ordonne que le jugement du Conseil des prises, qui adjuge le navire anglais le *Galloper*, au corsaire le *Phénix*, de Dunkerque, sera exécuté. 12 novembre 1782. (AN → AD/VII/7^B pièce 2)

3163. Arrêt du Conseil d'État du roi, qui fait main-levée de la prise danoise la *Résolution*, faite par le corsaire le *Voltigeur*, de Dunkerque ; condamne les armateurs du *Voltigeur*, aux dommages et intérêts envers les capitaine et propriétaires danois, pour raison de la détention de leur navire dans le port de Cherbourg : et enjoint aux officiers de l'amirauté de se conformer plus exactement à l'avenir aux arrêts et règlements, notamment à l'arrêt du Conseil du 13 octobre 1676. 12 novembre 1782. (AN → AD/VII/7^B pièce 2)

3164. Lettres patentes du roi, portant abolition du droit d'aubaine entre la France et les États du comté de la Leyen. 12 novembre 1782. (AN → AD$^+$ 1058)

3165. Arrêt du Conseil d'État du roi, qui ordonne que les droits de lods et ventes continueront d'être perçus au profit du roi, tant sur les agrès, apparaux des navires qui sont entrés dans la rade de Brest, que sur les coques d'iceux. 14 novembre 1782. (AN → AD$^+$ 1058)

3166. Lettres patentes du roi, qui confirment les reconstitutions de rentes sur particuliers, faites depuis 1738 jusqu'au 15 janvier 1781, au profit, tant des tables des pauvres, que des fabriques de la Flandre maritime. 16 novembre 1782. (AN → AD/XVI/14^A)

3167. Arrêt du Conseil d'État du roi, qui casse une ordonnance du lieutenant général de police de Troyes, du 4 novembre 1782, portant défenses de vendre en détail, dans ladite ville et faubourgs de Troyes, aucuns vins, cides et poirés nouveaux, avant le premier janvier 1783 : ordonne l'exécution des règlements concernant la vente des boissons en détail ; fait défenses au lieutenant général de police de Troyes, et à tous autres d'insérer aucunes défenses contraires dans leurs ordonnances et jugement, à peine de trois mille livres d'amende et de toutes pertes, dépens, dommages et intérêts ; et ordonne que ledit arrêt sera imprimé et affiché à Troyes et partout où besoin sera. 20 novembre 1782. (AN → AD^{+} 1058)

3168. Déclaration du roi, qui dispense différents trésoriers, de faire contrôler leurs quittances comptables. 20 novembre 1782. (AN → AD^{+} 1058)

3169. Lettre de M. Joly de Fleury au procureur général des prises, au sujet des droits de traites et dix pour cent sur une partie de harengs provenant de prises ; et des droits d'octrois dûs sur le même objet. 21 novembre 1782. (AN → AD/VII/7^{B} pièce 2)

3170. Arrêt du Conseil d'État du roi, concernant le temps d'apprentissage dans les communautés du ressort du parlement de Paris. 24 novembre 1782. (AN → AD^{+} 1058)

3171. Arrêt du Conseil d'État du roi, qui attribue aux officiers de l'amirauté de Dunkerque, la connaissance des vols et pillages commis à bord du navire danois le *Mégard*, par l'équipage du corsaire l'*Éclipse*, de Dunkerque. 24 novembre 1782. (AN → AD/VII/7^{B} pièce 2)

3172. Lettres patentes du roi, portant nomination de commissaires de la Chambre des comptes, pour procéder aux évaluations de l'échange de la principauté d'Orange. 24 novembre 1782. (AN → AD/IX/362)

3173. Lettres patentes du roi, qui accordent la jouissance des privilèges des commensaux aux officiers bouche et commun supprimés par l'édit d'août 1780. 25 novembre 1782. (AN → AD^{+} 1058)

Arrêts du Conseil d'État du roi. 18 juin et 26 novembre 1782. (AN → AD^{+} 1058). Voir notice n° 3019.

3174. Arrêt du Conseil d'État du roi, qui confirme, avec dépens, une ordonnance du sieur intendant de la généralité de Bordeaux du 5 juin 1782, qui avait ordonné la confiscation, au profit de Sa Majesté, de douze cent soixante-onze feuilles de cartons saisies sur Jean Retournat, fabricant et marchand de cartons à Bordeaux, pour avoir été fabriquées et vendues sans déclaration préalable, et l'avait condamné en l'amende de 300 livres, modérée à 10 livres et aux dépens ; lui avait enjoint, sous plus grandes peines, de se conformer à l'avenir aux dispositions des règlements, et de faire, au Bureau de la Régie, la déclaration des cartons qu'il voudrait fabriquer et qu'il aurait fabriqués ; comme aussi de souffrir les visites et exercices des commis. 26 novembre 1782. (AN → AD^{+} 1058)

3175. Arrêt du Conseil d'État du roi, qui ordonne que les articles XXXV et XXXVI, du titre commun pour toutes les Fermes, de l'ordonnance de 1681, seront exécutés selon leur forme et teneur ; en conséquence, casse le décret d'ajournement personnel, décerné par le lieutenant criminel du bailliage d'Orléans, contre les sieurs Lavie et Paurain, commis aux aides à Orléans, sur la plainte du nommé Laugrain, et renvoie les parties à se pourvoir en l'élection, sauf l'appel en la Cour des aides de Paris. 26 novembre 1782. (AN → AD$^+$ 1058)

3176. Lettres patentes registrées en la Cour de Parlement, et en la Cour des monnaies, portant permission au sieur Hildebrand de faire construire, tant à Paris que dans les autres endroits du royaume, des moulins de son invention, propres à extraire les parties métalliques des cendres des laboratoires des monnaies et des ateliers des orfèvres, avec défenses de contrefaire ladite machine, à peine de confiscation, dépens, dommages et intérêts. 26 novembre 1782. (AN → AD$^+$ 1058)

3177. Lettres patentes du roi, concernant les causes des audiences des mercredis et samedis (au parlement de Paris). 27 novembre 1782. (AN → AD$^+$ 1058)

3178. Ordonnance du roi, pour augmenter la solde des bas-officiers des escadrons ou compagnies du régiment des carabiniers de Monsieur. 27 novembre 1782. (AN → AD/VI/35 dossier A pièce 6)

3179. Lettres patentes du roi, qui autorisent la Chambre du commerce de Picardie à faire un emprunt de neuf cent trente-quatre mille livres pour le rétablissement du port de Saint-Valéry, et à lever un octroi pendant vingt ans. 28 novembre 1782. (AN → AD$^+$ 1058)

3180. Départements de messieurs les fermiers généraux, pour le service des Fermes générales, pendant la troisième année du bail de Me Nicolas Salzard. 29 novembre 1782. (AN → AD$^+$ 1058)

3181. Lettre de M. Joly de Fleury au procureur général des prises, au sujet des droits sur des harengs destinés pour le renvoi à l'étranger. 29 novembre 1782. (AN → AD/VII/7^B pièce 2)

3182. Édit du roi, portant création de dix millions de rentes perpétuelles au denier vingt, sans retenue, remboursables en quatorze ans, à commencer au 1er janvier 1784, et dont les capitaux seront fournis moitié en deniers comptants et moitié en contrats. Décembre 1782. (AN → AD$^+$ 1058)

3183. Arrêt du Conseil d'État du roi, qui modère à six mille livres l'abonnement des dix sous pour livre des droits réservés, à payer par les États du pays de Foix, qui avait été fixé par autre arrêt du Conseil du 9 octobre 1782 à quinze mille livres. 4 décembre 1782. (AN → AD$^+$ 1058)

3184. Règlement du roi, pour la table, à bord des vaisseaux à la mer. 4 décembre 1782. (AN → AD$^+$ 1058)

3185. Arrêt du Conseil d'État du roi, qui ordonne qu'à l'avenir les draps de Louviers seront coiffés d'une lisière jaune, ayant quatre ou six liteaux bleus ; et que les draps fins d'Elbeuf seront coiffés d'une lisière rouge. 5 décembre 1782. (AN → AD$^+$ 1058)

3186. Déclaration du roi, concernant les communautés d'arts et métiers du Roussillon. 5 décembre 1782. (AN → AD$^+$ 1058)

3187. Arrêt du Conseil d'État du roi, portant évocation des affaires des princes de Rohan et de Guéménée, et attribution à des commissaires du Conseil. 7 décembre 1782. (AN → AD$^+$ 1058)

3188. Arrêt du Conseil d'État du roi, qui autorise le remboursement des billets des Fermes générales, suspendu par arrêt du Conseil du 18 février 1770. 7 décembre 1782. (AN → AD^{+} 1058)

3189. Contrats de rentes, dont les capitaux seront admis à l'acquisition des rentes créées par l'édit du mois de décembre 1782. 7 décembre 1782. (AN → AD^{+} 1327)

3190. Déclaration du roi, concernant les baux à cens dans le ressort de la coutume de Senlis. 8 décembre 1782. (AN → AD^{+} 1058)

3191. Lettre de M. Joly de Fleury à M. Chardon, au sujet des droits sur des pelleteries provenant de prises. 11 décembre 1782. (AN → AD/VII/7^{B} pièce 2)

3192. Arrêt du Conseil d'État du roi, au sujet des armateurs qui sont en retard de payer les parts appartenantes aux équipages des bâtiments armés en course, dans les prises qu'ils ont faites sur les ennemis de l'État. 15 décembre 1782. (AN → AD^{+} 1058)

3193. Arrêt du Conseil d'État du roi, concernant les règlements des parts de prises, revenantes aux officiers-majors, officiers-mariniers, volontaires, soldats, matelots et autres gens des équipages des corsaires. 15 décembre 1782. (AN → AD^{+} 1058)

3194. Jugement rendu par MM. les commissaires du Conseil, qui condamne par corps, le nommé Lemoine, débitant de tabac, rue de Sèvres, en l'amende de mille livres, pour avoir râpé du tabac sans la permission de l'adjudicataire des Fermes ; prononce la confiscation des moulins, râpes, tamis, parchemins et autres ustensiles propres à pulvériser et humecter le tabac, et qui se sont trouvés en sa possession, et pareillement la confiscation des quinze livres de tabac qu'il pulvérisait. 19 décembre 1782. (AN → AD^{+} 1058)

3195. Déclaration du roi, en interprétation de l'édit du présent mois, portant création de dix millions de rentes perpétuelles ; par laquelle Sa Majesté fait connaître les titres dont auront à justifier les propriétaires de rentes, qui voudront en employer les capitaux dans ledit emprunt. 20 décembre 1782. (AN → AD^{+} 1058)

3196. Lettres patentes, qui attribuent aux officiers du bailliage et siège présidial de Graisivodan l'exercice de la justice et juridiction civile, criminelle et de police, sur le fait des mines d'Allemont. 21 décembre 1782. (AN → AD^{+} 1058)

3197. Lettres patentes du roi, concernant les octrois de la ville de Paris. 22 décembre 1782. (AN → AD^{+} 1058)

3198. Arrêt du Conseil d'État du roi, qui ordonne que les étapiers continueront de jouir de la faculté de tuer ou faire tuer, même pendant le Carême, les bestiaux nécessaires pour la fourniture de l'étape ; et de vendre aux particuliers des lieux et à ceux du voisinage, ce qui n'aura pas été consommé par les troupes. 23 décembre 1782. (AN → AD^{+} 1058)

3199. Extrait des registres du Conseil d'État. (Six corps de marchands de la ville de Paris). 23 décembre 1782. (AN → AD^{+} 1058)

3200. Déclaration du roi, concernant la formation des États des finances et la comptabilité des recettes générales, à compter de l'exercice 1781. 27 décembre 1782. (AN → AD^{+} 1058)

3201. Arrêt du Conseil d'État du roi. (Princes de Rohan et de Guéménée). 28 décembre 1782. (AN → AD^{+} 1058)

3202. Lettres patentes du roi, qui déclarent les remises et gratifications des employés des Fermes et Régies du roi insaisisables comme leurs appointements. 28 décembre 1782. (AN → AD^{+} 1058)

3203. Déclaration du roi, qui lève les souffrances, mises faute de formalités, dans les comptes des receveurs généraux des Finances des exercices 1771, 1772, 1773 et 1774. 31 décembre 1782. (AN → AD^{+} 1058)

1783

3204. Abonnement des édits et arrêts pour la ville de Paris, et toutes les provinces et villes du royaume. (Table analytique des matières contenues dans les édits, lettres patentes, déclarations du roi, arrêts du Conseil, du Parlement, etc.). Année 1783. Imprimé en 1784. (AN → AD/I/30 ; BN → F 21996)

3205. Liste des noms et demeures de messieurs les fermiers généraux des Fermes royales unies, pour la quatrième année du bail de Nicolas Salzard. 1783. (BN → F 21209 [52])

3206. Bail de la Ferme générale des anciennes et nouvelles impositions (1783-1787) de la ville d'Avignon, qui doit commencer le 1er janvier et finir le 31 décembre... Avec un tarif desdites impositions. 1783. (BN → Lk^{7} 57130 [2])

3207. Brevet qui permet l'érection du prieuré de La Veine, en chapitre noble. 1783. (BN → Lk^{7} 11682)

3208. Ville et faubourgs de Paris. État des baptêmes, mariages, mortuaires, enfants-trouvés, et professions religieuses de la ville et faubourgs de Paris. Année 1783. (AN → AD/XVI/10)

3209. Règlements en forme de statuts, pour la confrérie du Très-Saint-Sacrement, érigée en l'église paroissiale de Saint-Médard de Paris, pour la société des boursiers-confrères de ladite confrérie, sous l'invocation de Saint-Pierre. 1783. (BN → E 7243)

3210. Code des lois, statuts et règlements des ordres royaux, militaires et hospitaliers de Saint-Lazare de Jérusalem et de Notre-Dame du Mont-Carmel, ou recueil des bulles des papes..., des édits, déclarations, lettres patentes et arrêts concernant les droits, privilèges et exemptions desdits ordres réunis (1565-1781). 1783. (BN → 4 LL^{10} 21)

3211. Édit du roi, par lequel Sa Majesté permet aux États de Bourgogne, d'ouvrir un canal de navigation dans le Charolais, et de communication des deux Mers, par la Saône et la Loire, depuis Châlons jusqu'à Digoin, en suivant le cours des rivières de Talie, de Dheune, et de Bourbince ; et autorise lesdits États à percevoir à perpétuité un droit de six deniers, par lieue de trois mille toises, pour chaque quintal, poids de marc, de tout ce qui sera voituré sur ledit canal ; avec faculté aux États, de diminuer ce droit, ainsi qu'ils le jugeront convenable, pour le bien du commerce. Janvier 1783. (AN → AD^{+} 1059)

3212. Édit du roi, portant création de cent cinquante mille livres de rente héréditaire, au profit des États de la province de Bourgogne, à la charge par lesdits États de payer au Trésor royal la somme de trois millions, pour la finance principale desdits cent cinquante mille livres de rente. Janvier 1783. (AN → AD$^+$ 1328)

3213. États, 1782. (Pierre-Marie de Rosnyvinen. Sieur Frignet. Rivière la Vilaine. Rennes. Vitré). Janvier 1783. (AN → AD/VII/7^A dossier E pièce 24)

3214. Arrêt du Conseil d'État du roi, et lettres patentes sur icelui, qui fixent à cinq le nombre des inspecteurs généraux des Ponts et Chaussées, et à trois celui des ingénieurs de la généralité de Paris, lesquels seront assimilés aux ingénieurs des provinces. 4 et 10 janvier 1783. (AN → AD$^+$ 1059)

3215. Lettres patentes du roi, concernant les augmentations des profits maritimes occasionnées par les hostilités que les Anglais ont commises sur mer. 4 janvier 1783. (AN → Marine A/1/132)

3216. Arrêt du Conseil d'État du roi, qui nomme ceux qui doivent signer les coupons d'intérêts, pour les quittances au porteur, de l'emprunt de dix millions de rentes créées par l'édit de décembre 1782. 6 janvier 1783. (AN → AD$^+$ 1059)

3217. Lettres patentes qui, sans s'arrêter aux arrêts rendus par le parlement de Besançon le 25 novembre 1782, ordonnent l'exécution, tant des enregistrements faits de l'autorité de Sa Majesté, de l'édit qui établit un troisième vingtième, des lettres de jussion qui y sont relatives, et de celles données les 6 mars, 13 juillet et 3 septembre de la même année, concernant l'édit portant augmentation des sous pour livre, que des lettres patentes qui modèrent le troisième vingtième. 9 janvier 1783. (AN → AD$^+$ 1059)

3218. Lettres patentes du roi, portant création d'un substitut du procureur du roi en l'amirauté de Vannes, pour résider à Lorient, avec fixation du district de ladite amirauté. 11 janvier 1783. (AN → AD$^+$ 1059)

3219. Arrêt du Conseil d'État du roi, rendu contradictoirement entre le sieur de Bellombre, et les syndics, collecteurs et habitants des paroisses de Champ, Jussy et Vaux, élection de Tonnerre ; qui juge que ledit sieur de Bellombre exerçant son privilège, comme noble, dans la paroisse de Coulange-la-Vineuse, généralité de Bourgogne, ne peut faire valoir en exemption de taille, des terres, vignes et sainsoins dans les susdites paroisses de l'élection de Tonnerre, généralité de Paris. 14 janvier 1783. (AN → AD$^+$ 1059)

3220. Lettre de M. Joly de Fleury à M. Chardon, au sujet des cartes à jouer trouvés dans une prise. (*Laitière*). 14 janvier 1783. (AN → AD/VII/7^B pièce 2)

3221. Arrêt du Conseil d'État du roi, qui excepte les aspirants à la maîtrise d'orfèvre, des dispositions générales de l'arrêt du Conseil du 24 novembre 1782, concernant l'apprentissage. 15 janvier 1783. (AN → AD$^+$ 1059)

3222. Arrêt du Conseil d'État du roi, portant défenses à tous capitaines ou commandants des bâtiments armés en course, de revendre en mer, à des ennemis de l'État, les prises qu'ils auront faites sur eux. 15 janvier 1783. (AN → AD$^+$ 1059)

3223. Ordonnance du roi, concernant les formalités à observer pour la remise des billets ou engagements de rançons, ainsi que des otages, qui seraient faits en contravention à l'ordonnance du 30 août 1782. 15 janvier 1783. (AN → AD^{+} 1059)

3224. Ordonnance du roi, portant défenses aux officiers des amirautés de prendre aucun intérêt, directement ni indirectement, dans les bâtiments armés en course, à peine d'interdiction et de quinze cents livres d'amende. 15 janvier 1783. (AN → AD^{+} 1059)

3225. Arrêt du Conseil d'État du roi, portant établissement d'un grenier à sel à Brioude. 16 janvier 1783. (AN → AD^{+} 1059)

3226. Lettre de M. le marquis de Castries aux intendants et aux ordonnateurs, au sujet des préliminaires de la paix. 20 janvier 1783. (AN → AD/VII/7^{B} pièce 2)

3227. Articles XXI et XXII, relatifs aux prises, extraits des articles préliminaires de paix entre le roi et le roi de la Grande-Bretagne. 20 janvier 1783. (AN → AD/VII/7^{B} pièce 2)

3228. Arrêt du Conseil d'État du roi, portant suppression d'un mémoire imprimé pour M. le comte de Malet du Gravier. 25 janvier 1783. (AN → AD^{+} 1059)

3229. Régie générale de Henri Clavel. Circulaire. Envoi du compte d'ordre. 29 janvier 1783. (AN → AD/IX/407)

3230. Arrêt du Conseil d'État du roi, qui assujettit les cabaretiers des bourgs de Fumay et Revin et les paroisses de Seppin et Montigny, au payement des droits de deux liards au pot, jurés-brasseurs et égards-gourmeurs, à l'instar des autres cabaretiers de la province du Haynaut. 31 janvier 1783. (AN → AD^{+} 1059)

3231. Édit du roi, portant suppression de différents offices de contrôleurs. Février 1783. (AN → AD^{+} 1059)

3232. Édit du roi, portant suppression de plusieurs offices de procureurs et de notaires en la ville et sénéchaussée de La Rochelle. Février 1783. (AN → AD^{+} 1059)

3233. Arrêt du Conseil d'État du roi, concernant le commerce de la Chine. (Sieur Grandclos-Meslé). 2 février 1783. (AN → AD^{+} 1059)

3234. Arrêt du Conseil d'État du roi, concernant la vente et adjudication à titre d'acensement, de l'Hôtel des Menus-Plaisirs de Sa Majesté, situé à Compiègne. 3 février 1783. (AN → AD^{+} 1059)

3235. Lettres patentes du roi, qui maintiennent M. le comte d'Artois, frère du roi, dans la propriété et jouissance de la voirie ordinaire, conformément à son édit d'apanage. 4 février 1783. (AN → AD^{+} 1059)

3236. Ordonnance du roi, concernant les termes de la cessation des hostilités en mer. 4 février 1783. (AN → AD^{+} 1059)

3237. Déclaration du roi, concernant les communautés d'arts et métiers du ressort du parlement de Metz. 6 février 1783. (AN → AD^{+} 1059)

3238. Déclaration du roi, concernant les communautés d'arts et métiers du ressort du parlement de Nancy. 6 février 1783. (AN → AD[+] 1059)

3239. Déclaration du roi, concernant les communautés d'arts et métiers du ressort du parlement de Rouen. 6 février 1783. (AN → AD[+] 1059)

3240. Liste générale de la Loterie de remboursement des reconnaissances données en échange des rescriptions et assignations, en exécution de l'arrêt du Conseil du 2 décembre 1770. Treizième tirage. Fait en présence de M. le lieutenant général de police, en l'une des salles de l'hôtel des recettes générales des Finances. 6 février 1783. (AN → AD[+] 1059)

3241. Arrêt du Conseil d'État du roi, qui casse un arrêt du parlement de Metz du 15 janvier 1783, évoquant l'appel interjeté par le régisseur de la sentence du juge des traites de la même ville du 22 août 1782, et y faisant droit, ordonne l'exécution de l'article 14 de la déclaration du 19 juin 1691, en conséquence qu'Antoine-Léonard de la Barre, fermier de la maltôte, de la mercerie et autres droits dépendant du domaine de la ville de Metz, ses receveurs et commis, seront tenus de délivrer des quittances desdits droits en papier timbré lorsque les droits seront de 5 sols et au-dessus, sans qu'ils puissent en délivrer deux ou plusieurs sur une même feuille, à peine de 300 livres d'amende pour chaque contravention et d'être contraints au payement du droit de timbre pour chaque enregistrement de droits de cinq sols et au-dessus ; et pour la contravention constatée par le procès-verbal du 16 avril 1782, condamne ledit de la Barre en l'amende de 300 livres et aux dépens faits à son égard tant en la juridiction des traites qu'au Parlement.
Et attendu l'intervention des officiers municipaux par-devant ladite Cour de Parlement, et leur prise de fait et cause dudit de la Barre, les condamne à le relever et garantir de toutes les condamnations ci-dessus prononcées contre lui, et en tous les dépens, ainsi qu'au coût, sceau, contrôle et signification de l'arrêt. 11 février 1783. (AN → AD[+] 1059)

3242. Arrêt du Conseil d'État du roi, rendu contradictoirement entre Mme de Chamousset et les habitants de Saint-Aubin-sur-Yonne, élection de Joigny ; qui juge que ladite dame de Chamousset ne peut faire valoir en exemption de taille, des vignes dans la paroisse de Saint-Aubin-sur-Yonne, attendu qu'elle exerce son privilège dans celle de Vessinière. 11 février 1783. (AN → AD[+] 1059)

3243. Arrêt du Conseil d'État du roi, qui ordonne que, sans avoir égard au nouveau tarif provisoire arrêté au Bureau de la ville de Paris le 24 décembre 1782, il ne sera pas perçu de plus forts droits qu'avant ledit tarif, pour le transport des voyageurs, marchandises et autres effets par les coches d'eau d'Auxerre, Sens, Nogent, Montereau, Briare, Montargis, Nemours, Moret, Melun et Corbeil. 14 février 1783. (AN → AD[+] 1059)

3244. Arrêt du Conseil d'État du roi, concernant la fabrication des étoffes de draperie, sergeterie et autres étoffes de laine indistinctement. 15 février 1783. (AN → AD[+] 1059)

3245. Arrêt du Conseil d'État du roi, qui ordonne l'exécution de celui du 27 octobre 1782, casse et annule ceux de la Cour des aides d'Aix, des 20 et 22 août précédent, concernant les levées des scellés apposés sur des tabacs en poudre, et par lequel arrêt Sa Majesté se réserve de faire reconnaître les échantillons desdits tabacs, par les experts qu'elle jugera à propos de nommer. 15 février 1783. (AN → AD^{+} 1059)

3246. Lettres patentes du roi, qui autorisent le sieur Marchant du Colombier, adjudicataire des terrains de la couture Sainte-Catherine, à distribuer, suivant un nouveau plan, le marché qui doit y être établi. 15 février 1783. (AN → AD^{+} 1059)

3247. Arrêt du Conseil d'État du roi, qui ordonne que les arrêts du Conseil, des 24 mars 1722, 2 juin 1760 et 11 avril 1769, concernant les droits de courtiers-jaugeurs, seront exécutés selon leur forme et teneur ; en conséquence casse et annule l'arrêt de la Cour des aides de Rouen, du premier août 1782, comme incompétemment rendu, ordonne que l'ordonnance du sieur intendant, de la généralité de Rouen, du 6 août 1782, sera exécutée selon sa forme et teneur, sauf l'appel au Conseil, et condamne Ambroise Hermier, fabricant de papiers à Boudeville, au coût de l'arrêt. 18 février 1783. (AN → AD^{+} 1059)

3248. Arrêt du Conseil d'État du roi, qui casse une ordonnance de M. l'intendant de la généralité de Bordeaux, du 2 mai 1782, laquelle avait annulé la saisie faite sur le sieur Vandenberghen, capitaine de navire, par procès-verbal du 22 mars précédent, de cinq cent soixante-seize jeux de cartes de fabrique étrangère, et par lui introduites dans ladite ville ; déclare bonne et valable la saisie desdites cartes, en prononce la confiscation, et condamne ledit sieur Vandenberghen en l'amende de mille livres, et aux dépens. 18 février 1783. (AN → AD^{+} 1059)

3249. Lettres patentes du roi, qui ordonnent que les études faites dans le collège royal de la Flèche, depuis l'entrée des classes de l'année 1776, seront réputées académiques, comme si elles avaient été faites dans l'université d'Angers. 22 février 1783. (AN → AD^{+} 1059)

3250. Arrêt du Conseil d'État du roi, concernant le chemin de communication de Nogent-le-Roi à Houdan, par Gambais. 23 février 1783. (AN → AD^{+} 1059)

3251. Arrêt du Conseil d'État du roi, qui fixe l'époque du payement des lettres de change de l'Inde et de l'Amérique, non déjà enregistrées, relatives aux dépenses de la Marine, pendant la guerre. 23 février 1783. (AN → AD^{+} 1059)

Arrêts du Conseil d'État du roi. 25 février 1783 et 19 octobre 1784. Voir notice n° 3745.

3252. Règlement pour l'administration des Finances, fait par Sa Majesté. 26 février 1783. (AN → AD^{+} 1059)

3253. Arrêt du Conseil d'État du roi. (Justice de Seugy. Corvées). 27 février 1783. (AN → AD^{+} 1059)

3254. Arrêt du Conseil d'État du roi. (Bailliage de Breuil. Corvées). 27 février 1783. (AN → AD^{+} 1059)

3255. Édit du roi, portant suppression de l'office de garde-marteau de la maîtrise d'Orléans, et création de six offices de gardes-marteau de ladite maîtrise. Mars 1783. (AN → AD^{+} 1059)

Arrêts du Conseil d'État du roi. 30 janvier 1781 et 4 mars 1783. (AN → AD^{+} 1059). Voir notice n° 2523.

3256. Arrêt du Conseil d'État du roi, qui, sans s'arrêter à deux arrêts du parlement de Paris, des 13 mai 1782 et 17 janvier 1783, en ce qu'ils ont ordonné que les registres des fabriques et paroisses de Noisy-le-Sec et de Bagnolet seront en papier commun, ordonne que lesdits registres, ensemble ceux dans lesquels seront inscrits les délibérations prises par toutes autres communautés, administrateurs, syndics, marguilliers, fabriques et confréries, ne pourront être tenus qu'en papier timbré, à peine de trois cents livres d'amende pour chacune contravention, desquels registres il sera donné communication à toutes réquisitions aux commis et préposés à la régie et perception des droits établis sur les papiers et parchemins timbrés, sous les mêmes peines, en cas de refus, de trois cents livres d'amende contre les contrevenants. 4 mars 1783. (AN → AD^{+} 1059)

3257. Lettres patentes du roi, qui attribuent à la gouvernance de Lille la juridiction royale ordinaire sur les lieux enclavés dans la châtellenie de Lille, qui ont été cédés au roi, en vertu des conventions de limites des 16 mai 1769 et 29 décembre 1779. 4 mars 1783. (AN → AD/XVI/14^{A})

3258. Lettres patentes du roi, qui ordonnent la vente des immeubles que les Jésuites des Pays-Bas autrichiens possédaient dans le ressort du parlement de Flandres, et qui règlent l'emploi des deniers qui proviendront de cette vente. 5 mars 1783. (AN → AD/XVI/14^{A})

3259. Compagnie des Indes. Treizième tirage du remboursement des actions de la Compagnie des Indes, fait le 6 mars 1783, en l'une des salles de l'hôtel de ladite Compagnie, conformément à l'arrêt du Conseil du 10 février 1772. (AN → AD^{+} 1059)

3260. Lettres patentes du roi, portant nomination du sieur Tandeau de Marsac, pour, à la place du sieur Pasquier, procéder, avec le sieur Lefebvre d'Ammecourt, à la vérification et rédaction nouvelle de la coutume de Ponthieu. 9 mars 1783. (AN → AD^{+} 1059)

3261. Lettres patentes du roi, qui autorisent le Mont-de-Piété de Metz à emprunter la somme de 500 000 livres. 10 mars 1783. (BN → F 23630 [248])

3262. Déclaration du roi, portant révocation de l'exemption du droit d'indemnité, accordée par l'article VIII de la déclaration du 10 mars 1776, sur les acquisitions de terrains pour des cimetières ; et qui la convertit en exemption de droits de lods et ventes, centième denier et amortissement. 10 mars 1783. (AN → AD^{+} 1059)

3263. Arrêt du Conseil d'État du roi, qui ordonne que les arrêts du Conseil des 13 février 1731, 8 août 1780, 27 janvier, 17 septembre et 12 novembre 1782, seront exécutés selon leur forme et teneur ; en conséquence, casse et annule l'arrêt de la Cour des aides de Paris, du 20 décembre 1782, comme incompétemment rendu ; évoque l'appel interjeté par Étienne Lagrange et sa femme, des ordonnances du sieur intendant de la généralité de Champagne, des 31 décembre 1781, et 24 août 1782 ; faisant droit sur ledit appel, et, sans s'y arrêter, ordonne que lesdites ordonnances seront exécutées selon leur forme et teneur ; condamne lesdits Lagrange au coût, sceau, contrôle et signification de l'arrêt. 11 mars 1783. (AN → AD+ 1059)

3264. Arrêt du Conseil d'État du roi, qui ordonne que les directeurs, receveurs et autres employés de l'administration de la régie de la Loterie royale de France, jouiront des privilèges accordés aux commis des Fermes, par l'ordonnance du mois de juillet 1681, et par lettres patentes du 28 décembre 1782. 12 mars 1783. (AN → AD+ 1059)

3265. Arrêt du Conseil d'État du roi, et lettres patentes sur icelui, qui ordonnent que la fabrication de vingt mille marcs d'espèces de cuivre, ordonnée dans la monnaie d'Orléans, par arrêt du Conseil du 4 novembre 1781, sera continuée et portée à cent mille marcs pendant le cours de deux ans. 13 mars 1783. (AN → AD+ 1059)

3266. Arrêt du Conseil d'État du roi, et lettres patentes sur icelui, qui ordonnent que pendant le cours de deux années, il sera fabriqué cent mille marcs d'espèces de cuivre, en la monnaie de Limoges, à raison de cinquante mille marcs par an. 13 mars 1783. (AN → AD+ 1059)

3267. Ordonnance du roi, pour mettre le régiment d'Anhalt, sous le nom de Salm-Salm ; et expliquer ses intentions relativement à ce changement. 13 mars 1783. (AN → AD+ 1059)

3268. Arrêt du Conseil d'État du roi, concernant l'administration de l'hôpital royal des Quinze-Vingts, aveugles de Paris. 14 mars 1783. (AN → AD+ 1059)

3269. Arrêt du Conseil d'État du roi, qui commet le sieur Dreux, juré-arpenteur, géographe et toiseur, reçu au bailliage royal de Versailles, toiseur général des pierres qui seront extraites des carrières des hautes et basses plaines des paroisses situées dans l'étendue de la capitainerie royale de Saint-Germain-en-Laye ; et le sieur Lechangeur, architecte, breveté de feu Sa Majesté le roi de Pologne, et inspecteur des casernes et travaux de la généralité de Paris, contrôleur dudit toisé. 14 mars 1783. (AN → AD+ 1059)

3270. Lettres patentes du roi, portant abolition du droit d'aubaine entre la France et les États du comte de la Leyen. 15 mars 1783. (AN → AD+ 1059)

3271. Arrêt du Conseil d'État du roi, portant modération de droits sur les charbons de terre entrant dans la ville de Paris ou dans la banlieue. 16 mars 1783. (AN → AD+ 1059)

3272. Lettres patentes du roi, portant règlement sur le genre des preuves que les décimateurs seront tenus de faire, lorsqu'ils seront obligés ou admis à prouver leur possession de la dîme du gros milt et autres fruits. 16 mars 1783. (AN → AD+ 1059)

3273. Lettres patentes du roi, portant fixation des nouvelles finances des offices de receveurs particuliers des Finances, créés par édit de janvier 1782. 16 mars 1783. (AN → AD+ 1059)

3274. Arrêt du Conseil d'État du roi, qui assujettit au régime et aux règlements des bois de l'ordre de Malte ceux dépendant des maisons et biens de l'ordre ci-devant de Saint-Antoine réuni à celui de Malte. 18 mars 1783. (AN → AD⁺ 1059)

3275. Lettres patentes du roi, qui maintiennent M. le duc d'Orléans, dans le droit d'être payé sur les deniers comptants et effets mobiliers provenant de la vente des effets saisis appartenant aux adjudicataires de ses bois, par préférence à tous autres créanciers. 18 mars 1783. (AN → AD⁺ 1059)

3276. Arrêt du Conseil d'État du roi, portant établissement d'une école des mines. 19 mars 1783. (AN → AD⁺ 1059)

3277. Arrêt du Conseil d'État du roi, portant règlement pour l'exploitation des mines de métaux. 19 mars 1783. (AN → AD⁺ 1059)

3278. Arrêt du Conseil d'État du roi, portant règlement pour l'exploitation des mines de charbon de terre. 19 mars 1783. (AN → AD⁺ 1059)

3279. Régie générale de Clavel. Circulaire. Envoi du compte d'ordre des nouveaux sols pour livre, créés par l'édit d'août 1781. 19 mars 1783. (AN → G/2/17)

3280. Arrêt du Conseil d'État du roi, pour le renouvellement des cartouches des Noirs et autres gens de couleur qui sont à Paris. 23 mars 1783. (AN → AD⁺ 1059)

Arrêts du Conseil d'État du roi. 25 février 1782, 26 mars et 19 août 1783. (AN → AD⁺ 1059). Voir notice n° 2891.

3281. Lettres patentes du roi, qui ordonnent que le contrôle des expéditions de finance qui y sont sujettes, sera fait à l'avenir par le contrôleur général des Finances, comme avant les lettres patentes du 29 juin 1777. 30 mars 1783. (AN → AD⁺ 1059)

3282. Arrêt du Conseil d'État du roi, qui ordonne l'exécution, dans le port de Dunkerque, des arrêts et règlements qui accordent la préférence à la Ferme générale, dans les adjudications de tabacs provenant de prise. 2 avril 1783. (AN → AD⁺ 1060)

3283. Arrêt du Conseil d'État du roi, qui renvoie en la Chambre du domaine de Paris, les contestations nées et à naître relativement à la succession de la demoiselle Flochet de Goussainville, veuve du sieur Auvray de Fincel, en quelques juridictions qu'elles soient portées. 3 avril 1783. (AN → AD⁺ 1060)

3284. Arrêt du Conseil d'État du roi, qui ordonne l'ouverture d'un emprunt, par forme de Loterie, remboursable en huit années. 5 avril 1783. (AN → AD⁺ 1060)

3285. Loterie royale établie par arrêt du Conseil du 5 avril 1783. Liste générale du septième tirage de ladite Loterie, fait dans une des salles de l'Hôtel de Ville de Paris, en présence de messieurs les maire, lieutenant de maire, et conseillers assesseurs de ladite ville. (AN → AD⁺ 1060)

3286. Arrêt du Conseil d'État du roi, qui nomme ceux qui doivent signer les billets et coupons de la Loterie royale, établie par arrêt du Conseil du 5 avril 1783. 10 avril 1783. (AN → AD⁺ 1060)

3287. Arrêt du Conseil d'État du roi, qui confirme M. de Bercy dans la jouissance d'un droit de bac qui lui appartient, en qualité d'engagiste, sur la rivière de Seine, au port de Conflans. 10 avril 1783. (AN → AD^{+} 1060)

3288. Arrêt du Conseil d'État du roi, qui ordonne que dans trois mois, à compter du jour de la signification dudit arrêt, le sieur évêque de Valence, abbé de Rebais, sera tenu de justifier des titres du droit de hallage qu'il prétend lui appartenir audit lieu de Rebais ; à faute de ce faire dans ledit temps et icelui passé, supprime ledit droit de hallage à Rebais. 10 avril 1783. (AN → AD^{+} 1060)

3289. Lettres patentes du roi, portant règlement pour le collège de la ville de Langres. 10 avril 1783. (AN → AD^{+} 1060)

3290. Déclaration du roi, concernant les alignements et ouvertures des rues de Paris. 10 avril 1783. (AN → AD^{+} 1060)

3291. Déclaration du roi, portant suppression des offices de receveurs des amendes, et gardes généraux dans les douze maîtrises de l'apanage de Monsieur ;
Réunion à l'office de receveur général des domaines et bois du duché d'Alençon, des offices de receveurs particuliers des bois d'Alençon, Domfront et Mortagne ;
Et création d'un office de contrôleur général des domaines et bois de l'Anjou et du Maine. 10 avril 1783. (AN → AD^{+} 1060)

3292. Extrait des registres du Conseil d'État du roi. (Sieur Saget de Maker. Sieur de Voyo de Rigny. Mines. Philippeville). 15 avril 1783. (AN → AD^{+} 1060)

3293. Arrêt du Conseil d'État du roi, qui fait main-levée d'une opposition formée par le sieur Belle, juré-priseur-vendeur de meubles de la sénéchaussée du Boulonnois-sur-Mer, à la délivrance des deniers provenant de la vente des prises anglaises le *Wrein* et le *Recovery* ; fait défenses audit sieur Belle et à tous autres jurés-priseurs, de prétendre à la retenue des quatre deniers pour livre sur le produit des ventes des prises. 16 avril 1783. (AN → AD^{+} 1060)

3294. Lettre de M. d'Ormesson à M. Chardon, au sujet de vingt barils de salpêtre, trouvés dans le chargement d'une prise conduite à Paimpol. 16 avril 1783. (AN → AD/VII/7^{B} pièce 2)

3295. Lettres patentes du roi, qui réunissent les trois corps des sayeteurs, bourgeteurs et tisserands de la ville de Lille, en une seule communauté. 17 avril 1783. (AN → AD/XVI/14^{A})

3296. Arrêt du Conseil d'État du roi, qui fixe les couleurs que devront avoir à l'avenir les lisières des ratines croisées blanches et des espagnolettes, soit lisses, soit croisées blanches, qui se fabriqueront à Rouen, Darnetal et banlieue. 18 avril 1783. (AN → AD^{+} 1060)

3297. Arrêt du Conseil d'État du roi, et lettres patentes sur icelui, qui ordonnent une fabrication de cinquante mille marcs d'espèces de cuivre en la monnaie de Bayonne. 19 avril 1783. (AN → AD^{+} 1060)

3298. Arrêt du Conseil d'État du roi, qui règle le nombre de chevaux, mulets et bœufs qui seront à l'avenir attelés aux voitures ; qui prescrit différentes formalités pour la conservation des routes. 20 avril 1783. (AN → AD^{+} 1060)

3299. Arrêt du Conseil d'État du roi, concernant les nouvelles routes de communication, et les formalités qui devront à l'avenir précéder la confection des routes. 20 avril 1783. (AN → AD$^+$ 1060)

3300. Instruction pour l'exécution de l'arrêt du Conseil du 20 avril 1783, registré au Bureau des finances le 7 mai suivant ; portant règlement sur le nombre de chevaux, mulets et bœufs qui seront attelés aux voitures, à compter du 1er octobre 1783. (AN → AD$^+$ 1060)

3301. Lettres patentes du roi, qui ordonnent que les audiences de la juridiction consulaire de Valenciennes, se tiendront à l'avenir les lundi et jeudi de chaque semaine. 24 avril 1783. (AN → AD/XVI/14^A)

3302. Arrêt du Conseil d'État du roi, contenant règlement pour la rédaction des constitutions de l'ordre de Cîteaux. 25 avril 1783. (AN → AD$^+$ 1060)

3303. Extrait des registres du Conseil d'État du roi. (Moulins de Taragnoz, de la ville, de l'archevêque, Saint-Paul et Rivotte). 25 avril 1783. (AN → Marine A/1/132)

3304. Arrêt du Conseil d'État du roi, qui ordonne qu'à compter du 1er janvier 1784, la poudre à tirer sera vendue par la régie des Poudres et Salpêtres, aux débitants et au public, en grain et sans être pliée, au poids usité dans chaque province. 26 avril 1783. (AN → AD$^+$ 1060)

3305. Arrêt du Conseil d'État du roi, qui ordonne qu'à l'avenir les huit sous pour livre payés en sus du principal des amendes, seront restitués à ceux qui auront obtenu la restitution du principal desdites amendes. 30 avril 1783. (AN → AD$^+$ 1060)

3306. Édit du roi, portant suppression des offices de trésoriers et contrôleurs du marc d'or ; et création d'un office de trésorier général dudit droit. Mai 1783. (AN → AD$^+$ 1060)

3307. Édit du roi, portant règlement pour la reddition des foi et hommages de la part des vassaux du Domaine du roi. Mai 1783. (AN → AD$^+$ 1060)

3308. Loterie royale, établie par arrêt du Conseil d'État du roi du 29 octobre 1780. Liste du tirage des deux mille billets qui doivent participer à celui des quatre cents primes, du mois de septembre 1783. 1er mai 1783. (AN → AD$^+$ 1060)

3309. Arrêt du Conseil d'État du roi, portant défenses aux propriétaires des établissements de commerce, qui auront obtenu des privilèges ou encouragements pécuniaires, de traiter de la vente desdits établissements, sans en avoir obtenu la permission du contrôleur général des Finances. 2 mai 1783. (AN → AD$^+$ 1060)

3310. Arrêt du Conseil d'État du roi, qui ordonne que tous les propriétaires et engagistes des droits de pêche, pêcheries, moulins et autres droits de quelque nature qu'ils puissent être, situés sur les rivières navigables et autres y affluentes, qui n'ont pas satisfait aux arrêts du Conseil des 24 juin et 5 août 1777, seront tenus de représenter dans quatre mois pour tout délai, au greffe de la Commission des péages, les titres en vertu desquels ils jouissent desdits droits ; et autorise les sieurs commissaires du Bureau des péages de procéder à la vérification desdits titres et droits. 5 mai 1783. (AN → AD[+] 1060)

3311. Arrêts du Conseil d'État du roi. Le premier ordonne l'envoi des motifs de deux arrêts de la Chambre des comptes, Cour des aides de Nancy des premier août 1781 et 9 mars 1782.
Le second, sur le vu des motifs, déboute Henri Clavel, régisseur général, de sa demande en cassation de l'arrêt du premier août 1781, et casse celui du 9 mars 1782 ; ordonne l'exécution d'une sentence du bailliage de Lunéville du 23 novembre 1781 ; condamne Gabriel Alba, tanneur à Vézelise, en 30 livres d'amende par chacun des cuirs saisis sur Georges Belly, dont il avait pris le fait et cause, et aux dépens.
Cet arrêt fait en outre défenses, tant à la Chambre des comptes, Cour des aides de Nancy, qu'à tous autres juges, d'ordonner le déplacement des empreintes-matrices, sauf, en cas de nouvelles empreintes dans la forme prescrite par l'article 30 des lettres patentes du 17 janvier 1773.
Comme aussi d'annuler les procès-verbaux des commis de la Régie générale, qui ne contiennent point assignation, sous prétexte qu'ils ne sont pas contrôlés. 6 mai et 16 décembre 1783. (AN → AD[+] 1060)

3312. Arrêt du Conseil d'État du roi, qui rend communs à la fabrique d'Évreux, tant le tableau de fabrication fait pour la fabrique de Louviers, que les lettres patentes du 1er mars 1781, auxquelles ledit tableau est annexé ; excepté que les fabricants d'Évreux ne pourront mettre à leurs étoffes que des lisières bleues. 8 mai 1783. (AN → AD[+] 1060)

3313. Arrêt du Conseil d'État du roi, qui ordonne que les marchands ou artisans des villes, faubourgs et banlieues du ressort du parlement de Rouen, reçus maîtres dans les justices des seigneurs, depuis le 1er mai 1782, ne pourront pas se prévaloir de la faveur accordée par l'article II de la déclaration du 6 février dernier, concernant les communautés d'arts et métiers du ressort dudit Parlement. 8 mai 1783. (AN → AD[+] 1060)

3314. Lettres patentes du roi, par lesquelles Sa Majesté lève la modification mise dans l'arrêt de la Cour du parlement de Toulouse, du 5 avril 1783, qui ordonne l'enregistrement de la déclaration du roi, du 16 mars précédent, concernant les preuves en matière de dîmes. 8 mai 1783. (AN → AD[+] 1060). Avec l'arrêt de registre du 6 mars 1784.

3315. Arrêt du Conseil d'État du roi, qui ordonne qu'il sera procédé à la vente, à titre d'acensement, des cent soixante-quinze arpents, excédant les trois cent trente-un arpents portés par la déclaration des habitants de la paroisse de Pompoint. 9 mai 1783. (AN → AD[+] 1060)

3316. Lettres patentes du roi, qui annulent les modifications insérées par le parlement de Bretagne, le 14 avril, dans son arrêt d'enregistrement de l'édit (de juillet 1782) portant établissement du troisième vingtième. 10 mai 1783. (BN → F 20967 [13])

3317. Lettres patentes du roi, qui ordonnent qu'à l'ancien sceau du bailliage de Lille, il en sera substitué un nouveau aux armes du roi. 14 mai 1783. (AN → AD/XVI/14[A])

3318. Arrêt du Conseil d'État du roi. (Droits d'entrée et d'octrois. Police générale de Rennes). 15 mai 1783. (AN → AD^{+} 1060)

3319. Régie générale. Circulaire. 19 mai 1783. (Droits réservés). (AN → G/2/17)

3320. Arrêt du Conseil d'État du roi, qui ordonne que les maîtres, tant des anciennes que des nouvelles communautés des villes du ressort du parlement de Rouen, ne pourront étaler ni vendre leurs marchandises dans les marchés desdites villes, excepté néanmoins qu'il n'y ait dans lesdits marchés des halles ou hangards destinés pour lesdits étalages et vente. 22 mai 1783. (AN → AD^{+} 1060)

3321. Arrêt du Conseil d'État du roi, qui déclare nulles et de nul effet toutes les réceptions qui ont pu être faites dans les communautés d'arts et métiers de la ville de Troyes, au préjudice des dispositions de la déclaration du 23 juin 1779. 22 mai 1783. (AN → AD^{+} 1060)

3322. Déclaration du roi, concernant l'administration des hôpitaux de la ville de Rennes. 22 mai 1783. (BN → F 20965 [56])

3323. Arrêt du Conseil d'État du roi, qui supprime un ouvrage intitulé : *Relation de deux voyages dans les mers australes et des Indes, faits par M. de Kerguelen en 1771, etc.* 23 mai 1783. (AN → AD^{+} 1060)

3324. Extrait des registres du Conseil d'État du roi. (Michel-François Pillion. La Queue-en-Brie). 27 mai 1783. (AN → AD^{+} 1060)

3325. Arrêt du Conseil d'État du roi, qui fait défenses à tous adjudicataires des bois qui peuvent servir à l'approvisionnement de la ville de Paris, de convertir en charbons ceux provenant de leurs exploitations, de six pouces de tour et au-dessus, qui seront débités en bois de corde. 29 mai 1783. (AN → AD^{+} 1060)

3326. Lettres patentes du roi, concernant les octrois de la ville de Paris. 1er juin 1783. (AN → AD^{+} 1060)

3327. Lettres patentes du roi, concernant l'hospice fondé dans les écoles de chirurgie de Paris. 5 juin 1783. (AN → AD^{+} 1060)

3328. Déclaration du roi, portant que les généraux provinciaux des monnaies établis dans les provinces, ne pourront connaître des délits sur les monnaies, et les juger autrement qu'à la charge de l'appel en la Cour des monnaies à Paris. 5 juin 1783. (AN → AD^{+} 1060)

3329. Arrêt du Conseil d'État du roi, qui ordonne un nouvel aménagement de la forêt de Brotonne. 6 juin 1783. (AN → AD^{+} 1060)

3330. Ordonnance du roi, qui prescrit de tenir compte, par forme de supplément de traitement, sur l'extraordinaire des Guerres, des quatre deniers pour livre de la solde des sergents, caporaux, bas-officiers et soldats des compagnies détachées, aux lieutenants qui les commanderont pendant la vacance. 7 juin 1783. (AN → AD^{+} 1060)

3331. Arrêt du Conseil d'État du roi, qui ordonne que les enfants de René Noirault payeront le droit de franc-fief, tant du fief des Ageaulx, que des deux borderies qui en dépendent, et que ledit Noirault possédait lorsqu'il a acquis ledit fief, par contrats passés en 1757, dans lesquels il a déclaré ne vouloir réunir le domaine utile, à la directe. 10 juin 1783. (AN → AD^{+} 1060)

3332. Arrêt du Conseil d'État du roi, qui, sans s'arrêter à une ordonnance de M. l'intendant de Provence du 29 mai 1780, ni à l'intervention des procureurs des gens des trois États dudit pays, dont Sa Majesté les a déboutés, ordonne que le sieur Clément Jean sera tenu de rétablir au Bureau de contrôle de la ville d'Aix la somme de 50 livres 12 sols 3 deniers qui avait été perçue pour droits de contrôle et de centième denier sur le capital d'un cens de trois charges, sept panneaux de blé, et 49 livres 15 sols 3 deniers en argent, dont le sieur Jean avait été chargé par le contrat d'acquisition du jeu de mail de la ville d'Aix. 10 juin 1783. (AN → AD/IX/397)

3333. Arrêt du Conseil d'État du roi, qui fixe, à compter du 1er octobre 1781, jusqu'à ce qu'il en soit autrement ordonné, les abonnements à payer annuellement par l'élection d'Angoulême, pour tenir lieu de la perception en principal et sous pour livre des droits de courtiers-jaugeurs, inspecteurs aux boissons et aux boucheries, et de ceux sur les huiles fabriquées dans l'étendue de ladite élection, et qui s'y consomment. 11 juin 1783. (AN → AD^{+} 1060)

3334. Arrêt du Conseil d'État du roi, qui fixe, à compter du 1er octobre 1781, jusqu'à ce qu'il en soit autrement ordonné, les abonnements à payer annuellement par l'élection de Bourgagneuf, pour tenir lieu de la perception en principal et sous pour livre des droits de courtiers-jaugeurs, inspecteurs aux boissons et aux boucheries, et de ceux sur les huiles fabriquées dans l'étendue de ladite élection, et qui s'y consomment. 11 juin 1783. (AN → AD^{+} 1060)

3335. Arrêt du Conseil d'État du roi, qui, jusqu'au 1er janvier 1786, réduit à deux sous les dix sous pour livre, perçus en outre des anciens droits sur les sels, de Brouage et de Saintonge envoyés à l'étranger. 18 juin 1783. (AN → AD^{+} 1060)

3336. Lettres patentes sur arrêt, en faveur des sieurs Oberkampf et Sarrasin de Maraise, entrepreneurs-propriétaires de la manufacture royale de toiles peintes établie à Jouy près Versailles, sur la rivière des Gobelins.
Portant entre autres prérogatives, que les toiles de ladite manufacture seront exemptes des visites, plombs et marques prescrites par les règlements, et pourront, avec la seule empreinte de la manufacture imprimées sur chaque chef, circuler librement dans le royaume, et être exportées à l'étranger. 19 juin 1783. (AN → AD^{+} 1060)

3337. Déclaration du roi, concernant la comptabilité du trésorier général des Ponts et Chaussées. 19 juin 1783. (AN → AD^{+} 1060)

3338. Arrêt du Conseil d'État du roi, pour la convocation d'un chapitre extraordinaire de la congrégation de Saint-Maur, à Saint-Denis. 21 juin 1783. (AN → AD^{+} 1060)

3339. Arrêt du Conseil d'État du roi, qui attribue aux officiers de l'amirauté de Dunkerque, la connaissance des vols faits à bord des navires la *Poste-d'Allemagne*, le *Jeune-Jérémie*, d'Amsterdam, et autres navires qui étaient amarrés dans le port de Dunkerque. 22 juin 1783. (AN → AD/VII/7^{B} pièce 2)

3340. Déclaration du roi, portant prorogation pendant trois ans, des droits d'octrois accordés à l'hôpital général et à celui des Enfants-Trouvés de la ville de Paris. 22 juin 1783. (AN → AD^{+} 1060)

3341. Arrêt du Conseil d'État du roi, qui, sans s'arrêter à une ordonnance du parlement de Grenoble du treize septembre mil sept cent quatre-vingt-deux, que Sa Majesté a déclaré nulle comme incompétemment rendue, ordonne l'exécution des édits de novembre mil six cent quatre-vingt-neuf, août mil sept cent seize, et déclaration du trois août mil sept cent trente-deux ; en conséquence condamne le sieur Le Maître, procureur, au payement du droit de contrôle ou sol pour livre de la somme de deux cent soixante-dix-sept livres neuf sols, à lui adjugée par arrêt du Parlement contre le sieur Beranger, pour frais et fournitures faits dans les procès le concernant : fait défenses au syndic de la communauté des procureurs, et à tous autres, de se pourvoir sur les contestations relatives à la perception et régie des droits réservés, ailleurs que devant le sieur intendant et commissaire départi dans la province, sauf l'appel au Conseil, et condamne ladite communauté, en la personne de son syndic, au coût, sceau, contrôle et signification dudit arrêt. 24 juin 1783. (AN → AD^{+} 1060)

3342. Arrêt du Conseil d'État du roi, portant établissement de paquebots pour communiquer avec les États-Unis de l'Amérique. 28 juin 1783. (AN → AD^{+} 1060)

3343. Arrêt du Conseil d'État du roi, concernant le tirage et le remboursement à faire aux mois de décembre et de janvier prochain, des rentes créées par l'édit de décembre 1782. 28 juin 1783. (AN → AD^{+} 1060)

3344. Extrait des registres du Conseil d'État du roi. (Jean-Louis Vaquette de Lenchères). 28 juin 1783. (AN → AD^{+} 1060)

3345. Arrêt du Conseil d'État du roi, qui permet aux bâtiments étrangers arrivant directement des côtes d'Afrique, avec des cargaisons de cent quatre-vingt Noirs, au moins, d'aborder dans le port principal de chacune des îles de la Martinique, la Guadeloupe, Sainte-Lucie et Tabago, jusqu'au 1er août 1786, et d'y vendre lesdits Noirs, en payant pour chaque tête de Noirs, négresses, négrillons ou négrites, un droit de cent livres argent de France, dont le produit sera employé en primes sur les Noirs, provenant de la traite française, qui seront introduits pendant le même temps auxdites îles du Vent. 28 juin 1783. (AN → AD^{+} 1060)

3346. Édit du roi, portant suppression des offices de trésoriers des mortes-payes et des fortifications, et de leurs contrôleurs. Juillet 1783. (AN → AD^{+} 1061)

3347. Édit du roi, concernant les fonctions du lieutenant criminel de robe-courte et des officiers de sa compagnie. Juillet 1783. (AN → AD^{+} 1061)

3348. Édit du roi, portant création dans chacune des Maisons de Monsieur et de monsieur le comte d'Artois, d'une charge de chirurgien de leurs Maisons, Bouche et Commun, chargé de soigner les garçons de leurs offices et de ceux de Madame et de madame la comtesse d'Artois. Juillet 1783. (AN → AD^{+} 1061)

3349. Lettres patentes portant concessions et confirmations des privilèges, franchises, exemptions et droits des maire, échevins, bourgeois et habitants de la ville de Langres. Juillet 1783. (AN → AD$^+$ 1061)

3350. Tarif pour la fourniture des étapes suivant les règlements et ordonnances de Sa Majesté des 13 juillet 1727 et 30 juin 1737. Juillet 1783. (BN → Fp 2730)

3351. Tarif des droits des geôliers et greffiers dans les prisons de Paris. Juillet 1783. (BN → Ms. Joly de Fleury 546, fol. 307)

3352. Arrêt du Conseil d'État du roi, qui, sans s'arrêter au jugement du Conseil des prises, fait main-levée du navire anglais le *Merlin*, et de sa cargaison. 1er juillet 1783. (AN → AD/VII/7^B pièce 2)

3353. Arrêt du Conseil d'État du roi, qui, en confirmant un jugement du Conseil des prises, lequel avait donné main-levée au propriétaire de son navire la *Sophie-Albertine*, enjoint aux officiers de l'amirauté de Vannes, de se conformer plus exactement à l'avenir aux arrêts et règlements, notamment à l'arrêt du Conseil du 13 octobre 1676, et aux articles 30 de l'ordonnance de la Marine de 1681, et 17 du règlement du 19 juillet 1778. 1er juillet 1783. (AN → AD/VII/7^B pièce 2)

3354. Lettres patentes sur arrêt, concernant l'abonnement des droits réservés de la province de Béarn, et les droits à percevoir pour subvenir au payement de cet abonnement. 3 juillet 1783. (AN → AD$^+$ 1061)

3355. Arrêt du Conseil d'État du roi, et lettres patentes sur icelui, portant règlement pour l'approvisionnement des bois de chauffage de la ville de Rouen. 5 juillet 1783. (AN → AD$^+$ 1061)

3356. Lettres patentes du roi, concernant l'hôpital général de La Rochelle. 5 juillet 1783. (AN → AD$^+$ 1061)

3357. Règlement pour les paquebots établis par arrêt du Conseil du 28 juin 1783. 5 juillet 1783. (AN → AD$^+$ 1061)

3358. Loterie royale, établie par arrêt du Conseil d'État du roi du 7 décembre 1777. Liste générale du tirage des 500 primes, attribuées aux cinq mille billets sortis avec des lots de mille livres. Remboursables en décembre 1783. Ledit tirage fait dans la grande salle de l'Hôtel de Ville de Paris, en présence de messieurs les prévôt des marchands et échevins. 7 juillet 1783. (AN → AD$^+$ 1061)

3359. Arrêt du Conseil d'État du roi, qui ordonne, à compter du 1er septembre prochain, l'exécution des dispositions de l'arrêt du 6 juin 1763, concernant le poisson de pêche étrangère. 9 juillet 1783. (AN → AD$^+$ 1061)

3360. Arrêt du Conseil d'État du roi, qui casse et annule l'arrêt rendu par le parlement de Metz le 12 mai 1783 : ordonne le paiement du droit du sceau, des actes et contrats passés entre domiciliés ou pour raison de biens situés dans les lieux et villages dénommés dans l'article XIV du traité de Vincennes du dernier février 1661, aux Bureaux désignés par l'article XVII de la déclaration du mois de novembre 1772 : confirme l'attribution, exclusivement à tous autres Cours et juges, à la Chambre des comptes de Lorraine des contestations sur la régie et perception desdits droits, et fait défenses aux parties de se pourvoir, et à tous procureurs d'occuper et de faire pour raison de ce, aucunes procédures ailleurs à peine de nullité, et de 500 livres d'amende tant contre les procureurs que contre les parties : enjoint à tous huissiers et sergents de faire à la première réquisition des commis et préposés pour la partie des domaines et droits domaniaux en Lorraine, tous exploits et autres actes en exécution des contraintes qui seront décernées pour le recouvrement desdits droits, sans qu'il soit besoin de paréatis ou permission des juges des lieux. 9 juillet 1783. (AN → AD^+ 1061)

3361. Arrêt du Conseil d'État du roi, qui ordonne la suppression de quatre imprimés concernant la congrégation de Saint-Maur. 12 juillet 1783. (AN → AD^+ 1061)

3362. Instruction pour l'exécution de l'arrêt du Conseil du 20 avril 1783, registré au Bureau des finances le 7 mai suivant ; portant règlement sur le nombre de chevaux, mulets et bœufs qui seront attelés aux voitures, à compter du 1er octobre 1783. 15 juillet 1783. (AN → AD^+ 1061)

3363. Arrêt du Conseil d'État du roi, qui ordonne que la levée et signification des jugements de compétence en matière présidiale, n'auront pas lieu lorsque lesdits jugements auront été rendus du consentement des parties, ou qu'elles y auront acquiescé avant l'appel relevé. 16 juillet 1783. (AN → AD^+ 1061)

3364. Arrêt du Conseil d'État du roi, concernant les comptes à rendre du prix des bois des gens de mainmorte, par les receveurs généraux des Domaines et Bois, supprimés par l'édit d'août 1777. 18 juillet 1783. (AN → AD^+ 1061)

3365. Arrêt du Conseil d'État du roi, concernant l'expédition de commerce à faire à la Chine, de 1783 à 1784. 21 juillet 1783. (AN → AD^+ 1061)

3366. Arrêt du Conseil d'État du roi, qui, faisant droit sur les demandes, fins et conclusions du sieur Fragnières, engagiste des greffes du bailliage de la chancellerie et du siège présidial d'Autun, tendantes à jouir de la totalité des droits et émoluments des greffes en chef desdits sièges, de ceux attribués à l'office de greffier aux Inventaires, de douze sous cinq deniers sur chaque défaut et congé aux bailliage et chancellerie, de six sous huit deniers sur chaque présentation du demandeur et du défendeur, tant auxdits bailliage et chancellerie, qu'au siège présidial ; et encore en ce dernier siège, des droits principaux des affirmations de voyages et des défauts de toute nature, ordonne que ledit sieur Fragnières jouira, dans toutes les années, de la totalité des droits et émoluments des greffes en chef desdites juridictions, et de deux sous huit deniers par chaque présentation des défendeurs seulement ; maintient Jean-Vincent René dans le droit de faire faire, par ses préposés, la recette desdits droits de présentation, à la charge de compter desdits deux sous huit deniers par chacune, au sieur Fragnières ; fait défenses à ce dernier de s'immiscer dans les fonctions de greffier aux Inventaires qui seront exercées par le préposé dudit René, et déboute ledit sieur Fragnières de toutes ses autres demandes. 22 juillet 1783. (AN → AD^+ 1061)

3367. Arrêt du Conseil d'État du roi, portant règlement général pour la navigation de la Loire et des rivières y affluentes. 23 juillet 1783. (AN → AD^+ 1061)

3368. Déclaration du roi, portant suppression du titre de l'office de concierge-buvetier des requêtes de l'Hôtel. 23 juillet 1783. (AN → AD+ 1061)

3369. Arrêt du Conseil d'État du roi, qui ordonne que les pièces justificatives au soutien des comptes rendus et à rendre par Jean-Vincent René, adjudicataire général des Domaines et Bois de Sa Majesté, aux ecclésiastiques et communautés, seront, avec lesdits comptes, déposées aux greffes des maîtrises. 24 juillet 1783. (AN → AD+ 1061)

3370. Arrêt du Conseil d'État du roi. (Receveurs généraux des Domaines et Bois). 24 juillet 1783. (AN → AD/X/8 dossier A pièce 67)

3371. Lettres patentes du roi, portant défenses de vendre et de nourrir des chiens-mâtins, propres à servir à la fraude du sel et du tabac. 24 juillet 1783. (AN → AD/XVI/14A)

3372. Lettres patentes du roi, concernant les officiers du bailliage de Montreuil, et ceux du bailliage d'Ardres. 25 juillet 1783. (AN → AD+ 1061)

3373. Déclaration du roi, concernant la répartition des épices et émoluments entre les généraux provinciaux subsidiaires, et les juges-gardes des monnaies. 25 juillet 1783. (AN → AD+ 1061)

3374. Arrêt du Conseil d'État du roi, et lettres patentes sur icelui, portant attribution aux élus-généraux des États de Bourgogne, de la connaissance, dans l'étendue de ladite province, de tous les cas mentionnés en l'arrêt du Conseil du 20 avril précédent, lequel règle le nombre des chevaux, mulets et bœufs, qui seront attelés à l'avenir aux voitures ; et prescrit différentes formalités, pour la conservation des routes. 26 juillet 1783. (AN → AD+ 1061)

3375. Règlement sur l'admission des élèves dans les Écoles royales militaires. 26 juillet 1783. (AN → AD+ 1061)

3376. Arrêt du Conseil d'État du roi, qui ordonne l'exécution de celui du 2 avril 1782, et casse un nouvel arrêt du parlement de Nancy. (Abbaye de Bouzonville). 27 juillet 1783. (AN → AD/XVII/17A)

3377. Lettres patentes du roi, qui accordent aux entrepreneurs des manufactures et aux artistes, la liberté d'avoir chez eux des balanciers, des presses, des moutons, des laminoirs et des coupoirs pour leur usage ; à la charge d'en obtenir la permission de la Cour des monnaies, ou des sièges de son ressort. 28 juillet 1783. (AN → AD+ 1061)

3378. Arrêt du Conseil d'État du roi, qui, sans s'arrêter à trente-deux arrêts du parlement de Paris, qui portent défenses et surséances à l'exécution provisoire d'ordonnances du Bureau des finances de la généralité de Paris ; ordonne l'exécution desdites ordonnances, en ce qui concerne les amendes y prononcées, condamne les appelants et leurs procureurs chacun personnellement en cent livres d'amende aux dépens et au coût du présent arrêt. 29 juillet 1783. (AN → AD+ 1061)

3379. Arrêt du Conseil d'État du roi, qui, sans s'arrêter à trois ordonnances du Bureau des finances de Paris du 4 juillet 1783, que Sa Majesté a cassées et annulées ; condamne les sieurs Lahogue, Rausin et Cornette, chacun en cent livres d'amende, et le sieur Bouland, leur procureur, en pareille amende de cent livres, par chaque requête par lui présentée, afin d'obtenir la nullité des procédures faites pour parvenir au recouvrement d'amendes prononcées par le Bureau des finances, et solidairement les uns et les autres au coût de l'arrêt. 29 juillet 1783. (AN → AD⁺ 1061)

3380. Arrêts du Conseil d'État du roi. (Généralité de Flandres et d'Artois. Henri Clavel. Officiers municipaux de Merville). 29 juillet 1783 et 30 novembre 1784. (AN → AD⁺ 1061)

3381. Ordonnance du roi, concernant les hussards ; et pour mettre sur pied le régiment du colonel général des hussards. 31 juillet 1783. (AN → AD⁺ 1061)

3382. Édit du roi, pour autoriser les officiers des maîtrises à juger en dernier ressort les causes pour vente de bois, non excédantes la somme de cinquante livres. Août 1783. (AN → AD⁺ 1061)

3383. Édit du roi, qui supprime l'office de maître général des bâtiments et celui du maître des œuvres de charpenterie de la ville de Paris. Août 1783. (AN → AD⁺ 1061)

3384. Édit du roi, portant réunion de l'office de lieutenant général de police de la ville d'Aurillac à celui de lieutenant général du bailliage et siège présidial de la même ville. Août 1783. (AN → AD⁺ 1061)

3385. Édit du roi, portant suppression des quatre charges de gouverneurs, et des quatre charges de premiers valets des pages de la Chambre du roi ; et création de deux charges, l'une de gouverneur, et l'autre de sous-gouverneur desdits pages. Août 1783. (AN → AD⁺ 1061)

3386. Lettres patentes du roi, portant établissement d'un official à Longwy. Août 1783. (AN → AD⁺ 1061)

3387. Lettres patentes en forme d'édit, portant augmentation des portions congrues en faveur des curés et vicaires du diocèse de Toulouse, même de ceux de l'ordre de Malte audit diocèse, compris dans les États annexés aux susdites lettres ; fixent en outre quels sont les bénéfices-cures qui peuvent être résignés sous réserve de pension, et pourvoient à la subsistance des anciens curés et vicaires, ou autres ecclésiastiques approuvés dans ledit diocèse ; autorisent en conséquence le sieur archevêque de Toulouse à supprimer, à cet effet, certains prieurés et autres bénéfices y désignés. Août 1783. (AN → AD⁺ 1061)

3388. Lettres patentes du roi, portant, que M. l'archevêque-électeur de Trèves établira à Longwy un vicaire général et une officialité pour la partie de son diocèse, qui est située sous la domination du roi. Août 1783. (AN → U 1301)

3389. Arrêts du Conseil d'État du roi, et lettres patentes sur iceux, concernant la reconstruction du collège de Montbrison. 5 août 1783 et 16 mars 1784. (AN → AD⁺ 1061)

3390. Extrait des registres du Conseil d'État du roi. (Pierre Rochès. Marie Delaunay). 8 août 1783. (AN → AD⁺ 1061)

3391. Lettres patentes du roi, en interprétation de l'édit de juillet 1774, portant suppression de la vénalité de l'office de sénéchal de Rennes et fixation du remboursement du prix dudit office. 9 août 1783. (BN → F 20965 [5])

3392. Arrêt du Conseil d'État du roi, qui ordonne que les enfants qui auront appris un métier dans l'hôpital de la Trinité, seront reçus dans les communautés d'arts et métiers de la ville de Paris, en payant seulement moitié des droits fixés par l'édit d'août 1776. 10 août 1783. (AN → AD⁺ 1061)

3393. Arrêt du Conseil d'État du roi, qui fixe le poids des voitures sur la grande chaussée d'Orléans à Étampes, et ordonne l'exécution des précédents règlements concernant ladite chaussée et le roulage. 11 août 1783. (AN → O/1/214)

3394. Arrêt du Conseil d'État du roi, qui impose un droit uniforme de dix pour cent de la valeur, sur les tresses, rubans et cordons de laine et de fil de chèvre, venant de l'étranger ; et fixe leur valeur à six cents livres le quintal. 13 août 1783. (AN → AD⁺ 1061)

3395. Déclaration du roi, qui ordonne que celle du premier septembre 1775 (sur la tenue des audiences à la Cour des aides) sera exécutée jusqu'aux vacances de 1784. 14 août 1783. (AN → AD⁺ 1061)

3396. Déclaration du roi, concernant les causes d'appellations comme d'abus, et toutes celles de régale. 17 août 1783. (AN → AD⁺ 1061)

3397. Déclaration du roi, concernant les requêtes civiles. 17 août 1783. (AN → AD⁺ 1061)

Arrêts du Conseil d'État du roi. 25 février 1782, 26 mars et 19 août 1783. (AN → AD⁺ 1061). Voir notice n° 2891.

3398. Arrêt du Conseil d'État du roi, concernant le commerce des pouzollanes françaises. 23 août 1783. (AN → AD⁺ 1061)

3399. Lettres patentes du roi, concernant les hôpitaux de la ville de Lyon. 23 août 1783. (AN → AD⁺ 1061)

3400. Déclaration du roi, par laquelle Sa Majesté proroge pour dix ans, à compter du 1er janvier 1784, les droits établis en faveur de la ville de Paris, par la déclaration du 25 novembre 1762 ; et pourvoir, tant aux dépenses qu'à la libération des dettes de ladite ville. 23 août 1783. (AN → AD⁺ 1061)

3401. Règlement du Conseil, concernant l'administration provinciale du Berry. 23 août 1783. (AN → AD⁺ 1061)

3402. Lettres patentes du roi, portant homologation des statuts et règlements des maîtres et marchands charcutiers de Paris.
Sous l'exercice des sieurs Pierre Guillon et J.-Philippe Charfoulaut, syndics ;
Et des sieurs Pierre-Nicolas Dessus-Lamarre et Jean-Louis-Alexandre Girardier, adjoints. 26 août 1783. (AN → AD/XI/15 dossier C pièce 76)

3403. Arrêt du Conseil d'État du roi, qui ordonne qu'il sera apposé sur chaque pièce d'étoffe présentée à la visite après les apprêts, deux plombs ; savoir, l'un au chef de ladite pièce, et l'autre à l'extrémité. 28 août 1783. (AN → AD⁺ 1061)

3404. Arrêt du Conseil d'État du roi, qui accorde aux anciens maîtres des communautés d'arts et métiers des villes du ressort du parlement de Paris, un nouveau délai jusqu'au 1er mars prochain, pour se faire recevoir dans les nouvelles communautés, sur le pied de la modération portée par l'édit du mois d'avril 1777. 28 août 1783. (AN → AD$^+$ 1061)

3405. Arrêt du Conseil d'État du roi, qui accorde aux anciens maîtres des communautés d'arts et métiers des villes du ressort du parlement de Rouen, un nouveau délai jusqu'au 1er mars prochain, pour se faire recevoir dans les nouvelles communautés, sur le pied de la modération portée par les édits de février 1778 et d'avril 1779. 28 août 1783. (AN → AD$^+$ 1061)

3406. Arrêt du Conseil d'État du roi, qui accorde aux anciens maîtres des communautés d'arts et métiers des villes du ressort du Conseil de Roussillon, un nouveau délai jusqu'au 1er mars prochain, pour se faire recevoir dans les nouvelles communautés, sur le pied de la modération portée par l'édit du mois de mai 1779. 28 août 1783. (AN → AD$^+$ 1061)

3407. Arrêt du Conseil d'État du roi, qui accorde aux anciens maîtres des communautés d'arts et métiers des villes du ressort du parlement de Nancy, un nouveau délai jusqu'au 1er mars prochain, pour se faire recevoir dans les nouvelles communautés, sur le pied de la modération portée par l'édit du mois de mai 1779. 28 août 1783. (AN → AD$^+$ 1061)

3408. Arrêt du Conseil d'État du roi, qui casse les ordonnances du lieutenant civil du bailliage de Nuits des 27 septembre 1782, 19 février, 12 mai et 30 juillet 1783, par lesquelles il avait, entre autres choses, ordonné des changements dans les arrondissements de trois Bureaux de contrôle ; ordonne l'exécution des déclarations des 14 septembre 1706 et 15 juillet 1710 ; qu'en conséquence les contestations relatives à la régie et perception des droits de contrôle, insinuation, centième denier et autres y joints, continueront d'être portées en première instance par-devant M. l'intendant, sauf l'appel au Conseil. 2 septembre 1783. (AN → AD$^+$ 1062)

3409. Traité de paix entre le roi et le roi de la Grande-Bretagne, conclu à Versailles le 3 septembre 1783. (AN → AD$^+$ 1062)

3410. Arrêt du Conseil d'État du roi, concernant la navigation de la Seine, depuis Paris jusqu'à Rouen et retour. 4 septembre 1783. (AN → AD$^+$ 1062)

3411. Arrêt du Conseil d'État du roi, qui ordonne que dans les certificats qui, en exécution de l'arrêt du Conseil du 20 décembre 1781, seront délivrés aux voituriers pour le transport des métiers propres aux manufactures, il sera fixé un délai dans lequel lesdits voituriers seront tenus de les rapporter aux officiers municipaux du lieu du départ. 4 septembre 1783. (AN → AD$^+$ 1062)

3412. Déclaration du roi, concernant les droits des receveurs des consignations pour les oppositions qui se forment au sceau des lettres de ratification substituées aux décrets volontaires. 5 septembre 1783. (AN → AD$^+$ 1062)

3413. Arrêt du Conseil d'État du roi, qui autorise les gardes des maîtres orfèvres de Paris à porter jusqu'à six le nombre des poinçons destitués à contre-marqueur les menus ouvrages d'or. 10 septembre 1783. (AN → AD$^+$ 1062)

3414. Loterie royale, établie par arrêt du Conseil d'État du roi du 29 octobre 1780. Liste générale du tirage des 400 primes, attribuées aux deux mille billets de ladite Loterie, sortis à celui du 1er mai 1783. 12 septembre 1783. (AN → AD+ 1062)

3415. Lettres patentes sur arrêt, qui approuvent les opérations faites par le sieur intendant de Paris et les élus généraux de Bourgogne, pour fixer les limites des deux généralités dans le territoire des bourgs des Riceys. 13 septembre 1783. (AN → AD+ 1062)

3416. Ordonnance du roi, portant suppression du corps des Volontaires étrangers de Lauzun, et création d'un régiment de hussards pour le service de terre. 14 septembre 1783. (AN → AD+ 1062)

3417. Lettres patentes du roi, qui révoquent la suppression et réunion des quatre offices d'avocats au Conseil. 20 septembre 1783. (AN → AD+ 1062)

3418. Arrêt du Conseil d'État du roi, qui adapte aux reconnaissances délivrées au Trésor royal, portant promesse de fournir des billets de l'emprunt par forme de Loterie, remboursables en huit années, ordonné par arrêt du Conseil du 5 avril 1783, et qui n'ont point été échangées, les numéros des billets non délivrés qui restent au Trésor royal, dont la distribution est fixé par la table ci-après. 26 septembre 1783. (AN → AD+ 1062)

3419. Arrêt du Conseil d'État du roi, concernant la Caisse d'escompte. 27 septembre 1783. (AN → AD+ 1062)

3420. Arrêt du Conseil d'État du roi, portant règlement pour le recouvrement des impositions dans la ville de Paris, et réductions des frais de poursuites, relatives audit recouvrement. 27 septembre 1783. (AN → AD+ 1062)

3421. Arrêt du Conseil d'État du roi, concernant les prises faites par les corsaires français, et conduites dans les ports des îles qui ont été rendues à l'Angleterre. 28 septembre 1783. (AN → AD+ 1062)

3422. Arrêt du Conseil d'État du roi, qui enjoint au sieur Bulté, ancien fermier de Warnavillers de déguerpir de cette Ferme et d'en remettre les clefs au sieur Chevalier, nouveau fermier. 28 septembre 1783. (AN → AD/XVII/17A)

3423. Arrêt du Conseil d'État du roi, concernant le transport des espèces d'or et d'argent. 30 septembre 1783. (AN → AD+ 1062)

3424. Lettres patentes en forme d'édit, qui autorisent les États de Bretagne à faire faire les canaux et autres ouvrages nécessaires pour la navigation intérieure de ladite province. Octobre 1783. (AN → AD+ 1062)

3425. Arrêt du Conseil d'État du roi, contenant règlement pour les bacs de Bezons, appartenant aux dames de Saint-Cyr. 2 octobre 1783. (AN → AD+ 1062)

3426. Arrêt du Conseil d'État du roi, concernant les payements de la Caisse d'escompte. 4 octobre 1783. (AN → AD+ 1062)

3427. Arrêt du Conseil d'État du roi, qui ordonne l'ouverture d'un emprunt de vingt-quatre millions, en deniers comptants et en billets de la Caisse d'escompte. 4 octobre 1783. (AN → AD+ 1062)

3428. Arrêt du Conseil d'État du roi, qui proroge à deux mois le délai accordé par l'article VIII du titre 1er de l'ordonnance de 1687, aux navires en relâche forcée, pour exporter leurs cargaisons en exemption de droits. 5 octobre 1783. (AN → AD⁺ 1062)

3429. Arrêt du Conseil d'État du roi, qui nomme le sieur Provandier, pour signer les billets de la Loterie établie par autre arrêt du 4 octobre 1783. 9 octobre 1783. (AN → AD⁺ 1062)

3430. Lettres patentes du roi, sur arrêt du Conseil, concernant les augmentations des profits maritimes occasionnées par les hostilités qui ont donné lieu à la dernière guerre. 18 octobre 1783. (BN → F 20965 [7])

3431. Brevet de comte accordé à la maison de Murat-Sistrières. 18 octobre 1783. (BN → 4 FM 9637 [2])

3432. Ordonnance du roi, pour donner au trésorier du régiment de ses Gardes suisses, le titre de quartier-maître-trésorier. 19 octobre 1783. (AN → AD⁺ 1062)

3433. Règlement concernant les formalités à observer, tant pour l'admission à demeure, à l'Hôtel royal des Invalides, des officiers, bas-officiers et soldats, qu'au sujet de ceux qui viendront à manquer par quelque cause que ce soit : et portant établissement d'un commissaire-ordonnateur des guerres, dans le grand état-major dudit Hôtel. 19 octobre 1783. (AN → MM 1226)

3434. Loterie royale établie par arrêt du Conseil du 5 avril 1783. Liste générale du premier tirage de ladite Loterie, fait en la grande salle de l'Hôtel de Ville de Paris, en présence de messieurs les prévôt des marchands et échevins. 20, 21, 22 et 23 octobre 1783. (AN → AD⁺ 1062)

3435. Arrêt du Conseil d'État du roi, portant conversion du bail des Fermes générales en une Régie intéressée, à compter du 1er janvier 1784 ; et qui en remet la direction aux fermiers généraux de Sa Majesté. 24 octobre 1783. (AN → AD⁺ 1062)

3436. Arrêt du Conseil d'État du roi, concernant les fonctions des préposés au recouvrement des vingtièmes, et les privilèges et exemptions qui leur sont accordés. 25 octobre 1783. (AN → AD⁺ 1062)

3437. Extrait des registres du Conseil d'État du roi. (Toulouse. Ecclésiastiques). 25 octobre 1783. (AN → AD⁺ 1062)

3438. Arrêt du Conseil d'État du roi, qui ordonne que tous les articles sujets aux droits de péage du pont de Meulan, qui ne monteront en principal qu'à quinze deniers et au-dessous, continueront d'être exempts du payement des dix sous pour livre énoncés en l'édit de 1781, et que tous ceux au-dessus de quinze deniers, seront passifs desdits dix sous pour livre ; et que les habitants, tant de Meulan que du village des Mureaux, seront tenus de les payer. 30 octobre 1783. (AN → AD⁺ 1062)

3439. Ordonnance du roi, pour la publication de la paix. 3 novembre 1783. (AN → AD⁺ 1062)

3440. Arrêt du Conseil d'État du roi, concernant l'imposition sur les maisons sujettes au logement du régiment des Gardes françaises. 8 novembre 1783. (AN → AD^{+} 1062)

3441. Lettres patentes du roi, qui prorogent, pendant la construction des canaux, dont l'ouverture a été ordonnée en Bourgogne, et cinq années après, les exemptions et modérations de droits ci-devant accordés à ladite province en faveur des actes d'échanges des terrains au-dessous de dix arpents ; et ordonnent que lesdites exemptions et modérations auront lieu à l'égard des terrains divisés par lesdits canaux, de quelque étendue que soient lesdits terrains. 8 novembre 1783. (AN → AD^{+} 1062)

3442. Arrêt du Conseil d'État du roi, concernant le bail des Fermes générales. 9 novembre 1783. (AN → AD^{+} 1062)

3443. Ordonnance du roi, pour augmenter les appointements des lieutenants des compagnies de bas-officiers et de fusiliers de l'Hôtel royal des Invalides, qui sont détachées dans les provinces. 16 novembre 1783. (AN → AD^{+} 1062)

3444. Arrêt du Conseil d'État du roi, qui, en faisant cesser l'effet de ce qui avait été ordonné pour un temps, par les arrêts des 27 et 30 septembre dernier, concernant le cours des billets de la Caisse d'escompte, affranchit leur circulation de toute contrainte, et déclare leur acceptation purement volontaire : autorise la création de mille actions nouvelles, délibérée en l'assemblée générale des actionnaires, du 14 de ce mois ; et homologue les statuts arrêtés par eux dans leur assemblée du 22 suivant. 23 novembre 1783. (AN → AD^{+} 1062)

3445. Lettre du roi à Mgr l'évêque de Toul (prescrivant de faire chanter le *Te Deum* à l'occasion de la paix conclue avec le roi d'Angleterre et signée à Versailles le 3 septembre). 25 novembre 1783. (BN → F 23741 [395])

3446. Ordre de la marche pour la publication de la paix, qui se fera mardi 25 novembre 1783, sur les neuf heures du matin. (AN → AD/XV/7)

3447. Arrêt du Conseil d'État du roi, qui fixe à huit livres par quintal les droits d'entrée du royaume, sur le plomb fabriqué, apporté de l'étranger, autre que d'Angleterre. 26 novembre 1783. (AN → AD^{+} 1062)

3448. Ordonnance du roi, concernant les officiers de ses troupes provinciales. 27 novembre 1783. (AN → AD^{+} 1062)

3449. Édit du roi, portant suppression et recréation des commissaires des guerres. Décembre 1783. (AN → AD^{+} 1062)

3450. Édit du roi, portant rétablissement de la charge de trésorier général des Bâtiments du roi. Décembre 1783. (AN → AD^{+} 1062)

3451. Édit du roi, portant ouverture d'un emprunt de cent millions en rentes viagères. Décembre 1783. (AN → AD^{+} 1062)

3452. Arrêt du Conseil d'État du roi, portant que l'emprunt de dix millions de rentes héréditaires, créées par l'édit de décembre 1782, n'aura effet que pour les cinq millions desdites rentes qui ont été levées jusqu'à présent, et que le tirage des remboursements de ces cinq millions de rentes, au capital de cent millions, se fera le 10 du présent mois, conformément audit édit. 1er décembre 1783. (AN → AD+ 1062)

3453. Arrêt du Conseil d'État du roi, concernant le payement des lettres de change de l'Inde et de l'Amérique. 1er décembre 1783. (AN → AD+ 1062)

3454. Lettres patentes du roi, portant que l'emprunt de dix millions de rentes héréditaires, créées par l'édit de décembre 1782, n'aura effet que pour les cinq millions desdites rentes qui ont été levées jusqu'à présent, et que le tirage des remboursements de ces cinq millions de rentes, au capital de cent millions, se fera le 10 du présent mois, conformément audit édit. 1er décembre 1783. (AN → AD+ 1062)

3455. Arrêt du Conseil d'État du roi, qui casse et annule celui de la Cour des aides de Paris du 26 juin 1782, confirmatif de la sentence du siège des traites de Calais du 15 janvier de la même année, qui avait déclaré nul le procès-verbal rapporté le 29 août 1781, contre le nommé Jacques Rougeau, ainsi que l'emprisonnement de sa personne, et condamné le fermier, outre les dépens, en quarante sous de dommages et intérêts pour chaque jour de détention ; prononce la confiscation des dix-neuf livres huit onces de faux tabac saisis par ce même procès-verbal, et condamne le nommé Jacques Rougeau en mille livres d'amende ; déclare aussi nul l'emprisonnement de sa personne, et condamne le fermier en trois cents livres de dommages et intérêts envers lui ; tous dépens faits, tant au siège des traites de Calais et à la Cour des aides, qu'au Conseil, compensés entre les parties. 2 décembre 1783. (AN → AD+ 1062)

3456. Arrêt du Conseil d'État du roi, qui, en permettant aux États du pays de Foix de lever et percevoir, pendant le temps de la durée de la subvention le doublement du droit établi par l'arrêt du Conseil du 26 janvier 1768, fait don et cession audit pays de la moitié des sous pour livre dont le roi veut bien se contenter, à la somme annuelle de huit mille livres, que les États devront payer de quartier en quartier, à raison de deux mille livres chacun. 2 décembre 1783. (AN → AD+ 1062)

3457. Arrêt du Conseil d'État du roi, portant révocation de ceux des 27 et 30 septembre dernier, concernant la Caisse d'escompte. 10 décembre 1783. (AN → AD+ 1062)

3458. Emprunt de cent millions, établi par édit du mois de décembre 1782, et arrêt du Conseil du 1er décembre 1783. Liste générale du premier tirage des remboursements des capitaux des rentes résultantes dudit emprunt, montant à la somme de deux millions cinq cent trois mille trois cent vingt-sept livres quinze sous cinq deniers, échus par le sort de la Loterie, tirée dans l'Hôtel de Ville de Paris, en présence de messieurs les prévôt des marchands et échevins. 10 décembre 1783. (AN → AD+ 1062)

3459. Lettres de jussion (au parlement de Toulouse, pour l'enregistrement des lettres patentes du 8 mai 1783 concernant les preuves en matière de dîmes). 10 décembre 1783. (BN → F 23630 [419])

3460. Ordonnance du roi, pour supprimer dans le régiment des carabiniers de Monsieur, le trésorier ; créer un quartier-maître-trésorier, et augmenter les appointements des quartiers-maîtres de brigade et des porte-étendards. 11 décembre 1783. (AN → AD⁺ 1062)

3461. Lettres patentes du roi, concernant les droits que seront tenus de payer à l'avenir les maîtres orfèvres, pour être admis dans les communautés établies dans les villes où il leur aura été permis de transférer leur domicile. 15 décembre 1783. (AN → AD⁺ 1062)

3462. Déclaration du roi, qui ordonne que chaque communauté d'orfèvres aura à l'avenir un poinçon de contre-marque particulier et invariable. 15 décembre 1783. (AN → AD⁺ 1062)

3463. Arrêt du Conseil d'État du roi, et lettres patentes sur icelui, qui ordonnent une fabrication de cent mille marcs d'espèces de cuivre en la monnaie de Nantes. 17 décembre 1783. (AN → AD⁺ 1062)

3464. Arrêt du Conseil d'État du roi, portant concession des boutiques établies dans la galerie du Palais de Paris, dite mercière, nouvellement construite, en faveur de plusieurs particuliers qui jouissaient de boutiques dans les anciennes galeries. 18 décembre 1783. (AN → AD⁺ 1062)

3465. Arrêt du Conseil d'État du roi, portant homologation du sous-bail passé par Théodore-Joseph Ducessois, au profit de Jean-Baptiste Fanuel, du privilège non exclusif du courtage du roulage, et du privilège exclusif d'entrepôt. 20 décembre 1783. (AN → AD⁺ 1062)

3466. Ordonnance du roi, concernant les états-majors de l'île de Saint-Domingue. 20 décembre 1783. (AN → AD⁺ 1062)

3467. Ordonnance du roi, concernant les états-majors des îles du Vent de l'Amérique. 20 décembre 1783. (AN → AD⁺ 1062)

3468. Régiment des Gardes suisses du roi. Supplément à l'instruction du 1er janvier 1779. 26 décembre 1783. (AN → U* 1270)

3469. Arrêt du Conseil d'État du roi, portant nouveau règlement sur le roulage. 28 décembre 1783. (AN → AD⁺ 1062)

3470. Arrêt du Conseil d'État du roi, qui dispense les veufs de maîtresses et les veuves de maîtres qui se feront recevoir dans les corps et communautés d'arts et métiers de Paris, de l'examen prescrit par les statuts. 29 décembre 1783. (AN → AD⁺ 1062)

3471. Arrêt du Conseil d'État du roi, qui nomme le sieur Pitois pour signer les cent mille billets de Loterie accessoires à l'emprunt de cent millions, ordonné par édit de décembre 1783. (Micault d'Harvelay). 31 décembre 1783. (AN → AD⁺ 1062)

1784

3472. Abonnement des édits et arrêts pour la ville de Paris, et toutes les provinces et villes du royaume. (Table analytique des matières contenues dans les édits, lettres patentes, déclarations du roi, arrêts du Conseil, du Parlement, etc.). Année 1784. Imprimé en 1785. (AN → AD/I/30 ; BN → F 21997)

3473. Recueil de règlements et recherches concernant la municipalité. Tomes I et II. Par M***, avocat. 1784 et 1785. (AN → AD/I/22^{A} dossier D pièces 1 et 2)

3474. Instructions pour l'exécution des règlements concernant les actes de baptême, mariage et sépulture sous le ressort du parlement de Nancy... 1784. (BN → F 19779)

3475. Liste des noms et demeures de messieurs les fermiers généraux des Fermes royales unies. Pour la cinquième année du bail de Nicolas Salzard. 1784. (AN → AD^{+} 1329)

3476. Statuts du monastère de Saint-Claude... 1784. (BN → 8 H 36022)

3477. Nouvel avis à la société, intéressant les citoyens de tous les ordres, sur trois mille guérisons opérées en dernier lieu à Paris avec la poudre médicamenteuse du chevalier de Godernaux. Dont la découverte et les premiers succès remontent à près de soixante ans avant ses épreuves et son adoption solennelles en Angleterre et en France, par ordre des souverains. 1784. (AN → AD/VIII/9^{B} dossier c pièce 34)

3478. Édit du roi, portant création d'un office de trésorier, receveur et payeur particulier des ordres du roi. Janvier 1784. (AN → AD^{+} 1063)

3479. Édit du roi, portant exemption des droits de péage corporels sur les Juifs. Janvier 1784. (AN → AD/XVI/14^{A})

3480. Lettres patentes du roi, qui confirment un établissement formé à Douai, pour en bannir la mendicité, règlent son administration. Janvier 1784. (AN → AD/XVI/14^{A})

3481. Règlement du roi, pour la fourniture des vivres aux équipages des vaisseaux, galères et autres bâtiments de Sa Majesté, tant dans les ports et rades qu'à la mer, pendant six années consécutives, qui commencent au 1er janvier 1784. 1er janvier 1784. (AN → Marine A/1/133)

3482. Arrêt du Conseil d'État du roi, concernant l'Opéra. 3 janvier 1784. (AN → AD^{+} 1063)

3483. Arrêt du Conseil d'État du roi, portant que les armateurs, qui sont débiteurs de parts de prises, seront tenus d'en fournir caution, ou d'en déposer le montant aux greffes des amirautés. 11 janvier 1784. (AN → AD^{+} 1063)

3484. Arrêt du Conseil d'État du roi, qui ordonne que toutes les contestations nées et à naître, tant sur les réparations à faire aux bâtiments et biens de la mense abbatiale de l'abbaye d'Ourcamp, que sur l'exécution des baux faits par l'économat, des biens, revenus et droits de ladite mense abbatiale, seront évoquées à Sa Majesté et à son Conseil, et en interdit la connaissance à toutes ses Cours et juges. 11 janvier 1784. (AN → AD^{+} 1063)

3485. Arrêt du Conseil d'État du roi, qui supprime le privilège exclusif de la traite des Noirs à Gorée et dépendances, et accorde en dédommagement, pour le terme et espace de neuf années, à commencer du 1er juillet prochain, aux concessionnaires, intéressés et administrateurs de la Compagnie de la Guyane française, celui de la traite de la gomme seulement, dans la rivière du Sénégal et dépendances. 11 janvier 1784. (AN → AD^{+} 1063)

3486. Arrêt du Conseil d'État du roi, qui autorise la reconstruction de l'aile des bâtiments du parlement de Flandres, qui menace ruine. 11 janvier 1784. (AN → AD/XVI/14^{A})

3487. Arrêt du Conseil d'État du roi, qui autorise les gardes-jurés et les autres préposés aux Bureaux de visite et de marque, à dresser eux-mêmes sur papier non timbré et sans le ministère d'huissiers, les procès-verbaux pour contraventions commises aux dispositions des règlements. 15 janvier 1784. (AN → AD^{+} 1063)

3488. Déclaration du roi, concernant les grands-maîtres des Eaux et Forêts. 16 janvier 1784. (AN → AD^{+} 1063)

3489. Résultat du Conseil de Monsieur, concernant les attributions du procureur-général de la Chambre des comptes de Rouen, et des procureurs du roi et de Monsieur, aux Bureaux des finances de son apanage. 17 janvier 1784. (AN → AD^{+} 1063)

3490. Résultat du Conseil de Monsieur, concernant les gardes généraux et particuliers des forêts de son apanage. 17 janvier 1784. (AN → AD^{+} 1063)

3491. Lettres patentes du roi pour l'homologation de la vente d'une maison sise à Lorient, aux sieur et dame Bourgeois. 31 janvier 1784. (BN → F 20965 [15])

3492. Édit du roi, portant établissement de la généralité de Pau et Bayonne. Février 1784. (AN → AD^{+} 1063)

3493. Lettres patentes du roi, qui confirment les privilèges ci-devant accordés tant à la ville, au port, au havre et aux habitants de Dunkerque, qu'aux négociants étrangers qui viennent s'y établir. Février 1784. (AN → AD^{+} 1063)

3494. Lettres patentes qui ordonnent l'extinction du procès extraordinairement fait contre les sieurs Radix de Sainte-Foy et Pyron. Février 1784. (AN → AD^{+} 1063)

3495. Lettres patentes du roi, qui autorisent les États du Mâconnais à emprunter une somme de trois cent vingt mille livres, à employer à la navigation de la Saône, et qui leur accorde une remise de deux cent mille livres sur le bail du péage de Mâcon. 1er février 1784. (AN → AD+ 1063)

3496. Ordonnance du roi, concernant les compagnies des gardes du corps de Sa Majesté. 1er février 1784. (AN → AD+ 1063)

3497. Liste générale de la Loterie de remboursement des reconnaissances données en échange des rescriptions et assignations, en exécution de l'arrêt du Conseil du 2 décembre 1770. Quatorzième tirage. Fait en présence de M. le lieutenant général de police, en l'une des salles de l'hôtel des recettes générales des Finances. 4 février 1784. (AN → AD+ 1063)

3498. Arrêt du Conseil d'État du roi, qui ordonne que les veuves d'agrégés aux nouvelles communautés, tant de la ville de Rouen, que des autres villes du ressort du parlement de Normandie, pourront être admises dans lesdites communautés, dans l'année de leur veuvage, en payant seulement la moitié des droits ordinaires de réception. 6 février 1784. (AN → AD+ 1063)

3499. Copie d'arrêt du Conseil du 7 février 1784, portant attribution à M. l'intendant de La Rochelle des contestations qui pourront s'élever au sujet de la perception des droits de balisage et de coutume à l'île d'Oléron. (AN → AD+ 1063)

3500. Arrêt du Conseil d'État du roi, qui accorde aux anciens maîtres des communautés d'arts et métiers de la ville de Lyon, un délai jusqu'au 1er juillet prochain, pour se faire recevoir dans les nouvelles communautés créées dans ladite ville par édit de juillet 1777. 10 février 1784. (AN → AD+ 1063)

3501. Arrêt du Conseil d'État du roi, qui ordonne que le greffier de la maîtrise des Eaux et Forêts de Château-Neuf-en-Thimerais, et les greffiers des autres maîtrises, seront tenus, conformément aux règlements, de percevoir à l'avenir les huit sols pour livre des émoluments qui leur sont attribués sur les déclarations faites par des particuliers, pour l'abattage de leurs bois, et d'en compter aux préposés de Jean-Vincent René. 10 février 1784. (AN → AD+ 1063)

3502. Arrêt du Conseil d'État du roi. (Bois à brûler à Paris). 15 février 1784. (AN → AD+ 1063)

3503. Arrêt du Conseil d'État du roi, et lettres patentes sur icelui, qui ordonnent une fabrication de cinquante mille marcs d'espèces de cuivre en la monnaie d'Aix. 16 février 1784. (AN → AD+ 1063)

3504. Arrêt du Conseil d'État du roi, qui fait concession aux officiers municipaux de la ville de Beauvais, des murs, fossés, remparts et fortifications de ladite ville pour toutes les portions libres ; à la charge par les détenteurs d'en faire déclaration au greffe de la Chambre du domaine, dans les trois mois de la signification. 17 février 1784. (AN → AD+ 1063)

3505. Arrêt du Conseil d'État du roi, qui, sans s'arrêter à l'arrêt du parlement de Dijon, du 11 avril 1778, quant à l'application qu'il porte de moitié d'une amende de sol appel au profit de l'intimé, ni à l'ordonnance de M. l'intendant de Bourgogne, du 4 octobre 1782, ordonne que M. Richard, marquis d'Ivry, sera tenu d'acquitter, entre les mains du préposé de Jean-Vincent René, l'amende de tierce-opposition de 150 livres et celle de 75 livres pour sol appel, prononcées contre lui par ledit arrêt du Parlement ; et que ladite amende de sol appel restera au roi en totalité. 17 février 1784. (AN → AD+ 1063)

3506. Arrêt du Conseil d'État du roi, qui ordonne que les syndic et administrateurs de l'Hôtel-Dieu-Saint-Jacques de Toulouse seront tenus de payer le droit de centième denier des immeubles qui ont été légués audit Hôtel-Dieu, duquel droit ils se prétendaient exempts, tant à cause de l'obligation qui leur est imposée d'en vuider les mains dans les quinze mois de la délivrance qui leur en est faite, que sur le motif que le droit d'enregistrement qui est compris au nombre de ceux dont l'exemption leur est accordée, ne peut s'entendre que du droit de centième denier. 17 février 1784. (AN → AD+ 1063)

3507. Arrêt du Conseil d'État du roi, concernant les recettes particulières des Finances. 19 février 1784. (AN → AD+ 1063)

3508. Arrêt du Conseil d'État du roi, qui condamne les sieurs Desportes et Jorre, greffiers des experts près le bailliage de Rouen, à payer les huit sols pour livre du montant des droits, émoluments et vacations qu'ils ont perçus en ladite qualité depuis le 27 septembre 1779, ainsi que du contrôle, tiers desdits émoluments, et chacun en 500 livres d'amende. 24 février 1784. (AN → AD+ 1063)

3509. Arrêt du Conseil d'État du roi, qui condamne la dame de Calignon à payer le centième denier des immeubles qui lui ont été transmis par son contrat de mariage, jusqu'à concurrence des charges qu'elle est tenue d'acquitter ; ensemble les dix sous pour livre, aux dépens et au coût de l'arrêt. 24 février 1784. (AN → AD+ 1063)

3510. Arrêt du Conseil d'État du roi, qui, en interprétant l'arrêt du Conseil du 15 mai 1778, déclare que les officiers commensaux de la Maison domestique et militaire de Sa Majesté, exemptés par l'article 1er dudit arrêt, du droit de franc-fief, jouiront de la plénitude de cette grâce, même pour les jouissances antérieures, sans restitution néanmoins des droits déjà payés. 25 février 1784. (AN → AD+ 1063)

3511. Arrêt du Conseil d'État du roi, qui casse l'arrêt du parlement de Rouen du 13 janvier dernier ; et cependant par grâce, accorde aux marchands et artisans domiciliés dans les justices des seigneurs, des faubourgs et banlieues des villes du ressort dudit Parlement, un nouveau délai jusqu'au 1er mai prochain, pour se faire recevoir dans les nouvelles communautés. 26 février 1784. (AN → AD+ 1063)

3512. Ordonnance du roi, pour l'incorporation des différents corps employés au département des Colonies, dans les régiments de la Martinique et de la Guadeloupe, pour y former un troisième bataillon. 26 février 1784. (AN → AD+ 1063)

3513. Arrêt du Conseil d'État du roi, qui accorde aux anciens maîtres des communautés d'arts et métiers des villes du ressort du parlement de Metz, un nouveau délai jusqu'au 1er septembre prochain, pour se faire recevoir dans les nouvelles communautés, sur le pied de la modération portée par l'édit du mois de juillet 1780. 28 février 1784. (AN → AD+ 1063)

3514. Lettres patentes du roi, pour l'homologation de la vente faite par le sieur Choquet de L'Indu à Sa Majesté d'une maison et dépendances contiguës au port de Brest. 28 février 1784. (BN → F 20965 [20])

3515. Ordonnance du roi, pour mettre le corps d'infanterie de Nassau-Siegen, sous le nom de corps d'infanterie de Mont-Réal. 28 février 1784. (AN → AD^{+} 1063)

3516. Ordonnance du roi, portant réduction sur les appointements des états-majors des régiments coloniaux, et suppression des chefs de bataillon. 28 février 1784. (AN → AD^{+} 1063)

3517. Ordonnance du roi, concernant le guet des gardes du corps de Sa Majesté. 28 février 1784. (AN → AD^{+} 1063)

3518. Édit du roi, portant création de deux offices de receveurs généraux des finances de la ville de Paris ; et un nouveau régime pour les six receveurs particuliers des impositions de ladite ville. Mars 1784. (AN → AD^{+} 1063)

3519. Édit du roi, portant défense aux étrangers de quêter dans le royaume. Mars 1784. (AN → AD^{+} 1063)

3520. Édit du roi, concernant l'ordre de l'imposition, des recouvrements, de la recette et de la comptabilité des pays d'États et abonnés de l'intendance de Pau et Bayonne. Mars 1784. (AN → AD^{+} 1063)

3521. Édit du roi, portant création de la charge d'apothicaire de la Maison de Madame, et désunion de celle d'apothicaire de son corps. Mars 1784. (AN → AD^{+} 1063)

3522. Édit du roi, portant création de la charge d'aumonier de la Grande Fauconnerie de France. Mars 1784. (AN → AD^{+} 1063)

3523. Arrêt du Conseil d'État du roi, qui prolonge de dix jours l'effet de celui du 15 février dernier, pour l'approvisionnement de bois de Paris. 1er mars 1784. (AN → AD^{+} 1063)

3524. Arrêt du Conseil d'État du roi, qui fixe les droits à percevoir à l'entrée du royaume par les provinces de Flandre et du Haynault, sur les fers en platines et sur les fers en barres appelés carillon ou maca, et sur les plaques de fer propres aux raffineries de sel et aux savonneries. 5 mars 1784. (AN → AD^{+} 1063)

3525. Lettres patentes du roi, portant établissement, à Saint-Port, d'un entrepôt pour les vins destinés à l'approvisionnement de Paris. 7 mars 1784. (AN → AD^{+} 1063)

3526. Arrêt du Conseil d'État du roi, qui supprime l'augmentation ci-devant ordonnée, sur le prix du bois à brûler. 9 mars 1784. (AN → AD^{+} 1063)

3527. Arrêt du Conseil d'État du roi, qui, sans s'arrêter à un arrêt de la Cour des aides de Bordeaux du 11 avril 1772, ordonne que l'édit du mois d'août 1758, la déclaration du 3 janvier 1759, et autres règlements intervenus sur le fait du don gratuit des villes et bourgs, et des droits établis pour l'acquitter, seront exécutés selon leur forme et teneur, notamment en ce qui concerne les déclarations des objets sujets auxdits droits, la confiscation et l'amende. 9 mars 1784. (AN → AD+ 1063)

3528. Arrêt du Conseil d'État du roi, par lequel Sa Majesté déclare les habitants roturiers de la ville de Sarlat, sujets au droit de franc-fief, pour raison des fiefs et biens nobles par eux possédés : au paiement duquel droit, tant en principal que sous pour livre, ils continueront d'être contraints par les voies ordinaires et accoutumées pour le recouvrement des deniers royaux. 9 mars 1784. (AN → AD+ 1063)

3529. Règlement concernant la réception des pilotes-lamaneurs. 10 mars 1784. (AN → AD+ 1063)

3530. Compagnie des Indes. Quatorzième tirage du remboursement des actions de la Compagnie des Indes, fait le 11 mars 1784, en l'une des salles de l'hôtel de ladite Compagnie, conformément à l'arrêt du Conseil du 10 février 1772. (AN → AD+ 1063)

3531. Arrêt du Conseil d'État du roi, contenant règlement pour l'Académie royale de musique. 13 mars 1784. (AN → AD+ 1063)

3532. Arrêt du Conseil d'État du roi, et lettres patentes sur icelui, qui dispensent les procès-verbaux des employés des Fermes dans les duchés de Lorraine et de Bar, de la formalité du contrôle, lorsqu'ils ne contiendront point d'assignation. 13 mars 1784. (AN → AD+ 1063)

3533. Arrêt du Conseil d'État du roi, qui assigne les fonds, et règle la distribution des secours et soulagements que Sa Majesté accorde à ses peuples. 14 mars 1784. (AN → AD+ 1063)

3534. Arrêt du Conseil d'État du roi, qui fait défenses à tous ouvriers de retenir ou de vendre les pennes, bouts, corons et déchets des manufactures, non plus qu'aucunes matières filées et fabriquées ; à tous courtiers et autres personnes de les exporter à l'étranger : et commet pendant cinq années les sieurs intendants des différentes généralités, pour juger les contraventions qui pourraient se commettre à ce sujet. 14 mars 1784. (AN → AD+ 1063)

3535. Arrêt du Conseil d'État du roi, qui rétablit les droits de contrôle des quittances de finance, etc. 14 mars 1784. (AN → AD+ 1063)

3536. Arrêt du Conseil d'État du roi, portant règlement pour l'exploitation des mines de charbon de terre du Boulonois. 14 mars 1784. (AN → AD+ 1063)

3537. Ordonnance du roi, portant suppression des ingénieurs des colonies, et fixation du traitement des officiers du corps royal du Génie, qui seront chargés du service des fortifications aux Indes orientales et occidentales. 14 mars 1784. (AN → AD+ 1063)

Arrêts du Conseil d'État du roi, et lettres patentes sur iceux. 5 août 1783 et 16 mars 1784. (AN → AD+ 1063). Voir notice n° 3389.

3538. Lettres patentes du roi, portant rétablissement des droits de quittance attribués au receveur général des revenus casuels. 17 mars 1784. (AN → AD+ 1063)

3539. Arrêt du Conseil d'État du roi, qui fixe à trois livres dix sous par quintal les droits à percevoir sur le verdet distillé et cristallisé, fabriqué dans la province du Dauphiné, qui sera transporté dans les autres provinces du royaume ou à l'étranger. 23 mars 1784. (AN → AD⁺ 1063)

3540. Arrêt du Conseil d'État du roi, qui casse l'arrêt du parlement de Metz du 29 juillet 1781, par lequel les sieurs Lecomte, entrepreneurs de la fourniture du bois aux troupes de la garnison de Metz, ont été déchargés du payement des octrois municipaux sur des bois destinés à l'usage des troupes ; sans avoir égard à la sentence du juge des traites de Metz, du 20 juin 1778, qui demeurera comme non avenue, déclare bonne et valable la saisie de bois faite par les employés du régisseur sur lesdits sieurs Lecomte ; en ordonne la confiscation, et les condamne en 200 livres d'amende, aux dépens et au coût de l'arrêt. 23 mars 1784. (AN → AD⁺ 1063)

3541. Arrêt du Conseil d'État du roi, qui condamne M. de Malortie fils, à représenter l'acte de démission que son père lui a faite de ses biens dont il niait l'existence, et à en payer les droits de contrôle et de centième denier, avec les huit sols pour livre, et un droit en sus du centième denier. 26 mars 1784. (AN → AD⁺ 1063)

3542. Arrêt du Conseil d'État du roi, qui ordonne qu'à l'avenir les droits de greffes, droits réservés et de petit-scel, tant en principal que sous pour livre, seront perçus pendant toutes les années dans toutes les justices du royaume qui sont en paréage entre Sa Majesté et des seigneurs particuliers, dans la proportion de la part qui lui appartient dans lesdites justices. 29 mars 1784. (AN → AD⁺ 1063)

Arrêts du Conseil d'État du roi. 12 novembre 1782 et 30 mars 1784. (AN → AD⁺ 1063). Voir notice n° 3160.

3543. Arrêt du Conseil d'État du roi, qui commet M. l'intendant de Languedoc pour procéder sur trois publications à la vente et adjudication de l'office d'un notaire, et qui ordonne que sur le prix qui en proviendra, l'administrateur des Domaines sera payé par préférence à tous créanciers des droits dont la condamnation a été prononcée contre ledit notaire, par ordonnance du huit septembre mil sept cent quatre-vingt-deux ; ensemble des frais adjugés par ladite ordonnance, ainsi que de ceux faits pour l'exécution d'icelle, même du coût dudit arrêt, et par concurrence avec les autres créanciers, si aucuns il y a, suivant le rang et l'ordre d'hypothèque qui lui est acquis par ladite ordonnance, du montant des amendes prononcées contre ce notaire. 30 mars 1784. (AN → AD⁺ 1063)

3544. Arrêt du Conseil d'État du roi, qui, sans s'arrêter aux appels interjetés par les sieurs Collet, Duchemin et Chotard, de deux ordonnances de M. l'intendant de Tours, des 31 mai 1771 et 10 septembre 1772, ordonne qu'ils seront tenus de payer les droits de francs-fiefs des métairies de la Perrine-Monteclerc et de la Motte-Geraine, ci-devant tenues à titre de foi et hommages, laquelle a été abournée aux termes de la coutume du Maine, et convertie en un cens. 30 mars 1784. (AN → AD⁺ 1063)

3545. Arrêt du Conseil d'État du roi, concernant les quatre deniers pour livre des ventes qui se font à l'encan, au port de Lorient, des marchandises provenant du commerce. 30 mars 1784. (AN → AD+ 1063)

3546. Arrêt du Grand Conseil du roi, qui maintient l'ordre de Malte dans le droit et possession de faire apposer et lever par les officiers dudit ordre et des commanderies, les scellés sur les meubles et effets des chevaliers et commandeurs qui se trouveront dans leurs commanderies et qui décéderont, soit en la ville de Paris, ou ailleurs ; déclare nul ceux apposés par Me Simoneau, commissaire au Châtelet de Paris, ainsi que l'inventaire fait par Me Perron, notaire audit Châtelet, au château de la commanderie de la Croix-en-Brie ; fait défenses aux officiers dudit Châtelet de Paris, et à tous autres officiers de troubler ledit ordre dans la possession et jouissance desdits droits, à peine de tous dépens, dommages et intérêts. 30 mars 1784. (AN → AD+ 1329)

3547. Arrêt de nos seigneurs du Grand Conseil du roi. (Abbaye royale de Chaâlis. Jean-François-Augustin Perrin de Savigny. Parties de Desnos, Burel, Roulleau, Marquier, Mille). 31 mars 1784. (AN → AD+ 1063)

3548. Déclaration du roi, portant réduction d'un dixième dans l'évaluation des droits sur les sucre, café et cire. 31 mars 1784. (AN → AD+ 1063)

3549. Lettres patentes du roi, en forme d'édit, portant ratification du contrat d'échange passé le 11 mars 1784, entre le roi et M. le prince de Condé, par lequel ce prince cède à Sa Majesté les droits de gabelles, tabac, aides, traites, contrôle et autres, qui se perçoivent à son profit dans le Clermontois ; et Sa Majesté cède à M. le prince de Condé, six cent mille livres de rente perpétuelle, au principal de douze millions. Avril 1784. (AN → AD+ 1064)

3550. Instruction que le roi a fait expédier aux officiers généraux, chargés de l'inspection de son infanterie. 1er avril 1784. (AN → MM 1226)

3551. Instruction que le roi a fait expédier aux officiers généraux chargés de l'inspection de ses troupes à cheval. 1er avril 1784. (AN → MM 1226)

3552. Lettres patentes du roi, qui fixent pour l'avenir le traitement de la compagnie de robe-courte. 4 avril 1784. (AN → AD+ 1064)

3553. Régie générale. Circulaire. États généraux des produits et dépenses de chaque année. 5 avril 1784. (AN → G/2/17)

3554. Arrêt du Conseil d'État du roi, et lettres patentes sur icelui, qui ordonnent une fabrication de cinquante mille marcs d'espèces de cuivre en la monnaie de Strasbourg. 7 avril 1784. (AN → AD+ 1064)

3555. Arrêt du Conseil d'État du roi, et lettres patentes sur icelui, qui ordonnent une fabrication de cinquante mille marcs d'espèces de cuivre en la monnaie de Lyon, par continuation de celle ordonnée par l'arrêt du 27 février 1779. 7 avril 1784. (AN → AD+ 1064)

3556. Déclaration du roi, qui en interprétant l'article II de l'édit du mois de février mil sept cent soixante-dix-huit, et les lettres patentes du douze novembre mil sept cent quatre-vingt, ordonne que la faculté d'exercer exclusivement les professions de cuisinier-traiteur-rôtisseur-pâtissier-cabaretier et aubergiste, sera restreinte à la ville et faubourgs de Rouen seulement, sans pouvoir être étendue à la banlieue de cette ville. 7 avril 1784. (AN → AD+ 1064)

3557. Arrêt du Conseil d'État du roi, qui adapte aux reconnaissances délivrées au Trésor royal, et qui n'ont point été échangées avec des billets de l'emprunt par forme de Loterie, ordonné par arrêt du Conseil du 4 octobre 1783, les billets restant à délivrer au Trésor royal, du nombre des soixante mille, composant ledit emprunt. 10 avril 1784. (AN → AD+ 1064)

3558. Loterie royale établie par arrêt du Conseil du 4 octobre 1783. Liste générale du premier tirage de ladite Loterie, fait en la grande salle de l'Hôtel de Ville de Paris, en présence de messieurs les prévôt des marchands et échevins. 19, 20, 21 et 22 avril 1784. (AN → AD+ 1064)

3559. Lettres patentes du roi, qui ordonnent que le droit de sol qui se percevait sur chaque pièce de serge vendue au marché d'Hardivilliers cessera d'y être levé, et qu'il sera perçu à l'avenir un droit de neuf deniers par chacune pièce de serge vendue ou non vendue, exposée en vente les jours de foire et de marché. 21 avril 1784. (AN → AD+ 1064)

3560. Déclaration du roi, servant de règlement pour le contrôle général des Finances. 26 avril 1784. (AN → AD+ 1064)

3561. Arrêt du Conseil d'État du roi, qui, sans avoir égard à l'intervention des maire et échevins d'Orléans, ordonne que les notaires au Châtelet de ladite ville seront tenus de porter sur leurs répertoires tous les actes, sans aucune exception, qui seront passés devant eux, même les testaments qu'ils ont reçus ou qui leur ont été déposés jusqu'à présent, ensemble ceux qu'ils recevront ou qui leur seront déposés à l'avenir, à peine de 200 livres d'amende pour chacune contravention : condamne les notaires au coût dudit arrêt. 27 avril 1784. (AN → AD+ 1064)

3562. Arrêt du Conseil d'État du roi, qui ordonne que l'article III de l'édit de juillet 1782, et les articles IX et X de mai 1749, seront exécutés selon leur forme et teneur ; en conséquence, que les propriétaires d'offices, débiteurs de rentes, ne pourront faire supporter à leurs créanciers, lors du payement desdites rentes hypothéquées sur leur office, que la retenue des deux vingtièmes et quatre sous pour livre du premier. 29 avril 1784. (AN → AD+ 1064)

3563. Arrêt du Conseil d'État du roi, qui a vérifié le droit de mesurage appartenant à M. le vicomte de Boisse, au lieu de Maule. 29 avril 1784. (AN → AD+ 1064)

3564. Arrêt du Conseil d'État du roi, qui établit deux nouveaux tarifs, pour les droits à percevoir sur la volaille, aux barrières de Paris. 29 avril 1784. (AN → AD+ 1064)

3565. Arrêt du Conseil d'État du roi, qui, en cassant un arrêt du parlement de Pau du 10 mai 1783, ordonne l'exécution des édits de mars 1645, avril 1707 et novembre 1778, et maintient en conséquence le nommé Menet, huissier au siège de la monnaie de Pau, dans le droit et privilège d'exploiter partout le royaume, et de mettre à exécution tous arrêts, jugements, sentences, mandements et autres actes de justice. 29 avril 1784. (AN → AD+ 1064)

3566. Lettres patentes du roi, portant règlement pour les preuves de noblesse exigées dans la ville d'Avignon et le comté venaissin. 30 avril 1784. (BN → F 23630 [517])

3567. Édit du roi, portant création de la charge de précepteur des pages de la Chambre du roi. Mai 1784. (AN → AD⁺ 1064)

3568. Édit du roi, qui ordonne le rétablissement de la charge de trésorier des offrandes et aumônes. Mai 1784. (AN → AD⁺ 1064)

3569. Lettres patentes du roi, portant suppression des échoppes de la ville de Paris. Mai 1784. (AN → AD⁺ 1064)

3570. Lettres patentes du roi, portant création d'une Chambre des consultations à Colmar. Mai 1784. (AN → AD⁺ 1064)

3571. Loterie royale, établie par arrêt du Conseil d'État du roi du 29 octobre 1780. Liste du tirage des deux mille billets qui doivent participer à celui des quatre cents primes, du mois de septembre 1784. Ledit tirage fait dans la grande salle de l'Hôtel de Ville de Paris, en présence de messieurs les prévôt des marchands et échevins. 1er mai 1784. (AN → AD⁺ 1064)

3572. Déclaration du roi, qui ordonne que, dans les communautés d'arts et métiers de la ville de Lyon, dénommées en l'état annexé à ladite déclaration, il sera établi le nombre de maîtres et gardes fixé par icelui. 2 mai 1784. (AN → AD⁺ 1064)

3573. Arrêt du Conseil d'État du roi, qui, sans s'arrêter à l'arrêt du parlement de Bordeaux du 22 janvier 1784, que Sa Majesté a cassé et annulé comme incompétemment rendu, ainsi que tout ce qui s'en est ensuivi, ordonne que les parties continueront de procéder par-devant M. l'intendant de Montauban, sur les fins du procès-verbal rapporté contre Marie Charajac, veuve Vergnes, pour avoir remis à sa fille l'hérédité de son mari, en vertu d'un testament clos sans l'avoir fait contrôler et insinuer, la condamne à restituer les sommes qui pourraient lui avoir été payées en vertu dudit arrêt, en l'amende de 500 livres, aux dépens et au coût du présent arrêt. 4 mai 1784. (AN → AD⁺ 1064)

3574. Arrêt du Conseil d'État du roi, qui interprète ceux précédemment rendus, concernant le courtage du roulage et l'entrepôt des marchandises. 5 mai 1784. (AN → AD⁺ 1064)

3575. Arrêt du Conseil d'État du roi, qui prescrit les formalités à observer dans la province de Normandie, pour les draps et autres étoffes de laine, qu'on sera obligé de faire reteindre, ainsi que pour les draps qu'on voudra faire teindre en pièce, dans des couleurs faites par des procédés acides. 7 mai 1784. (AN → AD⁺ 1064)

3576. Arrêt du Conseil d'État du roi, qui casse un arrêt du parlement de Paris du 21 février 1784 ; ordonne l'exécution de l'édit de 1771, et notamment des articles 5 et 9 concernant les droits et fonctions attribués aux jurés-priseurs-vendeurs de biens-meubles ; maintient le sieur Wattelet, juré-priseur-vendeur de biens-meubles, dans le droit de faire seul et à l'exclusion de tous autres, dans l'étendue du bailliage de Compiègne et justices y ressortissantes, et notamment dans la prévôté de Saint-Corneille, toutes les prisées, expositions et ventes de biens-meubles, soit volontaires, soit forcées, sauf la concurrence réservée aux officiers des seigneurs, dans le seul cas porté par l'article 10 ; le maintient pareillement dans le droit de percevoir, dans tous les cas, les quatre deniers pour livre du prix des ventes : fait défenses au sergent de la prévôté de Saint-Corneille de l'y troubler et de faire aucune vente dans l'étendue de ladite prévôté, et en vertu de sentence émanée desdits juges, après contestation, sans pouvoir les faire en vertu de simple ordonnance ; et pour l'avoir fait, le condamne solidairement, avec les seigneurs hauts-justiciers, en diverses restitutions. 11 mai 1784. (AN → AD^{+} 1064)

3577. Arrêt du Conseil d'État du roi, qui casse un arrêt de la Cour des aides de Paris, du premier avril 1783 ; maintient les jurés-priseurs dans le droit et faculté de faire seuls, et à l'exclusion de tous huissiers, même de ceux des élections, les prisées, expositions et ventes, soit forcées, soit volontaires, même en matière de taille : condamne le sieur Davesne, huissier en l'élection de Provins, qui avait été nommé par l'élection pour faire une vente en matière de taille, à restituer aux sieurs Gourié, jurés-priseurs de Provins, les droits par lui perçus ; à leur payer les 4 deniers pour livre, et aux dépens. 11 mai 1784. (AN → AD^{+} 1064)

3578. Arrêt du Conseil d'État du roi, qui ordonne que le sieur Reynaud sera tenu, conformément à l'article VI de la déclaration du 17 février 1731, de payer le droit d'insinuation et les dix sols pour livre résultant du don par forme de préciput stipulé en faveur de son épouse, (même en cas de renonciation à la communauté) par leur contrat de mariage passé devant notaires à Paris le 25 mai 1779. 11 mai 1784. (AN → AD^{+} 1064)

3579. Arrêts du Conseil d'État du roi. Le premier ordonne l'envoi des motifs d'un arrêt contradictoire de la Cour des aides de Paris, du 30 janvier 1784.
Le second, rendu sur le vu de ces motifs, casse et annule l'arrêt de la Cour des aides ; ordonne la restitution des sommes payées en vertu d'icelui ; évoque les appels, tant principal qu'incident, des sentences de l'élection de Saint-Jean-d'Angély, des 15 février et 5 juillet 1783, et y faisant droit, sans avoir égard auxdites sentences qui demeurent comme non avenues ; ordonne que les contraintes décernées contre le sieur Claude-Jean Lenormand, conseiller, secrétaire du roi, Maison Couronne de France et de ses Finances, les 16 mars et 14 mai 1782, seront exécutées selon leur forme et teneur, et que les poursuites encommencées seront continuées ; déclare la saisie faite sur le sieur Lenormand, par procès-verbal du 22 mars 1783, bonne et valable ; en conséquence ordonne que les choses saisies seront et demeureront acquises et confisquées au profit du régisseur ; condamne ledit sieur Lenormand en l'amende de 300 livres que Sa Majesté, par grâce et sans tirer à conséquence, modère à 30 livres, aux dépens faits, tant en cause principale que sur l'appel, et au coût, contrôle, sceau et signification de l'arrêt.
Le troisième déboute ledit sieur Lenormand de son opposition au précédent arrêt, et le condamne aux dépens. 11 mai 1784, 30 mai 1786 et 2 août 1788. (AN → AD^{+} 1064)

3580. Arrêt du Conseil d'État du roi, portant confirmation et établissement de ports francs dans le royaume. 14 mai 1784. (AN → AD^{+} 1064)

3581. Arrêt du Conseil d'État du roi, qui prolonge jusqu'au 1er juillet 1792, l'effet des lettres patentes du 1er mai 1768, qui accordaient à l'île de Cayenne et à la

Guyane française, la liberté de commerce avec toutes les nations. 15 mai 1784. (AN → AD^{+} 1064)

3582. Arrêt du Conseil d'État du roi, confirmant les privilèges de la manufacture royale des porcelaines de France ; et portant règlement sur la fabrication des autres manufactures de porcelaine. 16 mai 1784. (AN → AD^{+} 1064)

3583. Lettres patentes du roi, concernant la régie des Gabelles et du Tabac dans les bourgs et lieux cédés au roi par M. le comte de la Leyen en vertu du traité d'échange du 17 septembre 1781. (Territoires de Welfferding, Wouftweiler, Schweigen, Freymengen, Dietzweiler, Bliesbrucken et Heckenransbach). 16 mai 1784. (AN → AD^{+} 1064)

3584. Arrêt du Conseil d'État du roi, qui casse deux arrêts du parlement de Rouen des 6 février et 13 mars 1783, et ordonne que celui de la Cour des monnaies du 19 février de la même année sera exécuté ; en conséquence, fait défenses, tant au nommé Trohé, qu'à tous autres se disant orfèvres, quoique pourvus de brevets ou lettres de maîtrise, et admis par les officiers de police, d'exercer la profession d'orfèvre, qu'ils n'aient été reçus en ladite qualité par les officiers de la Cour des monnaies, ou des sièges qui y ressortissent, en la manière accoutumée. 17 mai 1784. (AN → AD^{+} 1064)

3585. Lettres patentes du roi, qui cassent l'arrêt du parlement de Bordeaux, du 28 avril dernier, sur le fait des corvées. 17 mai 1784. (AN → AD^{+} 1064)

3586. Arrêt du Conseil d'État du roi, qui casse l'arrêt du 28 avril dernier, rendu par les juges des Eaux et Forêts au siège général de la Table de marbre du Palais, concernant l'extraction de la tourbe. 18 mai 1784. (AN → AD^{+} 1064)

3587. Arrêt du Conseil d'État du roi, qui condamne M. le marquis de Montalembert à fournir sa déclaration de la consistance et valeur réelle des terres de Maumont et de la Vigerie, de la ferme de la Laiterie et des autres biens et droits réels de la succession du sieur de Montalembert, son neveu, et à en payer le droit de centième denier avec les dix sols pour livre, et le double dudit droit. Le condamne en outre aux dépens et au coût de l'arrêt. 18 mai 1784. (AN → AD^{+} 1064)

3588. Arrêt du Conseil d'État du roi, qui juge que le droit d'amortissement de deux fondations de messes et de chapelains dans l'hôpital Saint-Joseph de la Grave de Toulouse, est dû, tant sur le capital de la rétribution des messes, que de l'entretien et honoraire des chapelains, sans distinction des principaux des rentes employées dans l'État du roi, des finances de la généralité de Toulouse, faisant partie des sommes données pour lesdites fondations, lesquelles rentes ledit hôpital prétendait être exemptes du droit d'amortissement, comme rentes sur le roi. 18 mai 1784. (AN → AD^{+} 1064)

3589. Arrêts du Conseil d'État du roi, et lettres patentes sur iceux, concernant la comptabilité des recettes générales pour l'exercice 1781. 18 mai et 27 juin 1784, et 10 juin 1784. (AN → AD^{+} 1064)

3590. Arrêt du Conseil d'État du roi, qui ordonne l'exécution de l'ordonnance des Fermes du mois de février 1687, dans le port et la ville de Saint-Malo ; et supprime une requête imprimée des juge et consuls de ladite ville, comme injurieux au directeur des Fermes. 20 mai 1784. (AN → AD[+] 1064)

3591. Arrêt du Conseil d'État du roi, qui ordonne la continuation pendant dix années de l'octroi de cinq sous par chaque pièce de vin apportée et vendue à l'étape de Fontainebleau. 23 mai 1784. (AN → AD[+] 1064)

3592. Arrêt du Conseil d'État du roi, qui ordonne que les gages, appointements, gratifications et remises de toute nature accordés aux employés de ses Fermes ou Régies, ne pourront être saisis à la requête de leurs créanciers, soit que lesdits employés ne soient plus en place, ou qu'ils exercent encore leur emploi. 23 mai 1784. (AN → AD[+] 1064)

3593. Arrêt du Conseil d'État du roi, qui permet et autorise le sieur Jean-Baptiste Bacouel de rentrer au nom et pour Sa Majesté dans tous les fonds et objets faisant partie de son Domaine dans la généralité de Champagne, lesquels se trouveraient avoir été aliénés avec faculté de rachat perpétuel aux gens de mainmorte et communauté d'habitants, comme aussi de tous ceux qui, dans l'étendue de la même généralité, auraient été usurpés, recelés ou négligés, et qui seraient possédés sans titre par des gens de mainmorte. 23 mai 1784. (AN → AD[+] 1064)

3594. Arrêt du Conseil d'État du roi, qui déclare les habitants roturiers des quatre vallées d'Aure, Magnoac, Nestes, Barousse et communauté de Valcabrere, sujets au paiement du droit de franc-fief des fiefs et autres biens qu'ils possèdent. 25 mai 1784. (AN → AD[+] 1064)

3595. Édit du roi, portant création d'une quatrième charge de gentilhomme ordinaire de Monsieur. Juin 1784. (AN → AD[+] 1065)

3596. Lettres patentes du roi, portant établissement d'un second marché à tenir le mardi de chaque semaine, dans le bourg de Rambouillet en Beauce ;
Et prolongation de la durée de chacune des deux foires annuelles accordées d'ancienneté audit bourg, et dont chacune durera trois jours. Juin 1784. (AN → AD[+] 1065)

3597. Arrêt du Conseil d'État du roi, qui condamne les sieurs d'Hervillé et Faugeron à payer le droit de franc-fief de la Ferme de Montreuil qu'ils avaient acquise moyennant une rente foncière, et à la charge d'un cens, attendu l'excès du jeu de fief dans l'aliénation. 1er juin 1784. (AN → AD[+] 1065)

3598. Arrêts du Conseil d'État du roi. Le premier casse une sentence de l'élection de Reims, du premier avril 1783, et un arrêt de la Cour des aides de Paris du 24 janvier 1784, qui l'avait confirmée ; condamne le sieur Como, curé de Champigny, à payer la somme de 60 livres, à laquelle il s'était engagé envers le régisseur général, par une transaction du 25 mars 1782, avec les intérêts de ladite somme, à compter du jour de la demande ; le condamne en outre aux dépens et au coût de l'arrêt.
Le second déboute le sieur Como de son opposition au précédent arrêt, et le condamne aux dépens. 1er juin et 30 novembre 1784. (AN → AD[+] 1065)

3599. Arrêt du Conseil d'État du roi, qui exempte du droit de marc d'or, les coupes des bois de réserve des gens de mainmorte ; et qui règle celui qui sera perçu sur les concessions de domaines à rente ou à cens. 6 juin 1784. (AN → AD^{+} 1065)

3600. Lettres patentes du roi, qui ordonnent l'ouverture d'un emprunt de quatre millions, au nom de Sa Majesté, pour être employés à achever la construction du monument de Sainte-Geneviève à Paris. 6 juin 1784. (AN → AD^{+} 1065)

3601. Lettres patentes du roi, qui désunissent du corps et Hôtel de Ville de Paris l'office de receveur du domaine de ladite ville. 6 juin 1784. (AN → AD^{+} 1065)

3602. Arrêt du Conseil d'État du roi, qui ordonne, que les notaires de la ville de Toulouse et tous autres de la province de Languedoc, seront tenus de porter sur leurs répertoires, tous les actes, sans aucune exception, qui seront passés devant eux, même les testaments qu'ils ont reçus, ou qui leur ont été déposés jusqu'à présent, ensemble ceux qu'ils recevront ou qui leur seront déposés à l'avenir. 8 juin 1784. (AN → AD^{+} 1065)

3603. Lettres patentes du roi, portant établissement d'une manufacture de faïence dite grès d'Angleterre, à Douai en Flandres. 9 juin 1784. (AN → AD^{+} 1065)

3604. Règlement fait par nos seigneurs les commissaires du roi, députés par Sa Majesté en la commission établie à Reims, par lettres patentes du 21 novembre 1765. Pour être observé dans les prisons royales de la Belle-Tour de Reims, tant par le concierge, le brigadier et les employés commis à la garde des prisonniers qui y sont et seront détenus, que par lesdits prisonniers. 9 juin 1784. (AN → AD^{+} 1065)

3605. Lettres patentes du roi, qui autorisent les chefs de garnison des différentes généralités du ressort de la Cour des aides de Paris, à vendre les fruits et effets saisis sur les contribuables, à défaut de payement de leurs impositions. 10 juin 1784. (AN → AD^{+} 1065)

3606. Lettres patentes du roi, qui règlent qu'à l'avenir les terres franches de Lallaing, Bruille, Écallion et Pecquencourt, seront soumises à la juridiction de la prévôté royale de Bouchain. 10 juin 1784. (AN → AD/XVI/14^{A})

3607. Déclaration du roi, qui ordonne que les garnitures en cuivre des trémies et mesures servant à la distribution du sel dans les greniers et dépôts de sel du royaume, seront, en cas de réforme, remplacées par d'autres garnitures en fer vernissé. 13 juin 1784. (AN → AD^{+} 1065)

3608. Emprunt de cent millions, établi par édit du mois de décembre 1782, et arrêt du Conseil du 1er décembre 1783. Liste générale du deuxième tirage des remboursements des capitaux des rentes résultantes dudit emprunt, montant à la somme de deux millions cinq cent soixante mille cinq cent trente livres trois deniers, échus par le sort de la Loterie, tirée dans l'Hôtel de Ville de Paris, en présence de MM. les prévôt des marchands et échevins. 16 juin 1784. (AN → AD^{+} 1065)

3609. Ordonnance du roi, portant dédoublement du régiment de l'île de France, et formation du régiment de l'île de Bourbon. 17 juin 1784. (AN → AD^{+} 1065)

3610. Lettres patentes du roi, portant règlement pour les écoles de chirurgie de Paris. 18 juin 1784. (AN → AD⁺ 1065)

3611. Lettres patentes du roi, portant règlement et tarif pour la procédure du parlement de Bretagne et pour les juridictions de son ressort. 18 juin 1784. (BN → F 20965 [33])

3612. Déclaration du roi, concernant les études et exercices des élèves en chirurgie. 18 juin 1784. (AN → AD⁺ 1065)

3613. Arrêt du Conseil d'État du roi, qui fait défenses à tous employés des Fermes et Régies de traduire dans aucuns tribunaux, pour raison de changements, destitution ou suppression d'emploi, les fermiers, administrateurs ou régisseurs des droits au roi, à peine de mille livres d'amende. 19 juin 1784. (AN → AD⁺ 1065)

3614. Déclaration du roi, qui exclut de la concurrence, dans les faillites, les sujets du canton de Schaffhouse, ainsi que tous ceux de tous les États du Corps helvétique, où la prélation est exercée contre les Français. 20 juin 1784. (AN → AD⁺ 1065)

3615. Arrêt du Conseil d'État du roi, qui, en interprétant en tant que de besoin celui du 30 mars 1784, par lequel Sa Majesté a commis M. l'intendant de Languedoc, pour procéder sur trois publications à la vente et adjudication de l'office d'un notaire, ordonne que les minutes dépendantes de cet office seront vendues et adjugées conjointement avec ledit office. 22 juin 1784. (AN → AD/X/8 dossier A pièce 71)

3616. Lettres patentes du roi, par lesquelles Sa Majesté commet quatre des conseillers de la Cour qui seront par elle nommés, pour se transporter dans les lieux des Cévennes, du Vivarais, du Gévaudan, de la sénéchaussée de Nîmes et du diocèse d'Uzès, à l'effet de s'enquérir de tous les abus relatifs à l'administration de la justice dans lesdits lieux ; contenant les pouvoirs sur ce nécessaires, ainsi qu'il est plus amplement expliqué dans lesdites lettres patentes. 24 juin 1784. (AN → AD⁺ 1065)

3617. Arrêt du Conseil d'État du roi, portant règlement pour la franchise du port de Lorient. 26 juin 1784. (AN → AD⁺ 1065)

Arrêts du Conseil d'État du roi, et lettres patentes sur iceux. 18 mai et 27 juin 1784. (AN → AD⁺ 1065). Voir notice n° 3589.

3618. Arrêt du Conseil d'État du roi, qui condamne le sieur de Bonnegens, ancien garde du corps du roi retiré, à payer le droit de franc-fief dont il se prétendait exempt en sadite qualité. 29 juin 1784. (AN → AD⁺ 1065)

3619. Arrêt du Conseil d'État du roi, qui ordonne la distraction, au profit de la communauté de Pontault, de cent arpents de friches situés dans ladite paroisse, et l'adjudication aux enchères du surplus ; pour, du produit desdites adjudications, en être constitué rente sur le roi au profit de ladite communauté, et les arrérages affectés d'abord à la confection d'un chemin projeté, à partir par embranchement, du pavé de la route d'Allemagne, jusqu'à travers dudit village de Pontault ; et ensuite à la construction d'un pont dans le même chemin, sur la petite rivière de Morbras qui traverse ledit village, sans pouvoir être employé à aucun autre usage. 30 juin 1784. (AN → AD^{+} 1065)

3620. Édit du roi, portant que la charge d'intendant des Écuries, sera désunie de celle d'intendant des Menus de Monsieur. Juillet 1784. (AN → AD^{+} 1065)

3621. Convention provisoire pour servir d'explication à la convention préliminaire de commerce et de navigation du 25 avril 1741, entre le roi et le roi de Suède. Conclue à Versailles le 1er juillet 1784. (AN → AD^{+} 1065)

3622. Lettres patentes du roi, portant confirmation et interprétation des privilèges de la ville de Bayonne et de ceux du pays de Labour ; et règlement relatif à la franchise accordée au port de ladite ville. 4 juillet 1784. (AN → AD^{+} 1065)

3623. Ordonnance du roi, concernant la composition des équipages des navires marchands. 4 juillet 1784. (AN → AD^{+} 1065)

3624. Arrêt du Conseil d'État du roi, qui casse et annule un arrêt de la Cour des aides de Rouen, du 27 juin 1783, en ce qu'il enjoint aux commis, à chacun leur exercice journalier, de porter et transcrire le contenu d'icelui sur le registre du débitant, ou d'en donner copie ; ordonne l'exécution des règlements, et que conformément à iceux, les commis seront simplement tenus comme par le passé, de donner copie des actes de réduction à la fin de chaque mois ; ordonne en outre que ledit arrêt sera imprimé et affiché partout où il appartiendra, lu, publié à l'audience, et enregistré au greffe des élections du ressort de la Cour des aides de Rouen. 6 juillet 1784. (AN → AD^{+} 1065)

3625. Arrêt du Conseil d'État du roi, portant établissements provisoires d'un bac ou ponton et d'un droit de péage sur la rivière de Meuse, au lieu du pont de Donchery. 7 juillet 1784. (AN → AD^{+} 1065)

3626. Arrêts du Conseil d'État du roi, concernant les droits de péage et travers dans la seigneurie de Mouchy ; et portant abonnement par le propriétaire de sa contribution à l'entretien de la grande route de Paris à Beauvais, dans la traverse de ladite seigneurie de Mouchy. 7 juillet 1784 et 16 juin 1786. (AN → AD^{+} 1065)

3627. Arrêt du Conseil d'État du roi, qui condamne M. l'abbé de la Rochefoucault, prieur commendataire d'Ambierle, au paiement des droits de contrôle des actes et demi-centième denier résultant d'une transaction S.S.P. passée entre lui et les prieur et religieux d'Ambierle le 6 août 1770, par laquelle il a acquis la jouissance de tous les biens indivis du prieuré, moyennant des rentes annuelles convenues au profit du prieur claustral et des autres religieux. 8 juillet 1784. (AN → AD^{+} 1065)

3628. Déclaration du roi, portant règlement pour le mesurage et le prix des bois destinés à l'approvisionnement de Paris, avec diminution des droits sur le charbon de terre. 8 juillet 1784. (AN → AD^{+} 1065)

3629. Loterie royale, établie par arrêt du Conseil d'État du roi du 7 décembre 1777. Liste générale du tirage des 500 primes, attribuées aux cinq mille billets sortis avec des lots de mille livres. Remboursables en décembre 1784. Ledit tirage fait dans la grande salle de l'Hôtel de Ville de Paris, en présence de messieurs les prévôt des marchands et échevins. 8 juillet 1784. (AN → AD+ 1065)

3630. Lettres patentes du roi, qui, autorisant la vente d'une partie des biens des Annonciades de Lille, permettent aux religieuses de Notre-Dame de la Charité de cette ville, de solliciter par-devant l'évêque diocésain, la suppression de ce premier monastère, et l'union au leur de la portion desdits biens qui n'aura pas été aliénée. 10 juillet 1784. (AN → AD/XVI/14A)

3631. Ordonnance du roi, portant règlement sur le service dans les ville et port de Toulon. 10 juillet 1784. (AN → AD+ 1065)

3632. Ordonnance provisoire du roi, concernant la formation et la solde de l'infanterie étrangère. 12 juillet 1784. (AN → AD+ 1065)

3633. Ordonnance provisoire du roi, concernant la formation et la solde de l'infanterie française. 12 juillet 1784. (AN → AD+ 1065)

3634. Ordonnance provisoire du roi, concernant le régiment du colonel général de l'infanterie française et étrangère, en supplément à l'ordonnance provisoire de ce jour, concernant la formation et la solde de l'infanterie française. 12 juillet 1784. (AN → AD+ 1065)

3635. Arrêt du Conseil d'État du roi, qui permet la sortie des cuirs et peaux, secs et en poil, venant de l'étranger en exemption des droits, en prescrivant les conditions et formalités à observer à cet égard. 14 juillet 1784. (AN → AD+ 1065)

3636. Arrêt du Conseil d'État du roi, qui fixe le prix auquel sera payé, à compter du premier août 1784, le papier fourni par le régisseur du droit sur les cartes aux fabricants dans toute l'étendue du royaume et dans le comtat d'Avignon. 14 juillet 1784. (AN → AD+ 1065)

3637. Arrêt du Conseil d'État du roi, pour prévenir les dangers des maladies des animaux, et particulièrement de la morve. 16 juillet 1784. (AN → AD+ 1065)

3638. Arrêt du Conseil d'État du roi, concernant les commissaires des guerres. 18 juillet 1784. (AN → AD+ 1065)

3639. Lettres patentes du roi, concernant le droit de noblesse héréditaire et les privilèges attribués aux quatre offices de secrétaires des finances et greffiers du Conseil privé. 18 juillet 1784. (AN → AD+ 1065)

3640. Ordonnance du roi, concernant la compagnie de maréchaussée de l'Île-de-France. 18 juillet 1784. (AN → AD+ 1065)

3641. Arrêt du Conseil d'État du roi, portant exemption de droits pour les eaux-de-vie qui sortiront du royaume, avec liberté de distiller les lies, les baissières de vin et les marcs de raisin. 21 juillet 1784. (AN → AD+ 1065)

3642. Ordonnance du roi, portant règlement pour l'uniforme des inspecteurs-visiteurs-généraux et commissaires-inspecteurs des haras. 21 juillet 1784. (AN → AD+ 1065)

3643. Arrêt du Conseil d'État du roi, qui accorde à M. le duc d'Orléans le droit de disposer des offices de jurés-priseurs, et autres. 22 juillet 1784. (AN → AD$^+$ 1065)

3644. Arrêt du Conseil d'État du roi, concernant les offices d'huissiers-priseurs et droits y attribués dans l'apanage et les juridictions royales des domaines patrimoniaux de M. le duc d'Orléans. 22 juillet 1784. (AN → AD$^+$ 1065)

3645. Ordonnance provisoire du roi, concernant la formation et la solde de la cavalerie. 25 juillet 1784. (AN → AD$^+$ 1065)

3646. Ordonnance provisoire du roi, concernant la formation et la solde des régiments de hussards. 25 juillet 1784. (AN → AD$^+$ 1065)

3647. Ordonnance provisoire du roi, concernant le régiment du colonel général des hussards. En supplément à l'ordonnance provisoire de ce jour, concernant la formation et la solde des régiments de hussards. 25 juillet 1784. (AN → AD$^+$ 1065)

3648. Arrêt du Conseil d'État du roi, et lettres patentes concernant la régie et perception des droits de vente exclusive du sel et du tabac, et autres droits acquis par Sa Majesté, dans le Clermontois. 26 juillet 1784 et 8 janvier 1785. (AN → AD$^+$ 1065)

3649. Arrêt du Conseil d'État du roi, qui dispense les préposés à la levée des droits qui se perçoivent dans le Clermontois, de prêter un nouveau serment à cause de la cession faite de ces droits au roi, par M. le prince de Condé ; et enjoint aux juges de continuer leurs fonctions. 26 juillet 1784. (AN → AD$^+$ 1065)

3650. Arrêt contradictoire du Conseil d'État privé du roi, entre Laurent David, ci-devant adjudicataire général des Fermes unies de France,
Les président, conseillers, avocats et procureurs du roi en l'élection de Paris,
Et les doyen, délégués et syndics des notaires au Châtelet de Paris ;
Qui maintient et confirme les officiers de l'élection de Paris, dans le droit et la possession de procéder, lorsqu'il y a lieu, sur la réquisition de l'adjudicataire des Fermes, et privativement à tous autres officiers de justice, à l'apposition des scellés, et à l'inventaire des meubles et effets des préposés comptables de la Ferme. 26 juillet 1784. (AN → AD$^+$ 1065)

3651. Arrêt du Conseil d'État du roi, qui casse une sentence rendue par les officiers du bailliage d'Arbois, en ce qui concerne l'application des amendes, et les aumônes qu'elle prononce ; condamne les officiers dudit bailliage personnellement à payer le montant desdites amendes, aumônes et accessoires entre les mains du receveur des amendes, et en 500 livres d'amende pour leur contravention aux règlements. 27 juillet 1784. (AN → AD$^+$ 1065)

3652. Lettres patentes du roi, qui autorisent les administrateurs du Mont-de-Piété de Metz à faire vendre publiquement les vaisselles et argenteries mises en nantissement, qui n'auront pas été retirées dans le délai fixé par l'article V des lettres patentes du mois de septembre 1781. 27 juillet 1784. (AN → AD$^+$ 1065)

3653. Arrêt du Conseil d'État du roi, portant règlement sur la manière dont le tabac fabriqué doit jouir de la franchise du port de Lorient. 28 juillet 1784. (AN → AD⁺ 1065)

3654. Arrêt du Conseil d'État du roi, concernant les anoblis depuis 1715, qui sont en retard du payement des sommes auxquelles ils ont été taxés par l'édit d'avril 1771, pour droit de confirmation. 29 juillet 1784. (AN → AD⁺ 1065)

3655. Lettres patentes du roi, qui fixent les limites de la concession des mines d'Allemont, faite à Monsieur. 29 juillet 1784. (AN → AD⁺ 1065)

3656. Extrait des registres du Conseil d'État du roi. (Jean-Louis Vaquette de Lenchères. Louis-Annibal Bénézet. Nicolas-Philippe Ledru). 31 juillet 1784. (AN → AD⁺ 1065)

3657. Arrêt du Conseil d'État du roi, contenant de nouvelles dispositions relatives à l'exploitation des mines du Boulonois, pays conquis et reconquis, et comté d'Ardres. 31 juillet 1784. (AN → AD⁺ 1065)

3658. Arrêt du Conseil d'État du roi, qui permet aux gardes généraux et particuliers de l'apanage de Monsieur, de porter des fusils et des armes, en faisant leurs fonctions dans les forêts de l'apanage. 31 juillet 1784. (AN → AD⁺ 1065)

3659. Édit du roi, portant établissement d'une nouvelle Caisse des amortissements. Août 1784. (AN → AD⁺ 1066)

3660. Édit du roi, portant règlement pour les offices de grands-maîtres. (Eaux et Forêts). Août 1784. (AN → AD⁺ 1066)

3661. Édit du roi, portant suppression et réunion d'un des offices de maître particulier des Eaux et Forêts d'Orléans. Août 1784. (AN → AD⁺ 1066)

3662. Édit du roi, portant suppression des offices de contrôleurs généraux des Domaines et Bois des duchés d'Orléans et de Valois. Août 1784. (AN → AD⁺ 1066)

3663. Lettres patentes du roi, en forme d'édit, qui accordent aux États de la Flandre maritime, la régie et perception des droits des quatre-membres, par bail de dix années ; leur permettent d'emprunter la somme de dix millions, remboursable dans le même terme. Août 1784. (AN → AD⁺ 1066)

3664. Contrat d'échange (du comté d'Avesnes contre la seigneurie de Vélizy, du 30 juillet 1781) entre le roi et M. le maréchal, duc de Lévis, et lettres de ratification dudit contrat. Août 1784. (AN → AD/IX/367)

3665. Arrêt du Conseil d'État du roi, qui révoque la suspension ordonnée par celui du 14 février 1783 et autorise en conséquence l'exécution du tarif général et provisoire arrêté au Bureau de la ville de Paris le 24 décembre 1782, pour le transport des voyageurs, marchandises, et autres effets par les coches d'eau d'Auxerre, Sens, Nogent, Montereau, Briare, Montargis, Nemours, Moret, Melun et Corbeil. 2 août 1784. (AN → AD⁺ 1066)

3666. Lettres patentes sur arrêt du Conseil (du 20 juillet 1784), portant confirmation de la foire annuelle qui se tient dans la ville de Metz pendant les 15 premiers jours du mois de mai, et établissement d'une seconde dans la même ville, à commencer du 25 août pour finir au 10 septembre. 4 août 1784. (BN → F 23630 [570])

3667. Lettres patentes du roi, portant suppression de la communauté des maîtres passementiers-brodeurs, et leur réunion au corps des marchands fabricants tissutiers-rubaniers de Paris. 5 août 1784. (AN → AD$^+$ 1066)

3668. Arrêt du Conseil d'État du roi, qui règle le payement des récépissés de papier-monnaie des îles de France et de Bourbon, ordonne la vérification de tous papiers-monnaie existants dans lesdites îles, défend d'en créer et autoriser à l'avenir pour quelque cause que ce puisse être. 8 août 1784. (AN → AD$^+$ 1066)

3669. Ordonnance provisoire du roi, concernant la formation et la solde de ses régiments de dragons. 8 août 1784. (AN → AD$^+$ 1066)

3670. Ordonnance provisoire du roi, concernant la formation et la solde des régiments de chasseurs. 8 août 1784. (AN → AD$^+$ 1066)

3671. Arrêt du Conseil d'État du roi, pour la construction d'un pont de bois provisionnel sur la rivière de Marne, à La Ferté-sous-Jouarre. 9 août 1784. (AN → AD$^+$ 1066)

3672. Arrêt du Conseil d'État du roi, qui nomme le sieur Rouillé de l'Étang, trésorier payeur de dépenses diverses, pour recevoir les fonds qui proviendront de l'emprunt ordonné par lettres patentes du 6 juin 1784. (Église Sainte-Geneviève). 9 août 1784. (AN → AD$^+$ 1066)

3673. Déclaration du roi, concernant les causes d'appellations comme d'abus et toutes celles de régale. 9 août 1784. (AN → AD$^+$ 1066)

3674. Déclaration du roi, concernant les requêtes civiles. 9 août 1784. (AN → AD$^+$ 1066)

3675. Arrêt du Conseil d'État du roi, qui déboute les officiers municipaux de Pamiers de l'opposition par eux formée à l'exécution des articles V et VI de l'arrêt du Conseil du 9 octobre 1782, en ce qui concerne la communauté de ladite ville. 10 août 1784. (AN → AD$^+$ 1066)

3676. Arrêt du Conseil d'État du roi, qui ordonne aux préposés à la perception des droits de contrôle, insinuation et centième denier, de communiquer leurs registres aux inspecteurs et agents commis par Monsieur, frère du roi, dans les domaines de son apanage. 10 août 1784. (AN → AD$^+$ 1066)

3677. Arrêt du Conseil d'État du roi, qui, sans s'arrêter à une sentence du bailliage de Nancy et à un arrêt de la Chambre des comptes de Lorraine, juge les droits de contrôle dûs sur différentes délégations contenues en un acte déposé devant notaire, à moins qu'on ne justifie que les sommes sont dues aux créanciers délégués en vertu d'actes contrôlés ou de titres non sujets au contrôle. 10 août 1784. (AN → AD$^+$ 1066)

3678. Règlement provisoire du roi, en supplément à l'ordonnance du 8 de ce mois, concernant les régiments de chasseurs. 10 août 1784. (AN → AD$^+$ 1066)

3679. Arrêt du Conseil d'État du roi, qui accorde aux principaux officiers des Conseils de Monsieur et de M. le comte d'Artois, ainsi qu'à ceux du Conseil de la reine et de celui de M. le duc d'Orléans, l'exemption du droit de franc-fief, et qui explique à quelles conditions ils jouiront de cette exemption. 11 août 1784. (AN → AD^{+} 1066)

3680. Arrêt du Conseil d'État du roi, portant augmentation du droit de délestage, perçu sur les navires qui entrent dans la rivière de Bordeaux. 11 août 1784. (AN → AD^{+} 1066)

3681. Arrêt du Conseil d'État du roi, qui fait défenses d'exercer les greffes sans avoir obtenu des provisions ou des lettres de ratification. 12 août 1784. (AN → AD^{+} 1066)

3682. Lettres patentes du roi, qui permettent à M. le duc de Chartres, d'acenser les terrains et bâtiments qui sont au pourtour du jardin du Palais-Royal. 13 août 1784. (AN → AD^{+} 1066)

3683. Lettres patentes qui permettent à M. le duc de Chartres d'acenser les terrains et bâtiments du Palais-Royal parallèles aux rues des Bons-Enfants, Neuve-des-Petits-Champs, et de Richelieu. 13 août 1784. (AN → AD^{+} 1066)

3684. Arrêt du Conseil d'État du roi, et lettres patentes sur icelui, qui ordonnent que toutes les rentes constituées sur le roi, et autres charges annuelles de même nature, qui jusqu'à présent se sont acquittées à la Caisse des arrérages, seront désormais payées à l'Hôtel de Ville de Paris : et qui règle la comptabilité du trésorier de cette Caisse. 14 août et 7 septembre 1784. (AN → AD^{+} 1066)

3685. Lettres patentes du roi, qui rapprochent les payements des rentes sur l'Hôtel de Ville de Paris, et les règlent à époques fixes, de semestre en semestre. 15 août 1784. (AN → AD^{+} 1066)

3686. Ordonnance provisoire du roi, concernant les régiments du colonel général, mestre-de-camp général, et commissaire général de la cavalerie.
En supplément à l'ordonnance provisoire du 25 juillet de la présente année, concernant la formation et la solde de la cavalerie. 15 août 1784. (AN → AD^{+} 1066)

3687. Ordonnance provisoire du roi, concernant les régiments du colonel général et du mestre-de-camp général des dragons.
En supplément à l'ordonnance provisoire du 8 août de la présente année, concernant la formation et la solde de ses régiments de dragons. 15 août 1784. (AN → AD^{+} 1066)

3688. Déclaration du roi, concernant les maîtres des communautés de Paris, qui vont s'établir dans les villes du royaume. 15 août 1784. (AN → AD^{+} 1066)

3689. Lettre du roi, aux agents généraux du clergé de France pour la convocation de l'assemblée générale du clergé en la ville de Paris au 23e mai 1785. 15 août 1784. (BN → Fol Ld^{4} 3033)

Arrêts du Conseil d'État du roi, et lettres patentes sur iceux. 5 août 1783, 16 mars et 18 août 1784. (AN → AD^{+} 1066). Voir notice n° 3389.

3690. Lettres patentes sur arrêts, concernant la reconstruction du collège de Montbrison. 18 août 1784. (AN → U 1303)

3691. Arrêt du Conseil d'État du roi, qui ordonne que les marchands et négociants qui voudront envoyer des toiles au blanc, à l'impression ou au réapprêt, seront tenus de fixer les délais pendant lesquels ils entendent faire rentrer lesdites toiles à Paris. 19 août 1784. (AN → AD⁺ 1066)

3692. Déclaration du roi, concernant les créances que les Suisses auront à répéter sur des particuliers qui ont fait faillite en France. 20 août 1784. (AN → AD⁺ 1066)

3693. Arrêt du Conseil d'État du roi, qui ordonne l'exécution de celui du 10 avril 1783, en ce qui concerne la suppression du droit de hallage perçu par M. l'évêque de Valence, au lieu de Rebais. 21 août 1784. (AN → AD⁺ 1066)

3694. Arrêt du Grand Conseil du roi. (Jean Vautrin. Église collégiale de Saint-Pierre de Tonnerre). 21 août 1784. (AN → AD⁺ 1066)

3695. Lettres patentes du roi, qui ordonnent la construction d'une nouvelle halle à la marée à Paris. 21 août 1784. (AN → AD⁺ 1066)

3696. Arrêt du Conseil d'État du roi, qui, sans avoir égard à l'opposition formée par les maire, consuls, et communautés de Saint-Béat et des vallées de Larboust, Doueil, Luchon, Lairisse, Frontigues et Barbatès, dont ils seront et demeureront déboutés, ordonne que l'arrêt du 15 octobre 1771 sera exécuté selon sa forme et teneur, avec condamnation aux dépens. 24 août 1784. (AN → AD⁺ 1066)

3697. Arrêt du Conseil d'État du roi, portant règlement pour la perception du droit d'indult. 25 août 1784. (AN → AD⁺ 1066)

3698. Lettres patentes du roi, qui défendent aux syndics chandeliers de faire des visites chez les épiciers, pour y vérifier les mesures à huile. 25 août 1784. (AN → AD⁺ 1066)

3699. Lettres patentes du roi, concernant la hauteur des maisons de la ville et faubourgs de Paris. 25 août 1784. (AN → AD⁺ 1066)

3700. Déclaration du roi, qui permet aux maîtres orfèvres et à tous artistes qui fondent, travaillent ou emploient les matières d'or et d'argent, d'établir leurs forges et fourneaux ailleurs que dans leurs boutiques, à la charge de s'y faire autoriser par la Cour des monnaies ; fait défenses aux fondeurs de fondre ces mêmes matières, soit pour leur compte particulier, soit pour celui des artistes qui n'ont pas droit de les employer, et prescrit les formalités auxquelles ils seront tenus de se conformer lorsqu'ils seront chargés de fondre des matières de cette nature. 25 août 1784. (AN → AD⁺ 1066)

3701. Instructions aux intendants du duché de Savoie, par la délégation générale, pour faire procéder à la répartition du prix des affranchissements. 25 août 1784. (AN → AD⁺ 1066)

3702. Lettres patentes du roi, qui autorisent les visites dans les boutiques et magasins des marchands et négociants, pour la vérification des étoffes, toiles et toileries. 26 août 1784. (AN → AD⁺ 1066)

3703. Ordonnance du roi, concernant les capitaines de ses vaisseaux, lorsqu'ils ne seront pas en activité de service. 28 août 1784. (AN → AD^{+} 1066)

3704. Arrêt du Conseil d'État du roi, qui excepte les officiers de la monnaie de Strasbourg des dispositions de l'article XVI de l'édit de février 1772 ; et ordonne qu'ils continueront de jouir des gages attribués à leurs offices, ainsi et de la même manière qu'ils en jouissaient avant la publication de cet édit. 29 août 1784. (AN → AD^{+} 1066)

3705. Arrêt du Conseil d'État du roi, qui commet M. de Marizy, grand-maître des Eaux et Forêts de Bourgogne, pour connaître des contestations qui pourront s'élever relativement aux ouvrages prescrits par l'arrêt du Conseil du 28 juin 1784, pour le flottage des bois pour l'approvisionnement de Paris. 29 août 1784. (AN → AD^{+} 1066)

3706. Arrêt du Conseil d'État du roi, qui maintient M. le marquis de Guerchy dans la propriété, possession et jouissance d'un droit de péage par terre, au lieu et dans l'étendue de son marquisat de Nangis. 29 août 1784. (AN → AD^{+} 1066)

3707. Règlement du roi, concernant les feux entretenus dans l'intérieur des ports et arsenaux. 29 août 1784. (AN → Marine A/1/134)

3708. Arrêt du Conseil d'État du roi, concernant le commerce étranger dans les îles françaises de l'Amérique. 30 août 1784. (AN → AD^{+} 1066)

3709. Édit du roi, portant établissement de dix nouvelles parties de rentes, et création de vingt offices de payeurs, et de vingt offices de contrôleurs desdites rentes. Septembre 1784. (AN → AD^{+} 1066)

3710. Édit du roi, portant création de quinze places, par augmentation, dans la communauté des barbiers-perruquiers de Nantes. Septembre 1784. (BN → F 20966 [20])

3711. Arrêt du Conseil d'État du roi. (Victor Desenne. François Jobart. Librairie). 4 septembre 1784. (AN → AD^{+} 1066)

3712. Arrêt du Conseil d'État du roi, qui casse et annule celui de la Cour des aides de Clermond-Ferrand, du 18 août 1784, lequel ordonne des visites par les officiers des élections, chez les débitants et entreposeurs de tabacs, pour en constater la défectuosité ; Sa Majesté se réservant de se faire rendre compte des plaintes qui auraient pu être portées sur la qualité des tabacs vendus dans les Bureaux des fermiers, et par les débitants, dans la province d'Auvergne. 5 septembre 1784. (AN → AD^{+} 1066)

3713. Lettres patentes du roi, portant que, dans le territoire des villes de Dunkerque, Bourbourg et Gravelines, les réparations, la reconstruction et l'entretien des églises paroissiales et presbytères du Plat-Pays seront désormais à la charge des décimateurs. 5 septembre 1784. (AN → AD^{+} 1066)

3714. Règlement que Sa Majesté veut et entend être gardé et observé par les agents de change de la ville de Paris, et par les courtiers qui sont ou seront admis à suivre la bourse. 5 septembre 1784. (AN → AD^{+} 1066)

3715. Arrêt du Conseil d'État du roi, concernant les formalités à observer pour les constructions et reconstructions des bâtiments appartenant aux gens de mainmorte, hôpitaux généraux et particuliers, maisons et écoles de charité. 7 septembre 1784. (AN → AD⁺ 1066)

3716. Arrêt du Conseil d'État du roi, qui déboute Jean-Pierre Lemonnier aubergiste à Rouen, de toutes ses demandes, relativement à l'arrêt du Conseil du 25 février 1783, qui a cassé celui de la Cour des aides de Rouen du 12 janvier 1782, rendu en sa faveur, et relativement à l'arrêt du Conseil du 19 août 1783 qui a débouté ledit Lemonnier de son coût du présent arrêt. 7 septembre 1784. (AN → AD⁺ 1066)

3717. Déclaration du roi, concernant la comptabilité des Domaines. 8 septembre 1784. (AN → AD⁺ 1066)

3718. Arrêt du Conseil d'État du roi, qui ordonne que les veuves des agrégés aux nouvelles communautés, dans les villes du ressort du parlement de Paris, pourront être admises dans lesdites communautés, dans l'année de leur veuvage, en payant seulement la moitié des droits de réception. 13 septembre 1784. (AN → AD⁺ 1066)

3719. Arrêt du Conseil d'État du roi, et lettres patentes sur icelui, qui ordonnent une fabrication de cinquante mille marcs d'espèces de cuivre en la monnaie de Rouen. 16 septembre 1784. (AN → AD⁺ 1066)

3720. Loterie royale, établie par arrêt du Conseil d'État du roi du 29 octobre 1780. Liste générale du tirage des 400 primes, attribuées aux deux mille billets de ladite Loterie, sortis à celui du 1er mai 1784. Ledit tirage fait dans la grande salle de l'Hôtel de Ville de Paris, en présence de messieurs les prévôt des marchands et échevins. 16 septembre 1784. (AN → AD⁺ 1066)

3721. Ordonnance du roi, portant qu'à commencer du 1er octobre prochain, il sera payé par toutes sortes de personnes, excepté les courriers du Cabinet, trente sous par poste pour chaque cheval, soit mallier, bricollier ou bidet ; et ce jusque et compris le dernier juin 1785. 19 septembre 1784. (AN → AD⁺ 1066)

3722. Arrêt du Conseil d'État du roi, qui adapte aux reconnaissances non échangées, les billets de chance restants à délivrer au Trésor royal, des cent mille qui doivent être admis à avoir part aux quinze cent mille livres de rentes viagères, créées par l'édit du mois de décembre 1783. 20 septembre 1784. (AN → AD⁺ 1066)

3723. Arrêt du Conseil d'État du roi, qui condamne la communauté d'Empus à rétablir au Bureau de l'administration le droit d'amortissement qui avait été payé par elle pour l'acquisition faite en conséquence d'autorisation de M. l'intendant de la généralité d'Aix qui avait ordonné la restitution de ce droit, de laquelle acquisition la communauté avait été depuis évincée. 21 septembre 1784. (AN → AD⁺ 1066)

3724. Arrêt du Conseil d'État du roi, et lettres patentes sur icelui, qui ordonnent l'exécution de l'article 29 du titre 1er de l'ordonnance du 22 juillet 1681, concernant le commerce du tabac dans le pays limitrophe de Lorient et de Bayonne. 23 septembre 1784. (AN → AD⁺ 1066)

3725. Lettres patentes du roi, qui ordonnent que la longueur des mouchoirs qui se fabriquent dans le royaume, sera égale à leur largeur. 23 septembre 1784. (AN → AD$^+$ 1066)

3726. Déclaration du roi, concernant les tenures hommagées, connues dans la coutume du Grand Perche, sous la dénomination de fiefs bursaux. 23 septembre 1784. (AN → AD$^+$ 1066)

3727. Arrêt du Conseil d'État du roi, qui révoque les arrêts du Conseil des 29 juillet et 21 octobre 1749, portant règlement pour la taxe du bois de chauffage à Rouen ; et ordonne qu'il y sera vendu à prix libre, de gré à gré. 25 septembre 1784. (AN → AD$^+$ 1066)

3728. Arrêt du Conseil d'État du roi, qui accorde différentes faveurs au commerce du Nord. 25 septembre 1784. (AN → AD$^+$ 1066)

3729. Arrêt du Conseil d'État du roi, en interprétation des lettres patentes, du 4 juillet 1784, concernant la franchise du port de Bayonne. 25 septembre 1784. (AN → AD$^+$ 1066)

3730. Lettres patentes du roi, concernant la perception du droit de mesurage sur les grains, dépendant du domaine de Versailles. 26 septembre 1784. (AN → AD$^+$ 1066)

3731. Arrêt du Conseil d'État du roi, qui ordonne que les rôles des tailles, capitation et autres impositions de la province de Roussillon, ainsi que les commandements, contraintes, procès-verbaux, saisies-arrêts, saisies-exécutions, enlèvements de meubles, emprisonnements et écrous qui seront faits pour le recouvrement des impositions, seront écrits en papier libre ; et que lesdits actes, quoique faits par des huissiers et sergents, seront à l'avenir exempts du droit de contrôle, à l'exception des exploits contenant assignations, ventes de meubles, et toutes autres poursuites et procédures, lesquelles ne pourront être rédigés que sur papier timbré, et seront contrôlés. 28 septembre 1784. (AN → AD$^+$ 1066)

3732. Arrêt du Conseil d'État du roi, qui ordonne que les rôles des tailles, capitation et autres impositions de la province de Languedoc, ainsi que les commandements, contraintes, procès-verbaux, saisies-arrêts, saisies-exécutions, enlèvements de meubles, emprisonnements et écrous qui seront faits pour le recouvrement des impositions, seront écrits en papier libre ; et que lesdits actes, quoique faits par des huissiers et sergents, seront à l'avenir exempts du droit de contrôle, à l'exception des exploits contenant assignations, ventes de meubles, et toutes autres poursuites et procédures, lesquelles ne pourront être rédigés que sur papier timbré, et seront contrôlés. 28 septembre 1784. (AN → AD$^+$ 1066)

3733. Arrêt du Conseil d'État du roi, qui supprime les droits de tarif perçus dans la ville de La Rochefoucauld, généralité de Limoges, et ordonne qu'à commencer de l'année prochaine 1785, les habitants de ladite ville seront imposés à la taille. 28 septembre 1784. (AN → AD$^+$ 1066)

3734. Arrêt du Conseil d'État du roi, qui, en interprétant celui du 29 mai 1783, permet aux marchands de bois et adjudicataires pour l'approvisionnement de la ville de Paris, de convertir en charbon les bois blancs qui auront neuf pouces de tour, et au-dessous. 30 septembre 1784. (AN → AD$^+$ 1066)

3735. Arrêt du Conseil d'État du roi, qui casse la sentence du juge de police de la ville de Rennes, du 11 septembre 1784, et l'arrêt de la Chambre des vacations du Parlement de la même ville, du 15 du même mois ; par lesquels la saisie conservatoire de différentes quantités de tabac avait été confirmée et la continuation ordonnée, avec défenses audit juge de police et à ladite Cour, de donner aucune suite auxdites saisies, ni d'en ordonner à l'avenir sans être requis par les préposés du fermier : et qui ordonne à ladite Chambre des vacations et auxdits juges de police, d'adresser incessamment à Sa Majesté, les procès-verbaux de vérification, si aucun ont été faits en vertu desdits jugements ; ensemble les mémoires et pièces qui leur auront été remis à ce sujet : se réservant Sa Majesté, après qu'elle sera fait rendre compte des plaintes qui auront pu être portées sur la qualité des tabacs que le fermier fait vendre, d'y statuer ainsi qu'il appartiendra. 1er octobre 1784. (AN → AD+ 1067)

3736. Lettres patentes du roi, portant homologation des statuts et règlements de la communauté des tailleurs-fripiers de la ville et faubourgs de Paris. De l'exercice de MM. Pierre-Guillaume Franckaert et Jean-Antoine Rubit (syndics en charge) ; de Thomas Fouilloux, et François-Antoine Rubit (adjoints). 1er octobre 1784. (AN → AD/XI/26 dossier C pièce 34)

3737. Arrêt du Conseil d'État du roi, portant règlement sur la franchise accordée au port et à la ville de Lorient. 3 octobre 1784. (AN → AD+ 1067)

3738. Arrêt du Conseil d'État du roi, qui, en ordonnant l'exécution des lettres patentes du mois de mai dernier, proroge jusqu'au 1er janvier 1785, le délai pour justifier des titres de propriété des échoppes, rues aux Fers et de la Barillerie, et autres terrains faisant partie de la voie publique, sinon en ordonne la réunion au Domaine, la démolition et suppression. 4 octobre 1784. (AN → AD+ 1067)

3739. Arrêt du Conseil d'État du roi, qui ordonne qu'à compter du 1er janvier 1785, les ampliations des quittances du droit de marc d'or, seront délivrées par le trésorier de ce droit, en même temps que les quittances originales, sans qu'aucune autre personne puisse en délivrer des copies collationnées. 6 octobre 1784. (AN → AD+ 1067)

3740. Arrêt du Conseil d'État du roi, et lettres patentes sur icelui, qui, sur les offres des tanneurs, fabricants, marchands et commissionnaires de cuirs, établissent les droits qui seront payés pendant dix-huit années, sur les cuirs et peaux, amenés et vendus à la nouvelle halle aux cuirs, rue Mauconseil, pour rembourser les avances du prix de l'achat du terrain et de la construction de ladite halle. 6 octobre et 11 novembre 1784. (AN → AD+ 1067)

3741. Lettres patentes sur arrêt du Conseil d'État du roi du 14 juillet 1784, qui permettent la sortie des cuirs et peaux, secs et en poil, venant de l'étranger, en exemption des droits de l'édit du mois d'août 1759, en prescrivant les conditions et formalités à observer à cet égard. 6 octobre 1784. (AN → AD+ 1067)

3742. Loterie royale, établie par édit de décembre 1783. Liste générale des dix mille lots de rentes viagères de la Loterie, établie par ledit édit de décembre 1783, et dont le tirage a été fait dans la grande salle de l'Hôtel de Ville, en présence de messieurs les prévôt des marchands et échevins. 8, 11, 12, 13, 14, 15, 16 et 18 octobre 1784. (AN → AD+ 1067)

3743. Lettres patentes du roi, qui ordonnent l'enregistrement de l'édit de janvier 1782, portant création de receveurs particuliers des Finances. 15 octobre 1784. (AN → AD$^+$ 1067)

3744. Arrêt du Conseil d'État du roi, concernant la vente et le débit du tabac. 16 octobre 1784. (AN → AD$^+$ 1067)

3745. Arrêts du Conseil d'État du roi. Le premier casse et annule celui de la Cour des aides de Montpellier, du premier juin 1778, en ce qu'il avait permis aux sieurs Bousquet, Meynadier, Blanc et Bayle, frères, négociants à Cette, de faire débarquer, avec des sardines en saumure, qu'ils avaient fait venir de Bretagne, des barriques uniquement remplies de saumures, et maintient les défenses portées par les règlements, d'introduire aucunes saumures dans les provinces soumises aux gabelles.
Le second déboute les sieurs Bousquet, Meynadier, Blanc et Bayle, frères, ainsi que M. le procureur général, syndic des États de Bretagne, de leur opposition à l'exécution du premier, et règle les facilités qui pourront être accordées aux négociants du port de Cette, qui feront venir de Bretagne, des sardines apprêtées en saumure, pour leur assurer les moyens d'en prévenir l'altération ou le dépérissement. 25 février 1783 et 19 octobre 1784. (AN → AD$^+$ 1067)

3746. Arrêt du Conseil d'État du roi, qui, sans s'arrêter à une ordonnance de M. l'intendant de Languedoc, du 13 juillet 1779, ordonne que le sieur Souvigné sera tenu de rapporter l'acte sous seing-privé, par lequel il a acquis le domaine de Riotord, antérieurement au contrat qui lui en a été passé par-devant notaire le 30 décembre 1776, et d'en payer les droits en sus de centième denier, à la déduction des droits perçus sur ledit acte du 30 décembre 1776, le condamne en l'amende de cinq cents livres, aux frais de l'instance, et au coût de l'arrêt. 19 octobre 1784. (AN → AD$^+$ 1067)

3747. Lettres patentes sur arrêt, qui, sur la demande des États de Béarn, ordonne que le lieu de Clarac près la ville de Nay sera assujetti au paiement des droits réservés comme cette ville. 20 octobre 1784. (AN → AD$^+$ 1067)

3748. Arrêt du Conseil d'État du roi, qui permet à toutes personnes sans exception, de fabriquer du charbon de tourbe, suivant les procédés qu'elles auront inventés, en se conformant, chacun en droit soi, à la police des lieux. 22 octobre 1784. (AN → AD$^+$ 1067)

3749. Ordonnance du roi, portant création du corps royal de l'artillerie des colonies. 24 octobre 1784. (AN → AD$^+$ 1067)

3750. Arrêt du Conseil d'État du roi, qui modifie les dispositions de l'article IV de l'arrêt du Conseil du 10 octobre 1744, concernant les marchandises des manufactures du royaume, destinées pour l'étranger. 25 octobre 1784. (AN → AD$^+$ 1067)

3751. Loterie royale établie par arrêt du Conseil du 5 avril 1783. Liste générale du deuxième tirage de ladite Loterie, fait en la grande salle de l'Hôtel de Ville de Paris, en présence de messieurs les prévôt des marchands et échevins. 25, 26, 27 et 28 octobre 1784. (AN → AD$^+$ 1067)

3752. Arrêt du Conseil d'État du roi, qui, à compter du 10 novembre prochain, convertit en gratifications et primes l'exemption du demi-droit accordée aux denrées coloniales provenant de la traite des Noirs. 26 octobre 1784. (AN → AD$^+$ 1067)

3753. Arrêt du Conseil d'État du roi, concernant les armements de commerce pour les îles et colonies françaises. 31 octobre 1784. (AN → AD$^+$ 1067)

3754. Arrêt du Conseil d'État du roi, et lettres patentes sur icelui, qui accordent aux sieur Pallu et compagnie la recette et administration des affinages des matières d'or et d'argent dans la ville de Lyon, à titre de bail et régie intéressée, pendant quinze années. 31 octobre et 13 novembre 1784. (AN → AD$^+$ 1067)

3755. Lettres patentes du roi, portant augmentation de finance de l'office de trésorier général des dépenses diverses ; et règlement sur sa comptabilité. 31 octobre 1784. (AN → AD$^+$ 1067)

3756. Lettres patentes du roi, qui accordent aux corps et communautés ecclésiastiques de la Lorraine qui, avant la publication de l'édit... de mai 1784, auraient commis des prêtres amovibles à la desserte des cures et vicairies perpétuelles, un nouveau délai de 3 mois pour présenter aux ordinaires diocésains des prêtres capables d'être pourvus en titre de ces bénéfices. 31 octobre 1784. (BN → F 23630 [630])

3757. Ordonnance du roi, concernant les classes. 31 octobre 1784. (AN → AD$^+$ 1067)

3758. Ordonnance du roi, pour établir des intendants ou commissaires attachés aux armées navales, escadres ou divisions ; et des commis aux revues et aux approvisionnements, à bord de chaque vaisseau, frégate ou autre bâtiment. 1er novembre 1784. (AN → AD$^+$ 1067)

3759. Règlement du roi, concernant le service à exécuter par le commis aux revues et aux approvisionnements à bord des vaisseaux armés, préposé par l'ordonnance du 1er novembre, pour remplir les fonctions qui étaient attribuées par celle du 27 septembre 1776, à l'officier chargé du détail. 1er novembre 1784. (AN → AD$^+$ 1067)

3760. Arrêt du Conseil d'État du roi, qui ordonne que la dame de Palarin sera tenue, comme détentrice des immeubles délaissés par le sieur marquis de Castelnau, son frère, et qu'elle a recueillis à titre de substitution, de payer les droits de centième denier des mutations antérieures à sa possession. 9 novembre 1784. (AN → AD$^+$ 1067)

3761. Arrêt du Conseil d'État du roi, qui ordonne qu'à compter du 1er janvier prochain, les coutils étrangers payeront à toutes les entrées du royaume, dix livres par pièce de quinze années, et les dix sous pour livre. 10 novembre 1784. (AN → AD$^+$ 1067)

3762. Arrêt du Conseil d'État du roi, qui ordonne qu'il sera établi des commis pour recevoir les actes d'affirmations de voyages dans tous les lieux où s'exercent les justices des seigneurs, et où la perception des droits desdits actes d'affirmations de voyages, a été négligée. 11 novembre 1784. (AN → AD$^+$ 1067)

3763. Arrêt du Conseil d'État du roi, qui ordonne qu'à compter du 15 novembre 1784, jusque et compris le dernier juin 1785, il sera perçu une augmentation sur le prix des courses et des heures des carrosses de places, et sur le prix des places dans les messageries et voitures à volonté des environs de Paris. 11 novembre 1784. (AN → AD$^+$ 1067)

3764. Arrêt du Conseil d'État du roi, et lettres patentes sur icelui, qui approuvent et confirment l'adjudication des ouvrages à faire, pour reconstruire la porte d'entrée du Bureau des finances d'Amiens. 13 novembre 1784 et 6 avril 1785. (AN → AD$^+$ 1067)

3765. Copie de la lettre circulaire écrite par M. le M^{al} de Castries, aux administrateurs des îles françaises de l'Amérique, en leur adressant les arrêts du Conseil des 30 août et 26 octobre 1784. 13 novembre 1784. (AN → Marine A/1/136)

3766. Règlement provisoire du roi, concernant l'habillement des appointés et musiciens de ses régiments. 17 novembre 1784. (AN → AD$^+$ 1067)

3767. Règlement provisoire du roi, en supplément à l'ordonnance du 25 juillet dernier, concernant la cavalerie. 17 novembre 1784. (AN → AD$^+$ 1067)

3768. Départements de messieurs les fermiers généraux, pour le service des Fermes générales, pendant la cinquième années du bail de Me Nicolas Salzard. 19 novembre 1784. (AN → AD$^+$ 1067)

3769. Copie de la lettre écrite par monseigneur le M^{al} de Castries, ministre de la Marine, à la chambre du commerce de Dunkerque. 20 novembre 1784. (AN → Marine A/1/136)

3770. Arrêt du Conseil d'État du roi et lettres patentes qui ordonnent qu'à compter du premier janvier 1785, les greniers à sel du Haut-Vivarais seront désunis des gabelles du Lyonnais, pour être réunis aux gabelles du Languedoc. 21 novembre 1784. (AN → AD$^+$ 1067)

3771. Arrêt du Conseil d'État du roi, qui règle les droits de péage dépendant du domaine de Melun, les distingue de ceux qui appartiennent à M. le duc de Praslin, en sa qualité de vicomte dudit Melun, et fixe lesdits droits d'après les titres qui y sont relatifs. 21 novembre 1784. (AN → AD$^+$ 1067)

3772. Lettres patentes du roi, en interprétation de l'article VII de celles du 17 septembre 1778, concernant la validité des procès-verbaux rédigés sur des saisies faites par ceux des employés de la Ferme générale qui ne savent ni lire ni écrire. 21 novembre 1784. (AN → AD$^+$ 1067)

3773. Arrêt du Conseil d'État du roi, qui ordonne que dans trois mois, tous propriétaires ou dépositaires du brevet d'assurance de soixante mille livres, accordé au sieur de la Roche, sur la charge de premier valet de garde-robe du roi, seront tenus de le représenter au secrétaire d'État ayant le département de la Maison de Sa Majesté. 27 novembre 1784. (AN → AD$^+$ 1067)

3774. Lettres patentes du roi, qui dispensent les nommés François Trohé, Pierre-Jacques-Romain Yon et François Boudard, de justifier de leur apprentissage, et autorisent leur admission dans la communauté des maîtres orfèvres de Rouen :

ordonnent que les sommes payées par les nommés Floquet, Dominique-Vincent Coignard, Jean-André Julmasse et Nicolas Marescot, pour être admis dans cette même communauté, leur seront remboursées, et leur enjoignent de ne plus à l'avenir exercer la profession d'orfèvre. 29 novembre 1784. (AN → AD+ 1067)

Arrêts du Conseil d'État du roi. 29 juillet 1783 et 30 novembre 1784. (AN → AD+ 1067). Voir notice n° 3380.

Arrêts du Conseil d'État du roi. 1er juin et 30 novembre 1784. (AN → AD+ 1067). Voir notice n° 3598.

3775. Édit du roi, portant création d'un emprunt de cent vingt-cinq millions en cent vingt-cinq mille billets de mille livres, portant intérêt à cinq pour cent, et remboursables en vingt-cinq ans, avec accroissement de capital. Décembre 1784. (AN → AD+ 1067)

3776. Édit du roi, portant création de la charge d'aumonier de la Grande Louveterie de France. Décembre 1784. (AN → AD+ 1067)

3777. Ordonnance du roi, concernant les procureurs et économes-gérants des habitations situées aux îles sous le Vent. 3 décembre 1784. (AN → AD+ 1067)

3778. Déclaration du roi, qui approuve que les villes de Bretagne se pourvoient aux États de ladite province sur leurs demandes relatives à leurs octrois. 5 décembre 1784. (BN → F 20966 [12])

3779. Arrêt du Conseil d'État du roi, qui casse les arrêts du parlement de Nancy des 29 janvier et 22 avril 1784, rendus au profit du nommé Perrin, sergent du marquisat de Frolois, ainsi que celui rendu le 19 avril au profit de la dame de Chatenay ; ordonne l'exécution de l'édit de février 1771 ; maintient les jurés-priseurs vendeurs de biens-meubles, des villes et ressorts des bailliages de Nancy et de Lunéville ; et juridictions en dépendantes, dans le droit de faire seuls, et à l'exclusion de tous autres, dans l'étendue desdits bailliages et justices y ressortissantes, toutes les prises, expositions et ventes de biens-meubles, soit volontaires, soit forcées ; sauf la concurrence réservée aux officiers des seigneurs hauts justiciers, dans le cas porté par l'article 10 de l'édit de 1771 ; ainsi que dans celui de percevoir les 4 deniers pour livre du prix desdites ventes ; condamne ledit Perrin, sergent du marquisat de Frolois, à payer aux jurés-priseurs les 4 deniers pour livre du prix de différentes ventes par lui faites ; à cet effet, représenter ses procès-verbaux de ventes aux jurés-priseurs, à leur remettre dans le jour de la signification de l'arrêt, ces procès-verbaux de ventes volontaires par lui faites ; comme aussi, à leur restituer les droits et vacations par lui perçus, et les 4 deniers pour livre desdites ventes ; lui fait défenses de les troubler dans l'exercice de leurs fonctions, et de faire aucune vente dans l'étendue dudit marquisat de Frolois, sinon entre justiciables et en vertu de sentences émanées des officiers de la justice de ce marquisat, après contestation, conformément à l'article 10 de l'édit de 1771 ; fait pareilles défenses au nommé Henry, sergent de la justice d'Haraucourt, le condamne, conjointement et solidairement avec la dame de Chatenay, dame dudit lieu, comme ayant pris son fait et cause, en diverses sommes envers les jurés-priseurs de Lunéville, à leur restituer les 4 deniers pour livre ; et le nommé Perrin, la dame de Chatenay et ledit Henry, solidairement en tous les dépens ; ordonne l'impression et l'affiche de l'arrêt à leur frais. 7 décembre 1784. (AN → AD⁺ 1067)

3780. Arrêt du Conseil d'État du roi, qui casse l'arrêt du parlement de Paris du 28 août 1784 ; ordonne que l'édit de février 1771, concernant les droits et fonctions attribués aux jurés-priseurs sera exécuté ; maintient le sieur Martin, juré-priseur, vendeur de biens-meubles de la ville et ressort du bailliage de Meaux, dans le droit et possession de faire, seul et à l'exclusion de tous autres, dans l'étendue dudit bailliage et justices y ressortissantes, notamment dans le comté-pairie et seigneurie de Crécy, de Coulommiers et justices en dépendantes, toutes prisées, expositions et ventes de biens-meubles, soit volontaires ou forcées, sauf la concurrence réservée aux officiers des seigneurs hauts justiciers, dans le cas porté par l'article 10, ainsi que dans celui de percevoir les 4 deniers pour livre du prix de toutes ventes ; fait défenses aux officiers dudit siège seigneurial, ainsi qu'à tous sergents, notaires, greffiers et autres, de le troubler ; condamne monsieur le duc de Penthièvre en tous les dépens. 7 décembre 1784. (AN → AD⁺ 1067)

3781. Arrêt du Conseil d'État du roi, qui sans s'arrêter à l'ordonnance de M. l'intendant de Caen du 26 mai 1783, condamne le sieur Gauthier à représenter l'acte contenant en sa faveur rétrocession d'une Ferme qu'il avait vendue au sieur Coupey, et à en payer les droits de contrôle et de centième denier, avec les dix sous pour livre, et un droit en sus de celui de centième denier, faute de quoi il y sera contraint jusqu'à concurrence de la somme de six cents livres. 7 décembre 1784. (AN → AD⁺ 1067)

3782. Arrêt du Conseil d'État du roi, lettres patentes de Sa Majesté, et enregistrement d'icelles au parlement de Rouen, portant maintenue de la propriété des droits de la jauge et réforme des poids, mesures et bancards des moulins dépendant patrimonialement du fief de Lardinières dans la province de Normandie. 7 décembre 1784 et février 1786. (AN → AD⁺ 1073)

3783. Arrêt du Conseil d'État du roi, concernant la perception du droit de centième denier pour les actes portant réunion de l'usufruit à la propriété d'un immeuble, et qui règle les cas où ce droit doit être perçu ou non perçu. 8 décembre 1784. (AN → AD⁺ 1067)

3784. Ordonnance du roi, concernant la formation et la solde des troupes affectées au service des colonies orientales et occidentales. 10 décembre 1784. (AN → AD⁺ 1067)

3785. Emprunt de cent millions, établi par édit du mois de décembre 1782, et arrêt du conseil du 1er décembre 1783. Liste générale du troisième tirage des remboursements des capitaux des rentes résultantes dudit emprunt, montant à la somme de deux millions six cent vingt-six mille neuf cent quarante-quatre livres neuf sous trois deniers, échus par le sort de la Loterie, tirée dans l'Hôtel de Ville de Paris, en présence de messieurs les prévôt des marchands et échevins. 13 décembre 1784. (AN → AD⁺ 1067)

3786. Arrêt contradictoire du Conseil d'État du roi, qui casse et annule celui de la Cour des aides de Paris, du 14 mai 1782, ordonne l'exécution de la contrainte décernée le 17 novembre 1780, au nom de Laurent David, adjudicataire des Fermes unies de France, contre le sieur Jean-Baptiste Punctis alors receveur général des aides à Moulins ; condamne les sieurs Jean-Baptiste, Georges et Jacques Punctis ses fils et héritiers, au paiement de la somme de 28 195 livres 14 sols portée en la contrainte décernée contre leur père, avec intérêts à compter du 17 novembre 1780, en tous les dépens, et à la restitution des sommes au paiement desquelles l'adjudicataire aurait pu être contraint en vertu de l'arrêt de la Cour des aides. 14 décembre 1784. (AN → AD⁺ 1067)

3787. Ordonnance du roi, portant amnistie générale en faveur des soldats, cavaliers, hussards, dragons et chasseurs qui ont déserté des troupes de Sa Majesté, avant le 1er janvier 1785. 17 décembre 1784. (AN → AD⁺ 1067)

3788. Arrêt du Conseil d'État du roi, qui ordonne quelques augmentations et suppressions de droits sur plusieurs espèces de cuivres. 19 décembre 1784. (AN → AD⁺ 1067)

3789. Ordonnance du roi, concernant la fixation et l'administration de la masse destinée à l'habillement et à l'équipement de ses troupes. 19 décembre 1784. (AN → AD⁺ 1067)

3790. Règlement concernant la régie de l'habillement et équipement des troupes. 19 décembre 1784. (AN → AD⁺ 1067)

3791. Arrêt du Conseil d'État du roi, qui déclare sujet au droit de franc-fief le sieur Lefebvre, Suisse de nation, chirurgien-major d'un régiment suisse. 21 décembre 1784. (AN → AD⁺ 1067)

3792. Arrêt du Conseil d'État du roi, qui déclare la perception des droits de contrôle et insinuation, résultant du testament de la femme de Jean-Baptiste Denizot, maître cordonnier à Dijon, régulièrement faite sur le pied fixé par la troisième classe de l'article 89 du tarif du 29 septembre 1722 ; ordonne en conséquence que ledit Denizot rétablira les sommes qui lui avaient été restituées, en exécution d'une ordonnance de M. l'intendant de Dijon, portant règlement de ces droits sur le pied de la cinquième classe ; condamne en outre Jean-Baptiste Denizot au supplément de contrôle et en l'amende, résultant de la fausse déclaration contenue dans son contrat de mariage, et au coût de l'arrêt. 21 décembre 1784. (AN → AD⁺ 1067)

3793. Arrêt du Conseil d'État du roi, portant nomination des sieurs Micault d'Harvelay et Loiseau de Bérenger, aux places de directeurs de la nouvelle Caisse d'amortissement, établie par édit du mois d'août dernier. 22 décembre 1784. (AN → AD⁺ 1067)

3794. Arrêt du Conseil d'État du roi, qui subroge François Mellin à Jean-Vincent René, pour faire la régie, recette et exploitation des droits de l'administration générale des Domaines. 24 décembre 1784. (AN → AD⁺ 1067)

3795. Arrêt du Conseil d'État du roi, qui fixe l'ordre des remboursements de capitaux constitués, à effectuer par la Caisse d'amortissement dans le cours de l'année 1785, en exécution de l'édit du mois d'août dernier. 26 décembre 1784. (AN → AD⁺ 1067)

3796. Arrêt du Conseil d'État du roi, concernant les échoppes. 29 décembre 1784. (AN → AD⁺ 1067)

3797. Lettres patentes du roi, qui placent la ville de Villefranche en Beaujolais, dans le second ordre seulement de celles où il a été établi des jurandes par l'édit d'avril 1777. 30 décembre 1784. (AN → AD⁺ 1067)

1785

3798. Abonnement des édits et arrêts pour la ville de Paris, et toutes les provinces et villes du royaume. (Table analytique des matières contenues dans les édits, lettres patentes, déclarations du roi, arrêts du Conseil, du Parlement, etc.). Année 1785. Imprimé en 1786. (AN → AD/I/30 ; BN → F 21998)

3799. Ordonnance de son altesse royale pour l'administration de la justice donnée à Lunéville au mois de novembre 1707. Nouvelle édition, augmentée de l'édit concernant la discipline ecclésiastique, et de deux nouvelles tables, l'une pour les matières civiles, et l'autre pour les matières criminelles. 1785. (AN → AD/XVI/6^B)

3800. Instruction sur les moyens de suppléer à la disette des fourrages, et d'augmenter la subsistance des bestiaux. Publiée par ordre du roi. 1785. (AN → AD^+ 1069)

3801. Tarif nouveau des bois quarrés ; tarif pour la vente des bois et autre tarif de la mesure des cercles... Par M. Fleury. 1785. (BN → V 55691)

3802. Code de l'orfèvrerie, ou recueil et abrégé chronologiques des principaux règlements concernant les droits de marque et de contrôle sur les ouvrages d'or et d'argent ; auquel on a joint les statuts des orfèvres, tireurs, batteurs, et autres qui employent et travaillent l'or et l'argent. Avec une table raisonnée des matières, dans laquelle se trouvent quelques règlements omis au recueil, ou rendus nouvellement. Suivi d'un commentaire sur l'ordonnance du mois de juin 1680, au titre des droits de marque sur les fer, acier et mines de fer. (Nicolas-Juste Poullin de Viéville). 1785. (BN → F 18415)

3803. Principes de la régie sur la comptabilité. (Salpêtre). 1785. (AN → AD/VI/17 dossier A pièce 32)

3804. Liste des noms et demeures de messieurs les fermiers généraux des Fermes royales unies. Pour la sixième année du bail de Nicolas Salzard. 1785. (AN → AD^+ 1331)

3805. Liste des officiers du Châtelet de Paris, imprimée à la diligence des procureurs de communauté et du syndic, et aux frais de ladite communauté. 1785. (AN → AD/II/9)

3806. Statuts du Cercle des philadelphes (Saint-Domingue). 1785. (BN → 4 R Pièce 375)

3807. Statuts et règlements de la communauté des marchandes de toutes sortes de toiles, tant françaises qu'étrangères, en gros et en détail, concurremment avec les marchands merciers et lingères en neuf de la ville, faubourgs et banlieue de Rouen. 1785. (BN → 8 F 2760)

3808. Statuts et règlements de la R.L. de Saint-Jean, sous le titre de la Parfaite Union, à l'O. de Valenciennes. 1785. (BN → Fm Impr 857)

3809. Statuts de l'ordre de Saint-Michel. 1785. (BN → 4 J 1985)

3810. Procédé pour constater la quantité de salpêtre existante dans une poudre avariée. 1785. (AN → AD/VI/17 dossier A pièce 27)

3811. Du commerce des colonies, ses principes et ses lois. La paix est le temps de régler et d'agrandir le commerce. 1785. (AN → AD/VII/2^{A} pièce 198)

3812. Examen fait par ordre de M. le maréchal de Castries, ministre et secrétaire d'état de la Marine, de deux cartes de la mer Baltique, présentées par M. Le Clerc. Ou exposition des erreurs en tous genres, qui ont été reconnues dans deux cartes marines, gravées sans non d'auteur ;
La première, ayant pour titre : *Carte réduite de la mer Baltique*, 1785, avec un plan particulier du Sund, sur une échelle double ; un plan du port de Dantzick, et un plan de la ville de Gothenbourg, en deux feuilles réunies ;
La seconde, ayant pour titre : *Carte hydrographique du golfe de Finlande*, 1785, pareillement en deux feuilles réunies. (AN → AD/VIII/1 dossier C pièce 3)

3813. Défense des droits du roi contre les prétentions du clergé de France, sur cette question : les ecclésiastiques doivent-ils à Sa Majesté, la foi et hommage, l'aveu et dénombrement, ou des déclarations de temporel pour les biens qu'ils possèdent dans le royaume ? 1785 ? (AN → AD/IX/369)

3814. Édit portant création et rétablissement d'un siège de justice dans la terre d'Angles en Languedoc, sous la dénomination de châtellenie ; et création d'officiers pour le service de ladite châtellenie. Janvier 1785. (AN → AD^{+} 1068)

3815. Ordonnance du roi, concernant l'institution du Mérite militaire. 1er janvier 1785. (AN → AD^{+} 1068)

Arrêt du Conseil d'État du roi, et lettres patentes. 26 juillet 1784 et 8 janvier 1785. (AN → AD^{+} 1068). Voir notice n° 3648.

3816. Arrêt du Conseil d'État du roi, concernant la congrégation de Saint-Maur. 8 janvier 1785. (AN → AD^{+} 1068)

3817. Arrêt du Conseil d'État du roi, en interprétation de celui du 23 mai 1784, concernant la rentrée au profit de Sa Majesté dans ceux de ses Domaines situés en la généralité de Champagne, qui se trouvent engagés avec faculté de rachat perpétuel aux gens de mainmorte, ainsi que dans ceux usurpés, recélés ou possédés par eux sans titres. 8 janvier 1785. (AN → AD^{+} 1068)

3818. Arrêt du Conseil d'État du roi, qui nomme les commis du Trésor royal, qui signeront les coupons d'intérêts et les billets de l'emprunt de cent vingt-cinq millions, créé par édit du mois de décembre 1784. 10 janvier 1785. (AN → AD^{+} 1068)

3819. Ordonnance du roi, portant amnistie générale en faveur des soldats, qui ont déserté des troupes de Sa Majesté, employées au service de la Marine et des Colonies. 10 janvier 1785. (AN → AD^+ 1068)

3820. Arrêt du Conseil d'État du roi, contre M. le marquis de Montalembert, par lequel le roi, sans avoir égard à l'opposition formée à l'arrêt du 18 mai 1784 dont il est débouté, ordonne que ledit arrêt sera exécuté, et condamne M. le marquis de Montalembert au coût dudit arrêt. 11 janvier 1785. (AN → AD^+ 1068)

3821. Arrêt du Grand Conseil d'État du roi, qui ordonne l'exécution des déclarations des mois de mars 1666, 2 avril 1727, et des arrêts et règlement intervenus en conséquence, en vertu desquels tous les clercs des chapelle, et oratoire de Sa Majesté et de la famille royale sont confirmés dans le privilège d'être tenus et réputés présents en tel nombre qu'ils puissent être, en toutes les églises du royaume, pour tous les bénéfices, offices et dignités dont chacun d'eux est ou sera pourvu. 12 janvier 1785. (AN → AD^+ 1068)

3822. Arrêt du Conseil d'État du roi, qui déboute Pierre Chardonnet, marchand sabotier à Lagny-en-Champagne, de l'appel par lui interjeté des ordonnances de M. l'intendant de Champagne, des 12 mars 1783, et 15 mars 1784 ; ordonne l'exécution desdites ordonnances, déboute ledit Chardonnet de toutes ses demandes, et le condamne au coût de l'arrêt. 14 janvier 1785. (AN → AD^+ 1068)

3823. Arrêt du Conseil d'État du roi, portant règlement pour les chasses aux loups. 15 janvier 1785 (AN → AD^+ 1068)

3824. Règlement du roi, pour la composition et la distribution des rations que le régisseur général des vivres de la Marine doit fournir, tant dans les ports et rades qu'à la mer, pendant six années consécutives qui ont commencé le 1er janvier 1784. 15 janvier 1785. (AN → AD^+ 1068)

3825. Arrêt du Conseil d'État du roi, concernant la fixation du dividende de la Caisse d'escompte. 16 janvier 1785. (AN → AD^+ 1068)

3826. Ordonnance du roi, concernant la formation et la solde d'un bataillon, sous la dénomination de bataillon de la Guyane. 16 janvier 1785. (AN → AD^+ 1068)

3827. Ordonnance du roi, concernant la formation et la solde d'un bataillon, sous la dénomination de bataillon d'Afrique. 16 janvier 1785 (AN → AD^+ 1068)

3828. Arrêts du Conseil d'État du roi. Le premier casse et annule un arrêt de la Cour des aides de Paris du 10 décembre 1784, confirmatif d'une sentence de l'élection de Thouars, du 20 février 1783 ; évoque l'appel de cette sentence, interjeté par le régisseur, et y faisant droit, déclare l'inscription de faux, formée par Enocq Jacquet du Bâtiment, le jeune, tanneur à Pouzange, contre un procès-verbal du 7 décembre 1782, nulle et de nul effet ; déclare encourue l'amende consignée par ledit Jacquet ; et pour être fait droit aux parties sur le fonds de la saisie, les renvoie par-devant les officiers de l'élection de Châtillon-sur-Sèvre, et condamne ledit Jacquet aux dépens des causes principale et d'appel, et au coût de l'arrêt.

Le second déboute Jacquet de son opposition à l'arrêt ci-dessus, et le condamne aux dépens. 18 janvier et 6 décembre 1785. (AN → AD^{+} 1068)

3829. Arrêt du Conseil d'État du roi, qui décharge les propriétaires des maisons construites sur les égouts, de faire curer et nettoyer lesdits égouts ; en charge la ville, et ordonne que les dépenses de pavement et réparations relatives auxdits égouts et maisons sous lesquelles ils passent, seront à la charge desdits propriétaires. 22 janvier 1785 (AN → AD^{+} 1068)

3830. Arrêt du Conseil d'État du roi, qui règle les droits dûs au sieur Duval, en qualité de concessionnaire de Sa Majesté, pour le service de la navigation et l'entretien du Pertuis et du canal de Nogent à Troyes. 23 janvier 1785. (AN → AD^{+} 1068)

3831. Arrêt du Conseil d'État du roi, qui déclare nuls les marchés de primes et engagements illicites, concernant les dividendes des actions de la Caisse d'escompte, et autres de pareil genre. 24 janvier 1785. (AN → AD^{+} 1068)

3832. Arrêt du Conseil d'État du roi, qui juge que le droit de franc-fief, payé le premier mars 1783, à cause d'une acquisition faite le 21 décembre 1782, aurait du être acquitté, sur le pied d'un bail du 8 novembre précédent, qui devait commencer le 11 novembre 1783, et non d'après un autre bail de neuf années, commencé le 11 novembre 1774 ; en conséquence condamne le sieur Magdelain, pour avoir fait une déclaration insuffisante, à payer 2 850 livres de supplément de franc-fief, les dix sols pour livre de ladite somme, et 2 400 livres pour tenir lieu du triple droit, ensemble au coût de l'arrêt. 25 janvier 1785. (AN → AD^{+} 1068)

3833. Arrêt du Conseil d'État du roi, qui fait défenses aux administrateurs des Domaines, leurs commis et préposés, de recevoir des parties prenantes dans les états des Domaines et Bois, des quittances autrement qu'en parchemin timbré et marqué du timbre de 8 sous 4 deniers, à peine de mille livres d'amende pour chaque contravention. 27 janvier 1785. (AN → AD^{+} 1068)

3834. Déclaration du roi : en interprétation de l'édit du mois d'août 1669, portant règlement pour la vente des biens-immeubles des comptables. 27 janvier 1785. (AN → AD^{+} 1068)

3835. Édit du roi, qui unit et incorpore au domaine de Versailles les terres et seigneuries de Villepreux et de Vélizy et dépendances. Février 1785. (AN → AD^{+} 1068)

3836. Édit du roi, portant création de 300 000 livres de rente héréditaire au profit des États de Bretagne, moyennant la somme de 6 millions qu'ils sont autorisés à emprunter. Février 1785. (BN → F 20966 [29])

3837. Lettres patentes du roi, en forme d'édit, qui ordonnent l'établissement dans le bourg de Chalonne en Anjou, d'un marché pour la vente des grains et farines. Février 1785. (AN → AD^{+} 1068)

Arrêts du Conseil d'État du roi. 1er octobre 1782, 1er février 1785 et 20 novembre 1787. (AN → AD^{+} 1080). Voir notice n° 4738.

3838. Arrêt du Conseil d'État du roi, qui casse l'assignation donnée au Châtelet de Paris, à la requête du sieur Goderneaux, aux sieurs Missa et Raulin, censeurs royaux ; et lui fait défenses, ainsi qu'à toutes autres personnes, d'en donner de semblables aux censeurs choisis de la part de Sa Majesté pour l'examen des ouvrages à imprimer, sauf à se pourvoir par-devant elle, etc. 5 février 1785. (AN → AD+ 1068)

Arrêts du Conseil d'État du roi. 13 juillet 1779 et 8 février 1785. (AN → AD+ 1068). Voir notice n° 1957.

3839. Liste générale de la Loterie de remboursement des reconnaissances données en échange des rescriptions et assignations, en exécution de l'arrêt du Conseil du 2 décembre 1770. Quinzième tirage. Fait en présence de M. le lieutenant général de police, en l'une des salles de l'hôtel de la recette générale des Finances. 10 février 1785. (AN → AD+ 1068)

3840. Arrêt du Grand Conseil du roi, qui juge que les baux des biens et revenus des grands prieurés, bailliages et commanderies de l'ordre de Malte sont résolus par le décès des grands prieurs, baillis et commandeurs qui les ont consentis ; que les fermiers auxquels ces baux ont été passés sont tenus d'abandonner l'exploitation des fonds au premier mai qui suit la signification du congé qui leur a été donné, et que l'ordre de Malte a le droit de jouir par lui-même pendant la durée du mortuaire, et de l'année du vacant, des biens des grands prieurés, bailliages et commanderies, et d'établir de nouveaux fermiers, s'il le juge à propos, à la place des anciens. 11 février 1785. (AN → AD+ 1331)

3841. Règlement du roi, concernant les droits, salaires et vacations des officiers des amirautés et des experts, pour la visite des navires, ordonnée par la déclaration du 17 août 1779. 13 février 1785. (AN → AD+ 1068)

3842. Arrêt du Conseil d'État du roi, qui ordonne qu'aucun ne pourra être reçu appelant ès Cours, sièges et juridictions royales qu'il n'ait préalablement consigné l'amende d'appel, fait défenses aux procureurs au sénéchal et présidial de Villefranche, ainsi qu'à ceux des Cours et autres sièges, de faire sur les appels aucun acte de procédure, même l'acte de présentation, que l'amende n'ait été consignée sous peine de restitution, du quadruple desdites amendes et accessoires, et de 500 livres d'amende pour chaque contravention :
Ordonne pareillement que si l'appelant est en demeure de consigner, le procureur de l'intimé ne pourra, sous les mêmes peines, faire aucun acte de procédure, et obtenir congé sur l'appel que l'amende n'ait été consignée par l'intimé, sauf à la répéter en fin de cause ; et condamne les syndics et communauté des procureurs au sénéchal et présidial de Villefranche, solidairement au coût dudit arrêt. 15 février 1785. (AN → AD+ 1068)

3843. Arrêt du Conseil d'État du roi, qui casse différents jugements et ordonnances des officiers du bailliage d'Ornans, concernant la régie et perception des droits de contrôle, insinuation et autres y joints ; leur fait défenses d'en rendre de semblables à l'avenir ; condamne le sieur maire, notaire, à rétablir les sommes qui ont pu lui être restituées en exécution desdits jugements, en l'amende de 500 livres, résultante de sa contravention, et au coût de l'arrêt. 15 février 1785. (AN → AD+ 1068)

Arrêt du Conseil d'État du roi, et lettres patentes sur icelui. 13 novembre 1784 et 16 février 1785. (AN → AD+ 1068). Voir notice n° 3764.

3844. Lettres patentes du roi, concernant le courtage du roulage et l'entrepôt des marchandises. 16 février 1785. (AN → AD⁺ 1068)

3845. Lettres patentes du roi, concernant les privilèges des commissaires des guerres. 18 février 1785. (AN → AD⁺ 1068)

3846. Lettres patentes du roi, qui abrogent l'usage du parchemin pour les quittances. 24 février 1785. (AN → AD⁺ 1068)

3847. Arrêt du Conseil d'État du roi, concernant l'expédition d'un vaisseau pour la Chine. 27 février 1785. (AN → AD⁺ 1068)

3848. Arrêt du Conseil d'État du roi. (Charles Pantin. Jean Renard. Nommé Lefrançois. Paris). 27 février 1785. (AN → AD⁺ 1068)

3849. Ordonnance du roi, portant amnistie en faveur des officiers-mariniers et matelots, déserteurs. 27 février 1785. (AN → AD⁺ 1068)

3850. Décision, par laquelle le roi a laissé, à la Compagnie des Indes, l'option d'exploiter son privilège ou de s'en désister. 27 février 1785. (AN → AD⁺ 1068)

3851. Édit du roi, portant réunion et désunion, suppression et création d'offices dans le siège de l'amirauté particulière de Marseille. Mars 1785. (AN → AD⁺ 1068)

3852. Édit du roi, portant suppression de l'amirauté de Grand-Camp, et réunion de ce siège à celui de l'amirauté d'Isigny. Mars 1785. (AN → AD⁺ 1068)

3853. Édit du roi, portant création de neuf places ou charges par augmentation dans la communauté des maîtres perruquiers de la ville de Lille. Mars 1785. (BN → F 21732 [15])

3854. Arrêt du Conseil d'État du roi, qui supprime une lettre et des observations insérées dans différents journaux, sur l'exécution de l'article II de la déclaration de 1724, portant peine de mort contre le vol domestique ; et fait défenses aux auteurs, rédacteurs et directeurs des papiers publics d'y insérer aucunes dissertations ou lettres de qui que ce soit sur les matières de législation ou de jurisprudence. 2 mars 1785. (AN → AD⁺ 1068)

3855. Lettres patentes du roi, concernant l'office de commissaire aux saisies réelles. 2 mars 1785. (AN → AD⁺ 1068)

3856. Compagnie des Indes. Quinzième tirage du remboursement des actions de la Compagnie des Indes, fait le 3 mars 1785, en l'une des salles de l'hôtel de ladite Compagnie, conformément à l'arrêt du Conseil du 10 février 1772. (AN → AD⁺ 1068)

3857. Arrêt du Conseil d'État du roi, qui ordonne que les biens des maisons des Célestins du diocèse de Paris, dont la régie est confiée au sieur de Saint-Julien, receveur général du clergé, seront administrés à l'avenir sous l'inspection du sieur archevêque de Paris : et règle la manière dont il sera pourvu au remboursement des capitaux des dettes, ainsi qu'à l'acquit annuel des rentes et pensions viagères dont sont tenus lesdits biens. 5 mars 1785. (AN → AD⁺ 1068)

3858. Arrêt du Conseil d'État du roi, qui attribue à M. le lieutenant général de police de Paris, la connaissance en première instance de toutes les contestations relatives à la délivrance des derniers saisis et arrêtés pour le recouvrement dans la ville de Paris, des droits de contrôle des actes sous signatures privées, insinuation, centième denier et autres y joints. 8 mars 1785. (AN → AD⁺ 1068)

3859. Arrêt du Conseil d'État du roi, qui ordonne que les parties prenantes dans les états des Domaines et Bois, pourront se servir pour leurs quittances de sommes au-dessous de six livres, des quarts de papier timbré du timbre de dix deniers en principal. 10 mars 1785. (AN → AD⁺ 1068)

3860. Arrêt du Conseil d'État du roi, qui ordonne que les anciens receveurs généraux des Domaines et Bois, qui ne se sont pas encore conformés à celui du 18 juillet 1783, concernant les comptes à rendre par eux du prix des bois des gens de mainmorte, seront tenus d'y satisfaire au plus tard dans deux mois, à peine d'y être contraints. 10 mars 1785. (AN → AD⁺ 1068)

3861. Arrêt du Conseil d'État du roi, qui ordonne que les intérêts de la finance des offices de receveurs généraux attribués pour leur tenir lieu de gages, ne seront point sujets à l'intermédiat. 10 mars 1785. (AN → AD⁺ 1068)

3862. Arrêt du Conseil d'État du roi, qui développe les dispositions du règlement du 8 septembre 1782. (Province de Haute-Guyenne). 10 mars 1785. (AN → AD⁺ 1068)

Règlements du Conseil, concernant la généralité de Montauban. 8 septembre 1782 et 10 mars 1785. (AN → AD⁺ 1331). Voir notice n° 3096.

3863. Arrêt du Conseil d'État du roi, qui en ordonnant l'exécution de celui rendu le 9 mars 1784, porte que les habitants roturiers de la ville de Sarlat continueront d'être contraints au payement du droit de franc-fief de leurs biens nobles, tant pour leurs jouissances antérieures au premier janvier 1771 que pour celles postérieures. 15 mars 1785. (AN → AD⁺ 1068)

3864. Arrêt du Conseil d'État du roi, portant exemption de tous droits pendant l'espace de dix années, pour les denrées et marchandises que le prince de Nassau-Siegen fera transporter sur le Dniepr, dans la mer Noire, pour être apportées en France par les ports de la Méditerranée. 18 mars 1785. (AN → AD⁺ 1068)

3865. Arrêt du Conseil d'État du roi, qui ordonne que l'établissement formé pour l'instruction des sourds et muets par le sieur abbé de l'Épée, sera incessamment et irrévocablement placé et fondé dans la partie des bâtiments des Célestins de Paris, à ce désignée, par le sieur Lemoine de Couson, architecte ; et commet le sieur de Saint-Julien, receveur général du clergé, pour recevoir provisoirement les revenus qui sont ou seront à l'avenir affectés et unis audit établissement. 25 mars 1785. (AN → AD⁺ 1068)

3866. Arrêt du Conseil d'État du roi, concernant la balance du commerce. 29 mars 1785. (AN → AD⁺ 1068)

3867. Édit du roi, portant création d'un office de premier huissier-audencier au grenier à sel de Château-Portien. Avril 1785. (AN → AD⁺ 1068)

3868. Lettres patentes du roi, concernant la suppression de la prison de Saint-Martin, et la réunion à celle de l'Hôtel de la Force. Avril 1785. (AN → AD⁺ 1068)

3869. Lettres patentes du roi, portant établissement d'un marché à Villepreux. Avril 1785. (AN → AD⁺ 1068)

3870. Lettres patentes du roi, portant statuts et règlements pour la communauté des maîtres boulangers de la ville et faubourgs de Paris. 1er avril 1785. (AN → AD/XI/14 dossier A pièce 44)

3871. Arrêt du Conseil d'État du roi, concernant les imprimeurs qui sont pourvus du titre d'imprimeurs de Sa Majesté. 2 avril 1785. (AN → AD⁺ 1068)

3872. Lettres patentes du roi, qui ordonnent l'exécution, dans sa province de Bretagne, du règlement du 10 janvier 1770, concernant les amirautés. 6 avril 1785. (BN → F 20966 [38])

3873. Arrêt du Conseil d'État du roi, qui ordonne que les curés, vicaires ou desservants dans les paroisses, et tous autres dépositaires des registres des sépultures, seront tenus d'en donner communication aux préposés de l'administration des Domaines, à leur première réquisition, soit que les actes desdites sépultures soient inscrits sur des registres particuliers, ou sur des registres communs aux actes de baptême et de mariage. 7 avril 1785. (AN → AD⁺ 1068)

3874. Arrêt du Conseil d'État du roi, qui ordonne que la régie des biens de la maison des chanoines réguliers de Sainte-Croix de la Bretonnerie, confiée au sieur de Saint-Julien, receveur général du clergé, sera continuée sous l'inspection du sieur archevêque de Paris : et règle la manière dont il sera pourvu au remboursement des dettes de ladite maison. 7 avril 1785. (AN → AD⁺ 1068)

3875. Arrêt du Conseil d'État du roi, portant établissement d'une nouvelle Compagnie des Indes. 14 avril 1785. (AN → AD⁺ 1068)

3876. Règlement de la communauté des maîtres fondeurs, doreurs, argenteurs, graveurs, ciseleurs, guillocheurs, fabricateurs d'instruments de mathématiques, physique et du génie, et sculpteurs sur tous métaux, à Paris, concernant les maîtres, agrégés de ladite communauté et leurs apprentis. 14 avril 1785. (AN → AD⁺ 1068)

3877. Arrêt du Conseil d'État du roi, et lettres patentes sur icelui, qui ordonnent une fabrication de cent mille marcs d'espèces de cuivre en la monnaie de Metz. 15 avril 1785. (AN → AD⁺ 1068)

3878. Arrêt du Conseil d'État du roi, qui ordonne que les rôles des tailles, capitation et autres impositions du pays de Foix, ainsi que les commandements, contraintes, procès-verbaux, saisies-arrêts, saisies-exécutions, enlèvements de meubles, emprisonnements et écrous, qui seront faits pour le recouvrement des impositions, seront rédigés en papier libre ; et que lesdits actes, quoique faits par des huissiers et sergents, seront à l'avenir exempts du droit de contrôle, à l'exception des exploits contenant assignation, ventes de meubles et toutes autres poursuites et procédures, lesquels ne pourront être rédigés que sur papier timbré, et seront contrôlés. 15 avril 1785. (AN → AD⁺ 1068)

3879. Arrêt du Conseil d'État du roi, qui casse une assignation donnée au Châtelet de Paris, à la requête du sieur Goderneaux, contre le sieur Stoupe, imprimeur ; fait défenses à toutes personnes de faire de semblables procédures contre les imprimeurs, lorsque les ouvrages par eux imprimés, l'auront été conformément aux règlements de la Librairie, sauf en ce cas à ceux qui croiraient avoir à se plaindre desdits imprimeurs, à se pourvoir au Conseil : et en outre supprime un mémoire imprimé du sieur Goderneaux, tant comme contraire à l'autorité de l'arrêt du Conseil du 5 février dernier, que comme injurieux, soit aux sieurs Missa et Raulin, censeurs royaux, soit audit Stoupe, imprimeur. 16 avril 1785. (AN → AD⁺ 1068)

3880. Arrêt du Conseil d'État du roi, portant règlement pour assurer la fourniture qui doit être faite à la chambre syndicale de Paris, de neuf exemplaires de tous les ouvrages imprimés ou gravés ; et pour prévenir l'annonce par l'avis des papiers publics, des ouvrages prohibés ou non permis. 16 avril 1785. (AN → AD⁺ 1068)

3881. Loterie royale, établie par arrêt du Conseil du 4 octobre 1783. Liste générale du second tirage de ladite Loterie, fait en la grande salle de l'Hôtel de Ville de Paris, en présence de messieurs les prévôt des marchands et échevins. 18, 19, 20 et 21 avril 1785. (AN → AD⁺ 1068)

3882. Arrêt du Conseil d'État du roi, qui ordonne que les droits de la Régie générale continueront d'être levés et perçus dans les villes de Bayonne, Saint-Jean-de-Luz, le pays de Labour et la ville de Lorient, nonobstant la franchise accordée auxdites villes et pays. 20 avril 1785. (AN → AD⁺ 1068)

3883. Arrêt du Conseil d'État du roi, qui ordonne que les droits réservés et les octrois au roi, en principaux et dix sols pour livre, seront perçus par la Régie générale, à compter du premier mai prochain, au profit du roi, et qu'il en sera de même à l'égard des sols pour livre des octrois appartenant à la ville, avec une réduction des dix sols pour livre à six, à l'égard de ceux de ces octrois sur lesquels portent les octrois du roi. 20 avril 1785. (AN → AD⁺ 1068)

3884. Arrêt du Conseil d'État du roi, concernant les travaux et réparations à faire aux rivières de Blaise, du Blairas et des Teinturiers, proche Dreux. 21 avril 1785. (AN → AD⁺ 1068)

3885. Lettres patentes du roi, interprétatives de la déclaration du 8 juillet dernier, concernant le prix des bois à Paris. 24 avril 1785. (AN → AD⁺ 1068)

3886. Lettres patentes du roi, portant concession par le roi à la ville de Dunkerque, de terrains vains et vagues compris dans son enceinte. 24 avril 1785. (AN → AD⁺ 1068)

3887. Arrêt du Conseil d'État du roi, qui fixe les droits que payeront les fromages étrangers à leur entrée dans le royaume. 25 avril 1785. (AN → AD⁺ 1068)

3888. Arrêt du Conseil d'État du roi, concernant la nomination d'un député pour le commerce, représentant les six corps de marchands de la ville de Paris. 27 avril 1785. (AN → AD⁺ 1068)

3889. Arrêt du Conseil d'État du roi, qui, en supprimant le droit de deux pour cent, perçu à l'expédition de Marseille, des marchandises du royaume pour le

Levant et la Barbarie, réduit à trois pour cent la totalité du droit, jusqu'à présent de cinq pour cent, connu sous la dénomination du droit de consulat. 29 avril 1785. (AN → AD⁺ 1068)

3890. Arrêt du Conseil d'État du roi, et lettres patentes sur icelui, qui ordonnent une fabrication de soixante mille marcs d'espèces de cuivre en la monnaie de Strasbourg. 29 avril 1785. (AN → AD⁺ 1068)

3891. Ordonnance du roi, qui révoque les articles 12, 13 et 15, titre III de celle du 3 mars 1781, en vertu desquels les étrangers avaient été admis au commerce de ses sujets en Levant et en Barbarie. 29 avril 1785. (AN → AD⁺ 1068)

3892. Règlement de Sa Majesté, pour déterminer la forme qui sera suivie pour les demandes des grâces, de quelque nature qu'elles soient, qui pourront être faites par les officiers militaires ou d'administration, employés au département des Colonies. 29 avril 1785. (AN → AD⁺ 1068)

3893. Édit du roi, portant suppression des charges du Haras du roi. Mai 1785. (AN → AD⁺ 1069)

3894. Arrêt du Conseil de monseigneur comte d'Artois, portant que, conformément à l'article LXIII du règlement arrêté en son Conseil le 23 novembre 1779, pour la comptabilité des receveurs généraux de ses Domaines et Bois, les intendants de ses Finances seront tenus d'envoyer au surintendant d'icelles, avant le premier mars de chaque année qui suivra l'époque des ventes et adjudications des coupes des forêts de son apanage, l'état tant des taxes qu'ils jugeront devoir être faites aux officiers des maîtrises, que des autres charges assignées sur le produit desdites forêts, pour le montant en être employé dans les états des Bois qui seront annuellement arrêtés pour chaque département. 1er mai 1785. (AN → AD⁺ 1069)

3895. Loterie royale, établie par arrêt du Conseil d'État du roi du 29 octobre 1780. Liste du tirage des deux mille billets qui doivent participer à celui des quatre cents primes, du mois de septembre 1785. Ledit tirage fait dans la grande salle de l'Hôtel de Ville de Paris, en présence de messieurs les prévôt des marchands et échevins. 2 mai 1785. (AN → AD⁺ 1069)

3896. Déclaration du roi, qui ordonne que les décharges portées par les contrôleurs des rentes sur leurs registres de contrôle, opéreront la décharge pleine et entière de leurs payeurs :
Et dérogeant à l'article VI du chapitre XXXI de l'ordonnance de 1672, dispense les payeurs et contrôleurs des rentes de fournir en jugement des notions précises sur les personnes et le domicile de ceux qui se présentent à leurs paiements pour recevoir les arrérages desdites rentes. 4 mai 1785. (AN → AD⁺ 1069)

3897. Arrêt du Conseil d'État du roi, concernant l'entretenement du pavé de la ville, faubourgs et banlieue de Paris. 5 mai 1785. (AN → AD⁺ 1069)

3898. Arrêt du Conseil d'État du roi, qui ordonne qu'il sera procédé par les comices des frères pénitents du tiers-ordre de Saint-François de la custodie de Lyon, à une nouvelle élection de députés pour le chapitre général prochain, lequel en conséquence sera différé au 19 juin. 5 mai 1785. (AN → AD⁺ 1069)

3899. Lettres patentes du roi, concernant les cuirs tannés et apprêtés venant des pays étrangers ou réputés tels dans la province de Lorraine, et qui suppriment les droits qui se perçoivent au profit de la ville de Nancy sur les cuirs verts et tannés, et accordent à la ville une indemnité de la suppression de ces droits. 5 mai 1785. (AN → AD⁺ 1069)

3900. Lettres patentes du roi, concernant les cuirs tannés et apprêtés venant des pays étrangers ou réputés tels dans la province des Trois-Évêchés. 5 mai 1785. (AN → AD⁺ 1069)

3901. Lettres patentes du roi, qui permettent aux maîtres des villes où il y a collège ou même simple corps de chirurgiens, de former des élèves au nombre fixé par la déclaration du 18 juin 1784. 5 mai 1785. (BN → F 20966 [46])

3902. Ordonnance du roi, qui défend le port d'armes aux chasseurs, heiduques, nègres, et à tous autres gens de livrée et sans état. 5 mai 1785. (AN → AD⁺ 1069)

3903. Arrêt du Conseil d'État du roi, qui maintient le sieur évêque de Beauvais dans la possession et jouissance d'un droit de péage ou travers, au lieu de Marseille, près Gerberoy. 6 mai 1785. (AN → AD⁺ 1069)

3904. Arrêt du Conseil d'État du roi, qui maintient le sieur évêque de Beauvais dans la possession et jouissance d'un droit de péage ou travers, au lieu de Senantes, en la châtellenie de Goulancourt. 6 mai 1785. (AN → AD⁺ 1069)

3905. Arrêt du Conseil d'État du roi, concernant les pensions. 8 mai 1785. (AN → AD⁺ 1069)

3906. Arrêt du Conseil d'État du roi, portant règlement et modération des droits sur le beurre. 8 mai 1785. (AN → AD⁺ 1069)

3907. Arrêt du Conseil d'État du roi, qui reçoit le régisseur général appelant de l'ordonnance de M. l'intendant de Dijon, du 29 janvier 1785, par laquelle les sieurs Prudot, Arnauld, Ferrand et Phelipeaux, marchands épiciers à Auxerre, ont été renvoyés de l'action que le régisseur avait formée contre eux pour obtenir le payement des droits sur des papiers qu'ils avaient fait venir de Dijon à Auxerre, et pour lesquels ils n'avaient représenté que des certificats ou congés non visés par les commis du régisseur à la sortie de la ville de Dijon : ordonne l'exécution des contraintes décernées contre eux, et les condamne aux dépens faits en l'intendance, ainsi qu'au coût, sceau, contrôle et signification de l'arrêt. 10 mai 1785. (AN → AD⁺ 1069)

3908. Résultat du Conseil de Monsieur, concernant l'établissement, fonctions et comptabilité des receveur et contrôleur généraux de ses domaines patrimoniaux. 10 mai 1785. (AN → AD⁺ 1069)

3909. Lettres patentes de monseigneur comte d'Artois, qui règlent le traitement des deux compagnies de ses gardes du corps. 12 mai 1785. (AN → AD⁺ 1069)

3910. Ordonnance provisoire du roi, concernant la formation et la solde du corps d'infanterie de Mont-Réal. 12 mai 1785. (AN → AD⁺ 1069)

3911. Ordonnance du roi, pour mettre le régiment d'infanterie de Blaisois, sous le nom de Provence. 12 mai 1785. (AN → AD$^+$ 1069)

3912. Règlements des sociétés de l'Harmonie universelle, adoptés par la société de l'Harmonie de France, dans l'assemblée générale tenue à Paris, le 12 mai 1785. (AN → AD/VIII/10 dossier B pièce 12)

3913. Arrêt du Conseil d'État du roi, qui autorise une augmentation de prix pour la galiote de Bonnières. 13 mai 1785. (AN → AD$^+$ 1069)

3914. Arrêt du Conseil d'État du roi, qui nomme le sieur de Boullongne, conseiller d'État ordinaire, et conseiller au Conseil royal des finances et au Conseil royal du commerce, pour être chargé, en qualité de commissaire de Sa Majesté, de la suite des affaires concernant la Compagnie des Indes, établie par arrêt du 14 avril dernier. 15 mai 1785. (AN → AD$^+$ 1069)

3915. Arrêt du Conseil d'État du roi, pour la nomination des administrateurs de la nouvelle Compagnie des Indes. 15 mai 1785. (AN → AD$^+$ 1069)

3916. Arrêt du Conseil d'État du roi, concernant la rareté des fourrages, et les moyens de pourvoir à la conservation des bestiaux. 17 mai 1785. (AN → AD$^+$ 1069)

3917. Arrêt du Conseil d'État du roi, qui casse et annule la sentence de la maîtrise des ports de Marseille, du 11 février 1783, et l'arrêt confirmatif de la Cour des aides d'Aix, du 27 janvier 1784, et condamne le nommé Pierre Gazelle en tous les dépens. 17 mai 1785. (AN → AD$^+$ 1069)

3918. Arrêt du Conseil d'État du roi, qui ordonne que les veuves des agrégés aux nouvelles communautés des villes du ressort du parlement de Paris, qui étaient décédés avant la publication de l'arrêt du Conseil du 13 septembre 1784, pourront être admises dans lesdites communautés, en payant seulement la moitié des droits de réception, pourvu qu'elles se présentent dans le délai fixé jusqu'au 31 décembre prochain. 20 mai 1785. (AN → AD$^+$ 1069)

3919. Arrêt du Conseil d'État du roi, qui ordonne que les veuves des agrégés aux nouvelles communautés tant de la ville de Rouen, que des autres villes du ressort du parlement de Normandie, qui étaient décédés avant la publication de l'arrêt du Conseil du 6 février 1784, pourront être admises dans lesdites communautés, en payant seulement la moitié des droits de réception, pourvu qu'elles se présentent dans le délai fixé jusqu'au 31 octobre inclusivement. 20 mai 1785. (AN → AD$^+$ 1069)

3920. Arrêt du Conseil d'État du roi, portant cession et transport à la nouvelle Compagnie des Indes, en toute propriété, du vaisseau le *Dauphin*, expédié en Chine pour le compte de Sa Majesté, le 27 février dernier ; à charge par elle de rembourser au Trésor royal les frais d'armement. (Sieurs Gourlade, Bérard et Perrier). 20 mai 1785. (AN → AD$^+$ 1069)

3921. Arrêt du Conseil d'État du roi, qui enjoint à tous marchands forains qui feront usage des voitures de rouliers, au lieu de celles des messageries, pour se transporter dans les foires, de se munir d'un permis de la Ferme générale des messageries. 20 mai 1785. (AN → AD$^+$ 1069)

3922. Arrêt du Conseil d'État du roi, qui homologue la délibération de la ville pour autoriser les marchands de bois de la Marne, à faire flotter les bois neufs destinés à l'approvisionnement de Paris. 20 mai 1785. (AN → AD$^+$ 1069)

3923. Arrêt du Conseil d'État qui casse et annule, tant l'ordonnance du lieutenant général du bailliage de la Montagne, du 7 novembre 1783, et le procès-verbal d'apposition de scellés par lui faite sur le chartrier de l'abbaye de Notre-Dame de Châtillon-sur-Seine, que les arrêts du parlement de Dijon, des 29 mars, 23 juillet, 14 août et 11 décembre 1784. 20 mai 1785. (BN → F 23666 [697])

3924. Arrêt du Conseil d'État du roi, et lettres patentes sur icelui, qui commettent le sieur Darcet, de l'Académie des sciences, pour exercer conjointement avec le sieur Tillet, inspecteur général des essais et affinages, et en son absence, les fonctions qui lui ont été attribuées par l'arrêt du 2 août 1764 ; et ordonne qu'en cas de décès du sieur Tillet, le sieur Darcet lui succédera dans l'exercice de ces mêmes fonctions. 21 mai 1785. (AN → AD$^+$ 1069)

3925. Arrêt du Conseil de monseigneur comte d'Artois, portant que les officiers des maîtrises, grueries, et autres préposés tant à l'administration qu'à la conservation de ses forêts, ne pourront être payés des sommes employées dans les états des bois de son apanage, annuellement arrêtés en son Conseil, qu'en rapportant un certificat de service délivré par l'intendant des Finances du département. 22 mai 1785. (AN → AD$^+$ 1069)

3926. Arrêt du Conseil d'État du roi, concernant la fabrication de deux nouveaux marteaux pour marquer les cuirs et peaux qui sont apportés à la halle. 26 mai 1785. (AN → AD$^+$ 1069)

3927. Arrêt du Conseil d'État du roi, portant suppression des droits sur les fourrages apportés des pays étrangers dans le royaume. 27 mai 1785. (AN → AD$^+$ 1069)

3928. Règlement du roi, pour fixer les retenues à faire sur les appointements et la solde des individus attachés au service de la Marine et des Colonies, qui seront traités, tant dans les hôpitaux de la Marine que dans ceux des provinces du royaume. 27 mai 1785. (AN → Marine A/1/137)

3929. Arrêt du Conseil d'État du roi, qui règle l'époque de la jouissance des rentes viagères provenant des lots échus aux acquéreurs de celles créées par édit de décembre 1783, sur le retard que mettront lesdits acquéreurs à s'en faire expédier des quittances de finance. 1er juin 1785. (AN → AD$^+$ 1069)

3930. Arrêt du Conseil d'État du roi, qui ordonne la suppression des trente premiers volumes de l'ouvrage ayant pour titre : *Œuvres complètes* de Voltaire ; de l'imprimerie de la Société Littéraire Typographique, 1784. 3 juin 1785. (AN → AD$^+$ 1069)

3931. Arrêt du Conseil d'État du roi, qui ordonne que la gratification accordée au commerce pour la traite des nègres, sera restituée à l'adjudicataire des Fermes, avec moitié en sus, par les armateurs qui l'auront reçue, et qui n'auront pas importé des Noirs aux colonies. 5 juin 1785. (AN → AD$^+$ 1069)

3932. Arrêt du Conseil d'État du roi, interprétatif du règlement du 23 août 1783 (concernant l'administration provinciale du Berry). 6 juin 1785. (AN → AD$^+$ 1069)

3933. Arrêt du Conseil d'État du roi, qui commet le sieur de la Borde de Mereville pour et au lieu du sieur d'Harvelay, signer les reconnaissances en échange des rescriptions suspendues par l'arrêt du Conseil du 18 février 1770. 6 juin 1785. (AN → AD$^+$ 1069)

3934. Arrêt du Conseil d'État du roi, qui reçoit François Mellin opposant à celui du 17 juillet 1731 ; en conséquence, condamne le sieur Fréret d'Héricourt, secrétaire du roi en la Chancellerie, près le parlement de Provence, au payement de la totalité du droit de franc-fief des biens nobles qu'il possède, conformément à la demande qui en avait été formée avant sa réception audit office. 7 juin 1785. (AN → AD$^+$ 1069)

3935. Arrêt du Conseil d'État du roi, qui reçoit François Mellin opposant à celui du 17 juillet 1731 ; en conséquence, déboute le sieur Ponteau de Brive de sa demande en restitution de la totalité du droit de franc-fief par lui payé, à cause des biens nobles qu'il possède et qu'il réclamait sur le fondement de sa réception dans un office de secrétaire du roi en la Chancellerie, près le parlement de Rouen. 7 juin 1785. (AN → AD$^+$ 1069)

3936. Arrêt du Conseil d'État du roi, qui réduit à vingt sous du quintal les droits sur le verdet distillé et cristallisé de fabrique du Dauphiné, qui sera exporté à l'étranger. 12 juin 1785. (AN → AD$^+$ 1069)

3937. Ordonnance du roi, portant prorogation du délai accordé aux déserteurs pour rentrer en France. 12 juin 1785. (AN → AD$^+$ 1069)

3938. Arrêt du Conseil de monseigneur comte d'Artois, portant abrogation de l'usage du parchemin, pour les quittances délivrées pour l'administration de ses finances, et règlement sur la nouvelle forme dans laquelle elles seront délivrées à l'avenir. 12 juin 1785. (AN → AD$^+$ 1069)

3939. Extrait des registres du Conseil d'État. (Albert-Louis-Aymard le Fournier. Comte de Wargemont. Comte d'Artois). 13 juin 1785. (AN → AD$^+$ 1331)

3940. Arrêt du Conseil d'État du roi, concernant le payement de la finance de l'office de trésorier de la ville de Paris. 16 juin 1785. (AN → AD$^+$ 1069)

3941. Arrêt du Conseil d'État du roi, portant homologation des statuts et règlements de la Compagnie des Indes. 19 juin 1785. (AN → AD$^+$ 1069)

3942. Arrêt du Conseil d'État du roi, qui proroge jusqu'au premier octobre 1786 les augmentations sur le prix des voitures de places et des environs de Paris, ordonnées par arrêt du 11 octobre 1784. 19 juin 1785. (AN → AD$^+$ 1069)

3943. Emprunt de cent millions, établi par édit du mois de décembre 1782, et arrêt du Conseil du 1er décembre 1783. Liste générale du quatrième tirage des remboursements des capitaux des rentes résultantes dudit emprunt, montant à la somme de deux millions six cent quatre-vingt-quinze mille deux cent dix-huit livres neuf sous huit deniers, échus par le sort de la Loterie, tirée dans l'Hôtel de

Ville de Paris, en présence de messieurs les prévôt des marchands et échevins. 20 juin 1785. (AN → AD[+] 1069)

3944. Arrêt du Conseil d'État du roi, qui, sans s'arrêter à l'opposition formée par les seigneurs hauts-justiciers de Saint-Corneille de Compiègne, à l'arrêt du Conseil du 11 mai 1784, dont ils sont déboutés, ordonne l'exécution dudit arrêt, lequel prononce la cassation de celui du parlement de Paris du 21 février précédent : maintient le juré-priseur de Compiègne, conformément aux dispositions de l'édit de février 1771, dans le droit exclusif de faire toutes prisées, expositions et ventes de biens-meubles dans l'étendue de ce bailliage et justices y ressortissantes, sauf la concurrence réservée aux officiers des seigneurs, par l'article X dudit édit ; le maintient également dans le droit de percevoir les quatre deniers pour livre du montant desdites ventes, sans exception : fait défenses au sergent de la prévôté de Saint-Corneille, de procéder à aucune vente dans l'étendue de ladite justice, sinon entre justiciables de ladite prévôté, et en vertu des sentences émanées desdits juges, après contestations : condamne ce dernier solidairement avec lesdits seigneurs hauts-justiciers, en différentes restitutions, avec dépens, impression et affiche de l'arrêt. 21 juin 1785. (AN → AD[+] 1069)

3945. Arrêt du Conseil d'État du roi, qui casse un règlement des officiers du bailliage de Joinville, du premier mars 1785, concernant la formule ; et ordonne que les jugements et sentences, tant par défaut qu'interlocutoires et définitifs, qui contiendront plus de 26 lignes d'écriture, continueront d'être expédiés sur des rôles ou des feuilles de parchemin. 21 juin 1785. (AN → AD[+] 1069)

3946. Arrêt du Conseil d'État du roi, qui déboute les abbesse et religieuses de l'abbaye du Val-de-Grâce, et les prieur et religieux de l'abbaye de Saint-Corneille de Compiègne, co-seigneurs hauts-justiciers de la prévôté de Saint-Corneille, et le nommé Wuidepot, sergent de cette prévôté, de leur opposition à l'arrêt du 11 mai 1784 ; ordonne qu'il sera exécuté ; les condamne en tous les dépens, faits tant au Parlement qu'au Conseil ; ordonne que ledit arrêt sera imprimé et affiché dans toute l'étendue du bailliage de Compiègne, et notamment dans celle de la prévôté de Saint-Corneille, aux frais desdits religieux et religieuses, et dudit Wuidepot. 21 juin 1785. (AN → AD/II/17 pièce 172)

3947. Arrêt du Conseil d'État du roi, qui autorise les administrateurs des Domaines à reprendre, jusqu'au 1er septembre prochain, les quittances en parchemin timbré, et de donner en remplacement des quittances en papier timbré jusqu'à concurrence de la somme à laquelle montera le prix desdites quittances en parchemin. 23 juin 1785. (AN → AD[+] 1069)

3948. Arrêt du Conseil d'État du roi, qui ordonne que ce qui reste des rescriptions suspendues par l'arrêt du 18 février 1770, sera remboursé en totalité dans l'espace de dix mois, à compter du 1er juillet prochain. 26 juin 1785. (AN → AD[+] 1069)

3949. Arrêt du Conseil d'État du roi, qui maintient les prêtres de la maison de Saint-Lazare à Paris, dans la propriété, possession et jouissance d'un moulin et pertuis, d'un droit de bac ou bateau, et d'un droit de pêche sur la rivière d'Yonne, au lieu et dans leur seigneurie de Vincelotte, aux charges, clauses et conditions insérées audit arrêt. 26 juin 1785. (AN → AD[+] 1069)

3950. Arrêt du Conseil d'État du roi, portant homologation du règlement des actionnaires de la Caisse d'escompte pour la fixation du dividende. 26 juin 1785. (AN → AD+ 1069)

3951. Arrêt du Conseil d'État du roi, qui ordonne que les préposés nommés par le sieur Rouillé de l'Étang, pour procéder au recouvrement des effets actifs des communautés d'arts et métiers supprimées dans les provinces, rendront les comptes de leur gestion ; et fixe les délais et la forme dans lesquels ces comptes doivent être rendus. 27 juin 1785. (AN → AD+ 1069)

3952. Arrêt du Conseil d'État du roi, qui ordonne l'arrentement des marais, landes et autres terrains vacants appartenant à Sa Majesté dans la généralité de Caen, et qui accorde la préférence aux communautés d'habitants, aux seigneurs des paroisses et aux propriétaires de biens dans lesdites paroisses où sont situés les marais, landes et terrains vacants, à la charge par eux de faire des offres suffisantes dans le délai d'un mois, passé lequel, tous particuliers de la province de Normandie, et même des autres provinces du royaume, pourront faire des offres et prétendre audit arrentement. 27 juin 1785. (AN → AD+ 1069)

3953. Arrêt du Conseil d'État du roi, qui ordonne que dans les forêts et bois les plus voisins des ports, à l'exception des quarts de réserve, il sera fait délivrance aux entrepreneurs de flottage, des étoffes, rouettes et autres bois nécessaires pour la construction des trains. 29 juin 1785. (AN → AD+ 1069)

3954. Arrêt du Conseil d'État du roi, qui ordonne que les sieurs intendants ou leurs subdélégués, se feront représenter les registres des communautés d'arts et métiers, pour vérifier si tous les récipiendaires ont payé la finance due au roi, conformément aux dispositions des édits. 30 juin 1785. (AN → AD+ 1069)

3955. Infanterie. (Ordre de bataille). 30 juin 1785. (AN → MM 1226)

3956. Troupes à cheval. (Ordre de bataille). 30 juin 1785. (AN → MM 1226)

3957. Édit du roi, qui supprime les six offices de receveurs particuliers des impositions de la ville de Paris. Juillet 1785. (AN → AD+ 1069)

3958. Édit du roi, portant suppression d'offices en la Chancellerie établie près le Conseil supérieur, à Bastia. Juillet 1785. (AN → AD+ 1069)

3959. Lettres patentes du roi, qui, révoquant celles du mois de mars 1780 qui avaient autorisé deux établissements fondés par Mme Adélaïde de France, l'un dans le couvent des urbanistes de Sorcy, et l'autre dans l'atelier de charité de Bar-le-Duc, confirment la nouvelle fondation faite par cette princesse dans le monastère des chanoinesses régulières de la congrégation de Notre-Dame, établi à Mirecourt. Juillet 1785. (AN → O/1/214)

3960. Arrêt du Conseil d'État du roi, qui ordonne que les déclarations des 14 juillet 1699 et 20 mars 1708, arrêts et règlements rendus sur les actes qui doivent être inscrits sur les répertoires des notaires, seront exécutés selon leur forme et teneur ; ce faisant, que les notaires de Lyon et tous autres qui ont droit d'instrumenter dans la province de Lyonnais, seront tenus de communiquer aux contrôleurs, commis et préposés de l'administrateur général des Domaines, et à toute réquisition, les minutes, liasses et registres de leurs études, et en outre de porter sur leurs répertoires tous les actes sans exception passés devant eux, même les testaments reçus ou déposés ; le tout à peine de deux cents livres d'amende pour chaque contravention. 5 juillet 1785. (AN → AD[+] 1069)

3961. Arrêt du Conseil d'État du roi, qui, faisant droit sur le renvoi porté par l'ordonnance de M. l'intendant de Languedoc, du premier février 1785, ordonne que le sieur Rame, en sa qualité de receveur du droit de petit blanc du Pont-Saint-Esprit, sera tenu de payer la somme de 3 627 livres, 17 sous 7 deniers, pour les 3 sous pour livres et accessoires, des épices que les officiers de la Chambre des comptes et du Bureau des finances ont reçues pour l'audition, vérification et clôture des comptes des receveur dudit droit de petit blanc, depuis l'année 1760. 5 juillet 1785. (AN → AD[+] 1069)

3962. Lettres patentes du roi, qui confirment et homologuent les délibérations de l'assemblée générale du clergé de France, des 6 et 20 juin 1785, au sujet de la somme de dix-huit millions de don gratuit, accordé à Sa Majesté par ladite assemblée. 7 juillet 1785. (AN → AD[+] 1069)

3963. Arrêt du Conseil d'État du roi, qui ordonne qu'un double des comptes à rendre par les syndics et adjoints des communautés d'arts et métiers des villes du ressort du parlement de Paris, sera remis au sieur intendant et commissaire départi en la généralité. 8 juillet 1785. (AN → AD[+] 1069)

3964. Arrêt du Conseil d'État du roi, qui ordonne qu'un double des comptes à rendre par les syndics et adjoints des communautés d'arts et métiers des villes du ressort du parlement de Rouen, sera remis au sieur intendant et commissaire départi en ladite généralité. 8 juillet 1785. (AN → AD[+] 1069)

3965. Arrêt du Conseil d'État du roi, qui ordonne que les verres à vitres, avec boudine ou sans boudine, payeront à toutes les entrées du royaume, douze livres par charretée de quatre paniers, contenant vingt-quatre feuilles chacun. 9 juillet 1785. (AN → AD[+] 1069)

3966. Arrêt du Conseil d'État du roi, qui renouvelle les défenses d'exporter à l'étranger les cendres, salins et potasses, et assujettit à la même prohibition le groisil ou verre cassé. 9 juillet 1785. (AN → AD[+] 1069)

3967. Lettres patentes du roi, qui créent en faveur du sieur Pierres la charge d'imprimeur ordinaire de Sa Majesté, dont il était pourvu, en titre de premier imprimeur ordinaire du roi. 9 juillet 1785. (BN → F 23630 [665])

3968. Arrêt du Conseil d'État du roi, qui renouvelle les anciennes défenses d'introduire dans le royaume, aucunes toiles de coton et mousselines venant de l'étranger, autres que celles de l'Inde apportées par le commerce national : et interdit le débit des toiles peintes, gazes et linons de fabrique étrangère, sauf le délai fixé pour celles existantes dans le royaume. 10 juillet 1785. (AN → AD[+] 1069)

3969. Arrêt du Conseil d'État du roi, qui ordonne la démolition des échoppes de la halle aux draps. 11 juillet 1785. (AN → AD[+] 1069)

3970. Arrêt du Conseil d'État du roi, qui accorde aux maîtres et maîtresses des anciens corps et communautés de la ville de Paris, qui n'ont pas payé les droits de confirmation, de réunion et d'admission, un nouveau délai jusqu'au 1er octobre prochain, pour acquitter lesdits droits, à l'effet de jouir des privilèges accordés aux maîtres des nouveaux corps et communautés. 11 juillet 1785. (AN → AD⁺ 1069)

3971. Arrêt du Conseil d'État du roi, qui condamne les sieurs Adam, marchand à Paris, et Duchin, huissier à Meaux, à payer solidairement, par forme de restitution, le droit de contrôle d'un marché sous signatures privées, (que ledit Adam offrait d'affirmer avoir été fait verbalement), en vertu duquel il a été fait une sommation par ledit Duchin, à la requête dudit Adam, avant de l'avoir soumis à la formalité du contrôle ; les condamne en outre aux amendes par eux encourues, etc. 12 juillet 1785. (AN → AD⁺ 1069)

3972. Arrêt du Conseil d'État du roi, qui condamne le sieur Raimond à payer les droits de contrôle et de centième denier d'une déclaration passée au greffe du Châtelet, le 24 décembre 1784, par le sieur Devarennes, procureur de cette juridiction, portant qu'une adjudication à lui faite le 15 mai précédent, était pour ledit sieur Raimond, qui est en outre condamné à payer, comme détenteur et sauf son recours, le centième denier de l'adjudication faite audit sieur Devarennes. 12 juillet 1785. (AN → AD⁺ 1069)

3973. Arrêt du Conseil d'État du roi, et lettres patentes sur icelui, qui permettent aux sieurs Tugot et Daumy, marchands orfèvres à Paris, d'établir à Paris, sous le titre de manufacture royale, une fabrique de toutes sortes de quincaillerie et bijouterie, ainsi que le plaqué et le doublé d'or et d'argent sur tous métaux, pendant quinze ans. 12 et 20 juillet 1785. (AN → AD⁺ 1069)

3974. Arrêt du Conseil d'État du roi, qui, en interprétant l'arrêt du Conseil du 21 juillet 1784 exempte les eaux-de-vie et esprits-de-vin destinés pour l'étranger, de tous droits de péages domaniaux, et sous pour livre d'iceux. 13 juillet 1785. (AN → AD⁺ 1069)

3975. Arrêt du Conseil d'État du roi, qui déclare bonne et valable une saisie de livres faite à Nancy sur un colporteur sans qualité ; ordonne la confiscation des livres saisis, et le condamne à l'amende. 15 juillet 1785. (AN → AD⁺ 1069)

3976. Arrêt du Conseil d'État du roi, qui casse un exploit signifié à la requête du sieur Bontoux, libraire à Nancy, au sieur Chassel, inspecteur de la Librairie près la chambre syndicale de cette ville ; fait défenses audit Bontoux, et à tous autres libraires et imprimeurs d'en faire faire de semblables, aux procureurs de les signer, et aux huissiers de les signifier, à peine contre les libraires et imprimeurs de déchéance de leur état, et contre les procureurs et huissiers de trois mois d'interdiction. 15 juillet 1785. (AN → AD⁺ 1069)

3977. Arrêt du Conseil d'État du roi, concernant les marchandises étrangères, prohibées dans le royaume. 17 juillet 1785. (AN → AD⁺ 1069)

3978. Arrêt du Conseil d'État du roi, qui ordonne la suppression d'un imprimé, intitulé : *De la Banque d'Espagne, dite de St Charles, etc.* 17 juillet 1785. (AN → AD⁺ 1069)

3979. Arrêt du Conseil d'État du roi, qui supprime un écrit ayant pour titre : *Lettre à un ami sur un monument public, par feu M. Dulin, architecte.* 19 juillet 1785. (AN → AD⁺ 1069)

3980. Déclaration du roi, concernant les droits des conservateurs des hypothèques sur les rentes. 20 juillet 1785. (AN → AD⁺ 1069)

3981. Lettres patentes du roi, sur arrêt du Conseil (du même jour), qui permettent aux États de Bretagne d'emprunter un million à constitution de rentes au denier vingt, pour être employé aux travaux de la navigation intérieure de la province et au remboursement des emprunts faits sur billets pour cet objet. 24 juillet 1785. (BN → F 20967 [3])

3982. Déclaration du roi, qui détermine la déduction qui sera faite sur les droits d'entrée à Paris, relatifs au café, au sucre et à la cire, pour la tarre des tonneaux et emballages. 24 juillet 1785. (AN → AD⁺ 1069)

3983. Arrêt du Conseil d'État du roi, qui ordonne que les villes de Montpellier, du Puy, et autres villes et communautés dénommées audit arrêt seront tenues de payer les 3 sous pour livre et accessoires des épices que les officiers de la Chambre des comptes de Montpellier se sont taxées sur les comptes des droits de subventions et autres desdites villes et communautés qui ont été jugés en ladite Chambre. 27 juillet 1785. (AN → AD⁺ 1069)

3984. Déclaration du roi, concernant les huissiers du Parlement et ceux de la Chancellerie établie près ladite Cour. 27 juillet 1785. (AN → AD⁺ 1069)

3985. Lettres patentes du roi, qui ordonnent que le montant de la finance des offices, payée aux parties casuelles, conformément à l'article IV de celles du 27 février 1780, appartiendra aux veuves, enfants et héritiers des officiers décédés, ou ayants cause, aux déductions y exprimées. 28 juillet 1785. (AN → AD⁺ 1069)

3986. Arrêt du Conseil d'État du roi, qui limite au 15 août 1785, la permission portée par celui du 17 mai précédent, de conduire et faire pâturer les bestiaux dans les bois du roi, et des communautés séculières et régulières. 29 juillet 1785. (AN → AD⁺ 1069)

3987. Lettres patentes du roi, concernant le timbre des quittances comptables et autres. 29 juillet 1785. (AN → AD⁺ 1069)

3988. Arrêt du Conseil d'État du roi, qui commet le sieur Thiroux de Crosne, maître des requêtes honoraire, pour exercer toutes les fonctions qu'exerçait avant lui le sieur Lenoir. 30 juillet 1785. (AN → AD⁺ 1069)

3989. Commission (du roi) pour la Chambre des vacations du parlement de Bretagne. 31 juillet 1785. (AN → AD⁺ 1069)

3990. Lettres patentes du roi, en forme d'édit, portant établissement d'un nouvel hospice pour les vénériens. Août 1785. (AN → AD⁺ 1070)

3991. Lettres patentes du roi, en forme d'édit, qui ratifient le procès-verbal d'évaluation, fait par la Chambre des comptes de Paris, des objets échangés entre le roi et M. le maréchal duc de Lévis, par contrat du 30 juillet 1784. Août 1785. (AN → AD⁺ 1070)

3992. Lettres patentes du roi, en forme d'édit, par lesquelles Sa Majesté fait don à M. le comte d'Artois, à titre et par supplément d'apanage, de la mouvance sur les terres de Saint-Valéry et Roc-de-Cayeux ; distrait cette mouvance du comté d'Amiens, et l'unit au comté de Ponthieu. Août 1785. (AN → AD⁺ 1070)

3993. Lettres patentes du roi, qui confirment un décret de M. l'évêque de Toul, relatif à la nouvelle composition du chapitre noble de Saint-Maxe de Bar, éteignent plusieurs titres de bénéfices, dont elles unissent les biens à ce chapitre, approuvent les statuts et règlements dressés par ce corps, enfin lui permettent, tant de vendre quelques-unes des maisons qui lui appartiennent, que d'en acquérir d'autres pour les remplacer. Août 1785. (AN → AD⁺ 1070)

3994. Lettres patentes du roi, en forme d'édit, qui ordonnent la démolition du Château-Trompette, les différentes constructions à faire dans son emplacement, et autres établissements utiles à la ville de Bordeaux, ainsi que la suppression du droit de huitain. Août 1785. (AN → AD/XVI/1)

3995. Déclaration du roi, concernant les requêtes civiles. 1er août 1785. (AN → AD⁺ 1070)

3996. Déclaration du roi, concernant les causes d'appellations comme d'abus, et toutes celles de régales. 1er août 1785. (AN → AD⁺ 1070)

3997. Arrêt du Conseil d'État du roi, qui, en liquidant le remboursement du péage de Chambly, prononce en même temps la suppression de ce droit. 2 août 1785. (AN → AD⁺ 1070)

3998. Lettres patentes du roi, qui permettent au sieur Chanorier, de transférer à Paris, pour quinze ans, une manufacture de quincaillerie, et de plaqué et doublé d'or et d'argent, qu'il avait été autorisé à établir à Lyon, par autres lettres patentes du 4 août 1784. 3 août 1785. (AN → AD⁺ 1070)

3999. Arrêt du Conseil d'État du roi, qui relève le sieur Victor Desenne, libraire à Paris, de l'interdiction contre lui précédemment prononcée. 5 août 1785. (AN → AD⁺ 1070)

4000. Lettres patentes du roi, concernant les taxes d'office des officiers des maîtrises des Eaux et Forêts. 6 août 1785. (AN → AD⁺ 1070)

4001. Arrêt du Conseil d'État du roi, qui renouvelle les ordonnances et règlements concernant la bourse, et proscrit les négociations abusives. 7 août 1785. (AN → AD⁺ 1070)

4002. Arrêt du Conseil d'État du roi, qui casse un arrêt du parlement de Paris, du 26 juillet 1783, rendu en faveur du sieur Camus, sergent de la prévôté seigneuriale de Nesle ; maintient les sieurs Quillier, Gauthier et Lisle, en leur qualité de jurés-priseurs-vendeurs de biens-meubles du bailliage de Melun, dans le droit de faire seuls, et à l'exclusion de tous autres, dans l'étendue dudit bailliage et justices y ressortissantes, notamment dans celle de la prévôté seigneuriale de Nesle, toutes les prisées, expositions et ventes de meubles, soit volontaires, soit forcées, sauf la concurrence réservée aux officiers des seigneurs haut-justiciers, dans le seul cas des ventes forcées entre justiciables, en vertu de sentences émanées de leurs juges, après contestation ; maintient également lesdits jurés-priseurs dans le droit de percevoir les quatre deniers pour livre du montant de toutes les ventes sans exception, même de celles faites par les officiers des seigneurs ; condamne ledit Camus aux dépens, et ordonne l'impression et affiche de l'arrêt. 9 août 1785. (AN → AD^{+} 1070)

4003. Arrêt du Conseil d'État du roi, qui, par grâce et sans tirer à conséquence, réduit et modère à la somme de dix mille livres, celles que les sieurs Lombard et Durandeau seraient tenus d'acquitter pour raison de l'adjudication de l'entretenement du pavé de Paris, passée à leurs risques, périls et fortune, le 1er août 1785. 11 août 1785. (AN → AD^{+} 1070)

4004. Arrêt du Conseil d'État du roi, concernant la durée des privilèges accordés et à accorder en Librairie, pour les almanachs, journaux et autres ouvrages périodiques. 12 août 1785. (AN → AD^{+} 1070)

4005. Lettres patentes du roi, concernant les indemnités pour des terrains acquis pour le service de la Marine. 12 août 1785. (AN → AD^{+} 1070)

4006. Arrêt du Conseil d'État du roi, qui ordonne qu'il sera donné congé aux locataires des maisons appartenantes à la ville sur les ponts, pour être lesdites maisons abattues, à compter du 1er janvier 1786. 14 août 1785. (AN → AD^{+} 1070)

4007. Arrêt du Conseil d'État du roi, qui ordonne le remboursement des parties de rentes et autres charges de pareille nature, de douze livres à vingt livres de produit. 18 août 1785. (AN → AD^{+} 1070)

4008. Arrêt du Conseil d'État du roi, qui nomme les administrateurs et les employés de la Compagnie des Indes, qui doivent signer les portions d'intérêts et les dividendes d'icelles. 20 août 1785. (AN → AD^{+} 1070)

4009. Déclaration du roi, portant que toutes les causes pures personnelles, non excédantes la somme de quarante livres, qui seront portées devant les officiers des bailliages et sénéchaussées, y seront jugées sommairement en dernier ressort, conformément à l'édit de septembre 1769. 22 août 1785. (AN → AD^{+} 1070)

4010. Arrêt du Conseil d'État du roi, qui, cassant et annulant différentes sentences rendues par le lieutenant général du bailliage de Moret, et levant l'interdiction prononcée contre le greffier-commis audit siège, ordonne que la déclaration du 5 novembre 1661, portant règlement pour les droits de greffes, ensemble les déclarations des 19 juin et 24 juillet 1691, continueront d'être exécutées selon leurs forme et teneur audit bailliage, tant pour les émoluments du greffe, que pour le nombre de lignes de chaque page d'expédition en papier ou parchemin. Fait défenses au greffier dudit siège et autres greffiers, de percevoir, à titre d'évaluation et sous prétexte d'écriture plus serrée, qu'il n'est porté par lesdites déclarations, autres et plus grands droits que ceux établis par la déclaration de 1661, et de prendre plus de 6 sols 3 deniers par rôle d'expédition des sentences consulaires. Enfin leur enjoint de se conformer à l'article XXIII du titre XXII de l'ordonnance de 1667, pour leurs salaires, vacations et journées aux enquêtes et procès-verbaux en dépendant, tant en ville qu'en campagne. 23 août 1785. (AN → AD^{+} 1070)

4011. Arrêt du Conseil d'État du roi, qui ordonne que le sieur Pecharman sera tenu de rapporter l'acte sous seing privé qui lui a transmis la propriété de deux domaines, et d'en payer les droits de contrôle, centième denier, dix sols pour livre et droit en sus de celui de 100ᵉ denier, faute de quoi le condamne à payer la somme de 1 200 livres, pour tenir lieu desdits droits ; le condamne en outre en l'amende, aux dépens et au coût dudit arrêt. 23 août 1785. (AN → AD⁺ 1070)

4012. Arrêt du Conseil d'État du roi, qui supprime un imprimé intitulé : *Lettre de M. le comte de Mirabeau à M. le Couteulx de la Norraye*. 24 août 1785. (AN → AD⁺ 1070)

4013. Arrêt du Conseil d'État du roi, concernant la perception des droits dépendant de la Régie générale, sur les objets destinés au service des vivres de terre. 24 août 1785. (AN → AD⁺ 1070)

4014. Déclaration du roi, portant que celle du premier septembre mil sept cent soixante-seize, sera exécutée jusqu'aux vacances de mil sept cent quatre-vingt-six. (Cour des aides). 24 août 1785. (AN → AD⁺ 1070)

4015. Arrêt du Conseil d'État du roi, qui ordonne que par le lieutenant général de police, et les officiers du Châtelet y tenant la Chambre du Conseil, le procès sera fait aux auteurs et complices de traités, marchés et négociations, pour de prétendus bons de places de finances. 28 août 1785. (AN → AD⁺ 1070)

4016. Arrêt du Conseil d'État du roi, qui fixe définitivement et par modération, le droit de marc d'or des offices de justice en Corse. 28 août 1785. (AN → AD⁺ 1070)

4017. Lettres patentes du roi, concernant la comptabilité des recettes générales des Finances. 28 août 1785. (AN → AD⁺ 1070)

4018. Arrêt du Conseil d'État du roi, qui nomme des commissaires pour la liquidation du prix des maisons et échoppes adossées à la halle aux draps. 29 août 1785. (AN → AD⁺ 1070)

4019. Ordonnance portant augmentation de deux sols pour livre, en sus du droit principal sur les cartes à jouer. 29 août 1785. (AN → AD⁺ 1070)

4020. Règlement pour l'éducation des demoiselles pensionnaires de la fondation faite par madame Adélaïde, dans le monastère des religieuses chanoinesses régulières de la congrégation de Notre-Dame de la ville de Mirecourt, en Lorraine. 29 août 1785. (AN → AD/VIII/4ᴬ dossier A pièce 38)

4021. Arrêt du Conseil d'État du roi, qui ordonne que le sieur Badin sera tenu de payer le droit de franc-fief de la terre de Bray et ses dépendances nobles, qu'il tient, à titre de bail à vie, des chanoines réguliers de l'abbaye de Saint-Victor. 30 août 1785. (AN → AD⁺ 1070)

4022. Édit du roi, qui supprime quatre offices de substituts du procureur général au Parlement. Septembre 1785. (AN → AD⁺ 1070)

4023. Lettres patentes du roi, concernant l'augmentation du pouvoir du juge-auditeur du Châtelet. 1ᵉʳ septembre 1785. (AN → AD⁺ 1070)

4024. Arrêt du Conseil d'État du roi, concernant les traitements, pensions et gratifications attribués ou qui seront destinés aux savants et gens de lettres ; et l'exécution des différents travaux littéraires, ordonnés par Sa Majesté et par les rois ses prédécesseurs. 3 septembre 1785. (AN → AD⁺ 1070)

4025. Arrêt du Conseil d'État du roi, qui prononce la confiscation, avec amende, de cinquante-six aunes de toiles peintes en deux coupons, sans plombs ni marques de fabriques, saisies au domicile du nommé Le Baillif, marchand, de la paroisse de Briqueville, et ordonne l'impression et l'affiche de cet arrêt. 6 septembre 1785. (AN → AD⁺ 1070)

4026. Arrêt du Conseil d'État du roi, qui reçoit François Mellin opposant à la décision du 17 février 1767, en conséquence condamne le sieur Sougé au droit de franc-fief des métairies nobles des hautes et basses Hautonnailles dont la foi et hommage a été abournée. 6 septembre 1785. (AN → AD⁺ 1070)

4027. Arrêt du Conseil d'État du roi, concernant le délai accordé aux débiteurs de droits de francs-fiefs pour le payement dudit droit. 7 septembre 1785. (AN → AD⁺ 1070)

4028. Arrêt du Conseil d'État du roi, concernant les formalités à observer pour les constructions et reconstructions des bâtiments appartenant aux gens de mainmorte, hôpitaux généraux et particuliers, maisons et écoles de charité. 7 septembre 1785. (AN → AD⁺ 1070)

4029. Arrêt du Conseil d'État du roi, qui proroge jusqu'au 15 octobre prochain, le délai fixé à six semaines, à compter du 10 juillet dernier, pour l'entrée des toiles de coton blanches et peintes, qui ont été achetées à l'étranger avant la publication de l'arrêt du 10 juillet 1785. 8 septembre 1785. (AN → AD⁺ 1070)

4030. Arrêt du Conseil d'État du roi, qui impose les couperoses vertes apportées de l'étranger, au droit uniforme de quarante sous du quintal, et les exempte de tous droits à la circulation du royaume. 8 septembre 1785. (AN → AD⁺ 1070)

4031. Arrêt du Conseil d'État du roi, qui supprime un imprimé ayant pour titre : *Lettre du sieur... ancien négociant d'Amiens, à M. le comte d'Agay, intendant de Picardie.* 10 septembre 1785. (AN → AD⁺ 1070)

4032. Lettres patentes du roi, portant statuts et règlements pour la communauté des maîtres charpentiers de la ville et faubourgs de Paris. De l'exercice de MM. Louis Tirel, et Claude de la Remainchère (syndics), Sébastien Bodrot, et Denis-François Le Maître (adjoints), de l'exercice desdits Bodrot, Le Maître (syndics) et de Louis-Marie Royer et de Jacques Jouan adjoints). 12 septembre 1785. (AN → AD/XI/16 dossier A pièce 6)

4033. Messageries. Transport des caisses, paquets, ballots, etc., de la Ferme générale. État des lieux où la Ferme générale est dans l'usage de faire passer des paquets, caisses, ou ballots, et desquels il lui en est adressé, conformément au traité fait entre MM. les fermiers généraux et MM. les fermiers généraux des messageries. 12 septembre 1785. (AN → AD⁺ 1070)

4034. Arrêt du Conseil d'État du roi, qui, sans s'arrêter aux demandes des greffiers de Chartres, ordonne qu'ils seront tenus de compter entre les mains du préposé de l'administrateur des Domaines, tant en principal qu'accessoires, des trois sols pour livre des épices appartenant à Sa Majesté, qu'ils ont reçus jusqu'à ce jour, et qu'ils recevront par la suite ; avec défenses auxdits greffiers de percevoir à leur profit aucune somme sur lesdites épices, sous prétexte d'attribution particulière ou autrement. 13 septembre 1785. (AN → AD⁺ 1070)

4035. Arrêt du Conseil d'État du roi, qui ordonne que les huit sous pour livre, dont la perception a été ordonnée par les édits de novembre 1771 et février 1780, seront perçus par les gardes-marchands drapiers-merciers, régisseurs des droits d'entrée à Paris sur les étoffes et autres marchandises, pour en être le produit employé à acquitter les indemnités dues aux propriétaires des maisons et échoppes qui seront démolies pour l'agrandissement des halles. 15 septembre 1785. (AN → AD^{+} 1070)

4036. Arrêt du Conseil d'État du roi, qui prescrit les formalités qui devront être suivies par les commis des Fermes, pour la retenue des marchandises qu'ils croiront être déclarées au-dessous de leur véritable valeur. 16 septembre 1785. (AN → AD^{+} 1070)

4037. Arrêt du Conseil d'État du roi, qui ordonne qu'il sera fait acquisition, au nom de Sa Majesté, des maisons énoncées au présent arrêt ; pour le terrain sur lequel elles sont construites, être employé à l'élargissement des rues et à l'ouverture de nouvelles communications dans les halles. 16 septembre 1785. (AN → AD^{+} 1070)

4038. Lettres patentes du roi, qui ordonnent la démolition du bâtiment du Pilori. 16 septembre 1785. (AN → AD^{+} 1070)

4039. Arrêt du Conseil d'État du roi, qui accorde des primes d'encouragement aux négociants français qui transporteront des morues sèches de pêche nationale dans les îles du Vent et sous le Vent, ainsi que dans les ports de l'Europe, tels que ceux d'Italie, d'Espagne et de Portugal. 18 septembre 1785. (AN → AD^{+} 1070)

4040. Arrêt du Conseil d'État du roi, qui a homologué le règlement arrêté dans l'assemblée générale des actionnaires de la Caisse d'escompte, du 14 juillet dernier. 18 septembre 1785. (AN → AD^{+} 1070)

4041. Loterie royale, établie par arrêt du Conseil d'État du roi du 29 octobre 1780. Liste générale du tirage des 400 primes, attribuées aux deux mille billets de ladite Loterie, sortis à celui du 1er mai 1785. Ledit tirage fait dans la grande salle de l'Hôtel de Ville de Paris, en présence de messieurs les prévôt des marchands et échevins. 19 septembre 1785. (AN → AD^{+} 1070)

4042. Arrêt du Conseil d'État du roi, qui casse un arrêt du parlement de Rouen, du 29 juillet 1785, maintient les jurés-priseurs dans le droit de faire seuls et à l'exclusion de tous autres, dans toute l'étendue du bailliage de Rouen et justices y ressortissantes, toutes les prisées, expositions et ventes de biens-meubles ; et de percevoir les quatre deniers pour livre du montant de toutes lesdites ventes, sans exception ; défend à tous notaires, greffiers, huissiers et sergents royaux de quelque juridiction que ce soit de s'y immiscer à l'avenir ; condamne le sieur Le Tournois, sergent royal au bailliage, à restituer aux jurés-priseurs les droits, vacations et émoluments résultant d'une vente par lui faite ; les autorise à se pourvoir pour la restitution des quatre deniers pour livre contre le contrôleur qui les a perçus ; autorise également les jurés-priseurs à se faire rendre par ceux qui les auront perçus, tous les droits, vacations et émoluments, tels qu'ils auraient dû les percevoir ; ensemble à retirer les quatre deniers pour livre de toutes les ventes faites à leur préjudice des mains de contrôleur. 20 septembre 1785. (AN → AD/II/17 pièce 177)

4043. Arrêt du Conseil d'État du roi, et lettres patentes sur icelui, qui ordonnent une fabrication de cinquante mille marcs d'espèces de cuivre en la monnaie de Lyon. 22 septembre 1785. (AN → AD^+ 1070)

4044. Arrêt du Conseil d'État du roi, qui supprime un ouvrage ayant pour titre : *Aventures et plaisante éducation du courtois chevalier Charles le Bon, sire d'Armagnac, etc.* 23 septembre 1785. (AN → AD^+ 1070)

4045. Arrêt du Conseil d'État du roi, concernant le commerce interlope des colonies. 23 septembre 1785. (AN → AD^+ 1070)

4046. Lettres patentes du roi, qui, en ordonnant à l'adjudicataire des Fermes générales, de rendre en chacune des Chambres des comptes de Provence, de Languedoc et de Dauphiné, un compte distinct et séparé des gabelles desdites provinces, comme avant la déclaration du 18 février 1782, prescrivent audit adjudicataire et à ses successeurs, de continuer à faire recette de la totalité du prix du bail desdites Fermes, dans les comptes qu'ils rendront annuellement à la Chambre des comptes de Paris. 24 septembre 1785. (AN → AD^+ 1070)

4047. Lettres patentes du roi, qui suppriment les droits de traites qui se perçoivent en Languedoc sur les marchandises et denrées qui viennent du Roussillon, ou qui y sont envoyées de cette province ; suppriment pareillement ceux particuliers au Roussillon, connus sous le nom de réal et d'impariage.
Autres lettres patentes du 15 mars 1786, qui confirment une délibération par laquelle le titre de citoyen a été déféré à M. de Lépinay. 24 septembre 1785. (AN → AD^+ 1070)

4048. Arrêt du Conseil d'État du roi, portant à cinq livres par quintal, la taxe imposée sur la morue de pêche étrangère, qui sera importée aux îles de l'Amérique du Vent et sous le Vent. 25 septembre 1785. (AN → AD^+ 1070)

4049. Arrêt du Conseil d'État du roi, qui accorde aux marchands et voituriers la faculté de faire sortir du royaume les marchandises exemptes des droits, par tel Bureau frontière qu'ils voudront choisir, à la charge de remplir les formalités y énoncées. 29 septembre 1785. (AN → AD^+ 1070)

4050. Édit du roi, portant suppression des offices de lieutenants, exempts, guidon, greffiers et archers-gardes de la compagnie du prévôt général des monnaies, créés postérieurement à l'édit du mois de juin 1635. Octobre 1785. (AN → AD^+ 1071)

4051. Lettres patentes du roi, qui règlent les droits d'exercice des receveurs généraux des Finances des généralités d'Auch et de Bordeaux, et des receveurs particuliers des élections énoncées en un rôle arrêté au Conseil ; savoir, pour lesdits receveurs généraux, à partir du 1er janvier 1784 ; et les receveurs particuliers, à compter du 1er janvier 1783. 1er octobre 1785. (AN → AD^+ 1071)

4052. Arrêt du Conseil d'État du roi, portant nomination de commissaires pour la liquidation des marchés à termes et compromis d'effets royaux ou autres quelconques, en exécution de l'arrêt du 7 août dernier. 2 octobre 1785. (AN → AD^+ 1071)

Arrêts du Conseil d'État du roi. 13 juillet 1779 et 4 octobre 1785. (AN → AD+ 1071). Voir notice n° 1958.

4053. Arrêt du Conseil d'État du roi, rendu au profit de l'adjudicataire général des Fermes unies de France,
Qui déboute le sieur Tricotel, maître menuisier à Paris, rue Amelot, de son appel de deux jugements rendus par M. le lieutenant général de police, en qualité de commissaire du Conseil, les 4 octobre 1785 et 10 janvier 1786, portant confiscation au profit dudit adjudicataire, de volailles saisies sur ledit sieur Tricotel, par procès-verbal du 26 août 1785, avec amende, impression et affiche desdits jugements.
Et qui ordonne l'exécution des règlements portant défenses d'élever, nourrir et tenir des volailles, gibiers, porcs, etc., dans Paris, sous peine de 300 livres d'amende. 4 octobre 1785. (AN → AD+ 1071)

4054. Arrêt du Conseil d'État du roi, qui, sans s'arrêter à celui du parlement de Rouen du 15 juillet dernier, fait défenses aux syndics et adjoints de la communauté des cordonniers de Rouen, ainsi qu'à ceux des autres communautés, tant de ladite ville, que des autres villes du ressort dudit Parlement, de se faire assister d'un calculateur lors de la reddition des comptes desdites communautés. 6 octobre 1785. (AN → AD+ 1071)

4055. Arrêt du Conseil d'État du roi, qui fixe le délai accordé, tant aux marchands de Paris qu'à ceux des provinces, pour faire les déclarations prescrites par l'arrêt du 10 juillet dernier. 7 octobre 1785. (AN → AD+ 1071)

4056. Arrêt du Conseil d'État du roi, pour faire cesser la permission de faire venir par train de flottage, le bois neuf destiné à l'approvisionnement de Paris. 15 octobre 1785. (AN → AD+ 1071). Et instruction sommaire, pour François Barry le jeune, marchand de bois à Paris, demandeur en cassation. Contre l'accusateur public près le tribunal criminel du département de la Seine.

4057. Extrait des édits, déclarations et lettres patentes, qui attribuent aux huissiers-commissaires-priseurs-vendeurs au Châtelet de Paris, le droit,
1°. De faire exclusivement les prisées et ventes de meubles dans la ville, faubourgs et banlieue de Paris.
2°. Par suite d'inventaire et de vente, et en exécutant le scel du Châtelet de Paris, dans toute l'étendue du royaume.
3°. Et par concurrence avec les jurés-priseurs de province, dans l'étendue de la prévôté et vicomté de Paris, et ancien ressort d'icelle.
Et extrait des arrêts et autres principaux règlements confirmatifs du même droit. 20 octobre 1785. (AN → AD+ 1071)

4058. Arrêt du Conseil d'État du roi, qui, en confirmant ceux précédemment rendus, ordonne que les deniers destinés à son service, ceux de ses receveurs généraux des Finances, et même ceux de la Guerre, continueront d'être transportés par les messageries. 22 octobre 1785. (AN → AD+ 1071)

4059. Lettres patentes du roi, concernant l'ouverture de nouvelles rues sur l'emplacement de l'ancien couvent des Capucins, situé faubourg Saint-Jacques. 23 octobre 1785. (AN → AD+ 1071)

4060. Lettres patentes du roi, portant défenses de former des amas et entrepôts de sels dans les trois lieues des limites du Languedoc et du Rouergue. 23 octobre 1785. (AN → AD^{+} 1071)

4061. Loterie royale établie par arrêt du Conseil du 5 avril 1783. Liste générale du troisième tirage de ladite Loterie, fait en la grande salle de l'Hôtel de Ville de Paris, en présence de messieurs les prévôt des marchands et échevins. 24, 25, 26 et 27 octobre 1785. (AN → AD^{+} 1071)

4062. Arrêt du Conseil d'État du roi, qui proroge indéfiniment la régie des Poudres et Salpêtres, établie par arrêt du Conseil du 28 mai 1775. 28 octobre 1785. (AN → AD^{+} 1071)

4063. Arrêt du Conseil d'État du roi, qui fait défenses de percevoir aucun droit de péage dans l'étendue du royaume, sur le charbon de terre, qui ne se trouvera pas nommément exprimé dans les tarifs ou pancartes. 28 octobre 1785. (AN → AD^{+} 1071)

4064. Arrêt du Conseil d'État du roi, qui fait défenses à la dame comtesse de Ligny, dame du comté de Courtenay, de percevoir ou faire percevoir aucun droit de minage et autres, sur les grains et farines vendus à Courtenay. 28 octobre 1785. (AN → AD^{+} 1071)

4065. Arrêt du Conseil d'État du roi, concernant le service de la Poste aux chevaux, Relais et Messageries. 30 octobre 1785. (AN → AD^{+} 1071)

4066. Déclaration du roi, portant fixation de la valeur de l'or relativement à l'argent, et de la proportion entre les monnaies de l'un et l'autre métal ; avec ordonnance d'une nouvelle fabrication des monnaies d'or. 30 octobre 1785. (AN → AD^{+} 1071)

4067. Règlement pour les francs-sergents. 30 octobre 1785. (AN → MM 1227)

4068. Édit du roi, portant règlement pour la fabrication des espèces, et augmentation des droits des officiers des monnaies, sur la conversion des matières d'or et d'argent. Novembre 1785. (AN → AD^{+} 1071)

4069. Régie générale. 2 novembre 1785. (AN → G/2/17)

4070. Arrêt du Conseil d'État du roi, qui supprime un imprimé intitulé : *Requête des curés du diocèse d'Auch à nos seigneurs de l'assemblée générale du clergé de France.* 4 novembre 1785. (AN → AD^{+} 1071)

4071. Lettres patentes du roi, sur la comptabilité des pensions. 4 novembre 1785. (AN → AD^{+} 1071)

4072. Traité de paix entre l'empereur et les Provinces-Unies, signé à Fontainebleau. 8 novembre 1785. (AN → AD^{+} 1071)

4073. Arrêt du Conseil d'État du roi, et lettres patentes sur icelui, qui ordonnent une fabrication de cinquante mille marcs d'espèces de cuivre en la monnaie d'Aix. 10 novembre 1785. (AN → AD^{+} 1071)

4074. Arrêt du Conseil d'État du roi, concernant les droits des changeurs des monnaies. 10 novembre 1785. (AN → AD^{+} 1071)

4075. Arrêt du Conseil d'État du roi, portant nouveau règlement pour les toiles peintes et imprimées dans le royaume. 10 novembre 1785. (AN → AD$^+$ 1071)

4076. Arrêt du Conseil d'État du roi, qui proroge, jusqu'à ce qu'il en soit autrement ordonné, la modération des droits accordée par arrêt du 18 juin 1783, sur les sels de Saintonge et de Brouage expédiés à l'étranger. 10 novembre 1785. (AN → AD$^+$ 1071)

4077. Arrêt du Conseil d'État du roi, portant suppression des droits perceptibles à l'enlèvement des eaux-de-vie, et fixation de ceux qui seront payés à l'entrée du royaume. 10 novembre 1785. (AN → AD$^+$ 1071)

4078. Traité d'alliance entre le roi et les Provinces-Unies, signé à Fontainebleau. 10 novembre 1785. (AN → AD$^+$ 1071)

4079. Arrêt du Conseil d'État du roi, qui suspend l'exécution de ceux des 10 et 22 mai 1723, ainsi que de l'article V de l'ordonnance de 1687 ; et ordonne que l'affranchissement accordé par les lettres patentes du mois d'avril 1717 et par l'article IV de ladite ordonnance de 1687, aura lieu en faveur des provinces de la Loire, jusqu'à ce qu'il en soit autrement ordonné. 11 novembre 1785. (AN → AD$^+$ 1071)

4080. Lettres patentes du roi, qui nomment des commissaires de la Chambre des comptes de Paris, pour procéder aux évaluations des biens échangés, entre le roi et le sieur comte d'Espagnac, par contrat du 30 mars 1785. 11 novembre 1785. (AN → AD$^+$ 1071)

4081. Arrêt du Conseil d'État du roi, qui permet aux fabricants étrangers de s'établir dans le royaume. (Négociants). 13 novembre 1785. (AN → AD$^+$ 1071)

4082. Arrêt du Conseil d'État du roi, concernant les impositions de la ville de Paris. 13 novembre 1785. (AN → AD$^+$ 1071)

4083. Arrêt du Conseil d'État du roi, qui fixe les droits qui seront perçus sur les voitures étrangères à leur entrée dans le royaume. 13 novembre 1785. (AN → AD$^+$ 1071)

4084. Arrêt du Conseil d'État du roi, portant règlement sur l'administration de la Poste aux lettres, et sur celle des Postes aux chevaux, Relais et Messageries, à compter du 1er janvier 1786. 20 novembre 1785. (AN → AD$^+$ 1071)

4085. Arrêt du Conseil d'État du roi, qui ordonne que les échoppes construites dans la rue aux Fers, et qui sont adossées aux murs du cimetière des Innocents, seront incessamment démolies, etc. 20 novembre 1785. (AN → AD$^+$ 1071)

4086. Ordonnance du roi, pour mettre le régiment d'infanterie de Savoie-Carignan, sous le nom du Duc-d'Angoulême. 20 novembre 1785. (AN → AD$^+$ 1332)

4087. Arrêt du Conseil d'État du roi, qui sans s'arrêter à un précédent arrêt du 11 décembre 1714, ni à l'ordonnance de M. l'intendant de Bourgogne du 29 novembre 1779, ordonne que les procureurs du bailliage de Belley, ainsi que tous ceux des autres bailliages du duché de Bourgogne, seront tenus de consigner, dans le temps prescrit par les règlements, l'amende de 3 livres en principal, sur les appels qui seront portés auxdits bailliages, des jugements des justices inférieures, soit royales, soit seigneuriales. 22 novembre 1785. (AN → AD^{+} 1071)

4088. Arrêt du Conseil d'État du roi, qui ordonne que les livres venant de l'étranger, passant par la France pour aller dans un autre pays étranger, seront dispensés d'être conduits à la Chambre syndicale de Paris. 23 novembre 1785. (AN → AD^{+} 1071)

4089. Déclaration du roi, qui exempte du droit de marc d'or, les lettres d'honneur accordées aux magistrats qui passent des Cours au Conseil de Sa Majesté, comme maîtres des requêtes ou conseillers d'État. 25 novembre 1785. (AN → AD^{+} 1071)

4090. Arrêt du Conseil d'État du roi, qui ordonne qu'il sera perçu un droit de six livres par quintal de salpêtre, et de quinze livres par quintal de poudres qui entreront dans le royaume. 26 novembre 1785. (AN → AD^{+} 1071)

4091. Lettres patentes du roi, qui permettent à M. le duc d'Orléans, premier prince du sang, d'ouvrir un emprunt de six millions, portant deux cent quarante mille livres de rentes survivancières ou tontines ; et cent trente-cinq mille livres de rentes viagères. 27 novembre 1785. (AN → AD^{+} 1071)

4092. Déclaration du roi, qui substitue au titre de premier valet des pages de la Chambre de Monsieur, celui de sous-gouverneur desdits pages. 30 novembre 1785. (AN → AD^{+} 1071)

4093. Édit du roi, portant création de quatre millions de rentes héréditaires, remboursables en dix ans. Décembre 1785. (AN → AD^{+} 1071)

4094. Édit du roi, portant création des offices de directeur général des Haras, des Postes aux chevaux, Relais et Messageries, et d'intendant des Postes aux chevaux, Relais et Messageries, et attribution des fonctions, droits et gages qui y sont attachés. Décembre 1785. (AN → AD^{+} 1071)

4095. Arrêt du Conseil d'État du roi, qui exempte du droit de marc d'or les provisions d'offices du point d'honneur. 2 décembre 1785. (AN → AD^{+} 1332)

4096. Copie de la lettre de M. le contrôleur général à MM. les régisseurs généraux. (Monnaies d'or). 3 décembre 1785. (AN → AD^{+} 1071)

4097. Arrêt du Conseil d'État du roi, portant modération du droit de marc d'or, sur les lettres patentes qui autorisent les gens de mainmorte à recevoir, pour des fondations d'utilité publique, des biens de la nature de ceux dont l'acquisition leur est interdite par l'édit du mois d'août 1749. 5 décembre 1785. (AN → AD^{+} 1071)

4098. Emprunt de six millions, ouvert par S.A.S. monseigneur le duc d'Orléans, premier prince du sang, autorisé par lettres patentes du roi, enregistrées en Parlement ; produisant deux cent quarante mille livres de rentes survivancières, ou tontines : et cent trente-cinq mille livres de rentes viagères, qui seront distribuées par la voie du sort. 5 décembre 1785. (AN → AD^{+} 1332)

Arrêts du Conseil d'État du roi. 18 janvier et 6 décembre 1785. (AN → AD+ 1071). Voir notice n° 3828.

4099. Arrêt du Conseil d'État du roi, qui prescrit la forme et le diamètre des plombs dont il sera fait usage, à compter du 1er avril prochain, pour marquer les draps et autres étoffes de laine ; et qui ordonne que lesdits plombs, ainsi que les coins nécessaires pour le service des Bureaux de visite établis dans le royaume, seront fournis par l'administration. 7 décembre 1785. (AN → AD+ 1071)

4100. Arrêt du Conseil d'État du roi, qui annule les passeports expédiés par la Compagnie des Indes depuis le 10 juillet dernier jusqu'au 20 août suivant, pour l'introduction des toiles de coton blanches et peintes venant de l'étranger, et dont il n'a été fait aucun usage par ceux qui les ont obtenus. 8 décembre 1785. (AN → AD+ 1071)

4101. Arrêt du Conseil d'État du roi, qui évoque les contestations pour les 4 deniers pour livre, dans les ventes poursuivies à la requête de la Ferme générale. 8 décembre 1785. (AN → AD+ 1071)

4102. Lettres patentes du roi, portant prorogation du terme auquel le cours des anciennes monnaies d'or doit cesser ; suspension du change d'icelles pendant quinze jours ; augmentation dans le nombre des hôtels des monnaies où espèces d'or seront fabriquées. 11 décembre 1785. (AN → AD+ 1071)

4103. Lettres patentes du roi, qui, sans préjudice des droits des parties, et en attendant le jugement du conflit qui s'est élevé entre le Parlement – Cour des aides de Dijon, et la Cour des aides de Paris, ordonnent que les contestations qui pourraient naître, soit sur le fait des gabelles, soit au sujet des crues des États du Mâconnais, et qui concerneront les habitants des paroisses et hameaux de Brionnais, dépendant des châtellenies de Bois-Sainte-Marie, et de Château-Neuf, seront portées en l'élection de Mâcon, sauf l'appel à la Cour des aides de Paris. 11 décembre 1785. (AN → AD+ 1071)

4104. Lettres patentes du roi, qui continuent à MM. les élus généraux des États de Bourgogne, comtés et pays adjacents, jusqu'à ce qu'il en soit autrement ordonné, les mêmes pouvoirs et juridiction qui leur ont été ci-devant accordés, sur les grands chemins, ponts, chaussées, digues, levées, pépinières, chemins finerots ; et leur attribuent aussi les mêmes pouvoirs et juridiction sur la navigation des rivières de Saône, de Seille, du Doubs, d'Arroux, d'Yonne, de Seine et de celles y affluentes, ainsi que sur les chemins de hallage, dans tous les cas expliqués auxdites lettres patentes. 11 décembre 1785. (BN → F 21774 [81])

4105. Arrêt du Conseil d'État du roi, qui, sans s'arrêter à une sentence des officiers de l'élection de Reims, condamne le sieur Feval, greffier au bailliage de Reims, à délivrer de nouvelles expéditions, qui seront en parchemin, de six sentences de ce siège, et à les rapporter au Bureau de Reims, pour être scellées et quittancées des droits royaux, même par duplicata pour celles qui auraient été quittancées provisoirement sur des expéditions en papier. 13 décembre 1785. (AN → AD+ 1071)

4106. Arrêt du Conseil d'État du roi, qui ordonne l'exécution de la déclaration du 5 novembre 1661, concernant les droits des greffes ; et de celles des 19 juin et

24 juillet 1691, et premier juin 1771, concernant la formule. 14 décembre 1785. (AN → AD⁺ 1071)

4107. Emprunt de cent millions, établi par édit du mois de décembre 1782, et arrêt du Conseil du 1er décembre 1783. Liste générale du cinquième tirage des remboursements des capitaux des rentes résultantes dudit emprunt, montant à la somme de deux millions sept cent cinquante mille trois cent soixante-quatorze livres quatre sous deux deniers, échus par le sort de la Loterie, tirée dans l'Hôtel de Ville de Paris, en présence de messieurs les prévôt des marchands et échevins. 14 décembre 1785. (AN → AD⁺ 1071)

4108. Arrêt du Conseil d'État du roi, qui renvoie par-devant le sieur lieutenant général de police de la ville de Paris, les contestations entre les ouvriers de la manufacture des cristaux et émaux de la reine, située à Sèvres, et les intéressés en icelle. 16 décembre 1785. (AN → AD⁺ 1071)

4109. Arrêt du Conseil d'État du roi, qui réunit au Domaine les droits d'aide du pont de Neuilly, et fixe les droits de péage des bateaux passant sous ledit pont, à neuf sous six deniers par courbe de chevaux : et ordonnance d'enregistrement au Bureau des finances. 19 et 23 décembre 1785. (AN → AD⁺ 1071)

4110. Arrêt du Conseil d'État du roi, qui fixe le droit de marc d'or de noblesse, qui sera payé à l'avenir par les citoyens-nobles de Perpignan. 22 décembre 1785. (AN → AD⁺ 1071)

4111. Arrêt du Conseil d'État du roi, qui confirme le privilège de la *Gazette de France* et règle entre elles et les autres feuilles périodiques, la police à observer pour l'annonce des livres nouveaux. 23 décembre 1785. (AN → AD⁺ 1071)

4112. Déclaration du roi, portant règlement sur la forme de procéder en matière de tailles, dans le ressort de la Cour des aides de Clermont-Ferrand. 23 décembre 1785. (AN → AD⁺ 1071)

4113. Règlement général sur la fourniture des fourrages aux troupes à cheval. 25 décembre 1785. (AN → AD⁺ 1071)

4114. Arrêt du Conseil d'État du roi, et lettres patentes sur icelui, enregistrées en la Cour des aides de Paris, le 24 mars 1786, et en l'élection de Pontoise, le 1er avril suivant ; qui maintiennent et confirment les habitants de la ville de Pontoise dans les exemptions de taille, taillons, etc., à ceux accordées à perpétuité, par l'arrêt du Conseil, du 22 novembre 1707, et les lettres patentes du 14 décembre suivant ; établissent une forme d'imposition particulière et représentative de la taille, et une augmentation sur les droits établis en 1707, sur les boissons, les boucheries et les bois seulement ; et fixent la portion de taille à supporter à l'avenir par la ville, aux trois-vingt-sixièmes de principal de la taille de l'élection. 27 décembre 1785. (AN → AD⁺ 1071)

4115. Arrêt du Conseil d'État du roi, et lettres patentes sur icelui, données à Versailles le 17 avril 1786, registrées en la Chambre des comptes le 1er juin audit an, qui commettent le sieur de la Borde de Mereville, garde du Trésor royal, pour continuer et achever les exercices du sieur Micault d'Harvelay, des années 1773, 1775, 1777, 1779, 1781, 1783 et 1785. 27 décembre 1785. (AN → AD⁺ 1071)

4116. Arrêt du Conseil d'État du roi, qui proroge jusqu'au 1er mars 1786, la commission donnée par l'édit du mois de juillet dernier, aux receveurs des impositions de la ville de Paris, à l'effet de continuer le recouvrement desdites impositions. 29 décembre 1785. (AN → AD^{+} 1071)

4117. Ordonnance du roi, concernant ceux qui portent la croix de Saint-Louis ou le ruban de cet ordre, sans titre. 29 décembre 1785. (AN → AD^{+} 1071)

4118. Arrêt du Conseil d'État du roi, qui nomme les commissaires du Conseil pour juger les contestations dans lesquelles la Compagnie des Indes sera partie. 31 décembre 1785. (AN → AD^{+} 1071)

4119. Arrêt du Conseil d'État du roi, qui adapte aux reconnaissances délivrées au Trésor royal, et qui n'ont point été échangées avec des billets de l'emprunt de cent vingt-cinq millions en rentes héréditaires, créées par édit du mois de décembre 1784, les billets restant à délivrer au Trésor royal, du nombre des cent vingt-cinq mille, composant ledit emprunt. 31 décembre 1785. (AN → AD^{+} 1071)

1786

4120. Abonnement des édits et arrêts pour la ville de Paris, et toutes les provinces et villes du royaume. (Table analytique des matières contenues dans les édits, lettres patentes, déclarations du roi, arrêts du Conseil, du Parlement, etc.). Année 1786. Imprimé en 1787. (AN → AD/I/30 ; BN → F 21999)

4121. Recueil des lois, coutumes et usages observés par les Juifs de Metz... 1786. (BN → Ld^{183} 1)

4122. Instruction pour les jeunes gens désignés pour le service de la Marine, et qui doivent être élevés dans les collèges aux frais du roi. 1786. (AN → AD/VII/13)

4123. Liste des noms et demeures de messieurs les fermiers généraux des Fermes royales unies. Pour la première année du bail de Jean-Baptiste Mager. 1786. (AN → AD^{+} 1077)

4124. Prospectus. Échange des bulletins de l'édit de décembre 1785 en reconnaissances donnant dix pour cent de plus que les lots qui, par le tirage de la Loterie des primes, échoueront aux bulletins. 1786. (BN → Lf^{79} 3)

4125. Table des dimensions des canons de fer pour la Marine. 1786. (AN → AD/VII/1 dossier B pièce 13)

4126. Ordonnance du roi, concernant les officiers de port dans les colonies orientales et occidentales. 1er janvier 1786. (AN → AD^{+} 1072)

4127. Ordonnance du roi, sur les appointements des officiers de la prévôté de la Marine. 1er janvier 1786. (AN → AD^{+} 1072)

4128. Ordonnance du roi, concernant le corps royal de l'artillerie des colonies. 1er janvier 1786. (AN → AD^{+} 1072)

4129. Ordonnance du roi, pour diviser les forces navales en neuf escadres. 1er janvier 1786. (AN → AD^{+} 1072)

4130. Ordonnance du roi, portant suppression des grades de capitaine de vaisseau et de port, de lieutenant de vaisseau et de port, capitaine de brûlot, enseigne de vaisseau, enseigne de vaisseau et de port, lieutenant de frégate et capitaine de flûte : et création des grades de major et sous-lieutenant de vaisseau, et de lieutenant et sous-lieutenant de port. 1er janvier 1786. (AN → AD^{+} 1072)

4131. Ordonnance du roi, concernant les officiers de la Marine. 1er janvier 1786. (AN → AD+ 1072)

4132. Ordonnance du roi, pour régler les appointements et l'uniforme des officiers de la Marine. 1er janvier 1786. (AN → AD+ 1072)

4133. Ordonnance du roi, concernant les montres et revues des officiers et entretenus de la Marine. 1er janvier 1786. (AN → AD+ 1072)

4134. Ordonnance du roi, qui supprime la compagnie des gardes du pavillon amiral, et celles des gardes de la Marine ; crée des élèves de la Marine, et règle la forme de l'instruction et de l'avancement des jeunes gens destinés à entrer dans la Marine de Sa Majesté. 1er janvier 1786. (AN → AD+ 1072)

4135. Ordonnance du roi, concernant les volontaires employés sur les vaisseaux de Sa Majesté. 1er janvier 1786. (AN → AD+ 1072)

4136. Ordonnance du roi, concernant les officiers de port. 1er janvier 1786. (AN → AD+ 1072)

4137. Ordonnance du roi, concernant les ingénieurs-constructeurs de la Marine. 1er janvier 1786. (AN → AD+ 1072)

4138. Ordonnance du roi, concernant l'artillerie de la Marine. 1er janvier 1786. (AN → AD+ 1072)

4139. Ordonnance du roi, portant création de neuf divisions de canonniers-matelots, sous le titre de corps royal de canonniers-matelots. 1er janvier 1786. (AN → AD+ 1072)

4140. Règlement sur les payes et les avancements des gens de mer. 1er janvier 1786. (AN → AD+ 1072)

4141. Règlement sur l'ordre, la police et la discipline des casernes des matelots. 1er janvier 1786. (AN → AD+ 1072)

4142. Règlement sur les états-majors et équipages, dont les vaisseaux et autres bâtiments du roi seront armés, ensemble les appointements et solde de ceux qui doivent les composer. 1er janvier 1786. (AN → AD+ 1072)

4143. Règlement sur la formation des rôles de combat et de quart à bord des vaisseaux. 1er janvier 1786. (AN → AD+ 1072)

4144. Règlement sur la discipline des équipages à bord des vaisseaux. 1er janvier 1786. (AN → AD+ 1072)

4145. Règlement sur l'ordre, la propreté et la salubrité à maintenir à bord des vaisseaux. 1er janvier 1786. (AN → AD+ 1072)

4146. Règlement sur le traitement des officiers à la mer. 1er janvier 1786. (AN → AD+ 1072)

4147. Règlement concernant le service des officiers de la Marine à la mer. 1er janvier 1786. (AN → AD+ 1072)

4148. Règlement sur le service particulier des officiers de quart à bord des vaisseaux. 1er janvier 1786. (AN → AD+ 1072)

4149. Règlement sur la forme et la tenue des tables de loch et journaux à bord des vaisseaux, frégates, corvettes et autres bâtiments du roi. 1er janvier 1786. (AN → AD^{+} 1072)

4150. Règlement concernant les écoles d'hydrographie, et la réception des capitaines, maîtres ou patrons. 1er janvier 1786. (AN → AD^{+} 1072)

4151. Tarif des sommes que le roi veut et ordonne être payées aux officiers généraux commandant ses armées navales, escadres ou divisions, capitaines et autres officiers commandant ses vaisseaux, frégates ou autres bâtiments, pour leur traitement à la mer. 1er janvier 1786. (AN → AD/VII/12 dossier B page 399)

4152. États de répartition des équipages à leurs différents postes, le jour du combat. 1er janvier 1786. (AN → AD^{+} 1072)

4153. Mémoire pour servir d'instruction au major général de la Marine de chaque département, dans l'exercice de ses fonctions. 1er janvier 1786. (AN → MM 1228)

4154. Mémoire pour servir d'instruction aux majors d'escadre dans l'exercice de leurs fonctions. 1er janvier 1786. (AN → MM 1228)

4155. Mémoire pour servir d'instruction aux commandants d'escadre dans l'exercice de leurs fonctions. 1er janvier 1786. (AN → MM 1228)

4156. Arrêt du Conseil d'État du roi, qui, en ordonnant l'exclusion de l'édit de 1709, portant règlement pour les haras, maintient les gardes-étalons dans le droit d'être taxés d'office, et condamne les collecteurs de la paroisse de la Trinité de Touberville, à la restitution de l'excédent de la cote par eux imposée, et aux dépens, en leurs propres et privés noms, pour avoir augmenté la cote d'office du sieur Beaudoin, garde étalon. 3 janvier 1786. (AN → AD^{+} 1333)

4157. Décision du Conseil. (Mercerie. Quincaillerie. Ustensiles de fer et d'acier). 5 janvier 1786. (AN → AD^{+} 1072)

4158. Déclaration du roi, interprétative de l'édit donné par le feu roi de Pologne, duc de Lorraine et de Bar, au mois de septembre 1759, concernant les gens de mainmorte de ces deux duchés. 6 janvier 1786. (AN → U 1307)

4159. Arrêt du Conseil d'État du roi, qui, sans s'arrêter ni avoir égard au jugement des commissaires de la reformation des bois destinés aux salines de Lorraine, établies à Moyenvic, du 17 mai 1785, ordonne que l'édit de février 1771, et notamment les articles V et IX dudit édit, concernant les droits et fonctions des jurés-priseurs-vendeurs de meubles, seront exécutés suivant leur forme et teneur ; en conséquence, maintient le sieur Beau, juré-priseur-vendeur de meubles ès bailliages royaux de Dieuze, Bitche, Lixheim et Villers-la-Montagne, comme prenant le fait et cause du sieur Colson et autres ses commis, dans le droit et possession de faire seul, et à l'exclusion de tous autres, dans l'étendue desdits bailliages et justices en dépendantes, la prisée, exposition et vente de tous biens-meubles qui seront vendus en exécution des contraintes décernées par les juges de ladite commission, soit à la requête du procureur de Sa Majesté en ladite commission, ou autrement ; comme aussi de percevoir les droits attribués audit juré-priseur par ledit édit de février 1771 et autres règlements ; fait défenses au sieur Duchenoy, et à tous autres, de l'y troubler et de s'immiscer à faire aucune desdites ventes ; condamne le sieur Duchenoy aux dépens faits au Conseil. 10 janvier 1786. (AN → AD/II/17 pièce 181)

4160. Arrêt du Conseil d'État du roi, qui nomme les commis du Trésor royal, qui signeront les quatre-vingts mille bulletins et les coupons d'intérêt des quittances de finance de l'emprunt de quatre-vingt millions, créé par l'édit de décembre 1785. 11 janvier 1786. (AN → AD$^+$ 1072)

4161. Arrêt du Conseil d'État du roi, interprétatif de celui du 13 novembre 1785, concernant les impositions de la ville de Paris. 14 janvier 1786. (AN → AD$^+$ 1072)

4162. Arrêt du Conseil d'État du roi, qui ordonne que les coches d'eau, actuellement établis au port Saint-Paul, seront provisoirement transférés au port de la Tournelle, quai Saint-Bernard. 15 janvier 1786. (AN → AD$^+$ 1072)

4163. Règlement de nos seigneurs les maréchaux de France, sur la police et discipline de la compagnie de la connétablie. 16 janvier 1786. (AN → AD$^+$ 1072)

4164. Règlement de nos seigneurs les maréchaux de France, pour l'exécution des ordonnances du tribunal. 16 janvier 1786. (AN → AD$^+$ 1072)

4165. Arrêt du Conseil d'État du roi, qui condamne le sieur Dupuy au payement du droit de franc-fief des biens nobles qu'il possède, dont il se prétendait exempt en qualité de fils du premier huissier-audiencier de la Chambre des comptes de Blois, supprimée par édit de juin 1775. 17 janvier 1786. (AN → AD/IX/77^A)

4166. Arrêt du Conseil d'État du roi, qui commet M. l'intendant de Languedoc pour procéder à la vente et adjudication de l'office d'un notaire, ainsi que des minutes dépendantes de cet office, et ordonne que sur le prix qui en proviendra, l'administrateur des Domaines sera payé, par préférence à tous créanciers, des frais et des droits soustraits par ledit notaire, et par concurrence avec eux des sommes que le notaire s'était soumis avant son décès, de payer pour tenir lieu des amendes. 17 janvier 1786. (AN → AD/X/8 dossier A pièce 87)

4167. Arrêt du Conseil d'État du roi, qui approuve et confirme l'instruction, en forme de règlement, dressée par les ordres de Sa Majesté, touchant les opérations du Bureau de direction établi par l'arrêt du 13 novembre 1785, pour les impositions de la ville de Paris ; et sur les devoirs respectifs du directeur, du contrôleur principal et des contrôleurs ordinaires. 18 janvier 1786. (AN → AD$^+$ 1072)

4168. Lettres patentes du roi, qui fixent définitivement la prorogation du cours des anciens louis ; augmentent le nombre des hôtels des monnaies où il s'en fabriquera de nouveaux ; suppriment les commissions de changeurs ; en établissent en titre d'offices ; et portent règlement pour la distribution des nouvelles espèces d'or, ainsi que des reconnaissances qui seront données, payables à un mois de date, avec intérêt. 18 janvier 1786. (AN → AD$^+$ 1072)

4169. Arrêt du Conseil d'État du roi, qui fixe les droits que les laines nationales envoyées à l'étranger, payeront à leur sortie du royaume, à compter du jour de la publication du présent arrêt, etc. 19 janvier 1786. (AN → AD$^+$ 1072)

4170. Arrêt du Conseil d'État du roi, qui ordonne que le marché aux suifs se tiendra, à compter du 26 de ce mois, sur le terrain de la nouvelle halle construite dans l'enclos des Bernardins. 19 janvier 1786. (AN → AD$^+$ 1072)

4171. Arrêt du Conseil d'État du roi, qui ordonne que l'arrêt du Conseil du 10 novembre 1785, portant règlement pour les toiles peintes, n'aura son exécution qu'à compter du 1er avril prochain ; et qui établit en conséquence, pour la visite et la marque des toiles peintes, des Bureaux dans les différents lieux désignés au présent arrêt. 19 janvier 1786. (AN → AD$^+$ 1072)

4172. Arrêt du Conseil d'État du roi, qui dispense de la marque de tolérance les mousselines rayées, cadrillées et brochées, les gazes et linons et les toiles teintes, peintes ou imprimées, dont les déclarations auront été faites conformément aux arrêts des 10 juillet et 7 octobre derniers. 19 janvier 1786. (AN → AD$^+$ 1072)

4173. Arrêt du Conseil d'État du roi, concernant la vérification des communautés trop allivrées de la généralité de Montauban. 19 janvier 1786. (AN → AD$^+$ 1072)

4174. Lettres patentes du roi, pour favoriser dans le royaume l'établissement des fabricants étrangers. 19 janvier 1786. (AN → AD$^+$ 1072)

4175. Lettres patentes du roi, sur arrêt du Conseil (du 19 janvier 1786), qui ratifient l'acquisition faite par le roi des forêts, taillis, landes et dépendances faisant partie de la terre de Camors. Janvier 1786. (BN → F 20967 [28])

4176. Arrêt du Conseil d'État du roi, qui renvoie par-devant les commissaires nommés par l'arrêt du 31 décembre 1785, la connaissance de toutes les contestations relatives à l'expédition de Chine. 29 janvier 1786. (AN → AD$^+$ 1072)

Arrêts du Conseil d'État du roi. 19 juillet 1774, 31 juin 1777 et 31 janvier 1786. (AN → AD$^+$ 1072). Voir notice n° 85.

4177. Arrêt du Conseil d'État du roi, qui condamne le sieur Robbé de la Grange, lieutenant de la grande Louveterie de France, au paiement du droit de franc-fief, des biens nobles qu'il possède, et dont il se prétendait exempt en conformité de la disposition de l'article 2 du règlement du 15 mai 1778, quoiqu'il ne soit pas noble d'extraction. 31 janvier 1786. (AN → AD/IX/77^A)

4178. Acte de cession de la vicomté d'Auvillars faite au roi, par M. le marquis et Mme la marquise de Foucquet. 31 janvier 1786. Et lettres de ratification dudit acte données à Versailles au mois de mars suivant. (AN → AD/IX/370)

4179. Édit du roi, portant suppression de la monnaie d'Aix. Février 1786. (AN → AD$^+$ 1073)

4180. Édit du roi, portant réduction et fixation du nombre des notaires et procureurs de la ville de Calais. Février 1786. (AN → AD$^+$ 1073)

4181. Édit du roi, portant établissement d'un hôtel des monnaies en la ville de Marseille. Février 1786. (AN → AD$^+$ 1073)

4182. Édit du roi, portant création de huit offices de receveurs particuliers des finances de la ville de Paris. Février 1786. (AN → AD⁺ 1073)

4183. Lettres patentes du roi, en forme d'édit, portant don à M. le comte d'Artois, à titre et par supplément d'apanage, des domaines et seigneuries de Doullens et de Montreuil-sur-Mer. Février 1786. (AN → AD⁺ 1073)

4184. Lettres patentes du roi, qui commettent les prévôt des marchands et échevins pour passer les contrats de l'emprunt de quatre-vingts millions. 1er février 1786. (AN → AD⁺ 1073)

4185. Lettres patentes du roi, portant création de la commission de contrôleur du droit de marc d'or, qui sera exercée par le sieur Carnot, à compter du 1er avril 1786. 2 février 1786. (AN → AD⁺ 1073)

4186. Lettres patentes du roi, qui ordonnent que le délai de trois mois, pour faire la déclaration portée par l'article V de l'édit de juillet dernier, concernant la suppression des offices de la chancellerie de Corse, ne commencera à courir que du jour de la lecture et publication au sceau dudit édit. 4 février 1786. (AN → AD⁺ 1073)

4187. Ordonnance du roi, portant règlement sur la police à observer sur les routes par les postillons de poste, et les rouliers, charretiers et autres voituriers. 4 février 1786. (AN → AD⁺ 1073)

4188. Régie générale. (M. Baron). 4 février 1786. (AN → G/2/17)

4189. Arrêt du Conseil d'État du roi, qui fixe les chargements de morue sèche de pêche nationale, à cinquante quintaux, au moins, pour obtenir les primes d'encouragement accordées par arrêt du 18 septembre dernier. 5 février 1786. (AN → AD⁺ 1073)

4190. Arrêt du Conseil d'État du roi, qui règle, par forme d'abonnement, la contribution au troisième vingtième des biens de monseigneur comte d'Artois, et réduit son abonnement, pour les deux premiers vingtièmes, à compter du premier janvier 1784. 5 février 1786. (AN → AD/X/1A dossier E pièce 52)

4191. Arrêt du Conseil d'État du roi, qui nomme les commissaires du Conseil qui doivent composer la commission établie pour les impositions de la ville de Paris. 6 février 1786. (AN → AD⁺ 1073)

4192. Lettres patentes du roi, interprétatives de celles du 19 mars 1785, concernant les tabacs. 6 février 1786. (BN → F 20967 [12])

Arrêts du Conseil d'État du roi. 7 novembre 1780, 8 mars 1785 et 7 février 1786. (AN → AD⁺ 1073). Voir notice n° 2444.

4193. Déclaration du roi, pour faire jouir des privilèges de commensaux les officiers de feu M. le duc d'Orléans. 12 février 1786. (AN → AD⁺ 1073)

4194. Lettres patentes du roi, enregistrées au parlement de Paris le 22 août 1786, qui admettent les élus généraux des États de Bourgogne au rachat des offices de jurés-priseurs-vendeurs de biens-meubles, créés par édit... de février 1771. 13 février 1786. (BN → F 21774 [17])

4195. Arrêt du Conseil d'État du roi, qui rétablit plusieurs anciens droits sur les eaux-de-vie à leur entrée et passage par l'élection de Paris ; et ordonne que les voitures chargées d'eau-de-vie ne pourront entrer dans ladite élection, que par la ville d'Arpajon. 15 février 1786. (AN → AD⁺ 1073)

4196. Lettres patentes du roi, qui ordonnent l'enregistrement, tant d'une convention conclue entre le feu roi et le margrave de Baden-Dourlach (du 20 novembre 1765), pour l'exemption réciproque du droit d'aubaine en faveur de leurs sujets respectifs, que des lettres patentes (du 27 décembre 1765) qui ont ratifié cette convention. 15 février 1786. (BN → F 21733 [19])

4197. Arrêt du Conseil d'État du roi, qui ordonne la remise à l'adjudicataire général des Fermes, de tout le sel provenant du travail du salpêtre dans toutes les provinces de grandes et petites gabelles ; et règle les prix auxquels ledit adjudicataire général sera tenu de payer chaque livre de sel qui lui sera remise, à partir du commencement du bail prochain. 16 février 1786. (AN → AD⁺ 1073)

4198. Arrêt du Conseil d'État du roi, qui permet l'entrée, jusqu'au 1er janvier prochain, des toiles peintes en Alsace, quelle que soit l'origine des toiles blanches qui auront été employées à leur impression ; et qui ordonne à l'adjudicataire des Fermes de continuer à percevoir le droit de quatre-vingt-dix livres du quintal sur lesdites toiles peintes, et celui de vingt-cinq livres sur les toiles de coton blanches provenant du commerce de la Compagnie des Indes. 17 février 1786. (AN → AD⁺ 1073)

4199. Arrêt du Conseil d'État du roi, qui déclare résolus de plein droit les baux des Domaines de l'apanage, faits par feu M. le duc d'Orléans. 18 février 1786. (AN → AD⁺ 1073)

4200. Arrêt du Conseil d'État du roi, qui ordonne aux officiers des amirautés, de tenir la main à l'exécution de l'arrêt du 14 avril 1785, portant établissement d'une nouvelle Compagnie des Indes, relativement aux passeports et aux congés à délivrer aux amirautés. 20 février 1786. (AN → AD⁺ 1073)

4201. Arrêt du Conseil d'État du roi, qui déclare nuls et de nul effet les passeports illimités, délivrés par l'ancienne Compagnie des Indes aux négociants et armateurs ; et leur fait défenses de s'en servir. 21 février 1786. (AN → AD⁺ 1073)

4202. Arrêt du Conseil d'État du roi, concernant les reconstitutions des rentes. 23 février 1786. (AN → AD⁺ 1073)

4203. Arrêt du Conseil d'État du roi, qui rend commun avec les fabricants de toiles blanches et imprimées de Mulhausen, l'article X de l'arrêt du 13 novembre 1785, et l'arrêt du 26 janvier 1786. 23 février 1786. (AN → AD⁺ 1073)

4204. Arrêt du Conseil d'État du roi, qui fixe l'époque à laquelle seront démolies les échoppes du parquet à la marée, du carreau du Pilori et du marché aux Poirées. 23 février 1786. (AN → AD⁺ 1073)

4205. Lettres patentes du roi, qui placent la ville de Mâcon dans la classe des villes du second ordre, relativement aux communautés d'arts et métiers. 23 février 1786. (AN → AD⁺ 1073)

4206. Déclaration du roi, concernant les reconstitutions des rentes. 23 février 1786. (AN → AD+ 1073)

4207. Lettres patentes du roi, qui accordent à Charles-Maurice Peterinck la charge d'imprimeur ordinaire de Sa Majesté en la ville de Lille. 26 février 1786. (BN → F 21733 [23])

4208. Édit du roi, portant création de deux offices de payeurs des charges assignées sur les Domaines et Bois. Mars 1786. (AN → AD+ 1073)

4209. Lettres patentes du roi, concernant les baux à cens dans le ressort de la coutume de Saint-Quentin. 4 mars 1786. (AN → AD+ 1073)

4210. Brevet et bulle (du 18 décembre 1785) pour la sécularisation de l'abbaye de Saint-Martin de Troarn, ordre de Saint-Benoît, diocèse de Bayeux, la suppression de la communauté des religieux, l'érection d'un chapitre de chanoinesses nobles... et l'annexe de ce chapitre et de ses biens à la Maison royale de Saint-Louis à Saint-Cyr. 4 mars 1786. (BN → F 23630 [743])

4211. Arrêt du Conseil d'État du roi, qui règle l'espèce et le terme dans lesquels seuls on doit jouir de la modération au tiers des droits de marc d'or, sceau et autres, accordée sur les offices de nouvelle création, ou auxquels il n'a pas été pourvu depuis leur création. 6 mars 1786. (AN → AD+ 1073)

4212. Arrêt du Conseil d'État du roi, qui ordonne que celui du 7 décembre dernier, n'aura son exécution qu'à compter du 1er juillet prochain ; fixe à six mois le terme où les étoffes pourront circuler avec les anciens plombs ; et ordonne que les entrepreneurs des manufactures royales de draperie, seront tenus de porter leurs étoffes aux Bureaux de visite, pour y recevoir le plomb prescrit par ledit arrêt du 7 décembre dernier. 8 mars 1786. (AN → AD+ 1073)

4213. Compagnie des Indes. Seizième tirage du remboursement des actions de la Compagnie des Indes, fait, en l'une des salles de l'hôtel de ladite Compagnie, conformément à l'arrêt du Conseil du 10 février 1772. 9 mars 1786. (AN → AD+ 1073)

4214. Arrêt du Conseil d'État du roi, qui ordonne que le marché qui se tenait dans la grande rue de la ville de Montereau, chacun des jours de la semaine, continuera d'avoir lieu dans le même emplacement, jusqu'à ce qu'il en ait été autrement ordonné par Sa Majesté. 11 mars 1786. (AN → AD+ 1073)

4215. Arrêt du Conseil d'État du roi, concernant l'acquisition de plusieurs maisons et échoppes, au nom du roi. (Carreau du Pilori. Rue de la Fromagerie. Rue aux Fers). 13 mars 1786. (AN → AD+ 1073)

4216. Arrêt du Conseil d'État du roi, qui ordonne que la requête du sieur Le François, juré-priseur au bailliage de Beaumont-le-Roger, sera communiquée à M. le duc de Bouillon, et cependant qu'il sera passé outre à la réception dudit sieur Le François audit bailliage, nonobstant l'opposition de M. le duc de Bouillon, et par provision que le sieur Le François sera seul, et à l'exclusion de tous autres, dans toute l'étendue dudit bailliage, les prisées, expositions et ventes de tous biens-meubles, sans exception. 14 mars 1786. (AN → AD/II/17 pièce 182)

4217. Arrêt du Conseil d'État du roi, concernant le recouvrement de la capitation des corps et communautés d'arts et métiers de la ville et faubourgs de Paris, et des privilégiés de l'Hôtel. 17 mars 1786. (AN → AD^{+} 1073)

4218. Arrêt du Conseil d'État du roi, portant nomination de commissaires pour assister au chapitre ordinaire de la congrégation de Saint-Vannes, dont l'ouverture est indiquée au 3 juin prochain. 18 mars 1786. (AN → AD^{+} 1073)

4219. Ordonnance du roi, portant règlement pour l'uniforme des officiers d'amirauté. 18 mars 1786. (AN → AD^{+} 1073)

4220. Résultat du Conseil d'État du roi, portant bail des Fermes générales à Jean-Baptiste Mager. 19 mars 1786. (AN → AD^{+} 1073)

4221. Ordonnance du roi, qui défend aux garçons et compagnons de quelque profession, art et métier que ce soit, notamment aux garçons maréchaux, de s'attrouper, cabaler contre les maîtres, et quitter leur travail, à peine de prison, même de punition corporelle. 19 mars 1786. (AN → AD^{+} 1073)

4222. Déclaration du roi, concernant l'établissement des offices d'agents de change, créés pour la ville de Paris, par édit de janvier 1723. 19 mars 1786. (AN → AD^{+} 1073)

4223. Arrêt du Conseil d'État du roi, portant règlement entre les pêcheurs français et étrangers de Marseille. 20 mars 1786. (AN → AD^{+} 1073)

4224. Arrêt du Conseil d'État du roi, qui ordonne que, dans la huitaine de sa signification, les juges-consuls de Sens seront tenus de rendre compte, à l'administrateur-général des Domaines, des portions, dans les droits de présentations et défauts de leur siège, qu'ils se sont indûment appropriés ; avec défenses à eux de s'immiscer désormais dans la perception desdits droits : leur fait pareillement défenses d'appliquer, autrement qu'au profit de Sa Majesté, les amendes qu'ils prononceront : ordonne, en conformité des règlements, que le droit de dix-sept sols par chaque défaut réassigné, en principal et contrôle, avec les huit sols pour livre, sera payé immédiatement à l'issue de chaque audience où il aura été prononcé, à peine, contre les postulants, de restitution, et de trois cents livres d'amende pour chaque contravention : enjoint au greffier, sous pareille peine, de donner communication aux préposés dudit administrateur-général, à toutes réquisitions, des registres, liasses et minutes de son greffe ; et lui fait défenses, sous même peine, d'enregistrer ni expédier aucune sentence portant défaut réassigné, qu'il ne lui soit apparu de la levée dudit défaut au greffe des présentations, et du paiement des droits et sols pour livre d'icelui, ce dont il sera tenu de faire mention dans le vu de ladite sentence. 21 mars 1786. (Arrêt confirmé par autre du 19 décembre suivant). (AN → AD/X/8 dossier A pièce 100)

4225. Arrêt du Conseil d'État du roi, qui autorise les sieurs intendants et commissaires départis dans les différentes généralités du royaume, à nommer un préposé pour marquer d'une empreinte, toutes les toiles nationales peintes et imprimées, fabriquées antérieurement à l'époque du 1er avril prochain, et qui se trouveront dépourvues de marques. 24 mars 1786. (AN → AD^{+} 1073)

4226. Lettres patentes du roi, concernant les privilèges des conseillers-rapporteurs et des secrétaires-greffiers du point d'honneur. 24 mars 1786. (AN → AD^{+} 1073).

4227. Lettres patentes du roi sur le résultat du Conseil du 19 mars 1786 portant bail des Fermes générales à Jean-Baptiste Mager. 28 mars 1786. (BN → F 20968 [5])

4228. Édit du roi, portant fixation du nombre des notaires de la ville de Loches. Avril 1786. (AN → AD^{+} 1073)

4229. Édit du roi, portant suppression de l'amirauté de Dives, et réunion de ce siège à celui de l'amirauté de Caen. Avril 1786. (AN → AD^{+} 1073)

4230. Édit du roi, portant suppression de l'amirauté de Touques, et réunion de ce siège à celui de l'amirauté de Honfleur. Avril 1786. (AN → AD^{+} 1073)

4231. Instruction que le roi a fait expédier aux officiers généraux, chargés de l'inspection de ses troupes à cheval. 1er avril 1786. (AN → MM 1228)

4232. Instruction que le roi a fait expédier aux officiers généraux, chargés de l'inspection de son infanterie. 1er avril 1786. (AN → MM 1228)

4233. Règlement concernant l'École des élèves-ingénieurs-constructeurs et les élèves-ingénieurs des bâtiments civils de la Marine. 1er avril 1786. (AN → AD^{+} 1073)

4234. Déclaration du roi, interprétative des lettres patentes du 1er septembre 1785, concernant le pouvoir du juge-auditeur du Châtelet. 2 avril 1786. (AN → AD^{+} 1073)

4235. Arrêt du Conseil d'État du roi, qui ordonne l'exécution des édits des mois de novembre 1771 et août 1781, ensemble des arrêts du Conseil des 22 décembre 1771, 31 juillet 1773, 12 et 24 août 1776, et interprétant l'arrêt du 15 septembre 1774, ordonne que les droits de maîtres et aides des ponts, ceux de courbes, courbages, hallage, pontonage, contrôle clerc d'eau, et autres de pareille nature, continueront d'être assujettis aux dix sols pour livre ; en conséquence, fait défenses à tous mariniers ou autres redevables d'en refuser ou d'en éluder le paiement sous peine de confiscation et de 100 livres d'amende par chaque contravention. 4 avril 1786. (AN → AD^{+} 1073)

4236. Arrêt du Conseil d'État du roi, qui, sans s'arrêter à l'ordonnance de la Chambre des comptes de Lorraine du 15 mai 1782, a ordonné et ordonne que la veuve du sieur Ervet sera tenue de rétablir au Bureau de Blamont la somme de quatre-vingt-dix livres douze sols neuf deniers qui lui a été restituée pour une année des vingtièmes de son fief de Barbas, sauf à elle de se pourvoir contre qui et ainsi qu'elle avisera sur la demande en non-valeur et en répétition desdits vingtièmes perçus sur le même fief. 4 avril 1786. (AN → AD/IX/77^{A})

4237. Arrêt du Conseil d'État du roi, qui réduit à quinze sous par muid, mesure rase de Brouage, et les dix sous pour livre en sus, les droits qui seront perçus sur les sels provenant des marais de l'océan, et exportés à l'étranger. 6 avril 1786. (AN → AD^{+} 1073)

4238. Arrêt du Conseil d'État du roi, qui, en ordonnant l'exécution des articles 6, 201 et 477 du bail de Forceville, et de l'arrêt du Conseil du 6 mai 1777, déclare que les sels et les tabacs destinés pour l'approvisionnement des dépôts de Saint-Valéry-sur-Somme, et le fournissement des greniers, ainsi que pour l'aliment et le service des manufactures de tabacs, Bureaux généraux et entrepôts, sont exempts du droit d'octroi accordé à la Chambre du commerce de Picardie, sur toutes les marchandises qui entreront dans les ports de Saint-Valéry, Le Crotoy et Abbeville, et qui en sortiront, pour son produit être employé aux travaux à faire pour le rétablissement dudit port de Saint-Valéry. 6 avril 1786. (AN → AD⁺ 1073)

4239. Arrêt du Conseil d'État du roi, qui ordonne que les extracteurs de mines de fer payeront à l'avenir aux propriétaires de fonds, deux sous six deniers, pour chacun tonneau de mine de cinq cents pesant. 7 avril 1786. (AN → AD⁺ 1073)

4240. Arrêt du Conseil d'État du roi, et lettres patentes sur icelui, qui fixent l'indemnité des propriétaires sur les fonds desquels on extrait la mine de fer. 7 avril et 17 juin 1786. (AN → AD⁺ 1074)

4241. Lettres patentes du roi, relatives à la réciprocité à établir entre la France et la ville impériale de Francfort, par rapport à la jurisprudence des faillites. 11 avril 1786. (AN → AD⁺ 1073)

4242. Arrêt du Conseil d'État du roi, portant règlement pour la vente des marchandises provenant du commerce de l'Inde. 13 avril 1786. (AN → AD⁺ 1073)

4243. Arrêt du Conseil d'État du roi, qui ordonne que les laines nationales, exportées du royaume à l'étranger, continueront de payer les droits de sortie, à raison de trente livres par quintal des laines filées, et de vingt-cinq livres, aussi par quintal pour les laines non filées, ensemble les dix sous pour livre en sus desdits droits. 13 avril 1786. (AN → AD⁺ 1073)

4244. Arrêt du Conseil d'État du roi, portant exemption des droits de traite, à l'entrée des peaux d'agneaux et de chevreaux, en poil ; et fixation des droits de sortie sur les peaux mégissées et sur les gants fabriqués. 13 avril 1786. (AN → AD⁺ 1073)

Arrêt du Conseil d'État du roi, du 27 décembre 1785, et lettres patentes sur icelui. 17 avril 1786. Voir notice n° 4115.

4245. Déclaration du roi, qui maintient les receveurs des impositions, les collecteurs des tailles, et les fermiers et régisseurs des droits de Sa Majesté, dans la faculté de pouvoir se servir de tels huissiers et sergents que bon leur semblera, pour faire les ventes des effets saisis sur les contribuables et les redevables des droits du roi ; maintient les jurés-priseurs dans leurs émoluments. 18 avril 1786. (AN → AD⁺ 1073)

4246. Arrêt du Conseil d'État du roi, portant règlement pour les calfats de Marseille. 20 avril 1786. (AN → AD⁺ 1073)

4247. Lettres patentes du roi, pour l'enregistrement de la convention signée le 19 février 1778, entre Sa Majesté et le margrave de Brandebourg-Anspach et

Bareith, pour l'exemption du droit d'aubaine en faveur des sujets respectifs. 20 avril 1786. (AN → AD⁺ 1073)

4248. Lettres patentes du roi, qui ordonnent qu'à compter du 1er janvier 1787, les affinages de Paris seront régis pour le compte de Sa Majesté, par les sieurs Pallu et compagnie, régisseurs des affinages de Lyon et de Trévoux. 23 avril 1786. (AN → AD⁺ 1073)

4249. Arrêt du Conseil d'État du roi, portant règlement sur les fonctions et les travaux de la Société royale de médecine, relativement aux épidémies. 24 avril 1786. (AN → AD⁺ 1073)

4250. Règlement pour la comptabilité du trésor de Monsieur. 24 avril 1786. (AN → AD/IX/370)

4251. Loterie royale établie par arrêt du Conseil du 4 octobre 1783. Liste générale du troisième tirage de ladite Loterie, fait en la grande salle de l'Hôtel de Ville de Paris, en présence de messieurs les prévôt des marchands et échevins. 24, 25, 26, 27 et 28 avril 1786. (AN → AD⁺ 1073)

4252. Arrêt du Conseil d'État du roi, qui accorde un nouveau délai aux officiers des Bureaux des finances, pour le payement du centième denier. 27 avril 1786. (AN → AD⁺ 1073)

4253. Arrêt du Conseil d'État du roi, qui défend aux greffiers des bailliages, sénéchaussées et présidiaux, de délivrer aucuns jugements interlocutoires, provisoires ou définitifs, qu'ils n'aient été scellés du sceau de la chancellerie ; aux procureurs d'en signer les copies, et aux huissiers de les signifier, à peine d'interdiction et de trois cents livres d'amende. 27 avril 1786. (AN → AD⁺ 1073)

4254. Lettres patentes du roi, qui fixent la quantité d'eau-de-vie simple, dont le lieu de Chantilly pourra à l'avenir être approvisionné, à 1 500 veltes. 30 avril 1786. (AN → AD⁺ 1073)

4255. Édit du roi, portant suppression des charges de capitaines des levrettes de la Chambre du roi, et des lévriers de Champagne. Mai 1786. (AN → AD⁺ 1074)

4256. Lettres patentes du roi, en forme d'édit, qui, en confirmant aux États de la Flandre maritime la régie et perception des droits des quatre-membres par bail de 10 années, modèrent la somme de cautionnement dudit bail et fixent un nouvel ordre de remboursement des capitaux représentatifs dudit cautionnement. Mai 1786. (BN → F 21733 [62])

4257. Arrêt du Conseil d'État du roi, qui, en confirmant les articles 35 et 36 du titre commun pour toutes les Fermes, de l'ordonnance du mois de juillet 1681, défend à tous juges autres que ceux desdites Fermes, de connaître des délits, de quelque nature qu'ils puissent être, commis par les employés de ses Fermes, dans l'étendue du département où ils sont employés, à l'occasion, pour le fait, ou dans l'exercice de leurs fonctions ; permet aux employés d'élever des chiens à découvrir le sel caché, et à courre-sus aux mâtins qui en seraient chargés, et de se servir de plomb pour tirer sur les chiens des faux-sauniers, trouvés sous la charge ; et casse en conséquence une ordonnance du juge de Champtocé, qui contrevenait aux articles ci-dessus. 1er mai 1786. (AN → AD⁺ 1074)

4258. Loterie royale, établie par arrêt du Conseil d'État du roi du 29 octobre 1780. Liste du tirage des deux mille billets qui doivent participer à celui des quatre cents primes, du mois de septembre 1786.
Ledit Tirage fait dans la grande salle de l'Hôtel de Ville de Paris, en présence de messieurs les prévôt des marchands et échevins. 1er mai 1786. (AN → AD+ 1074)

4259. Arrêt du Conseil d'État du roi, qui révoque le privilège du livre intitulé : *Le triomphe du nouveau monde, etc.* 5 mai 1786. (AN → AD+ 1074)

4260. Lettres patentes du roi, portant fixation des droits du domaine de Versailles, au port de Marly. 6 mai 1786. (AN → AD+ 1074)

4261. Arrêt du Conseil d'État du roi, portant établissement de trésoriers-payeurs pour le roi en Hollande, chargés d'acquitter les effets au porteur, des différents emprunts ou Loteries y désignés. 10 mai 1786. (AN → AD+ 1074)

4262. Arrêt du Conseil d'État du roi, concernant les matériaux à prendre dans tous les endroits non clos, même dans les Bois du roi et des communautés ecclésiastiques et laïques, seigneurs et particuliers, pour les ouvrages entrepris par les ateliers de charité dans la généralité de Paris, en se conformant à ce qui est prescrit par l'arrêt du Conseil du 7 septembre 1755. 11 mai 1786. (AN → AD+ 1074)

4263. Lettres patentes du roi, qui fixent la somme à payer annuellement par la généralité de La Rochelle, à titre d'abonnement pour les droits en principal et dix sols pour livre, sur les huiles fabriquées et consommées dans cette généralité. 12 mai 1786. (AN → AD+ 1074)

4264. Arrêt du Conseil d'État du roi, portant évocation et attribution à l'amirauté de Dunkerque, de toutes demandes en payement d'assurances, relatives aux navires suspectés de fraude et baraterie, dont la connaissance a été attribuée à ce siège, par arrêts du Conseil des 22 janvier et 12 février derniers. 13 mai 1786. (AN → AD+ 1074)

4265. Arrêt du Conseil d'État du roi, interprétatif des articles II et III de celui du 26 novembre 1785, portant imposition d'un droit de six livres par quintal de poudres qui entreront dans le royaume. 14 mai 1786. (AN → AD+ 1074)

4266. Arrêt du Conseil d'État du roi, qui porte à quatorze sous, au lieu de douze sous, le prix de chaque livre de salpêtre brut qui sera levé dans les magasins de la régie des Poudres et Salpêtres, à compter du 1er juillet 1786. 14 mai 1786. (AN → AD+ 1074)

4267. Lettres patentes du roi, qui annulent la plainte rendue par le procureur général du roi au parlement de Bordeaux, le 11 janvier 1786, l'arrêt rendu le même jour, sur icelle, et toutes les procédures faites en conséquence. (La Dordogne. La Garonne. La Gironde). 14 mai 1786. (AN → AD+ 1074)

4268. Lettres patentes du roi, arrêt de la Cour du parlement de Bordeaux, du 30 mai 1785, et remontrances du même parlement... du 30 juin 1786, au sujet des îles, atterrissements, alluvions et relais formés dans une partie des rivières de Gironde, Garonne et Dordogne. 14 mai 1786. (BN → F 21216 [97])

4269. Arrêt du Conseil d'État du roi, qui confirme deux ordonnances de M. l'intendant d'Auvergne des 21 janvier et 8 novembre 1785, en ce qu'elles ont autorisé le receveur des domaines de Clermond-Ferrand, contre la prétention du receveur des consignations de la même ville, à retenir par ses mains les sommes de deniers qui se trouveront dans la succession du sieur Hugaly son prédécesseur, et celles qui proviendront de la vente de ses biens. 16 mai 1786. (AN → AD/X/8 dossier A pièce 93)

4270. Arrêt du Conseil d'État du roi, qui casse un arrêt du parlement de Toulouse, du 19 mai 1781, ordonne que les édits et déclarations des mois de mai 1645, mars 1673, février 1674 et mai 1696, concernant les droits dûs aux échanges, seront exécutés dans la Haute-Guyenne, le Rouergue et le Quercy ; qu'en conséquence lesdits droits seront perçus dans lesdites provinces par l'administrateur des Domaines ; par grâce fait don et remise desdits droits dûs antérieurement au premier janvier 1780, et ordonne que ceux ouverts depuis ladite époque, seront recouvrés au profit de Sa Majesté. 17 mai 1786. (AN → AD/X/8 dossier B pièce 56)

4271. Arrêt du Conseil d'État du roi, qui ordonne qu'à compter du 1er juillet prochain, toutes les couvertures de soie et coton, ou mélangées desdites matières, de quelques dimensions et qualités qu'elles puissent être, seront revêtues à l'un des chefs seulement, du plomb prescrit par l'article II de l'arrêt du 7 décembre dernier, pour les étoffes de fabrication libre. 18 mai 1786. (AN → AD+ 1074)

4272. Arrêt du Conseil d'État du roi, qui ordonne que l'article V de l'arrêt du Conseil du 25 janvier 1724, portant injonction aux plâtriers de ne prendre sur les ports et chantiers de la ville de Paris, que des bois de déchirage de bateaux de bois blanc, de menuise et de rebut, sera exécuté sous les peines y portées. 18 mai 1786. (AN → AD+ 1074)

4273. Arrêt du Conseil d'État du roi, portant nomination de commissaires pour l'examen des plans et projets relatifs aux rivières d'Yvette et de Bièvre. 21 mai 1786. (AN → AD+ 1074)

4274. Arrêt du Conseil d'État du roi, portant que provisoirement il sera procédé, sans délai, par Me Hayot, huissier-commissaire-priseur, à la continuation et perfection de la vente ordonnée par la Chambre, des meubles et effets du sieur Wattelet, receveur général des finances d'Orléans, dans le Palais du Louvre ; et défenses à toutes personnes, et notamment aux huissiers de la prévôté de l'Hôtel, de troubler, soit les officiers de la Chambre, soit ledit Hayot de Longpré, dans toutes les opérations relatives à ladite vente. 21 mai 1786. (AN → AD+ 1074)

4275. Arrêt du Conseil d'État du roi, concernant les raffineries de sucres, établies dans les différents ports du royaume. 25 mai 1786. (AN → AD+ 1074)

4276. Arrêt du Conseil d'État du roi, qui défend d'employer à la préparation des grains destinés aux semences, des recettes où il entre aucune espèce de substance capable de nuire à la santé. 26 mai 1786. (AN → AD+ 1074)

4277. Arrêt du Conseil d'État du roi, portant réduction des droits sur les vins d'Aunis qui sont exportés à l'étranger. 27 mai 1786. (AN → AD+ 1074)

4278. Arrêt du Conseil d'État du roi, qui accorde aux sieurs Brillantais Marion et compagnie, le privilège exclusif du commerce et de la traite des nègres, dans les rivières Formose, du Bénin, d'Ouerre et autres qui y ont leur embouchure. 27 mai 1786. (AN → AD^{+} 1074)

4279. Arrêt du Conseil d'État du roi, portant vérification du droit de minage appartenant au sieur abbé Nolin, prieur de l'Enfourchure, et à ses successeurs audit prieuré, en la ville de Joigny. 28 mai 1786. (AN → AD^{+} 1074)

Arrêts du Conseil d'État du roi. 11 mai 1784, 30 mai 1786 et 2 août 1788. (AN → AD^{+} 1074). Voir notice n° 3579.

4280. Arrêt du Conseil d'État du roi, portant établissement à Meaux d'un Bureau où seront apportées les toiles peintes et imprimées dans cette ville, pour y être revêtues du plomb ordonné par les arrêts du Conseil des 10 novembre 1785 et 19 janvier dernier. 31 mai 1786. (AN → AD^{+} 1074)

4281. Arrêt du Conseil d'État du roi, qui fixe à neuf lignes de diamètre seulement, les plombs qui, aux termes de celui du 7 décembre dernier, devaient en avoir quinze ; et ordonne qu'il ne sera perçu qu'un sou six deniers pour chacun desdits plombs qui seront apposés sur les étoffes. 31 mai 1786. (AN → AD^{+} 1074)

4282. Arrêt du Conseil d'État du roi, concernant les formes à observer par les particuliers qui voudront envoyer et faire charger des lettres et effets par la voie des postes ; et qui fixe le dédommagement qui leur sera payé, en cas de perte des lettres et paquets chargés. 31 mai 1786. (AN → AD^{+} 1074)

4283. Déclaration du roi, portant faculté de convertir en contrats les billets au porteur de l'édit de décembre 1784. 1er juin 1786. (AN → AD^{+} 1074)

4284. Arrêt du Conseil d'État du roi, qui affranchit de la consignation ordonnée par l'arrêt du 13 novembre 1785, celles des voitures étrangères qui entrent dans le royaume, sans indice qu'elles doivent y être vendues. 5 juin 1786. (AN → AD^{+} 1074)

4285. Arrêt du Conseil d'État du roi, concernant le droit de survivance des offices des Bureaux des finances, qui y sont dénommés. 7 juin 1786. (AN → AD^{+} 1074)

4286. Arrêt du Conseil d'État du roi, qui autorise les administrateurs des Domaines à emprunter jusqu'à concurrence de douze millions sur leurs billets solidaires. 8 juin 1786. (AN → AD^{+} 1074)

4287. Arrêt du Conseil d'État du roi, qui ordonne la communication aux départements, des cartes géographiques, avant de les publier. 10 juin 1786. (AN → AD^{+} 1074)

4288. Arrêt du Conseil d'État du roi, qui maintient les marchands et négociants dans l'exemption des droits pour les bois destinés à la construction des navires ; et prescrit les formalités qui devront être suivies par les propriétaires, pour jouir de ladite exemption. 10 juin 1786. (AN → AD^{+} 1074)

4289. Arrêt du Conseil d'État du roi, qui casse et annule un arrêt du parlement de Dijon, du 27 avril 1786, au sujet d'une délibération en forme d'ordonnance, des élus généraux de Bourgogne, touchant les chemins finérots. 10 juin 1786. (BN → F 21774 [96])

4290. Marche de MM. les officiers du Châtelet de Paris, pour la montre du lendemain de la Trinité. 12 juin 1786. (AN → AD/II/8)

4291. Arrêt du Conseil d'État du roi, qui ordonne que le sieur Chaudesaigues de Tarieux sera tenu de payer le droit de franc-fief des biens nobles que son père et lui ont possédés, pour les époques antérieures à la réception dudit sieur Chaudesaigues de Tarieux père, dans l'état et office de secrétaire du roi, près la Cour des aides de Montauban. 13 juin 1786. (AN → AD/IX/77^{A})

4292. Arrêt du Conseil d'État du roi, qui commet M. de Flesselles, conseiller d'État, au lieu et place de M. Lenoir, pour composer avec messieurs les prévôt des marchands et lieutenant général de police de la ville de Paris, et avec les deux maîtres des requêtes commissaires, la commission établie pour les impositions de la ville de Paris. 15 juin 1786. (AN → AD^{+} 1074)

4293. Arrêt du Conseil d'État du roi, qui, sans s'arrêter à celui du parlement, Cour des aides et finances de Grenoble, du 26 mars 1781, que Sa Majesté a cassé et annulé, tant comme incompétemment rendu, que comme contraire aux principes de la domanialité, ordonne que les droits de greffes, réservés, de petit-scel, et autres qui se perçoivent dans les justices royales, seront perçus dans celle de la ville de Corps, qui n'avait été aliénée qu'à titre d'engagement, et qui, depuis, a été réunie au Domaine. 15 juin 1786. (AN → AD/II/14 pièce 200)

Arrêts du Conseil d'État du roi. 7 juillet 1784 et 16 juin 1786. (AN → AD^{+} 1074). Voir notice n° 3626.

4294. Emprunt de cent millions, établi par édit du mois de décembre 1782, et arrêt du Conseil du 1er décembre 1783. Liste générale du sixième tirage des remboursements des capitaux des rentes résultantes dudit emprunt, montant à la somme de deux millions huit cent vingt-sept mille trois cent cinquante-cinq livres quatre sous quatre deniers, échus par le sort de la Loterie, tirée dans l'Hôtel de Ville de Paris, en présence de messieurs les prévôt des marchands et échevins. 19 juin 1786. (AN → AD^{+} 1074)

4295. Arrêt du Conseil d'État du roi, portant suppression du droit local de cinquante sous par quintal, qui se perçoit sur les cires et les sucres, dans la ville de Rouen. 30 juin 1786. (AN → AD^{+} 1074)

4296. Lettres patentes du roi, concernant la réciprocité à établir entre la France et la principauté de Neufchâtel et Vallangin, par rapport à la jurisprudence des faillites. 30 juin 1786. (AN → AD^{+} 1074)

4297. Édit du roi, portant réunion à l'office de lieutenant général du bailliage d'Étampes, l'office de lieutenant général de police de la même ville. Juillet 1786. (AN → AD^{+} 1074)

4298. Lettres patentes du roi, portant création du Conseil de l'apanage de M. le duc d'Orléans. Juillet 1786. (AN → AD^{+} 1074)

4299. Ordonnance du roi, concernant la désertion. 1er juillet 1786. (AN → AD+ 1074)

4300. Règlement du roi, concernant les effets des bas-officiers, des soldats et des canonniers-matelots de la Marine et des Colonies, qui meurent au service du roi sans tester ; les parts de prises et les gratifications non réclamées par les familles de ces mêmes officiers ; et les parts de prises des bas-officiers et soldats morts, ou déserteurs, ou qui ayant été congédiés, n'auraient pas réclamé ce qui leur appartient depuis leur réforme. 1er juillet 1786. (AN → AD+ 1074)

4301. Arrêt du Conseil d'État du roi, qui fait défenses à toutes personnes sans exception, autres que les avocats aux Conseils du roi, de signer ni faire imprimer aucunes requêtes, mémoires, etc., dans les affaires portées ou à porter au Conseil ; et aux imprimeurs de les imprimer, si la minute n'en a été signée préalablement d'un avocat aux Conseils. 2 juillet 1786. (AN → AD+ 1074)

4302. Lettres patentes du roi, pour la vérification et les extraits des titres originaux servant aux preuves à faire par la noblesse de Languedoc... 2 juillet 1786. (BN → F 23630 [777])

4303. Arrêt du Conseil d'État du roi, qui supprime le droit de coupe sur les grains de quelque espèce qu'ils soient, vendus à Saint-Affrique, prétendu par le sieur de Varoquier, gouverneur de Saint-Affrique, comme engagiste du Domaine de Sa Majesté, par les représentants du sieur duc de Caylus, et par le sieur évêque de Vabres. 5 juillet 1786. (AN → AD+ 1074)

4304. Déclaration du roi, portant que toutes les causes pour ventes de bois non excédentes la somme de cinquante livres, seront jugées par les officiers des Eaux et Forêts. 5 juillet 1786. (AN → AD+ 1074)

4305. Arrêt du Conseil d'État du roi, qui ordonne qu'il sera incessamment établi à Sens un Bureau où seront apportées toutes les étoffes qui se fabriquent dans la manufacture royale de velours de coton établie dans cette ville, à l'effet d'y être revêtues aux deux chefs, du plomb prescrit par l'article II de l'arrêt du 7 décembre 1785, pour les étoffes de laine de fabrication libre. 6 juillet 1786. (AN → AD+ 1074)

4306. Arrêt du Conseil d'État du roi, qui ordonne qu'il sera incessamment établi à Essonne, sous l'inscription de Paris, un Bureau où toutes les couvertures qui se fabriquent dans cette ville, et qui reçoivent ensuite les apprêts du foulage audit lieu d'Essonne, seront, après lesdits apprêts, revêtues du plomb prescrit par l'arrêt du 26 janvier dernier, et par l'article II de celui du 7 décembre 1785. 6 juillet 1786. (AN → AD+ 1074)

4307. Arrêt du Conseil d'État du roi, qui ordonne que le chapitre ordinaire des Cordeliers conventuels de la province de France, sera tenu au couvent de Pontoise, en présence des commissaires qui seront nommés par Sa Majesté. 7 juillet 1786. (AN → AD+ 1074)

4308. Lettres d'honneur accordées à Me Belle, ancien commissaire au Châtelet, le 12 juillet 1786. (AN → AD/II/8)

4309. Déclaration du roi, qui ordonne la continuation de la perception de trente sols par muid de vin entrant dans la ville et faubourgs de Paris, pendant six années, à commencer du premier janvier mil sept cent quatre-vingt-sept, en faveur de l'Hôtel-Dieu et de l'hôpital général. 13 juillet 1786. (AN → AD^{+} 1074)

4310. Déclaration du roi, portant prorogation, pendant trois années, des droits d'octrois accordés à l'hôpital général et à celui des Enfants-Trouvés de la ville de Paris. 13 juillet 1786. (AN → AD^{+} 1074)

4311. Arrêt du Conseil d'État du roi, qui proroge jusqu'au 10 février 1787, le délai accordé pour la vente et le débit des mousselines rayées, cadrillées et brochées, des gazes et des linons de fabrique étrangère, dont les propriétaires ont fait leur déclaration. 14 juillet 1786. (AN → AD^{+} 1074)

4312. Déclaration du roi, concernant les baux à cens dans le ressort de la coutume de Lorris-Montargis. 14 juillet 1786. (AN → AD^{+} 1074)

4313. Arrêt du Conseil d'État du roi, qui statue sur les contestations qui se sont élevées entre le magistrat de Strasbourg et l'adjudicataire des Fermes générales. 16 juillet 1786. (AN → AD^{+} 1074)

4314. Arrêt du Conseil d'État du roi, qui déboute les consuls, habitants et communauté de Cornonterral de leurs demandes en cassation de l'arrêt du parlement de Toulouse du 28 août 1782, qui a maintenu le marquis de Portalès, seigneur dudit lieu, dans la propriété de tous les bois situés dans le terroir de Cornonterral, avec dépens et restitution du prix de la vente des coupes depuis 29 ans avant l'instance ; ordonne que ledit arrêt sera exécuté selon sa forme et teneur, et condamne les consuls et communauté en l'amende et aux dépens. 17 juillet 1786. (AN → AD^{+} 1334)

4315. Lettres patentes du roi, relatives aux reconstitutions des rentes. 19 juillet 1786. (AN → AD^{+} 1074)

4316. Déclaration du roi, qui proroge jusqu'aux vacances de l'année 1787 celle du 1er septembre 1775 (sur la tenue des audiences de la Cour des aides). 24 juillet 1786. (BN → F 21217 [41])

4317. Arrêt du Conseil d'État du roi, qui, sans s'arrêter à celui du parlement de Paris, du 31 août 1784, en ce qui concerne la collocation relative à François Mellin, administrateur des Domaines, ordonne que ledit Mellin sera payé par préférence à tous créanciers du sieur Klastin, sur le prix de la vente des meubles, et sur celui des baux judiciaires et conventionnels de la terre de Cohon, et en cas d'insuffisance par hypothèque, sur le prix de la vente de ladite terre de Cohon. 25 juillet 1786. (AN → AD/X/8 dossier A pièce 96)

4318. Arrêt du Conseil d'État du roi, qui ordonne qu'il sera établi à Compiègne un Bureau où seront apportées toutes les toiles qui se fabriquent dans cette ville et dans les lieux circonvoisins, à l'effet d'y être revêtues, examen préalablement fait de leur fabrication réglée ou arbitraire, des marques prescrites par les lettres patentes des 5 mai 1779 et 28 juin 1780. 26 juillet 1786. (AN → AD^{+} 1074)

4319. Lettres patentes sur arrêt, qui ordonnent la levée d'un octroi sur le vin, la bière et l'eau-de-vie, pendant quatre ans, au profit de l'hôpital général de la ville de Lille. 26 juillet 1786. (AN → AD^{+} 1074)

4320. Arrêt du Conseil d'État du roi, qui supprime un ouvrage ayant pour titre : *Essai sur la constitution des régiments de chasseurs, etc.* 28 juillet 1786. (AN → AD⁺ 1074)

4321. Lettres patentes du roi, concernant les alluvions, attérissements, et relais formés sur les bords des rivières navigables. 28 juillet 1786. (AN → AD⁺ 1074)

4322. Arrêt du Conseil d'État du roi, concernant la liquidation des dettes des habitants de Tabago envers les étrangers. 29 juillet 1786. (AN → Marine A/1/138)

4323. Ordonnance du roi, pour proroger jusqu'au 1er janvier 1788 l'exécution de ses ordonnances du 19 septembre 1784, et du 1er juin 1785, qui fixent le prix des chevaux de poste à trente sous, au lieu de vingt-cinq sous payés précédemment. 30 juillet 1786. (AN → AD⁺ 1074)

4324. Édit du roi, par lequel Sa Majesté réunit, à compter du premier janvier mil sept cent quatre-vingt-sept, la paroisse de Montreuil à la ville de Versailles ; décharge les habitants de cette paroisse de la taille et de la milice, et y établit les mêmes droits d'aides et d'entrées qui se payent actuellement dans cette ville. Août 1786. (AN → AD⁺ 1075)

4325. Édit du roi, concernant le collège de la ville de Bourges. Août 1786. (AN → AD⁺ 1075)

4326. Édit du roi, portant règlement pour l'université de Caen. Août 1786. (AN → AD⁺ 1075)

4327. Édit du roi, portant révocation du privilège de ville d'arrêt personnel. Août 1786. (AN → AD⁺ 1075)

4328. Lettres patentes du roi, portant destruction des bois de Cattenom, situés en la maîtrise de Thionville, et des domaines de Bannoncourt et de Dompsevrin, dépendant du marquisat d'Hatton-le-Châtel, faisant partie des objets cédés par le roi à M. le comte d'Espagnac, en échange du comté de Sancerre, et en remplacement desquels domaines Sa Majesté a cédé audit sieur comte d'Espagnac les droits à elle appartenant en justice, haute, moyenne et basse, gruerie, seigneuries, cens, rentes, propriétés foncières, et droits de tiers denier des bois de communaux dans les lieux d'Hannonville, Thillot, Dommartin-la-Montagne, Ranzières, la Croix-Fontaine, Vaux-les-Palameix, Troyon, Ambly et Cense de Launoy, ainsi que les bois des Tettes, de Moremont et de Chanots, et par lesquelles lettres Sa Majesté ordonne en outre que ledit sieur comte d'Espagnac jouira des domaines et justices de Rurange, et de la haute et basse Ham, en la prévôté de Thionville, à titre de remplacement dudit échange. Août 1786. (AN → AD⁺ 1334)

4329. Arrêt du Conseil d'État du roi, qui casse deux sentences des juges de police d'Avranches, en ce qu'elles ont fait l'application d'amendes au profit de l'hôpital. 1er août 1786. (BN → F 21217 [53])

4330. Ordonnance du roi, concernant les transports de poudre dans le royaume. 1er août 1786. (AN → AD⁺ 1075)

4331. Arrêt du Conseil d'État du roi, portant règlement entre les officiers des maîtrises pour les délivrances à faire aux communautés et gens de mainmorte, et autres commissions. 2 août 1786. (AN → AD^{+} 1075)

4332. Arrêt du Conseil d'État du roi, portant exemption du droit de marc d'or sur les lettres patentes confirmatives des décrets d'unions de bénéfices ecclésiastiques, faites pour les objets d'utilité publique désignés dans cet arrêt. 3 août 1786. (AN → AD^{+} 1075)

4333. Arrêt du Conseil d'État du roi, qui ordonne que les frocs forts qui seront fabriqués avec des laines teintes avant la filature n'auront que 31 portées, faisant 992 fils en chaîne, au lieu de 32 portées, faisant 1 024 fils, fixés par le tableau de fabrication annexé aux lettres patentes du 1er mars 1781. 4 août 1786. (AN → AD^{+} 1075)

4334. Arrêt du Conseil d'État du roi, qui, en ordonnant l'exécution de celui du 27 décembre 1729, concernant les maîtres de forges et leurs ouvriers, évoque toutes les contestations nées ou à naître au sujet de ladite exécution, et les renvoie par-devant les sieurs intendants des provinces et généralités pour être par eux jugées, sauf l'appel au Conseil. 4 août 1786. (AN → AD^{+} 1075)

4335. Instruction concernant les formalités à remplir, tant par les bas-officiers, soldats, matelots classés, matelots novices, volontaires et autres gens de mer qui ont servi sur les bâtiments du roi, que par leurs familles ou leurs héritiers légitimes, afin d'obtenir le paiement de ce qui peut leur être dû par Sa Majesté. 4 août 1786. (AN → Marine A/1/138)

4336. Règlement pour le service des brigades des chasses de la compagnie de maréchaussée de l'Île-de-France. 4 août 1786. (AN → MM 1228)

4337. Lettres patentes du roi, qui ordonnent que les lettres patentes du 11 novembre 1784, portant règlement pour la perception des droits de boucherie dans la généralité de Montauban, seront exécutées selon leur forme et teneur, nonobstant les modifications insérées en l'arrêt d'enregistrement desdites lettres patentes par la Cour des aides de Montauban le 8 janvier 1785. 5 août 1786. (AN → AD^{+} 1075)

4338. Arrêt du Conseil d'État du roi, qui accorde aux sieurs Avenard et Lenain la permission de faire des fouilles des matières propres à faire le blanc de céruse dans les territoires de Carnetin, Thorigny et Dampmart près Lagny. 8 août 1786. (AN → AD^{+} 1075)

4339. Arrêt du Conseil d'État du roi, et lettres patentes qui accordent permission et privilège aux sieurs Moyroud, maître de forges de Perouzet, et Pochin de la Bruyère, ancien directeur de la fonderie royale des canons de Saint-Gervais, de former en Dauphiné un établissement sous le titre de manufacture royale pour la fabrication des aciers fins, des lames de faux, de scies, de tranchants, et autres outils pour l'agriculture, la menuiserie, la serrurerie, etc., des ressorts, etc. 25 juillet et 9 août 1786. (AN → AD^{+} 1075)

4340. Ordonnance du roi, pour établir une école d'éducation militaire en faveur de cent enfants de soldats invalides. 10 août 1786. (AN → AD^{+} 1075)

4341. Extrait des registres du Conseil d'État du roi. (Joseph-Dominique de Guignes Morton, marquis de Chabrillant. Jean Rousseau. Pierre-Charles-Fortuné de Chabrillant). 11 août 1786. (AN → AD^{+} 1075)

4342. Lettres patentes du roi, qui déterminent les exemptions et privilèges dont le sieur Perrier jouira pendant le temps pour lequel le roi lui a assuré l'entreprise de la manufacture d'armes blanches, établie en Alsace, dans le ban de Klingenthal. 11 août 1786. (AN → AD^{+} 1075)

4343. Lettres patentes du roi, données en interprétation de l'article 6 de celles... de janvier et septembre 1783, concernant la concession et ouverture des canaux de navigation en Bourgogne ; et qui règlent la manière en laquelle il doit être procédé, dans les bailliages et sièges royaux, sur les requêtes du procureur syndic des États, aux publications et affiches des procès-verbaux faits par les ordres des élus généraux, contenant arpentage et estimation des terrains employés à la confection desdits canaux, ensemble des avertissements desdits élus généraux pour le paiement desdits terrains. 11 août 1786. (BN → F 21774 [101])

4344. Arrêt du Conseil d'État du roi, concernant le logement de la compagnie des Cent-Suisses de la garde de Sa Majesté. 12 août 1786. (AN → AD^{+} 1075)

4345. Ordonnance du roi, portant règlement pour la milice bourgeoise de la ville de La Rochelle. 12 août 1786. (AN → AD^{+} 1075)

4346. Déclaration du roi, concernant les requêtes civiles. 15 août 1786. (AN → AD^{+} 1075)

4347. Déclaration du roi, concernant les causes d'appellations comme d'abus, et toutes celles de régales. 15 août 1786. (AN → AD^{+} 1075)

4348. Le roi étant informé, Monsieur, que plusieurs régiments de son infanterie française et étrangère, sont incomplets, [...]. 15 août 1786. (AN → MM 1228)

4349. Copie de la lettre écrite par M. le maréchal de Ségur, à messieurs les mestres-de-camp-commandants des régiments d'infanterie qui sont sur le pied de paix. 15 août 1786. (AN → MM 1228)

4350. Copie de la lettre écrite par M. le maréchal de Ségur, à messieurs les mestres-de-camp des régiments d'infanterie qui sont sur le pied de guerre. 15 août 1786. (AN → MM 1228)

4351. Ordonnance du roi, concernant l'uniforme que Sa Majesté a jugé à propos de régler pour les visiteurs généraux, visiteurs ordinaires, sous-visiteurs, maîtres de poste et postillons. 17 août 1786. (AN → AD^{+} 1075)

4352. Déclaration du roi, portant règlement contre le faux-saunage occasionné dans les pays de gabelles, par l'introduction des cuirs et peaux verts et en poil, secs ou humides, provenant des pays exempts ou rédimés de gabelles. 19 août 1786. (AN → AD^{+} 1075)

4353. Arrêt du Conseil d'État du roi, par lequel Sa Majesté approuve l'offre faite par les sieurs Perier et compagnie, d'affecter un fonds de quatre millions aux assurances qu'ils donneront contre les incendies, et nomme un commissaire pour en surveiller le dépôt. 20 août 1786. (AN → AD^{+} 1075)

4354. Lettres patentes du roi, concernant la taxe des droits des commissaires à terrier. 20 août 1786. (AN → AD^{+} 1075)

4355. Arrêt du Conseil d'État du roi, qui casse un arrêt du parlement de Rouen, rendu au profit des huissiers de l'amirauté de la même ville, et de M. le duc de Penthièvre, intervenant ; maintient les jurés-priseurs dans le droit de faire seuls, et à l'exclusion de tous autres, toutes les prisées, expositions, et ventes de biens-meubles, tant volontaires que forcées, même des navires, agrès, apparaux et marchandises, soit en vertu de contrats maritimes, soit en vertu d'ordonnances ou jugements émanés des sièges des amirautés : fait défenses à tous huissiers, même des amirautés, de s'y immiscer à l'avenir, de prendre la qualité de jurés-priseurs, et d'avoir des tableaux indicatifs de cette qualité ; condamne les sieurs Trouvey et Depaux, huissiers de l'amirauté de Rouen ; à restituer les droits, vacations et émoluments par eux perçus, les condamne, et M. le duc de Penthièvre, en tous les dépens ; ordonne que l'arrêt sera imprimé et affiché. 22 août 1786. (AN → AD/II/17 pièce 187)

4356. Arrêt du Conseil d'État du roi, qui déboute M. le duc de Penthièvre, amiral de France, de ses demandes ; maintient les jurés-priseurs dans le droit exclusif de faire les prisées, expositions et ventes, tant volontaires que forcées, de tous biens-meubles, navires, agrès, apparaux, marchandises, et autres effets, soit en vertu de contrats maritimes, soit en vertu de sentences et ordonnances des sièges des amirautés. 22 août 1786. (AN → AD/II/17 pièce 188)

4357. Lettres patentes du roi, qui autorisent les monnayeurs et ajusteurs, ci-devant attachés au service de la monnaie d'Aix, à se transporter à Marseille, pour y exercer leurs fonctions près de la monnaie établie en cette ville, et déterminent le différent dont on fera usage dans cette monnaie. 23 août 1786. (AN → AD^{+} 1075)

4358. Lettres patentes du roi, qui nomment Joseph-Basile Poinsignon pour faire, au compte du roi, pendant six années, à compter du 1er janvier 1787, la régie, recette et exploitation des droits d'hypothèques et de quatre deniers pour livre du prix des ventes de biens-meubles. 24 août 1786. (AN → AD^{+} 1075)

4359. Arrêt du Conseil d'État du roi, portant modération de droits sur les cartons lissés, façon d'Angleterre, destinés à l'apprêt des étoffes. 25 août 1786. (AN → AD^{+} 1075)

4360. Ordonnance du roi, qui interdit les approches des lieux destinés à la quarantaine à Marseille, à tous ceux qui ne seront pas dans le cas de la faire, ou qui ne seront pas commis pour le service du Bureau de santé. 27 août 1786. (AN → AD^{+} 1075)

4361. Arrêt du Conseil d'État du roi, concernant la restauration des arènes de Nîmes. 28 août 1786. (AN → AD^{+} 1075)

4362. Arrêt du Conseil d'État du roi, portant confirmation des privilèges de l'ordre du Saint-Esprit. 30 août 1786. (AN → AD^{+} 1075)

4363. Déclaration du roi, concernant l'office de commissaire aux saisies réelles, et les poursuites relatives aux créanciers sur la Caisse desdites saisies. 30 août 1786. (AN → AD^{+} 1075)

4364. Déclaration du roi, concernant les recouvrements des anciens commissaires aux saisies réelles. 30 août 1786. (AN → AD⁺ 1075)

4365. Arrêt du Conseil d'État du roi, portant nomination de commissaires pour la répartition d'une portion du prix donné par Sa Majesté pour l'échange et l'acquisition, tant de la ville de Lorient, que d'autres terres situées en Bretagne, appartenantes à la Maison de Rohan-Guéménée. 31 août 1786. (AN → AD⁺ 1075)

4366. Arrêt du Conseil d'État du roi, qui ordonne l'acquisition au profit du roi, tant de la ville de Lorient, que des terres du Châtel, Carman et Recouvrance, appartenantes à la Maison de Rohan-Guéménée : et qui nomme des commissaires pour l'accepter au nom de Sa Majesté, et consommer toutes opérations relatives. 31 août 1786. (AN → AD⁺ 1075)

4367. Déclaration du roi, qui établit un nouveau régime, sur les frontières des provinces rédimées, limitrophes des pays de gabelles. 31 août 1786. (AN → AD⁺ 1075)

4368. Édit du roi, qui ordonne la démolition des maisons construites sur les ponts de la ville de Paris, sur les quais et rues de Gêvres, de la Pelleterie, et autres adjacentes des deux côtés de la rivière, conformément au projet arrêté en 1769 : la construction d'un pont en face de la place de Louis XV : celle d'une nouvelle salle d'Opéra : le parachèvement du quai d'Orsay ; et autres objets relatifs à l'utilité publique, à la salubrité et à l'embellissement de la capitale : autorise en conséquence les prévôt des marchands et échevins de ladite ville de Paris, à constituer douze cent mille livres de rentes perpétuelles à quatre pour cent, avec un tirage de primes de dix mille lots. Septembre 1786. (AN → AD⁺ 1075)

4369. Prospectus d'une Loterie formée sur les numéros de celle du domaine de la ville, créée par édit du mois de septembre 1786. (AN → AD⁺ 1334)

4370. Arrêt du Conseil d'État du roi, concernant la demande faite aux bénéficiers, de la prestation des foi et hommages, aveux et dénombrements pour les fiefs dépendant des bénéfices dans la mouvance du roi. 2 septembre 1786. (AN → AD⁺ 1075)

4371. Arrêt du Conseil d'État du roi, qui, au moyen du désistement homologué, du sieur Jean-Baptiste Bacouel, révoque l'arrêt du 23 mai 1784, et autres subséquents, rendus sur sa requête, concernant les domaines de Champagne, et annule tout ce qui s'est ensuivi. 2 septembre 1786. (AN → AD⁺ 1075)

4372. Arrêt du Conseil d'État du roi, qui condamne les compagnons imprimeurs des imprimeries des sieurs Didot jeune, Chardon et veuve Valade, à faire, sous peine de prison, des excuses aux officiers de la Chambre syndicale des imprimeurs et libraires. 2 septembre 1786. (AN → AD⁺ 1075)

4373. Déclaration du roi, concernant les portions congrues. 2 septembre 1786. (AN → AD⁺ 1075)

4374. Ordonnance du roi, concernant la formation et la solde du régiment des carabiniers de Monsieur. 3 septembre 1786. (AN → AD⁺ 1075)

4375. Arrêt de règlement pour les confréries du Saint-Sacrement établies, à Paris, dans les églises paroissiales de Saint-Étienne du Mont, Saint-Sulpice et Saint-Roch. 6 septembre 1786. (AN → AD^{+} 1334)

4376. Arrêt du Conseil d'État du roi, qui proroge jusqu'au premier octobre 1787, les augmentations sur le prix des voitures de places, messageries et voitures des environs de Paris. 10 septembre 1786. (AN → AD^{+} 1075)

4377. Arrêt du Conseil d'État du roi, qui proroge jusqu'au 1er août 1789, la permission accordée par l'arrêt du 28 juin 1783, d'introduire aux îles du Vent, dans les ports d'entrepôt, les Noirs de traite étrangère, avec une diminution de droits à l'entrée : qui permet pendant le même temps, l'exportation du sucre brut de l'île de Saint-Lucie à l'étranger, en acquittant les droits du domaine d'Occident ; et qui porte à deux cents livres par tête la prime accordée par l'arrêt du Conseil du 16 octobre 1784, aux négociants français, sur les Noirs de traite française, qui seront introduits dans le port des Cayes-Saint-Louis à Saint-Domingue, pour l'approvisionnement de la partie du sud de ladite île, en observant les formalités prescrites. 10 septembre 1786. (AN → AD^{+} 1075)

4378. Arrêt du Conseil d'État du roi, qui exempte du droit de transit, tous les vins qui arriveront dans les ports de la sénéchaussée de Bordeaux pour y être embarqués. 10 septembre 1786. (AN → AD^{+} 1075)

4379. Arrêt du Conseil d'État du roi, et lettres patentes sur icelui, qui fixent le nombre des offices des agents de change de Paris ; leur accordent l'hérédité ; les autorisent à se servir de commis ; et règlent la quotité des gages qui leur sont attribués. 10 septembre et 4 novembre 1786. (AN → AD^{+} 1075)

4380. Arrêt du Conseil d'État du roi, qui ordonne l'exécution d'une délibération prise le 7 juillet dernier par les agents de change de Paris, pour régler le choix de leurs commis, ainsi que leur service et leurs obligations. 11 septembre 1786. (AN → AD^{+} 1075)

4381. Déclaration du roi, concernant les privilèges et exemptions, tant des officiers et bas-officiers invalides, et soldats aussi invalides retirés dans les provinces, que de ceux retirés du service avec la récompense militaire. 11 septembre 1786. (AN → AD^{+} 1075)

4382. Arrêt du Conseil d'État du roi, qui, sans s'arrêter à l'appointement rendu par le sénéchal d'Agen, le 12 juin 1786, que Sa Majesté a cassé et annulé comme incompétemment rendu, ordonne que l'arrêt du Conseil du 11 novembre 1784, sera exécuté selon sa forme et teneur, en conséquence maintient le sieur Albert dans sa qualité de commis-greffier des affirmations de voyage au siège ordinaire de Sommensac, et condamne le sieur de Chillaud, seigneur dudit lieu, aux dépens et au coût dudit arrêt. 12 septembre 1786. (AN → AD/II/14 pièce 201)

4383. Arrêt du Conseil d'État du roi, qui détermine la nature des certificats à fournir pour toucher les remboursements des rentes et autres charges annuelles assignées sur les revenus du roi. 14 septembre 1786. (AN → AD^{+} 1075)

4384. Arrêt du Conseil d'État du roi, qui condamne à une amende la veuve Valade et le sieur Prault, imprimeurs, pour avoir eu dans leurs imprimeries, des compagnons imprimeurs sans billets de congé. 15 septembre 1786. (AN → AD$^+$ 1075)

4385. Arrêt du Conseil d'État du roi, qui établit un Bureau de timbre pour la musique. 15 septembre 1786. (AN → AD$^+$ 1075).

4386. Loterie royale, établie par arrêt du Conseil d'État du roi du 29 octobre 1780. Liste générale du tirage des 400 primes, attribuées aux deux mille billets de ladite Loterie, sortis à celui du 1er mai 1786. Ledit tirage fait dans la grande salle de l'Hôtel de Ville de Paris, en présence de messieurs les prévôt des marchands et échevins. 20 septembre 1786. (AN → AD$^+$ 1075)

4387. Arrêt du Conseil d'État du roi, qui porte à quarante millions les fonds de la Compagnie des Indes ; et qui prolonge à quinze années de paix, la durée de son privilège, fixé à sept années, par l'arrêt du Conseil du 14 avril 1785. 21 septembre 1786. (AN → AD$^+$ 1075)

4388. Arrêt du Conseil d'État du roi, qui proroge, jusqu'au 1er octobre 1787, l'augmentation de dix sous par place, accordée aux fermiers des voitures de la Cour, par les arrêts des mois de novembre 1784 et juin 1785. 22 septembre 1786. (AN → AD$^+$ 1075)

4389. Arrêt du Conseil d'État du roi, qui, en confirmant les dispositions de ceux des 7 août et 2 octobre 1785, contre l'agiotage, y ajoute la défense de faire des marchés à terme d'effets royaux ou autres effets publics, ayant cours à la Bourse, dont la livraison s'étende au-delà de deux mois. 22 septembre 1786. (AN → AD$^+$ 1075)

4390. Arrêt du Conseil d'État du roi, qui ordonne que l'embarquement et le débarquement des voyageurs et marchandises transportés par les coches d'eau de la haute Seine, continueront de se faire au port construit à cet effet quai Saint-Bernard, hors Tournelle. 22 septembre 1786. (AN → AD$^+$ 1075)

4391. Arrêt du Conseil en faveur des propriétaires des bateaux-toues. 22 septembre 1786. (AN → AD$^+$ 1075)

4392. Ordonnance du roi, concernant la forme et la tenue des registres de contrôle. 24 septembre 1786. (AN → MM 1228)

4393. Traité de navigation et de commerce entre la France et la Grande-Bretagne. 26 septembre 1786. (AN → AD$^+$ 1075)

4394. Arrêt du Conseil d'État du roi, qui ordonne que Joseph-Basile Poinsignon sera mis en possession de l'administration des Domaines et Bois et droits domaniaux appartenant à Sa Majesté, pour l'espace de six années, qui commenceront au 1er janvier 1787. 28 septembre 1786. (AN → AD$^+$ 1075)

4395. Arrêt du Conseil d'État du roi, qui ordonne que Joseph-Basile Poinsignon sera mis en possession des droits de contrôle et autres y joints, pour l'espace de six années, qui commenceront au 1er janvier 1787. 28 septembre 1786. (AN → AD$^+$ 1075)

4396. Arrêt du Conseil d'État du roi, qui ordonne que Joseph-Basile Poinsignon sera mis en possession des droits sur les papiers et parchemins timbrés en

Roussillon, pour l'espace de six années, qui commenceront au 1er janvier 1787. 28 septembre 1786. (AN → AD+ 1075)

4397. Lettres patentes du roi, pour la prise de possession de Jean-François Kalandrin, de la régie des droits y énoncés, pour six années qui commenceront le premier janvier 1787 et finiront le dernier décembre 1792. 28 septembre 1786. (AN → AD+ 1075)

4398. Lettres patentes du roi, qui ordonnent que Joseph-Basile Poinsignon sera mis en possession de l'administration des Domaines et Bois et droits domaniaux appartenant à Sa Majesté, pour l'espace de six années, qui commenceront au 1er janvier 1787. 28 septembre 1786. (AN → AD+ 1075)

4399. Lettres patentes du roi, pour la prise de possession par Joseph-Basile Poinsignon, des droits sur les papiers et parchemins timbrés. 28 septembre 1786. (AN → AD+ 1075)

4400. Déclaration du roi, qui fixe les délais dans lesquels l'adjudicataire des Fermes générales, le trésorier des bâtiments, celui des monnaies, et celui des offrandes et aumônes, doivent présenter les comptes de leurs exercices. 28 septembre 1786. (AN → AD+ 1075)

4401. Arrêt du Conseil d'État du roi, qui ordonne que les contestations qui pourront naître entre les propriétaires des terrains et les entrepreneurs des mines, continueront d'être portées devant les sieurs intendants et commissaires départis dans les provinces du royaume. 29 septembre 1786. (AN → AD+ 1075)

4402. Arrêt du Conseil d'État du roi, qui nomme les administrateurs et employés qui doivent signer les vingt mille nouvelles portions d'intérêts, créées par arrêt du Conseil du 21 septembre dernier. (Louis-Nicolas Lechantre. Étienne-Augustin Grimpel. George-Thomas Framboisier. Nicolas-François de Landresse. Louis-Antoine d'Aiglun. Jacques-Gabriel Boyer. Claude Giraud). 30 septembre 1786. (AN → AD+ 1075)

4403. Arrêt du Conseil d'État du roi, qui permet aux administrateurs de la Compagnie des Indes de faire faire les balanciers et planches nécessaires pour graver les nouveaux plombs et bulletins qui doivent servir à la marque des mousselines et toiles de coton que ladite Compagnie fera vendre à l'avenir. 30 septembre 1786. (AN → AD+ 1075)

4404. Lettres patentes du roi, qui prorogent jusqu'au 1er avril 1787, le délai accordé par l'article IX de l'édit d'octobre 1785, aux archers-gardes de la compagnie du prévôt général des monnaies, dont les offices ont été supprimés, pour opter entre le remboursement de la finance de leurs offices et la conservation de la faculté d'exploiter. 30 septembre 1786. (AN → AD+ 1075)

4405. Lettres patentes, qui ordonnent l'exécution d'une convention conclue entre le roi et M. le duc de Würtemberg, relativement aux limites du comté de Montbéliard. Octobre 1786. (AN → AD+ 1076)

4406. Règlement arrêté par le roi, pour l'habillement et l'équipement de ses troupes. 1er octobre 1786. (AN → AD+ 1076)

4407. Arrêt du Conseil d'État du roi, portant établissement, dans la ville de Paris, d'un Bureau pour la marque des couvertures qui se fabriquent dans ladite ville, ainsi que dans ses faubourgs. 4 octobre 1786. (AN → AD+ 1076)

4408. Arrêt du Conseil d'État du roi, qui déclare de nul effet, après un délai de trois mois, les passeports expédiés par la Compagnie des Indes pour l'entrée des toiles de coton blanches et peintes. 13 octobre 1786. (AN → AD+ 1076)

4409. Ordonnance du roi, concernant les procureurs et économes-gérants des habitations situées aux îles françaises du Vent. 15 octobre 1786. (AN → Marine A/1/139)

4410. Loterie royale établie par arrêt du Conseil du 5 avril 1783. Liste générale du quatrième tirage de ladite Loterie, fait en la grande salle de l'Hôtel de Ville de Paris, en présence de messieurs les prévôt des marchands et échevins. 16, 17, 18 et 19 octobre 1786. (AN → AD+ 1076)

4411. Extrait des registres du Conseil d'État privé du roi. (Laurent Dutfoy). 20 octobre 1786. (AN → AD+ 1076)

4412. Arrêt du Conseil d'État du roi, qui fixe le nombre des quittances que doivent fournir à leurs payeurs, les particuliers qui ont fait des spéculations en rentes viagères sur plusieurs têtes. 22 octobre 1786. (AN → AD+ 1076)

4413. Arrêt du Conseil d'État du roi, qui casse et annule un arrêt du parlement de Dijon, rendu le 14 août 1786, au sujet d'une délibération, en forme d'ordonnance, des élus généraux des États de Bourgogne, concernant les chemins finérots. 28 octobre 1786. (BN → F 21774 [97])

4414. Extrait des registres du Conseil d'État roi. (Corps et communautés de la ville de Paris. Hôpital général. Apprentissage). 30 octobre 1786. (AN → AD+ 1076)

4415. Lettres patentes du roi, portant cession, à titre de supplément d'échange de la souveraineté et principauté de Dombes, au profit de M. le duc de Penthièvre, des domaine et forêt de Montrichard. Novembre 1786. (AN → AD+ 1076)

4416. Lettres patentes du roi, en forme d'édit, portant établissement de deux foires par an, dans la ville de Toulouse. Avec l'arrêt de registre. Novembre 1786 et 15 janvier 1787. (AN → AD+ 1076)

4417. Lettres patentes du roi, portant érection de deux nouvelles communautés d'orfèvres dans la province du Dauphiné ; lesquelles seront établies à Montélimard et à Gap. 1er novembre 1786. (AN → AD+ 1076)

4418. Arrêt du Conseil d'État du roi, pour la prise de possession du bail des Fermes générales, sous le nom de Jean-Baptiste Mager. 2 novembre 1786. (AN → AD+ 1076)

4419. Arrêt du Conseil d'État du roi, qui règle qu'il ne pourra être attribué ni accordé aucun logement de grâce à toutes personnes de quelque rang et condition que ce soit, dans l'hôtel que Sa Majesté vient d'acquérir dans le faubourg Saint-Honoré, à Paris, et qu'Elle entend consacrer uniquement pour loger les princes et princesses étrangers, et les ambassadeurs extraordinaires. 3 novembre 1786. (AN → AD$^+$ 1076)

Arrêt du Conseil d'État du roi, et lettres patentes sur icelui. 10 septembre et 4 novembre 1786. (AN → AD$^+$ 1076). Voir notice n° 4379.

4420. Arrêt du Conseil d'État du roi, par lequel Sa Majesté réduit à 4 livres par millier, poids de marc, les droits d'octrois, et à moitié, tous les droits de péages, sur les fers qui seront voiturés sur la Sâone, dans tout son cours, depuis Gray, jusqu'aux portes de Lyon ; exempte lesdits fers, du paiement de tous sols pour livre additionnels, qui se perçoivent sur lesdits octrois et péages ; supprime le privilège d'exemption desdits droits, accordé aux adjudicataires des forêts du roi ; en conséquence, assujettit tous les bois et charbons provenant des forêts de Sa Majesté, auxdits droits ; et ordonne aux propriétaires péagers, de remettre, si fait n'a été, leurs titres, baux et registres, au contrôle général des Finances, dans deux mois, pour tout délai. 4 novembre 1786. (AN → AD$^+$ 1076)

4421. Arrêt du Conseil d'État du roi, qui ordonne la reconstruction du port du Macinage dans la province du Cap-Corse. 5 novembre 1786. (AN → Marine A/1/139)

4422. Arrêt du Conseil d'État du roi, qui permet au sieur Labarthe d'établir une compagnie d'assurances contre les incendies. 6 novembre 1786. (AN → AD$^+$ 1076)

4423. Arrêt du Conseil d'État du roi, qui ordonne l'essai, pendant trois ans, de la conversion de la corvée en une prestation en argent. 6 novembre 1786. (AN → AD$^+$ 1076)

4424. Règlement concernant l'entretien et le radoub des armes de guerre, à l'usage de la Marine. 6 novembre 1786. (AN → AD$^+$ 1076)

4425. Arrêts du Conseil d'État du roi. Le premier, faisant droit sur le renvoi porté par une ordonnance de M. l'intendant de Montpellier, du 13 juin 1784, ordonne l'exécution de l'article 9 de l'édit du mois de février 1748, de l'article 11 de la déclaration du premier mars 1771, et de l'arrêt du Conseil, du 21 août suivant, concernant les visites des commis chez les marchands et débitants de papiers et cartons ; en conséquence condamne Antoine Bourilhon, libraire et marchand de papiers à Béziers, pour y être contrevenu, ainsi qu'il résulte du procès-verbal rendu contre lui le 12 décembre 1783, en trois cents livres d'amende, aux dépens faits en l'intendance de Montpellier, et au coût, contrôle, sceau et signification dudit arrêt.
Le second déboute Bourilhon de son opposition au précédent arrêt, et le condamne aux dépens. 14 novembre 1786 et 20 novembre 1787. (AN → AD$^+$ 1076)

4426. Arrêt du Conseil d'État du roi, qui ordonne que les hôpitaux, Hôtels-Dieu et maisons de charité des provinces de Flandre, Haynault et Artois, seront exempts à l'avenir de tous droits d'amortissement pour les maisons, constructions et reconstructions de bâtiments employés à l'habitation des pauvres et des malades, et au logement gratuit des prêtres et desservants attachés à leur service. 18 novembre 1786. (AN → AD$^+$ 1076)

4427. Arrêt du Conseil d'État du roi, qui casse et annule une ordonnance de l'amirauté de Marseille, rendue sur la requête de plusieurs pêcheurs catalans. 18 novembre 1786. (AN → AD⁺ 1076)

4428. Arrêt du Conseil d'État du roi, qui ordonne que les veuves de ceux qui avaient exercé publiquement et à boutique ouverte une profession libre avant les édits de février 1778 et d'avril 1779, et qui étaient agrégés aux nouvelles communautés, tant de la ville de Rouen, que des autres villes du ressort du parlement de Normandie, pourront être admises dans lesdites communautés, dans l'année de leur veuvage, en payant seulement la moitié des droits ordinaires de réception. 23 novembre 1786. (AN → AD⁺ 1076)

4429. Ordonnance du roi, portant règlement sur la fonte, l'épreuve et la réception des canons de fer destinés au service de l'artillerie de la Marine, et sur l'administration des fonderies. 26 novembre 1786. (AN → AD⁺ 1076)

4430. Lettres patentes du roi, qui, en exécution de l'édit d'août 1668, portant union du comté d'Auxerre au duché de Bourgogne, pour être régi et gouverné par même ordre, ordonne que les droits d'aides perçus jusqu'à présent dans ledit comté, seront et demeureront supprimés, à compter du 1er janvier 1787, en payant par les élus généraux des États de Bourgogne, l'indemnité fixée par lesdites lettres patentes. 27 novembre 1786. (AN → AD⁺ 1076)

4431. Lettres patentes du roi, qui, en exécution de l'édit du mois de novembre 1720, portant union du comté de Bar-sur-Seine aux États de Bourgogne, ordonnent que les droits d'aides perçus jusqu'à présent dans ledit comté, demeureront supprimés, à compter du premier janvier 1787, en payant par les États l'indemnité fixée par lesdites lettres patentes. 27 novembre 1786. (AN → AD⁺ 1076)

4432. Lettres patentes du roi, par lesquelles Sa Majesté, en acceptant les offres faites par les élus généraux des États de Bourgogne, de faire verser au Trésor royal la somme de 1 938 420 livres, pour le rachat, tant des droits de courtiers-jaugeurs, inspecteurs aux boissons et aux boucheries, que de ceux sur les huiles et savons, ordonne que lesdits droits seront... supprimés dans le duché de Bourgogne, à compter du 1er janvier 1787. 29 novembre 1786. (BN → F 21774 [12])

4433. Répartition des neuf départements entre lesquels seront partagées les forêts du royaume, et dans chacun desquels il sera départi un ingénieur-constructeur, pour veiller au bon choix des espèces et à la fidèle exécution des traités. Décembre 1786. (AN → Marine A/1/139)

4434. Arrêt du Conseil d'État du roi, qui ordonne que les cotons en laine qui sortiront du royaume pour la destination de l'étranger, de l'Alsace, de la Lorraine et des Trois-Évêchés, acquitteront à leur sortie un droit de douze pour cent, y compris les dix sous pour livre, sur l'évaluation de deux cent soixante-quinze livres le quintal. 2 décembre 1786. (AN → AD⁺ 1077)

4435. Arrêt du Conseil d'État du roi, qui ordonne que le marché de la ville de Montereau continuera à se tenir dans la grande rue. 2 décembre 1786. (AN → AD⁺ 1077)

4436. Lettres patentes du roi, portant fixation des limites entre l'amirauté de Vannes et celle de Lorient. 2 décembre 1786. (AN → AD^{+} 1077)

4437. Emprunt de cent millions, établi par édit du mois de décembre 1782, et arrêt du Conseil du 1er décembre 1783. Liste générale du septième tirage des remboursements des capitaux des rentes résultantes dudit emprunt, montant à la somme de deux millions neuf cent cinq mille neuf cent onze livres onze sous, échus par le sort de la Loterie, tirée dans l'Hôtel de Ville de Paris, en présence de messieurs les prévôt des marchands et échevins. 4 décembre 1786. (AN → AD^{+} 1077)

4438. Extrait des registres du Conseil d'État du roi. (Règlement concernant les enfants trouvés reçus à l'hôpital Saint-Charles d'Amiens, et quelques autres objets relatifs à l'administration de cet hôpital. 5 décembre 1786. (AN → AD/XIV/4)

4439. Départements de messieurs les régisseurs généraux, pour l'année 1787. 5 décembre 1786. (AN → AD^{+} 1077)

4440. Départements de messieurs les fermiers généraux, pour la première année du bail de Jean-Baptiste Mager. 5 décembre 1786. (AN → AD^{+} 1077)

4441. Lettres patentes du roi, concernant la réciprocité à établir entre la France et les États du prince-évêque de Bâle, par rapport à la jurisprudence des faillites. 6 décembre 1786. (AN → AD^{+} 1077)

4442. Arrêt du Conseil d'État du roi, qui nomme Jean-François Kalandrin régisseur des droits compris dans la Régie générale. 7 décembre 1786. (AN → AD^{+} 1077)

4443. Arrêt du Conseil d'État du roi, qui ordonne que Jean-François Kalandrin sera mis en possession des droits y énoncés, pour six années qui commenceront le premier janvier 1787 et finiront le dernier décembre 1792. 7 décembre 1786. (AN → AD^{+} 1077)

4444. Arrêt du Conseil d'État du roi, qui charge Jean-François Kalandrin de la Régie générale des aides et droits y joints, pour le compte du roi, pendant six ans. 7 décembre 1786. (AN → AD^{+} 1077)

4445. Arrêt du Conseil d'État du roi, qui commet Jean-François Kalandrin, pour faire au compte au roi, la régie, recette et exploitation des droits y énoncés dans la généralité du Haynaut, pour six années, qui commenceront le 1er janvier 1787. 7 décembre 1786. (AN → AD^{+} 1077)

4446. Arrêt du Conseil d'État du roi, qui subroge Jean-François Kalandrin, bourgeois de Paris, à Henri Clavel, pour la régie et recette des droits y dénommés. 7 décembre 1786. (AN → AD^{+} 1077)

4447. Règlement arrêté par le roi, pour l'habillement et l'équipement de ses troupes d'infanterie des colonies orientales et occidentales. 7 décembre 1786. (AN → AD^{+} 1077)

4448. Arrêt du Conseil d'État du roi, portant homologation de la délibération, statuts et règlements des intéressés à l'exploitation des fonderies royales d'Indret et de Montcenis, et de la manufacture des cristaux de la reine. 10 décembre 1786. (AN → AD^{+} 1077)

4449. Arrêt du Conseil d'État du roi, qui nomme le sieur Chardon, maître des requêtes, pour être chargé en qualité de commissaire de Sa Majesté, de la suite des affaires concernant l'exploitation des fonderies royales d'Indret et de Montcenis, et de la manufacture des cristaux de la reine. 10 décembre 1786. (AN → AD^{+} 1077)

4450. Lettres patentes du roi, qui exceptent la cure de Notre-Dame de Nancy des dispositions de l'article 25 de l'édit (de mai 1784) concernant la discipline ecclésiastique en Lorraine. 10 décembre 1786. (BN → F 23630 [842])

4451. Emprunt de 80 millions, établi par édit du mois de décembre 1785. Liste générale des numéros des quittances de finances sortis au premier tirage de remboursement des capitaux des rentes résultantes dudit emprunt, dont les bulletins participeront au tirage des primes, qui aura lieu au mois de mars 1787. Ledit tirage fait dans la grande salle de l'Hôtel de Ville, en présence de messieurs les prévôt des marchands et échevins. 11, 12, 13, 14, 15 et 16 décembre 1786. (AN → AD^{+} 1077)

4452. Arrêt du Conseil d'État du roi, qui autorise les Bureaux diocésains, jusqu'à ce que la prochaine assemblée générale du clergé y ait pourvu, à répartir sur les curés et vicaires, tant perpétuels qu'amovibles, auxquels il sera donné des suppléments de portion congrue, en conséquence de la déclaration du 2 septembre 1786, les mêmes impositions dont il sera juste de décharger les gros décimateurs, relativement à la diminution de leur revenu, opérée par ces suppléments. 13 décembre 1786. (AN → AD^{+} 1077)

4453. Déclaration du roi, qui, en interdisant le cours des anciens louis, à compter du 1er janvier 1787, proroge pour quelque temps leur prix de faveur aux hôtels des monnaies et changes. 13 décembre 1786. (AN → AD^{+} 1077)

4454. Arrêt du Conseil d'État du roi, portant établissement de vingt-quatre paquebots, pour communiquer avec les colonies françaises, aux îles du Vent et sous le Vent, les îles de France et de Bourbon, et les États-Unis de l'Amérique. 14 décembre 1786. (AN → AD^{+} 1077)

4455. Lettres patentes du roi, portant addition au règlement et tarif pour l'administration de la justice en Bretagne. 14 décembre 1786. (BN → F 20968 [32])

4456. Règlement pour les paquebots établis par arrêt du Conseil du 14 décembre 1786, pour communiquer avec les colonies françaises, aux îles du Vent et sous le Vent, les îles de France et de Bourbon, et les États-Unis de l'Amérique. 14 décembre 1786. (AN → AD^{+} 1077)

4457. Ordonnance du roi, concernant les compagnies d'Invalides destinées au service de l'artillerie dans les places et sur les côtes. 15 décembre 1786. (AN → AD^{+} 1334)

4458. Ordonnance qui déclare acquises et confisquées au profit de la Régie générale les quantités d'amidon manquantes aux pesées faites à la sortie d'étuve chez les nommés Adrien Haubrun, François Durieux, Adrien-Joseph Gobau, amidonniers en la ville de Maubeuge et Adrien Lecomte, autre amidonnier à Louvroil, faubourg dudit Maubeuge, lesquelles pesées avaient rendues beaucoup moins que les trois cinquièmes du poids en humide d'après les pesées faites à la sortie des égouttoirs ; condamne lesdits Haubrun, Durieux, Gobeau et Lecomte, chacun en cent livres d'amende, etc. 15 décembre 1786. (AN → AD⁺ 1077)

4459. Règlement du roi, concernant les salaires dûs aux matelots, ouvriers, journaliers et autres personnes employées au service des ports, lesquelles se trouvent absentes lorsque les payements sont ouverts. 15 décembre 1786. (AN → AD⁺ 1077)

4460. Arrêt du Conseil d'État du roi, qui supprime une pièce de vers insérée dans le n° 114 du *Journal Politype*. (*La Poularde*). 16 décembre 1786. (AN → AD⁺ 1077)

4461. Règlement du roi, concernant les dispositions à suivre par la Marine, en exécution des ordonnances et arrêts précédemment rendus sur les martelages et les achats d'arbres propres à son service. 16 décembre 1786. (AN → AD⁺ 1077)

4462. Tarif des proportions nécessaires pour les pièces de bois destinées à la construction des divers bâtiments du roi, lesquelles sont divisées en cinq espèces, et font connaître l'arc que doivent avoir celles qui en sont susceptibles. 16 décembre 1786. (AN → Marine A/1/139)

4463. Arrêt du Conseil d'État du roi, concernant les remboursements des effets de l'emprunt de trente millions, fait par les prévôt des marchands et échevins de la ville de Paris, en exécution de l'édit du mois de septembre dernier. 17 décembre 1786. (AN → AD⁺ 1077)

4464. Arrêt du Conseil d'État du roi, qui ordonne que les sieurs François-Jacques Dutertre-Macé et Léonard Peyrand, signeront les bulletins à apposer aux marchandises de l'Inde, conjointement avec les sieurs Laurent-André-Olivier-Bonaventure Besné et Jacques-Louis Codercq, nommés par arrêt du 30 septembre dernier. 18 décembre 1786. (AN → AD⁺ 1077)

4465. Arrêt contradictoire du Conseil d'État du roi, confirmatif de ladite ordonnance (7 juin 1786). 19 décembre 1786. (AN → AD⁺ 1077)

4466. Extrait des registres du Conseil d'État. (Sieur de Canolle. Charbon). 19 décembre 1786. (AN → AD⁺ 1334)

4467. Arrêt du Conseil d'État du roi, concernant l'établissement des paquebots pour la correspondance avec les colonies françaises et les États-Unis de l'Amérique. 20 décembre 1786. (AN → AD⁺ 1077)

4468. Lettres patentes du roi, qui autorisent les employés de la Ferme générale à veiller à la conservation des mines d'Allemont, concédées à Monsieur. 20 décembre 1786. (AN → AD⁺ 1077)

4469. Arrêt du Conseil d'État du roi, concernant les toiles peintes d'Alsace, et les toiles de coton blanches, provenant du commerce de la Compagnie des Indes. 21 décembre 1786. (AN → AD⁺ 1077)

4470. Règlement pour l'Académie des inscriptions et belles-lettres. 22 décembre 1786. (BN → Fz. 168)

4471. Arrêt du Conseil d'État du roi, qui règle la forme de l'administration municipale de la ville d'Étampes. 23 décembre 1786. (AN → AD^{+} 1077)

4472. Arrêt du Conseil d'État du roi, portant règlement pour les sels à fournir aux Suisses. 23 décembre 1786. (AN → AD^{+} 1077)

4473. Arrêt du Conseil d'État du roi, portant révocation du privilège accordé au sieur Fabre Dubosquet, pour la fabrication tant d'un métal propre à remplacer le cuivre dans le doublage des vaisseaux, que d'un vernis pour enduire les clous servant audit doublage. 24 décembre 1786. (AN → AD^{+} 1077)

4474. Convention entre les Cours de France et d'Espagne, pour modifier ou révoquer quelques-unes des stipulations contenues dans les conventions précédentes faites entre elles, relativement au commerce, et y en ajouter de nouvelles. Conclue à Madrid le 24 décembre 1786. (AN → AD/XV/7)

4475. Arrêt du Conseil d'État du roi, qui ordonne la translation de l'entrepôt de la Pointe-à-Pitre à la Basse-Terre-Guadeloupe. 28 décembre 1786. (AN → AD^{+} 1077)

4476. Lettres patentes de monseigneur comte d'Artois, portant règlement pour la comptabilité du trésorier général de monseigneur. 30 décembre 1786. (AN → AD/I/17 dossier B pièce 46)

1787

4477. Abonnement des édits et arrêts pour la ville de Paris, et toutes les provinces et villes du royaume. (Table analytique des matières contenues dans les édits, lettres patentes, déclarations du roi, arrêts du Conseil, du Parlement, etc.). Année 1787. Imprimé en 1788. (AN → AD/I/30)

4478. Collection ou recueil des édits, arrêts, lettres patentes, et déclarations du roi, concernant l'administration des Finances, rendus depuis le 23 avril 1787, suivis des arrêtés, remontrances, suppliques et observations, sur l'impôt du timbre et subvention territoriale, faits par les différents parlements, Cours et Chambres de commerce du royaume : auxquels on a joint tous les discours prononcés aux séances du parlement à Troyes. 1787. (BN → F 42635)

4479. Instruction pour la direction et régie des paquebots établis pour communiquer du Havre et de Bordeaux aux colonies françaises, aux îles de France et de Bourbon, aux îles du Vent et sous le Vent, et les États-Unis de l'Amérique. 1787. (AN → AD⁺ 1077)

4480. Instruction pour servir à expliquer les principes d'après lesquels ont été exécutés les différents modèles de coiffure, habillement et équipement envoyés à chacun des régiments d'infanterie. 1787. (AN → MM 1228)

4481. Instruction pour servir à expliquer les principes d'après lesquels ont été exécutés les différents modèles de coiffure, habillement et équipement envoyés à chacun des régiments des troupes à cheval. 1787. (AN → MM 1228)

4482. Instruction sur les formalités à remplir, et les pièces à fournir pour l'expédition du brevet nécessaire, à l'effet de transporter sur le Trésor royal le traitement annuel dont jouit sur les fonds du service des Affaires étrangères. 1787. (BN → Fp 6902)

4483. Statuts et règlements pour les confrères de la confrérie des Agonisants, érigée en l'église des Augustins de la reine Marguerite, faubourg Saint-Germain sous l'invocation de Saint-Nicolas de Tolentus. 1787. (BN → E 7531)

4484. Liste des noms et demeures de messieurs les fermiers généraux des Fermes royales unies. Pour la deuxième année du bail de Jean-Baptiste Mager. 1787. (AN → AD⁺ 1078)

4485. Liste des notables composant l'Assemblée partagée en sept bureaux, avec leurs demeures à Versailles. 1787. (AN → AD/I/13 dossier A pièce 12)

4486. Noms et demeures des huissiers au Parlement. 1787. (AN → AD⁺ 1078)

4487. Conditions générales pour la fourniture des effets et munitions destinés aux approvisionnements de la Marine ; desquels objets sont néanmoins exceptés les mâts que l'on tire directement du Nord, les bois de construction pour lesquels il y a des conditions particulières, et les fers fournis par les forges royales qui ont également un traité particulier. 1787. (AN → Marine A/1/139)

4488. Conditions générales pour la fourniture des bois de construction et autres. 1787. (AN → AD/VII/13)

4489. Fonderies et laminoirs de cuivre, établis pour le service du roi, et du commerce, à Romilly-sur-Andelle, près de Rouen. 1787. (AN → AD/XI/35)

4490. Édit du roi, portant suppression des deux offices de receveurs généraux des Domaines et Bois de l'apanage de M. le duc d'Orléans ; et création d'un seul receveur général desdits Domaines et Bois pour l'apanage. Janvier 1787. (AN → AD⁺ 1078)

4491. Lettres patentes du roi, qui affranchissent du droit d'aubaine les sujets du roi de la Grande-Bretagne. Janvier 1787. (BN → F 21734 [17])

4492. Prospectus de souscription pour l'établissement de quatre nouveaux hôpitaux, capables de suppléer à l'insuffisance de l'Hôtel-Dieu de Paris. Janvier 1787. (AN → U 1310)

4493. Ordonnance du roi, concernant les milices des colonies. 1er janvier 1787. (AN → AD⁺ 1078)

4494. Régie générale. État général des emplois des Bureaux de la Régie générale à Paris, et du traitement annuel dont a joui chaque employé, à compter du premier janvier 1787. (AN → AD/IX/407)

4495. Lettres patentes du roi, portant permission exclusive aux sieurs Argand et L'Ange de fabriquer et vendre des lampes de leur invention pendant quinze ans. 5 janvier 1787. (BN → F 21313 [1])

4496. Instructions sur diverses questions relatives aux droits de contrôle, d'insinuation et de centième denier, avec des observations analogues à chaque espèce, précédées des tarifs du 29 septembre 1722. Par Pierre Dupin, en vertu de la délibération… des États de la province de Languedoc du 8 janvier 1787. 1787. (BN → F 19025)

4497. Arrêt du Conseil d'État du roi, rendu au profit des syndics, corps et communauté des procureurs aux bailliages et siège présidial de Tours ;
De Me Louis Griveau, et autres procureurs auxdits sièges,
Et des sieurs Lehay et Coudeloup, sergents des justices seigneuriales de Vouvray et Vernou ;
Contre le sieur François Jahan, premier huissier-audiencier aux mêmes bailliage et siège présidial de Tours ;
Qui déboute le sieur Jahan de sa demande en cassation, de l'arrêt contre lui rendu au parlement de Paris, le 6 septembre 1785, lequel arrêt, entre autres dispositions, fait défenses au sieur Jahan, en sa qualité de premier huissier-audiencier, d'exiger le droit d'appel de cause, sur les causes simplement remises :

permet aux procureurs de faire faire par les huissiers-audienciers, ou tous autres huissiers qui ont droit, dans la ville, faubourgs et banlieue de Tours, et dans l'étendue du ressort de ce bailliage, les procès-verbaux d'affiches et publications qui seront à faire dans les poursuites, soit au-devant des portes des églises, soit dans les places publiques, et sur les lieux de la situation des biens : ordonne que le sieur Jahan ne pourra exiger l'exclusion pour ces lectures, publications et procès-verbaux qu'aux audiences, et à la levée d'icelles, dans l'enclos du Palais, et que les droits de lectures et publications lui seront payés, suivant l'usage ancien et accoutumé du siège de Tours :
Enjoint au sieur Jahan, et à tous autres huissiers, de mettre leurs exploits, ou procès-verbaux, à la suite des affiches qui leur seront remises, et de délivrer les originaux de ces exploits, ou procès-verbaux, aux procureurs, ou aux parties, aussitôt qu'ils auront été contrôlés :
Leur fait défenses de garder ces originaux pour minutes, et d'en délivrer des expéditions : fait défenses au sieur Jahan de porter la robe de distinction et de décoration semblable à celle des juges, etc. 9 janvier 1787. (AN → AD/II/4)

Arrêt du Conseil d'État du roi, et lettres patentes sur icelui. 31 août 1782 et 10 janvier 1787. (AN → AD+ 1078). Voir notice n° 3085.

4498. Emprunt de 6 000 000 de S.A.S. monseigneur le duc d'Orléans, en vertu des lettres patentes du roi du 27 novembre 1785, enregistrées en Parlement le 5 décembre suivant. Liste générale du tirage des 600 lots de rentes viagères attribuées aux 6 000 actions composant ledit emprunt ; ledit tirage fait dans une des salles du Palais-Royal, en présence du Conseil de S.A.S. par les syndics des rentes survivancières ou tontines. 10 janvier 1787. (AN → AD/IX/434)

4499. Traité de navigation et de commerce entre la France et la Russie, conclu à Pétersbourg le 31 décembre 1786 (vieux style), et le 11 janvier 1787 (nouveau style). (AN → AD+ 1078)

4500. Arrêt du Conseil d'État du roi, qui défend de donner le nom de bourreaux aux exécuteurs de haute-justice. 12 janvier 1787. (AN → AD+ 1078)

4501. Arrêt du Conseil d'État du roi, qui défend à tous cardeurs, fileuses et autres ouvriers, de se servir pour le cardage et la filature du coton, des mêmes outils que pour le cardage et la filature de la laine. 12 janvier 1787. (AN → AD+ 1078)

4502. Règlement pour l'Académie royale de musique. 13 janvier 1787. (AN → AD+ 1078)

4503. Convention additionnelle et explicative du traité de commerce avec l'Angleterre. 15 janvier 1787. (AN → Marine A/1/142)

4504. Arrêt du Conseil d'État du roi, concernant la manufacture royale de porcelaines de France ; et portant règlement pour les autres manufactures de porcelaines établies dans le royaume. 17 janvier 1787. (AN → AD+ 1078)

4505. Arrêt du Conseil d'État du roi. (Fermiers des aides. Droits de détail. Vin. Cidre. Poiré. Bière). 17 janvier 1787. (AN → AD+ 1078)

4506. Lettres patentes du roi, portant établissement d'une manufacture royale d'horlogerie à Paris. 17 janvier 1787. (AN → AD⁺ 1078)

4507. Arrêt du Conseil d'État du roi, qui permet l'entrée de huit mille pièces mousselines rayées, cadrillées et brochées, provenant du commerce français dans l'Inde ; et permet de les débiter dans le royaume, jusqu'au 1er janvier 1788. 18 janvier 1787. (AN → AD⁺ 1078)

4508. Lettres patentes du roi, portant abolition du droit d'aubaine, en faveur des sujets du roi d'Angleterre. 18 janvier 1787. (AN → AD⁺ 1078)

4509. Arrêt du Conseil d'État du roi, qui ordonne que tous les fabricants seront tenus de se conformer aux dispositions des lettres patentes des 5 mai 1779 et 28 juin 1780 ; et qui prescrit la marque distinctive qu'ils devront appliquer sur les toiles par eux fabriquées. 19 janvier 1787. (AN → AD⁺ 1078)

4510. Arrêt du Conseil d'État du roi, qui casse et annule un arrêt du parlement de Dijon, du 28 décembre 1786, par lequel ladite Cour aurait supprimé la formule d'enregistrement, adaptée par les élus généraux des États de Bourgogne, à l'arrêt du Conseil, du 4 novembre précédent, portant réduction des droits d'octrois et de péages, sur les fers qui seront voiturés sur la rivière de Saône, etc. 20 janvier 1787. (BN → F 21774 [52])

4511. Arrêt du Conseil d'État du roi, qui ordonne que celui du 29 mai 1691, sera exécuté, et qu'en conséquence les inspecteurs des manufactures de toutes les provinces et généralités du royaume, auront entrée, séance et voix délibérative en toutes les assemblées concernant lesdites manufactures, tant en jugement que dehors ; à la charge par eux, si fait n'a été, de prêter serment par-devant les juges des manufactures. 27 janvier 1787. (AN → AD⁺ 1078)

4512. Lettres patentes du roi, qui ordonnent que les gages des offices d'agent de change de Paris, qui avaient été fixés sur le pied du denier vingt, avec la retenue du dixième seulement, et ce à compter du premier jour du trimestre dans lequel ils ont payé ladite finance. 28 janvier 1787. (AN → AD⁺ 1078)

4513. Règlement concernant les élèves de la Marine. 28 janvier 1787. (AN → AD⁺ 1078)

4514. Règlement sur l'entretien, garde et conservation des vaisseaux, et sur le service des officiers de la Marine dans les ports. 28 janvier 1787. (AN → AD⁺ 1078)

4515. Arrêt du Conseil d'État du roi, portant privilège exclusif, pendant quinze ans, pour le doublement du charbon de terre dans toute l'étendue du royaume. 30 janvier 1787. (AN → AD⁺ 1078)

4516. Arrêt du Conseil d'État du roi, et lettres patentes sur icelui, par lesquels Sa Majesté a commis le sieur Louis-Charles-Thomas Bizouard pour continuer et achever, au lieu et place du sieur Baudard de Sainte James, l'exercice de la trésorerie générale de la Marine et des Colonies. 2 et 10 février 1787. (AN → Marine A/1/142)

4517. Ordonnance... pour la destruction des chenilles. 4 février 1787. (Suivi d'une ordonnance de J.-B.-C. Dufour de Villeneuve, intendant de la généralité de Bourges, sur le même sujet, du 24 février 1787). (BN → F 5001 [876])

4518. Lettres patentes du roi, portant défenses d'introduire dans les vins, cidres et autres boissons quelconques, la céruse, la litharge, ou toutes autres préparations de plomb ou de cuivre. 5 février 1787. (AN → AD$^+$ 1078)

4519. Lettres patentes du roi, portant établissement d'un corps d'ingénieurs en instruments d'optique, de physique et de mathématique. 7 février 1787. (AN → AD$^+$ 1078)

4520. Arrêt du Conseil d'État du roi, qui porte à huit livres le droit de cinq livres par quintal, établi par l'arrêt du 25 septembre 1785, sur la morue sèche de pêche étrangère importée aux îles du Vent et sous le Vent ; et à douze livres la prime de dix livres accordée par l'arrêt du 18 du même mois, par quintal de morue sèche de pêche française, importée aux mêmes îles. 11 février 1787. (AN → AD$^+$ 1078)

4521. Arrêt du Conseil d'État du roi, qui accorde une prime de cinq livres par quintal de morue sèche de pêche française importée dans les Échelles du Levant, et par quintal de congres pêchés et séchés sur les côtes de France et transportés chez l'étranger. 11 février 1787. (AN → AD$^+$ 1078)

4522. Règlement sur le commerce des colonies françaises en Amérique. 11 février 1787. (AN → AD$^+$ 1078)

4523. Arrêt du Conseil d'État du roi, qui prohibe et confisque les exemplaires de trois ouvrages concernant l'Assemblée des notables, et interdit les sieurs Hoffmann, imprimeur, Royer et Petit, libraires, qui les ont publiés. 15 février 1787. (AN → AD$^+$ 1078)

4524. Arrêt du Conseil d'État du roi, qui ordonne la translation de la manufacture des cristaux de la reine, établie à Sèvres près Saint-Cloud, au Creusot près Montcenis en Bourgogne. 18 février 1787. (AN → AD$^+$ 1078)

4525. Arrêt du Conseil d'État du roi, qui étend les opérations, les sûretés et les fonds de la Caisse d'escompte ; ordonne que les actionnaires de ladite Caisse déposeront, au Trésor royal, un cautionnement de soixante-dix millions ; les autorise en conséquence à une création de vingt mille actions nouvelles, et leur accorde un privilège de trente années. 18 février 1787. (AN → AD$^+$ 1078)

4526. Arrêt du Conseil d'État du roi, et lettres patentes sur icelui, qui augmentent les déductions accordées aux propriétaires, vignerons et laboureurs sur les boissons provenant de leurs récoltes. 19 février 1787. (AN → AD$^+$ 1078)

4527. Arrêt du Conseil d'État du roi, portant rétablissement du privilège du nouveau métal et vernis métallique, pour le doublage des vaisseaux et les couvertures des maisons. 20 février 1787. (AN → AD$^+$ 1078)

4528. Liste des personnes qui ont fait leurs déclarations et soumissions dans les Bureaux du greffier et du trésorier de l'Hôtel de Ville de Paris, de contribuer à l'établissement de quatre nouveaux hôpitaux, capables de suppléer à l'insuffisance de l'Hôtel-Dieu de Paris, annoncé dans le prospectus imprimé de l'ordre du roi ; depuis et compris le 22 janvier 1787, jusque et compris le 21 février suivant. (AN → AD/XIV/4)

4529. Ordonnance du roi, concernant la compagnie des cadets-gentilshommes des troupes des colonies. 22 février 1787. (AN → AD^{+} 1078)

4530. Discours du roi, à l'Assemblée des notables, tenue à Versailles, le 22 février 1787. (AN → AD^{+} 1078)

4531. Discours prononcé de l'ordre du roi et en sa présence par M. de Calonne, contrôleur général des Finances dans l'Assemblée des notables, tenue à Versailles, le 22 février 1787. (AN → AD^{+} 1335)

4532. Lettres patentes du roi, qui établissent provisoirement la régie des droits d'aides dans le comté de Bar-sur-Seine, et ordonnent qu'il sera payé annuellement aux États de Bourgogne une somme de quatre-vingt-dix-sept mille trois cent trente livres quinze sous quatre deniers pour leur indemnité, jusqu'à ce que le remplacement des droits d'aides soit effectué. 25 février 1787. (AN → AD^{+} 1078)

4533. Édit du roi, portant rétablissement du siège de la conservation des privilèges royaux de l'université de Poitiers. Mars 1787. (AN → AD^{+} 1078)

4534. Lettres patentes du roi, en forme d'édit, qui ratifient le contrat d'acquisition (du 7 décembre 1786) fait au nom de Sa Majesté, de bois appartenant à la dame Catoire, unissent lesdits bois au domaine de Lorraine et Barrois et les affectent au service et affouagement de la saline de Château-Salins. Mars 1787. (BN → F 23631 [17]). (Suivi de l'arrêt du Conseil du 27 septembre 1786, commettant le sieur de La Porte, intendant de Lorraine, à l'acquisition desdits bois).

4535. Arrêt du Conseil d'État du roi, qui nomme M. de Boullongne de Nogent, commissaire du roi pour suivre les opérations de l'ancienne Compagnie des Indes. 3 mars 1787. (AN → AD^{+} 1078)

4536. Arrêt du Conseil d'État du roi, et lettres patentes sur icelui, au sujet des délits qui peuvent être commis par les voituriers connus sous le nom de Thiérachiens. 3 mars et 19 mai 1787. (AN → AD^{+} 1078)

4537. Ordonnance du roi, qui ordonne le désarmement des voituriers connus sous le nom de Thiérachiens. 3 mars 1787. (AN → AD^{+} 1078)

4538. Arrêt du Conseil d'État du roi, portant règlement pour l'administration des grands chemins en Béarn. 7 mars 1787. (AN → AD^{+} 1078)

4539. Compagnie des Indes. Dix-septième tirage du remboursement des actions de la Compagnie des Indes, fait en l'une des salles de l'hôtel de ladite Compagnie, conformément à l'arrêt du Conseil du 10 février 1772. 8 mars 1787. (AN → AD^{+} 1078)

4540. Règlement (de Daniel-Marc-Antoine Chardon, commissaire départi pour la visite des ports, pêches, pêcheries, du 29 décembre 1786) sur les filets et les procédés de la pêche et des pêcheurs français et étrangers de Marseille... – Ordonnance du roi qui enjoint à tout pêcheur de livrer les appâts, soit à la mer, soit dans le port, au prix courant du marché. 9 mars 1787. (BN → F 23704 [232])

4541. Arrêt du Conseil d'État du roi, qui relève de leur interdiction les sieurs Hoffmann, imprimeurs ; Royer et Petit, libraires. 10 mars 1787. (AN → AD^{+} 1078)

4542. Arrêt du Conseil d'État du roi, qui ordonne que les constitutions nouvelles des Cordeliers, et bref du pape sur icelles, du 9 août 1771, enregistrés au parlement de Paris, seront incessamment présentés aux divers autres parlements du royaume, pour y subir la même formalité. 10 mars 1787. (AN → AD^{+} 1078)

4543. Arrêt du Conseil d'État du roi, qui fixe l'ouverture du chapitre ordinaire des Cordeliers de la province de France, au 18 juin prochain. 10 mars 1787. (AN → AD^{+} 1078)

4544. Tarif des sommes que le roi veut et ordonne être payées pour conduites ou frais de voyages et pour vacations, tant aux officiers de marine et d'administration, qu'aux différents sujets entretenus, lorsqu'ils seront détachés pour le service, indépendamment de leurs appointements ordinaires, à compter du premier avril 1787. 10 mars 1787. (AN → Marine A/1/142)

4545. Arrêt du Conseil d'État du roi, concernant les saintes-chapelles. 11 mars 1787. (AN → AD^{+} 1078)

4546. Arrêt du Conseil d'État du roi, qui maintient le sieur Bertin, seigneur de Chatou, dans la propriété, possession et jouissance des emplacements des anciens chemins qui lui ont été accordés en remplacement des terrains qui lui ont été pris pour former le nouveau chemin. 13 mars 1787. (AN → AD^{+} 1078)

4547. Arrêt du Conseil d'État du roi, qui déclare que l'art de peindre et d'imprimer le papier fabriqué pour être employé en meubles, forme une dépendance de la maîtrise des marchands papetiers-cartiers-dominotiers-feuilletiers, portée par les états et tarifs annexés aux édits des mois de février 1778 et d'avril 1779. 15 mars 1787. (AN → AD^{+} 1078)

4548. Louis, par la grâce de dieu, roi de France et de Navarre [...]. (Sieur Chardon, intendant des ports et havres, pêches, pêcheries, droits maritimes). 15 mars 1787. (AN → Marine A/1/142)

4549. Lettres patentes du roi, en forme de déclaration, pour proroger pendant trois ans, à compter du premier janvier 1788, la levée et perception des droits et impositions, ou sommes fixes, connus sous la dénomination d'octrois, appartenant au roi. 19 mars 1787. (AN → AD^{+} 1078)

4550. Lettres patentes du roi, concernant l'insinuation des donations qui auront pour objet des actions de tontines constituées sur la Maison d'Orléans. 20 mars 1787. (AN → AD^{+} 1078)

4551. Emprunt de 80 millions, établi par édit de décembre 1785. Liste générale du premier tirage des primes attribuées aux huit mille bulletins correspondant aux numéros des quittances de finance, sortis au tirage de décembre 1786. Ledit tirage fait dans une des salles de l'Hôtel de Ville de Paris. 21 mars 1787. (AN → AD^{+} 1078)

4552. Deuxième liste des personnes qui ont fait leurs déclarations et soumissions dans les Bureaux du greffier et du trésorier de l'Hôtel de Ville de Paris, de contribuer à l'établissement de quatre nouveaux hôpitaux, capables de suppléer à l'insuffisance de l'Hôtel-Dieu de Paris, annoncé dans le prospectus imprimé de l'ordre du roi ; depuis et compris le 22 février 1787, jusque et compris le 21 mars suivant. (AN → AD/XIV/4)

4553. Ordonnance du roi, concernant la compagnie des gardes de la Porte. 22 mars 1787. (AN → AD⁺ 1078)

4554. Arrêt du Conseil d'État du roi, qui casse et annule l'ordonnance du bailliage de Beaumont-sur-Oise, du 11 avril 1785 ; et fait défenses aux officiers dudit bailliage d'en rendre de pareilles à l'avenir. 30 mars 1787. (AN → AD⁺ 1078)

4555. Ordonnance du roi, qui règle l'uniforme que doivent porter les courriers de son cabinet. 30 mars 1787. (AN → AD⁺ 1078)

4556. Lettres patentes du roi, qui portent que les copies légales des titres de la Maison d'Asnières auront la même force et valeur que leurs originaux. Avril 1787. (AN → U 1310)

4557. Arrêt du Conseil d'État du roi, concernant la marque ou plomb à apposer sur les mousselines nationales. 1er avril 1787. (AN → AD⁺ 1078)

4558. Loterie royale établie par arrêt du Conseil du 4 octobre 1783. Liste générale du quatrième tirage de ladite Loterie, fait en la grande salle de l'Hôtel de Ville de Paris. 11, 12, 13, 14, 16 et 17 avril 1787. (AN → AD⁺ 1078)

4559. Arrêt du Conseil d'État du roi, qui ordonne que le sieur Duplain, libraire à Paris, sera et demeurera interdit de ses fonctions. 12 avril 1787. (AN → AD⁺ 1078)

4560. Emprunt de la ville de Paris. Édit de septembre 1786. Liste générale des dix mille lots de primes, échus aux numéros de la première série de la Loterie, établie par édit de septembre 1786, dont le tirage a été fait dans la grande salle de l'Hôtel de Ville de Paris, conformément audit édit. 18, 19, 20, 21, 23, 24, 25, 26 et 27 avril 1787. (AN → AD⁺ 1078)

4561. Troisième liste des personnes qui ont fait leurs déclarations et soumissions dans les Bureaux du greffier et du trésorier de l'Hôtel de Ville de Paris, de contribuer à l'établissement de quatre nouveaux hôpitaux, capables de suppléer à l'insuffisance de l'Hôtel-Dieu de Paris, annoncé dans le prospectus imprimé de l'ordre du roi ; depuis et compris le 22 mars 1787, jusque et compris le 21 avril suivant. (AN → AD/XIV/4)

4562. Discours du roi, prononcé à l'Assemblée de notables du lundi 23 avril 1787. (AN → AD⁺ 1078)

4563. Arrêt du Conseil d'État du roi, portant homologation du traité fait le 29 janvier 1787, entre la Chambre d'administration des États particuliers du Mâconnais, et les officiers municipaux de la ville de Mâcon : en conséquence, ordonne que ledit traité sera exécuté en tout son contenu, et que les aubergistes, cabaretiers et autres vendant vin dans ladite ville et ses faubourgs, seront tenus de payer six livres de droit principal, pour chaque tonneau de vin vendu en détail, au profit de la ville et communauté de Mâcon, non compris les sous pour livre, perçus au profit de Sa Majesté : ordonne de plus, que les redevables seront contraints au payement desdits droits, conformément à l'article III du titre VI de l'ordonnance des aides, de 1680, concernant la vente du vin en détail ; à laquelle ordonnance les commis à la perception seront tenus de se conformer. 24 avril 1787. (AN → AD+ 1078)

4564. Ordonnance du roi, pour mettre le régiment de Rohan-Soubise sous le nom de Rohan. 29 avril 1787. (AN → MM 1228)

4565. Arrêt du Conseil d'État du roi, qui supprime des lettres de requête civile obtenues en la chancellerie du Palais par Fleury, comme obreptices, subreptices et insidieusement surprises, et qui condamne Fleury par corps à rapporter la grosse desdites lettres. 30 avril 1787. (AN → AD+ 1078)

4566. Édit du roi, portant création de six millions de rentes viagères. Mai 1787. (AN → AD+ 1078)

4567. Règlement du roi, concernant le jaugeage des navires. Mai 1787. (AN → Marine A/1/143)

4568. Arrêt du Conseil d'État du roi, qui exempte des droits de circulation les draps et étoffes de laine et de coton, les bonneteries et les gazes, qui seront revêtus des plombs apposés à l'entrée du royaume aux marchandises étrangères, ou des plombs de fabrique nationale. 1er mai 1787. (AN → AD+ 1078)

4569. Ordonnance du roi, pour attacher aux neuf escadres établies par l'ordonnance du 1er janvier 1786, les entretenus de la Marine destinés pour la mer. 1er mai 1787. (AN → AD+ 1078)

4570. Déclaration du roi, interprétative de l'édit de juillet 1784, portant que la charge d'intendant des Écuries de Monsieur sera désunie de celle d'intendant des Menus... 1er mai 1787. (AN → AD/IX/372)

4571. Loterie royale, établie par arrêt du Conseil d'État du roi du 29 octobre 1780. Liste du tirage des deux mille billets qui doivent participer à celui des quatre cents primes, du mois de septembre 1787. Ledit tirage fait dans la grande salle de l'Hôtel de Ville de Paris, conformément audit arrêt. 1er mai 1787. (AN → AD+ 1078)

4572. Arrêt du Conseil d'État du roi, qui relève le sieur Duplain de l'interdiction prononcée contre lui. 4 mai 1787. (AN → AD+ 1078)

4573. Lettres patentes du roi, concernant les actes des notaires du Franc-Lyonnais. 4 mai 1787. (AN → AD+ 1078)

4574. Arrêt du Conseil d'État du roi, qui désigne les ports de France qui seront ouverts le 10 mai, à l'entrée des marchandises d'Angleterre ; et qui détermine la quotité des droits perceptibles, en exécution du traité de commerce, et les plombs à apposer aux marchandises qui en sont susceptibles, pour les faire jouir de l'exemption des droits à la circulation. 6 mai 1787. (AN → AD+ 1078)

4575. Ordonnance du roi, concernant les élèves-constructeurs des ports marchands. 6 mai 1787. (AN → AD+ 1078)

4576. Instruction sur les moyens que l'on peut employer pour connaître la qualité des salpêtres et entrepreneurs de nitrières, et pour en constater séparément les déchets. 9 mai 1787. (AN → AD/VI/17 dossier A pièce 37)

4577. Arrêt du Conseil d'État du roi, portant révocation de la commission ci-devant accordée au sieur Louis-René Marchal, pour exercer les fonctions des économes-séquestres, et nomination du sieur Brière de Mondetour, pour exercer seul lesdites fonctions des économes-séquestres, sous le titre de receveur général des Économats. 13 mai 1787. (AN → AD$^+$ 1078)

4578. Lettre du roi à chaque Bureau des notables. 14 mai 1787. (BN → Le^{21} 22)

4579. Arrêt du Conseil d'État du roi, qui sans s'arrêter à un autre arrêt du 22 juin 1784, auquel l'administrateur des Domaines a été reçu opposant, condamne les sieurs Latané, de la Barde et de Puyfaucaud, à payer le droit de franc-fief des biens nobles qu'ils possèdent, et au coût dudit arrêt. 15 mai 1787. (AN → AD/X/8 dossier A pièce 102)

4580. Lettres patentes du roi, en forme de déclaration, pour proroger pendant trois ans, à compter du 1er janvier 1788, la levée et perception des droits et impositions ou sommes fixes connus sous la dénomination d'octrois, appartenant au roi... 19 mai 1787. (BN → F 21313 [43])

4581. Quatrième liste des personnes qui ont fait leurs déclarations et soumissions dans les Bureaux du greffier et du trésorier de l'Hôtel de Ville de Paris, de contribuer à l'établissement de quatre nouveaux hôpitaux, capables de suppléer à l'insuffisance de l'Hôtel-Dieu de Paris, annoncé dans le prospectus imprimé de l'ordre du roi ; depuis et compris le 22 avril 1787, jusque et compris le 21 mai suivant. (AN → AD/XIV/4)

4582. Ordonnance du roi, portant règlement sur la fonte, l'épreuve et la réception des bouches à feu de bronze destinées au service de l'artillerie des colonies, et sur l'administration des fonderies. 23 mai 1787. (AN → AD$^+$ 1078)

4583. Arrêt du Conseil d'État du roi, pour la prise de possession du bail de la Ferme générale des biens des religionnaires fugitifs et réfractaires aux ordres du roi, sous le nom d'André Piotton, bourgeois de Paris, pour neuf années, à commencer du premier janvier 1788. 25 mai 1787. (AN → AD$^+$ 1078)

4584. Arrêt du Conseil d'État du roi, qui permet l'admission en franchise des bâtiments étrangers au Port-Louis en l'île de France. 27 mai 1787. (AN → AD$^+$ 1078)

4585. Arrêt du Conseil d'État du roi, par lequel Sa Majesté, en exécution du traité de navigation et de commerce, conclu entre Elle et le roi de la Grande-Bretagne, le 26 septembre 1786, déclare que tous les ports, terres, États, villes, lieux et rivières de Sa Majesté en Europe, seront dès à présent ouverts aux sujets de Sa Majesté britannique. 31 mai 1787. (AN → AD$^+$ 1078)

4586. Édit du roi, portant suppression du droit d'ancrage sur les navires français, dans les ports du royaume ; de celui de lestage et délestage et autres ; des six et huit sous pour livre sur les droits attribués à l'Amiral de France ; des quatre deniers pour livre sur le produit des ventes, etc., et qui ordonne qu'il sera procédé à la liquidation des droits qui se perçoivent sur le commerce, la navigation et la pêche nationale ; ainsi qu'à la vérification des salaires des officiers des amirautés, et autres frais de justice. Juin 1787. (AN → AD$^+$ 1079)

4587. Édit du roi, par lequel Sa Majesté supprime l'office de trésorier général ancien des dépenses de la guerre, dont est pourvu le sieur Mégret de Serilly, et commet le sieur Fontaine de Biré, trésorier général alternatif, pour achever les exercices du sieur de Serilly. Juin 1787. (AN → AD$^+$ 1079)

4588. Édit du roi, portant création d'assemblées provinciales. Juin 1787. (AN → AD$^+$ 1079)

4589. Ordonnance du roi, concernant les commissaires des classes. 1er juin 1787. (AN → Marine A/1/143)

4590. Règlement fait par le roi, pour la formation de son Conseil royal des finances et du commerce. 5 juin 1787. (AN → AD$^+$ 1079)

4591. Règlement fait par le roi, pour l'administration de ses finances et du commerce. 5 juin 1787. (AN → Marine A/1/143)

4592. Arrêt du Conseil d'État du roi, qui supprime l'ouvrage intitulé, *Lettre du comte de Mirabeau, sur l'administration de M. Necker*. 6 juin 1787. (AN → AD$^+$ 1079)

4593. Ratification de la convention conclue entre le roi et le roi d'Espagne, le 24 décembre 1786. 12 juin 1787. (AN → Marine A/1/143)

4594. Lettres patentes du roi, qui dispensent les collecteurs de la province de Champagne et du duché de Bar de la formalité des *pareatis*, pour l'exécution de leurs rôles contre les contribuables demeurant dans l'une de ces deux provinces, et dont les biens sont situés dans l'autre. 13 juin 1787. (AN → AD$^+$ 1079)

4595. Lettres patentes du roi, qui permettent aux propriétaires de fiefs régis par la coutume générale d'Artois, et situés dans la mouvance du roi, d'éclisser ou démembrer ces fiefs. 14 juin 1787. (AN → AD$^+$ 1079)

4596. Arrêt du Conseil d'État du roi, qui prescrit les formalités à observer dans la ville de Dunkerque, relativement à l'exécution du traité de commerce conclu avec l'Angleterre. 15 juin 1787. (AN → AD$^+$ 1079)

4597. Extrait des registres du Conseil d'État du roi. (Sieurs Ledru et Bénézet. Jean-Louis Vaquette de Lenchères. Sieurs de Lorme, de la Courtie et Bigot de Villeneuve. Héritiers Audoy. Femme Calmer. Sieur Rochereux. Veuve de Prégermain. Demoiselle Bouillerot). 16 juin 1787. (AN → AD$^+$ 1079)

4598. Lettres patentes du roi, qui, par suite de l'édit de mai dernier, portant création de six millions de rentes viagères, affectent de préférence le produit des tailles au payement des arrérages desdites rentes viagères, et ordonnent que les extinctions soient employées annuellement à la diminution de l'impôt de la taille. 17 juin 1787. (AN → AD$^+$ 1079)

4599. Ordonnance du roi, portant établissement aux îles de la Martinique et de la Guadeloupe, d'une assemblée coloniale, et d'un comité en dépendant, avec suppression des chambres d'agriculture. 17 juin 1787. (AN → AD$^+$ 1079)

4600. Déclaration du roi, pour la liberté du commerce des grains. 17 juin 1787. (AN → AD$^+$ 1079)

4601. Lettres patentes du roi, qui règlent les procédures qui seront suivies par la Chambre des comptes, pour la discussion des biens du sieur Mégret de Serilly. 18 juin 1787. (AN → AD$^+$ 1079)

4602. Déclaration du roi, concernant le timbre. 18 juin 1787. (AN → AD$^+$ 1079)

4603. Emprunt de cent millions, établi par édit du mois de décembre 1782, et arrêt du Conseil du 1er décembre 1783. Liste générale du huitième tirage des remboursements des capitaux des rentes résultantes dudit emprunt, montant à la somme de deux millions neuf cent soixante-quatorze mille sept cent quarante-quatre livres dix-neuf sous, échus par le sort de la Loterie, tirée dans l'Hôtel de Ville de Paris, en présence de messieurs les Prévôt des marchands et échevins. 18 juin 1787. (AN → AD$^+$ 1079)

4604. Arrêt du Conseil d'État du roi, qui ordonne par provision, que, jusqu'à ce qu'il ait été trouvé une maison convenable, le Bureau de la Régie générale à Barbançon subsistera dans la maison du sieur Boucneau, auquel il est fait défenses de troubler le receveur dans sa jouissance, à peine de toutes pertes, dépens, dommages et intérêts. 19 juin 1787. (AN → AD$^+$ 1079)

4605. Cinquième liste des personnes qui ont fait leurs déclarations et soumissions dans les Bureaux du greffier et du trésorier de l'Hôtel de Ville de Paris, de contribuer à l'établissement de quatre nouveaux hôpitaux, capables de suppléer à l'insuffisance de l'Hôtel-Dieu de Paris, annoncé dans le prospectus imprimé de l'ordre du roi ; depuis et compris le 22 mai, jusque et compris le 21 juin 1787. (AN → AD/XIV/4)

4606. Arrêt du Conseil d'État du roi, qui fixe l'établissement de quatre nouveaux hôpitaux pour la ville de Paris, à l'hôpital Saint-Louis, à l'hôpital Sainte-Anne, aux hospitalières de la Roquette, et à l'abbaye royale de Sainte-Pérrine à Chaillot. 22 juin 1787. (AN → AD$^+$ 1079)

4607. Règlement fait par le roi, sur la formation et la composition des assemblées qui auront lieu dans la province de Champagne, en vertu de l'édit portant création des assemblées provinciales. 23 juin 1787. (AN → AD$^+$ 1079)

4608. Arrêt du Conseil d'État du roi, qui fixe les sommes à payer par les habitants du pays de Labourd, et ceux des paroisses de Guiche, Vre et Bardos, pendant chacune des six années de la régie de Joseph-Basile Poinsignon, administrateur-général des Domaines et droits domaniaux, par forme d'abonnement des droits de contrôle des actes des notaires, et sous signatures privées, des droits d'insinuation laïque, petit-scel et centième denier, et qui détermine les cas où les contrats et actes passés par les notaires desdits pays de Labourd, et paroisses, pourront être exécutés et produits en justice dans toutes les autres provinces sans être assujettis au contrôle ni à l'insinuation. 27 juin 1787. (AN → AD/X/8 dossier A pièce 104)

4609. Déclaration du roi, pour la conversion de la corvée en une prestation en argent. 27 juin 1787. (AN → AD$^+$ 1079)

4610. Arrêt du Conseil d'État du roi, qui prescrit les formalités à remplir, non seulement par les maîtres des communautés supprimées par différents édits, mais encore par les artisans qui exerçaient des professions libres avant lesdits édits ; et enfin par ceux qui exercent ou exerceront des professions restées libres. 30 juin 1787. (AN → AD^{+} 1079)

4611. Édit du roi, qui partage entre l'intendance de Bordeaux et celle d'Auch, le département qui compose aujourd'hui l'intendance de Pau et Bayonne. Juillet 1787. (AN → AD^{+} 1079)

4612. Arrêt du Conseil d'État du roi, qui fait défenses aux administrateurs du Mont-de-Piété de Metz, d'employer d'autres officiers que les jurés-priseurs ou leurs commis, pour faire les appréciations et ventes de tous les meubles et effets mobiliers qui seront déposés au Mont-de-Piété de ladite ville ; et qui fait pareillement défenses aux sieurs Grisel et Pérard, ainsi qu'à tous autres, de s'y immiscer. 3 juillet 1787. (AN → AD/II/17 pièce 193)

4613. Lettres patentes du roi, concernant la répartition et le recouvrement des impositions de la ville de Loudun. 4 juillet 1787. (AN → AD^{+} 1079)

4614. Règlement fait par le roi, sur la formation et la composition des assemblées qui auront lieu dans la province des Trois-Évêchés, en vertu de l'édit portant création des assemblées provinciales. 5 juillet 1787. (AN → AD^{+} 1079)

4615. Règlement fait par le roi, sur la formation et la composition des assemblées qui auront lieu dans la province du Soissonnais, en vertu de l'édit portant création des assemblées provinciales. 5 juillet 1787. (AN → AD^{+} 1079)

4616. Règlement fait par le roi, sur la formation et la composition des assemblées qui auront lieu dans la généralité d'Amiens, en vertu de l'édit portant création des assemblées provinciales. 8 juillet 1787. (AN → AD^{+} 1079)

4617. Règlement fait par le roi, sur la formation et la composition des assemblées qui auront lieu dans la province d'Auvergne, en vertu de l'édit portant création des assemblées provinciales. 8 juillet 1787. (AN → AD^{+} 1079)

4618. Règlement fait par le roi, sur la formation et la composition des assemblées qui auront lieu dans la province de l'Île-de-France, en vertu de l'édit portant création des assemblées provinciales. 8 juillet 1787. (AN → AD^{+} 1079)

4619. Règlement fait par le roi, sur la formation et la composition des assemblées qui auront lieu dans les duchés de Lorraine et de Bar, en vertu de l'édit portant création des assemblées provinciales. 8 juillet 1787. (AN → AD^{+} 1079)

4620. Lettres patentes du roi, concernant la discussion des biens du sieur de Serilly. 9 juillet 1787. (AN → AD^{+} 1079)

4621. Arrêt du Conseil d'État du roi, qui ordonne que les sieurs Marbouty et Plainemaison, et autres personnes chargées de la recette des épices des officiers de la sénéchaussée de Limoges, tiendront à l'avenir un registre de recette des épices, vacations et conclusions qu'ils recevront pour les officiers dudit siège, et qu'ils le représenteront à toutes réquisitions aux préposés de l'administration des Domaines ; condamne lesdits Marbouty et Plainemaison à payer les trois sols pour livre et accessoires des différentes sentences dont les épices ont été payées, quoique lesdites sentences n'aient point été expédiées, et en outre au coût dudit arrêt. 10 juillet 1787. (AN → AD/X/8 dossier A pièce 105)

4622. Règlement fait par le roi, sur la formation et la composition des assemblées qui auront lieu dans la province d'Alsace, en vertu de l'édit portant création des assemblées provinciales. 12 juillet 1787. (AN → AD^{+} 1079)

4623. Règlement fait par le roi, sur la formation et la composition des assemblées qui auront lieu dans la généralité d'Auch, en vertu de l'édit portant création des assemblées provinciales. 12 juillet 1787. (AN → AD^{+} 1079)

4624. Règlement fait par le roi, sur la formation et la composition des assemblées qui auront lieu dans la province du Haynault, en vertu de l'édit portant création des assemblées provinciales. 12 juillet 1787. (AN → AD^{+} 1079)

4625. Règlement fait par le roi, sur la formation et la composition des assemblées qui auront lieu dans la province du Limousin, en vertu de l'édit portant création des assemblées provinciales. 12 juillet 1787. (AN → AD^{+} 1079)

4626. Règlement fait par le roi, sur la formation et la composition des assemblées qui auront lieu dans la province du Poitou, en vertu de l'édit portant création des assemblées provinciales. 12 juillet 1787. (AN → AD^{+} 1079)

4627. Arrêt du Conseil d'État du roi, qui déclare le sieur Cagliostro non-recevable et mal fondé dans toutes ses demandes, tant contre le sieur de Launey, que contre le commissaire Chenon fils.
Et ordonne que le mémoire imprimé, commençant par ces mots : *Déclaré innocent*, finissant par ceux-ci : *de vos superbes cités*, et signé Thilorier et Gervais, sera et demeurera supprimé comme injurieux et calomnieux. 14 juillet 1787. (AN → AD^{+} 1079)

4628. Arrêt du Conseil d'État du roi, portant règlement pour les nouveaux dessins que les fabricants d'étoffes de soierie et de dorure du royaume auront composés ou fait composer. 14 juillet 1787. (AN → AD^{+} 1079)

4629. Arrêt du Conseil d'État du roi, par lequel le roi révoque la commission établie par l'arrêt du 22 septembre 1786, renvoie devant les juges ordinaires les instances relatives aux marchés illicites d'effets publics, et ordonne qu'à l'exception des actions de la Caisse d'escompte, aucun des papiers et effets des compagnies et associations particulières, ne pourront être négociés à la Bourse de Paris, que comme des billets et lettres de change entre particuliers. 14 juillet 1787. (AN → AD^{+} 1079)

4630. Règlement fait par le roi, sur la formation et la composition des assemblées qui auront lieu dans la généralité d'Alençon, en vertu de l'édit portant création des assemblées provinciales. 15 juillet 1787. (AN → AD^{+} 1079)

4631. Règlement fait par le roi, sur la formation et la composition des assemblées qui auront lieu dans la généralité de Caen, en vertu de l'édit portant création des assemblées provinciales. 15 juillet 1787. (AN → AD^{+} 1079)

4632. Règlement fait par le roi, sur la formation et la composition des assemblées qui auront lieu dans la généralité de Rouen, en vertu de l'édit portant création des assemblées provinciales. 15 juillet 1787. (AN → AD^{+} 1079)

4633. Règlement fait par le roi, sur la formation et la composition des assemblées qui auront lieu dans la généralité de Tours, en vertu de l'édit portant création des assemblées provinciales. 18 juillet 1787. (AN → AD$^+$ 1079)

4634. Règlement fait par le roi, sur la formation et la composition des assemblées qui auront lieu dans la généralité de Bordeaux, en vertu de l'édit portant création des assemblées provinciales. 18 juillet 1787. (AN → AD$^+$ 1079)

4635. Règlement fait par le roi, sur la formation et la composition des assemblées qui auront lieu dans la généralité d'Orléans, en vertu de l'édit portant création des assemblées provinciales. 18 juillet 1787. (AN → AD$^+$ 1079)

4636. Ordonnance du roi, concernant les canonniers-auxiliaires de la Marine. 19 juillet 1787. (AN → AD$^+$ 1079)

4637. Arrêt du Conseil d'État du roi, portant règlement pour la pêche des huîtres dans la baie de Cancale. 20 juillet 1787. (AN → AD$^+$ 1079)

4638. Déclaration du roi, qui ordonne l'exécution de l'article IV de celle du 9 avril 1736, concernant les actes de baptême. 20 juillet 1787. (BN → F 21734 [51])

4639. Sixième liste des personnes qui ont fait leurs déclarations et soumissions dans les Bureaux du greffier et du trésorier de l'Hôtel de Ville de Paris, de contribuer à l'établissement de quatre nouveaux hôpitaux, capables de suppléer à l'insuffisance de l'Hôtel-Dieu de Paris, annoncé dans le prospectus imprimé de l'ordre du roi ; depuis et compris le 22 juin, jusque et compris le 21 juillet 1787. (AN → AD/XIV/4)

4640. Arrêt du Conseil d'État du roi, qui casse et annule un arrêt du parlement de Metz, du 9 décembre 1785, rendu au profit des sieurs Fondestheine et Virion, huissiers du bailliage seigneurial de Vic, et M. l'évêque de Metz, intervenant ; maintient les jurés-priseurs, vendeurs de biens-meubles des villes, ressort du bailliage de Metz, justices y ressortissantes et juridictions en dépendantes, dans le droit de faire seuls, et à l'exclusion de tous autres, toutes les prisées, expositions et ventes de biens-meubles, soit volontaires, soit forcées, sauf la concurrence réservée aux officiers des seigneurs hauts-justiciers, dans le cas porté par l'article 10 de l'édit de 1771, ainsi que dans celui de percevoir les quatre deniers pour livre du prix desdites ventes ; condamne lesdits Fondstheine, Virion, et tous autres huissiers et sergents du bailliage de Vic, à leur restituer les droits, vacations et émoluments par eux perçus, à raison desdites prisées et ventes par eux faites, et M. l'évêque de Metz à tous les dépens. 24 juillet 1787. (AN → AD/II/17 pièce 194)

4641. Arrêt du Conseil d'État du roi, qui déclare le sieur Fournier, habitant de Saint-Domingue, non-recevable et mal fondé dans son opposition à l'arrêt du Conseil d'État du roi du 17 février dernier ; le déboute en conséquence de toutes ses fins et conclusions ; supprime les requêtes et mémoires dudit sieur Fournier, comme attentatoires au respect dû à l'autorité du roi, contraires à la police de l'imprimerie, injurieux, faux et calomnieux ; interdit l'avocat de ses fonctions pour un an. 28 juillet 1787. (AN → AD$^+$ 1079)

4642. Arrêt du Conseil d'État du roi, qui maintient la dame comtesse de Ligny, dame du comté de Courtenay, dans le droit de percevoir le minage sur toutes espèces de grains vendus au marché de ladite ville de Courtenay. 29 juillet 1787. (AN → AD^{+} 1079)

4643. Règlement fait par le roi, sur la formation et la composition des assemblées qui auront lieu dans la généralité de La Rochelle, en vertu de l'édit portant création des assemblées provinciales. 29 juillet 1787. (AN → AD^{+} 1079)

4644. Règlement fait par le roi, sur la formation et la composition des assemblées qui auront lieu dans la généralité de Lyon, en vertu de l'édit portant création des assemblées provinciales. 30 juillet 1787. (AN → AD^{+} 1079)

4645. Édit du roi, portant suppression des offices de directeur général des Postes aux chevaux, Relais et Messageries, et d'intendant des Postes aux chevaux, Relais et Messageries. Août 1787. (AN → AD^{+} 1079)

4646. Édit du roi, portant suppression des charges de la Garderobe du roi, qui sont dans le casuel de celle de grand-maître de la Garderobe de Sa Majesté. Août 1787. (AN → AD^{+} 1079)

4647. Édit du roi, portant suppression des deux vingtièmes et quatre sous pour livre du premier vingtième ; et établissement d'une subvention territoriale dans tout le royaume. Août 1787. (AN → AD^{+} 1079)

4648. Arrêt du Conseil d'État du roi, qui continue pendant dix années, à compter du 1er janvier 1788, la perception des quatre sous pour livre, outre et par-dessus la portée des taxes de la capitation. 4 août 1787. (AN → AD^{+} 1079)

4649. Déclaration du roi, concernant le timbre. 4 août 1787. (AN → AD^{+} 1079)

4650. Règlement fait par le roi, sur les fonctions des assemblées provinciales, et de celles qui leur sont subordonnées, ainsi que sur les relations de ces assemblées, avec les intendants des provinces. 5 août 1787. (AN → AD^{+} 1335)

4651. Procès-verbal de ce qui s'est passé au Lit de Justice, tenu par le roi à Versailles, le lundi 6 août 1787. (Finances). (AN → AD^{+} 1079)

4652. Règlement du roi, sur quelques dépenses de sa Maison et de celle de la reine. 9 août 1787. (AN → AD^{+} 1079)

4653. Arrêt du Conseil d'État du roi, qui règle la forme de l'administration municipale de la ville de Meaux. 10 août 1787. (AN → AD^{+} 1079)

4654. Arrêt du Conseil d'État du roi, en interprétation de celui du 22 juin dernier, concernant les quatre nouveaux hôpitaux. 10 août 1787. (AN → AD^{+} 1079)

4655. Arrêt du Conseil d'État du roi, concernant les contre-seings et franchises des lettres. 12 août 1787. (AN → AD^{+} 1079)

4656. Lettres patentes du roi, portant validation de la recette faite au Trésor royal, pour le capital des rentes viagères créées par édit de mars 1781. 12 août 1787. (AN → AD^{+} 1079)

4657. Lettres patentes du roi, portant validation de la recette faite au Trésor royal, pour le capital des rentes viagères créées par édit de janvier 1782. 12 août 1787. (AN → AD^{+} 1079)

4658. Règlement fait par le roi, sur les fonctions des assemblées générales et provinciales, et de celles qui leur sont subordonnées, créées dans les généralités de Tours et d'Aquitaine, ainsi que sur les relations de ces assemblées avec les intendants desdites généralités. 12 août 1787. (AN → AD^{+} 1335)

4659. Lettres patentes du roi, qui étendent, à tous les objets de commerce, les privilèges accordés par les lettres patentes du mois de novembre 1786, aux draperies exposées aux foires de la ville de Toulouse. Avec l'arrêt de registre du 5 septembre 1787. 13 août 1787. (AN → AD^{+} 1079)

4660. Arrêt du Conseil d'État du roi, qui casse les arrêtés du Parlement des 7 et 13 août 1787 et ordonne que l'édit portant établissement d'une subvention territoriale, et la déclaration concernant le timbre, registrés en Lit de Justice le 6 du même mois, seront exécutés suivant leur forme et teneur. 14 août 1787. (AN → AD^{+} 1079)

4661. Lettres patentes du roi, qui règlent entre les mains de qui les juges et consuls prêteront serment... 14 août 1787. (BN → F 21734 [53])

4662. Lettres patentes du roi, qui transfèrent en la ville de Troyes le siège du Parlement. 15 août 1787. (AN → AD^{+} 1079)

4663. Règlement fait par le roi, sur la formation et la composition des assemblées qui auront lieu dans la province du Roussillon. 15 août 1787. (AN → AD^{+} 1079)

4664. Lettres patentes du roi, qui ordonnent que les juges et consuls, autres que ceux de la ville de Paris, qui seront élus, seront tenus de prêter serment entre les mains des anciens consuls sortant de charge. 18 août 1787. (AN → AD^{+} 1079)

4665. Arrêt du Conseil d'État du roi, qui fait main-levée au sieur Carré des oppositions à sa réception dans l'état et office de juré-priseur-vendeur de meubles de la ville, faubourgs et banlieue d'Amiens, formées par les officiers municipaux et par les jurés-priseurs patrimoniaux de ladite ville : maintient ledit sieur Carré dans le droit de faire seul, et à l'exclusion des sergents à masse, ainsi que des jurés-priseurs patrimoniaux de la ville d'Amiens, les prisées, expositions et ventes de tous biens-meubles, soit volontaires, soit forcées, en quelque sorte et manière que ce puisse être, et sans aucune exception. 21 août 1787. (AN → AD/II/17 pièce 195)

4666. Arrêt du Conseil d'État du roi, qui ordonne que, dans le diocèse de Rouen, les cures régulières dépendantes des maisons de chanoines réguliers qui n'étaient point en congrégation, et sont éteintes par le défaut de sujets, pourront être obtenues et possédées à l'avenir par tous prêtres séculiers, à l'exclusion des religieux des congrégations. 22 août 1787. (AN → AD^{+} 1079)

4667. Lettre... aux agents généraux du clergé de France, pour la convocation de l'assemblée générale extraordinaire du clergé en la ville de Paris au 1er mai 1788. 22 août 1787. (BN → Fol Ld^{4} 6705)

4668. Arrêt du Conseil, qui casse et annule l'arrêté de la Chambre des comptes du 17 août 1787. (Subvention territoriale. Timbre). 23 août 1787. (AN → AD/IX/ 374 pièce 3)

4669. Lettres patentes du roi, concernant la fixation des époques de jouissance de l'augmentation de droits accordée aux officiers des monnaies par l'édit de novembre 1785, pour la fabrication des espèces d'or et d'argent. 24 août 1787. (AN → AD^{+} 1079)

4670. Réponse du roi, aux supplications de la Cour des aides. 25 août 1787. (AN → AD^{+} 1079)

4671. Arrêt du Conseil d'État du roi, qui commet le sieur de Selle, maître des requêtes, pour coter et parapher les livres et registres établis et à établir pour les affaires de la Compagnie des Indes créée par arrêt du Conseil du 14 avril 1785. 27 août 1787. (AN → AD^{+} 1079)

4672. Arrêt du Conseil d'État du roi, qui, en exécution de celui du 13 juin 1720, fait défenses d'exporter hors du royaume les écorces d'arbres servant à faire le tan pour l'apprêt des cuirs. 27 août 1787. (AN → AD^{+} 1079)

4673. Lettres de jussion adressées au parlement de Bordeaux, séant à Libourne, pour l'enregistrement de l'édit portant création d'assemblées provinciales en Guyenne. 27 août 1787. (BN → Lb^{39} 6338)

4674. Lettres patentes du roi, qui renvoient à la Cour des aides la discussion des biens du sieur Baudard de Sainte-James. 28 août 1787. (AN → AD^{+} 1079)

4675. Déclaration du roi, portant règlement sur les lettres de ratification des actes translatifs de propriété des rentes assignées sur les revenus du roi. 28 août 1787. (AN → AD^{+} 1079)

4676. Arrêt du Conseil d'État du roi, portant établissement d'une imprimerie à Versailles, en faveur du sieur Pierres, premier imprimeur ordinaire de Sa Majesté. 31 août 1787. (AN → U 1311)

4677. Édit du roi, de révocation, tant de celui du mois d'août dernier portant suppression des deux vingtièmes et établissement d'une subvention territoriale, que de la déclaration du quatre du même mois, concernant le timbre ; et prorogation du second vingtième, pendant les années mil sept cent quatre-vingt-onze et mil sept cent quatre-vingt-douze. Septembre 1787. (AN → AD^{+} 1080)

4678. Arrêt du Conseil d'État du roi, qui casse les arrêtés du parlement de Paris, des 7, 13, 22 et 27 août 1787. 2 septembre 1787. (AN → AD^{+} 1080)

4679. Réponse du roi. (Subvention territoriale). 2 septembre 1787. (AN → AD^{+} 1080)

4680. Arrêt du Conseil d'État du roi, concernant le commerce de librairie dans les lieux privilégiés. 4 septembre 1787. (AN → AD^{+} 1080)

4681. Règlement fait par le roi, sur la formation et la composition des assemblées qui auront lieu dans la province de Dauphiné, en vertu de l'édit du mois de juillet 1787. 4 septembre 1787. (AN → AD^{+} 1080)

4682. Lettres patentes du roi, portant prorogation des séances du Parlement. (Troyes). 5 septembre 1787. (AN → AD^{+} 1080)

4683. Arrêt du Conseil d'État du roi, qui ordonne un nouvel examen des plans, devis et marchés relatifs à la construction de la clôture de Paris, ensemble des ouvrages déjà faits et de ceux restant à faire. Ordonne que les constructions concernant ladite clôture, non encore commencées, ne pourront être exécutées qu'après ledit examen et l'approbation détaillée du sieur contrôleur général, et sur le compte qu'il en aura rendu à Sa Majesté. 7 septembre 1787. (AN → AD^{+} 1080)

4684. Arrêt du Conseil d'État du roi, qui ordonne l'établissement, à Versailles, d'un détachement de son Imprimerie royale du Louvre, pour le plus prompt service des différents départements, et la réunion de l'imprimerie de son cabinet, à sa dite Imprimerie royale du Louvre. 8 septembre 1787. (AN → AD^{+} 1080)

4685. Lettres de surannation sur les lettres patentes (ci-dessus du 1er octobre 1785) règlant les droits d'exercice des receveurs généraux des Finances des généralités d'Auch et de Bordeaux. 15 septembre 1787. (BN → F 4356 [63])

4686. Arrêt du Conseil d'État du roi, qui rend commun à la Picardie celui du 8 août 1761, portant défenses, relativement à la Champagne, la Flandre et le Hainault, d'établir aucunes clouteries dans les deux lieues frontières de l'étranger. 19 septembre 1787. (AN → AD^{+} 1080)

4687. Lettres patentes du roi, qui ordonnent qu'il sera imposé une somme de 60 000 livres en trois ans, à raison de 20 000 livres par an, sur tous les propriétaires du ressort du parlement de Douai, pour être employée à achever les ouvrages de reconstruction des bâtiments destinés aux séances du parlement de Douai. 19 septembre 1787. (BN → F 21734 [48])

4688. Déclaration du roi, qui transfère et rétablit le siège du parlement en la ville de Paris, et y établit une Chambre des vacations. 20 septembre 1787. (AN → AD^{+} 1080)

4689. Loterie royale, établie par arrêt du Conseil d'État du roi du 29 octobre 1780. Liste générale du tirage des 400 primes, attribuées aux deux mille billets de ladite Loterie, sortis à celui du 1er mai 1787. Ledit tirage fait dans la grande salle de l'Hôtel de Ville de Paris, en présence de messieurs les prévôt des marchands et échevins, le jeudi 20 septembre 1787. (AN → AD^{+} 1080)

4690. Arrêt du Conseil d'État du roi, par lequel Sa Majesté fixe au 3 octobre prochain, la tenue d'une seconde assemblée dans le Hainault, pour continuer le travail relatif à l'établissement des États, et lui attribue provisoirement les mêmes fonctions et pouvoirs qu'aux assemblées provinciales. 21 septembre 1787. (AN → AD^{+} 1080)

4691. Septième liste des personnes qui ont fait leurs déclarations et soumissions dans les Bureaux du greffier et du trésorier de l'Hôtel de Ville de Paris, de contribuer à l'établissement de quatre nouveaux hôpitaux, capables de suppléer à l'insuffisance de l'Hôtel-Dieu de Paris, annoncé dans le prospectus imprimé de l'ordre du roi ; depuis et compris le 22 juillet 1787, jusque et compris le 21 septembre suivant. (AN → AD/XIV/4)

4692. Arrêt du Conseil d'État du roi, portant suppression de plusieurs libelles. 22 septembre 1787. (AN → AD^{+} 1080)

4693. Ordonnance du roi, portant règlement pour l'uniforme des receveurs de l'Amiral de France, et des chirurgiens attachés aux amirautés. 29 septembre 1787. (AN → AD^{+} 1080)

4694. Ordonnance du roi, pour réformer la compagnie des gendarmes de sa garde. 30 septembre 1787. (AN → AD^{+} 1080)

4695. Ordonnance du roi, pour réformer la compagnie des chevaux-légers de sa garde. 30 septembre 1787. (AN → AD^{+} 1080)

4696. Ordonnance du roi, pour réformer la compagnie des gardes de la Porte de Sa Majesté. 30 septembre 1787. (AN → AD^{+} 1080)

4697. Déclaration du roi, concernant les actes de baptême. 30 septembre 1787. (AN → AD^{+} 1080)

4698. Édit du roi, portant prorogation du second vingtième pendant les années 1791 et 1792. Octobre 1787. (AN → AD^{+} 1080)

4699. Instruction sur l'entretien des armes à bord des bâtiments de guerre, et sur le devoir des armuriers qui en seront chargés. 1er octobre 1787. (AN → AD^{+} 1080)

4700. Règlement pour les valets-de-pied du roi. 1er octobre 1787. (AN → AD^{+} 1080)

4701. Écuries du roi. Mémoire de ce qu'il est nécessaire de faire pour être reçu page du roi, en ses Écuries. 1er octobre 1787. (AN → AD^{+} 1080)

4702. Règlement fait par le roi, concernant l'École royale militaire. 9 octobre 1787. (AN → AD^{+} 1080)

4703. Règlement fait par le roi, portant établissement d'un Conseil d'administration du département de la guerre, sous le titre de Conseil de la guerre. 9 octobre 1787. (AN → AD^{+} 1080)

4704. Arrêt du Conseil d'État du roi, qui autorise la ville de Paris à ouvrir un emprunt de douze millions, remboursables en un an, par voie de Loterie, au profit des hôpitaux. 13 octobre 1787. (AN → AD^{+} 1080)

4705. Arrêt du Conseil d'État du roi, concernant les pensions. 13 octobre 1787. (AN → AD^{+} 1080)

4706. Extrait des registres du Conseil d'État. (Hôpital des Quinze-Vingts. Sieur Seguin et compagnie. Sieur de Rochefort). 15 octobre 1787. (AN → AD^{+} 1080)

4707. Arrêt du Conseil d'État du roi, qui dispense les religieux de l'ancienne observance de l'ordre de Cluny, de l'exécution des édits du mois de mars 1768, et du mois de février 1773 ; et ordonne que, sur les revenus qui dépendent des monastères, il sera assigné à chacun desdits religieux, telle pension de retraite qui sera jugée convenable. 17 octobre 1787. (AN → AD^{+} 1080)

4708. Loterie royale établie par arrêt du Conseil du 5 avril 1783. Liste générale du cinquième tirage de ladite Loterie, fait en la grande salle de l'Hôtel de Ville de Paris, en présence de messieurs les prévôt des marchands et échevins. 17, 18, 19 et 20 octobre 1787. (AN → AD⁺ 1080)

4709. Lettres patentes du roi, par lesquelles Sa Majesté règle les moyens qui seront employés contre la fraude qui se fait aux droits des entrées de Paris, par la multitude de faux passages qui sont ouverts sur la campagne, à l'extrémité des faubourgs de la ville de Paris. 18 octobre 1787. (AN → AD⁺ 1080)

4710. Arrêt du Conseil d'État du roi, qui ordonne aux officiers des amirautés de tenir la main à l'exécution de l'arrêt du 12 décembre 1786, accordé aux sieurs Bandiéry de Laval, Bassenge et compagnie, portant établissement de nouvelles grues et machines destinées au déchargement des vaisseaux, et aux travaux des ports. 21 octobre 1787. (AN → Marine A/1/144)

4711. Déclaration du roi, concernant la tenue des registres de baptême, de mariage et de sépulture. 21 octobre 1787. (AN → AD⁺ 1080)

4712. Règlement particulier fait par le roi, concernant le Conseil de la guerre. 23 octobre 1787. (AN → AD⁺ 1080)

4713. Règlement fait par le roi, pour la composition des commissions et bureaux dépendant du Conseil royal des finances et du commerce, et les traitements qui y seront affectés, à compter du 1er janvier 1788. 27 octobre 1787. (AN → AD⁺ 1080)

4714. Arrêt du Conseil d'État du roi, qui condamne le sieur Dardenne, juge royal de Montech, en l'amende de 500 livres pour avoir refusé de recevoir l'affirmation d'un procès-verbal, rapporté par des employés des postes de Bressols et de Montech ; aux frais occasionnés par son refus, et au coût, scel et contrôle dudit arrêt : fait itératives défenses à tous juges, même à ceux des seigneurs, de refuser de recevoir l'affirmation des procès-verbaux qui leur seront présentés par les employés des Fermes, à peine de demeurer responsables en leur propre et privé nom, des condamnations qui pourraient en résulter, de payer les frais de voyage qu'ils auraient occasionnés aux employés pour aller affirmer leur procès-verbaux dans d'autres villes, et de 500 livres d'amende. 30 octobre 1787. (AN → AD⁺ 1080)

4715. Arrêt du Conseil d'État du roi, qui ordonne que les charges annuelles des États du roi, subsistantes au-dessus du denier vingt, seront remboursées par la Caisse des amortissements, à la première réquisition des propriétaires. 31 octobre 1787. (AN → AD⁺ 1080)

4716. Arrêt du Conseil d'État du roi, et lettres patentes sur icelui, qui ordonnent que les paroisses de Gouloux et de Saint-Brisson, ressortissant au grenier de Moulins-Engilbert, en seront distraites et réunies à celui de Château-Chinon, auquel les habitants de ces deux paroisses seront tenus de lever le sel nécessaire à leur consommation. 31 octobre et 17 décembre 1787. (AN → AD⁺ 1080)

4717. Édit du roi, portant suppression des charges de trésoriers des revenus casuels du roi et du marc d'or, et des places de contrôleur du marc d'or, de trésorier de la Caisse des amortissements, de directeurs et contrôleur de ladite Caisse, à compter du 1er janvier prochain. Novembre 1787. (AN → AD^{+} 1080)

4718. Édit du roi, portant réduction des offices de maîtres des requêtes. Novembre 1787. (AN → AD^{+} 1080)

4719. Édit du roi, concernant ceux qui ne font pas profession de la religion catholique. Novembre 1787. (AN → AD^{+} 1080)

4720. Édit du roi, portant création d'emprunts graduels et successifs, pendant cinq ans. Novembre 1787. (AN → AD^{+} 1080)

4721. Édit du roi qui supprime les offices de payeurs des charges assignées sur le domaine des Bois. Novembre 1787. (AN → O/1/215)

4722. Lettres patentes du roi, qui établissent dans la ville d'Angers un hôpital pour les enfants trouvés. Novembre 1787. (BN → F 23631 [113])

4723. Grand'Chambre de service, d'après la Saint-Martin jusqu'à Pâques 1787. Novembre 1787. (AN → AD^{+} 1080)

4724. Arrêt du Conseil d'État du roi, portant suppression de l'imprimerie polytique. (François-Ignace-Joseph Hoffmann. François-Antoine-Romain-Joseph Hoffmann). 1er novembre 1787. (AN → AD^{+} 1080)

4725. Arrêt du Conseil d'État du roi, qui autorise l'exécution du projet de l'Yvette. (Rivière de l'). 3 novembre 1787. (AN → AD^{+} 1080)

4726. Arrêt du Conseil d'État du roi, qui nomme ceux qui doivent signer les demi-billets et quarts de billets de la Loterie de la ville de Paris, établie par arrêt du Conseil du 13 octobre 1787, au profit des hôpitaux. 3 novembre 1787. (AN → AD^{+} 1080)

4727. Arrêt du Conseil d'État du roi, qui évoque à soi et à son Conseil les procédures faites au bailliage de Commercy, pour livres saisis chez Nicolas Mangeot, libraire en ladite ville. 3 novembre 1787. (AN → AD^{+} 1080)

4728. Arrêt du Conseil d'État du roi, par lequel Sa Majesté autorise la ville de Paris à céder, en son nom, pour quinze ans, à la compagnie des assurances contre les incendies, établie par l'arrêt du Conseil du 6 novembre 1786, l'exercice du privilège domanial, d'ouvrir des assurances sur la vie. 3 novembre 1787. (AN → AD^{+} 1335)

4729. Lettres patentes du roi, portant privilège exclusif au profit de la compagnie des pompes antiméphytiques, en concurrence avec celle du ventilateur, de faire, dans l'étendue du royaume, soit par le procédé des pompes antiméphytiques, et autres accessoires, soit par celui du ventilateur, la vidange des fosses, puits et puisards ; et défenses à toutes personnes de faire ladite vidange suivant l'ancienne méthode, à peine de saisie, confiscation, et de 1 000 livres d'amende. 3 novembre 1787. (AN → AD^{+} 1080)

4730. Arrêt du Conseil d'État du roi, qui accorde un uniforme aux régisseurs, employés et ouvriers de la régie des Poudres et Salpêtres. 4 novembre 1787. (AN → AD^{+} 1080)

4731. Arrêt du Conseil d'État du roi, qui déclare nulle et de nul effet la délibération des libraires et imprimeurs de Toulouse, du 14 septembre 1787 : fait défenses auxdits libraires et imprimeurs, et à tous autres, d'y avoir aucun égard, et de s'en permettre de pareilles à l'avenir. 4 novembre 1787. (AN → AD^{+} 1080)

4732. Arrêt du Conseil d'État du roi, qui, en ordonnant l'exécution de celui du 25 août 1739, et en l'expliquant en tant que besoin serait, ordonne que les habitants de Fécamp et de Saint-Valéry-en-Caux, qui feront des armements pour la pêche de la morue au banc de Terre-Neuve, seront tenus d'aller ou envoyer prendre à Brouage les sels dont ils auront besoin pour cette pêche, et de les y transporter directement ; dispense l'adjudicataire des Fermes de leur en délivrer, pour ce genre de pêche, aux greniers desdites villes de Fécamp et de Saint-Valéry-en-Caux, et enjoint auxdits habitants de remplir exactement les formalités prescrites par l'ordonnance des gabelles, et autres règlements concernant la pêche, que Sa Majesté déclare communs avec eux. 16 novembre 1787. (AN → AD^{+} 1080)

4733. Arrêt du Conseil d'État du roi, qui supprime les charges de trésoriers des revenus casuels du roi et du marc d'or ; de trésorier de la Caisse des amortissements ; de directeurs et contrôleurs de ladite Caisse, à compter du 1er janvier prochain. 17 novembre 1787. (AN → AD^{+} 1080)

4734. Arrêt du Conseil d'État du roi, qui dénomme les Bureaux par lesquels les marchandises venant de Toulouse et de Tarbes, jouiront de l'exemption des droits. 17 novembre 1787. (AN → AD^{+} 1080)

4735. Tarif annexé à l'édit des protestants (contenant les droits attribués par le Conseil d'État aux curés et aux officiers royaux pour les actes relatifs aux naissances, mariages, décès de protestants). 17 novembre 1787. (BN → F 50003 [3076])

4736. Ordonnance du roi, portant création d'un régiment d'infanterie étrangère, sous le nom de Royal-Liégeois. 18 novembre 1787. (AN → AD^{+} 1080)

4737. Règlement fait par le roi, pour la formation et la composition de l'assemblée municipale de la ville de Versailles. 18 novembre 1787. (AN → AD^{+} 1080)

4738. Arrêts du Conseil d'État du roi. Le premier ordonne l'envoi des motifs d'un arrêt contradictoire de la Cour des aides de Paris, du 8 mai 1782.
Le second, rendu sur le vu de ces motifs, casse et annule l'arrêt de la Cour des aides ; ordonne la restitution des sommes payées en vertu d'icelui ; évoque l'appel de la sentence de l'élection de Dreux, du 11 février 1781, ensemble les demandes sur lesquelles elle était intervenue ; et y faisant droit, sans avoir égard à l'opposition formée par Cousin et autres habitants des hameaux et écarts de la ville de Dreux, aux contraintes contre eux décernées, dont ils sont déboutés ; ordonne que ces contraintes seront exécutées, quant aux anciens et nouveaux cinq sols, inspecteurs aux boissons et octrois municipaux y énoncés, et que les poursuites encommencées seront continuées ; ordonne que Cousin et autres, possédant des vignes dans l'étendue du territoire de la paroisse de Saint-Jean de Dreux, à quelque distance que ces vignes soient situées, seront tenus de faire au Bureau du régisseur, avant les vendanges, déclaration du lieu où ils voudront les

conduire, et de la situation de leurs vignes, par tenant et aboutissant, et d'acquitter les droits après la Saint-Martin d'hiver, conformément aux règlements.
Évoque pareillement les demandes du régisseur contre Duclos et autres ; et y faisant droit, déclare les procès-verbaux, rendus contre eux, les 12 et 13 septembre 1781, bons et valables ; et prononce la confiscation des choses saisies, avec amende de 300 livres contre chacun des contrevenants.
Fait défenses à la veuve Messier de plus à l'avenir maltraiter les commis du régisseur ; et pour l'avoir fait, la condamne en l'amende de 500 livres.
Condamne Cousin et autres, chacun pour ce qui les concerne, en tous les dépens ; et permet au régisseur de faire imprimer et afficher l'arrêt.
Le troisième déboute Cousin et autres de leur opposition au précédent arrêt, et les condamne aux dépens. 1er octobre 1782, 1er février 1785 et 20 novembre 1787. (AN → AD+ 1080)

Arrêts du Conseil d'État du roi. 14 novembre 1786 et 20 novembre 1787. (AN → AD+ 1335). Voir notice n° 4425.

4739. Arrêt du Conseil d'État du roi, qui casse une sentence de l'élection de Châlons, du 21 mars 1787 ; déclare la veuve Brassart, de Vertus, non-recevable dans son opposition aux contraintes décernées contre elle, les 19 mars 1784 et 24 février 1785, pour le paiement des droits de gros des vins manquant aux inventaires ; ordonne l'exécution desdites contraintes, et la condamne aux dépens faits en l'élection, et au coût de l'arrêt. 20 novembre 1787. (AN → AD+ 1080)

4740. Règlement qui fixe la continence des barriques de sucre dans les îles françaises du Vent. 24 novembre 1787. (AN → AD+ 1080)

4741. Arrêt du Conseil d'État du roi, qui ordonne momentanément la suspension des travaux de la clôture de Paris, prescrit les opérations à faire avant qu'ils soient continués, et commet les sieurs Hazon, intendant général des Bâtiments du roi, et Brebion, contrôleur général desdits Bâtiments, pour partager, avec les sieurs Antoine et Raymond, la direction desdits travaux, et la suite de toutes les opérations relatives à la clôture de Paris. 25 novembre 1787. (AN → AD+ 1080)

4742. Réponse du roi aux supplications du Parlement. (Justice). 26 novembre 1787. (AN → AD+ 1080)

4743. Arrêt du Conseil d'État du roi, concernant la police des marchés de la halle aux toiles. 27 novembre 1787. (AN → AD+ 1080)

4744. Arrêt du Conseil d'État du roi, qui, sans s'arrêter à l'ordonnance rendue par M. l'intendant de Limoges, le premier mai 1775, condamne le sieur Labatud au payement du droit de franc-fief, dont il se prétendait exempt en qualité d'ancien maire de la ville d'Angoulême, et au coût dudit arrêt ; sauf à lui à se pourvoir en restitution des sommes qu'il a pu payer pour droit de confirmation de noblesse. 27 novembre 1787. (AN → AD/IX/77A)

4745. Arrêt du Conseil d'État du roi, portant réduction du nombre actuel des conseillers d'État au Conseil privé, à celui de trente-deux. 28 novembre 1787. (AN → AD$^+$ 1080)

4746. Arrêt du Conseil d'État du roi, qui ordonne le remboursement des parties de rentes et autres charges de vingt livres et au-dessous, employées dans l'état des charges assignées sur les Fermes. 28 novembre 1787. (AN → AD$^+$ 1080)

4747. Réponse aux remontrances du parlement de Bordeaux. 29 novembre 1787. (AN → AD/I/13 dossier A pièce 10)

4748. Édit du roi, portant rétablissement de l'office d'avocat de Sa Majesté à l'Amirauté de France, au siège général de la Table de marbre du Palais, en faveur du sieur abbé Poncelin de la Roche-Tilhac, conseiller au même siège. Décembre 1787. (AN → AD$^+$ 1080)

4749. Édit du roi, concernant les officiers de l'ordre du Saint-Esprit. Décembre 1787. (AN → AD$^+$ 1080)

4750. Déclaration du roi, en faveur des curés dépendant de l'ordre de Malte. Décembre 1787. (AN → AD$^+$ 1080)

4751. Emprunt de cent millions, établi par édit du mois de décembre 1782, et arrêt du Conseil du 1er décembre 1783. Liste générale du neuvième tirage des remboursements des capitaux des rentes résultantes dudit emprunt, montant à la somme de trois millions cinquante-trois mille sept cent quatre-vingt-dix-huit livres dix sous dix deniers, échus par le fort de la Loterie, tirée dans l'Hôtel de Ville de Paris, en présence de messieurs les prévôt des marchands et échevins. 5 décembre 1787. (AN → AD$^+$ 1080)

4752. Arrêt du Conseil d'État du roi, portant établissement d'un comité d'administration pour l'exécution de l'édit du mois de juin dernier, concernant la suppression du droit d'ancrage sur les navires français, de celui de lestage et délestage, et autres. 8 décembre 1787. (AN → AD$^+$ 1080)

4753. Lettres patentes du roi, portant abolition du droit d'aubaine en faveur des sujets de l'impératrice de toutes les Russies. 8 décembre 1787. (AN → AD$^+$ 1080)

4754. Arrêt du Conseil d'État du roi, qui supprime le privilège du *Journal Politype*. (Sieurs Hoffmann père et fils). 9 décembre 1787. (AN → AD$^+$ 1080)

4755. Emprunt de 80 millions, établi par édit du mois de décembre 1785. Liste générale des quittances de finance sortis au deuxième tirage de remboursements des capitaux des rentes résultantes dudit emprunt, dont les bulletins participeront au tirage des primes, qui aura lieu au mois de mars 1788. Ledit tirage fait dans la grande salle de l'Hôtel de Ville, en présence de messieurs les prévôt des marchands et échevins. 10, 11, 12, 13, 14 et 15 décembre 1787. (AN → AD/IX/434)

4756. Arrêt du Conseil d'État du roi, qui ordonne que, dans le diocèse de Bordeaux, les cures régulières dépendantes des maisons de chanoines réguliers, qui n'étaient point en congrégation, et sont éteintes par le défaut de sujets, pourront être possédées à l'avenir par tous prêtres séculiers, à l'exclusion des religieux des congrégations, conformément à la déclaration du 22 août 1770. 14 décembre 1787. (AN → AD+ 1080)

4757. Lettres patentes du roi, concernant les taxes d'office des salpêtriers. 14 décembre 1787. (AN → AD+ 1080)

Arrêt du Conseil d'État du roi, et lettres patentes sur icelui. 31 octobre et 17 décembre 1787. (AN → AD+ 1080). Voir notice n° 4716.

4758. Arrêt du Conseil d'État du roi, qui nomme ceux qui doivent signer les reconnaissances et les billets de chance de l'emprunt de cent vingt millions créé par l'édit de novembre 1787. 17 décembre 1787. (AN → AD+ 1080)

4759. Arrêt du Conseil d'État du roi, concernant les clouteries dans le Soissonnais. 18 décembre 1787. (AN → AD+ 1080)

4760. Deux arrêts du Conseil d'État du roi. Le premier ordonne avant faire droit sur la requête de Nicolas Salzard, précédent adjudicataire des Fermes, l'envoi au Conseil des motifs de deux arrêts de la Cour des aides de Clermond-Ferrand, du 4 mai 1787, et des procédures faites en l'élection de Tulle sur la plainte du nommé Rigaudi.
Le second, rendu sur le vu de ces motifs et procédures, casse et annule les sentences de ladite élection des 28 février et 4 mars 1786, ainsi que les arrêts confirmatifs de ladite Cour des aides du 4 mai 1787 ; décharge l'adjudicataire des condamnations prononcées contre lui ; ordonne la restitution des sommes au payement desquelles il a pu être contraint, condamne le nommé Rigaudi en l'amende modérée à 10 livres résultante de sa vente illicite de tabac et de la fraude trouvée dans son domicile ; en celle de 500 livres, pour la rébellion qu'il a faite aux employés, conjointement avec les nommés Mormétas et Salles, et en tous les dépens des causes principale, d'appel et demande.
Ordonne, en outre, que les lettres patentes du 4 mars 1727 seront exécutées selon leur forme et teneur, en conséquence que la présence d'un juge ou d'un capitaine général des Fermes ne sera nécessaire que pour les visites chez les ecclésiastiques, les nobles et les privilégiés, et que les employés pourront faire toute espèce de perquisition chez les particuliers non privilégiés, sans cette assistance.
Ordonne, de plus, que les employés pourront être porteurs de pistolets et autres armes, conformément à l'article 11 du titre commun pour toutes les Fermes de l'ordonnance de 1681. 18 décembre 1787 et 6 décembre 1788. (AN → AD+ 1338)

4761. Correspondance générale des eaux-de-vie. Circulaire. Certificats faux. 19 décembre 1787. (AN → G/2/17)

4762. Règlement que le roi a fait expédier pour déterminer le service de ses troupes d'infanterie, à bord de ses vaisseaux et frégates, et sur ce qui doit être pratiqué à l'égard de celles passagères pour les colonies, ou employées à la garde des ports. 24 décembre 1787. (AN → Marine A/1/144)

4763. Lettres patentes du roi, qui interprètent la déclaration du 20 août 1784 concernant les créances que les Suisses auront à répéter sur les Français. 25 décembre 1787. (AN → AD+ 1080)

4764. Arrêt du Conseil d'État du roi, qui ordonne l'exécution des délibérations du chapitre dernier des Cordeliers de la province de France, et fixe le montant des frais ordinaires du régime provincial. 26 décembre 1787. (AN → AD$^+$ 1080)

4765. Lettres patentes du roi, qui commettent Joseph-Basile Poinsignon pour finir les exercices des années 1786 et 1787, des payeurs des charges assignées sur les Domaines et Bois, supprimés. 28 décembre 1787. (AN → O/1/215)

4766. Lettres patentes qui, sans s'arrêter à celles du 28 septembre 1786, portant prise de possession de Jean-François Kalandrin de la régie des aides, ordonnent que les sentences et actes de réception et prestation de serment des employés de ladite régie seront expédiés (sur) parchemin timbré. 28 décembre 1787. (BN → F 5001 [892])

4767. Emprunt de la ville de Paris, édit de septembre 1786. Liste générale du premier tirage de remboursement dudit emprunt. Fait en la grande salle de l'Hôtel de Ville de Paris, en présence de messieurs les prévôt des marchands et échevins, en vertu de l'arrêt du Conseil du 17 décembre 1786. 28 décembre 1787. (AN → AD$^+$ 1080)

4768. Arrêt du Conseil d'État du roi, portant nomination d'une commission pour prendre connaissance de l'établissement actuel de la Compagnie des Indes, et des effets de son privilège exclusif ; et en rendre compte à Sa Majesté en son Conseil. 29 décembre 1787. (AN → AD$^+$ 1080)

4769. Arrêt du Conseil d'État du roi, qui ordonne l'exécution de l'article 1er de celui du 26 mai 1771, portant révocation de tous privilèges d'exemptions de droits dûs aux mutations des biens tenus dans les mouvances de Sa Majesté, et que cette disposition aura lieu nonobstant l'arrêt du 30 août 1786, même à l'égard des princes, cardinaux, prélats, chevaliers, commandeurs et officiers de l'ordre et milice du Saint-Esprit. 29 décembre 1787. (AN → AD$^+$ 1080)

4770. Arrêt du Conseil d'État du roi, qui résilie le bail des Messageries passé le 28 septembre 1782 à Théodore-Joseph Ducessois, et ordonne qu'il en sera passé un nouveau à Basile Durdan pour neuf années, qui commenceront le 1er janvier 1788. 29 décembre 1787. (AN → AD$^+$ 1080)

4771. Arrêt du Conseil d'État du roi, portant établissement d'une commission pour prendre connaissance, et rendre compte au roi en son Conseil, des opérations faites relativement à l'échange du comté de Sancerre. 29 décembre 1787. (AN → AD$^+$ 1080)

4772. Arrêt du Conseil d'État du roi, pour l'encouragement du commerce de France avec les États-Unis de l'Amérique. 29 décembre 1787. (AN → AD$^+$ 1080)

4773. Arrêt du Conseil d'État du roi, qui commet le préposé à l'administration des Domaines, pour faire la recette des revenus casuels, et des droits de marc d'or, droits de quittances et contrôles d'iceux. 29 décembre 1787. (AN → AD/X/8 dossier A pièce 106)

4774. Arrêt du Conseil d'État du roi, portant fixation au 1er avril prochain, pour tout délai, du terme dans lequel les villes, communautés, seigneurs particuliers, et autres propriétaires des offices et droits énoncés dans l'édit du mois de juin dernier, seront tenus de justifier des titres, en vertu desquels ils perçoivent lesdits droits. 30 décembre 1787. (AN → AD$^+$ 1080)

1788

4775. Abonnement des édits et arrêts pour la ville de Paris, et toutes les provinces et villes du royaume. (Table analytique des matières contenues dans les édits, lettres patentes, déclarations du roi, arrêts du Conseil, du Parlement, etc.). Année 1788. Imprimé en 1789. (AN → AD/I/30)

4776. Liste des Bureaux de notables en l'année 1788. (AN → AD/I/13 dossier A pièce 23)

4777. Liste des noms et demeures de messieurs les Fermiers généraux des Fermes royales unies. Pour la troisième année du bail de Jean-Baptiste Mager. 1788. (AN → AD/IX/489)

4778. Collection de comptes rendus, pièces authentiques, états et tableaux, concernant les finances de France, depuis 1758 jusqu'en 1787. 1788. (AN → AD/IX/ 374 pièce 9)

4779. Bail de la Ferme générale des anciennes et nouvelles impositions (1788-1792) de la ville d'Avignon, qui doit commencer le 1er janvier et finir le 31 décembre... Avec un tarif desdites impositions. 1788. (BN → Lk^7 57130 [3])

4780. Statuts et règlements de la Société philanthropique de Versailles. 1788. (BN → R 51755)

4781. Statuts, ordonnances et règlements de la compagnie royale des canonniers-arquebusiers et grenadiers de Saint-Quentin. 1788. (BN → V 53164)

4782. Statuts et règlements rédigés par le chapitre noble et séculier de Laveine,... 1788. (BN → Res Lk^7 3616)

4783. Statuts et règlements de la Société patriotique de Rieux. 1788. (BN → Lk^7 8280)

4784. Statuts de l'ordre du Saint-Esprit. 1788. (BN → Réserve 4 J 1999)

4785. Tableau de l'ancienne administration des hôpitaux militaires, avec les traitements de ses employés et leur retraite ; et de la nouvelle administration, avec les traitements qui y sont affectés ; et le résultat comparatif des deux administrations. 1788 ? (AN → MM 1229)

4786. Compagnie royale des assurances. Prospectus de l'établissement des assurances sur la vie. 1788. (AN → AD/II/9)

4787. Formules de médicaments rédigées dans le Conseil de santé des hôpitaux militaires. Par ordre du Conseil de la guerre. 1788. (AN → MM 1231)

4788. Traité de la mesure des bois, contenant le tarif de la réduction des bois équarris en pieds cubes, le tarif de la réduction des bois ronds en pieds cubes, le tarif de la réduction du sciage des bois en pieds quarrés. Par M. Segondat. 1788. (BN → V 18843)

4789. Nouveau tarif du prix des glaces. 1788. (BN → Velins 2006)

4790. Tarif des cuivres laminés et préparés pour la couverture des bâtiments et monuments publics... 1788. (BN → Vp 7240)

4791. Édit du roi, portant création de quatre offices de commissaires au siège de la police de la ville de Poitiers. Janvier 1788. (AN → AD^{+} 1081)

4792. Édit du roi, portant création d'un office de lieutenant particulier en l'amirauté de Caen et dépendances. Janvier 1788. (AN → Marine A/1/145)

4793. Lettres patentes du roi, portant règlement pour la pêche des huîtres dans la baie de Cancale. Janvier 1788. (AN → Marine A/1/145)

4794. Édit du roi, portant suppression de diverses charges de la Maison de la reine. 1er janvier 1788. (AN → AD^{+} 1081)

4795. Lettres patentes du roi, portant révocation de celles du 24 mars 1786, qui accordent aux conseillers-rapporteurs et aux secrétaires-greffiers du point d'honneur, l'exemption de taille personnelle, collecte, etc. 1er janvier 1788. (AN → AD^{+} 1081)

4796. Arrêt du Conseil d'État du roi, portant suppression du Conseil des prises au 1er avril 1788. 5 janvier 1788. (AN → AD^{+} 1081)

4797. Arrêt du Conseil d'État du roi, qui ordonne la cassation d'un arrêt rendu par la Chambre des vacations du parlement de Grenoble le 6 octobre 1787, ensemble de celui rendu par le Parlement assemblé le 15 décembre de la même année, concernant les assemblées provinciales. 5 janvier 1788. (AN → AD^{+} 1081)

4798. Arrêt du Conseil d'État du roi, par lequel Sa Majesté autorise, jusqu'au 30 avril prochain, la conversion des billets de chances de l'emprunt, créé par l'édit du mois de novembre dernier, en bordereaux de rentes viagères. 5 janvier 1788. (AN → AD^{+} 1081)

4799. Déclaration du roi, qui ordonne que la taille d'exploitation sera imposée en Bourgogne, au lieu de la situation des biens exploités. 8 janvier 1788. (AN → AD^{+} 1081)

4800. Arrêt du Conseil d'État du roi, par lequel Sa Majesté a ordonné que le recouvrement des amendes qui ont été prononcées et qui le seront à l'avenir, par M. le lieutenant général de police, contre des particuliers, marchands de vins ou autres domiciliés, dans le faubourg Montmartre et autres lieux y dénommés, sera fait et suivi par toutes les voies de droit, par le préposé de l'administration des Domaines. 9 janvier 1788. (AN → AD/IX/453)

4801. Arrêt du Conseil d'État du roi, par lequel Sa Majesté fixe définitivement à treize, le nombre des administrateurs de la Caisse d'escompte. 12 janvier 1788. (AN → AD⁺ 1081)

4802. Arrêt du Conseil d'État du roi, qui permet l'entrée des mousselines rayées et quadrillées provenant du commerce français, qui sont actuellement à Lorient, et de les débiter dans le royaume jusqu'au 1er janvier 1789. 12 janvier 1788. (AN → AD⁺ 1081)

4803. Régie générale de Jean-François Kalandrin. Circulaire. Comptabilité. 14 janvier 1788. (AN → AD/IX/407)

4804. État des charges de la Maison de la reine, dont la suppression et le remboursement sont ordonnés par l'édit de ce jour. 16 janvier 1788. (AN → AD/I/17 dossier B pièce51)

4805. Lettres patentes du roi, portant révocation de la régie actuelle des Affinages, et qui ordonnent qu'il en sera passé bail aux sieurs Auguste père et fils, orfèvres de Sa Majesté, pour le terme de douze années, à compter du 1er janvier 1788 jusqu'au dernier décembre 1799. 20 janvier 1788. (AN → AD⁺ 1081)

4806. Arrêt du Conseil d'État du roi, rendu en interprétation de l'article XCVII du tarif du contrôle du 29 septembre 1722, concernant les billets à ordre ou au porteur des gens d'affaires, marchands et négociants. 22 janvier 1788. (AN → AD⁺ 1081)

4807. Déclaration du roi, qui permet de substituer les duchés-pairies jusqu'à la somme de 30 000 livres de rente. 23 janvier 1788. (AN → AD⁺ 1081)

4808. Réponse du roi. (Protestants). 27 janvier 1788. (AN → AD⁺ 1081)

4809. Édit du roi, par lequel le roi ordonne la démolition ou la vente des châteaux de la Muette, Madrid, Vincennes et Blois, et l'aliénation de celles des maisons dont Sa Majesté est propriétaire, et qui ne sont pas comprises dans les plans et projets définitivement arrêtés pour l'isolement du château du Louvre. Février 1788. (AN → AD⁺ 1081)

4810. Règlement fait par le roi, pour l'École royale militaire. 1er février 1788. (AN → AD⁺ 1081)

4811. Arrêt du Conseil d'État du roi. (Louis-Philippe Potin, comte de Vauvineux. Saint-Martin d'Ablois). 2 février 1788. (AN → AD⁺ 1081)

4812. Règlement fait par le roi, concernant les fonctions et la composition du Bureau du commerce. 2 février 1788. (AN → AD⁺ 1081)

4813. Arrêt du Conseil d'État du roi, concernant les vins qui entrent dans les ports de la sénéchaussée de Bordeaux, ou qui en sortent. 6 février 1788. (AN → AD⁺ 1081)

4814. Arrêt du Conseil d'État du roi, qui décharge les sieurs commissaires nommés pour l'exécution de l'arrêt du Conseil du 19 avril 1727 ; ordonne que les fonds affectés au soulagement des communautés de filles religieuses, seront, ainsi que ceux assignés en faveur des églises et édifices sacrés, distribués suivant l'état qui en sera annuellement arrêté par Sa Majesté. 7 février 1788. (AN → AD+ 1081)

4815. Arrêt du Conseil d'État du roi, portant nomination de ceux des commissaires du Bureau du commerce, que Sa Majesté s'est réservée, par l'article 13 du règlement du 2 février dernier, de nommer par arrêt de son Conseil. 10 février 1788. (AN → AD+ 1081)

4816. Déclaration du roi, concernant la convocation des États généraux de la province du Hainaut, de Valenciennes et autres parties y réunies. 10 février 1788. (AN → AD+ 1081)

4817. Arrêt du Conseil d'État du roi, qui ordonne qu'il sera fait un règlement général qui fixera les droits auxquels seront assujetties pour l'avenir, les mousselines, toiles blanches et peintes des fabriques d'Alsace, lors de leur introduction dans le royaume : et règle les dédommagements dûs aux fabricants de cette province, pour l'inexécution des arrêts des 13 novembre 1785 et 26 janvier 1786. 11 février 1788. (AN → AD+ 1081)

4818. Arrêt du Conseil d'État du roi, qui permet à l'adjudicataire des Fermes, en conformité des arrêts du Conseil des 10 mai 1767, 26 mai 1772, et 7 mai 1782, de faire enlever, pour être conduits dans les provinces exemptes de gabelles, et y être vendus à son profit, par qui il jugera à propos, les sels de saisie, existant dans le dépôt du grenier de Guise, ainsi que ceux qui y seront à l'avenir déposés. 12 février 1788. (AN → AD+ 1081)

4819. Ordonnance de Sa Majesté, pour la prolongation de la foire Saint-Germain-des-Prés. 14 février 1788. (AN → AD/I/24 dossier J pièce 124)

4820. Arrêt du Conseil d'État du roi, par lequel Sa Majesté supprime les différentes places d'inspecteurs généraux des manufactures ; d'inspecteurs généraux du commerce ; de commissaires généraux du commerce : établit cinq inspecteurs généraux du commerce, dont le premier aura le titre d'inspecteur général directeur du commerce ; le second d'inspecteur général directeur des manufactures ; et les trois autres d'inspecteurs généraux du commerce et des manufactures : et règle les fonctions desdites places. 16 février 1788. (AN → AD+ 1081)

4821. Arrêt du Conseil d'État du roi, qui ordonne qu'à la requête et poursuite du sieur Lorry, inspecteur général du Domaine, il sera procédé à l'exécution de l'arrêt du 29 décembre dernier, portant établissement d'une commission, pour l'examen de l'échange du comté de Sancerre, et que tous jugements d'instruction dans cette affaire seront rendus au Conseil royal des finances et du commerce. 16 février 1788. (AN → AD+ 1081)

4822. Arrêt du Conseil d'État du roi, par lequel Sa Majesté nomme une commission pour l'examen, la vérification et l'arrêté des états de ses revenus, ainsi que des charges qui y sont assignées pour 1788 : et ordonne que lesdits états, après avoir été rapportés au Conseil, seront ensuite imprimés et publiés. 16 février 1788. (AN → AD+ 1081)

4823. Arrêt du Conseil d'État du roi. (Compagnie des mines de charbon de Noyant, Châtillon et Fins en Bourbonnais. Sieurs Mathieu). 16 février 1788. (AN → AD+ 1081)

4824. Lettres patentes du roi, qui fixent le prix de l'abonnement des vingtièmes en Bourgogne. 16 février 1788. (AN → AD^{+} 1081)

4825. Arrêt du Conseil d'État du roi, qui, en ordonnant l'exécution des règlements concernant la Librairie, déclare bonne et valable la saisie des paquets de livres, faire le premier janvier dernier par les employés des Fermes à Noves. 19 février 1788. (AN → AD^{+} 1081)

4826. Arrêt du Conseil d'État du roi, relatif aux eaux-de-vie du royaume. 21 février 1788. (AN → AD^{+} 1081)

4827. Lettres patentes du roi, qui confirment un bref du pape, du 24 juillet 1787 ; en ordonnent l'exécution, et prescrivent la forme et la tenue des diètes dans chacune des provinces de la congrégation de Saint-Maur, ainsi que du prochain chapitre général de ladite congrégation. 21 février 1788. (AN → AD^{+} 1081)

4828. Arrêt du Conseil d'État du roi, qui excepte de l'entrepôt accordé, par l'arrêt du Conseil du 29 décembre 1787, aux productions et marchandises des États-Unis, les poissons, huiles et autres marchandises provenant de leurs pêches. 22 février 1788. (AN → AD^{+} 1081)

4829. Ordonnance du roi, portant règlement pour l'administration municipale de Dieppe..., avec une autre ordonnance en interprétation dudit règlement, du 16 mars (1788). 22 février 1788. (BN → F 5001 [895])

4830. Arrêt du Conseil d'État du roi, qui ordonne le séquestre des biens de l'abbaye de Sainte-Perrine de Chaillot. 23 février 1788. (AN → AD^{+} 1081)

4831. Arrêt du Conseil d'État du roi. (Denis Chaussard. Librairie. Marseille). 28 février 1788. (AN → U 1312)

4832. Lettres patentes du roi, qui, en exécution de la déclaration du 2 septembre 1786, ordonnent différentes suppressions et unions de cures et de bénéfices, et autres arrangements pour le bien de la religion et du Service divin dans le diocèse de Troyes. 28 février 1788. (AN → AD^{+} 1081)

4833. Édit du roi, portant réunion aux offices de conservateurs des hypothèques, des fonctions des conservateurs des oppositions formées au Trésor royal. Mars 1788. (AN → AD^{+} 1082)

4834. Édit du roi, portant suppression de tous les offices de gardes du Trésor royal, de trésoriers de la Guerre, de la Marine, de la Maison du roi et de la reine, des Bâtiments, des Dépenses diverses, des Ponts et Chaussées : et création de cinq administrateurs pour gérer conjointement tout ce qui concerne les recettes et dépenses du Trésor royal. Mars 1788. (AN → AD^{+} 1082)

4835. Édit du roi, portant suppression de l'office de receveur des restes de la ville de Paris, et réunion des fonctions dudit office aux receveurs particuliers des impositions de ladite ville. Mars 1788. (AN → AD^{+} 1082)

4836. Compte rendu au roi, au mois de mars 1788, et publié par ses ordres. (Finances du royaume). (AN → AD/IX/375 pièce 18)

4837. Arrêt du Conseil d'État du roi, qui ordonne qu'en présence des commissaires et par les personnes dénommées audit arrêt, il sera procédé à de nouveaux essais, pour constater le titre commun des anciens louis, et le titre de ceux fabriqués dans chacune des monnaies employées à la nouvelle refonte. 1er mars 1788. (AN → AD+ 1082)

4838. Ordonnance du roi, portant réforme du corps de la gendarmerie. 2 mars 1788. (AN → AD+ 1082)

4839. Ordonnance du roi, concernant ses quatre compagnies des gardes du corps. 2 mars 1788. (AN → AD+ 1082)

4840. Arrêt du Conseil d'État du roi, qui pourvoit à ce que toutes les rentes et autres charges annuelles soient acquittées par les payeurs des rentes, et permet leur reconstitution. 3 mars 1788. (AN → AD+ 1082)

4841. Compagnie des Indes. Dix-huitième tirage du remboursement des actions de la Compagnie des Indes, fait en l'une des salles de l'hôtel de ladite Compagnie, conformément à l'arrêt du Conseil du 28 février 1771. 6 mars 1788. (AN → AD+ 1082)

4842. Déclaration du roi, qui lève la modification insérée par le parlement de Toulouse dans l'enregistrement de l'édit... de novembre 1787, concernant ceux qui ne font pas profession de la religion catholique. 7 mars 1788. (BN → F 47017 [11])

4843. Lettres patentes du roi, qui autorisent les élus généraux de Bourgogne à emprunter, à cours de rentes au denier vingt sans retenue, les sommes qu'ils jugeront nécessaires pour le payement de la première année de l'augmentation consentie par les États, sur l'abonnement des vingtièmes. 8 mars 1788. (AN → AD+ 1082)

4844. Emprunt de 80 millions, établi par édit de décembre 1785. Liste générale du deuxième tirage des primes, attribuées aux huit mille bulletins correspondant aux numéros des quittances de finance, sortis au tirage de décembre 1787. Ledit tirage fait dans une des salles de l'Hôtel de Ville de Paris. 12 mars 1788. (AN → AD+ 1082)

4845. Lettre du roi au conseil souverain d'Alsace concernant le bailliage de Clébourg. 13 mars 1788. (BN → Lf85 121)

4846. Arrêt du Conseil d'État du roi, par lequel Sa Majesté autorise les engagements, pour la durée de son règne, de ses Domaines et Fonds domaniaux ; et règle les formalités et les conditions desdits engagements. 15 mars 1788. (AN → AD+ 1082)

4847. Arrêt du Conseil d'État du roi, qui ordonne l'exécution de celui du 14 janvier 1781, concernant les Domaines engagés. 15 mars 1788. (AN → AD+ 1082)

4848. Arrêt du Conseil d'État du roi, portant établissement d'un comité consultatif pour la discussion des plans relatifs à l'amélioration des finances du service du Trésor royal. 15 mars 1788. (AN → AD+ 1082)

4849. Ordonnance du roi, qui supprime éventuellement toutes les charges de colonels généraux, ainsi que toutes celles dénommées d'état-major, attachées à différents corps de troupes, et qui fixe en même temps tous les droits, privilèges et prérogatives que conserveront, tant lesdites charges, que les régiments qui en dépendent, jusqu'à ce qu'elles soient éteintes. 17 mars 1788. (AN → AD$^+$ 1082)

4850. Ordonnance du roi, portant règlement sur la formation et la solde de douze bataillons d'infanterie légère. 17 mars 1788. (AN → AD$^+$ 1082)

4851. Ordonnance du roi, portant création d'un douzième bataillon d'infanterie légère, sous le nom de bataillon de chasseurs du Roussillon. 17 mars 1788. (AN → AD$^+$ 1082)

4852. Ordonnance du roi, portant règlement sur le commandement dans les provinces, ainsi que sur la division, l'organisation, la police, la discipline et l'administration générale de l'armée. 17 mars 1788. (AN → AD$^+$ 1082)

4853. Ordonnance du roi, portant règlement sur la hiérarchie de tous les emplois militaires, ainsi que sur les promotions et nominations auxdits emplois. 17 mars 1788. (AN → AD$^+$ 1082)

4854. Ordonnance du roi, portant règlement sur la formation et la solde de l'infanterie allemande, irlandaise et liègeoise. 17 mars 1788. (AN → AD$^+$ 1082)

4855. Ordonnance du roi, portant suppression de l'emploi de mestre-de-camp en second, dans tous les régiments, tant d'infanterie que de cavalerie, de dragons et de chasseurs, et création de l'emploi et du grade de major en second. 17 mars 1788. (AN → AD$^+$ 1082)

4856. Ordonnance du roi, portant règlement sur la constitution des troupes à cheval, et spécialement sur la formation et la solde de la cavalerie. 17 mars 1788. (AN → AD$^+$ 1082)

4857. Ordonnance du roi, concernant les six régiments de chasseurs actuels. 17 mars 1788. (AN → AD$^+$ 1082)

4858. Ordonnance du roi, portant règlement sur la formation et la solde des régiments de hussards. 17 mars 1788. (AN → AD$^+$ 1082)

4859. Ordonnance du roi, concernant la formation et la solde du corps des carabiniers de Monsieur. 17 mars 1788. (AN → AD$^+$ 1082)

4860. Ordonnance du roi, portant règlement sur la formation et la solde des régiments de dragons. 17 mars 1788. (AN → AD$^+$ 1082)

4861. Ordonnance du roi, portant règlement sur la constitution de l'infanterie, et spécialement sur la formation et la solde de l'infanterie française. 17 mars 1788. (AN → AD$^+$ 1082)

4862. Ordonnance du roi, portant règlement sur la formation et la solde des régiments de chasseurs à cheval. 17 mars 1788. (AN → AD$^+$ 1082)

4863. Ordonnance du roi, portant suppression du dépôt de recrues établi dans l'île de Ré. 17 mars 1788. (AN → AD$^+$ 1082)

4864. Ordonnance du roi, portant réforme du corps d'infanterie de Mont-Réal, et reconstitution de ce corps en un bataillon d'infanterie légère, qui portera le nom de Chasseurs-Cantabres. 17 mars 1788. (AN → AD^{+} 1082)

4865. Ordonnance du roi, portant réforme du régiment de cavalerie de Nassau-Saarbruck. 17 mars 1788. (AN → AD^{+} 1082)

4866. Ordonnance du roi, portant suppression de tous les capitaines ou sous-lieutenants dits de remplacement dans son infanterie, ainsi que des officiers attachés, ou à la suite de ladite infanterie. 17 mars 1788. (AN → AD^{+} 1082)

4867. Ordonnance du roi, portant réforme des cinq derniers régiments de cavalerie, savoir ; les Évêchés, Franche-Comté, Septimanie, Quercy et la Marche, et incorporation desdits cinq régiments dans les douze régiments de chasseurs, et dans les six régiments de hussards. 17 mars 1788. (AN → AD^{+} 1082)

4868. Ordonnance du roi, portant suppression de l'école des trompettes établie à Strasbourg. 17 mars 1788. (AN → AD^{+} 1082)

4869. Ordonnance du roi, portant réforme du régiment Royal-Corse, et reconstitution de deux bataillons qui composent ce régiment, en deux bataillons d'infanterie légère, sous le nom, l'un de Chasseurs-Royaux-Corses, et l'autre, de Chasseurs-Corses. 17 mars 1788. (AN → AD^{+} 1082)

4870. Ordonnance du roi, portant réforme du régiment Royal-Italien, et reconstitution du fonds des deux bataillons qui composent ce régiment, en deux bataillons d'infanterie légère, sous le nom, l'un de Chasseurs-Royaux de Provence, et l'autre, de Chasseurs-Royaux du Dauphiné. 17 mars 1788. (AN → AD^{+} 1082)

4871. Ordonnance du roi, concernant la suppression de la régie de l'Habillement, l'établissement d'une commission, sous le nom de Directoire, destinée à la remplacer, et les retenues à exercer sur les masses de ses troupes, pour fournir aux dépenses des fournitures à leur faire par les soins du Directoire. 17 mars 1788. (AN → AD^{+} 1082)

4872. Régie générale de Jean-François Kalandrin. Circulaire. Taxe des paquets expédiés par la messagerie. 17 mars 1788. (AN → G/2/17)

4873. Règlement fait par le roi, portant établissement d'un Conseil d'administration du département de la Marine, sous le titre de Conseil de la marine. 19 mars 1788. (AN → AD^{+} 1082)

4874. Ordonnance du roi, concernant les habitants des paroisses situées sur le bord de la mer, sujets au service de la garde-côte et des canonniers auxiliaires de la Marine. 25 mars 1788. (AN → Marine A/1/145)

4875. Régie générale de Jean-François Kalandrin. Circulaire. 26 mars 1788. (AN → G/2/17)

4876. Arrêt du Conseil d'État du roi, rendu en conséquence des délibérations et demandes du chapitre général des religieux de l'ancienne observance de Cluny, portant assignation de pensions provisoires, pour la subsistance de chacun d'eux, avec établissement d'une régie générale entre les mains du receveur général du clergé, pour la conservation du temporel des maisons. 27 mars 1788. (AN → AD+ 1082)

4877. Arrêt du Conseil d'État du roi, qui accorde une prime d'encouragement aux armateurs français, qui feront préparer et porter dans les ports du royaume les rogues provenant de leur pêche. 29 mars 1788. (AN → AD+ 1082)

4878. Arrêt du Conseil d'État du roi, qui ordonne que les créanciers de la compagnie des chevaux-légers de la garde du roi, remettront entre les mains du sieur intendant de la généralité de Paris, les titres qui établissent leurs créances. 30 mars 1788. (AN → AD+ 1082)

4879. Règlement général fait par le roi, pour la manutention du Trésor royal. 30 mars 1788. (AN → AD+ 1082)

4880. Édit du roi, portant suppression et création des offices de commissaires des guerres. Avril 1788. (AN → AD+ 1083)

4881. Édit du roi, portant suppression de l'arsenal de Paris, de son gouvernement et de sa juridiction. Avril 1788. (AN → AD+ 1083)

4882. Règlement provisoire, concernant l'administration des vivres. 1er avril 1788. (AN → AD+ 1083)

4883. Règlement arrêté par le roi, concernant la composition et les fonctions du directoire des subsistances militaires. 1er avril 1788. (AN → AD+ 1083)

4884. Règlement provisoire, concernant l'administration des fourrages des troupes à cheval. 1er avril 1788. (AN → AD+ 1083)

4885. Règlement arrêté par le roi, relativement à l'opération de la nouvelle formation du corps des carabiniers de Monsieur, que Sa Majesté a déterminé par son ordonnance en date du 17 mars 1788. 1er avril 1788. (AN → AD+ 1083)

4886. Convention entre le roi très-chrétien et son altesse celsissime le prince-évêque de Liège, pour la restitution réciproque des déserteurs. 1er avril 1788. (AN → MM 1230)

4887. Louis-Joseph de Bourbon, prince de Condé, prince du sang, pair et grand-maître de France, lieutenant général des armées du roi, chevalier de ses ordres, gouverneur et lieutenant général des provinces de Bourgogne et de Bresse, colonel général de l'infanterie française et étrangère. (Infanterie). 6 avril 1788. (AN → MM 1229)

4888. Arrêt du Conseil d'État du roi, qui ordonne que le port de Gravelines sera ouvert au commerce privilégié des colonies et des pêches. 7 avril 1788. (AN → AD+ 1083)

4889. Subsistances militaires. Pain des troupes. Instruction sur les procédés qui devront être suivis par les troupes, relativement à la manutention de leur pain. 7 avril 1788. (AN → AD+ 1083)

4890. Armand, marquis de Béthune, chevalier des ordres du roi, lieutenant général de ses armées, colonel général de la cavalerie de France. (Régiments de cavalerie). 8 avril 1788. (AN → MM 1229)

4891. Règlement arrêté par le roi, pour servir d'instruction aux officiers généraux chargés de l'incorporation des six régiments de cavalerie, que Sa Majesté a réformés par son ordonnance en date du 17 du mois dernier, dans les six régiments de hussards, et dans les douze régiments de chasseurs à cheval. 9 avril 1788. (AN → AD^{+} 1083)

4892. Règlement arrêté par le roi, portant instruction aux colonels ou commandants des régiments de cavalerie ou de dragons, qui seront chargés de mettre à exécution la nouvelle formation que Sa Majesté a réglée par son ordonnance en date du 17 du mois dernier. 9 avril 1788. (AN → AD^{+} 1083)

4893. Règlement arrêté par le roi, portant instruction à l'inspecteur général qui sera chargé de la réforme et reconstitution du corps d'infanterie de Mont-Réal. 9 avril 1788. (AN → AD^{+} 1083)

4894. Règlement arrêté par le roi, portant instruction aux colonels ou commandants des régiments de hussards et de chasseurs à cheval, pour l'incorporation de l'escadron que chacun de ces régiments doit recevoir. 9 avril 1788. (AN → AD^{+} 1083)

4895. Arrêt du Conseil d'État du roi, concernant les octrois de la ville de La Rochelle. 11 avril 1788. (AN → AD^{+} 1083)

4896. Instruction pour messieurs les commissaires des guerres. 13 avril 1788. (AN → MM 1230)

4897. Règlement arrêté par le roi, portant instruction à l'inspecteur général qui sera chargé de la réforme et reconstitution du régiment Royal-Italien. 13 avril 1788. (AN → MM 1230)

4898. Règlement arrêté par le roi, portant instruction à l'inspecteur général qui sera chargé de la réforme et reconstitution du régiment Royal-Corse. 13 avril 1788. (AN → MM 1230)

4899. Lettres patentes concernant les cures de l'ordre de Malte. 14 avril 1788. (AN → AD/XVII/29)

4900. Loterie royale établie par arrêt du Conseil du 4 octobre 1783. Liste générale du cinquième tirage de ladite Loterie, fait en la grande salle de l'Hôtel de Ville de Paris, en présence de messieurs les prévôt des marchands et échevins. 14, 15, 16, 17, 18, 19 et 21 avril 1788. (AN → AD^{+} 1083)

4901. Ordonnance du roi, concernant la constitution, la composition et les fonctions des commissaires des guerres. 17 avril 1788. (AN → AD^{+} 1083)

4902. Arrêt du Conseil d'État du roi, concernant la tenue des diètes provinciales, et du chapitre prochain de la congrégation de Saint-Maur, en conformité du bref du pape, du 24 juillet 1787. 18 avril 1788. (AN → AD^{+} 1083)

4903. Édit du roi, portant suppression des tribunaux d'exception. Mai 1788. (AN → AD^{+} 1083)

4904. Édit du roi, portant rétablissement de la Cour plénière. Mai 1788. (AN → AD^{+} 1083)

4905. Édit du roi, portant réduction d'offices dans sa Cour de parlement d'Aix. Mai 1788. (AN → AD⁺ 1083)

4906. Édit du roi, portant réduction d'offices dans sa Cour de parlement de Besançon. Mai 1788. (AN → AD⁺ 1083)

4907. Édit du roi, portant réduction d'offices dans sa Cour de parlement de Bordeaux. Mai 1788. (AN → AD⁺ 1083)

4908. Édit du roi, portant réduction d'offices dans sa Cour de parlement de Dijon. Mai 1788. (AN → AD⁺ 1083)

4909. Édit du roi, portant réduction d'offices dans sa Cour de parlement de Douai. Mai 1788. (AN → AD⁺ 1083)

4910. Édit du roi, portant réduction d'offices dans sa Cour de parlement de Grenoble. Mai 1788. (AN → AD⁺ 1083)

4911. Édit du roi, portant réduction d'offices dans sa Cour de parlement de Metz. Mai 1788. (AN → AD⁺ 1083)

4912. Édit du roi, portant réduction d'offices dans sa Cour de parlement de Nancy. Mai 1788. (AN → AD⁺ 1083)

4913. Édit du roi, portant réduction d'offices dans sa Cour de parlement de Paris. Mai 1788. (AN → AD⁺ 1083)

4914. Édit du roi, portant réduction d'offices dans sa Cour de parlement de Pau. Mai 1788. (AN → AD⁺ 1083)

4915. Édit du roi, portant réduction d'offices dans sa Cour de parlement de Rennes. Mai 1788. (AN → AD⁺ 1083)

4916. Édit du roi, portant réduction d'offices dans sa Cour de parlement de Rouen. Mai 1788. (AN → AD⁺ 1083)

4917. Édit du roi, portant réduction d'offices dans sa Cour de parlement de Toulouse. Mai 1788. (AN → AD⁺ 1083)

4918. Édit du roi, portant réduction d'offices dans son Conseil supérieur du Roussillon, et création d'un grand bailliage. Mai 1788. (AN → AD⁺ 1083)

4919. Édit du roi, portant réduction d'offices dans son Conseil supérieur d'Alsace, création d'un grand bailliage et de deux présidiaux. Mai 1788. (AN → AD⁺ 1083)

4920. Ordonnance du roi, sur l'administration de la Justice. Mai 1788. (AN → AD⁺ 1083)

4921. Déclaration du roi, sur les vacances. (Parlement de Paris). 1er mai 1788. (AN → AD⁺ 1083)

4922. Déclaration du roi, sur les vacances du parlement de Nancy. 1er mai 1788. (BN → F 23631 [219])

4923. Déclaration du roi, relative à l'ordonnance criminelle. 1er mai 1788. (AN → AD⁺ 1083)

4924. État des grands bailliages érigés dans l'étendue du royaume, par l'ordonnance du présent mois, et des ressort et arrondissement provisoirement attribués à chacun desdits sièges, par le même édit. 1er mai 1788. (AN → O/1/216)

4925. Loterie royale, établie par arrêt du Conseil d'État du roi du 29 octobre 1780. Liste du tirage des deux mille billets qui doivent participer à celui des quatre cents primes, du mois de septembre 1788. Ledit tirage fait dans la grande salle de l'Hôtel de Ville de Paris, en présence de messieurs les prévôt des marchands et échevins. 2 mai 1788. (AN → AD+ 1083)

4926. Arrêt du Conseil d'État du roi, qui en homologuant la délibération des créanciers unis du sieur de Serilly du 26 janvier 1788, affecte l'exercice de leurs droits aux cinq objets de l'actif dudit sieur de Serilly, par eux acceptés pour gage et sûreté de leurs payements, et réserve à Sa Majesté le surplus de l'actif dudit sieur de Serilly, pour l'acquit des sommes qui lui sont dûes par ledit sieur de Serilly, tant à raison de sa comptabilité, qu'à tout titre que ce soit. 3 mai 1788. (AN → AD+ 1083)

4927. Arrêt du Conseil d'État du roi, qui casse deux arrêtés du parlement de Paris, des 29 avril et 3 mai 1788. (Vingtièmes. Finances). 4 mai 1788. (AN → AD+ 1083)

4928. Arrêt du Conseil d'État du roi, qui casse un arrêté de la Cour des aides de Paris, du 5 mai 1788. 6 mai 1788. (AN → AD+ 1083)

4929. Discours du roi, à l'ouverture du Lit de Justice, tenu à Versailles, le 8 mai 1788. (AN → AD/I/13 dossier A pièce 13)

4930. Règlement arrêté par le roi, concernant la garde des archives des commandements de provinces. 13 mai 1788. (AN → MM 1230)

4931. Ordonnance du roi, pour conférer au sieur marquis de Vintimille du Luc, le régiment de Berry-Infanterie, sous le nom de Vintimille. 14 mai 1788. (AN → AD+ 1083)

4932. Décision du roi, concernant l'uniforme des commissaires des guerres et des élèves. 14 mai 1788. (AN → MM 1230)

4933. Décision rendue par le roi, concernant l'uniforme des officiers généraux. 14 mai 1788. (AN → MM 1230)

4934. Règlement du roi concernant les nègres épaves. 15 mai 1788. (BN → F 23631 [224])

4935. Règlement arrêté par le roi, portant établissement d'un directoire d'administration, et d'un conseil de santé, pour les hôpitaux militaires. 18 mai 1788. (AN → AD+ 1083)

4936. Instruction provisoire arrêtée par le roi, concernant l'exercice et les manoeuvres des troupes à cheval. 20 mai 1788. (AN → AD+ 1083)

4937. Instruction provisoire arrêtée par le roi concernant l'exercice et les manœuvres de l'infanterie. 20 mai 1788. (BN → F 4771 [60])

4938. Arrêt du Conseil d'État du roi, en faveur du comte Dominique de Mosselman. 24 mai 1788. (AN → AD$^+$ 1083)

4939. Arrêt du Conseil d'État du roi, qui autorise provisoirement les sieurs intendants et commissaires départis dans les généralités connues sous la dénomination de pays d'élection, ou leurs subdélégués, à viser les contraintes décernées par les receveurs particuliers des Finances, pour le recouvrement de la taille et des accessoires de cette imposition. 27 mai 1788. (AN → AD$^+$ 1083)

4940. Arrêt du Conseil d'État du roi, et lettres patentes sur icelui, qui ordonnent une fabrication de cinquante mille marcs d'espèces de cuivre, en la monnaie de Nantes. 28 mai 1788. (AN → AD$^+$ 1083)

4941. Arrêt du Conseil d'État du roi, qui enjoint aux officiers des amirautés d'envoyer, dans un mois pour tout délai, un état de tous les droits maritimes perçus dans leur ressort. 30 mai 1788. (AN → AD$^+$ 1083)

4942. Règlement fait par le roi, concernant la Société royale d'agriculture. 30 mai 1788. (AN → AD$^+$ 1083)

4943. Arrêt du Conseil d'État du roi, concernant les abonnements de vingtièmes, et portant remise de toute augmentation sur ladite imposition pour la présente année 1788. 31 mai 1788. (AN → AD$^+$ 1083)

4944. Arrêt du Conseil d'État du roi, qui évoque au Conseil les demandes et contestations relatives à la discussion des biens du sieur de Serilly, portées en la Chambre des comptes et à la Cour des aides ; renvoie la connaissance de celles desdites contestations qui intéressent uniquement Sa Majesté, par-devant une commission du Conseil ; et les contestations relatives aux créanciers particuliers dudit sieur de Serilly, par-devant les juges qui en doivent connaître. 31 mai 1788. (AN → AD$^+$ 1083)

4945. Lettres confirmatives... d'un mandement (du 13 novembre 1784) de M. le cardinal de Rohan (archevêque de Strasbourg), qui assure un asile dans la maison de Stephansfeld aux ecclésiastiques du diocèse de Strasbourg, principalement aux curés hors d'état de desservir leur bénéfice, et une augmentation de revenus à quelques-uns des curés royaux du même diocèse... Juin 1788. (BN → F 23631 [227])

4946. Règlement particulier fait par le roi, pour la comptabilité et l'acquittement des dépenses de la Marine au Trésor royal. 1er juin 1788. (AN → AD$^+$ 1084)

4947. Règlement particulier fait par le roi, pour l'administration des fonds du département de la Guerre au Trésor royal. 1er juin 1788. (AN → AD$^+$ 1084)

4948. Arrêt du Conseil d'État du roi, qui, faisant droit sur le renvoi au Conseil, prononcé par la sentence du lieutenant général de police de la ville d'Orléans, du 28 novembre 1787, ordonne l'exécution des articles Ier et II du titre XVI de l'ordonnance de 1667 ; et fait défenses aux parties, notamment au nommé Crépin, de se servir du ministère des avocats et procureurs dans les affaires concernant les manufactures. 2 juin 1788. (AN → AD$^+$ 1084)

4949. Arrêt du Conseil d'État du roi, qui supprime les exemptions des droits d'entrée à Paris, dont jouissent les établissements militaires et hôpitaux, et convertit lesdites exemptions en une somme annuelle d'argent. 3 juin 1788. (AN → AD^{+} 1084)

4950. Arrêt du Conseil d'État du roi, qui ordonne que les juges-consuls sortant ou étant sortis de charge, dans les juridictions consulaires, continueront d'exercer leurs fonctions sans qu'il soit besoin de nouveau serment, jusqu'à ce qu'il en soit par Sa Majesté autrement ordonné. 6 juin 1788. (AN → AD^{+} 1084)

4951. Arrêt du Conseil d'État du roi, et lettres patentes sur icelui, qui ordonnent une fabrication de cent mille marcs d'espèces de cuivre dans chacune des monnaies de Toulouse et de Montpellier. 8 juin 1788. (AN → AD^{+} 1084)

4952. Édit du roi, portant création de six millions de papier-monnaie pour les îles de France et de Bourbon. 10 juin 1788. (AN → AD^{+} 1084)

4953. Réponse du roi aux représentations des députés des États de Bretagne, du 10 juin 1788. (AN → AD/XVI/3)

4954. Emprunt de cent millions, établi par édit du mois de décembre 1782, et arrêt du Conseil du 1er décembre 1783. Liste générale du dixième tirage des remboursements des capitaux des rentes résultantes dudit emprunt, montant à la somme de trois millions cent vingt mille deux cent soixante-dix-neuf livres six sous cinq deniers, échus par le sort de la Loterie, tirée dans l'Hôtel de Ville de Paris, en présence de messieurs les prévôt des marchands et échevins. 11 juin 1788. (AN → AD^{+} 1084)

4955. Examen du système de législation établi par les édits du mois de mai 1783... adressé aux princes du sang royal et aux pairs de France... en exécution de la résolution annoncée par les déclarations et protestations des officiers du parlement de Nancy, du 11 juin 1788. (Par Jean-Hyacinthe de Bouteiller). 1788. (BN → Lb^{39} 6451)

4956. Arrêt du Conseil d'État du roi, qui attribue aux sieurs intendants et commissaires départis dans les provinces, les fonctions ci-devant exercées par les trésoriers de France, pour raison des alignements, périls imminents, refaction et adjudication de pavés dans les villes et autres lieux situés dans l'étendue des justices royales, autres néanmoins que la ville et faubourgs de Paris. 13 juin 1788. (AN → AD^{+} 1084)

4957. Arrêt du Conseil d'État du roi, qui ordonne que le droit de la marque des fers continuera d'être perçu sur les fers étrangers. 13 juin 1788. (AN → AD^{+} 1084)

4958. Arrêt du Conseil d'État du roi, qui ordonne que provisoirement, les commissaires-trésoriers de France supprimés dans les différentes généralités du royaume, exerceront, comme commissaires du Conseil, et jusqu'à ce qu'il en soit autrement ordonné par Sa Majesté, les fonctions mentionnées dans les arrêts qui les ont commis à cet effet. 13 juin 1788. (AN → AD^{+} 1337)

4959. Avis relatif aux assurances contre les incendies, sur les maisons, les meubles, les marchandises et effets précieux. Compagnie royale d'assurances contre les incendies, établie par arrêts du Conseil, des 6 novembre 1786, et 3 novembre 1787. 14 juin 1788. (AN → AD/I/25^{A} dossier H pièce 44)

4960. Réponse du roi aux remontrances du clergé du 15 juin 1788. (AN → AD/XVII/10[A])

4961. Ordonnance du roi, concernant les capitaines, dits de réforme, dans ses régiments des troupes à cheval. 16 juin 1788. (AN → AD⁺ 1084)

4962. Ordonnance du roi, portant suppression de tous les capitaines, dits à la suite, ou attachés, tant au corps de la cavalerie, qu'à celui des dragons, ainsi que des lieutenants et sous-lieutenants connus sous la même dénomination. 16 juin 1788. (AN → AD⁺ 1084)

4963. Instruction provisoire arrêtée par le roi, concernant les revues d'inspection de ses troupes d'infanterie. 16 juin 1788. (AN → AD⁺ 1084)

4964. Instruction provisoire arrêtée par le roi, concernant les revues d'inspection de ses troupes à cheval. 16 juin 1788. (AN → AD⁺ 1084)

4965. Supplément pour la présente année à l'instruction permanente (du même jour) concernant les inspecteurs des lieutenants généraux chefs de division et inspecteurs divisionnaires. 16 juin 1788. (BN → F 4773 [6])

4966. Arrêt du Conseil d'État du roi, qui ordonne que les cures régulières, dépendantes des maisons de chanoines réguliers, situées dans le diocèse de Quimper, qui n'étaient point en congrégation, et sont éteintes par le défaut de sujets, pourront être possédées à l'avenir par tous prêtres séculiers, à l'exclusion des religieux des congrégations, conformément à la déclaration du 22 août 1770. 17 juin 1788. (AN → AD⁺ 1084)

4967. Ordonnance concernant l'augmentation du corps de police au Cap, et l'établissement de brigades de police au Fort-Dauphin, au Port-de-Paix et à Saint-Louis. (Saint-Domingue). 17 juin 1788. (BN → F 23744 [5])

4968. Arrêt du Conseil d'État du roi, qui fait remise du droit de mutation sur toutes les parties de rentes et intérêts qui y étaient assujettis. 18 juin 1788. (AN → AD⁺ 1084)

4969. Arrêt du Conseil d'État du roi, qui nomme le sieur Rocher, pour partager, avec le sieur Perard de Montreuil, le titre et les fonctions d'inspecteur et vérificateur général des travaux de la clôture de Paris. 18 juin 1788. (AN → AD⁺ 1084)

4970. Arrêt du Conseil d'État du roi, portant suppression des délibérations et protestations des Cours et autres corps et communautés, faites depuis la publication des lois portées au Lit de Justice du 8 mai dernier. 20 juin 1788. (AN → AD⁺ 1084)

4971. Ordonnance du roi, portant règlement pour toutes les troupes, tant à pied qu'à cheval, concernant le recrutement, les engagements, l'envoi des recrues, la correspondance et la comptabilité du recrutement, les rengagements et les congés, tant d'ancienneté, que de grâce. 20 juin 1788. (AN → AD⁺ 1084)

4972. Ordonnance du roi, portant règlement sur l'administration et la comptabilité, tant des appointements et solde, que des masses dans les régiments d'infanterie française, allemande, irlandaise et liégeoise, et dans les bataillons d'infanterie-légère. 20 juin 1788. (AN → AD⁺ 1084)

4973. Ordonnance du roi, portant règlement sur l'administration et la comptabilité, tant des appointements et solde, que des masses, dans les régiments de cavalerie, hussards, dragons et chasseurs à cheval. 20 juin 1788. (AN → AD⁺ 1084)

4974. Ordonnance du roi, concernant les revues des commissaires des guerres. 20 juin 1788. (AN → AD⁺ 1084)

4975. Instruction arrêtée par le roi, concernant les rapports et la correspondance des commandants et intendants des provinces, commandants de divisions, officiers généraux divisionnaires, commandants de régiments, inspecteurs, directeurs ou officiers en résidence du corps royal de l'artillerie et de celui du génie, commissaires-ordonnateurs des divisions, commissaires des guerres, et généralement tous membres ou employés de l'administration militaire. 21 juin 1788. (AN → AD⁺ 1084)

4976. Règlement concernant les pensions de retraite du département de la Marine. 24 juin 1788. (AN → AD⁺ 1084)

4977. Arrêt du Conseil d'État du roi, qui ordonne que les procès-verbaux qui ont été ou seront rendus à l'avenir, relativement aux droits dépendant de la régie générale des Aides, dont la connaissance appartient aux sieurs intendants, soient valables, pourvu que l'affirmation en ait été faite par les commis dans la quinzaine du jour de leur rédaction, au plus tard. 27 juin 1788. (AN → AD⁺ 1084)

4978. Arrêt du Conseil d'État du roi, qui ordonne que la prohibition de l'introduction dans le royaume des marchandises de fer, notamment des clous de toute espèce, continuera d'être exécutée. 27 juin 1788. (AN → AD⁺ 1084)

4979. Arrêt du Conseil d'État du roi, qui ordonne, conformément à l'article IX du règlement du 13 avril 1751, que les rentes sur l'Hôtel de Ville de Paris, et toutes autres assignées sur les revenus de Sa Majesté, qui ont été ou qui seront données ou léguées aux gens de mainmorte pour cause de fondation, ou qui seront par eux acquises des deniers provenant des fondations, ne seront sujettes à aucun droit d'amortissement. 27 juin 1788. (AN → AD⁺ 1084)

4980. Arrêt du Conseil d'État du roi, concernant les greffes des tribunaux d'exception supprimés, et les poursuites, en matière criminelle, relatives au recouvrement des impositions. 28 juin 1788. (AN → AD⁺ 1084)

4981. Arrêt du Conseil d'État du roi, qui adapte aux bordereaux, qui sont encore dans le public, les reconnaissances et billets de chance, restant à délivrer au Trésor royal, du nombre des cent vingt mille reconnaissances et billets de chance, expédiés en exécution de l'édit de novembre 1787. 28 juin 1788. (AN → AD⁺ 1084)

4982. Règlement concernant l'admission des élèves de la Marine, et leur instruction dans le port. 29 juin 1788. (AN → AD⁺ 1084)

4983. Emprunt de cent vingt millions, édit de novembre 1787. Liste ordinale du tirage, qui, conformément à l'article VII dudit édit, détermine la nature des rentes attribuées à chaque série, fait dans la grande salle de l'Hôtel de Ville, en présence de messieurs les prévôt des marchands et échevins, le 30 juin 1788. (AN → AD^{+} 1084)

4984. Arrêt du Conseil d'État du roi, concernant la répartition, assiette et recouvrement des impositions, et les demandes et contestations y relatives dans les provinces d'assemblées provinciales. Juillet 1788. (AN → AD^{+} 1085)

4985. Lettres patentes en forme d'édit, portant règlement définitif des ressorts et arrondissements des grands bailliages de Langres et de Châlons, et créations et suppressions de différents sièges dans l'étendue du ressort de ces tribunaux. Juillet 1788. (AN → AD^{+} 1085)

4986. Liste de nos seigneurs du Grand Conseil du roi. Service pendant les mois de juillet, août, septembre, octobre, novembre et décembre. 1788. (AN → AD^{+} 1085)

4987. Ordonnance du roi, concernant les gardes du corps de Monsieur et de monseigneur comte d'Artois. 1er juillet 1788. (AN → AD^{+} 1085)

4988. Règlement arrêté par le roi, concernant les moyens et frais de correspondance de l'administration militaire. 1er juillet 1788. (AN → AD^{+} 1085)

4989. Règlement provisoire, concernant le service intérieur, la police et la discipline des troupes d'infanterie. 1er juillet 1788. (AN → AD^{+} 1085)

4990. Règlement provisoire, concernant le Service intérieur, la police et la discipline des troupes à cheval. 1er juillet 1788. (AN → AD^{+} 1085)

4991. Emprunt de 120 millions. Édit de novembre 1787. Liste générale du tirage des vingt mille lots de rentes viagères, attribués par l'article V dudit édit, aux 1 200 000 billets de chance dudit emprunt. Ledit tirage fait dans la grande salle de l'Hôtel de Ville de Paris, en présence de messieurs les prévôt des marchands et échevins. Les 1, 2, 3, 4, 5, 7, 8, 9, 10, 11, 12, 14, 15, 16, 18, 19 et 21 juillet 1788. (AN → AD^{+} 1085)

4992. Arrêt du Conseil d'État du roi, concernant la convocation des États généraux du royaume. 5 juillet 1788. (AN → AD^{+} 1085)

4993. Arrêt du Conseil d'État du roi, portant suppression des vingt-quatre paquebots établis pour la correspondance avec les colonies françaises et les États-Unis de l'Amérique. 5 juillet 1788. (AN → AD^{+} 1085)

4994. Arrêt du Conseil d'État du roi, qui maintient le clergé et les hôpitaux dans les droits, franchises et immunités dont ils sont en possession, et dans lesquels ils ont été confirmés, notamment par les déclarations des 27 octobre 1711 et 8 octobre 1726. 5 juillet 1788. (AN → AD^{+} 1085)

4995. Réponse du roi, aux remontrances du clergé. 6 juillet 1788. (AN → AD^{+} 1338)

4996. Arrêt du Conseil d'État du roi, portant suppression d'un arrêté pris par des officiers du parlement de Normandie, le 25 juin 1788. 9 juillet 1788. (AN → AD^{+} 1085)

4997. Règlement fait par le roi, pour la composition et formation des assemblées qui auront lieu dans le Nivernais, en exécution de l'édit portant établissement des assemblées provinciales. 13 juillet 1788. (AN → AD⁺ 1085)

4998. Règlement concernant les élèves du corps royal de l'artillerie des colonies. 13 juillet 1788. (AN → AD⁺ 1085)

4999. Arrêt du Conseil d'État du roi, qui supprime trois écrits, ayant pour titre : *Annales politiques, civiles et littéraires*, n° 109, n° 110 et n° 111. 14 juillet 1788. (AN → AD⁺ 1085)

5000. Ordonnance du roi, portant règlement sur la constitution et l'administration des hôpitaux militaires. 20 juillet 1788. (AN → AD⁺ 1085)

5001. Arrêt du Grand Conseil d'État du roi, qui condamne les syndic et directeurs des créanciers de la demoiselle de Monchy d'Hocquincourt, à rétablir dans la caisse des receveurs des consignations les sommes qu'ils ont indûment enlevées. 23 juillet 1788. (AN → AD⁺ 1085)

5002. Arrêt du Conseil d'État du roi, portant création d'une Loterie de douze millions, en faveur des provinces ravagées par la grêle. 26 juillet 1788. (AN → AD⁺ 1085)

5003. Arrêt du Conseil d'État du roi, qui ordonne que le droit de quarantième de la pancarte de la prévôté de Nantes, ne sera plus perçu sur les sardines réputées fraîches, et qui ne seraient que légèrement imprégnées de sel. 26 juillet 1788. (AN → AD⁺ 1085)

5004. Arrêt du Conseil d'État du roi, confirmatif du privilège exclusif de la compagnie royale d'assurances sur la vie. 27 juillet 1788. (AN → AD⁺ 1085)

5005. Arrêt du Conseil d'État du roi, relatif à la séparation des deux compagnies d'assurances, et au dépôt des sommes versées au Trésor royal par celle des assurances à vie. 27 juillet 1788. (AN → AD⁺ 1085)

5006. Réponse du roi, aux députés des commissions intermédiaires de Bretagne. 31 juillet 1788. (AN → AD/I/1ᴬ dossier E pièce 7)

5007. Loterie en faveur des hôpitaux. Liste générale des numéros auxquels sont échus les dix mille lots et les deux primes de faveur, de la Loterie établie au profit des hôpitaux, par arrêt du Conseil du 13 octobre 1787. Le tirage fait dans la grande salle de l'Hôtel de Ville de Paris, en présence de messieurs les prévôt des marchands et échevins. Les 1, 2, 4, 5, 6, 7, 8, 9, 11, 12, 13, 14, 18, 19, 20, 21, 22, 23, 26, 27, 28, 29 et 30 août, 1, 2, 4, 5, 6, 9, 10, 11, 12, 13, 15, 16, 17, 18, 19, 20, 22 et 23 septembre 1788. (AN → AD⁺ 1086)

Arrêts du Conseil d'État du roi. 11 mai 1784, 30 mai 1786 et 2 août 1788. (AN → AD⁺ 1085). Voir notice n° 3579.

5008. Arrêt du Conseil d'État du roi, portant qu'il se tiendra dans la ville de Romans une assemblée des trois ordres de la province, à l'effet de délibérer et de porter son vœu, tant sur la manière la plus utile d'en convoquer les États, que sur la forme qui doit être donnée à leur composition : règle ce qui sera observé pour l'élection et le choix des députés de chaque ordre qui composeront cette assemblée, laquelle est fixée au 5 du mois de septembre prochain. 2 août 1788. (AN → AD[+] 1085)

5009. Arrêt du Conseil d'État du roi, qui accorde une prorogation d'une année, à dater du 31 décembre prochain, pour le terme de la constitution en rentes viagères, des cent vingt mille bordereaux ou reconnaissances de l'emprunt du mois de novembre 1787 ; et qui ordonne que ces reconnaissances jouiront pendant cette prorogation de l'intérêt annuel de quatre et de cinq pour cent qui leur a été respectivement attribué par le tirage des séries, fait le 30 juin de la présente année. 3 août 1788. (AN → AD[+] 1085)

5010. Arrêt du Conseil d'État du roi, portant règlement pour les assemblées provinciales, de départements et municipales, sur les formes de la répartition et assiette de la taille ; capitation et autres impositions, et celles de la nomination à la collecte. 8 août 1788. (AN → AD[+] 1085)

5011. Arrêt du Conseil d'État du roi, qui fixe au 1er mai prochain la tenue des États généraux du royaume, et suspend jusqu'à cette époque le rétablissement de la Cour plénière. 8 août 1788. (AN → AD[+] 1085)

5012. Arrêt du Conseil d'État du roi, concernant la liquidation des offices supprimés. 9 août 1788. (AN → AD[+] 1085)

5013. Arrêt du Conseil d'État du roi, qui déclare les fréquentants les rivières de Seine et d'Yonne, non-recevables et mal fondés dans leurs demandes ; et ordonne que l'arrêt du 31 janvier 1782, qui a maintenu M. le duc de Villeroy dans les droits de péage dépendant du comté de Joigny, sera exécuté selon sa forme et teneur ; en conséquence, que les fréquentants et tous les autres seront tenus d'acquitter les droits de péage, conformément au tarif annexé à l'arrêt. 10 août 1788. (AN → AD[+] 1085)

5014. Arrêt du Conseil d'État du roi, qui déclare les fréquentants les rivières de Seine et d'Yonne, non-recevables et mal fondés dans leurs demandes ; et ordonne l'exécution des arrêts des 6 janvier 1780 et 14 janvier 1782, ainsi que des tarifs des droits de péages dépendant du domaine de Corbeil, y annexés. 10 août 1788. (AN → AD[+] 1085)

5015. Arrêt du Conseil d'État du roi, concernant les contestations relatives à la collecte et les règles générales de la perception. 10 août 1788. (AN → AD[+] 1085)

5016. Règlement fait par le roi, sur la formation et la composition des assemblées qui auront lieu dans la province du Bourbonnais. 10 août 1788. (AN → AD[+] 1085)

5017. Règlement provisoire sur le service des troupes à cheval en campagne. 12 août 1788. (AN → MM 1231)

5018. Règlement provisoire sur le service de l'infanterie en campagne. 12 août 1788. (BN → F 4775 [1])

5019. Arrêt du Conseil d'État du roi, qui désigne les officiers qui pourront accompagner les employés du régisseur général, chez les orfèvres, trafiquants et ouvriers en or et en argent. 13 août 1788. (AN → AD[+] 1085)

5020. Décision provisoire du roi relativement aux honneurs militaires. 13 août 1788. (BN → F 4775 [5])

5021. Instruction sur la manutention des magasins du roi. 14 août 1788. (AN → MM 1232)

5022. Arrêt du Conseil d'État du roi, concernant l'ordre et la forme des payements. 16 août 1788. (AN → AD⁺ 1085)

5023. Arrêt du Conseil d'État du roi, en faveur de la Caisse d'escompte. 18 août 1788. (AN → AD⁺ 1085)

5024. Arrêt du Conseil d'État du roi, concernant la circulation des billets de la Caisse d'escompte. 18 août 1788. (AN → AD⁺ 1085)

5025. Arrêt du Conseil d'État du roi, qui comme le sieur Labé de Morambert, sous le titre de payeur des secours réunis des œuvres de piété, à l'effet de faire les recette et payement de la portion des fonds affectés sur les indemnités des petites Loteries, en faveur des églises et édifices sacrés, ainsi que de ceux destinés au soulagement des communautés de filles, suivant le règlement qui sera fait à ce sujet. 20 août 1788. (AN → AD⁺ 1085)

5026. Arrêt du Conseil d'État du roi, qui nomme provisoirement des commissaires pour l'exercice de la grande voirie, dans la ville et faubourgs de Paris. 23 août 1788. (AN → AD⁺ 1085)

5027. Règlement fait par le roi, pour la composition d'un comité pour la distribution des fonds affectés au soulagement des communautés de filles religieuses, ainsi que de ceux destinés à la restauration des églises et édifices sacrés. 28 août 1788. (AN → AD⁺ 1085)

5028. Arrêt du Conseil d'État du roi, qui réunit au Contrôle général des finances, le département des Fermes générales et celui de la Régie générale. 31 août 1788. (AN → AD⁺ 1085)

5029. Règlement sur les détails intérieurs des hôpitaux militaires. 1er septembre 1788. (AN → AD⁺ 1086)

5030. Arrêt du Conseil d'État du roi, qui suspend l'exportation des grains à l'étranger par tous les ports et sorties du royaume. 7 septembre 1788. (AN → AD⁺ 1086)

5031. Règlement que le roi a fait arrêter, concernant l'école, dite des Orphelins militaires, destinées à l'éducation des fils d'anciens officiers et militaires de tout grade. 7 septembre 1788. (AN → AD⁺ 1086)

5032. Décision provisoire du roi, relativement aux semestres de ses troupes, pour la présente année. 12 septembre 1788. (AN → MM 1232)

5033. Arrêt du Conseil d'État du roi, qui autorise l'ouverture du canal royal de Paris, à l'effet de joindre les rivières d'Ourcq et de Marne, prises à Lizy, qui viendra se partager proche Paris, entre la Chapelle et la Villette, pour, d'un côté, se jeter dans la Seine, au bastion de l'Arsenal, et de l'autre, regagner cette rivière à son point de jonction, avec celle d'Oise, à Conflans-Sainte-Honorine ; ordonne que préalablement il sera procédé à la confection des plans, profils, devis et détails estimatifs de ladite entreprise, planté des piquets et jalons, fait des nivellements, fouilles et autres opérations sur tous terrains ouverts ou clos, dans l'alignement dudit canal ; fait défenses de troubler ou empêcher lesdites opérations. 13 septembre 1788. (AN → AD+ 1086)

5034. Arrêt du Conseil d'État du roi, portant révocation des dispositions ordonnées par celui du 16 août, pour le payement en papiers, d'une partie des rentes et des autres charges de l'État. 14 septembre 1788. (AN → AD+ 1086)

5035. Arrêt du Conseil d'État du roi. (Ville d'Aubusson. Droits et octrois). 20 septembre 1788. (AN → AD+ 1086)

5036. Arrêt du Conseil d'État du roi, qui casse et annule la sentence du siège des traites de Boulogne-sur-Mer, du 1er février 1780, et l'arrêt de la Cour des aides de Paris du 20 février 1783 ; ordonne que l'article VIII de la déclaration du 17 février 1688, continuera d'être exécuté selon sa forme et teneur ; en conséquence, ordonne que la sentence par défaut dudit siège des traites de Boulogne, du 10 décembre 1779, portant confiscation au profit du fermier, de cent quatre-vingt-quatre livres de faux tabac, ensemble de la charrette et du cheval servant à le transporter, saisi par procès-verbal du 26 octobre 1779, sur les nommés Omer et Sergent, sera exécutée selon sa forme et teneur, à la réserve de l'amende de 1 000 livres prononcé contre chacun des prévenus, qui a été modérée par grâce à la somme de 50 livres ; et condamne ces particuliers solidairement en tous les dépens des causes principale, d'appel et demande, au coût, contrôle, sceau et signification dudit arrêt. 20 septembre 1788. (AN → AD+ 1086)

5037. Arrêt du Conseil d'État du roi, qui accorde une prime de vingt livres par ballot de 250 aunes chaque, de toiles appelées Rouens-Fleurets, dits blancards, qui seront fabriquées, à dater du premier octobre de la présente année, et expédiées pour l'Espagne et autres pays étrangers et les colonies, et prescrit les formalités à observer pour obtenir ladite prime. 20 septembre 1788. (AN → AD+ 1086)

5038. Loterie royale, établie par arrêt du Conseil d'État du roi du 29 octobre 1780. Liste générale du tirage des 400 primes, attribuées aux deux mille billets de ladite Loterie, sortis à celui du 2 mai 1788. Ledit tirage fait dans la grande salle de l'Hôtel de Ville de Paris, en présence de messieurs les prévôt des marchands et échevins, le lundi 22 septembre 1788. (AN → AD+ 1086)

5039. Déclaration du roi, qui ordonne que l'assemblée des États généraux aura lieu dans le courant de janvier de l'année 1789, et que les officiers des Cours reprendront l'exercice de leurs fonctions. 23 septembre 1788. (AN → AD+ 1086)

5040. Déclaration du roi, pour la Chambre des vacations du Parlement. 23 septembre 1788. (AN → AD+ 1086)

5041. Déclaration du roi, pour autoriser les significations pendant le temps des vacations. (Cour des aides). 23 septembre 1788. (AN → AD+ 1086)

5042. Déclaration du roi, qui autorise les procureurs et autres officiers ministériels du parlement de Flandres, à faire, cette année, pendant la durée des vacations de cette cour, les actes nécessaires pour l'instruction des procès qui y sont pendants. 23 septembre 1788. (BN → F 21735 [46])

5043. Arrêt du Conseil d'État du roi, qui règle les droits à la sortie du royaume, sur les gants et les peaux mégissées. 24 septembre 1788. (AN → AD^{+} 1086)

5044. Arrêt du Conseil d'État du roi, qui ordonne que les marchands forains de Nancy amèneront les marchandises à la caffouse de cette ville. 24 septembre 1788. (AN → AD^{+} 1086)

5045. Arrêt du Conseil d'État du roi, qui interprète celui du 18 mars 1785, relatif aux denrées et marchandises que M. le prince de Nassau-Siegen fera transporter de ses terres de Podolie, en France. 24 septembre 1788. (AN → AD^{+} 1086)

5046. Arrêt du Conseil d'État du roi, qui casse et annule celui du parlement de Paris du 24 du même mois, ensemble la dénonciation et la plainte de M. le procureur général. 28 septembre 1788. (AN → AD^{+} 1086)

5047. Arrêt du Conseil d'État du roi, qui adapte aux bons et reconnaissances délivrés au Trésor royal, et qui n'ont point été échangés avec des billets de la Loterie de douze millions de livres, établie en faveur des provinces ravagées par la grêle, par arrêt du 26 juillet 1788, les billets restants à délivrer au Trésor royal, du nombre des quarante mille composant ladite Loterie. 28 septembre 1788. (AN → AD^{+} 1086)

5048. Arrêt du Conseil d'État du roi, portant prohibition, dans toute l'étendue du royaume, des huiles de baleine et de spermacéti, provenant de pêche étrangère. 28 septembre 1788. (AN → AD^{+} 1086)

5049. Arrêt du Conseil d'État du roi, qui règle provisoirement les formes de la répartition des impositions par les municipalités des villes. 30 septembre 1788. (AN → AD^{+} 1086)

5050. Édit du roi, qui ordonne la réformation en la monnaie de Paris, de trois cent mille livres espèces de billon, pour être transportées en l'île de Cayenne, où elles auront cours seulement. Octobre 1788. (AN → AD^{+} 1086)

5051. Arrêt du Conseil, et lettres patentes sur icelui, qui commettent Me Jean-Baptiste-Nicolas Cauchin Delatour pour achever les exercices de Me Darras, trésorier de la Caisse des arrérages et de celle des amortissements, et ceux de Me de Gagny, prédécesseur dudit Me Darras. 19 juillet et 4 octobre 1788. (AN → AD^{+} 1086)

5052. Arrêt du Conseil d'État du roi, concernant les opérations du département des tailles, pour l'année prochaine 1789. 4 octobre 1788. (AN → AD^{+} 1086)

5053. Arrêt du Conseil d'État du roi, pour la convocation d'une Assemblée de notables au 3 novembre prochain. 5 octobre 1788. (AN → AD^{+} 1086)

5054. Déclaration du roi, qui ordonne que l'assemblée des États généraux aura lieu dans le courant de janvier 1789, et que les officiers des Cours reprendront l'exercice de leurs fonctions. 6 octobre 1788. (AN → AD^{+} 1086)

5055. Arrêt du Conseil d'État du roi, qui attache irrévocablement à la chancellerie de France une bibliothèque de législation, administration, histoire et droit public ; règle la destination, pourvoit à l'entretien et aux accroissements de ladite bibliothèque, et en assure la communication à tous les départements des ministres de Sa Majesté. 10 octobre 1788. (AN → AD^{+} 1086)

5056. Extrait des registres du Conseil d'État du roi. (Pierre-Abraham Guerne). 10 octobre 1788. (AN → AD^{+} 1086)

5057. Arrêt du Conseil d'État du roi, portant règlement pour la composition et l'administration des États généraux de la province du Hainaut et des parties y réunies. 10 octobre 1788. (AN → AD^{+} 1338)

5058. Arrêt du Conseil d'État du roi, concernant les mousselines et toiles de coton. 16 octobre 1788. (AN → AD^{+} 1086)

5059. Décision du Conseil de la guerre, relativement aux formes de comptabilité prescrites par les ordonnances d'administration du 20 juin dernier. 18 octobre 1788. (AN → MM 1232)

5060. Décision du Conseil de la guerre, relativement à l'habillement. 18 octobre 1788. (AN → MM 1232)

5061. Décision du Conseil de la guerre, relativement aux congés d'ancienneté. 18 octobre 1788. (AN → MM 1232)

5062. Arrêt du Conseil d'État du roi, portant règlement pour la nouvelle formation des États de la province du Dauphiné. 22 octobre 1788. (AN → AD^{+} 1086)

5063. Loterie royale établie par arrêt du Conseil du 5 avril 1783. Liste générale du sixième tirage de ladite Loterie, fait en la grande salle de l'Hôtel de Ville de Paris, en présence de messieurs les prévôt des marchands et échevins. 22, 23, 24 et 25 octobre 1788. (AN → AD^{+} 1338)

5064. Arrêt du Conseil d'État du roi, qui nomme les personnes qui doivent signer les coupons d'intérêts et les nouvelles reconnaissances de l'emprunt de novembre 1787. 24 octobre 1788. (AN → AD^{+} 1086)

5065. Arrêt du Conseil d'État du roi, concernant les droits de sortie des sels provenant des marais de l'océan. 24 octobre 1788. (AN → AD^{+} 1086)

5066. Arrêt du Conseil d'État du roi, qui commet les sieurs Boutin et Fargès, conseillers d'État, pour, conjointement avec le sieur Valdec de Lessart, maître des requêtes, examiner et discuter tout ce qui a rapport à la fabrication des espèces. 25 octobre 1788. (AN → AD^{+} 1086)

5067. Arrêt du Conseil d'État du roi, qui commet les sieurs Boutin et Fargès, conseillers d'État, pour, conjointement avec le sieur Valdec de Lessart, maître des requêtes, examiner et discuter tout ce qui a rapport à l'administration des monnaies. 25 octobre 1788. (AN → AD^{+} 1086)

5068. Lettres patentes du roi, qui confirment et homologuent les délibérations de l'assemblée générale du clergé de France, des 2 et 15 juillet 1788, au sujet de la somme de dix-huit cent mille livres de don gratuit accordé à Sa Majesté par ladite assemblée. 28 octobre 1788. (AN → AD^{+} 1086)

5069. Déclaration du roi, concernant les formes de la répartition et levée des tailles, et les contestations y relatives. 28 octobre 1788. (AN → AD$^+$ 1086)

5070. Édit du roi, qui ordonne une fabrication de quatre-vingts mille marcs d'espèces de billon pour l'usage des îles du Vent et sous le Vent, où elles auront cours pour deux sous six deniers. Novembre 1788. (AN → AD$^+$ 1086)

5071. Édit du roi, concernant ceux qui ne professent pas la religion catholique dans les colonies de l'obéissance de Sa Majesté. Novembre 1788. (AN → Marine A/1/146)

5072. Arrêt du Conseil d'État du roi, portant convocation d'une assemblée des anciens États de Franche-Comté. 1er novembre 1788. (AN → AD$^+$ 1086)

5073. Liste des personnes convoquées pour l'Assemblée des notables du 3 novembre 1788, remise au 6 du même mois. (AN → AD/I/13 dossier A pièce 17)

5074. Logements des personnes convoquées pour l'Assemblée de notables du 3 novembre 1788, remise au 6 du même mois. (AN → AD$^+$ 1086)

5075. Liste des Bureaux de notables en l'année 1788. Discours du roi, de M. le garde des Sceaux, et de M. le directeur général des Finances à l'ouverture de l'Assemblée des notables tenue à Versailles le 6 novembre 1788. (AN → AD$^+$ 1086)

5076. Discours de Monsieur, frère du roi ; de M. l'archevêque de Narbonne et de M. le Premier président du parlement de Paris, à l'ouverture de l'Assemblée de notables, tenue à Versailles le 6 novembre 1788. (AN → AD$^+$ 1086)

5077. Arrêt du Conseil d'État du roi, qui proroge jusqu'au 1er janvier 1790, le délai accordé pour l'entrée et le débit dans le royaume des mousselines rayées, cadrillées et brochées, dites doréas, provenant du commerce français dans l'Inde. 18 novembre 1788. (AN → AD$^+$ 1086)

5078. Extrait des registres du Conseil d'État du roi. (Ordre de Malte. Ordre de Saint-Antoine). 22 novembre 1788. (AN → AD/XVII/29)

5079. Arrêt du Conseil d'État du roi, pour encourager, par des primes, l'importation en France des blés et des farines venant des États-Unis de l'Amérique. 23 novembre 1788. (AN → AD$^+$ 1086)

5080. Arrêt du Conseil d'État du roi, concernant le commerce des grains. 23 novembre 1788. (AN → AD$^+$ 1086)

5081. Décision du Conseil de la guerre, relativement à l'habillement. 24 novembre 1788. (AN → MM 1232)

5082. Lettres patentes du roi, qui ordonnent l'exécution de celles du 12 février 1722 ; en conséquence, assujettissent aux droits d'entrées toutes les maisons construites sur le territoire du faubourg du Roulle, ou dans le voisinage dudit faubourg, et qui n'en sont séparées que par une rue, quoique dépendantes d'autres paroisses, depuis la nouvelle barrière du Roulle, jusqu'au haut de la rue de Clichy inclusivement. 26 novembre 1788. (AN → AD$^+$ 1086)

5083. Déclaration du roi, qui continue, pour une année, au profit de l'hôpital général de Paris, la levée de cinq sols par chaque cent de bottes de foin. 29 novembre 1788. (AN → AD$^+$ 1086)

5084. Édit du roi, qui réunit au bailliage de Bouzonville ceux des villages restés sous la domination du roi qui dépendaient du bailliage de Schambourg. Décembre 1788. (BN → F 23631 [272])

5085. Rapport fait au roi, dans son Conseil, par le ministre de ses Finances. Décembre 1788. (AN → AD$^+$ 1338)

5086. Loterie de bienfaisance, établie par arrêt du Conseil du 26 juillet 1788, au profit des provinces ravagées par la grêle. Liste générale des dix mille principaux lots de ladite Loterie, dont le tirage a été fait en exécution dudit arrêt du Conseil du 26 juillet, et conformément à celui du 22 novembre 1788, dans la grande salle de l'Hôtel de Ville de Paris, en présence de messieurs les prévôt des marchands et échevins. 1, 2, 3, 4, 5, 6, 9 et 10 décembre 1788. (AN → AD$^+$ 1086)

5087. Emprunt de cent millions, établi par édit du mois de décembre 1782, et arrêt du Conseil du 1er décembre 1783. Liste générale du onzième tirage des remboursements des capitaux des rentes résultantes dudit emprunt, montant à la somme de trois millions cent quatre-vingt-neuf mille cinq cent soixante-quatre livres quatorze sous onze deniers, échus par le sort de la Loterie, tirée dans l'Hôtel de Ville de Paris, en présence de messieurs les prévôt des marchands et échevins. 4 décembre 1788. (AN → AD$^+$ 1086)

Deux arrêts du Conseil d'État du roi. 18 décembre 1787 et 6 décembre 1788. (AN → AD$^+$ 1338). Voir notice n° 4760.

5088. Arrêt du Conseil d'État du roi, qui excepte de la prohibition portée par l'arrêt du 28 septembre dernier, les huiles de baleine et d'autres poissons, ainsi que les fanons de baleine, provenant de la pêche des États-Unis de l'Amérique. 7 décembre 1788. (AN → AD$^+$ 1086)

5089. Arrêt du Conseil d'État du roi, qui ordonne, qu'à compter du 1er janvier 1789, les louis fabriqués en exécution de l'édit de janvier 1726, ne seront reçus et payés aux changes et aux hôtels des monnaies, que sur le pied de sept cent quarante-trois livres dix-sept sous sept deniers le marc ; et qui autorise tous les directeurs des monnaies, sans aucune exception, à fabriquer les nouvelles espèces d'or. 7 décembre 1788. (AN → AD$^+$ 1086)

5090. Ordonnance du roi, pour conférer à M. le duc de Berry, le régiment de cavalerie de Berry, sous le nom de Duc-de-Berry. 8 décembre 1788. (AN → AD$^+$ 1086)

5091. Ordonnance du roi, pour conférer à M. le duc d'Angoulême, le régiment de dragons de la Rochefoucault, sous le nom de Duc-d'Angoulême. 8 décembre 1788. (AN → AD$^+$ 1086)

5092. Emprunt de 80 millions, établi par édit du mois de décembre 1785. Liste générale des numéros des quittances de finance sortis au troisième tirage de remboursements des capitaux des rentes résultantes dudit emprunt, dont les bulletins participeront au tirage des primes, qui aura lieu au mois de mars 1789.

Ledit tirage fait dans la grande salle de l'Hôtel de Ville, en présence de messieurs les prévôt des marchands et échevins. 11, 12, 13, 15, 16 et 17 décembre 1788. (AN → AD^{+} 1086)

5093. Supplément interprétatif à l'ordonnance du 20 juillet dernier, portant règlement sur la constitution et l'administration générale des hôpitaux militaires. 12 décembre 1788. (AN → MM 1232)

5094. Arrêt du Conseil d'État du roi, qui commet le sieur Étienne-Nicolas Lebel, pour continuer et achever les exercices du feu sieur Deschamps, trésorier général des monnaies. 14 décembre 1788. (AN → AD^{+} 1086)

5095. Lettres patentes du roi sur arrêt du Conseil (du 7 décembre 1788) qui ordonnent, qu'à compter du 1er janvier 1789, les louis fabriqués en exécution de l'édit de janvier 1726, ne seront reçus et payés aux changes et aux hôtels des monnaies, que sur le pied de sept cent quarante-trois livres dix-sept sous sept deniers le marc ; et qui autorisent tous les directeurs des monnaies, sans aucune exception, à fabriquer les nouvelles espèces d'or. 14 décembre 1788. (BN → F 21735 [57])

5096. Arrêt du Conseil d'État du roi, qui réduit à un quart pour cent de la valeur, les droits perçus sur les ouvrages d'horlogerie à la sortie pour l'étranger. 17 décembre 1788. (AN → AD^{+} 1086)

5097. Arrêt du Conseil d'État du roi, concernant l'exercice des fonctions de juges-consuls. 20 décembre 1788. (AN → AD^{+} 1086)

5098. Règlement arrêté par le roi, concernant l'administration intérieure des vivres, confiée aux régiments. 20 décembre 1788. (AN → MM 1232)

5099. Supplément à la décision du Conseil de la guerre, du 24 novembre 1788. (Habillement). 22 décembre 1788. (AN → MM 1232)

5100. Arrêt du Conseil d'État du roi, qui ordonne l'exécution du règlement concernant la déclaration des marchandises des colonies françaises, et règle les tares qui pourront être déduites pour fixer le poids net desdites marchandises, à l'égard de celles qui acquittent les droits au poids net. 24 décembre 1788. (AN → AD^{+} 1086)

5101. Résultat du Conseil d'État du roi, tenu à Versailles le 27 décembre 1788. (États généraux). (AN → AD^{+} 1086)

5102. Ordonnance du roi, concernant l'administration municipale de la ville de Pontailler. 28 décembre 1788. (Suivi de l'*État des habitants de Pontailler* distribués en différentes classes, et de l'attache d'Amelot de Chaillou, intendant de Bourgogne, du 3 janvier 1789). (BN → F 5001 [896])

5103. Arrêt du Conseil d'État du roi, concernant la Caisse d'escompte. 29 décembre 1788. (AN → AD^{+} 1086)

5104. Régie générale. Circulaire. 31 décembre 1788. (AN → G/2/17)

1789

5105. Instruction sur la réception des déclarations pour la contribution patriotique, dont les gardes et syndics des corps et communautés seront chargés, et pour établir leur comptabilité. (Marchands et artisans de Paris). 1789. (AN → AD$^+$ 1087)

5106. Instruction pour les huissiers. (États généraux. Clergé). 1789. (AN → AD/I/8 dossier C pièce 6)

5107. Ordonnance à rendre par les baillis et sénéchaux de la première classe, ou en leur absence, par leurs lieutenants généraux, lorsque des bailliages ou sénéchaussées de la seconde classe devront concourir avec eux à la convocation pour les États généraux. 1789. (AN → AD$^+$ 1087)

5108. Liste des noms et demeures de messieurs les fermiers généraux des Fermes royales unies. Pour le bail de Me Pierre Henriet. 1789. (AN → AD/IX/407)

5109. Modèle de l'assignation à donner aux ecclésiastiques possédant bénéfices, et aux ducs, pairs, marquis, comtes, barons, châtelains, et généralement à tous les nobles possédant fiefs. 1789. (AN → AD$^+$ 1087)

5110. Arrêt du Conseil d'État du roi, pour suspendre, jusqu'au 3 de février, la séance des États de Bretagne. 3 janvier 1789. (AN → AD$^+$ 1087)

5111. Lettres patentes, pour la confirmation de l'établissement d'une maison de providence au Port-au-Prince. 3 janvier 1789. (AN → Marine A/1/147)

5112. Arrêt du Conseil d'État du roi, portant nomination de commissaires pour régler, en conséquence du résultat du Conseil du 27 décembre dernier, ce qui a rapport à la convocation des États généraux. 4 janvier 1789. (AN → AD$^+$ 1087)

5113. Lettres patentes du roi, qui nomment différents magistrats à l'effet de s'occuper des moyens d'abréger les longueurs et diminuer les frais de procédures civiles et criminelles. 6 janvier 1789. (AN → AD$^+$ 1087)

5114. Lettres patentes du roi, qui règlent dans quels cas les étudiants de l'université de Douai qui se seront enrôlés dans les troupes du roi pourront être réclamés. 6 janvier 1789. (BN → F 21736 [2])

5115. Arrêt du Conseil d'État du roi, pour encourager, par des primes, l'importation en France des blés et des farines venant des différents ports de l'Europe. 11 janvier 1789. (AN → AD$^+$ 1087)

5116. Arrêt du Conseil d'État du roi, qui suspend l'exécution de celui du 16 octobre 1788, concernant les mousselines et toiles de coton, ainsi que l'exécution de l'article V de l'arrêt du 10 juillet 1785. 14 janvier 1789. (AN → AD^{+} 1087)

5117. Arrêt du Conseil d'État du roi, portant homologation des délibérations des actionnaires de la Caisse d'escompte, des 8 et 15 janvier 1789. 17 janvier 1789. (AN → AD^{+} 1087)

5118. Règlement de nos seigneurs les maréchaux de France, concernant les billets d'honneur incompétents. 19 janvier 1789. (AN → MM 1232)

5119. Arrêt du Conseil d'État du roi, concernant les États de Bretagne. 20 janvier 1789. (AN → AD^{+} 1087)

5120. Lettres patentes du roi, par lesquelles Sa Majesté supprime la capitainerie des chasses du gouvernement de Flandres. 20 janvier 1789. (BN → F 21736 [4])

5121. Arrêt du Conseil d'État du roi, qui casse un arrêt du parlement de Besançon, du 12 du présent mois. 21 janvier 1789. (AN → AD^{+} 1087)

5122. Déclaration du roi, concernant les non-catholiques, qui proroge jusqu'au premier janvier 1790, le délai d'un an prescrit par l'article XXI de l'édit de novembre 1787. 21 janvier 1789. (AN → AD^{+} 1087)

5123. Lettres patentes du roi, qui valident, en tant que de besoin, tout ce qui a été prescrit par les arrêts du Conseil des 28 février, 12 et 20 mars, et 27 juillet 1788 dans la province de Normandie, sur la contribution destinée à la dépense des routes pour 1788, et ordonnent que les mêmes dispositions seront encore observées pour 1789. 24 janvier 1789. (AN → AD^{+} 1339)

5124. Instruction pour les baillis ou sénéchaux d'épée, ou leurs lieutenants ; et pour les lieutenants des bailliages et sénéchaussées secondaires. 24 janvier 1789. (AN → AD^{+} 1087)

5125. Décision du roi, concernant le payement des suppléments d'appointements et de solde, accordés à quelques officiers, bas-officiers et autres, dans les troupes de ligue. 24 janvier 1789. (AN → MM 1232)

5126. Lettre du roi pour la convocation des États généraux à Versailles, le 27 avril 1789 et règlement y annexé. 24 janvier 1789. (AN → AD^{+} 1087)

5127. Ordonnance du roi, concernant le corps royal des canonniers-matelots, et son service à bord des vaisseaux de Sa Majesté. 25 janvier 1789. (AN → AD^{+} 1087)

5128. Règlement concernant les apprentis-canonniers. 25 janvier 1789. (AN → AD^{+} 1087)

5129. Règlement concernant les mestrances de canonnage. 25 janvier 1789. (AN → AD^{+} 1087)

5130. Règlement arrêté par le roi, concernant l'administration des fourrages des troupes à cheval. 29 janvier 1789. (AN → MM 1232)

5131. Édit du roi, portant création d'un bailliage royal dans la ville de Dreux, pour avoir la connaissance des cas royaux et matières bénéficiales dans le ressort de l'ancien bailliage de ladite ville. Février 1789. (AN → AD⁺ 1087)

5132. Lettres patentes du roi, qui, confirmant les différents titres en vertu desquels les citoyens immatriculés de Perpignan jouissent de la noblesse transmissible, règlent que nulle personne ne pourra plus désormais le devenir, soit par voie d'élection, soit en vertu de lettres du souverain. Février 1789. (BN → F 23631 [281])

5133. Arrêt du Conseil d'État du roi, qui modère le droit perçu sur les soudes et potasses à l'entrée de la Normandie. 1er février 1789. (AN → AD⁺ 1087)

5134. Arrêt du Conseil d'État du roi, qui ordonne que les cotons filés, venant de l'étranger, autres néanmoins que ceux provenant du commerce du Levant, acquitteront, à compter du 1er de ce mois, un droit uniforme de quarante-cinq sous par livre pesant, y compris les sous pour livre, à toutes les entrées du royaume. 5 février 1789. (AN → AD⁺ 1087)

5135. Lettre du roi pour la convocation des États généraux, à Versailles, le 27 avril 1789. Règlement fait par le roi, pour l'exécution de ses lettres de convocation aux prochains États généraux, dans sa province d'Alsace. 7 février 1789. (AN → AD⁺ 1087)

5136. Lettre du roi pour la convocation des États généraux, à Versailles, le 27 avril 1789. Règlement fait par le roi, pour l'exécution de ses lettres de convocation aux prochains États généraux, dans sa province de Bourgogne. 7 février 1789. (AN → AD⁺ 1087)

5137. Lettre du roi pour la convocation des États généraux, à Versailles, le 27 avril 1789. Règlement fait par le roi, pour l'exécution de ses lettres de convocation aux prochains États généraux, dans sa province des Trois-Évêchés et du Clermontois. 7 février 1789. (AN → AD⁺ 1087)

5138. Lettre du roi pour la convocation des États généraux, à Versailles, le 27 avril 1789. Règlement fait par le roi, pour l'exécution de ses lettres de convocation aux prochains États généraux, dans sa province de Languedoc. 7 février 1789. (AN → AD⁺ 1087)

5139. Lettre du roi pour la convocation des États généraux, à Versailles, le 27 avril 1789. Règlement fait par le roi, pour l'exécution de ses lettres de convocation aux prochains États généraux, dans sa province de Lorraine et Barrois. 7 février 1789. (AN → AD⁺ 1087)

5140. Convention entre le roi et le duc de Wittemberg, pour la restitution réciproque des déserteurs et criminels. 7 février 1789. (AN → MM 1232)

5141. Règlement concernant les avancements des équipages des vaisseaux du roi. 8 février 1789. (AN → AD⁺ 1087)

5142. Arrêt du Conseil d'État du roi, qui supprime un imprimé, ayant pour titre : *Détail de ce qui s'est passé à Rennes, le 26 janvier 1789* ; commençant par ces mots : *Notre ville a eu* ; et finissant par ceux-ci : *se sont passés* ; avec cette apostille en lettres italiques : *Le reste à l'ordinaire prochain.* 14 février 1789. (AN → AD⁺ 1087)

5143. Lettre du roi pour la convocation des États généraux, à Versailles, le 27 avril 1789. Règlement fait par le roi, pour l'exécution de ses lettres de convocation aux prochains États généraux, dans sa province d'Auvergne. 15 février 1789. (AN → AD⁺ 1087)

5144. Règlement pour l'augmentation de la compagnie de maréchaussée de l'Île-de-France. 16 février 1789. (AN → AD⁺ 1339)

5145. Arrêt du Conseil d'État du roi, qui ordonne que les régisseurs des poudres ne pourront être choisis à l'avenir que dans la classe des employés supérieurs de ladite régie. 19 février 1789. (AN → AD⁺ 1087)

5146. Lettre du roi pour la convocation des États généraux, à Versailles, le 27 avril 1789. Règlement fait par le roi, pour l'exécution de ses lettres de convocation aux prochains États généraux, dans sa province de Flandre. 19 février 1789. (AN → AD⁺ 1087)

5147. Lettre du roi pour la convocation des États généraux, à Versailles, le 27 avril 1789. Règlement fait par le roi, pour l'exécution de ses lettres de convocation aux prochains États généraux, dans le pays de Bigorre. 19 février 1789. (AN → AD⁺ 1087)

5148. Lettre du roi pour la convocation des États généraux, à Versailles, le 27 avril 1789. Règlement fait par le roi, pour l'exécution de ses lettres de convocation aux prochains États généraux, dans le duché d'Albret. 19 février 1789. (AN → AD⁺ 1087)

5149. Lettre du roi pour la convocation des États généraux, à Versailles, le 27 avril 1789. Règlement fait par le roi, pour l'exécution de ses lettres de convocation aux prochains États généraux, dans le Béarn. 19 février 1789. (AN → AD⁺ 1087)

5150. Lettre du roi pour la convocation des États généraux, à Versailles, le 27 avril 1789. Règlement fait par le roi, pour l'exécution de ses lettres de convocation aux prochains États généraux, dans sa province d'Artois. 19 février 1789. (AN → AD⁺ 1087)

5151. Lettre du roi pour la convocation des États généraux, à Versailles, le 27 avril 1789. Règlement fait par le roi, pour l'exécution de ses lettres de convocation aux prochains États généraux, dans la Navarre. 19 février 1789. (AN → AD⁺ 1087)

5152. Lettre du roi pour la convocation des États généraux, à Versailles, le 27 avril 1789. Règlement fait par le roi, pour l'exécution de ses lettres de convocation aux prochains États généraux, dans le pays de Soule. 19 février 1789. (AN → AD⁺ 1087)

5153. Lettre du roi pour la convocation des États généraux, à Versailles, le 27 avril 1789. Règlement fait par le roi, pour l'exécution de ses lettres de convocation aux prochains États généraux, dans ses bailliages de Chartres et de Châteauneuf-en-Thimerais. 19 février 1789. (AN → AD⁺ 1087)

5154. Lettre du roi pour la convocation des États généraux, à Versailles, le 27 avril 1789. Règlement fait par le roi, pour l'exécution de ses lettres de convocation aux prochains États généraux, dans le comté de Foix. 19 février 1789. (AN → AD+ 1087)

5155. Lettre du roi pour la convocation des États généraux, à Versailles, le 27 avril 1789. Règlement fait par le roi, pour l'exécution de ses lettres de convocation aux prochains États généraux, dans le pays de Rivière-Verdun. 19 février 1789. (AN → AD+ 1087)

5156. Lettre du roi pour la convocation des États généraux, à Versailles, le 27 avril 1789. Règlement fait par le roi, pour l'exécution de ses lettres de convocation aux prochains États généraux, dans sa province de Cambrésis. 19 février 1789. (AN → AD+ 1087)

5157. Lettre du roi pour la convocation des États généraux, à Versailles, le 27 avril 1789. Règlement fait par le roi, pour l'exécution de ses lettres de convocation aux prochains États généraux, dans le pays de Comminges. 19 février 1789. (AN → AD+ 1087)

5158. Lettre du roi pour la convocation des États généraux, à Versailles, le 27 avril 1789. Règlement fait par le roi, pour l'exécution de ses lettres de convocation aux prochains États généraux, dans la province du Hainaut. 19 février 1789. (AN → AD+ 1087)

5159. Lettre du roi pour la convocation des États généraux, à Versailles, le 27 avril 1789. Règlement fait par le roi, pour l'exécution de ses lettres de convocation aux prochains États généraux, dans la principauté d'Orange. 19 février 1789. (AN → AD+ 1087)

5160. Lettre du roi pour la convocation des États généraux, à Versailles, le 27 avril 1789. Règlement fait par le roi, pour l'exécution de ses lettres de convocation aux prochains États généraux, des Marches franches de Poitou et de Bretagne. 19 février 1789. (AN → AD+ 1087)

5161. Lettre du roi pour la convocation des États généraux, à Versailles, le 27 avril 1789. Règlement fait par le roi, pour l'exécution de ses lettres de convocation aux prochains États généraux, dans sa province de Franche-Comté. 19 février 1789. (AN → AD+ 1087)

5162. Lettre du roi pour la convocation des États généraux, à Versailles, le 27 avril 1789. Règlement fait par le roi, pour l'exécution de ses lettres de convocation aux prochains États généraux, dans sa province de Roussillon. 19 février 1789. (AN → AD+ 1087)

5163. Nouvelle Maison d'éducation militaire pour la jeune noblesse, établie à Nanterre, par brevet du roi... (Permis d'imprimer du 21 février 1789). (BN → Lf60 21)

5164. Règlement arrêté par le roi, pour fixer les rangs entre les élèves de la Marine de la seconde classe. 24 février 1789. (AN → AD+ 1087)

5165. Arrêt du Conseil d'État du roi. (États généraux.). 25 février 1789. (AN → AD+ 1087)

5166. Déclaration du roi, qui, en validant l'assistance des commissaires au Châtelet, ou autres officiers publics, depuis le 8 mai 1788, jusqu'au 23 septembre suivant, aux procès-verbaux de fraude rédigés par les employés des Fermes ou Régies, ordonne que lesdits procès-verbaux soient jugés conformément aux dispositions de l'ordonnance de 1680, et autres règlements postérieurs. 26 février 1789. (AN → AD$^+$ 1087)

5167. Arrêt du Conseil d'État du roi. (Parlement de Dijon). 28 février 1789. (AN → AD$^+$ 1087)

5168. Extrait des registres du Conseil d'État du roi. (Comte de Peyre. Sénéchaussée du Gévaudan). 28 février 1789. (AN → AD$^+$ 1087)

5169. Arrêt du Conseil d'État du roi. (Parlement de Besançon). 28 février 1789. (AN → AD$^+$ 1087)

5170. Règlement fait par le roi, pour l'exécution de ses lettres de convocation aux États généraux, dans les bailliages de Bellême et de Mortagne. 28 février 1789. (AN → AD$^+$ 1087)

5171. Édit du roi, portant suppression de différentes charges dans la Maison du roi. Mars 1789. (AN → AD$^+$ 1088)

5172. Ordonnance du roi, pour conférer à son cousin et oncle, le prince Xavier de Pologne, duc de Saxe, comte de Lusace, le régiment de hussards de Conflans, sous le nom de Saxe. 1er mars 1789. (AN → AD$^+$ 1088)

5173. Arrêt du Conseil d'État du roi, concernant les États de Flandre. 2 mars 1789. (AN → AD$^+$ 1088)

5174. Règlement fait par le roi, pour fixer le nombre de députés que la sénéchaussée d'Angoumois doit envoyer aux prochains États généraux. 2 mars 1789. (AN → AD$^+$ 1088)

5175. Règlement fait par le roi, pour fixer le nombre de députés que les bailliages de Laon, Reims, Troyes et Vitry doivent envoyer aux prochains États généraux. 2 mars 1789. (AN → AD$^+$ 1088)

5176. Lettre du roi pour la convocation des États généraux, à Versailles, le 27 avril 1789. Règlement fait par le roi, pour l'exécution de ses lettres de convocation aux prochains États généraux, dans son comté de Provence. 2 mars 1789. (AN → AD$^+$ 1088)

5177. Arrêt du Conseil d'État du roi, qui ordonne que les toiles de coton blanches, et les mousselines fabriquées dans la province d'Alsace, pourront être introduites dans les provinces des cinq grosses Fermes, en payant ; savoir, les toiles de coton blanches, vingt-sept livres par quintal, et les dix sous pour livre ; et les mousselines quatre livres, et les dix sous pour livre aussi par quintal. 3 mars 1789. (AN → AD$^+$ 1088)

5178. Arrêt du Conseil d'État du roi, qui prohibe les mousselines et toiles de coton blanches qui se fabriquent à Mulhausen, et permet aux fabricants de ladite ville de continuer à faire entrer et circuler dans le royaume les toiles qu'ils auront peintes et imprimées, en payant quatre-vingt-dix livres du quintal, et les dix sous pour livre, quelle que soit l'origine des toiles blanches sur lesquelles aura été faite la peinture et impression. 3 mars 1789. (AN → AD⁺ 1088)

5179. Arrêt du Conseil d'État du roi, qui en maintenant la prohibition des toiles peintes et imprimées étrangères, ordonne que celles peintes et imprimées dans les manufactures d'Alsace, pourront entrer dans l'intérieur du royaume, et fixe les droits qu'elles acquitteront lors de leur introduction. 3 mars 1789. (AN → AD⁺ 1088)

5180. Arrêt du Conseil d'État du roi, qui ordonne que les toiles peintes et imprimées dans les fabriques établies à Bar-le-Duc et dans les environs, continueront d'entrer dans le royaume, en payant au Bureau de Saint-Dizier quatre-vingt-dix livres du quintal, et les dix sous pour livre ; et prescrit les formalités à remplir pour qu'elles soient admises au payement desdits droits. 3 mars 1789. (AN → AD⁺ 1088)

5181. Arrêt du Conseil d'État du roi, qui prescrit de nouvelles formalités à remplir, pour constater que les mousselines, toiles de coton et toiles peintes et imprimées qui se fabriquent en Alsace, ont été réellement fabriquées dans cette province. 3 mars 1789. (AN → AD⁺ 1088)

5182. Arrêt du Conseil d'État du roi, concernant la ville de Sens. 4 mars 1789. (AN → AD⁺ 1088)

5183. Arrêt du Conseil d'État du roi, qui casse une ordonnance du lieutenant général du bailliage de Metz, en ce qui concerne les bailliages de Thionville, Sarrelouis et Longwy. 7 mars 1789. (AN → AD⁺ 1088)

5184. Lettres patentes, en forme d'édit, qui suppriment les offices de conservateurs des saisies et oppositions formées au Trésor royal, et en réunissent les fonctions aux quatre offices de conservateurs des hypothèques sur les rentes. 7 mars 1789. (AN → AD⁺ 1088)

5185. Arrêt du Conseil d'État du roi, qui casse une ordonnance du lieutenant général de Senlis, en ce qu'il est portée par ladite ordonnance que la réduction au quart des députés, n'aura pas lieu, et que les députés absents pourront donner leur procuration. 8 mars 1789. (AN → AD⁺ 1088)

5186. Arrêt du Conseil d'État du roi, qui fait défenses aux entrepreneurs de la manufacture de toiles peintes, établie au Clos-le-Prêtre sur la rivière des Gobelins, de mettre dans l'inscription étant au chef des toiles peintes et imprimées de leur manufacture, ces mots : qui passe à Jouy. 8 mars 1789. (AN → AD⁺ 1088)

5187. Ordonnance du roi, portant établissement d'une masse d'hôpital, pour les compagnies d'invalides détachés. 8 mars 1789. (AN → AD⁺ 1088)

5188. Ordonnance du roi, portant suppression de la compagnie de maréchaussée de l'île de Corse. 8 mars 1789. (AN → MM 1232)

5189. Règlement fait par le roi, pour autoriser la sénéchaussée de Nîmes à envoyer quatre députations aux États généraux. 8 mars 1789. (AN → AD⁺ 1088)

5190. Règlement fait par le roi, pour l'exécution de ses lettres de convocation aux États généraux, dans les bailliages de Rouen et de Charleval, et dans les justices seigneuriales d'Andely, Gisors, Lyons et Vernon. 10 mars 1789. (AN → AD^{+} 1088)

5191. Arrêt du Conseil d'État du roi, qui casse une ordonnance du lieutenant général du bailliage de Nancy, en ce qui concerne les bailliages de Lunéville, Blamont, Rosières, Vézelise et Nomeny. 11 mars 1789. (AN → AD^{+} 1088)

5192. Règlement portant établissement d'une Société d'agriculture à Poitiers. 11 mars 1789. (AN → AD^{+} 1088)

5193. Arrêt du Conseil d'État du roi, qui casse une ordonnance du lieutenant général d'Orléans, en ce qu'il est porté par ladite ordonnance que la réduction au quart des députés, n'aura pas lieu. 12 mars 1789. (AN → AD^{+} 1088)

5194. Règlement fait par le roi, pour l'exécution de celui du 19 février, dans sa province d'Artois. 12 mars 1789. (AN → AD^{+} 1088)

5195. Règlement fait par le roi, pour l'exécution de ses lettres de convocation aux États généraux, dans le bailliage de Clermont-en-Argonne. 15 mars 1789. (AN → AD^{+} 1088)

5196. Règlement fait par le roi, pour autoriser la sénéchaussée du Maine à envoyer cinq départements aux États généraux. 15 mars 1789. (AN → AD^{+} 1088)

5197. Lettre du roi, pour la convocation des États généraux, à Versailles, le 27 avril 1789. Règlement fait par le roi, pour la convocation aux États généraux, dans sa province de Bretagne. 16 mars 1789. (AN → AD^{+} 1088)

5198. Lettres patentes du roi, qui ordonnent que la modification mise par la Cour des monnaies dans son arrêt d'enregistrement du 30 juillet 1785, sera regardée comme nulle et non avenue, et que les arrêts du Conseil et lettres patentes des 12 et 20 du même mois seront exécutés selon leur forme et teneur ; en conséquence, permettent au sieur Daumy de doubler et plaquer les vases et ustensiles de cuivre et de similor, propres aux comestibles. 17 mars 1789. (AN → AD^{+} 1088)

5199. Lettres patentes, qui confirment un bref relatif à la suppression des maisons de l'ancienne observance de l'ordre de Cluny. 19 mars 1789. (AN → AD^{+} 1088)

5200. Édit du roi, qui rétablit l'office de premier huissier en l'élection de Bar-sur-Seine, supprimé par l'édit de novembre 1720, sous le titre de premier huissier-audiencier en la juridiction de nos conseillers exerçant la justice sur le fait de nos aides et tailles, au comté de Bar-sur-Seine. 21 mars 1789. (AN → AD^{+} 1088)

5201. Arrêt du Conseil d'État du roi, portant cassation d'un jugement rendu aux requêtes de l'Hôtel au souverain, le 22 janvier 1789, contenant règlement au sujet des *committimus*. 22 mars 1789. (AN → AD^{+} 1088)

5202. Lettre du roi pour la convocation des États généraux, à Versailles, le 27 avril 1789. Règlement fait par le roi, pour l'exécution dans son île de Corse, de ses lettres de convocation aux prochains États généraux. 22 mars 1789. (AN → AD^{+} 1088)

5203. Instructions et pouvoirs donnés par la noblesse de la sénéchaussée de Ponthieu, dans son assemblée générale, tenue le lundi 23 mars 1789. (AN → AD/I/10 pièce 1)

5204. Emprunt de 80 millions, établi par édit de décembre 1785. Liste générale du troisième tirage des primes attribuées aux huit mille bulletins correspondant aux numéros des quittances de finance, sortis au tirage de décembre 1788. Ledit tirage fait dans une des salles de l'Hôtel de Ville de Paris. 24 mars 1789. (AN → AD⁺ 1339)

5205. Arrêt du Conseil d'État du roi, qui défend à tous libraires et imprimeurs de la ville de Paris ou des provinces, autres que ceux choisis et avoués par le directeur de l'Imprimerie royale, d'imprimer, vendre ni débiter, sous quelque prétexte que ce soit, aucun des ouvrages, édits, déclarations, arrêts, ordonnances militaires et règlements de son Conseil, qui auront été remis de l'ordre de Sa Majesté à ladite Imprimerie royale pour y être imprimés ; le tout à peine d'amende et de confiscation, et autres plus grandes peines s'il y échoit. 26 mars 1789. (AN → AD⁺ 1088)

5206. Lettres patentes du roi, qui dispensent Joseph-Basile Poinsignon de présenter aux Bureaux des finances les états au vrai de ses recettes et dépenses concernant l'acquit des charges assignées sur les Domaines et Bois. 27 mars 1789. (BN → F 23631 [305])

5207. Arrêt du Conseil d'État du roi, portant nouveau règlement pour l'Académie royale de musique. 28 mars 1789. (AN → AD⁺ 1088)

5208. Arrêt du Conseil d'État du roi, qui casse et annule une ordonnance du sénéchal de La Rochelle, portant que le sieur Orceau sera tenu, attendu sa qualité de subdélégué, de s'abstenir de l'assemblée de la sénéchaussée. 28 mars 1789. (AN → AD⁺ 1088)

5209. Arrêt du Conseil d'État du roi, et lettres patentes rendues sur icelui, qui autorisent la manufacture royale établie à Bélair, ville de Nantes, en Bretagne, sous la raison de Joseph Gaudin fils et compagnie, à fabriquer, vendre et distribuer des aciers, étoffes pour les ressorts de voitures, limes et carreaux en fers et aciers, cheminées économiques, cloches, robinets, clefs à vin et à soutirer, en fonte de fer, outils aratoires, ustensiles et marchandises pour les colonies et la traite des Noirs, et autres ouvrages de serrurerie, taillanderie, fonderie et charronnage. 28 mars 1789. (AN → AD⁺ 1088)

5210. Lettre du roi, pour la convocation des États généraux, à Versailles, le 27 avril 1789. Règlement fait par le roi, pour l'exécution, dans le ressort du bailliage d'Ustaritz, pays des Basques, des lettres de convocation aux États généraux. 28 mars 1789. (AN → AD⁺ 1088)

5211. Lettre du roi, pour la convocation des États généraux, à Versailles, le 27 avril 1789. Règlement fait par le roi, pour l'exécution de ses lettres de convocation aux États généraux, dans sa bonne ville de Paris, et dans la prévôté et vicomté de Paris. 28 mars 1789. (AN → AD⁺ 1088)

5212. Louis par la grâce de Dieu, roi de France et de Navarre, à tous ceux qui ces présentes verront, salut ; savoir, faisons comme par arrêt cejourd'hui rendu en notre Grand Conseil [...]. (Jean-Baptiste Gaudry. Nommé Letellier. Monchy d'Hocquincourt. Parties de Delaunay, de Duportail, de Thiénot, de Blondel. Succession Camusat). 31 mars 1789. (AN → AD+ 1088)

5213. Édit du roi, qui supprime le siège de maréchaussée établi à Bastia et règle de quelle manière la juridiction prévôtale y sera exercée. Avril 1789. (BN → F 23631 [306])

5214. Compagnie des Indes. Dix-neuvième tirage du remboursement des actions de la Compagnie des Indes, fait le 2 avril 1789, en l'une des salles de l'hôtel de ladite Compagnie, conformément à l'arrêt du Conseil du 28 février 1771. (AN → AD+ 1339)

5215. Arrêt du Conseil d'État du roi, concernant les spectacles de Bordeaux. 4 avril 1789. (AN → AD+ 1088)

5216. Lettres patentes du roi, qui autorisent les orfèvres à travailler au titre de dix-huit carats les menus ouvrages d'or. 4 avril 1789. (AN → AD+ 1088)

5217. Règlement fait par le roi, pour l'exécution de ses lettres de convocation aux États généraux, dans la ville d'Arles. 4 avril 1789. (AN → AD+ 1088)

5218. Règlement fait par le roi, pour l'exécution de ses lettres de convocation aux États généraux, dans la ville de Metz. 6 avril 1789. (AN → AD+ 1088)

5219. Lettre du roi, pour la convocation des États généraux, à Versailles, le 27 avril 1789. (Province du Dauphiné). 7 avril 1789. (AN → AD+ 1088)

5220. Arrêt du Conseil d'État du roi, concernant l'entreprise des travaux des rivières de l'Yvette et de la Bièvre, par le sieur Defer. 11 avril 1789. (AN → AD+ 1088)

5221. Règlement fait par le roi, en interprétation et exécution de celui du 28 mars dernier, concernant la convocation des trois états de la ville de Paris. 13 avril 1789. (AN → AD+ 1088)

5222. Arrêt du Conseil d'État du roi, qui casse une ordonnance du lieutenant général du bailliage de Vesoul, en ce qui concerne les ordres du clergé et de la noblesse. 15 avril 1789. (AN → AD+ 1088)

5223. Arrêt du Conseil d'État du roi, qui maintient M. le comte de Mory, en sa qualité de seigneur de Villers-lès-Rigaux, dans la propriété et possession d'un droit de pêche ou pêcherie sur la rivière de Marne, et d'un droit de bac sur la même rivière, audit lieu : et l'autorise à percevoir pour le service du passage par ce bac, les droits fixés par le tarif y inséré. 16 avril 1789. (AN → AD+ 1088)

5224. Arrêt du Conseil d'État du roi, pour proroger jusqu'au 1er septembre 1789, les primes accordées à l'importation en France des blés et farines venant des États-Unis de l'Amérique. 20 avril 1789. (AN → AD+ 1088)

5225. Arrêt du Conseil d'État du roi, pour doubler, à compter du 1er mai et proroger jusqu'au 1er septembre, les primes accordées par celui du 11 janvier, à l'importation des blés et farines venant des différents ports de l'Europe, et pour les étendre à ceux qui viendront par les frontières de terre. 20 avril 1789. (AN → AD+ 1088)

5226. Arrêt du Conseil d'État du roi, qui détermine les privilèges et exemptions dont les artistes vétérinaires brevetés doivent jouir dans la province de Poitou. 21 avril 1789. (AN → AD^{+} 1088)

5227. Arrêt du Conseil d'État du roi, concernant les grains et l'approvisionnement des marchés. 23 avril 1789. (AN → AD^{+} 1088)

5228. Arrêt du Conseil d'État du roi, qui ordonne qu'à compter du 1er juin prochain, la céruse venant de l'étranger, acquittera à toutes les entrées du royaume un droit uniforme de trois livres, dix sous pour livre par quintal. 23 avril 1789. (AN → AD^{+} 1088)

5229. Résultat du Conseil de Monsieur, concernant les arbres sur les chemins vicinaux de ses hautes justices en Anjou. 23 avril 1789. (AN → AD/I/9 dossier A pièce 2)

5230. Règlement fait par le roi, pour l'exécution de ses lettres de convocation aux prochains États généraux. 26 avril 1789. (AN → AD^{+} 1088)

5231. Costume de cérémonie de messieurs les députés des trois ordres aux États généraux. 27 avril 1789. (AN → AD^{+} 1088)

5232. États généraux. De par le roi. (Report). 27 avril 1789. (AN → AD^{+} 1088)

5233. Liste, par ordre alphabétique, de bailliages et sénéchaussées, de MM. les députés aux États généraux, convoqués à Versailles le 27 avril 1789. (AN → AD^{+} 1088)

5234. Déclaration du roi, concernant les attroupements. 28 avril 1789. (AN → AD^{+} 1088)

5235. Lettre du roi à Mgr l'archevêque de Paris (lui demandant de faire une procession du saint-sacrement à l'occasion de l'assemblée des États généraux). 29 avril 1789. (BN → Lb^{39}. 7161)

5236. Édit du roi, concernant le Conseil supérieur de Corse et les officiers des juridictions royales de cette île. Mai 1789. (BN → F 23631 [313])

5237. Loterie royale, établie par arrêt du Conseil d'État du roi du 29 octobre 1780. Liste du tirage des deux mille billets qui doivent participer à celui des quatre cents primes, du mois de septembre 1789. 1er mai 1789. (AN → U 1314)

5238. Règlement fait par le roi, pour accorder une quatrième députation à la prévôté et vicomté de Paris, extra muros. 2 mai 1789. (AN → AD^{+} 1088)

5239. Règlement fait par le roi, pour accorder un député au pays des Quatre Vallées. 2 mai 1789. (AN → AD^{+} 1088)

5240. Règlement fait par le roi, concernant les suppléants. (États généraux). 3 mai 1789. (AN → AD^{+} 1088)

5241. Extrait des registres du Conseil d'État du roi. (Province de Normandie. Généralité d'Alençon. Finances). 4 mai 1789. (AN → AD^{+} 1088)

5242. Ouverture des États généraux, faite à Versailles le 5 mai 1789. Discours du roi ; discours de M. le garde des Sceaux ; rapport de M. le directeur général des Finances, fait par ordre du roi. (AN → AD^{+} 1088)

5243. Arrêt du Conseil d'État du roi, qui ordonne l'exécution des règlements de la Librairie et qui fait défenses à tous imprimeurs, libraires ou autres, d'imprimer, publier et distribuer aucun prospectus, journal ou autre feuille périodique, sans la permission de Sa Majesté. 6 mai 1789. (AN → AD+ 1088)

5244. États généraux. De par le roi. (Présentation des députés). (AN → AD/I/11 pièce 3)

5245. États généraux. De par le roi. (Procession du saint-sacrement). (AN → AD/I/11 pièce 4)

5246. États généraux. De par le roi. (Ouverture des États). (AN → AD/I/11 pièce 5)

5247. États généraux. De par le roi. (Rassemblement des députés des trois ordres). 6 mai 1789. (AN → AD/I/11 pièce 7)

5248. Arrêt du Conseil d'État du roi, qui supprime le n° 1 d'une feuille périodique, ayant pour titre : *États généraux* ; et qui fait défenses d'en publier la suite. 7 mai 1789. (AN → AD+ 1088)

5249. Arrêt du Conseil d'État du roi, qui casse et annule les modifications insérées par la Cour des comptes, aides et finances de Rouen, dans son arrêt d'enregistrement des lettres patentes du 24 janvier 1789, concernant les travaux des routes de la province de Normandie ; et ordonne que lesdites lettres patentes seront exécutées selon leur forme et teneur. 7 mai 1789. (AN → AD+ 1339)

5250. Arrêt du Conseil d'État du roi, qui accorde des primes pour les grains et farines qui seront importés des pays étrangers en Corse. 9 mai 1789. (AN → AD+ 1088)

5251. Résultat du Conseil de Son Altesse Sérénissime monseigneur le duc d'Orléans, premier prince du sang, concernant l'approvisionnement de grains de plusieurs marchés de son apanage, et la remise de différents droits dûs à Son Altesse Sérénissime. 10 mai 1789. (AN → AD+ 1088)

5252. Ordonnance du roi, concernant les attroupements. 11 mai 1789. (AN → AD+ 1088)

5253. Lettres patentes du roi, qui commettent le sieur Lebel pour remplir, pendant l'exercice de l'année 1789 seulement, les fonctions de trésorier général des monnaies. 12 mai 1789. (AN → AD' 1088)

5254. Règlement fait par le roi, concernant l'école d'hydrographie du port de Brest. 17 mai 1789. (AN → AD+ 1088)

5255. Déclaration du roi, qui attribue, par provision, aux prévôts des maréchaussées la connaissance et le jugement en dernier ressort, des particuliers prévenus d'émotions populaires, d'attroupements, d'excès et de violences qui ont eu lieu dans les différentes provinces. 21 mai 1789. (AN → AD+ 1088)

5256. Arrêt du Conseil d'État du roi, et lettres patentes sur icelui, qui ordonnent que la fabrication de cinquante mille marcs d'espèces de cuivre, autorisée par arrêt du 16 septembre 1784 en la monnaie de Rouen, sera continuée et portée à cent cinquante mille marcs. 22 mai 1789. (AN → AD+ 1088)

5257. Arrêt du Conseil d'État du roi, et lettres patentes sur icelui, qui ordonnent que la réduction des droits des changeurs, qui avait été ordonné par l'arrêt du 10 novembre 1785, n'aura plus lieu, à compter du 1er juillet. 22 mai et 30 juin 1789. (AN → AD$^+$ 1088)

5258. Arrêt du Conseil d'État du roi, qui, en exécution des déclarations de 1724, 1726 et 1728, sur la fixation des limites de Paris, renouvelle les défenses de bâtir sur le terrain des Champs-Élysées. 23 mai 1789. (AN → AD$^+$ 1088)

5259. Arrêt du Conseil d'État du roi, qui ordonne la réunion de l'imprimerie du Cabinet à l'Imprimerie royale du Louvre, et l'établissement d'un détachement de ladite Imprimerie royale à Versailles. 23 mai 1789. (AN → AD$^+$ 1088)

5260. Supplément pour la présente année 1789, à l'instruction permanente des inspections des officiers généraux divisionnaires. 24 mai 1789. (AN → MM 1232)

5261. Arrêt du Conseil d'État du roi, qui ordonne la vente et adjudication au plus offrant et dernier enchérisseur, des terrains et bâtiments composant la prison de Saint-Éloi. 28 mai 1789. (AN → AD$^+$ 1088)

5262. Arrêt du Conseil d'État du roi, qui ordonne la vente et adjudication au plus offrant et dernier enchérisseur, des terrains et bâtiments composant la prison de Saint-Martin. 28 mai 1789. (AN → AD$^+$ 1088)

5263. Arrêt du Conseil d'État du roi, qui ordonne qu'à compter du jour de sa publication, et jusqu'au premier octobre prochain, la perception de tous droits qui se lèvent sur les grains dans toutes les villes des généralités de Flandres, Artois, Haynaut et de Picardie, sous quelque dénomination que ce soit, tant par eau que par terre, soit qu'ils se perçoivent au profit de Sa Majesté, soit qu'ils appartiennent aux villes, sera et demeurera suspendue. 28 mai 1789. (AN → AD$^+$ 1088)

5264. Lettre du roi à MM. les députés aux États généraux, portée séparément à la Chambre de chacun des trois ordres, par M. le grand-maître des cérémonies, le 28 mai 1789. (AN → AD$^+$ 1088)

5265. Règlement fait par le roi, pour le payement des dépenses des assemblées de bailliages et sénéchaussées, relatives à la convocation des États généraux. 30 mai 1789. (AN → AD$^+$ 1088)

5266. Ouverture faite par les commissaires du roi, aux commissaires des trois ordres, à la conférence tenue chez M. le garde des Sceaux, le 4 juin 1789. (AN → AD$^+$ 1089)

5267. Marche de MM. les officiers du Châtelet de Paris, pour la montre du lendemain de la Trinité. 8 juin 1789. (AN → AD$^+$ 1089)

5268. Arrêt du Conseil d'État du roi, concernant la Caisse d'escompte. 14 juin 1789. (AN → AD$^+$ 1089)

5269. Lettre du roi, au doyen faisant les fonctions de président du tiers état. 16 juin 1789. (AN → AD/I/12 pièce 6)

5270. Règlement fait par le roi, pour valider la nomination faite de quatre députés aux États généraux, par les trois ordres de la sénéchaussée de Castelmoron. 18 juin 1789. (AN → AD^{+} 1089)

5271. Extrait du procès-verbal de l'Assemblée nationale. 20 juin 1789. (AN → AD/I/11 pièce 13)

5272. Emprunt de cent millions, établi par édit du mois de décembre 1782, et arrêt du Conseil du 1er décembre 1783. Liste générale du douzième tirage des remboursements des capitaux des rentes résultantes dudit emprunt, montant à la somme de trois millions deux cent quatre-vingt-un mille six cent quatre-vingt-seize livres sept sous cinq deniers, échus par le sort de la Loterie, tirée dans l'Hôtel de Ville de Paris, en présence de messieurs les prévôt des marchands et échevins. 22 juin 1789. (AN → AD/IX/434)

5273. Séance tenue par le roi aux États généraux, le 23 juin 1789. (AN → AD^{+} 1089)

5274. États généraux. Séance royale du mardi 23 juin. Discours, déclarations et intentions du roi, arrêtés et protestations de l'Assemblée nationale. (AN → AD/I/12 pièce 8)

5275. Arrêt du Conseil d'État du roi, portant confirmation, au profit de l'église de Notre-Dame de la Blanche, du bourg de Saillé près Guérande, d'un droit de balisage par chaque bâtiment entrant au port de Poulignen, en Bretagne. 27 juin 1789. (AN → AD^{+} 1089)

5276. Règlement fait par le roi, concernant les mandats des députés aux États généraux. 27 juin 1789. (AN → AD^{+} 1089)

5277. Lettre du roi à la noblesse. 27 juin 1789. (BN → Lb^{39} 7321)

5278. Arrêt du Conseil d'État du roi, portant règlement pour le pacquage de la morue, à Dunkerque. 28 juin 1789. (AN → AD^{+} 1089)

5279. Lettres patentes du roi, qui commettent le sieur Du Rey, administrateur du Trésor royal, pour achever les exercices des sieurs Micault d'Harvelay et Laborde de Mereville. 29 juin 1789. (AN → AD^{+} 1089)

INDEX

A

B

C

D

E

F

G

H

I

J

K

L

M

N

O

P

Q

R

S

T

U

V

W

Y

TABLE

www.ingramcontent.com/pod-product-compliance
Lightning Source LLC
LaVergne TN
LVHW010631051026
849532LV00001B/24
* 9 7 8 2 9 1 7 2 3 2 0 5 7 *